ヒューム David Hume

道徳・政治・文学論集

［完訳版］

田中敏弘――【訳】
Toshihiro Tanaka

名古屋大学出版会

ヒューム　道徳・政治・文学論集

目　次

第Ⅰ部

第III部

凡例

一、本書はDavid Hume, *Essays, Moral, Political, and Literary* の全訳である。

一、底本にはミラー版（Edited and with a Foreword, Notes, and Glossary by Eugene F. Miller, Revised Edition, Indianapolis : Liberty Fund, 1987）を使用した。なお、ヒューム自身による最終的変更を含む一七七七年版をも参照した。

一、ヒューム自身の脚注と編者ミラーらの脚注は各章末に一括して掲げた。そのさい編者の注は角カッコ〔 〕を付して区別した。ミラーの注については、一部手を加えたり、必要でないと判断されたものは省略した。第II部に限り、必要と思われるロートワイン版の注を——Rで示した。

一、原書中の丸カッコはそのまま（ ）で示し、訳者による補足はすべて〈 〉で示した。

一、原文のイタリック体は、訳文では傍点を付して示した。ただし、その必要のないものは省き、引用文に相当するものは「 」で示した。なお、イタリック体の引用文献名は『 』もしくは「 」を付して示した。

一、原文中の大文字で綴られた語句はゴシック体で表した。ただし、単に固有名詞を示すために用いられたものや各論説冒頭の飾り文字はこれから除いた。

一、とくに原語を示すことが必要と思われたときは、それを訳語に続けて並記した。

一、ヒュームの注に対して付された＊は、彼自身あるいは編者による注を示す。

一、［ ］で括られた注番号は、訳者による補注を示す。

一、なお、邦訳としては、第I部について小松茂夫訳『市民の国について』（岩波文庫、上、一九八二年、下、一九八二年）、一つのエッセイについて小西嘉四郎訳（大槻春彦編『世界の名著　ロック、ヒューム』中央公論社、一九六八年所収）、第II部について田中秀夫訳『ヒューム政治論集』（京都大学学術出版会、二〇一〇年）がある。

一、ミラー版では、第I部、第II部に続いて、「撤回されたエッセイと未刊エッセイ」として一〇篇のエッセイがまとめられている。これを訳者は便宜上「第III部」として訳出した。

一、編者注において、アルファベットにより示されている諸版は次のものを指す。

A版—— *Essays, Moral and Political.* Edinburgh, 1741.

B版——*Essays, Moral and Political*. Second edition, corrected, Edinburgh, 1742.

C版——*Essays, Moral and Political*. Vol. 2. Edinburgh, 1742.

D版——*Essays, Moral and Political*. Third edition, corrected with additions ; London and Edinburgh, 1748.

E版——*Philosophical Essays concerning Human Understanding*. London, 1748.

F版——*Philosophical Essays concerning Human Understanding*. Second edition, with additions and corrections ; London, 1751.

G版——*An Enquiry Concerning the Principles of Morals*. London, 1751.

H版——*Political Discourses*. Edinburgh, 1752.

I版——*Political Discourses*. Second edition ; Edinburgh, 1752.

K版——*Essays and Treatises on Several Subjects*. London and Edinburgh, 1753–54. Four volumes.

L版——*Four Dissertations*. London, 1757.

M版——*Essays and Treatises on Several Subjects*. London and Edinburgh, 1758. One volume.

N版——*Essays and Treatises on Several Subjects*. London and Edinburgh, 1760. Four volumes.

O版——*Essays and Treatises on Several Subjects*. London and Edinburgh, 1764. Two volumes.

P版——*Essays and Treatises on Several Subjects*. Edinburgh and London, 1768. Two volumes.

Q版——*Essays and Treatises on Several Subjects*. London and Edinburgh, 1770. Four volumes.

R版——*Essays and Treatises on Several Subjects*. London and Edinburgh, 1777. Two volumes.

第Ⅰ部

I　趣味および情念の繊細さについて

情念（*passion*）のある種の繊細さ（*delicacy*）[1]に左右されやすい人びとがいる。その繊細さは、彼らを世事における出来事すべてに対してきわめて敏感にさせ、不幸や逆境に出会ったときは身を切られるような深い悲しみを彼らに与えるとともに、幸運な出来事があったときはいつも生き生きとした喜びを与える。好意や善意からの行いによって容易に彼らの友情を得ることができる。ところが一方、わずかな中傷でも彼らの恨みを招くことになる。名誉や栄誉のしるしはどんなものでも彼らを過度なまでに意気揚々とさせるが、他人からの軽侮には同じように敏感に心を動かされる。こうした性格の人びとは、冷静で落ち着いた気質をもった人びとよりも、悲しみを身を切られるように感じるだけでなく、喜びを生き生きと感じることは言うまでもない。しかし、あらゆることがらを比較考量すれば、人が自分自身の気質の完全な支配者である限り、むしろ後者の冷静な気質をもちたいと思わない人はいないと私は思う。幸運や不運はまったくわれわれの自由にはならないものである。したがってこうした敏感な気質をもつ人が何か不幸に出会った場合、悲しみや恨みがその人の心の全体を占めてしまい、生活上の普通のことがらに対する興味、つまり、われわれの幸福の主な部分をなしている健全な喜びを奪い去ってしまうのである。大きな喜びは大きな苦しみほどしばしば起こるものではない。したがって感じやすい気質は、後者の苦しみにおけるよりも前者の喜びにおいて試されることが少ないに違いない。言うまでもないが、このような生き生きとした情念の持ち主は我を忘れて慎重さと自己判断力の限界をすべて超えてしまい、身の処し方でしばしば取り返しのつかないような誤った方向に踏み出しがちである。

ある人びとには趣味の繊細さが見られる。それはこの情念の繊細さに非常によく類似していて、幸運と逆境、感謝と中傷に対して生み出すのと同様の感受性をあらゆる種類の美と醜に対しても生み出す。こうした才能の持ち主に詩や絵画を贈る場合、彼の感受性がもつ繊細さはそのあらゆる部分に敏感に心を動かされる。大家の仕事に対しては、繊細な持ち味と満足感を感じとり、なげやりなものや愚かなものに対しては憎悪や不安を直感する。礼儀正しく思慮分別のある会話なら彼にこの上ない喜びを与え、粗野や無作法なら彼にとってはそれと同じくらいの大きなひどい仕打ちとなる。要するに、趣味の繊細さは情念の繊細さと同じ効果をもっている。それはわれわれの幸と不幸、いずれの範囲も拡大し、われわれを他の人びとには気づかれない喜びだけでなく苦しみにも敏感にさせるのである。

とはいえ、こうした類似性にもかかわらず、情念の繊細さがひどく粗末で可能な限り矯正されるべきであるのと同様に、趣味の繊細さが望ましいもので洗練されるべきであるということには、あらゆる人が私に同意すると思う。善きにつけ悪しきにつけ、この世の偶発的な出来事はほとんどわれわれの自由にならないものである。だが、どのような書物を読むか、どのような気晴らしにあずかるか、さらにどのような仲間と交わるかについては、われわれはかなりの程度自分で決めることができる。哲学者たちは幸福をあらゆる外的な事物に依存させせないようにと努力してきた。その完璧な度合いに達することは不可能である。だがあらゆる賢人は、自分の幸福を主として自身に依存するようなものに置こうと努力するであろう。そしてそれはこうした感情（sentiment）[2]の繊細さによる以外、他のいかなる方法によっても達成されることはないのである。ある人がそうした才能をもてば、彼は自分の欲望を満たすものによるよりも、自分の趣味を喜ばせるものによって一層幸福になり、最も高価な奢侈がもたらしうるよりも、一篇の詩や推論から一層多くの喜びを得るのである。[3]

本源的に（originally）[4]これら二種類の繊細さの間にどのような関係があろうと、われわれに人の性格や天才の作品や学芸上の著作物を判断させるのを可能にするようなより鋭くてより洗練された趣味を養うことほど、われわれの情念の繊細さを矯正するのに適したものはない、と私は確信している。われわれの感覚に届く明らかな美に対する審美眼の鋭さは、気質の感受性の大小に完全に依存している。しかし科学や学芸に関しては、洗練された趣味は、ある程度、優れた感覚と同じであるか、少なくともそれに大きく依存しているので、両者を区別することはできない。天才の作品に間違いない判断を下すためには、きわめて多くの見解を理解し、きわめて多くの情況を比較・対照し、さらに人間本性に関する豊かな知識を必要とするため、きわめて健全な判断力をもたない人は、そのようなことを行う上で読むに耐える優れた批評家となることはけっしてないであろう。したがってこれが学芸における眼識を養う新しい理由なのである。われわれの判断力はこうした修練によって強化されるであろう。つまり、われわれは本物についてより正しい理解を得ることになろう。他人を喜ばせたり苦しめたりする多くのことがらは、われわれが注意を払うにはあまりにもつまらないものに見えるであろう。したがってわれわれは、非常に不愉快な感受性と情念の繊細さとを次第に免れるに至るであろう。

しかし、学芸に対する洗練された趣味が情念を消滅させ、他の人びとに大いに喜んで追求されることがらに対してわれわれを無関心にさせると言ったが、私はことによっては言いすぎたかもしれない。もう少しよく考えてみると、それはむしろすべての穏やかで気持ちのよい情念に対するわれわれの感受性を改善し、同時にまたそれは荒っぽいがさつな感情をもちえなくすることが分かるのである。

学芸の忠実な研究は
　性格を和らげ、狂暴さをなくす
Ingenuas didicisse fideliter artes,
　Emollit mores, nec sinit esse feros.(5)

これは、二つの非常に自然な理由に帰すことができると思う。第一に、詩であれ、雄弁であれ、音楽や絵画であれ、美の研究ほど気質を改善するものはない。それらの美は、他の人びとには無縁な感情がもつある種の優雅さを与える。それらが喚起する情動は穏やかで優しい。それらは、急いで仕事をせねばならないことや利益を考えることから心をそらし、熟慮を養い、心を落ち着かせ、心のあらゆる状態のうち愛と友情に最も適した、気持ちのよい深い物思い（melancholy）をもたらすのである。

第二に、趣味の繊細さは少数の人びとだけを選び、多数の人びととのつきあいや会話に関心を失わせるので、愛と友情にとって好都合である。世間の人びとが生まれつきいかに鋭い感覚を与えられていても、性格を見分ける上で、あるいは、ある人よりも別の人を好ましくするような、気づかないほどのわずかな相違点やニュアンスの違いに気づく上で、きわめて正確な判断を下すのを見ることはほとんどないであろう。優れた感覚の持ち主なら誰でも、人びとを楽しませることができる。彼らは喜びや関心事について別の人に話すのと同様に、彼に素直に話しかける。だから彼の代わりになるのがふさわしい人を多く見つけて、彼がいなくても空しさや欠如感を感じることはけっしてない。しかし、ある著名なフランスの著述家(6)のそれとない言及を用いれば、判断力（judgement）(7)は置き時計や腕時計になぞらえることができよう。その場合、たいてい普通の機械は時刻を告げるのには十分である。しかしきわめて精巧な機械だけが分と秒を指し示すことができ、ごくわずかな時間の違いを区別することができる。書物と人物の双方についての知識をよく消化した人は、少数の選ばれた仲間の一行のうちにいるとき以外は、ほとんど喜びを感じない。彼は他のすべての人びとが自分の抱いた意見にいかに及ばないかをあまりにも敏感に感じている。だから、彼の愛着はこうした狭いサークル内に限定されるので、愛着が世間一般のありふれた目立たない場合よりも、彼がさらに愛着を深めるのも不思議ではない。飲み友達の陽気さとはしゃぎ様は彼によって信頼しうる友情に変わる。そして、はつらつとした欲望のもつ情熱は優雅な情念となるのである。

（1）［『人間本性論』（*A Treatise of Human Nature*）でヒュームは、心の知

覚を印象と観念とに分けている。印象は感覚と情念とに分けられる。情念は通常それに先行するなんらかの感覚もしくは観念から生じるため、第二次的印象であると彼は述べている。彼は情念を穏和な情念と強烈な情念とに分けている。ときに情念という用語は、このエッセイにおけるように、たとえば憎しみ、悲しみ、喜び、あるいは自負、自卑のような比較的激しい情念を示すためだけに、狭く用いられている。ここでヒュームが「情念の繊細さ」と言う場合、彼が意味しているのは、幸運や不運、恩恵や中傷、名誉や軽蔑とわれわれの自由にならないこの世の偶然的な出来事に直面したとき、激しい情念によって強く影響される精神的傾向のことである。彼がここで「趣味」と呼んでいるもの――行為や対象物における美と醜の感覚――もまた広く言えば情念であるが、通常は穏やかな情念である。趣味の繊細さは、行為、書物、芸術作品、仲間等に見られる美醜に対する鋭い感受性である。こうした心の特質は〈本訳書第I部〉第二三エッセイ「趣味の標準について」(Of the Standard of Taste) でヒュームによってかなり長きにわたって論じられている〕。

(2)〔ヒュームはときに、感情 (sentiment) という言葉を広く情念や感情を意味するために使用しているが、この節におけるように、他の場合には、彼はそれを、対象物や性格や行為の熟考から生じる是認ないし否認の特別な感情を示すために「趣味」(taste) と同義的に使用している。この後者の意味での趣味ないし感情は美と道徳的価値を判断する基礎となる。『人間知性に関する研究』(*An Enquiry concerning Human Understanding*) において、ヒュームは「道徳と批評は、知性の適切な対象であるよりも趣味や感情の対象である。美は、道徳的であれ、自然的であれ、知覚されるというよりも、感じられるのが一層適切である」と論じている(第一二章、第三節)〕。〈渡部峻明訳『人間知性の研究』晢書房、一九九〇年を参照〉。

(3)〔A—Q版では「趣味の繊細さと情念の繊細さとが心の本源的な枠組みのなかでどこまで結びついているかは決定しがたい。私にはそれらの間には非常に注目に値する関係があるように思われる。というのは、男性よりも繊細な情念をもっている女性もまた、生活上の装飾品や衣装や馬車や、日常見られる振舞いの礼儀作法について一層繊細な趣味をもっていることにわれわれは気づく。こうしたものにおける卓越は、われわれよりもいち早く彼女らの趣味に合う。そしてあなたたちが彼女らの好みを満足させると、あなたたちはすぐさま彼女らの愛情を得ることになる」となっている。〔A版からQ版では最後の文が省かれている〕。

(4)〔「本源的な」(original) 関係は人間本性自体におけるそれである。ヒュームはここで、「趣味」はそれ自体情念であり、このエッセイが示唆しうるよりも、他の情念と多く共通しているという事実にそれとなく言及している。さまざまな情念の結びつきは、ヒュームによって『人間本性論』の第二篇「情念について」(Of the Passions) と「情念論」(A Dissertation on the Passions) と題された第二篇後半の書き直し部分において論じられている〕。

(5)〔オウィディウス(前四三—後一七?)『ポントゥスからの手紙』(*Epistulae ex Ponto*) 第二巻、第九章、第四七—四八節(レーブ版、A. L. Wheeler 訳)〕。

(6) フォントネル氏『世界の複数性についての対話』(*Pluralité des Mondes*. Soir. 6)〔1686〕。〔Bernard le Bovier de Fontenelle (1657–1757) はフランスの学者、詩人で、近代科学の進歩思想や啓蒙思想の普及に努めた〕。

(7)〔「判断力」については、ヒュームにより『人間本性論』において、原因と結果の判断の場合と同様に、感覚による印象からわれわれが推論する心の働きとして述べられている。道徳感情もまた折に触れ扱われているが、判断力ほど一貫していない〕。

II 言論・出版の自由について

われわれがこの国で享受している、われわれの好むことはなんでも国民に伝達することができ、また国王あるいはその大臣たちによって着手されたあらゆる政策に公然と非をとなえることができるという極度の自由ほど、外国人を驚かせがちなものはない。もし政府が戦争を決断するとすれば、政府は故意にせよ無知によるにせよ、国民の利害を誤解しており、現在の状勢では、平和が限りなく望ましいことが主張される。もし大臣たちの熱望が平和に向かう場合には、わが国の政論家は戦争と壊滅だけをとなえ、政府の平和的な振舞いを意気地なし(1)で腰抜けだと断言する。こうした自由は、共和政と君主政のいずれにせよ、わが国以外のいかなる国家においても、すなわちオランダやヴェネチアでも、フランスやスペインでもやはり、与えられてはいない。したがって、どのようにしてただグレイト・ブリテンだけがこの特異な特権を享受するに至ったのか、という疑問を至極当然呼び起こすことであろう(2)。

わが国の法律がわれわれにそのような自由を満喫させている理由は、完全に君主政でもなければ完全に共和政でもない、わが国の混合政体に由来していると思われる。もし私が誤っていなければ、次のことが政治に関する間違いのない観察であることが分かるであろう(3)。すなわち、政体における両極端である自由と隷従は通常、相互に最も近接し合うものであり、またそれら両極端から離れ、自由に対して君主政を少し混合すれば、その政体は常にそれだけ一層自由なものとなり、他方、君主政に自由を少し混合すれば、その支配のくびきは常にそれだけ一層圧制的で堪えがたいものとなる。フランスのような政体、すなわち専制であり、しかも法と慣習と宗教のすべてが作用し合って、国民を完全にその境遇に満足するようにさせている政体では、君主がその被治者に対して警戒心（*jealousy*）を抱くことはありえず、したがって言論と行動のいずれにおいても、彼らに大きな自由を享受させがちである。これに対して、国家に警戒心を抱かせるほど身分の高い為政者が一人もいないオランダのような完全に共和政の政体では、大幅な裁量権を為政者に委任しても危険はまったくない。その結果、平和と秩序の維持という点で、そのような裁量権から多くの利点が生じるけれども、それにもかかわらず、その裁量権は人びとの行動にかなりの制約を課し、私的市民のすべてに政府に対して大きな敬意を払わせる。こういうわけで、絶対君主政と共和政という両極端がある重要なことがらにおいて相互に近接するというのは明白と思われる。第一に、為政者は国民に対してまったく警戒心を抱かない。第二に、民衆も為政者に対してなんら警戒心を抱かない。このように警戒心を抱かないことは、いずれの場合においても、相互の信頼と信任を生むことになり、君主政では一種の自由を、共和政では一種の専制権力を生み出す。

　上述の考察の後半部分、すなわち君主政と共和政におけるそれぞれの中間的な政体はたがいに最も隔たっていること、そして君主政と自由との混合はくびきを一層厳しくないものにしたり、一層圧制的なものにしたりするということを論証するために、私は皇帝統治下のローマ人に関するタキトゥス[1]の次のような所見に注目しなければならない。それは、「彼らローマ人は完全な隷従にも完全な自由にも耐えることができなかった」[4](*Nec totam servitutem, nec totam libertatem pati possunt*)という所見である。この所見をある高名な詩人が翻訳し、エリザベス女王の政略と統治についての生き生きとした叙述のなかで、イングランド人に当てはめている。

　そして、隷従に堪えることもできず、また、自由に生きることもできない暴れ馬のイングランド人に、彼女のくびきを愛させたのであった。

『アンリアード』第一巻[5]

　こうした記述によれば、皇帝統治下のローマの政体は、専制と自由との混合ではあるが、専制が優位を占めるものであり、一方、イングランドの政体は、同じ種類の混合ではあるが、自由が優位を占めるものであると考えることができる。これらの政体から生じる結果は、上述の観察と合致している。すなわち、それは、〈統治者と被治者〉相互の用心深さと警戒心を生み出す混合的な形の政体から予想することができるようなものである。ローマの皇帝たちの多くは、人間本性に古今未曽有の恥辱をもたらす最も恐るべき暴君であった。そして彼らの暴虐は主として彼らの警戒心によって、さらにはローマのすべての有力な貴族たちが、少し前まで自分たち自身よりも身分がけっして上ではなかったある家系が支配権を握ることにいらいらしながら耐えるのを目の当たりにすることによって引き起こされたことは明白である。他方、イングランドでは君主政の要素がかなり混合しているとはいえ、政体においては共和政の要素が優位を占めているので、自己保存のために、為政者に対して怠らない警戒心を保持し、自由裁量的な権限をすべて排除し、あらゆる人の生命と財産を一般的で不変の諸法律によって安全に守ることにならざるをえない。法が犯罪であると明白に定めている行為以外には、どのような行為も犯罪とみなされてはならない。その人を裁く裁判官たちの前に示される合法的証拠による以外には、どのような犯罪もその人に帰されてはならない。しかもこうした裁判官たちでさえ、同胞である被治者であり、自分たち自身の利害から、大臣たちの権利侵害と暴力行為に対して警戒の目を向けざるをえない者でなければならない。こうした原因から生じてくるのは、かつてのローマに隷従と暴虐が存在したのにちょうど見合った自由が、さらにはおそらく放縦さえもがグレイト・ブリテンに存在するということである。

こうした諸原理は、なぜこのような王国には、他のいかなる政体において享受されている自由を大幅に超える言論・出版の自由があるのかを説明している。(6) もしわれわれが専制権力の進展を注意深く阻止しなければ、またその警報を王国の隅々までくまなく伝達するたやすい方法がなければ、専制権力はひそかに忍び寄り、われわれに襲いかかることが懸念される。宮廷の野心を抑制するためには、民衆の精神がたびたび目を覚まされねばならない。またその野心に先手を打って生じないようにするためには、民衆の精神を目覚めさせることに対する恐怖が利用されねばならない。この目的に対して言論・出版の自由ほど効果的なものはない。というのは、その自由によってその国の学問、知性、天性は自由の味方として用いられ、人びとは一人残らず自由の擁護に向けて鼓舞されうるからである。それゆえ、わが国の政体がもつ共和政的な要素が君主政的な要素に対して自らを維持しうる限りは、共和政的な要素は当然それ自身の保存に重要なものとして、言論・出版の自由を保持することに細心の注意を払うであろう。

とはいえ、言論・出版の無制限の自由は、それに対する適切な是正手段を提案することが難しく、おそらく不可能であろうが、これがそうした混合形態の政体に伴う弊害の一つであることは認められねばならない。(7)

(1)〔ヒュームは、さまざまな形の政体はどのように分類されるべきかという重要な問題を、主題としてはどこにも論じていない。しかし彼は数多くのところでこの問題に触れている。このエッセイが示唆しているのは、政体は共和政と君主政、ないしグレイト・ブリテンの場合のような、共和政的要素と君主政的要素との混合として分類しうるということである。この分類によると貴族政と「純粋な」民主政は、ヒュームが「完全な共和国についての設計案」で叙述している代議政体のような、共和政体の型になるであろう。このエッセイにおける自由と専制もしくは隷従との区別は、共和政と君主政との区別に一致せず、対応すらしていない。ヒュームは、自由が君主政体で広く行われうるのとまさに同じように、圧制は共和政体で広く行われうる、と主張している〕。

(2)〔A—P版では「またこのような自由を無制限に行使することは、国民にとって有益なのか、それとも有害なのか」となっている〕。

(3)〔D—P版では「私は次の点を自ら明らかにしたい」となっている〕。

［1］Cornelius Tacitus（55?-120）はローマの歴史家。主著に『ゲルマニア』、『年代記』（*Annales*）などがある。

(4)〔タキトゥス『歴史』（*Historiae*）第一巻、第一六章、第二八節。この引用文は、皇帝ガルバ（Galba）がピソ（Piso）〈前二世紀のローマの政治家〉を自分の後継者とすることについて、ピソに対してなされた発言の終わりにある。「というのは、われわれには、民衆にとっての国王のように、その他すべての奴隷を支配する決まった家系がないため、あなたは完全な隷従にも完全な自由にも耐えることができない人びとを支配することになるであろう」（レーブ版、Clifford H. Moore 訳）」。

（5）〔ヴォルテールの筆名で書いた François Marie Arouet（1694–1778）は、はじめ『アンリアード』（*La Henriade*）を別の書名で一七二三年に出版し、それに変更を加え、一七二八年に現在の書名で再出版した。その本の英雄は、フランスのアンリ四世となったナバラ王アンリである。エリザベス女王を称賛した箇所には、「そして彼女は、隷従することも自由に生きることもできない暴れ馬のイングランド人に、そのくびきを愛させた」とある〕。〈Henri IV（1553-1610）はフランス国王。在位、一五八九―一六一〇年。ブルボン王朝の創始者〉。

（6）〔A―P版では「……は周知のところである」となっている〕。

（7）〔Q版はこの結びの文を省いている。A―P版はこれに代えて次のようになっている。「それゆえあのような自由はわが国の混合政体を維持する上でまさに不可欠である。このことは、第二の問いである、そのような自由は有益かそれとも有害かという問いに十分な結論を下している。というのは、あらゆる国家において古来の政体の維持ほど重要なことはなく、とくにそれが自由な政体であれば、なおのことそうだからである。しかし私は喜んでさらに一歩進め、この自由にはほとんど不都合は伴わず、人類の共通した権利として要求することができ、またそのような自由が実際、破滅的な結果をもたらすことになる聖職者の支配する政体を除き、ほとんどあらゆる政体において享受されて然るべきである、と主張したい。アテナイの民衆扇動家やローマの護民官の激烈な演説によって生じたような悪い結果がこの自由から生じるのではと危惧する必要はない。人は書物やパンフレットを一人でしかも冷静に読む。影響を受けて激情に感染させられるような人はまったく存在していない。行動がもつ力と勢力によって急がされるような人もいない。また万一その人が扇動的な気分になっても、その人に激情をじかに吐き出せるような激烈な決心が与えられているわけではまったくない。それゆえ、言論・出版の自由は、いかに濫用されようとも、それが民衆を扇動して暴動もしくは反乱を引き起こすことはまずありえない。また言論・出版の自由が引き起こすかもしれない不平不満のつぶやきや隠れた不平不満に関しては、為政者によるそれらの不満に対する救済策が手遅れにならないうちに、為政者が知るようになるために、それらの不平不満が言葉としてはけ口が与えられる方がよい。なるほど、人間は常に統治者にとり有利なことよりも不利な点について言われたことを信じる傾向をもっているが、この傾向は、自由をもっていてもいなくても、人間から切り離すことはできない。ささやきもパンフレットと同じくらい素早く飛び交い、有害となりうるかもしれない。いやそれどころか、それは、人びとが自由に思索することに慣れていない場合や、あるいは真偽を識別することに不慣れな場合には、より一層有害となるであろう。

人間の経験が増大するにしたがい、民衆（*People*）はこれまで言われてきたような危険な怪物ではけっしてなく、理性のない動物のように、綱をつけて引っ張ったり、追い立てたりするよりも、理性をもった被造物のように導く方が、いかなる点から見てもよいということも分かってきている。オランダ連合州が手本を示すまでは、寛容は優れた政体とは相容れないものとみなされていた。したがって、多数の宗派が協調し平和のうちに共存し、それら宗派のすべてが彼らの共通の国家に対し、また彼ら相互に対して、等しい愛着の念をもちうるということはありえないと考えられていた。イングランドも政治的自由について同様な実例を示したのであり、この自由は、現在ある小さな騒動を引き起こしているように見えるけれども、まだなんら有害な結果をもたらしてはいない。その上、人びとが国家のことがらに関する自由な討論に日ごとに慣れ、国家のことがらに関する彼らの判断力を向上させ、根も葉もないうわさや受けのよい叫び声には、ますます誘われにくくなることが期待しうる。

このブリテンに特有な特権が、われわれから容易に奪うことのできないものであり、わが国の政体がかりにも自由で独立したものであり続ける限り、存続するに違いないということは、自由の愛好者に非常に慰めを与えてくれる省察である。いかなる種類の自由も、それが一挙に失われるということはめったにないことである。自由に慣れ親しむ人びとにとっては、隷従はぞっとするような顔つきをしているので、受け入れられるためには、それは人びとに徐々に忍び寄り、しかも無数の姿かたちに変装しなければならない。しかし、もし言論・出版の自由が万一失われるならば、それは一挙に失われるに違いない。扇動と文書による名誉毀損を禁じる全般的な諸法律は、おそらく現在これ以上ありえないと思われるほど強力である。言論・出版に**認可制**(IMPRIMATUR)を実施するか、それとも宮廷に対して彼らの気に入らないことならなんでも処罰できるきわめて大幅な裁量権を与えるかのいずれか以外には、さらに一層の規制を加えうるものは存在しない。しかしこれらを許与することは、あまりにもあからさまな自由の侵害となるため、そのような許与は、おそらく専制的な政体がとるとしても、最後の試みとなるであろう。結論として言えることは、このような試みが成功するときこそ、ブリテンの自由が永遠に失われてしまうときだということである」。

III　政治は科学になりうる

ある形の政体と他の形の政体の間に本質的な差違はあるのか、あらゆる政体はその運営の善し悪しによって善くも悪くもなりうるのか、という問いが若干の人びとの間で問題にされている。[1] 政体はすべて似たものであり、唯一の相違は統治者の性格と振舞いにあるというようなことが、もしいったん承認されることになれば、政治論争はほとんどなくなってしまい、他の国制よりも優れた国制を追求する熱意はすべて単なる固執と愚行とみなされざるをえないであろう。しかし、私は中庸の味方だが、このような意見を非難することを差し控えるわけにはいかないし、また人間の行う事象には、特定の人が偶然もっている気質や性格から得られるものよりも大きな安定性は認められない、とすることを残念に思う。

　なるほど、すべての政体のよさはその管理・運営のよさにあると主張する人びとは、歴史上、同じ政体でありながら、支配者が異なると突然善悪の両極端に変化してしまった特殊な事例を数多く引用することができよう。アンリ三世[2]治下のフランスの統治とアンリ四世[3]治下のそれを比較してみればよい。支配者側での圧制、気まぐれ、策略に加えて、被治者側での党派争い、暴動、反逆、反乱、背信行為。これらが前者の悲惨な時代の特徴をなしている。ところが、その後を継いだ、あの愛国者で英雄の君主がいったんしっかりと王座につけば、政府も民衆も一切のものがまったく変化したように見えた。そしてそのすべてはこれら二人の君主の気質と振舞いの相違によるものであった。[4] この種の事例は、古今の歴史や国の内外を問わず、ほとんど数限りなく増えることであろう。

　しかしここで、区別をすることが適切であろう。絶対専制的な政体[5]はすべてその運営に大いに依存しなければならず、これはその政体に伴う大きな不都合の一つである。ところが共和政の自由な政体は、もしその国制により与えられる特定の抑制と制御が実際なんらの影響力ももたず、したがって悪人の利益ですらも公益のために行動することが自分の利益となるということでなければ、明らかに不合理なものであろう。このようなことがこれらの共和政体の意図するところであり、賢明に組織された場合の共和政の実際上の効果である。他方、その根本的な構造と制度において、優れた能力か公正を欠く場合には、共和政体はあらゆる無秩序と最も凶悪な犯罪の源となる。

法律や特定の形の政体がもつ力は非常に大きく、人間の気質や気性にはほとんど依存しないので、数理科学がもたらすものとほとんど同様に一般的で確実な帰結を、ときにはそれらから演繹することもできよう。

ローマ共和国の政体は立法権力のすべてを平民に与え、貴族にも執政官にも拒否権は許されなかった。この無制限な権力を、平民は代表機関によらず、集団全体で所有した。その結果、次のようなことが生じるようになった。すなわち、成功と征服によって平民の数が非常に増加し、また彼らが首都から非常に離れたところにまで広がったとき、首都の部族が——たとえ最も卑しむべき部族であっても——ほとんどあらゆる決議を通過させたのであった。それゆえ彼らは群衆を喜ばせようとするあらゆる人から大いにおだてられた。彼らは、〈国家から〉一般に配給される穀物と、彼らがほとんどすべての立候補者から受け取る個人的な賄賂とによって、何もせずに養われた。このことによって、彼らは日ごとにますます勝手気ままになり、マルス広場[6]は騒動と暴動の絶え間ない舞台となった。武装奴隷がこれらのごろつき市民のなかに引き込まれることにでもなれば、政体の全体が無政府状態に陥ることになり、ローマ人が求めうる最大の幸福は、ローマ皇帝の専制権力となった。こうしたことが、代表者をもたない民主政の結果である。

貴族は二つの異なる仕方で一国の立法権の全体ないし一部を所有することができよう。すなわち、あらゆる貴族が貴族全体の一員として立法権を分かちもつか、それとも、各貴族がそれぞれ異なった権力と権威をもつような部分から構成される形で、貴族全体が立法権をもつかのいずれかである。ヴェネチアの貴族政が前者の種類の政体の例であり、ポーランドのそれが後者の事例である。ヴェネチアの政体では、貴族が全体として全立法権を所有し、どの貴族も全体から受け取ることのない権威をもつことはない。ポーランドの政体では、あらゆる貴族がその私有地によって家臣に対してそれぞれ異なった世襲的権威をもち、貴族全体はその成員の協力から得る以外の権威をもたない。これら二種類の政体のもつさまざまな機能や傾向はアプリオリ[7]に明らかにされうるであろう。人びとの気質や教養がたとえどのように多彩であれ、ヴェネチアの貴族の方がポーランドのそれよりも優れている。権力を共有する貴族は、彼ら相互の間でも、その被治者との間でも、平和と秩序を保持しようとするであろう。またほんのわずかな間でも法律を左右するに足る権威をもちうる成員はいないのである。貴族たちは民衆に対してその権威を保持しようとするであろうが、しかし苛酷な圧制や個人財産の侵害を行うことはないであろう。なぜなら、そのような専制的な統治は、たとえ少数の貴族個人の利益を増大することになっても、貴族全体の利益を増大することにはならないからである。貴族と民衆との身分の上での区別はあるが、これはこの国家における唯一の区別であろう。貴族の全体が一方の集団を形成し、民衆の全体が他方の集団を形成し、そこには、至るところに破滅と荒廃をまき散らすあの私的な激しい反目や憎しみはまったく見られない。こうした点のいずれにおいても、ポーランドの貴族が不利なことは分かりやすいことである。

総督（doge）、君主（prince）、もしくは国王と呼ばれようと、ただ一人の人間が権力の大半をもち、しかも立法権の他の部分に対して適切なバランスもしくは平衡を保持するような形で、自由な政体を構成することは可能である。この最高の権威をもつ為政者は選挙制かそれとも世襲制かのいずれかによる者であろう。そしてうわべだけ見るところでは、前者の制度の方が有利に見えるかもしれない。しかしもっと正確に検討すれば、それには後者よりも大きな不都合が、しかも永久不易の原因と原理に基づくような不都合があることが分かるであろう。このような政体にあっては、王座につくことは、あまりにも重大であまりにも全般的な利害にかかわる問題であるので、民衆の全体を党派に分裂させないわけにはいかない。そこから弊害のなかでも最大のものである内乱が、空位になるたびに、ほとんど確実に懸念されることになろう。選挙によって選ばれた君主は外国人かそれとも自国人に違いない。前者は自分が統治すべき民衆について無知で、自分の新しい被治者に対して疑い深く、さらに彼らからも疑いの目で見られる。したがって、彼は見知らぬ者たちに全面的な信頼を置くことになるが、これらの人びとは、主人の寵愛と権威に支持されている間に、できるだけ大急ぎで私腹を肥やすこと以外の関心をもたないであろう。自国人の王は自分の私的な憎しみや親しみをすべて王座にもち込むことになろう。さらに彼の皇帝への昇進は、以前は彼を自分たちと対等だとみなしていた人びとから嫉妬心をかき立てずに見られることはけっしてないであろう。言うまでもなく、王位をただ優れた長所をもつというだけで与えるには、王位の報奨の方があまりにも大きすぎる。そこで候補者たちは選挙人の票を手に入れるために、常に力や金《かね》や術策を用いる誘惑に駆られる。したがってそのような選挙が、国家に君主の決定を血統だけに委ねさせた場合よりも、より優れた長所の持ち主が王位につける一層よい機会を与えるようなことはけっしてないであろう。

それゆえ、世襲の君主、家臣をもたない貴族、代表者により表決する民衆が、最高の**君主政体、貴族政体、民主政体**を形成するということが、政治における普遍的な公理（axiom）であると、断言することができよう。しかし政治には、被治者や君主の気質あるいは教養によっては変化しない一般的真理が認められるということをもっと十全に証明するために、政治学の性格にふさわしいと思われる、他のいくつかの政治学上の原理を述べることは不適当ではなかろう。

自由な政体がその自由にあずかっている人びとにとって最も幸福な政体であったにせよ、それにもかかわらず、その属領にとっては最も破壊的で最も圧制的な政体であることは容易に認められるであろう。だからこの考察はわれわれがここで述べている種類の原理（maxim）として確認することができると思う。国王が征服によってその領土を拡大するとき、彼は間もなく以前からの被治者と新たに加えられた被治者とを同列に考えるようになる。なぜなら、少数の友人や寵臣を除けば、実際のところ、被治者はすべて彼にとっては同じだからである。それゆえ彼は一般的な法律の上で両者を差別しないし、同時にいずれの側に対しても、特殊な圧制行為をすべて慎重に防ごうとする。しかし自由な国家は、人びとがその隣国から加えられた者を自分たちと同じように愛するようになるまでは、どうしても厳しい差別を行い、また常にそうしなければならない。そのような政体では、征服者はすべて立法者なのであり、だから交易上の制限と課税によって、征服から公的および私的な利益を引き出そうと必ず画策をめぐらすであろう。共和国ではまた、属領の知事が賄賂や術策によって自分たちの略奪の言い逃れをする機会も一層多い。しかも同胞の市民も、属領の略奪品によって自分たちの国家が豊かになるのを知っていて、そのような悪弊を黙認しがちであろう。言うまでもないが、属領知事を頻繁に変えることは自由な国家では必要な予防措置である。ところがこのことは、これらの一時的な暴君が後継者と交替する前に富をたっぷり蓄積するために、彼らをより一層機敏かつ貪欲にさせてしまうことになる。ローマ人はその共和国時代の間、世界に対してなんと残酷な暴君だったことか。なるほど彼らは、属領の知事の圧政を防止する法律をもっていた。しかしキケロが伝えているように、ローマ人が属領の利益を計ることができたのは、こうした法律そのものを撤回することによってであり、それに優るものはありえなかったのである。というのは、こうした法律が撤回された場合には、わが国の知事はまったく刑罰を受けないことになるため、彼ら自身の貪欲を満たす以上には略奪しなかったであろう。ところが、いまでは、裁判官とさらに知事らが保護を必要とするローマのお偉方すべての貪欲をも満たさなければならないからだと、[1]彼は言っている。(8) 戦慄と驚愕を感じずに誰がいったいウェッレスの残酷と圧制について読むことができようか。さらに、この恥知らずの犯罪者に対してキケロが万雷のような雄弁の限りを尽くして激しく弾劾し、彼を法の定める最高刑に処すよう説得したのち、それにもかかわらずあの残酷な暴君が富裕と安楽のうちに晩年に至るまで平穏に暮らし、その後三〇年も経ってから、その法外な富のために、マルクス・アントニウス（Marcus ANTONIUS）により死刑と財産没収の宣告を受けたのだが、そのさい、キケロ自身やローマの最も有徳なすべての人びとと共に、これを受けたということを聞いて、憤慨しない人がいるだろうか。(9) タキトゥス（TACITUS）が伝えてくれているように、(10) 共和政の解体後、属領に対するローマのくびきの厳しさが和らぐようになった。そして最悪の皇帝でもその多く、たとえばドミティアヌス（DOMITIANUS）[2](11)は、属領に対する圧制のすべてを防止することを心がけたと認めることができよう。ティベリウス（TIBERIUS）[3](12)の時代には、ガリアはイタリア自体よりも裕福であると見られていた。いやそれどころか、ローマ帝政時代のすべてにわたって、帝国の属領のどれをとっても、富や人口が減少したということを私はまったく知らない。ただし、ローマ帝国の勇敢さと軍律は実際のところ常に下り坂であった。ポリュビオス[13]から分かるように、アフリカの属国に対するカルタゴ人の圧制と暴虐は、土地の全生産物の半分を奪い取る――これ自体がきわめて高率の地代だったが――ことで満足せず、他の多くの税をも課すまでに至った[14]。もしわれわれが古代から近代に目を移しても、それでもなおこの所見が支持されることが分かるであろう。絶対王政下の属領は、常に自由国家の属領よりもよい扱いを受けている。フランスの征服地（*Païs conquis*）とアイルランドを比較すれば、この真理を確信するであろう。ただしこの後者のアイルランドは、かなりの程度イングランドから植民されているため、征服された属領よりもよい取り扱いをあえて主張するのが当然とされるべき権利や特権を数多くもってはいる。コルシカもまた、同じ意味での明白な[4]一例である[15]。

　マキアヴェリには、アレクサンドロス大王の征服に関する所見が見られるが、それは、いかなる時代であれ、またどのような偶然的なことがらによっても変えることができないような政治における永遠の真理の一つとみなすことができると思われる。あの政治家が言うように、アレクサンドロスの征服のような突然征服された土地がその後継者たちによってあれほど平和のうちに保有されるに至ったこと、またギリシア人の間に生じたあらゆる騒動や反乱のときにも、ペルシア人が以前の独立政府を回復する努力をわずかでもすることがなかったということは、不思議に思われる[16]。この注目すべき出来事の原因に関してわれわれを納得させるためには、われわれは、君主は二つの異なる仕方で被治者を統治しうるということを考えることができよう。一つには、君主は東洋の君主の原理に従ってその権威を拡張し、被治者の間の身分の差別は君主自身から直接出てくるもの以外、家系のもつ長所や世襲的な名誉と財産を一切認めない、一言で言えば、民衆の間にある名誉とされるものはすべて、君主の委託によるもの以外には存在しないようにすることである。あるいは、他のヨーロッパの君主のように、君主が東洋の君主よりも穏やかなやり方で権力を行使し、その笑顔や愛顧に加えて、それ以外の名誉の源泉、たとえば、家系、称号、財産、武勇、誠実、知識、あるいは偉大で幸運な業績を残しておくやり方である。前者の種類の政体では、征服されてしまった後にくびきを振り落とすことは絶対不可能である。なぜなら、民衆の間には、そのような企てを始めるだけの個人的な信望や権威をもつ者が一人もいないからである。これに対して、後者の政体では、征服者のうちにわずかな失敗やあるいは不和でもあれば、それは被征服者を勇気づけ武器を取らせることになろう。というのは、このような被征服者は、いったん企てがあれば、いつでも彼らを鼓舞し指揮できる指導者をもっているからである[17]。

　これがマキアヴェリの推論であり、それはしっかりしたもので決定的だと思われる。もっとも彼が次のように主張することで、真理に誤った推論を混入しなかったならばよかったと私は思う。彼によれば、東洋の政治的なやり方で統治された君主政体は、ひとたび征服されれば〈ヨーロッパの君主政体よりも〉たやすく維持されるとはいえ、それにもかかわらず、その政体を征服することは最も困難である。なぜなら、その君主政体では、有力な臣下の不満や党派争いにより、敵軍の企てを助長するような人間が存在しないからである、と彼は主張する。これがなぜ誤りかといえば、このような圧制的な政府が人びとから勇気を奪い去り、さらに彼らの君主の運命に対して人びとを無関心にさせるということに加えて、そのような政体では、君主自らの権威と同じく将軍や長官の一時的かつ委任された権威でさえも委託された権限の範囲内では常に絶対的であるので、彼らは盲従に慣れた未開人を利用し、最も危険で致命的な革命を引き起こすことができるということを、われわれは経験によって実によく分かっているからである。したがって、あらゆる点で、寛大な政府の方が好ましく、それは被治者だけでなく君主に対しても、最大の安全を与えるものである。

それゆえ、立法者は一国の将来の政体をまったく偶然に委ねるべきではなく、末代に至るまで国家にかかわることがらの運営を規定する法体系を準備すべきである。結果はいつでも原因に対応するものであり、賢明な法規はいかなる国でも、後代に残しうる最も貴重な遺産である。最も下級の裁判所や役所でさえ、仕事の処理に当たって従うべき決められた形式と方法が、人間が生来もつ堕落に対する重要な抑止手段であることが分かる。国家にかかわることがらにおいても事態が同じでないとなぜ言えるのか。ヴェネチアの政府があれほど多年にわたり保持した安定と分別の原因を、その政体以外、何に帰すことができようか。また、アテナイとローマのあの騒然とした政府をつくり出し、その結果、ついにはこれら二つの有名な共和国を破滅に追いやった欠点を、その本来の政体のうちに指摘することはたやすいことではなかろうか。さらにこの問題は特定の人びとの気質や教養にまずほとんど依存していないため、同じ共和国の諸部分を規制する形式と制度の相違だけのために、まさに同一の人びとによって、ある部分は賢明に管理され、他の部分では管理が不十分になることになる。これが実際ジェノヴァの場合だったことを、歴史家たちは知らせてくれている。というのは、この国が常に騒動、暴動、騒乱に満ちていたのに対して、民衆の大半が参加していたサン・ジョルジョ銀行（bank of St. GEORGE）は数時代にわたって最も誠実かつ賢明に運営されていたからである。(18)

最も公共精神に満ちた時代が、常に個人の美徳において最も優れた時代であるとは限らない。風習や習慣によって人間性や正義が人びとの気質に注ぎ込まれることがまずほとんどなかったような政体においても、優れた法律は秩序と中庸を生み出すことができよう。ローマ史の最も輝かしい時期は、政治的観点から見れば、最初のポエニ戦争の開始から最後のポエニ戦争の終結までの時期である。というのは、その時期に貴族と民衆との間に適正なバランスが、護民官が訴訟を起こして争うことによって保持されており、征服地の拡大によってまだ失われてはいいなかったからである。にもかかわらず、まさにこの時代に、毒殺という恐ろしい策略がきわめて一般化したため、一年も経たない間に、一人の執政官（*Prætor*）がイタリアのある地方で三〇〇〇人以上もの人びとをこの罪で死刑にし、[19] その上、彼にもたらされるこの種の告発は一層増加しているのが分かった。ローマ共和国のもっと初期の時代には、これと似た、あるいはむしろもっと悪い例がある。[20] 歴史上これほど称賛されている民族が、私的な生活ではこれほどまで道徳的に腐敗していたのであった。二回の三頭政治の時代に彼らが実際もっと有徳だったということを、私は疑わない。ところがその時代に、彼らはその共同の国家をずたずたに引き裂き、もっぱら暴君の選出のために、殺人と荒廃を地表にまき散らしていたのである。[21][22]

　したがって、ここに、あらゆる自由な国家において、自由が確保され、公益が考慮され、特定の人間の貪欲や野心が抑制され処罰されるような政治形態と制度を、最大の熱意を込めて主張する十分な誘因がある。人間本性がこれほど高貴な熱情に動かされやすいのを知ること以上に、人間本性に名誉を与えるものはない。また同じく、いかなる人であれ、その熱情の欠如を見ることほど、その人の心の卑しさを明確に示しうるものはない。友情と功罪を顧みないで、自分自身だけを愛するような人間は、最も厳しい非難に値し、また公共の精神に欠け、あるいは社会に対する関心をもたず、ただ友情だけに動かされやすいような人は、徳の最も大切な部分を欠いているのである。

　しかしこのことは、いまのところこれ以上、長々と力説するに及ばない問題である。党派心の強い人の激情をあおり立て、公益の名のもとに自らの党派の利益と目的を手に入れようと求めるような熱狂者は、いずれの側にもずいぶんといるものである。私としては、熱狂よりも中庸の精神を促進することをいつも好んでいる。とはいえ、あらゆる党派に中庸の精神をつくり出す最も確実な方法は、おそらく国家に対するわれわれの熱情を増大させることであろう。[23] それゆえ、できることならば、上に述べた原理から、現在わが国を二分している党派と関連して中庸の精神の教訓を引き出すことにしよう。それと同時に、この中庸の精神のために、自国の幸福を追求するに当たって一人一人の個人がもたねばならない勤労《インダストリ》と熱情を減退させることのないようにしよう。[24]

　最大の自由が許されているわが国のような政体では、大臣[25]を攻撃したり、あるいは弁護したりする人びとは、常に事態を極端なところまで運んでしまい、国家に関する彼の功績や落ち度を誇張する。彼の政敵は、必ず内政、外交政策のいずれの面でも、彼を最大の極悪無法者として非難する。政敵の説明によれば、彼にやれないような卑しむべき行為も犯罪もない。不必要な戦争、言語道断な条約、国費の濫費、苛酷な課税、あらゆる種類の失政が彼のせいにされる。その問責をさらに重くするために、彼の有害な行為が世界で最善の政体を破壊し、われわれの祖先がそれによって何世紀もの間、幸福に統治されてきた法律、制度、慣習に関するあの賢明な体系を混乱させることによって、後代の人びとにまで広く有害な影響力を及ぼすであろうと言われる。彼は自分自身が悪質な大臣であることにとどまらず、将来の悪質な大臣に対して備えられたあらゆる防御手段を取り除いてしまったことになる。

他方、この大臣の党派の人びとは、彼に対する糾弾と同じくらい高く賛辞を積み上げ、彼の施政のあらゆる面での、賢明・堅実で中庸を得た管理をほめ称える。国外で保持されたわが国の名誉と利益、国内で維持された公信用、抑制された迫害、和らげられた党争、これらの祝福すべての功績が、もっぱらこの大臣によるものとされる。同時にまた、彼は、世界で最善の政体に対する厳格な配慮によって、彼の他のすべての功績に最高の栄誉を与えることになる。というのは、この政体を彼はすべてそのまま変わらずに保持し、後代の人びとの幸福と安全となるように完全な形でそれを伝えたということになるからである。

このような非難や称賛が各党派の熱烈な支持者たちによって受け入れられるとき、いずれの側にも異常なまでの大騒ぎが生じ、国中が激烈な敵意に満たされることは驚くに当たらない。しかし私は、これらの党派的な熱狂者を喜んで説得することにしたい。すなわち、その非難と称賛のいずれにも明白な矛盾があり、またもしこの矛盾がなければ、どちらの側もそれほど過激に走ることはできなかったであろう。もしわが国の国制が本当に、何世紀にも及ぶ労苦によって建設され、幾百万ポンドの費用をかけて修理され、さらにあのような惜しみない血潮によって塗り固められた高貴な建造物、ブリテンの誇り、隣国民の羨望の的であるならば、[26] さらにもしわが国の国制が、いかなる程度にせよ、こうした賛辞[27]に値するものとすれば、議会で、また人民に駆使した最高の天才たちによって反対されながらも、弁舌とペンの自由を最大限に駆使した最高の天才たちによって反対されながらも、意気揚々と統治させるようなことを、わが国の国制が許すことはけっしてなかったであろう。しかし、もしもこの大臣が、これほど激しく主張されるほどよこしまで愚鈍であるとすれば、わが国の国制はその根本原理において欠陥をもっていなければならず、彼が世界で最高の形の政体を破壊するという非難は一貫性をもちえない。およそ国制は、それが失政に対する救済策を備えている限りでのみ、優れているからである。したがって、ブリテンの国制が最も活力をもち、またわが国古来の王家がわが国の国制の犠牲にされたあの〈名誉〉革命と王位継承のような二つの注目すべき事件によって修理されたのならば、[28] あえて言えば、そのような大きな長所をもったわが国の国制が、もし実際にはそのような救済策をなんら備えていないとすれば、われわれは、わが国の国制を破壊し、それに代わるより優れたものを建設する機会を与えてくれるような大臣なら、どのような大臣でも、むしろ恩義を受けることになるわけである。

この大臣を弁護する人びとの熱情を和らげるために、私は同じ論法を用いることにしたい。わが国の国制はそもそも言われるようにそれほどすばらしいのだろうか。そうだとすれば、内閣の変更はそれほど恐るべき出来事ではありえない。なぜなら、そのようなすばらしい国制にはどの内閣においても、国制を違反から守り、施政上のあらゆる無法行為を防止することがその本質として備わっているからである。わが国の国制はいったい言われるように非常に悪いのだろうか。そうだとすれば、内閣の変更のために、それほど異常なまでの警戒心や心配は不適切であり、この場合の心配は、娼婦と結婚した夫が、妻の不倫を防ごうと心配するのと変わらないものである。そのような政体では、国家にかかわることがらは誰に管理されようと必ず混乱状態になる。この場合には、必要なのはまさに哲学者の忍耐と柔和なのであって、愛国者の熱情などではない。カトーやブルートゥスの美徳と優れた意図は大いに称賛に値するが、しかし彼らの熱情はどんな目的に役立ったであろうか[29]。それはただローマ政府の死期を早め、そのけいれんと死の苦悶を一層激しく苦痛に満ちたものにしたにすぎない。

　国家にかかわることがらに関心をもち注意を払うことはまったく無駄だと、私が言っていると誤解しないでほしい。もし人びとが中庸を得て首尾一貫しているならば、その主張は受け入れられるであろうし、少なくとも検討されるであろう。カントリ派（*country-party*）は、わが国の国制は優れてはいるものの、ある程度失政を許すところがあり、したがって、もしあの大臣が悪ければ、適度の熱意をもって彼に反対することは適切であると、いまなお主張することができよう。他方、コート派（*court-party*）の方は、あの大臣は善良であるとの仮定に立って、彼の施政を同じくある程度の熱意をもって弁護することが許されるであろう。ただ私は、人びとがあたかも聖壇と聖火を守るかのように（*pro aris & focis*）戦い合い、党争の暴力で優れた国制を悪い国制に変えてしまわないように説得したいだけである[30]。

　私はここでは、現在の論争における個人的なことはまったく考慮に入れなかった。あらゆる人が最も厳格な法律により規制されるような最も優れた政治的な国制では、ある大臣の意図の善し悪しのいずれにせよ、それを見つけ出し、彼の個人的な性格が愛憎のいずれに値するかを判断することはたやすいことである。しかしそのような問題は、国家にとってはほとんど重要ではなく、したがってこうした問題についてペンをとる人は、まさに悪意かそれとも追従を疑われても仕方ないことになろう。

（1）政体なんか馬鹿者どもに争わせておけ、
　最高の施政こそが最高というもの。
『人間論』（*Essay on Man*）第三巻〔著者はアレグザンダー・ポープ（Alexander Pope, 1688-1744）〈イギリスの詩人〉で、一七三二―三四年に刊行された〕。〈上田勤訳、岩波文庫、二〇〇一年〉。

（2）〔フランス王（在位、一五七四―八九年）。その治世は内紛と宗教戦争が目立つ。彼はユグノーの新教徒圧迫に加えて、えこひいきで浪費がちな性格、そして困難な職務を嫌悪したことで記憶されている〕。

（3）〔フランス王（在位、一五八九―一六一〇年）のアンリ四世は宗教戦争の鎮静化に成功し、国内の財政と施政を改善し、スペインの企図をイングランドと連合王国との同盟によって抑制した。彼はナント勅令（一五九八年）の受諾を勝ち取り、ユグノーに対する宗教的寛容を拡大した」。

（4）〔A—P版では次の文が挿入されている。「逆の部類だが同様な相違は、エリザベス女王とジェイムズ王の治政を比較すれば、少なくとも外交問題に関しては、見出されよう」。
　この次の文にある「国の内外を問わず」はこれらの版では省かれている〕。

（5）〔A—Q版では次の文が挿入されている。「そして古来のイングランドの自由について数多くの賛辞が述べられているにもかかわらず、こうした専制政府がイングランドの政府でおおかた前世紀の半ば頃まで存在した」。A版とB版では「古来の……述べられているにもかかわらず」が省かれている〕。

（6）〔テベレ川からローマの丘陵地にのびる平地で、その名称はそこに建っていたマルスの祭壇に由来する。それは公共の集会、礼拝、取引の場として用いられていた〕。

（7）〔ヒュームが『人間本性論』でこの言葉を使用しているように、アプリオリな推論は経験により学んだ関係から抽象した観念と同等である。たとえばホッブズのような先行者たちのある者は、道徳哲学もしくは政治哲学をアプリオリな推論に根拠を求めようと試みたのに対して、ヒュームは道徳科学を、フランシス・ベイコンにより導入されアイザック・ニュートンによって利用された「実験に基づく推論方法」の上に樹立しようとしている。それにもかかわらず、ヒュームは『道徳・政治論集』では、政治的原理はアプリオリに、すなわち、問題とする事物についてのわれわれの観念ないし概念に基づく一般的推論によって特定の事例を参照せずに得ることができると、ときに主張している〕。

（8）〔キケロ（前一〇六—四三）『ガイウス・ウェッレスの最初の審問における弾劾の第一部』(*In C. Verrem Actio Prima*) 第一巻、第一四章、四一を参照〕。〈Marcus Tullius Cicero はローマきっての雄弁家であり、また政治家、哲学者であった〉。

［1］Gaius Cornelius Verres (d. 43? B.C.) はローマの政治家。

（9）〔ウェッレスは紀元前七三年から七〇年まで、ローマのシチリア総督であった。彼はシチリアで略奪を行い、数多くのはなはだしい残虐行為を犯した。前七〇年の任期の終わりに、彼はシチリア人を代表したキケロによって、ローマの強奪裁判所前で弾劾された〕。

（10）『年代記』第一巻、第二章。〔タキトゥス『年代記』第一巻、第八章、レーブ版〕。〈国原吉之助訳、上、岩波文庫、一九八一年、三二—四五頁〉。

［2］Titus Domitianus Augustus (51–96).

（11）スエトニウス「ドミティアヌス伝」。〔スエトニウス『ローマ皇帝伝』第八巻「ドミティアヌス伝」。ドミティアヌスは八一年から九六年までローマ皇帝であった〕。〈Gaius Suetonius Tranquillius (69–140?) はローマの文筆家。現存の作品には『ローマ皇帝伝』(*De vita Caesarum*)（国原吉之助訳、上・下、岩波文庫、二〇〇七年）と『名士伝』(*De viris illustribus*) の一部がある〉。

［3］Tiberius Claudius Nero Caesar (42 B.C.–37 A.D.).

（12）「それは独立を奪回する千載一遇の好機であった。彼らは、自らの手段によって、ただ、イタリアの孤立無援と、首都の平民の戦争嫌いと、外国出身の兵士の感化がなければ、ローマの軍隊がいかに惰弱であるかに目をとめるだけでよかった」(*Egregium resumendae libertati tempus, si ipsi florentes, quam inops* ITALIA, *quam imbellis urbana plebs, nihil validum in exercitibus, nisi quod externum cogitarent*) タキトゥス『年代記』第三巻。〔第三巻、第三章、第四〇節（レーブ版、John Jackson 訳）〕。〈国原吉之助訳、上、二〇五頁〉。〔A版では「ウェスパシアヌスの」とあるが、参照箇所は示されていない〕。

（13）第一巻、第七二章。〔ポリュビオス (Polybius, 260?–120? B.C.)『歴史』第一巻、第七二章〕。

（14）〔この文と注(10)(11)はK版で追加された〕。

（15）〔一五世紀半ばから一七世紀初期までの大部分の期間、コルシカ島はジェノヴァ共和国による圧制的で腐敗した支配下にあった。ジェノヴァの権力に対する反乱が一七世紀半ばにしばしば生じた。ジェノヴァはコルシカを征服することはできないと認め、また敵対的な権力をもって占領することを恐れ、最終的には一七六八年にコルシカをフランスに割譲した。コルシカはときにフランスの管理を求めたけれども、一七六八―六九年の征服戦争がフランスの権力を樹立するのに必要であった〕。

［4］Alexandros Magnus（356–323 B.C.）はマケドニア王。在位、前三三六―三二三年。

（16）〔ニコロ・マキアヴェリ（Niccolò Machiavelli, 1469–1527）『君主論』第四章を参照。〈佐々木毅訳、講談社学術文庫、二〇〇四年〉。アレクサンドロス大王（前三五六―三二三）は、ダレイオス三世支配下（前三三六―三三〇年）のペルシア帝国の軍勢を破ったのち、広大なマケドニア―ギリシア帝国を樹立した〕。

（17）私はマキアヴェリの推定に従って、古代ペルシアには貴族はいなかったものと仮定した。けれども、このフィレンツェの書記は、ギリシアよりもローマの著作家に通じていたとみえ、この点では間違っていたのではないかと思われる理由がある。もっと古い時代のペルシア人の風習がクセノフォンによって記述されているが、その頃には彼らは自由な国民であり、貴族はいたのである。彼らの貴族（*ὁμότιμοι*）〔主要な貴族たち。クセノフォン（前四二八？―三五四？）『キュロスの教育』第二巻、第一章、第九節を参照〕は、彼らが征服を拡大し、その結果その政体が変化してしまった後でさえ存続した。アッリアノスはダレイオス時代のペルシアの貴族に言及している。『アレクサンドロス大王東征記』第二巻〈一、一一、大牟田章訳、上、岩波文庫、二〇〇一年、一四六頁〉である。〈Arrianus（96?–180?）はギリシアの歴史家、為政者。主著は『アレクサンドロス大王東征記』七巻など〉。歴史家たちもまた指揮権をもった人物を名門の人びとであったとしばしば述べている。クセルクセスのもとでメディア人の総帥であったティグラネスは、アクメネスの家系の者であった。ヘロドトス『歴史』第七巻、第六二章。〈松平千秋訳、中、岩波文庫、二〇〇七年〉。アトス山周辺の運河開削を指導したアルタケアスもこの同じ家系の者であった。同上、第一一七章。メガビュススはマゴス人に対する反乱を共謀した著名な七人のペルシア人の一人であった。彼の息子のゾピュルスはダレイオスのもとで最高指揮権を握り、〈攻略した〉バビロンを王に引き渡したのであった。彼の孫のメガビュススは軍勢の指揮をとり、マラトンで勝った。彼のひ孫のゾピュルスもまた名士であり、ペルシアを追放された。ヘロドトス、第三巻。トゥキュディデス、第一巻。〔ヘロドトス『歴史』第三巻、第一六〇章。トゥキュディデス（Thucydides, 472? - after 400 B.C.）『ペロポネソス戦争』第一巻、第一〇九章〕。アルタクセルクセスのもとでエジプトで軍勢を指揮したロサケスもまた、あの反乱を共謀した七人の一人の子孫であった。シチリアのディオドロス〔Diodorus Siculus (1st cen. B.C.)〕、第一六巻。〔『歴史文庫』第一六巻、第四七章〕。クセノフォン『ギリシア史』（*Hellenica*）第四巻〔第一章〕によれば、アゲシラオスが同盟者のコテュス王と、コテュスのもとを去ったペルシアの貴族であるスピトリダテスの娘とを結婚させたいと願い、コテュスにまず最初に尋ねているのは、スピトリダテスの家柄である。これに対してコテュスは、名門の一つだと答えている。アリエウスは、クレアルクスと例の一万人のギリシア人によって主権を提供されたさい、あまりにも身分が低すぎるとして受け取らずに、あれほど多くのペルシア人の名門家たちは自分の支配に我慢することはないだろうと言った。同上、『遠征』第二巻。〔クセノフォン『キュロスの遠征』第二巻〕。さきに言及したペルシア七名門家系の後継者のうちには、アレクサンドロス大王のすべての後継者が統治した間、存続した家系もあった。アンティオクスの時代におけるミトリダテスは七名門家の一つの血を引くと、ポリュビオスが言っている。第五巻、第四三章。アルタバゾスは、アッリアノスが言っているように、*ἐν τοῖς πρώτοις Περσῶν*〔最高位のペルシア人の一人〕とされていた。第三巻。〔第二三章〕。また、アレクサンドロス大王が一日のうちに部将のうち八〇人をペルシアの女性と結婚させたとき、彼の意図は明らかに、マケドニア人とペルシアの最高の名門家系とを同盟させることであった。同上、第七巻。〔第四章〕。シチリアのディオドロスが述べているように、彼女たちはペルシアにおける最高の名門の生まれであった。同上、第一七巻。〔第一〇七章〕。ペルシアの政体は専制的であり、多くの点で東洋の方式によって運営されたが、しかし貴族のすべてを撲滅し、身分や序列を同一視するほど極端にはならなかった。その政体は、自らの功績やその家系によってやはり偉大な人びとを、その官職や権限とは関係なく、そのままに残しておいた。マケドニア人がなぜペルシア人をあれほど容易に支配し続けたのかという理由は、他の原因によるものだったのであり、それは歴史家たちのうちに容易に見出しうるところである。といっても、マキアヴェリの推論は、この場合にはその適用がいかに疑わしいとしても、それ自体は正当なものであることは、認められねばならない。〔この注はK版で追加された〕。

(18)「同一の城壁の内部の同一の市民たちのなかで、自由と専制、文明化された生活と堕落した生活、正義と放縦とを見ることは、きわめて珍しい実例であって、哲学者たちが想像したり見たりした国家にも、一度も見られなかったものである。というのも、この体制のみが、古くて尊重すべき習慣に満ちているこの都市を維持している唯一のものだからである。それは時が来れば、とにかく必ずそうなるであろうが、もしもサン・ジョルジョ銀行が、この都市全体を占拠することになれば、これはヴェネチア共和国以上に記憶すべき国家となるであろう」(*Essempio veramente raro, & da Filosofi intante loro imaginate & vedute Republiche mai non trovato, vedere dentro ad un medesimo cerchio, fra medesimi citadini, la liberta, & la tirannide, la vita civile & la corotta, la giustitia & la licenza ; perche quello ordine solo mantiere quella citta piena di costumi antichi & venerabili. E s'egli auvenisse (che col tempo in ogni modo auverrà) que* SAN GIORGIO *tutta quel la città occupasse, sarrebbe quella una Republica piu dalla* VENETIANA *memorabile)*『フィレンツェ史』第八巻。〔マキアヴェリ『フィレンツェ史』第八巻、二九〕。〈米山喜晟・在里寛司訳『マキァヴェッリ全集』第三巻、二九、筑摩書房、一九九九年〉。〔ジェノヴァ共和国は、ヴェネチアとの戦いのあと、債権者たちへの支払いができず、戦時国債が清算されるまで、債権者に税関収入を譲り渡した。サン・ジョルジョ銀行という名称を手にした債権者たちは、自らのうちに評議員会と執行部をもったある政治形態を設立した。ジェノヴァは信用をこの銀行に頼り、担保として首都、城、領土を当てるようになり、その結果、最終的には、この組合はジェノヴァが支配する町や都市の大部分をその管理下に置くようになった〕。

(19) ティトゥス・リウィウス〔前五九―後一七〕、第四〇巻、第四三章。〔『ローマ史』(首都の創設から)第四〇巻、第四三章。ポエニ戦争はローマ人とカルタゴ人との間で戦われた。第一回は前二六四年に始まり、最後の第三回はカルタゴの滅亡をもって前一四六年に終結した。平民 (Plebeians) によって護民官が選出され、貴族 (Patricians) に対抗して自分たちの利益を代表した。執政官は上級の司法官吏ないし地方の知事であった〕。

(20) 同上、第八巻、第一八章。

(21) 鷲の軍旗に対して鷲の軍旗を押し立てて、ローマ人とローマ人とが
ただ専制君主を選ぶためだけに戦っている。
コルネイユ

〔この詩句は、ピエール・コルネイユ (Pierre Corneille, 1606-1684) によって、一六四〇年後期もしくは一六四一年初期に出版された悲劇『シンナ』第一幕、第三場からおおざっぱに採られている。「鷲の軍旗に対して鷲の軍旗を押し立てて」は、その八行あとに次のように続く。「ローマ人とローマ人とが、血族と血族とが／ただ専制君主を選

ぶためだけに戦っている」。皇帝アウグストゥスを暗殺してローマに自由を回復させようとたくらんでいるシンナ〈キンナ〉は、仲間たちを扇動する努力を次のように述べている。「私はあの恐ろしい戦争の絵を描いた／野蛮なローマが自殺に転じたとき／四方八方でローマの鷲が鷲に襲いかかったとき、陣容を整えた軍団がその自由に抵抗した／最強の兵士と最も勇敢な指揮者が／奴隷となる名誉のために戦ったとき／確かに足かせの恥辱を受けることをよしとしたとき／誰もかれもが競って全世界をその鎖につなぎとめようとした／そしてそれを主人に与える卑しい名誉／すべての者に反逆者の卑劣な名称を抱きしめさせ／ローマ人がローマ人に抗し、親族が縁者に抗する／ただ専制君主を選ぶためにのみ戦った」。Samuel Solomon による訳（New York : Random House, 1969)。ヒュームが言及している「三頭政治時代」は、前六〇年のいわゆる第一次三頭政治（ユリウス・カエサル、ポンペイウス、クラッスス）の成立から、第二次三頭政治（オクタウィアヌス、マルクス・アントニウス、レピドゥス）がついに崩壊し、オクタウィアヌスが初代ローマ皇帝（アウグストゥス）となる道を開いた紀元前三一年に及んだ」。

(22)［このパラグラフはD版で追加された］。

(23)［D—N版では一七四二年という日付があった］。

(24)［のちに、このエッセイでヒュームは、彼の時代の党派区分をコート派とカントリ派との区分と見ている。ボリングブルックによるこれらの言葉の使い方については注21〈本訳書では注(26)〉を参照。ヒュームはブリテンの党派について以下のエッセイで論じている。「グレイト・ブリテンの党派について」〈本訳書第I部〉、「絶対的服従について」、「党派の歩み寄りについて」、および「新教徒による王位継承について」〈いずれも本訳書第II部〉］。

(25)［以下に続くところで、ヒュームは彼の時代のある特定の大臣、すなわちロバート・ウォルポール卿〈Lord Orford, Robert Walpole (1676–1745). ウイッグ党の政治家。一七一五—一七年および一七二一—四二年の間、首相兼蔵相として政権担当。イギリスの自由貿易と近代植民政策に貢献した〉に対して激しく続いた論争を念頭に置いている。一七二一年から四二年までの最初の大蔵大臣として、ウォルポールは国王の任命権を巧みに利用して議会を意のままに支配し、下院の多数派を支配下に置いた。ウォルポールは通常イングランドの初代首相とみなされているが、この言葉はウォルポールの政敵によって用いられたものである。ヒュームの『道徳・政治論集』一七四二年版に、「ロバート・ウォルポール卿の性格」と題したエッセイが現れた。一七四八年と一七六八年の間に出版された諸版では、それはこのエッセイ「政治は科学になりうる」の終わりに、脚注として印刷された。この脚注は一七七〇年以降の諸版では省かれた。ウォルポールに関するヒュームのエッセイは、本書のなかの「撤回されたエッセイと未刊エッセイ」〈本訳書第III部〉で見ることができる］。

(26)『党派論』書簡、一〇。［これは一七一二年にボリングブルック子爵となったヘンリー・セイント・ジョン（Henry St. John, 1678–1751）によって書かれた。議会ではトーリー党の支持者であり、一七一〇年から一四年の間、国務相を務めたボリングブルックは、一七一五年に追放され、ジョージ一世の即位後、弾劾状がロバート・ウォルポールによって下院に提出された。ボリングブルックが王位要求者のジェイムズ三世と政治的にうわついたことは、一七一四年から六〇年にわたるウイッグ支配期に、トーリー党の評判を下げることに役立った。一七二五年にロンドンに戻って以後、彼はウォルポール下のウイッグ政権に反対する雑誌、『クラフツマン』(*The Craftsman*) にその後一〇年間にわたって寄稿した。一七三三年に『クラフツマン』に現れたボリングブルックの『党派論』(*Dissertation Upon Parties*) は、ウォルポールに対する激しい論難である。ボリングブルックの主張によれば、トーリー党とウイッグ党との昔ながらの区別はもはや存在しない。両党派のいずれも、今は国制党ないしカントリ（在野）党を形成し、国王の新しい影響力に対して議会の独立を確保することによって、ブリテンの国制を保持することを求めている。他方、ウォルポールの反国制党ないしコート（宮廷）派は、国王の権力を拡大し、議会を絶対的な依存状態に引き下げようと企てているのである〕。

(27)〔eulogies（賛辞）は、A—D版ではElogiumsとなっている。この言葉はこの論集でしばしばこう書かれている〕。

(28)〔ヒュームはここで、ジェイムズ二世を退位させた一六八八年の名誉革命と、その後の、彼の娘のメアリとその夫、オランダの総督だったオレンジ公ウィリアムの即位に言及している。ウィリアム三世は一六八九年から九四年にメアリが死ぬまで、メアリと共同で統治し、その後は一七〇二年まで単独で統治した。ウィリアムの王位はジェイムズ二世の次女でステュアート家最後の君主であるアンによって継承された。一七〇一年の王位継承令によって、王室の家系は、アンの死後（一七一四年）ハノーヴァー家になった〕。

(29)〔この言及はおそらく〈小〉カトー（Cato Uticensis, 95–46 B.C.）に対するものであろう。彼は著名な政治家、著作家、雄弁家である〈大〉カトー（Cato Censorius, 234–149 B.C.）のひ孫である。小カトーはマルクス・ユニウス・ブルートゥス（Marcus Junius Brutus, 85?–42 B.C.）の叔父であった。ブルートゥスはのちにカトーの娘、ポルキアと結婚した。カトーとブルートゥスは、内乱においてユリウス・カエサルに反対しポンペイウスを支持した。カトーはサプススでのポンペイウスの敗北直後、紀元前四六年に自殺した。ブルートゥスはカエサルにより恩赦を受けたが、のちにカエサル殺害（前四四年）に至った愛国者による陰謀の指導者となった〕。

(30)〔D—P版では注で周知のロバート・ウォルポール卿の性格が述べられている。グリーンとグロースがここで言及している脚注の説明としては、「撤回されたエッセイと未刊エッセイ」〈本訳書第III部〉第八エッセイ「ロバート・ウォルポール卿の性格について」の注(1)を参照〕。

IV　統治の第一原理について

人間社会の事象を哲学的な目で考察する人には、多数者が少数者によってやすやすと支配されているあのたやすさと、人びとが自分たちの見解や情念を自分たちの支配者のそれに譲り渡すあの盲目的な従順さほど、驚きに思われるものはない。こうした驚くべきことがどのようにして生じるのかを調べれば、**力**（FORCE）はいつも被治者の側にあり、支配者には自分たちを支えるものは世論以外に何もないということが分かるであろう。それゆえ、統治の基礎となるものはただ世論だけである。そしてこの原理（maxim）は、最も自由で最も民衆的な政体だけでなく、最も専制的で最も軍事的な政体にも当てはまるものである。エジプトのスルタンやローマの皇帝は、罪のない被治者をその意見や意向に逆らって、動物と同じく酷使することができたであろう。しかし彼は、少なくともマムルーク騎兵隊（*mamalukes*）や皇帝の近衛兵（*prætorian bands*）は、人間と同様に扱い彼らの意見に従って率いたに違いない。

世論には二種類のもの、すなわち**利益**（INTEREST）に関する世論と**権利**（RIGHT）に関する世論がある。利益に関する世論ということで、私が主に理解しているのは、現に樹立されている特定の統治が、他のたやすく樹立することができた統治と同じく有益であるという確信とともに、統治から得られる全般的利益に関する思慮分別である。こうした世論が一国の大部分や、もしくは力を掌握している人びとの間に広く行きわたるとき、それはどんな統治にも大きな安全をもたらす。

権利には二種類のもの、すなわち**権力**（POWER）に対する権利と**財産**（PROPERTY）に対する権利がある。最初の種類の権利に関する世論が人類に対してもっている効果は、すべての国の国民が古来からの政体に対してもつ愛着、さらにまた旧家と認められた家系に対してもつ愛着の念を見れば、たやすく分かるであろう。古くから続いているということがいつも権利に関する世論を生み出すのであり、人類についてわれわれが抱く見解がいかに不都合であっても、公的な正義を保持するに当たっては、人類はいつも生命と富のいずれをも気前よく使うのが分かる[1]。実際、一見したところ、現在以上に大きな矛盾が人間の精神のうちに現れるようなことは他には見られない。党争を実行しているとき、人びとは、恥も良心の呵責もなく、自分の党派に尽くすため、名誉と徳性のきずなをすべて無視しがちになる。ところがそれにもかかわらず、党争が権利や原理(Principle)に関連して形成される場合以上に、人びとがこれ以上に激しい執拗さと、正義と衡平に関するこれ以上の断固たる思慮分別に気づく場合は、まず見られない。人間が一様にもつ社会的な気質こそが、こうした矛盾した現象の原因なのである。

財産に対する権利に関する世論が統治のすべてのことがらにおいて重大であることは、十分よく理解できる。ある有名な著述家は財産をすべての統治の基礎であるとし[2]、またわが国の政治論評家の大部分は、この点で彼の見解に従う傾向が見られるようである。これはことがらをあまりにも極端にしすぎるが、それでもなお、財産権に関する世論がこの問題において大きな影響力をもつことは認められねばならない。

したがって、公的な利益、権力に対する権利、財産に対する権利に関するこれら三つの世論こそが、あらゆる統治と、また少数者が多数者に対してもつ一切の権威の基礎をなすものである。なるほど、自己利益(self-interest)、恐怖、愛着心といったような原理は、これらの世論の力を増強したり、その働きを決定し限定したり、あるいは変更したりする。しかしそれでもなお、こうした他の原理はそれだけではなんの影響力ももつことができず、上述した世論の先立つ影響力を前提とするものであると、主張できよう。したがって、それらは統治の二次的な原理であり、本来の原理とみなされるべきではない。

というのは、第一に、自己利益については、私はその意味を、われわれが統治から受け取る一般的な保護とは区別される特定の報酬に対する期待と考えているが、このような期待が生じるためには、元首(magistrate)の権威が前もって確立しているか、少なくとも期待されていなければならない。一部の特定の人びとに関しては、そのような報酬の見込みが元首の権威を高めることがあろう。しかし社会に関しては、その見込みがそのような権威を生み出すことはけっしてできない。人は生来最も大きな恩恵を友人や知人から期待するものであり、それゆえ、もしなんらかの特定社会の仲間が元首の権威に対して自己利益の他に主張しうるなんの資格ももたず、また人びとの世論に対してなんら特別の影響力をもたなければ、このような特定の人びとに国家の相当多数の人びととの期待が集中することはけっしてないであろう。これと同じことは恐怖と愛着心という他の二つの原理にも当てはまるであろう。もし暴君の権威が恐怖以外の何ものにも基づかないのならば、彼の激怒を恐れる理由など誰にもないであろう。なぜなら、一人の人間としては、彼の腕力が及ぶのはわずかな範囲にすぎず、また彼がもつこれ以外の力はすべてわれわれ自身の意見か、それとも他の人びとの思い込みによる意見かに基づかなければならないからである。またたとえ元首における英知と有徳に対する愛着心が非常に広大なもので、大きな影響力をもつ場合でも、それにもかかわらず、彼はあらかじめ公的な性格を与えられていることが前提されなければならない。そうでなければ、社会が彼に対してもつ敬服は彼にはまったく有利に働かず、彼の徳は狭い範囲を超えて影響力をもつこともないであろう。

たとえ〈政治〉権力上の釣り合いと財産上の釣り合いとが一致しなかったとしても、ある統治がかなりの時代にわたってもちこたえることもできよう。これは主として、その国家のある身分や階級が財産の大部分を手にしてはいるが、その国本来の国制のため、権力にあずかるところがないといった場合に生じる。このような階級のうちの個人はいったいどのような口実のもとに、国家にかかわることがらにおける権威をわがものにしようとするだろうか。人びとは通常、古来からの政体に大きな愛着心をもっているので、国民がそのような権力の簒奪に好意をもつなど期待されるはずもない。しかしその国本来の国制が、大部分の財産を所有している階級の人びとに、たとえわずかであっても、権力を分かつことを許す場合には、そうした人びとが次第にその権力を拡大し、権力の釣り合いを財産の釣り合いに一致させることはたやすいことである。これはイングランドの下院での実情であった。

ブリテンの政体を論じたたいていの著作家たちは、下院がグレイト・ブリテンのすべての民衆を代表するので、下院がその割合上に占める重みは、それが代表するすべての人びととの財産と権力に比例するものと考えてきた。しかしこの原理は絶対的に正しいと理解されてはならない。というのは、民衆がわが国の国制の他の構成要素よりも下院に対してより大きな愛着心をもつ傾向がある――下院は民衆によって自分たちの代表者として、また自分たちの自由の公的な保護者として選出されているのだから――にせよ、それにもかかわらず、とくにウィリアム王〈三世〉〔1〕の治世下におけるトーリー支配の下院に見られるように、下院が国王と対立しているときでさえ、民衆は下院について行かなかった事例があるからである(3)。もしかりに、オランダの代議士のように、議員が選挙人から指図を受けざるをえなかったのならば、事態はまったく変わっていたであろう。そしてもしグレイト・ブリテンの民衆のすべてがもっているような巨大な権力と富が秤りにかけられていれば、国王があれだけ多数の民衆を左右したり、あるいは民衆のもつ財産の釣り合い上の超過にもちこたえることができるなどということは、容易に考えることができない。なるほど国王は議員の選出に当たって国民全体に対して大きな影響力をもっているが、もしかりにこの影響力――現在は七年に一度行使されるにすぎないが――が民衆を味方に引き入れて投票させるのに使われるならば、間もなく使い尽くされてしまい、どのような手腕や人気や歳入をもってしても、この影響力を維持することはできないであろう。したがって、この国王のもつ影響力に変化が生じると、それはわが国の政体に全面的な変質をもたらし、間もなく純粋な共和政体、しかもおそらく、不都合ではない形態の共和政体となるものと考えざるをえない。というのは、民衆は、ローマの諸部族のように一つの集団となると、政治にまったく不向きであるとはいえ、それにもかかわらず、小さな集団に分散した場合には、彼らは思慮分別と秩序のいずれもともに受け入れやすくなり、民衆の風潮が振るう力は大いにさえぎられ、したがって公共の利益がある程度、秩序と不変性をもって追求されることになるからである。しかし、グレイト・ブリテンで起こりそうにもない、そしてまたわが国のどの党派もその目的としないと思われるような政体について、これ以上推論することは無用なことである。そのような危険な目新しいものに熱中せずに、わが国古来の政体をできる限り大事にし改善してゆくことにしよう。(4)

（1）〔A—P版では以下のような挿入がある。「このような激しい感情を熱狂と呼んでもよかろう。あるいは好きな名称を与えることもできよう。しかし、もしそれが人間社会のことがらに及ぼす影響力を無視するような政治家がいれば、それはただ自らをごく狭い理解力の持ち主であることを示すだけであろう」。

A版とB版では、このパラグラフの後の部分が省かれている〕。

（2）〔おそらくジェイムズ・ハリントン（James Harrington, 1611–1677）、『オセアナ共和国』（一六五六年）の著者のことであろう。彼は政治権力の釣り合いは財産、とくに土地財産の釣り合いに依存すると主張した〕。

［1］William III（1650–1702）はイギリスの王。在位、一六八九—一七〇二年。名誉革命のさい、議会の招請に応じてイギリスに渡り国王となった。

（3）〔一六九八年から一七〇一年の期間に、トーリー支配下の下院は、ウィリアム三世がフランスのルイ一四世に対してヨーロッパの安全を守るために採った政策に反対した。ケント州は一七〇一年にロンドンに請願者を送り、下院の国王への不信と歳出採決の遅れに対して下院に小言を言ったため、請願者たちは逮捕された。このケント州の請願者の処遇に対する公然たる反感は、『無数の請願書』（*Legion Memorial*, 1701）と呼ばれたウイッグのパンフレットで表された。この『ケント州請願』（*Kentish Petition*）と『無数の請願書』は、この下院との争いにおいて、民衆の意見が国王に味方するものであったことを示していた〕。

（4）〔A—N版では以下のパラグラフが追加される。「この問題を終えるに当たって述べておきたいことは、〈選挙人からの〉指図に関して現在行われている政治論争は実にたわいのないものであり、両党によるその処理に見られるように、まったく決着をつけることができないということである。カントリ派の方では、議員はあたかも大使や将軍がその命令に縛られるように、そうした指図に絶対従わなければならず、そのような指図と一致する限りでしか、議員の投票は議会で受け付けられるべきではないなどと主張してはいない。同じくコート派でも、民衆の意見は各議員にとってなんの重要性ももつべきでないなどとは主張してはいない。ましてや彼が代表する人びとや、彼ととくに関係の深い人びとの意見を無視すべきだなどと主張したりしているのではない。それに、もしそのような人びとの意見が重要なものであれば、彼らはなぜそれをはっきりと言い表すべきでないのか。だから問題は指図に付けられるべき重要さの度合いに関してだけである。しかし言葉は本来、そのようなさまざまな度合いをはっきりと言い表すことは不可能である。したがって、もしこの問題について論争を続けようとすれば、言葉は違うが、それにもかかわらず意見は一致しているとか、あるいは意見は違うが、言葉は一致しているといったことが起こりかねないであろう。その上、議会に提出されることがらの多様さや、議員が代表する地域の多様さを考慮すれば、こうした度合いの違いを見つけ出すのはいかに不可能なことであろうか。**トットニス**（TOTNESS）の指図はロンドンのそれと同じ重要性をもつべきであろうか。あるいは、対外政治に関連した協定（*Convention*）についての指図は、わが国の国内問題だけに関連した内国消費税についてのそれと同じだけの重要性をもつべきであろうか」）。

V　統治の起源について①

人は家族のうちに生まれ、必要から、そして生まれながらの傾向や習慣から、社会を維持することを余儀なくされる。さらに進歩すれば、この同じ被造物は、正義を行うために政治的社会を樹立することに従事する。正義がなければ、彼らの間に平和も安全も相互の交際もありえないからである。したがって、わが国の巨大な統治機構のすべては、究極的には正義を分け与えること、換言すれば十二裁判官（twelve judges）の維持以外に他の目的ないし意味をもたないとみなすべきである。国王と国会、海軍と陸軍、宮廷と収税のための官吏、大使、大臣、枢密顧問官は、結局、すべてこの正義を行うという目的に従うものである。聖職者でさえ、その職務はことの善悪を説くことになるので、この世に関する限り、彼らを聖職者に叙任する有用な目的はこの他にはないと考えてもよかろう。

平和と秩序を維持するのに正義が必要であることはすべての人が気づいているし、またすべての人は社会の維持のために平和と秩序が必要であることに気づいている。しかし、このはっきりした明白な必要性にもかかわらず、われわれの本性のもつ脆さ、もしくは道を踏みはずしやすい傾向は根強く、人びとに、誠実に誤りなく、正義の道を歩き続けさせることは不可能である。自身の不正義が社会的結合にもたらす破壊による損失よりも、詐欺や略奪によって自身の利益をもっと増大させうるような法外な事態が起きることがありうる。しかしもっとはるかにしばしば起きるのは、多くの場合ごく取るに足りない誘惑であるとはいえ現下の利害に誘惑され、そのため重大で重要ではあるが遠く離れた利害を見失ってしまう場合である。この重大な弱点は人間本性における不治のものである。

したがって、この不治の弱点を緩和する努力をしなければならない。人びとは何人かの人を、正義を守る為政者という称号のもとに任命しなければならない。彼らに固有な職務は、公平でかつ正しい法令を指し示し、違反者を罰し、詐欺と暴力を矯正し、人びとに、いかに不承不承であろうとも、彼ら自身の真の永続的な利害を考慮せざるをえないようにすることである。

一言で言えば、**服従**（OBEDIENCE）こそが、**正義**（JUSTICE）の義務を支えるために考案されねばならない新しい義務なのである。そして公正に関する束縛は忠誠に関する束縛によって確実なものとされなければならない。

しかしそれでもなお、問題を抽象的な観点から見れば、こうした〈二つの義務の〉同盟によっては何一つ得るところがなく、しかも服従という人為的な義務は、まさに人為的という本質上、本源的で自然的な正義の義務と同様に、人間精神の支配力としては微々たるものだと考えうるであろう。自身に固有の利害と目前の誘惑は、正義の義務だけでなく、服従の義務にも打ち勝つ。それらの義務は等しく同じ不都合を露呈する。だから、悪しき隣人になる傾向をもつ人間は、思慮分別があろうがなかろうが、同じ動機によって導かれ、悪しき市民や被治者にならざるをえない。言うまでもないが、為政者自身が正義を行う上で怠慢もしくは不公平、あるいは不公正であることもしばしばありえよう。

しかしながら、経験が明らかにしているように、それら二つの義務の間には大きな相違がある。実際、社会の秩序は〈正義の義務によるよりも〉統治によってはるかによく維持されており、また為政者に対する義務は、われわれの同胞市民に対する義務よりも、人間本性の諸原理によってはるかに厳重に守られている。支配欲というものは、人間の胸中にあってきわめて強力であるため、多くの人が統治に関するすべての危険、労苦、気苦労を甘受するばかりでなく、それを進んで引き受けようと努める。そしてひとたびその地位にのぼると、人びとは、しばしば私的感情に惑わされるとはいえ、普通の場合、正義の公平無私な執行に明白な利益を見出すものである。民衆の暗黙の、あるいは明示的な同意によって最初にこの栄誉を手にする人物は、人びとの尊敬と信頼を一身に集めるような武勇、腕力、誠実、あるいは慎慮といった優れた個人的資質を賦与されていなければならない。そして統治が確立されたあとは、生まれ、階級、地位に対する尊敬の念が人びとに強大な影響力をもち、為政者の法令に力を与えることになる。君主あるいは指導者は社会を混乱させるあらゆる無秩序に大声をあげて反対する。彼はその党派の全員とすべての高潔誠実な人びとを召集し、その人びとは無秩序を矯正しそれを取り除こうとする彼を助ける。そして彼はその職務の執行において、公平なすべての人びとから即座に支持される。彼は間もなくこうした尽力に報いる権限を手に入れることになる。そして社会がこのように進展するなかで、彼は配下に大臣たちをもち、しばしば軍隊を設け、これらの大臣や軍隊は、彼の権威を支持することに直接的で明白な利益を見出す。やがて習慣が、人間本性の他の諸原理が不完全にせよ築き上げたものを強固なものにする。そして人びとは、ひとたび服従に慣れると、自分たちとその祖先が変わらずに歩いてきた、しかも非常に多くの差し迫った明白な動機によって従わされてきた道から、逸脱することなどけっして考え及びもしないのである。

しかし、人間がなすことがらの進展が確実で不可避のように見えるとはいえ、また忠誠が正義に対してもたらす支えが人間本性の明白な諸原理に基づくものであるとはいえ、人びとがあらかじめそれらの原理を発見できるとか、あるいはそれらの原理の作用を予見できるとか、そういうことは期待することができない。統治はもっと偶然的でもっと不完全な姿で始まるものである。一人の人間が多数の人びとの上に最初に立ったのが戦争状態のときであったことは、おそらく確からしい。戦争状態のときには、勇気と天分の卓越が最も目に見えて現れ、合意と協力が最も不可欠であり、無秩序の有害な結果が最も敏感に感じられるからである。この戦争状態の長期にわたる継続——これは未開の部族の間ではありふれたことである——が人びとを服従に慣れさせることとなった。そしてもしもこの族長が慎慮と勇気と同じく、公平の徳の持ち主であれば、彼は平時にさえ、あらゆる不和争いの裁決者となり、強制力と同意を織り交ぜ、次第に彼の権威を確立することができた。彼の影響力から目に見えて感じとることのできる利益によって、少なくとも彼らのうちの平和的で気立てのよい人びとは、彼の影響力を尊重した。そして、もし彼の息子が彼と同じ優れた資質の持ち主であれば、統治はそれだけ早く成熟と完成へと進んだ。しかし、それでもなお、統治は、さらに事態が進展して改善され、為政者に歳入が確保され、彼がその施政に役立つさまざまな人びとに報賞を与え、他方、手に負えない不服従の者に対して懲罰を課すことができるようになるまでは、脆弱な状態にあった。これ以前の時期では、彼の影響力の行使はどれもその場その時のものであり、その場合の特有な事情に基づくものであった。しかしそれ以後は、服従は、その社会の大多数の人びとにとってもはや選択の問題などではなく、至高絶大な為政者の権威によって厳格に強制されたのであった。

あらゆる統治には、**権威**（AUTHORITY）と**自由**（LIBERTY）の、公然たる、もしくは隠然とした不断の内部闘争がある。しかもこの争いにおいては、権威と自由のどちらも絶対的な勝利を得ることはまず不可能である。自由の大きな犠牲はどの統治においても必然的に行われるに違いない。にもかかわらず、自由を閉じこめる権威さえも、いかなる政治組織においても、まったく完全でなんの抑制も受けないものになることはありえず、またおそらくけっしてなるべきでもなかろう。イスラム教国の君主はどのような個人であれ、その生命と財産を意のままに支配することができる。しかしその被治者に新しい税を課すことは許されないであろう。これに対して、フランスの国王は税を好きなときに課すことができる。しかし個人の生命と財産を奪おうとするならば、それが危険であることを知ることになろう。たいていの国では、宗教も非常に扱いにくい原理をもつと一般的に見られており、またその他の原理や先入観もしばしば、世俗の為政者のあらゆる権威に抵抗する。というのは、世俗の為政者の権威は世論に基づいているので、支配に対して彼がもつ資格を支える世論と同じ根をもつ他の世論を、その権威が覆すことはけっしてできるものではない。普通の用語で自由という名称をもつ政体は、何人かのメンバーの間で権力を分割することを認めるものである。それらのメンバーがもつ権力を合わせて一体となれば、それはいかなる君主の権力にも劣らないか、もしくは普通それよりも大きい。しかし、統治の通常の過程では、それらのメンバーは前もってすべてのメンバーとすべての被治者とに知られている一般的で平等な法によって行動しなければならない。この意味で、自由は政治社会（civil society）の完成であることが認められねばならない。しかしそれでもなお、権威は政治社会の存続そのものにとって不可欠であると認められねばならない。したがってこのために、自由と権威との間にしばしば生じる争いにおいて、権威は優先権を求めることができよう。ただしその場合には、人はおそらく次のように言うことができよう（そしてそれはそれなりの根拠があって言えるであろう）。すなわち、政治社会の存続に不可欠である事情〈権威〉はいつでも自らを保持するに違いなく、したがって政治社会の完成だけに貢献するものであり、人びとの怠慢がかくも無視しがちであり、人びとの無知がかくも看過しがちである事情〈自由〉よりも、油断なく用心して守られる必要は少ないのである。

（1）〔このエッセイは最後のR版で追加された〕。〈ミラー版では、この注が欠けている〉。

VI　議会の独立について[1]

政治を論じる著作家たちは、これまでに一つの原則（maxim）を確立してきたが、それによれば、いかなる国制でも、それを考案し、そのさまざまな権力の制御抑制装置をつくり上げる場合、人間はすべて悪党であり、そのすべての行動において私利以外の目的をまったくもたないと推定されるべきである。この私利によってわれわれは、人間を支配しなければならず、それを通じて、その飽くことを知らない貪欲と野心にもかかわらず、彼を公益に協力させなければならない。これがなければ、その著作家らが言うように、いかなる国制といえども、その長所を誇っても空しいことであり、結局のところ、われわれの自由もしくは財産の保障は、われわれの支配者の善意によるほかはない。すなわちわれわれにはそのような保障はまったくないということが分かるであろう。

したがって、人間はすべて悪党と推定されねばならないというのは、正しい政治原則（*political* maxim）である。ただしそうは言うものの、同時に、事実において誤っている原則が政治において正しいというのは、少し奇妙に思われる。しかしこの点についてわれわれを納得させるためには、次のことを考慮に入れるとよかろう。すなわち、人間は、一般的に公人としての資格におけるよりも、私人としての資格においてより正直であり、したがって自分自身の私利だけにかかわる場合よりも、党派に尽くすために大いに行きすぎてしまうということである。名誉心は人間に対する大きな抑制力である。しかし、かなりの数の人が一緒に行動する場合、この抑制力は大きく取り除かれてしまう。というのは、人は党派の共同の利益を促進することがらに対しては、自分自身の党派によって是認されるものと確信し、彼はすぐに反対派の叫び声を軽侮することを覚えるからである。これに付け加えれば、司法当局も議会もすべて多数票によって決定される。したがって、もし私利が多数派だけに影響力を及ぼす（私利は常に多数派に働きかけるのだが[2]）のならば、議会全体がこの個々の利益に誘惑され、あたかも公益と自由を尊重する議員は一人もいないかのように行動することになる。

　したがって、実際のものであれ、想像上のものであれ、権力がさまざまな官庁当局やさまざまな階級の間に配分される政体に関する計画が、われわれの批判と検討に供されるときには、われわれは常にそれぞれの当局とそれぞれの階級がもつ個別の利害を考慮に入れるべきである。そしてもし、権力の巧妙な分割によってこの個別の利害が、その働きにおいて必然的に公益と合致するに違いないことが分かれば、われわれはその政体を賢明で適正なものであると断言することができよう。もし、これとは反対に、個別の利害が抑制されず、公益に向かうことがなければ、われわれはそのような政体からは、党争、無秩序、圧制以外の何ものも予期すべきではない。この見解が正しいものである証拠を、私は経験からだけでなく、古今いずれにおいてもすべての哲学者と政治家の権威ある著作からも得ている。

　したがって、もしかりにキケロやタキトゥスのような天才が次のような話を聞かされたとすれば、彼らはどれほど驚いたことであろうか。すなわち、将来いつの日かきわめて正規な組織としての混合政体が現れ、そこでは一つの階級がそうしたいと欲するときはいつでも、他のすべての階級を飲み込み、国制の全権力を独占することができるように権力が配分されているという話である。そのような政体は混合政体とはならないであろうと、彼ら天才たちは主張することであろう。というのは、人間の生まれながらの野心はきわめて大きいので、権力に飽きるなどということはけっしてありえない。またもしある一つの階級がそれ自身の利益を追求することにより、他のすべての階級から権力を奪うことができるならば、この階級は確実に権力の奪取を行い、可能な限り自らを絶対的でなんの制御も受けないものにするだろうからである。

　しかし、こうした見解は間違っていることを経験が示している。というのは、これが実際のところブリテンの国制の場合だからである。わが国の国制によって下院に割り当てられている権力の配分はきわめて大きく、政体の他のすべての部門を完全に支配するほどである。国王の立法権は明らかに下院に対するしかるべき抑制力を持たない。というのは、国王は法律をつくる上で拒否権をもってはいるものの、それにもかかわらず、この拒否権は実のところほとんど重視されておらず、上下両院で表決されるものはなんであれ、すべて常に必ず法律となり、国王の同意は形式以上のものではないからである。王権のもつ主要な影響力はその行政権にある。しかしどの政体においても、この行政権は完全に立法権に従属するだけでなく、これに加えて、行政権の行使は実に莫大な経費を必要とし、その上、下院が公金を支出する唯一の独占的権限を握っている。したがって、下院が王権からこれらの権限のすべてを一つまた一つともぎ取るのは、なんとたやすいことであろう。なぜなら、下院はあらゆる支出金の許可に条件を付け、さらに下院による支出の拒否が外国をわが国よりも優位にすることなく政府のみを苦しめるような時機をうまく選べばよいからである。もしも下院が同じような仕方で国王に依存し、ただ一人の議員も国王からの贈与による以外にいかなる財産ももたないのであれば、国王は議員のあらゆる議決を支配し、その瞬間から絶対的とならないであろうか。上院に関して言えば、上院もまた王権によって支持される限りは、王権に対するきわめて有力な支えとなる。しかし、経験と理性のいずれもが教えてくれているように、そのような王権による支持がなければ、上院は単独で自らを維持するに足る力も権威もまったくもたないのである。

では結果として、われわれはこのパラドックスをどのように解けばよいのであろうか。また、何によってわが国の国制のうちのこの〈下院という〉部門は適切な範囲内に制限されるのであろうか。なぜなら、わが国の国制そのものからして、この部門は必然的にそれが欲するだけの権力を握るに違いないのであり、したがってそれを適正な範囲内に制限しうるのは、それ自身だけだからである。こうした〈自己自身による適正な範囲内への抑制という〉ことは、人間本性に関するわれわれの経験とどのように両立するのであろうか。私の答えは以下の通りである。この場合、集団としての下院の利害がその個々の議員の利害によって抑制され、しかも下院による他の部門の権力の略奪は、下院議員の大多数の利害に反することになるため、下院がその権力を濫用することはない。王権には自由にできる官職が非常に多いので、王権は、下院の誠実で公正な部分によって支援されるときは、下院全体の議決を常に支配し、少なくとも古来の国制を危険から守るぐらいのことはするであろう。したがって、この王権の影響力をなんと呼ぼうとも、たとえばそれを、買収と従属という不愉快な呼び方をしようとも、それらのある種はある程度、わが国の国制の本質そのものと切り離すことができないものであり、わが国の混合政体の維持に必要なものである。

だから、議会の従属はどのような程度のものでも、ブリテンの自由の侵害だと無条件に主張したりせず[3]、カントリ派は反対派に対して多少の譲歩を行い、この服従はどの程度なら適正であるのか、どの程度を超えれば自由にとって危険なものとなるのかだけを検討すべきであった。しかしこのような節度はいかなる種類の党派の者にもおよそ期待するべくもない。こうした性質をもった譲歩をしたのちには、激しい非難の熱弁はすべて捨てられねばならない。そうすれば、コート派の影響力と議会の従属との適切な度合いに関する冷静な検討が読者によって期待されたことであろう。そしてこのような論争において、有利な点はおそらくカントリ派に依然としてあるとはいえ、それにもかかわらずその勝利はその党派が望むほど完全なものではなく[4]、また真の愛国者も、王権の影響力をあまりにも減退させることによって、事態を反対の極端へと走らせてしまうことを恐れ、熱烈な愛国心を完全に解き放つことはなかったであろう。したがって、このような極端がわが国の国制にとっていつでも危険でありうるとか、あるいは王権が議員に対してもちうる影響はほとんどないということを否定するのが最善だと考えられたのであった。

両極端の間に適切な中間を求める問題すべてに決着をつける

ことは難しい。というのは、このような中間を決めるために適切な言葉を見つけることは容易でないとともに、このような場合には、善と悪が徐々に相互に混ざり合い、われわれの見解を疑わしく不確定なものにさえするからである。しかし現在の事態には、最も知識にすぐれ、最も公正無私な検討者さえも困惑させるような固有の困難がある。王権のもつ権力は国王にせよ大臣にせよ、常にただ一人の人間に委ねられている。したがってこの人物がもつ野心、能力、勇気、人気、あるいは財産は大小さまざまであるので、ある人物の場合には過大である権力も、他の人物になれば過小となりうるであろう。純粋な共和政体では、権威はさまざまな会議や議会に配分され、権威に対する抑制と制御の装置は一層規則的に作用する。なぜなら、そのような多数の会議の成員は、その能力と徳性の点ではいつでもほぼ同等と推定することができ、考慮しなければならないのは、その成員の人数と富もしくは権威だけだからである。ところが制限君主政では、そのような安定性を許す余地はまったくない。それにまた、わが国の国制のうちの他の諸部門に対してあらゆる面で適切な平衡力となるような一定限度の明確な権力を、王権に割り当てることも可能ではない。このことは、多くの長所をもつこの種の政体に伴う避けることのできない短所なのである。

（1）〔A—N版ではこのエッセイは党派心に関する以下のような考察で始められている。「コート派とカントリ派の振舞いを比較すればしばしば気づくのだが、コート派は〈カントリ派と比べて〉一般に話し合うさい、それほど傲慢な態度をとることも、独断的であることも少なく、譲歩しようとする点も多く、おそらく説得されがちとは言えないものの、それにもかかわらず後者のカントリ派よりも一層反駁に耐えることができる。カントリ派は、およそどのような反対論にもすぐけんかごしになり、もし相手がある程度冷静かつ公平無私な態度で議論をするか、あるいはその反対論者に対して少しでも譲歩しようものなら、相手を金銭ずくで陰謀をたくらむやつとみなす傾向をもっている。これは、政治問題が討論される会合に多く出たことのある人なら誰でも、よく見かけた事実であると思う。と言っても、このような相違が生じる理由を尋ねられるならば、どちらの党派もそれぞれ違った理由をあげるであろう。野党のジェントルマンたちは、その理由を自分たちの党派の性質そのものに帰し、自分たちの党派は公共精神とわが国の国制に対する情熱を基礎としているので、自由に有害な結果をもたらすような主義主張に耐えることは容易にできかねると答えるであろう。他方、コート派は、シャフツベリ卿が言及している例の田舎者のことをわれわれに想起させるであろう。この優れた著作家*は次のように述べている。『ある田舎者がかつて、ある大学で博士たちのラテン語による論争を聞いてみようと気まぐれに思いついたのであった。どちら側が勝ったのかさえも分からなかったときに、このような一騎打ちを眺めて何が面白いのかと尋ねられた。「そのことなら、おらあ、一番さきに怒り出すのは誰かも見分けられねえほどのまぬけじゃねえ」と、田舎者は答えたのであった。人間本性自身が田舎者に対して、討論で勝っている方はゆったりとしていて上機嫌なのに対して、自分の主張を道理によって論証することができない方は自然に機嫌を悪くし荒々しくなるという、この教訓を指し示していたのである』。

これらの理由のうち、われわれはどちらに味方すればよいのだろうか。どちらにも味方すべきでないというのが、私の見解である。ただし、自らどちらかの党派に入り、その熱狂的な支持者となるようなことがなければのことである。私は、どちらの党派の感情も害することなく、両党派の異なる振舞いの理由をあげることができると思う。カントリ派は明らかに現在、最も人気があり、おそらくこれまでたいていの内閣においてもそうだったであろう。そのため、会議の席で優位を占めることに慣れ、自分たちの見解が反駁されるのを我慢して聞くことができず、あたかも自分たちの見解はすべて最も絶対誤りのない証明によって確証されているかのように、自分たちの見解に対して公衆の好意的感情が得られるものと確信しているのである。他方、コート派は一般に人気のある話し手に圧倒されてしまい、そのため、もしあなたが彼ら党員に少しでも節度ある態度で話しかけるか、それとも彼らにごくわずかでも譲歩しようものなら、彼らはあなたにとても恩義を感じる思いから、彼らの側でも同様な節度と素直さをもって、あなたの好意に報いがちである。怒ったり激情に駆られたりすることは、恥知らずな金銭ずくの人間と見られるだけのことであり、そのような熱狂的な行動は他の〈カントリ〉派にとっては、熱烈な愛国者とみなされがちな人物なのだが、自分たちの間ではそのようには見られないことを、彼らは心得ているのである。

　どちらの側に真偽があるのかはともかく、あらゆる論争で気づくことは、既に確立して人気のある見解を擁護する人びとは常にその口調が最も独断的で傲慢であるのに対して、彼らの反対者たちは、自分たちに向けられるかもしれないあらゆる偏見をできる限り和らげるため、ほとんど途方もないほどの礼儀正しさと節度を装おうとすることである。啓示をすべて罵倒するようなものであれ、あるいはただ聖職者の法外な権力に反対するものであれ、わが国のすべての種類の自由思想家、たとえばコリンズ（*Colins*）〈1676–1729〉、ティンダル（*Tindal*）〈c.1494–1536〉、フォスター（*Foster*）、ホードリー（*Hoadley*）といった人びとの行動を考慮に入れてみよう。彼らの節度と礼儀正しさを、その反対者たちの激烈な怒りや口汚い言葉と比べてみれば、私の観察が正しいことに納得するはずである。これと似た相違は、古代と近代の学問に関する論争を続けたフランスの著作家たちの行動にも見ることができる。古代の著作家の側を擁護したボワロー（*Boileau*）〈1636–1711〉、ダシエ夫妻（Monsieur and Madame *Dacier*）、デュボス師（l'Abbé du *Bos*）がその議論に皮肉と毒舌を混ぜ合わせたのに対して、フォントネル、ラ・モット（La Motte）〈1672–1731〉、シャルパンティエ（Charpentier）〈1634–1704〉、さらにペロー（Perrault）でさえ、論争相手の最も無礼なあしらいに立腹することはあっても、節度と立派な行儀作法の限度を逸脱することはけっしてなかった。

　とはいえ、コート派のこうしたうわべの節度に関する見解は、まったく話し合いだけに、しかも利害もしくは気質によってコート派に引き込まれたジェントルマンたちに限られるということを述べておかねばならない。というのは、コート派の文筆家たちは一般に雇われの三文文士なので、彼らの口汚さは、他のカントリ派の金銭ずくの雇われ屋とまったく同じであり、またこの点では、『ガゼッティア』（the *Gazeteer*）誌は『コモン・センス』（*Common Sense*）誌にまさることは少しもないからである。教養豊かな人物は、どのような党派に属していても、その礼儀正しさと上品さによって、そうであることがおのずから現れるものである。それはちょうど、ならず者がいつでもこれと正反対の性質をうっかりさらけだすのと同じである。『虚偽の告発者たち告発される、云々』（*The false Accusers accus'd, &c.*）はきわめて口汚い文書である。とはいえ、いくら人気がないといっても、この問題は、最大限の節度をもって弁護されるべきであった。B卿、M卿、L氏がペンを手に取るとき、彼らは怒りを込めて書くものの、自分の人気を当てにして礼節の限度を逸脱するようなことはない」。

　＊「雑考」（Miscellaneous Reflections）一〇七。

　次のパラグラフはA版とB版だけに見られる。「王権のもつ影響力と議会の独立というあの重大な問題について書かれたいくつかの論説を検討することで、私はこのような一連の見解に導かれざるをえない。というのは、卑見によれば、カントリ派は、熱烈さとあてこすりに加えて、あまりにもがんこ一徹すぎ、相手に譲歩することに極端に警戒心を抱きすぎるからである。カントリ派の議論はあまりにも行きすぎるため、かえってその力を失う。さらに彼らの見解は人気があることから、かえってそれが彼らにその見解の正確さと手堅さをある程度軽視させることになっている。以下に述べる理由は、私のこのような見解の正しさを証明する助けになるものと思う〕」。

(2)〔A―D版では「人類の堕落した現状にあっては」となっている〕。

(3)『党派論』(*Dissertation on Parties*) 全体を参照。〔ボリングブルック『党派論』(*Dissertation Upon Parties*)。〈本訳書第I部〉第三エッセイ「政治は科学になりうる」注19と注21(それぞれ本訳書では注(24)と(26))を参照。ヒュームはここでボリングブルックの極端な党派心を批判し、下院を抑制する国王の官職任命権をウォルポールが利用することを擁護している〕。

(4)王権の影響力――私はそれが正当であることを示したいのだが――ということで私が意味しているのは、王権が自由にしうる官職と名誉から生じる影響力だけである。私的な収賄については、それはスパイを利用する慣行と同じ観点から考えることができよう。というのは、私的な収賄は立派な大臣であっても弁護の余地のないことであり、悪質な大臣の場合には破廉恥なことがらである。しかしスパイになること、あるいは買収されることは、いつでもいかなる大臣のもとにあっても破廉恥なことであり、恥知らずの売節行為とみなされるべきである。ポリュビオスは正当にも、元老院と監察官の金銭的な影響力を、ローマの統治のバランスを維持した正規の憲法に従った重要性をもつものの一つであるとみなしている。第六巻、第一五章。*

*〔ポリュビオス『歴史』第六巻、第一五章〕。〔ポリュビオスへの言及はK版で追加された〕。

VII　ブリテンの政体は絶対君主政へ傾いているのか、それとも共和政へ傾いているのか

ほとんどのあらゆる科学に対しては極端な偏見が見られるため、いかに自分の主義主張に確信をもっていても、慎重な人は何らかの出来事についてあえて予言したり、時間的に遠く離れた事態の結果を予言しようとはしないものである。医者は自分の患者の二週間ないし一カ月後の病状についてあえて断言したりはしないであろう。ましてや、政治家がいまから二、三年先の国事の状態をあえて予言したりなどしないであろう。ハリントンは、権力のバランスは財産のバランスにかかっているという自分の一般原理に非常に確信をもっていたので、イングランドに君主政を再確立することはおよそ不可能だとあえて断言したのであった。しかし彼の著書は王座が回復されたときにようやく出版された(1)。そして君主政はそれ以来、同じ確固たる地位の上に存続してきたのである。この不運な事例にもかかわらず、私はあえて一つの重要な問題、すなわち、ブリテンの政体は絶対君主政へ傾いているのか、それとも共和政へ傾いているのか、さらにこうした二種類の政体のどちらにブリテンの政体が終束する蓋然性が最も高いのかをあえて検討してみたい。突然革命が起きるような大きな危険性があるとも思えないので、もし私が誤りを犯したことが分かっても、私の向こう見ずに伴う恥さらしを少なくとも免れるであろう。

わが国の政体は絶対君主政へ傾いていると主張する人びとは、以下に述べるような理由から自分たちの意見を支持するだろう。すなわち、財産が権力に対して大きな影響力をもっているということはおそらく否定できない。しかしそれにもかかわらず、一方〈権力〉のバランスは他方〈財産〉のバランスにかかっているという一般原理《マクシム》には、いくつかの制約があることが認められねばならない。財産が少なくてもそれがただ一人の手のうちにあることは、より大きな財産が数人の手中にあることを明らかに相殺することができるが、それは多くの人びとを同じ意見や方策に結合させがたくするという理由に加えて、財産が結合した場合は、財産が分散されている場合よりも、大きな従属依存関係を引き起こすからなのである。年に一〇〇〇ポン

ドの収入をもつ一〇〇人の人は、自分たちの所得をすべて消費することができる。その利得を自分たち自身の労働の産物とまさにみなしうる召使いや店員を除けば、彼らのうち誰も他と比べてよりよい暮らしをする者はいないであろう。しかし、年一〇万ポンドの収入がある人は、気前の良さかあるいは悪賢さから債務関係によって大きな従属依存関係をつくり出し、遺産相続の見込みによってさらにもっと大きな従属依存関係を生み出すであろう。したがって、あらゆる自由な政体において、途方もなく富んだ国民は、いつもねたみを生み出してきたのであった。それは、たとえその人の富が国家の富に釣り合わなかったにせよ、そうだったのである。私の記憶が適切であるならば、クラッスス(2)の資産はわが国の貨幣で約二五〇万ポンドにすぎなかったが(3)(4)、それにもかかわらず、彼に天分はとくになかったにせよ、生涯にわたりその富だけによって、後に世界の支配者となったカエサル[1]の権力だけでなく、ポンペイウス[2]の権力とも釣り合うことができた。メディチ家は富によってフィレンツェの支配者となった(5)。ただし、おそらく、その富は、あの富裕な共和国の財産全体に比べれば、それほどのものではなかったであろう。

このような考察は人にブリテン人の気質と自由の愛好という立派な観念を抱かせがちである。というのは、われわれは何世紀にもわたってわが国の国王たちに対立して自由な政体を維持することができたからである。わが国の国王たちは王座の権威と権力と統治権に加えて、被治者があらゆる共和政のもとで享受しえたよりも多くの財産をいつも所有してきたにもかかわらずである。しかし、こうした気質は、いかに優れたものであっても、いま国王に付与されて、しかもいまなお増大しつつある莫大な財産に対してけっしてもちこたえることはできないであろう。普通の計算によれば、年三〇〇万ポンド近くが国王の自由になる。王室費はほぼ一〇〇万ポンドにのぼる。すべての税の徴収がこれらとは別にある。それに陸海軍の使用と聖職者の登用は三〇〇万ポンドを上回る。この巨額は王国の全所得と全労働の三〇分の一以上と計算しても差しつかえない金額である。この大資産に、腐敗しやすい傾向と、増大しつつある国民の奢侈、強大な権力と国王の大権、それに軍事力の支配を加えれば、こうした不利な状況下で、特別な努力なしに、わが国の自由な政体をもっと長く維持しうるということに絶望しない人はいない。

他方、ブリテンの政体は共和政に傾いていると主張する人びとは、自分たちの意見をもっともらしい議論によって支持することができよう。国王のこの莫大な財産は、元首の権威と、さらに当然王座にもっと大きな影響力を与えるべき他の多くの法的権力と大権とに結合するとはいえ、それにもかかわらず、それは実際まさにその理由のために、自由にとってより危険が少なくなると言うことができよう。もしもイングランドが共和政であり、そしてある私人が国王の収入の三分の一、あるいは一〇分の一でも所有しているとすれば、彼はまさしく嫉妬心を呼び起こすことであろう。なぜなら、彼はその統治においてどうしても強大な権威をもつことになるからである。そして法律によって付与されていないこのような変則的な権威は、いつでも法律に基づいて得られるもっと強大な権威よりも危険なのである。簒奪した権力を握る者はその要求に限度をつけることができない(6)。彼の熱烈な支持者たちは彼が気に入ることであれば何でも勝手気ままに要望する。彼の敵たちはその敵対の激しさによって、彼の恐怖とともに、彼の野心を引き起こすこととなる。そして統治は動乱に投げ込まれ、その国中の腐敗した気質は自然に彼のもとに集まる。これとは反対に、いかに強大であってもある限度を常にもつ法定の権威は、それをもつ人の希望や権利主張のいずれにも限度をもうける。法律はその行きすぎに対する救済策を規定したに違いない。このような優れた元首には恐れることが多く、その簒奪から期待すべきものは少ない。また彼の法的権威は平穏のうちに従属されるので、彼がそれを一層拡大する誘惑は小さい。その上、偶然だが、野心的な目標と企画に関しては、学派や宗派に関して見られるものと同様になる。新しい学派や宗派は大騒ぎを引き起こし、反対も弁護も非常に激しくなされるため、それはいつでも急速に広まり、法やその古さということから推賞される昔からの確立された見解よりも急速にその支持者を増やす。これが新奇さのもつ特質であるので、あることが人に気に入られる場合には、新しければ、それは二倍気に入られることになる。だが気に入られないなら、それはまさにその理由で、二倍気に入られない。それにたいていの場合、敵の激しさは支持者の熱意と同様に、野心的な企てにとっては好都合なのである。

さらにもっと言うことができるが、人は利害によって大いに支配されるとはいえ、それにもかかわらず、利害そのものと人間の行うすべてのことはまったく意見（*opinion*）によって支配されている。ところで、ここ最近五〇年のうちに、学問や自由の進歩によって人びとの意見に急速な目立った変化があった。この国の大方の人びとは、名称や権威に対するすべての迷信深い崇拝を取り去った。聖職者はその信用を大いに失っている(7)。彼らの要求ゆえの暗黙の主張や教義はからかわれ、宗教でさえほとんどまったく支持を得ることができない。国王という名称だけではほとんど尊敬を受けない。また、国王をこの世で**神の**（GOD's）力を委任された人であると語ることや、あるいは以前には人びとを眩惑したすばらしい称号を国王に与えることは、あらゆる人の失笑を引き起こすにすぎないであろう。国王は、その巨額の収入によって、平時には私的な利害と影響力によりその権威を維持できるかもしれないけれども、にもかかわらず、ごくわずかな衝撃ないし動乱が起こり、これらのすべての利害がこなごなに砕けたときは、国王の権力はそれまでの確立した原理と人びとの意見によってもはや支持されることなく、直ちに崩壊するであろう。もしも、あの革命（*revolution*）のときに、現在人びとがもっているのと同じ考え方を当時の人びとがもっていたならば、君主政はこの国でまったく消滅するという大きな危機にさらされていたことであろう。

もし私がこうした両者の議論に関する自分の見解を危険を冒

してあえて述べるとすれば、主張は次のようになる。すなわち何か特別な動乱でも起きない限り、国王の権力はその莫大な収入によってむしろ増大する。ただし同時に私は認めるが、その増進はごく緩慢でほとんど気づかれないと思われる。その流れは長期にわたりある速度で民主政体の側に流れてゆき、いまままさに君主政に転じ始めているのである。

よく知られているように、あらゆる政体は終局に達するに違いなく、その死滅は動物の身体にとってと同様、政治体にとっても不可避である。しかし、ある種の死が別の種類の死より好ましいかもしれないので、ブリテンの政体が民主政体に終束するか、それとも絶対君主政に終束するかどちらが望ましいかが問われうるであろう。ここで私は率直に断言しておきたい。なるほどたいていの場合、自由は奴隷制より望ましいけれども、それにもかかわらず私はこの国では共和政よりもむしろ絶対君主政を見ることを望む。というのは、われわれが期待する理由をもつ共和政がいかなる種類のものかをよく考えてみよう。問題は、ある人が机上の空論として考案する何かすばらしい想像上の共和政に関するものではない。疑いもなく、民主政体は絶対君主政よりも、あるいはわが国の現在の政体よりも完全と思われるであろう。しかしそのような政体が、わが国の君主政が崩壊したさいにグレイト・ブリテンでかりにも樹立されるといういかなる理由をわれわれは期待できるであろうか。もしあるただ一人の個人がわが国の政体をばらばらにし新しくつくり変えるに足る権力を握れば、彼は事実上絶対君主なのであり、そのような人がけっしてその権力を放棄したり、あるいは自由な政体を樹立することはないということを確信するに足る事例を、既にわれわれはもっているのである。(8) したがって、事態はその自然の進展と作用に委ねざるをえない。つまり、下院は、その現在の政体に従うならば、そのような民主政体において唯一の立法府となるに違いない。そのような事態に伴う諸不便は無数に現れることになる。そのような場合に、もし下院が、期待されるべきではないが、かりに解散してしまえば、われわれは選挙ごとに内乱を見ることになろう。もしそれが続けば、われわれは新しい党派に細分され、党派によるあらゆる専制に苦しむことになろう。そしてそのような乱暴な政体は長期にわたって存続しえないので、数多の動乱と内乱を経たのち、ついに絶対君主政に落ち着くことが分かる。そしてその絶対君主政は、はじめから平和裡のうちに樹立した方がわれわれにとって一層幸福だったようなものである。したがって絶対君主政は最も安楽な死であり、ブリテンの政体の真の極楽往生（*Euthanasia*）なのである。

こういうわけで、もしわれわれが、君主政からの危険が差し迫っているため、それを一層警戒する理由があるとするならば、民主政体の危険は一層ひどいという理由から、その政体を一層警戒する理由もあるのである。このことは、われわれのすべての政治論争における中庸の大事さを教えてくれるであろう。

(1)〔ハリントンはピューリタン革命期の民主的政治思想家で『オセアナ共和国』(*The Commonwealth of Oceana*, London, 1656) の著者。この書の "The Second Part of the Preliminaries" においてハリントンは、君主政はイングランドにおいて封建下臣の解放と独立自由土地保有者の台頭の結果として支持されなくなったと述べている。こうした発展が貴族から財産と権力を奪った。したがって土地財産の平等があるところには権力の平等がなければならず、権力の平等があるところには君主政は存在しえない。ハリントンはまた、こうした議論を『オセアナ共和国』が出版された一六五六年と、君主政がチャールズ二世下で君主制が回復した一六六〇年の間に他の著作においても唱道した〕。

(2)〔クラッスス (Marcus Licinius Crassus, 115–53 B.C.) は前六〇年に作られた第一次三頭政治のメンバーであり、前五三年に彼が没したのちは、ユリウス・カエサルとポンペイウスがローマにおける権力を競うライバルとなった〕。

(3)〔A版とB版では「年三〇〇〇タレント、約四〇万スターリング・ポンド」、D—Q版では「わが国の貨幣でわずか約一六〇万ポンド」となっている〕。

(4)〔D—Q版では以下の追加が見られる。「ローマでの利子はわが国よりも高かったので、これは年一〇万ポンド以上を生み出したであろう」〕。

[1] Gaius Julius Caesar (102–44 B.C.) はローマ最大の政治家といわれるあの有名なシーザー。

[2] Pompeius Sextus (75–35 B.C.) は大ポンペイウスの子、ローマの将軍で、カエサルの死後活躍した。

(5)〔メディチ家 (The Medici) はイタリアの有名な金融業者。商業と銀行業で巨大な富を蓄積したメディチ家は、一四三四年にフィレンツェで非公式な元首の地位を確立した。そして、二つの休止期間 (一四九四—一五一二年と一五二七—三〇年) を除いて、次の世紀までフィレンツェを支配した。一五三七年以後メディチ家は支配者として大公国という非公式の称号を得た〕。

(6)〔A—N版には次の注が付いている。「『人がかくも高い地位へ登るのは、どこに行くのかを知らないときだけである』(On ne monte jamais si haut que quand on ne scait pas ou on va) とクロムウェルはベリーヴルの統轄者に言った。——ドゥ・レス (De Retz) 回顧録」〕。

(7)〔A—D版では「ほとんど失った」となっている〕。

(8)〔この言及はオリヴァー・クロムウェル (一五九九—一六五八) に対するものである。議会軍を率いてチャールズ一世に忠誠を尽くす勢力に勝利したのち、クロムウェルはイングランド、スコットランド、アイルランドの護民官として一六五三年から五八年まで支配した。一六五四—一六五五年の議会が、護民官政治〈一六五三—五九年〉を樹立した政府機関を再考し、護民官の権力を制限することを求めたとき、クロムウェルはそれを無効とし、軍事力支配を確立したのであった。クロムウェルは上院によって国王の称号を提案されたがそれを拒絶した。その後、上院を認め、クロムウェルは政体の他の諸機関に関する彼の権力を規定した憲法文書 (*The Humble Petition and Advice*) に賛成したが、この文書は下院によって拒否された〕。

VIII　党派一般について

　けっして忘れられることのない功績によって名をあげるすべての人びとのうち、第一に名誉ある地位は、法と制度の体系を後世に伝えて、後代の人びとの平和、幸福、自由を確実なものとする**立法者**（LEGISLATORS）と国家の創設者とに帰すべきと思われる。技芸と学問（arts and sciences）における有益な発明がもつ影響力は、おそらく賢明な法のそれを超えるであろう。というのは、賢明な法の効果は、時間と空間のいずれにおいても限定されているからである。しかし、前者の技芸・学問から生じる恩恵は、後者の賢明な法の結果生じる恩恵と同じほど意識されることはない。なるほど、純理論的な学問は確かに精神を向上させる。しかし、この利益はそれらの学問に専念する暇をもつ少数の人にだけ及ぶにすぎない。また、生活必需品や愉楽品を増大させる実用的な技芸に関しては、人間の幸福はこれらのものが豊富にあることにではなく、むしろそれらを所有するに当たっての安心と安全にあることは、周知のところである。それに、それらの恩恵を与えてくれる物は優れた統治からのみ得ることができる。言うまでもなく、幸福にとって非常に不可欠である、一国における全般的な美徳と善き徳行は、最も洗練された哲学の教えから生じうることはなく、あるいはそれどころか、宗教上の最も厳しい指図からさえも生じうることはなく、それらはすべて、賢明な法と制度の結果である青年に対する道徳教育から生じるに違いない。したがって、私はこの点でベイコン卿[1]とあえて意見を異にしなければならないし、また古代の人びとも名誉の配分においてやや不公正であるとみなさざるをえない。なぜなら、彼らはケレス（CERES）、バックス（BACCHUS）、アスクレピウス（ÆSCULAPIUS）のような有用な技芸の発明家のすべてを神としながら、他方ロムルス（ROMULUS）やテセウス（THESEUS）のような立法者には、半神と英雄という名称でしか栄誉を与えていないからである。(1)

　立法者と国家の創設者が人びとの間で名誉を与えられ尊敬されるべきであるのと同じくらい、宗派や党派の創設者は嫌悪され憎悪されるべきである。なぜなら、党派がもたらす影響力は法のそれとは正反対だからである。党派は政体を転覆させ、法を無力にし、相互に助け合い、防衛し合うべき同国人の間に最も激しい敵意を生み出すからである。しかも党派の創設者をさらに忌み嫌われるものにするのは、いかなる国家においてもこうした雑草がいったん根をおろすと、それを根絶するのは難しいということである。こうした雑草は当然何世紀にもわたり繁殖し、それが蒔かれた政体が全面的に崩壊しない限り、それはまず消滅することはない。それに加えて、この雑草は最も豊かな土壌で最も豊かに成長する植物である。だから専制的な政体もこの雑草の害を完全に免れているとは言えないけれども、それらの雑草は自由な政体ではもっとたやすく発生し、いっそう急速に繁殖すると言わねばならない。というのは、ただ立法府のみが信賞必罰を着実に適用してこの雑草を根絶しうるのに、雑草は常にその立法府それ自体を汚染してしまうからである。

党派は、**個人的な要因によるもの**（PERSONAL）と**実質的な要因によるもの**（REAL）、すなわち、たがいに抗争する党派をつくるような人びとの間に見られる個人的な友情あるいは敵意に基づく党派と、見解あるいは利害におけるある実質的な相違に基づく党派とに分けることができよう。こうした分類をする理由は明白である。と言っても、前者の種類のものであれ、後者の種類のものであれ、それが純粋で混じり気のない形で見出されることはまずないと認めねばならない。その成員の見解に、実質的にせよ、外見上のものにせよ、些細なものであれ、重大なものであれ、まったく相違点がない場合に、政体が党派に分裂するということは、まずそうざらにはない。そして最も実質的で最も重大な相違に基づく党派においてさえ、多大の個人的な敵意あるいは愛着の念が常に見られるものである。しかし、こうした〈二種類の要因が〉たがいに混合しているにもかかわらず、どちらの要因が支配的であり最大の影響力をもっているのかという原理に従って、党派は個人的な要因によるものと実質的な要因によるもののいずれかで呼ぶことができよう。

個人的な要因による党派は小さな共和国において最も容易に発生する。そこでは、あらゆる家庭内の仲たがいが国家の大事になる。野心や恨みだけでなく、恋や虚栄心や対抗心など、いかなる激情も国家的な分裂を生み出す。フィレンツェの**ネリ家派**（the NERI）と**ビアンキ家派**（the BIANCHI）、ジェノヴァの**フレゴシ家派**（the FREGOSI）と**アドルニ家派**（the ADORNI）、近代ローマの**コロネシ家派**（the COLONESI）と**オルシニ家派**（the ORSINI）は、この種類の党派であった。(2)

人間には個人的な要因による党派に分裂する傾向が本来強いため、実質的な要因による相違がごくわずかでも現れると、それは個人的な要因による党派を生み出すことになろう。競馬でのお仕着せの色の違い以上のつまらない相違を、いったい誰が想像できるであろうか。にもかかわらず、この相違はギリシア帝国における最も執念深い二つの党派である**プラシニ家派**（the PRASINI）と**ヴェネティ家派**（the VENETI）とを生み出し、この二つの党派はあの不幸な政体を滅亡させるまで、その憎み合いをけっしてやめなかったのである。(3)

ローマ史上、われわれは**ポッリア族**（the POLLIA）と**パピリア族**（the PAPIRIA）という二つの部族間の注目すべき抗争を見出す。[4]この争いはほぼ三〇〇年にもわたり続き、首長選挙があるたびに投票において姿を現した。この党派争いは拡大せず、また他の部族をこの争いに巻き込むこともなかったとはいえ、このように長期間にわたって継続しえたため、それだけ一層注目すべきものであった。もし人類にそのような強い分裂傾向がなければ、その社会の他の成員の無関心によってこの馬鹿げた敵意は抑えられてしまったに違いない。というのは、国家全体が二つの互角な党派に分裂したときに必ず生じるに違いない、新しい利益や危害や、党派の全般的な共感と反感といった、およそその敵意をさらにつのらせるものがなかったからである。[5]

実質的な相違に基づいて始まった党派が、その相違が消滅してしまったあとでさえ、なお継続するのを見ることほどありふれたことはない。人はいったん相対立する党派のいずれかの側に入れられると、自分と意見の一致する人びとに対しては愛着心をもち、反対派に対しては敵意を抱く習慣が身につく。しかもこうした情念を彼らはしばしば子孫に伝えるものである。**ゲルフ**（GUELF）派と**ギベリン**（GHIBBELLINE）派との間の実質的な相違は、これらの党派が消滅する以前に、イタリアでは長い間すでに失われていた。ゲルフ派は法王に味方し、ギベリン派は皇帝に味方した。にもかかわらず、**スフォルツァ**（SFORZA）[6]家はゲルフ派であったのに皇帝側と同盟し、フランス国王によってミラノを追われ、ジャコモ・トリヴルツィオ（JACOMO TRIVULZIO）と**ギベリン**派の援助をうけて〈ミラノ公となり〉、法王がフランス国王と協力すると、スフォルツァ家は皇帝に対抗して教皇と同盟を結んだのである。[7]

モロッコで数年前に黒人と白人との間にただ肌の色だけの理由から起こった内戦は、こっけいな相違に基づくものである。[8]われわれは彼らをあざけり笑うが、もしことがらを正しく検討すれば、われわれの方がはるかに多くの嘲笑の機会をムーア人に与えていることと思う。というのは、この文明的で知識をそなえた地域で広く行われてきた宗教戦争はすべていったいなんなのだろうか。それらの宗教戦争は確かにムーア人の内戦以上に馬鹿げている。肌の色の違いは五官により識別できるものであり、それゆえ実質的な相違である。ところが、まったく不合理で理解できない信仰箇条をめぐる論争は、見解上の相違ではなく、一方の党派がその意味も理解せずに受け入れ、他方の党派が同様にしりぞけるような、わずかの語句と表現における相違なのである。[9]

実質的な要因による党派は、利害から生じるもの、原理から生じるもの、愛着心から生じるものに分類することができよう。あらゆる党派のうち、第一の利害から生じる党派が最も穏当であり、最も申し開きの余地のあるものである。たとえば、貴族と民衆といった二つの階級が政体においてそれぞれ別個の権威をもち、しかも両者の間のバランスについても、それぞれの構成上の設計においても、それほど正確に考案されていない場合には、これら二つの階級は当然それぞれ別個の利害を追求することになる。人間本性に植え込まれた利己心のあの激しい度合いを考慮に入れれば、これと異なる振舞いを期待するのは合理的ではない。このような党派となるのを防ぐためには、立法者の優れた力量が不可欠である。ところが哲学者の多くは、こうした秘訣は不老不死の霊薬や永久運動のように、理論の上で人びとを楽しませるかもしれないが、けっして実行に移すことはとてもできない、という見解をとっている。[10] なるほど、専制的な政体にあっては、党争が外から見えないことがしばしばある。しかしその場合、その党争が現実に生じていないわけではない。むしろ外から見えないという、まさにその理由から、その党争はより実質的でより有害なものである。貴族と民衆、軍人と商人といった、それぞれ異なる階級の人びとには、すべてそれぞれ別個の利害がある。しかし、そのような専制的な政体では、より強い階級がより弱い階級を、罰を受けることも抵抗されることもなく抑圧するのであり、これが表面だけの平穏を生み出しているのである。[11]

　イングランドで国民を地主側と商人側とに分裂させようとする試みがなされたことがあるが、それは成功しなかった。これら二つの集団の利害は、実際のところ異なったものではなく、またわが国の国債が増大してまったく抑圧的で耐えがたい程度になるまでは、けっして異なるものとはならないであろう。

　原理 (*principle*)、とくに抽象的な思弁的原理から生じる党派は近代だけに知られるものであり、おそらく人間の行う事象のうち最も稀にしか見られない、最も説明しがたい現象である。原理の違いが行動の対立を生み出すが、これはすべての異なる政治原理の場合がそうであり、この事態は比較的容易に説明することができよう。真の統治権がある一人の人間あるいは一家系にあるとみなす人が、この権利が別の人や別の家系が所有していると考える同胞市民にやすやすと賛成することはできない。彼らはそれぞれ、その統治権が自分自身の見解に従って実現することを当然望むものである。しかしたとえば、あらゆる宗教論争において生じるように、原理の違いがなんら行動の対立を伴うことなく、各人が隣人に干渉したりせずに、自分自身の考えに従い行動することができる場合、いかなる狂気、いかなる熱狂があのように不幸な、あのように致命的な分裂を生み出すことができるのであろうか。

　二人の人が公道を、一人は東へもう一人は西へと歩いているとき、道が十分広ければ、二人はたがいにたやすく通り過ぎることができる。ところが二人が相対立する宗教原理に基づいて判断を下す場合には、たがいに衝突せずに通り過ぎることはそれほど容易ではない。と言っても、その場合でも道には十分な広さがあり、各々はたがいに妨げ合うこともなく、自分自身の道を進むことができると考える人もいるだろう。しかし、自分自身が行く道に近づいてくる人はどんな人でも、いつでもその人の意見につかみかかって放さないのが人間精神の本性である。そこで相手と意見の一致があれば、人間の精神は驚くほど元気づけられるが、少しでも意見が対立すれば、衝撃を受け混乱することになる。たいていの人びとが論争で示すあの熱心さはここからくるものであり、また最も思弁的でどうでもよい見解の場合でさえ、反対意見に我慢ができないのも、ここからきている。

この人間本性がもつ原理は、いかにそれが取るに足りないものに見えようと、あらゆる宗教戦争と宗教対立の源泉だったと思われる。しかし、この原理は人間本性における普遍的なものであるので、もしこの原理を最大の悲惨と荒廃を生み出すほどまで高めるような、他のより偶然的な諸原因との競合がなければ、それがもたらす結果は、一つの時代、一つの宗派には限定されなかったであろう。古代世界のたいていの宗教は、統治について人びとが無知であった時代に生じたのであった。その時には人びとはまだ野蛮で無知であり、農民だけでなく君主も同様に、与えられた敬虔な物語や作り話をなんでもただ盲目的に受け入れてしまう傾向があったのである。〔世俗の〕首長は民衆の宗教を受け入れ、聖なる問題の管理を誠心誠意引き受け、その結果、自然に民衆の間で権威を獲得し、聖職の権力と世俗界の権力とを合体させたのである。しかしキリスト教が台頭したときには、それに真っ向から対立する諸原理が世界の文明的な地域にしっかりと確立されていて、その文明的な地域の人びとはこの新奇な信仰を最初に言い表した国民を軽蔑したのであった。したがってそのような状況下ではキリスト教は世俗の首長に支持されることはほとんどなく、またこの新しい宗派にあって聖職者があらゆる権威を独り占めすることが許されたのは不思議なことではない。彼ら聖職者は初期においてさえ、この権力を非常に悪用したので、〔キリスト教徒が受けた〕初期の迫害のおそらく一部は、(12) 聖職者によって信徒たちに教え込まれた激しさに原因があったかもしれない。そしてキリスト教が国教となったのちも、聖職者による支配という同じ原理が継続したため、彼らは迫害の精神を生み出し、これはそれ以来、人間社会の毒となり、あらゆる政体における最も根強い党争の源泉となってきた。したがってこのような党派は、民衆の側から見れば、まさに原理に基づく党派であり、主道者たる聖職者の側から見れば、利害に基づく党派とみなすことができよう。

キリスト教世界（CHRISTENDOM）を宗教戦争と宗教対立の舞台とした原因には、〔聖職者の権威と、教会の権力と世俗の権力の分割のほかに〕もう一つ別の原因がある。まったく無知で野蛮な時代に生じる宗教は、たいてい伝承による物語や作り話から成っていて、それらが宗派ごとに違っていた場合でも、それが宗派相互の対立を生むことはない。またそれが宗派間の対立を生み出す場合でさえ、各人は自分自身の宗派の伝承を固守するため、理論的判断を下したり議論したりすることはあまりない。ところが、キリスト教が現れた時代には、哲学が世界中に広まっていたため、この新しい宗派の説教師たちは思弁的見解をもったある体系をつくり上げ、その信仰箇条を相当正確に分類し、この上もないくらい精妙な立論と学識によって説明し、注釈を加え、論駁し、擁護せざるをえなかったのである。こうした事情から、キリスト教が新しい分派と異端とに分裂するに至ったとき、自然に論争上の激しさが生じたのであった。そしてこの激しさは聖職者の方策を助け、彼らに惑わされた信徒たちの間に相互の憎悪と根強い反感を生み出すこととなった。古代の世界では、哲学上の党派は宗教上の分派よりも熱狂的であった。ところが近代では、宗教上の党派が、これまで利害と野心から生じた最も情け容赦のない党争以上に、激烈で激怒させるものなのである。

　実質的な要因による党派の一種類として、利害から生じる党派と原理から生じる党派に加えて、私は愛着心による党派をあげておいた。愛着心から生じる党派ということで、私は、自分たちが支配者になってもらいたいと思う特定の家系と人物に対して人びとがもつ愛着心の相違に基づく党派であると理解している。こうした党派はしばしばきわめて激烈である。と言っても、私も認めねばならないが、けっして知り合いでもなく、おそらく顔も見たことがなく、それにおよそなんらかの好意を受けたこともないし、今後も受けることを望みえない人物に対して、人びとがこれほど強く愛着心を抱くのは、説明しがたいことと思われる。だがそれにもかかわらず、他の場合には太っ腹な気持ちなど見せないし、友情によってさえ我を忘れてたやすく自分自身の利害を忘れることもないような人びとにさえ、こうした事態がしばしば起きることが分かる。われわれには、自分自身と自分の主権者との関係をきわめて密接かつ親密なものと考える傾向がある。主権と権力が放つ威光の輝きは、たった一人の人物の運命にさえ重みを与えるのである。そして人は、善い性質がこうした想像上の利害関係をもたないときには、彼の悪い性質が自分とは異なる見解の持ち主に対する悪意と敵対心から、彼にこうした利害関係を与えるのであろう。

［1］Francis Bacon (1561-1626) は初代ヴェルラム男爵。イギリス経験論哲学の創始者と考えられる哲学者、政治家。主著に『エッセイ集』(*Essays or counsels civil and moral*, 1597) と『科学の新機関』(*Novum organum*)（一六二〇年）などがある。

(1)［フランシス・ベイコン『学問の進歩』(*Advancement of Learning*) 第一篇を参照。この著作は一六〇五年に出版された。ケレス、バックス、アスクレピウスは、それぞれローマの穀物、ぶどう酒、治療の神であった。ローマの伝説的な共同創建者ロムルスと、アテナイの伝説的な英雄で王でもあるテセウスは、おそらく神々の子孫であると考えられていた］。

(2)［ネリ家派（「黒党」）とビアンキ家派（「白党」）とは、フィレンツェのゲルフ派内での相対立する党派であり、ドナティ家 (the Donati) とチェルキ家 (the Cerchi) の家系を中心にしたものであった。これらの家名は一三〇一年に、チェルキ家が都市のピストイアに「白党」を代表して干渉し、ドナティ家がピストイアの「黒党」を支援するようになったときに、用いられるに至った。フレゴシ家とアドルニ家は、一三七〇年頃にジェノヴァ共和国の総督職を争った家門のなかにいた。一三世紀初期に始まる近代のローマ共和国では、貴族はオルシニ家を頭とするゲルフ家派と、コロンナ家 (the Colonna) の支配下にあるギベリン家派とに分裂していた］。

(3)［ローマの円形競技場とコンスタンティノポリスの大競馬場 (hippodrome) では、専門の戦車競技者たちは色分けされ、そのうち緑色 (*prasini*) と青色 (*veneti*) が最も権威あるものであった。これらの競技はコンスタンティノポリスとビザンチン（もしくはギリシア）帝国の他の諸都市でとくに熱狂的に行われた。民衆は「青党」と「緑党」の二つの党派に分かれるようになり、この二つの党派が血を流すほど破滅的な争いになることもしばしばあった。こうした党派争いはヒュームの同時代人であるモンテスキューにより『ローマ人盛衰原因論』(*Considérations sur les causes de la grandeur des Romains et de leur décadence*, 1734) 第二〇章と、エドワード・ギボン『ローマ帝国衰亡史』(Edward Gibbon, *The Decline and Fall of the Roman Empire*, 1776-88)〈中野好夫訳、ちくま学芸文庫、一九九五年〉第四〇章に記述されている」。〈Charles Louis de Secondat, Baron de la Brède et de Montesquieu (1689-1755) はフランスの法学者、政治哲学者。主著『法の精神』(*De l'esprit des lois*, 1748) はきわめて有名。彼はヒュームの思想形成に大きな影響を与えている〉。

(4) この事実は古物研究家や政治家によってあまり注目されてこなかったので、私はローマの歴史家の言葉によってそれを伝えることにしたい。

「トゥスクルム (Tusculum) の市民は妻子と共にローマにやってきた。そのおびただしい数の人の群れは被告人のみじめな衣裳を身につけて、ローマの諸部族の間を歩き回り、市民にひざまずいてひたすら嘆願した。その結果、彼らに赦免を得させる上で、憐れみの情の方が、嫌疑をはらそうとする彼らの弁明よりも効果が大きいこととなった。ポッリア族 (the Pollian) は、成人の男子はむち打ちにして殺し、妻子は戦争法によってせりにかけて売れという提案をしたが、ポッリア族を除くすべての部族はそれを退けた。このような苛酷な提案によってトゥスクルム人の心に生まれた恨みはわれわれの父の代まで続き、またポリア族の候補者はパピリア族 (the Papirian) の票を得ることはほとんどなかったようである」(*Populus* TUSCULANUS *cum conjugibus ac liberis* ROMAM *venit: Ea multitudo, veste mutata, & specie reorum tribus circuit, genibus se omnium advolvens. Plus itaque misericordia ad pœnæ veniam impetrandam, quam causa ad crimen purgandum valuit. Tribus omnes præter* POLLIAM, *antiquarunt legem.* POLLIÆ *sententia fuit, puberes verberatos necari, liberos conjugesque sub corona lege belli venire: Memoriamque ejus iræ* TUSCULANIS *in pœnæ tam atrocis auctores mansisse ad patris ætatem constat; nec quemquam fere ex* POLLIA *tribu candidatum* PAPIRAM *ferre solitam*) ティトゥス・リウィウス、第八巻。〔『ローマ史』第八巻、第三七章(レーブ版、B. O. Foster 訳)。トゥスクルム人はローマの市民権を得て、パピリア族に登録されたが、彼らはローマの投票を左右することができた〕。ヴェネチアには、**カステラーニ派** (the CASTELANI) と**ニッコロティ派** (the NICOLLOTI) という二つの暴徒のような党派があり、彼らはしばしば殴り合いをし、それからやがて一時けんかをやめている。*

*〔最後の文はD版で追加された〕。

(5)〔このパラグラフはB版で追加された〕。

(6) ルイ一二世。〔一四九八年から一五一五年まで統治したルイ十二世は一四九九年にミラノ公国に対する権利を主張し、イタリアに侵入した〕。

(7)〔ルネッサンス期のイタリアの諸都市は、神聖ローマ皇帝(ギベリン派)と提携した党派と、法王(ゲルフ派)に忠誠を尽くす党派とに分裂していた。ヒュームはここでは一四九九年から一五〇〇年にわたる出来事に言及している。ミラノ公のルドヴィコ・スフォルツァ (Ludovico Sforza) はフランスの侵入をくいとめるために神聖ローマ皇帝マクシミリアン一世と同盟を結んだ。フランスの軍勢はジャン・ジャコモ・トリヴルツィオ (Gian Giacomo Trivulzio) に率いられていたが、彼はかつてルドヴィコ自身の指揮官であった。ルドヴィコはミラノを失い、それを奪い返し、最後にはまたそれを失った。彼は捕虜としてフランスに連行され、その地で一五〇八年に死んだ。かつてスフォルツァ家の同盟者だったローマ法王アレクサンデル六世は一四九八年にルイ一二世と同盟を結んだ〕。

(8)〔この言及はおそらく、一七二七年のムレイ・イスマイル (Mulay Isma'il) の死後に起こったモロッコでの内乱を指すものであろう。ヒュームはこの抗争とその人種的局面に関するジョン・ブレイスウェイト（John Braithwaite）の目撃者としての報告を、『故ムレイ・イスマイル皇帝没後のモロッコ帝国における諸革命の歴史』（*The History of the Revolutions in the Empire of Morocco upon the Death of the Late Emperor Muley Ishmael*, 1729）で読んだのかもしれない〕。

（9）〔A—P版では次の文章が追加されている。「その上、モロッコの白人が黒人にその肌の色をどうしても変えねばならないと強要したとか、あるいは強情な場合には異端審問や刑法で脅迫したということを私は見ていない。また、黒人がこの点で白人よりもの分かりが悪かったわけでもなかった。しかし、人が実質に基づく見解を形成しうる場合、その人の見解は肌の色以上に自由にできるものであろうか。またいずれの場合でも、強制力や恐怖によって、人に着色や偽装以上のことをさせることができるのであろうか」〕。

（10）〔この不老不死の霊薬とは万病を癒すことができると考えられている万能薬である。永久運動の理論は、いったん動くようにセットされれば、永久に動き続ける機械を想定している〕。

（11）〔『ローマ人盛衰原因論』を参照」とある〕。

（12）私は一部と言う。なぜなら古代の人びとが、現代のイングランド人やオランダ人に劣らず寛容の大の味方だったと推測するのは通俗的な誤解だからである。外部から来る迷信を禁じる法律は、ローマ人の間では、十二銅表〔ローマ法により法政化された The Twelve Tables, 451-450 B.C.〕の時代ほどに古いものである。* 一般的にはこれらの法律は厳格には実施されなかったとはいえ、キリスト教徒だけでなくユダヤ教徒もこれらの法律により、ときに罰せられた。ガリア征服の直後に、ローマ人は原住民を除く、すべての人にドルイド教の僧から秘儀を授けられることを禁止した。** これは一種の迫害であった。このガリア征服後約一世紀を経て、皇帝クラウディウス〈Claudius Nero Germanicus Tiberius（10 B.C.-A.D. 54）〉〔四一年から五四年にわたり統治〕は刑法によってこの迷信を完全に廃止してしまった。しかしこれは、もしガリア人がローマの習俗を模倣し、彼らが前もってその古来の偏見から引き離されていなければ、きわめて圧制的な迫害となっていたことであろう。スエトニウス『ローマ皇帝伝』第五巻「神々の列に入れられたクラウディウス」第二五節。〈国原吉之助訳、下、岩波文庫、二〇〇七年〉。プリニウスはドルイド教の迷信の撲滅をティベリウスのおかげだとしている。なぜなら、おそらくそれはティベリウス皇帝がそれらの迷信の抑制に向けていくつかの手段を講じたからであろう（第三〇巻、第一章）。*** 〔大プリニウス（二三—七九）『自然誌』第三〇巻、第四章、レーブ版。皇帝ティベリウスは一四年から三七年にわたり統治した。ドルイド僧の宗教的慣行には人身御供が含まれていた〕。このようなやり方は、そのような場合におけるローマ人のいつもの慎重さと節度を示す一例であり、キリスト教徒を取り扱うさいの彼らの暴力的で血なまぐさいやり方とはまったく異なる。ここから、われわれは、キリスト教に対するあの激しい迫害がこの宗派の最初の伝導者の無分別な熱狂と狂言にある程度まで起因するものであったのではないかという疑いをもつことができよう。そして教会史はこの疑いを裏づける多くの根拠をわれわれに与えてくれている。****

*〔B版とD版では「きわめて古いものであり」となっている〕。

**〔B版とD版では「彼らは完全に」とあり、「皇帝クラウディウス」への言及は削除されている〕。

***〔B版とD版ではプリニウスへの言及が削除されている〕。

****〔この注はA版にはない〕。

IX　グレイト・ブリテンの党派について

もしブリテンの政体が思弁的考察の主題としてもち出されるならば、人は直ちにそのなかに分裂と党争の源泉を見てとり、いかなる行政府のもとでもこの分裂と党争を避けることは、ブリテンの政体にとってまず不可能であることに気づくであろう。わが国の国制における共和政的要素と君主政的要素との間の適正なバランスは、それ自体、実際きわめて微妙かつ不安定であるので、人びとの激情や偏見と一緒になれば、最も優れた知性の持ち主の間でさえ、わが国の国制に関して相異なる見解がどうしても生じざるをえない。平和と秩序を愛し、扇動と内乱を憎む柔和な気質の人びとは自由の熱烈な愛好者であり、従属と隷属に比較しうる悪などおよそ存在しないと考える勇敢で大胆不敵な精神の持ち主よりも、常に君主政に一層好意的な見解を抱くであろう。また、思慮分別のある人はすべて、一般的にはわが国の混合政体を維持する点で一致しているとはいえ、それにもかかわらず個々の点になると、ある人びとは、圧制と専制権力が最も遠い将来に近づくことにさえ恐れる人びとよりも、王権により大きな権力を信託し、より多くの影響力の行使を与え、王権による自由の侵害に対してはそれほど用心しない傾向をもつであろう。こういうわけで、わが国の国制の本質そのものに伴う**原理**（PRINCIPLE）に基づく党派があり、それらは、**コート派**（COURT）と**カントリ派**（COUNTRY）という名称で呼ばれるなら十分適切なものであろう[1]。これらの党派それぞれが示す力と激しさとは、その場その時の行政府のいかんに大いにかかっている。大多数の票を反政府側に投じるようなきわめて悪い行政府もあれば、自由の最も熱狂的な愛好者さえその多くをコート派と和解させる善い行政府もあるだろう。しかし、わが国民がそれら両派の間でいかに揺れ動こうとも、わが国の政体が制限君主政である限り、それらの党派そのものは常に存続するであろう。

しかし、こうした原理上の相違に加えて、それらの党派は党派間の**利害**（INTEREST）の相違によって助長されるところがきわめて大きく、もしこの利害の相違がなければ、それらの党派が危険なあるいは激烈なものになることはまずありえないであろう。王権は、当然、本当のものであれ見せかけのものであれ、その原理が君主政に最も好都合な人びとに信頼と権力のすべてを与えるであろう。そしてこの〈王権がこのように彼らの原理に左右されるということからくる〉誘惑は、自然に彼らにその原理がもたらすよりもはるかに極端な行動を取らせることになるだろう。彼らの敵対者は、自分の野心的な目的の達成がくじかれると、王権に対して最も警戒する見解をもつ党派に身を投じ、自然にそれらの見解を、妥当な政策なら許されるよりもはるかに行きすぎたところまで進めることになる。このようにして、コート派とカントリ派とは、ブリテンの政体からの真の所産でありながら、一種の混合した党派であり、原理と利害とのいずれからも影響を受けている。一般にこれらの党派の指導者は後者の利害という動機によって最も大きく支配され、比較的下位の党員は前者の原理に最も大きく支配されている。(2)

宗教に基づく党派について言えば、世界のあらゆる時代において、聖職者は自由の敵であったと述べることができよう。(3)そして聖職者のこの不変の行動が利害と野心という確固とした理由に基づくものだったに違いないことは確かである。思考する自由と、われわれの思想を表現する自由は、いつでも、聖職者の権力にとって、また一般に彼らの権力の基礎である宗教にかこつけたごまかしにとって、致命的である。だからあらゆる種類の自由のうちに広く見られるある不可避な関連によって、この〈思考と表現上の自由という〉特権は、自由な政体以外においては享受されえないものであり、少なくともこれまで享受されたためしがない。したがって、グレイト・ブリテンのような国制においては、国教会の聖職者は、本来の状況が続く限り、常にコート派であり、他方、あらゆる種類の非国教徒はカントリ派となるであろう。なぜなら、非国教徒はわが国の自由な政体以外からは、彼らが必要とするあの寛容をけっして期待できないからである。専制権力を目指した君主はすべて、国教会の聖職者を味方につけることがいかに重要であるかを心得ていた。他方、聖職者の側でもそのような君主の意図をくみとる上で驚くほどの手ぎわのよさを示している。(4)グスタフ・ヴァーサ(GUSTAVUS VAZA)はおそらく野心に満ちた君主で、これまでに自由を抑圧すると同時に教会の弱体化をも図ったただ一人の君主であった。しかし、当時のスウェーデンにおいて、王権そのものを凌駕した司教たちの途方もない権力と彼らによる外国のある家系に対する愛着心が、そのような異例の一連の政策を王にとらせた理由であった。(5)

ただ一人の人物による統治を好む聖職者の傾向に関するこうした考察は、ただ一つの宗派だけについて当てはまるものではない。オランダにおける長老派でありカルヴァン派である聖職者は**オランへ**(ORANGE)家に対する公然たる支持者であった。だがこれに対して、異端とみなされたアルミニウス派(the *Arminians*)は、**ルーヴェシュタイン派**(the LOUVESTEIN)に属し、自由を熱望していた。(6)しかしもし君主が両者のいずれかを選ぶことができるのならば、彼が長老派の教会政治形態よりも監督派のそれを選ぶことは分かりやすいことである。なぜなら、それには二つの理由があるからである。一つは、君主政と監督制との間の相性がよりよいからであり、もう一つは、君主は、そのような監督制という教会政治なら、聖職者を彼らのより上位の聖職者によって管理・支配することができるという便利さに気づくからである。[7]

大反乱[8]（ピューリタン革命）の時期に、イングランドにおいて最初に党派が生じた事情を考察するならば、それはこの一般理論に合致し、当時の政体がある法則に則った必然的な作用によってそれらの党派を生み出したことに気づくであろう。イングランドの国制は、この大反乱期よりも前に既に一種の混乱状態にあった。にもかかわらず、その混乱によって被治者が多くの高貴な特権を保有するに至り、それらの特権は、法により厳密に制限され保障されてはいなかったとはいえ、その保有が長期にわたったので、生得の権利として被治者に属するものとあまねくみなされるほどであった。〈このような状況下に〉野心に満ちた、もしくはむしろ誤り導かれた君主が現れ、彼は、これらの特権のすべては彼に先行する君主たちが許与した特権であり、好きなときに取り消すことが可能なものとみなした。そしてこの原則を遂行しようとして、彼は数年の間、公然と自由を侵害する行動をとったのであった。だがついに窮迫したため、彼は議会を召集せざるをえなくなった。いまや自由の精神が湧き上がり広がっていった。この君主はまったく孤立無援だったため、要求されたものをすべて与えざるをえなかった。また彼の敵対者たちは警戒心から用心深くて和解しがたく、その要求に限界をもうけることをけっしてしなかった。[9] そこでここにあのような抗争が始まったのであり、その抗争において、その時代の人びとがそれぞれ異なる党派に分裂していったのはなんの不思議もなかった。なぜなら、今日でさえ、公平無私の人であれば、この抗争における正しさに関しては、どう判断すればよいか迷っているからである。議会側の主張は、もしそれが受け入れられれば、イングランドの国制をほとんどまったく共和政にしてしまうことになり、国制のもつバランスを破壊することになるものであった。もしそれが受け入れられなければ、この君主が人民に対してなさざるをえなかった譲歩のたびにはっきりと示された彼のこり固まった信条と根深い習性からすれば、イングランドの国民はおそらくいまもなお絶対的権力の危険にさらされていたであろう。このきわめて微妙で確信のもてない問題の場合、人びとはおのずと自分たちの通常の信条に最も合致する側に味方することとなった。だから君主政に、より一層熱烈に好意をもつ人びとは国王を支持することを公然と表明し、これに対して自由をより一層熱烈に支持する人びとは議会側に味方したのであった。成功の見込みはいずれの側でもほぼ互角だったので、この争いでは、**利害**が全般的な影響力をもつことはけっしてなかった。したがって、議会派の**円頂党**（ROUND-HEAD）と王党派の**騎士党**[10]（CAVALIER）は、完全に原理に基づく党派であり、そのいずれの党派も、君主政も自由も否認することはなかった。だが前者がわが国の政体の共和政的な要素に大きく傾いていたのに対し、後者は君主政的要素に大きく傾いていた。この点では、それらの党派は、事態の不幸な競合と時代の騒然とした人心によって激情に燃え立ち内戦に走ったコート派とカントリ派であったとみなすことができよう。共和政の闘士と絶対的権力の熱狂的な支持者は、いずれの党派においても潜んでいるが、それらの党派のうち微々たる要素を形成するにすぎなかった。

聖職者は国王の専制的な企図に同意していたのであり、その見返りに、彼らが異端者、教会分離派と呼んだ反対派を迫害することを許された。国教会の聖職者は監督派であり、非国教徒の聖職者は長老派であった。したがって、あらゆる事情が相関連して、前者を無条件で国王派へ、そして後者を議会派へと投じさせることとなった(11)。

この抗争の成り行きについては知らない人はいない。まず国王が破滅の運命に見舞われ、次いで議会が見舞われた。あまたの混乱と変転を経たのち、王家は結局、再興され、古来の政体も再建された(12)。チャールズ二世は彼の父を手本にしてより賢明になることもなく、初めのうちは比較的秘密裡で用心深かったとはいえ、父王と同じやり方を続行した。新しい党派が、ウイッグ（*Whig*）とトーリー（*Tory*）という名のもとに生じるに至った。そしてこれらの党派はそれ以来、わが国の政治を混乱させ分裂させ続けている(13)。これら両党の本質を把握することは、おそらくわれわれの出会いうる最も難しい問題の一つであり、歴史にはおよそ最も抽象的な学問において見出されるいかなる問題にも劣らず確信のもてない問いが含まれうることを証明している。われわれは、この二つの党派の振舞いを七〇年間の成り行きを通じ、権力を掌握しているときと、それを奪われたとき、さらに平時と戦時といったきわめて多様な状況のなかで見てきた。これらの党派のいずれかを支持すると公言する人物に、われわれは毎時間、会合や娯楽やまじめな仕事の最中に出会う。われわれ自身がある意味で、いずれの党派につくかを余儀なくされているのである。さらに、最高の自由をもつ国家に生きているので、誰でも自分の見解や意見をすべて公然と表明することができる。それにもかかわらず、その異なる党派の本質、主張、信条を明言するとなるとわれわれは困り果ててしまうのである(14)。

ウイッグと**トーリー**の両派を**円頂党**と**騎士党**の両派と比較すると、それらの間に見られる最も明白な相違点は、絶対的服従（*passive obedience*）と〈人民により〉取り消し不可能な〈国王の〉権利（*indefeasible right*）という原理にある。この二つの原理は**騎士党**の間ではほとんど聞かれなかった。ところがそれが党全体の原理となり、トーリー党の真の性格とみなされた。もしこれらの原理をその最も明白な帰結にまで押し進めるならば、それはわれわれのすべての自由の正式の否認と絶対君主政の承認を意味することになる。なぜなら、限定された権力に対して、それがその限度を超えるときでさえ抵抗してはならないとすれば、それ以上の不条理なことはありえないからである。しかし、最も合理的な原理でさえ、激情に対抗するには弱い力しかもたないことがしばしばである。したがって、これらの不合理な原理[15]が弱く激情に抗しきれなかったのは、少しも不思議なことではない。**トーリー派**は人間として圧制に対する敵対者であり、また同じくイングランド人として専制権力に対する敵対者であった。彼らの自由を求める熱情は、おそらく反対党のそれほど熱烈ではなかったであろう。しかし自分たち自身が古来の政体の転覆という脅威に曝されているのを見たときには、自分たちの党の全般的な原理をすべて忘れさせるに足るだけの熱情はもっていた。こうした見解から、きわめて重要な事件であり、ブリテンの自由の最も強固な基礎である〈名誉〉革命[16]が生じたのであった。この事件の間とその後において、**トーリー**派がとった行動は、その党の本質に対する真の洞察をわれわれに与えてくれるであろう。

先ず第一に、トーリー派は、自由に対する愛着の念と、およそいかなる抽象的な原理のためにもあるいは君主のいかなる想像上の権利のためにも自由を犠牲にしたりしないという固い決意をもっていた点で、ブリテン人としての正真正銘の見解をもっていたと思われる。彼らの性格におけるこの要素は、革命前には、彼らが公然と表明している原理の明白な傾向から、またその専制的な企図をほとんど隠そうとしないと思われる宮廷に対する彼らの盲従から[17]、疑念を抱かれても当然だったかもしれない。革命が、この点で彼らがブリテンの政体から予想されうるような正真正銘のコート派以外の何ものでもなかったことを、すなわち、自由の愛好者ではあるが、それ以上に君主政の愛好者であることを明らかにしたのであった。しかしながら、彼らがその君主政的な原理を、どのような程度であれ制限君主政と両立する点を超えて、実践においてさえ押し進め、そして理論においてはさらにもっと押し進めたことは認められねばならない。

第二に、彼らトーリー派の原理も愛着の念も、〔名誉〕革命でついた落着と、あるいはそれ以来生じた落着とは、完全に全面的に合致しなかった。彼らの党派の性格におけるこの要素は、前にあげた要素と正反対のものと見えるかもしれない。なぜなら、そうした状況下では、これ以外のいかなる落着も、自由にとって致命的ではないとしても、おそらく危険なものであったに違いないからである。ところが、人の心というものは、相対立するものを和解させるようにつくられている。しかもこの対立は、絶対的服従と、革命のさいに行使された**抵抗**との間の対立ほど重大なものではなかった。したがって、革命以来の**トーリー**を数語で定義するとすれば、自由を放棄することはないけれども君主政の愛好者であり、しかも**ステュアート**家の熱烈な支持者であると言うことができよう。同じく他方、**ウイッグ**は、君主政を放棄することはないけれども自由の愛好者であり、しかも**プロテスタント**の家系による王位継承の支持者であると言うことができよう[18]。

王位継承に関するこうした相異なる見方は、偶然的なものであったが、ブリテンの政体に関する正真正銘の意見の相違を示すコート派とカントリ派の原理に対して自然に付け加えられるものである。君主政の熱烈な愛好者は、王位継承に関するいかなる変更も、共和政の色合いが過度になりすぎているとして、不快に感じがちである。他方、自由を熱烈に愛する人は、政体のあらゆる要素は自由の重大さに従属させられるべきであると考えがちである。

ウイッグと**トーリー**の間の実質的な相違は、革命のさいになくなってしまったとまではあえて主張しないが、ある人びとは両派の相違はいまや消滅してしまい、事態はその本来の状態に大きく戻り、現在わが国ではコート派とカントリ派以外には党派は存在しないと考えられている。すなわち、現存するのは、利害もしくは原理によって君主政ないし自由のいずれかに愛着を感じている人びとであると考えられる。**トーリー**は長い間、共和政の表現の様式で語ることを余儀なくされてきたため、そのような振りをすることによって自身が改宗者になってしまい、反対派の言葉遣いだけでなくその見解〈と心情〉までも受け入れてしまったように思われる。とはいえ、イングランドには、トーリー派の遺風がきわめて大きく、その古い先入観のすべてとともに残存している。また、コート派とカントリ派だけがわが国の党派ではないことを示す証拠は、ほとんどすべての非国教徒がコート派に味方し、他方、イングランド国教会の少なくとも下級の聖職者が反対派に味方しているということにある。このことは、わが国の国制には、〈ボーリングのボールにつけた重みに似た〉ある種の偏り、すなわち、ある種の外部から加えられた重みがいつでものしかかっていて、その重みがわが国の国制をその本来の成り行きからそらせ、わが国の党派にある混乱を引き起こすことを、われわれに確信させるであろう。(19)(20)

（1）〔A—P版では次の注が追加されている。「これらの語は一般に使用されるようになった。したがって、私がそれらの語を使う場合、一方の党派に対する全面的な非難、あるいは他方に対する全面的な称賛を表明しようとするのではない。ある場合には、コート派が疑いもなく国家の利益を最もよく考慮していて、カントリ派はそれに反対している場合もありえよう。これと同じく、ローマの党派は貴族党（*Optimates*）と平民党（*Populares*）と呼ばれた。そしてキケロは、真の党派人らしく、貴族党とはすべての公共的な行動において、ローマ人のうちで最も優れた最も価値ある人の見解によって自らを律するような人からなるものと定義している。『セクストゥスのための弁護』第四五章。〈大西英文訳『弁論家について』上、岩波文庫、二〇〇五年〉。カントリ派という語も、これと同じ種類の都合のよい定義や語源を与えることができよう。しかしもしそうした題目からなんらかの結論を引き出すとすれば、それは愚かなことであろう。だから私は、これらの語を使用するさいには、そのことに注意している」〕。

（2）〔A—P版では次のものが追加されている。「このようなことを言う場合、私は、いずれかの党派にくみする動機をもっている人びとのことを言っているつもりである。というのは、実を言えば、党派に属する大多数の人は普通、その理由も分からずに、たとえば、人まねや激情やものぐさから党派に加わっている人びとだからである。しかし、そうであっても、原理ないし利害のいずれかに、党派が分裂するなんらかの原因のあることが必要である。そうでなければ、そのような人びとには、彼らが参加しうる党派が見つからないからである」〕。

（3）〔B—P版では次の注が追加されている。「イングランドの初期の政体では聖職者が王権に対する強力で主要な反対者であったにもかかわらず、この叙述は間違いないところである。だが、当時、聖職者の所領はきわめて広大なものであったため彼らはイングランドの土地所有者のかなりの部分を占めており、多くの抗争において王権に対する真っ向からの対抗者であった〕。

(4)「ユダヤ人は〔アレクサンドロス大王の時代とローマによる征服との間〕彼ら自身の国王を選んだ。これらの国王もまた気まぐれな大衆によってその座を追われた。だが武力によって王座を取り戻すや、国王はためらうことなく、市民を追放し、都市を破壊し、兄弟、妻、両親を殺害し、およそ国王の犯す他のすべての種類の犯罪をあえてやってみせた。他方で国王は聖職者の職務がその世俗の権力を支えると見ていたため国民の迷信を保護・育成した」(Judæi sibi ipsi reges imposuere; qui mobilitate vulgi expulsi, resumpta per arma dominatione; fugas civium, urbium eversiones, fratrum, conjugum, parentum neces, aliaque solita regibus ausi, superstitionem fovebant; quia honor sacerdotii firmamentum potentiae assumebatur) タキトゥス『歴史』第五巻。*〔第八章(レーブ版、Clifford H. Moore 訳)〕。

*〔この注はK版で追加された〕。

(5)〔グスタフ・エリクソン・ヴァーサは、デンマークおよびノルウェーの国王。クリスチャン二世に対する独立戦争を指揮したのち、一五二三年にスウェーデン王に選ばれた。彼はカトリック教会の財産の大半を没収した。というのは、このカトリック教会はデンマーク王の主張を支持し、ルター派の教義が有力だった国教会を創設したからである。彼は一五六〇年に没する前に、スウェーデンの君主政を世襲の国制とした〕。

(6)〔一五五九年以後オランダ共和国の総督、すなわち国制上の君主は、オランヘ家の出であった。宗教問題では、オランヘ家は、予定説に関してカルヴァン主義とたもとを分かってきたアルミニウス派以上にカルヴァン派に好意を寄せていた。政治問題と宗教問題のいずれにもかかわる論争の結果、モーリス公は、一六一九年にホラントの擁護者ヨハン・ヴァン・オルデンバーネヴェルト (Johan van Oldenbarnevelt) の死刑執行と、政治家であり法学者であるフーゴ・グロティウスを含む他の二名のルーヴェシュタイン城での終身刑を決めた。こののち、オランヘ家に反対した連合諸州の党派は、ルーヴェシュタイン派として知られるに至った〕。〈Prince Maurice は通常 Maurice of Nassan と呼ばれていた。オランダ共和国総督(一五八七―一六二五年)。Hugo Grotius (1583–1645) はオランダの法学者、政治家。大著『戦争と平和』は近世国際法学の基礎を築いたとされる〉。

(7)「民衆の支配は自由に近く、少数者の専制と君主の気まぐれとの間はわずかしか離れていない」(Populi imperium juxta libertatem: paucorum dominatio regiæ libidini proprior est) タキトゥス『年代記』第六巻。*〔第四二章〕。〈国原吉之助訳、岩波文庫、上、一九八一年、三七五頁〉。

*〔この注はK版で追加された〕。

(8)〔「大反乱」は一六四二年と一六五二年の間のイングランドとスコットランドにおける内乱の名称であり、そのさい議会の軍勢がチャールズ一世に忠誠を尽くす王党派を打ち破った。チャールズは一六四九年に処刑され、新しい政体として共和政が樹立された〕。

(9)〔ヒュームはここで、一六二五年に即位したチャールズ一世を引き合いに出している。教会に対する政策と課税の問題をめぐる争いののち、チャールズは一六二九年に議会を解散し、以後一一年間、議会を開かずに統治した。彼は一六四〇年に新しい議会を召集したが、それを三週間で解散してしまった。なぜなら、議会はスコットランドに対する戦争の遂行に関して、彼を支持することを拒否したからである。その年以後に、スコットランド軍がイングランドに進撃したので、チャールズは別の議会(長期議会)を召集し、国王に対する議会の権力の大幅な強化に同意せざるをえなくなった。内乱は、チャールズが議会に対抗するため、自分の手許にかなりの兵力を集めたあと、一六四二年にイングランドで始まった〕。

(10)〔これらの名称は、それぞれ頭髪を短く刈り込んだ議会党の支持者と、身づくろいや衣服でよりさっそうとしていた王党派を示すために、一六四一年に用いられるようになった〕。

(11)〔A―P版ではこのパラグラフは次の文章に代わっている。「そのような場合、聖職者はいつものやり方に従い〔A―K版では「ある恥知らずのやり方で」とある〕、国王の恣意的な企図に同意した。そしてその見返りに、彼らが異端者、教会分離派と呼んだ反対派を迫害することを許されたのであった。国教会の聖職者は監督派であり、非国教徒の聖職者は長老派であった。したがって、あらゆる事情が相関連して、前者を無条件で国王派へ、そして後者を議会派へと投じさせることとなった。騎士党はコート派であり、円頂党はカントリ派であったため、騎士党と国教会の高位聖職者との結合と、円頂党と長老派の非国教徒との結合は避けられないものであった。この結合は政治の一般原理に従い、きわめて自然なものであるので、この結合をやめさせるにはある種きわめて異例な事態が必要である」〕。

(12)〔ステュアート朝の支配は、チャールズ二世が国王であることを宣言した一六六〇年に復活した〕。

(13)〔ウイッグとトーリーという名称は、一六七九年にイングランドの政党の呼称として用いられるようになったことは明白である。最初それらの名称は、それぞれ一六八〇年に議会を召集するようにチャールズ二世に請願したカントリ派の人びとと、王権を侵害する企てを恐れたコート派の支持者を指していた〕。

(14)〔A―P版では次のものが追加された。「この問題は、おそらくそれ自体がいくらか難しいものであるが、党派の偏見や激情によって、一層難しい問題となっている」〕。

(15)〔A―P版では次のものが追加された。「ある著名な著作家（『党派論』第二書簡）によれば、**ホッテントット人**（HOTTENTOT）〈南アフリカの未開民族〉や**サモイエド人**（SAMOIEDE）〈シベリアの未開民族〉の常識に対してさえ十分なショックを与える」〕。

(16)〔一六八八年から八九年の革命〕。

(17)〔A―K版までは次の通り。「ほとんど何にも拘束されないほどの盲従」。M―Q版では「極度の盲従」〕。

(18)〔A―P版では次の注が追加されている。「さきほど引用した著作家〈ボリングブルック〉〔A、B、D版では「著名な著作家」〕が主張しているのだが、**ウイッグ**と**トーリー**の間の**実質的な**区別は革命のときに失われていて、それ以来、両党はイタリアで皇帝が権威をすべて失ってしまったあとの**ゲルフ党**と**ギベリン党**のように、単なる人的な要因に基づく党派にとどまった。もしこのような見解を受け入れるならば、わが国の歴史はすべて一つの謎になってしまうであろう。〔そしてまた、実際、そのような見解は最も強力な証拠に反しており、人はそのような見解の証明を企てる著作家自身の表現の巧みさに敬服しなければならない。――A版とB版〕。

　これらの党派の間の実質的な要因による区別の証拠として、私はまず第一に、誰でもその両党に関する友人や知人のすべての行動と談話に関して見聞きしたと思われることをあげておきたい。トーリー派はいつでも**ステュアート**家に対して公然たる愛着の念をもち、またその反対派はいつもその家系による王位継承に対して強く反対してこなかったであろうか。

　トーリーの原理は、疑う余地なく君主政に最も好都合なものである。にもかかわらず、トーリー派はこの五〇年の間ほとんどいつでも宮廷に反対してきており、ウィリアム王によりトーリー派が用いられたときでさえ、心底から彼の味方になることはなかった。したがって、トーリー派の争いのもとは、王座にあるのではなく、王座に座る人物にあったと考えることができる。

　トーリー派は、アン女王の最後の四年間に、宮廷に対して熱心に協力した。しかしその理由を見つけるのにいったい誰が答えに窮することがあろうか。

　ブリテンの政治において、王位継承はあまりにも重大な結果をもたらす問題であるので、国家の運命についていささかでも関心を寄せる人なら、まったく無関心であることなどできない。ましてや、節度を守ることを誇りに思ったことのないトーリー派が、そのような重大な問題において、禁欲的な無関心を保持しえたと考えることなどとうていできない。それゆえ、トーリー派はハノーヴァー家を熱望したのだろうか。それとも、正反対の熱意を抱いているのに、もしそれが公然と表に出なかったとすれば、そのように公然と表に出ることを抑制させたものは、慎慮と、体裁を保ちたいという良識以外に何があったであろうか。〔このパラグラフはA版とB版にはない〕。

国教会である監督派の聖職者がコート派に公然たる反対を表明し、非国教徒である長老派の聖職者がコート派と結合するのを見るのは、途方もないことである。それら両教派の聖職者における、そのような不自然な振舞いを生み出しえたものはなんだったのか。それはほかでもなく、監督派の聖職者が君主政的な原理をあまりにも極端なまでに押し進めて信奉し、自由の原理に基礎を置く現在の落着と一致せず、他方、長老派の聖職者はそのような激しい原理が優勢を占めるのを恐れ、自由と寛容を期待しうると彼らが考えたコート派に味方したことにあった。

対外政策に関する両党の異なる振舞いもまた、この同じ目的に対して証拠となるものである。オランダはいつでも一方の党派から好意をもって見られ、またフランスも他方の党派からいつも好意的に見られてきている。要するに、この種の証拠は、それを蒐集する必要がほとんどないほど、容易に分かる明白なことと思われる〕。

(19) 前世紀における国家業務に関して、これらのエッセイで述べられた見解のあるものについては、著者はもっと厳密な検討を加えた結果、著者の『グレイト・ブリテンの歴史』〈『イングランド史』〉において撤回する理由を見出すこととなった。著者はいずれの党派の主義主張の奴隷となるものではないが、同時に自分自身があらかじめもっていた見解や原理によって自分の判断を束縛するものでもない。また著者は自分の誤りを認めるのを恥とするものでもない。これらの誤りは実際、当時、この国ではほとんど普遍的なものであった。*

*〔この注はM版以前のどの版にも見られない。この注の最後の文はQ版とR版で追加されている〕。

(20) 〔このエッセイはQ版とR版ではここで終わっている。最後のパラグラフに代わって、この両版に先立つ諸版では、以下のようになっている。「しかしながら、**ウイッグ**の原理も**トーリー**の原理もいずれも複合的な性質をもっていたとはいえ、それにもかかわらず、両派それぞれにおいて優位を占める構成要素がたがいに対応するものでなかったことは注目に値する。**トーリー**は君主政を愛し、ステュアート家に愛着の気持ちをもっていたが、優位を占めていたのはステュアート家に対する愛着であった。**ウイッグ**は自由を愛し、**プロテスタント**の家系による王位継承の支持者であったが優位を占めていたのは公言通り自由の愛好であった。**トーリー**派はしばしば共和政論者のように振る舞った。しかしその場合には、政策もしくは報復のいずれかの理由から、彼らにそのような行動をさせたのであった。また王位継承に関する彼らの党派の見解が失望に終わることが予想される場合に、王権に対して最も厳しい制限を課すことを、そして**トーリー**派の理解によれば、いかなる正当な資格もなしに王位を継承するような王家の力を削ぐために、わが国の統治形態をできる限り共和政に近づけることを願わないような**トーリー**党員は一人としていなかったのである。**ウイッグ**派もまた、彼らの意図に従って王位の継承と決着を確保することにかこつけて、自由にとって危険な一連の方策をとった。しかし、その党派の大部分は、自由を確保する手段として以外にはその王位継承に熱意などまったくもっていなかったので、彼らは無知、あるいは意志薄弱、あるいは指導者の利害から、うっかりこうした方策を支持することとなった。したがって、**トーリー**派にとっては王位継承が、他方**ウイッグ**派にとっては、わが国民の自由が、主要な問題なのであった。〔このパラグラフの以下の部分はA版とB版にはない〕。この見せかけの変則状態をわれわれの現在の理論によって説明することは少しも難しいことではない。コート派とカントリ派がトーリーとウイッグの真の親である。しかし、コート派の君主政に対する愛着が君主に対する愛着心へと退化しないということは、まずありえないことである。というのは君主政と君主はきわめて密接に関連しており、君主はそれだけ一層自然な対象だからである。神に対する礼拝が偶像崇拝にいかにたやすく退化することであろうか。古いカントリ派すなわちウイッグの神である自由と、いかなる君主あるいは王家であれ、その間の関連はそれほど密接ではない。さらに、この党派においては、崇拝の対象が一方から他方へとたやすく移行しうると考えるのはあまり納得のゆくものでもない。とはいえ、たとえそのようなことが起きようとも、それはまったく驚くほどの奇蹟ではなかろうが。

個々の人の思想と心情の内部に立ち入ってその本心を見抜くことは難しい。だが全体としての党派のそれらを見分けることはまず不可能である。というのは、その場合には、同じ行動原則をとっていても、いかなる二人の見解も正確に合致しないようなことがしばしば起きるからである。だがそれにもかかわらず、私はあえて主張したいのだが、トーリー派を旧来の王家に結びつけたのは、原理、すなわち人民によっては取り消しえない国王の権利であるという見解というよりも、むしろ愛着の念（AFFECTION）、すなわち、王家の人物に対する一定の愛情と尊敬の念であった。この同じ愛着の念が原因で、以前、イングランドはヨーク家とランカスタ家とに、また、スコットランドはブルース家（BRUCE）とベイリオル家（BALIOL）とに分裂することとなった。とはいえ、この時代には、政治論争はほとんど慣習として行われず、政治的な原理はもちろん人びとにほとんど影響力を与えなかった。絶対的服従という原理は、それ自体不合理なものであり、われわれの自由と正反対のものであるので、それはとりわけ、説教壇上の熱弁家と、大衆のうち彼らに惑わされた信徒にまかせておけばよいと思われる。もっと思慮分別に富んだ人びとは愛着の念によって導かれたのであり、この党派の指導者については、利害がその主要な動機であり、彼らは反対党の指導者の行動よりも、自分の個人的な心情に一層反した行動をとったことは確かなようである。〔このパラグラフの以下の部分はA版とB版にはない〕。いかなる人物あるいは家系であっても、彼らに対して好意をもち、原理が愛着の念へと変化することなしに、その権利を熱烈に擁護することは、まずありえないことである。だがそれにもかかわらず、これは、高い地位にあり自由な教育を受けた人びとにとっては、それほど自然なことではない。というのは、彼らは君主の弱点や愚かさや尊大さに気づく機会を十分もっており、君主は、他の人よりもむしろ劣ることはないにせよ、優れた人間などではまったくないということを見て知っているからである。したがって、このような人びとにとっては、党派の指導者であるという利害が、しばしば原理と愛着の念の両方に取って代わることになる。

ウイッグとトーリーとの間の実質的な相違は、革命のときになくなってしまったとあえて主張はしないにしても、ある人びとはその相違点はいまや廃止され、事態はその自然な状態へとずっと復帰し、現在わが国では、コート派とカントリ派以外にはいかなる党派も存在しない、すなわち、利害あるいは原理によって、君主政あるいは自由に味方する人びとだけが現存すると考えがちのようである。実際、トーリー派は最近党員の数が大幅に減少しており、彼らの熱意はもっと減退し、さらにあえて言えば、彼らの信望と権威はさらにもっと失われていることを認めねばならない。ロック氏の著作が出て以来、学識のある人びとや、少なくとも哲学者のなかで、トーリー派と考えられるのを恥としない人はまずいない。他方、ほとんどあらゆる会合で、老ウイッグ（OLD WHIG）という名称は、名誉と威信をもった抗しがたいほどの名称として言及される。したがって、現在の内閣に対する反対派は、一種の非難の的としてコート派を正真正銘のトーリー派と呼び、他方、一種の尊敬の的として、反対派のジェントルマンを正真正銘のウイッグと呼んでいる。〔最後の二つの文〈訳文では「ロック氏の著作が……」以下の文〉はP版では削除されており、A版とB版では、「人は誰一人として」となり、「少なくとも哲学者のなかで」が削除されている〕。**トーリー**派は非常に長い間、共和政の表現の様式で語ることを余儀なくされてきたため、そのような振りをすることによって、自身が改宗者になってしまい、反対派の言葉遣いだけでなく、その見解〈と心情〉までも受け入れてしまったように思われる。とはいえ、イングランドには、**トーリー**派の遺風がきわめて大きく、その先入観のすべてとともに残存している。また、コート派とカントリ派とがわが国の唯一の党派ではないことを示す証拠は、ほとんどすべての非国教徒がコート派に味方し、他方、イングランド国教会の少なくとも下級の聖職者が反対派に味方しているということにある。このことは、わが国の国制には、〈ボーリングのボールにつけた重みに似た〉ある種の偏り、すなわち、ある種の外部から加えられた重みがいつでものしかかっていて、その重みがわが国の国制をその本来の成り行きからそらせ、わが国の党派にある混乱を引き起こすことを、われわれに確信させるであろう。〔この文はA版には見られない〕。

この主題を終えるにあたり、私が指摘しておきたいのは、言葉の本来の意味に従えば、スコットランドにはいかなる**トーリー**もいなかったこと、そして、このスコットランドにおける党派分裂は実際には、**ウイッグ**派と**ジャコバイト**（JACOBITES）〈イギリスの一六八八年の革命で王位を追われたジェイムズ二世の支持派〉への分裂であったということである。**ジャコバイト**は、わが国の国制を尊重せず絶対君主政を熱烈に擁護する**トーリー**、あるいは彼らが愛着の念を抱く家系に王位を継承させるためには進んでわれわれの自由を犠牲にしようとする**トーリー**であると思われる。イングランドとスコットランドの間におけるこの相違の理由を、私はこのように考えている。すなわち、スコットランドでは政治上の党派分裂と宗教上のそれは、革命以来、たがいにまったく対応している。**長老派**は例外なくすべて**ウイッグ**であった。監督制に賛成する人びとは反対党〈のトーリー〉を支持した。そして監督派の聖職者は革命のさい教会から放逐されたので、彼らは宣誓あるいは祈禱形式において、わが国の政体に従おうとする動機をまったくもっていなかったのであり、このことが、彼らに追随する信徒がイングランドの**トーリー**派の信徒よりも一層激しくなった原因なのである。*

一般に、ものごとが激しければ、それは穏健なものほど永続きしないものであるから、現にわれわれは、**ジャコバイト派**がわれわれの〈スコットランド〉からまったく姿を消したこと、そしてコート派とカントリ派の区別——それはロンドンではただひそかにしか行われていないが——がこのブリテン王国でおよそ言及される唯一の区別であることを見るわけである。**ジャコバイト派**の暴力と公然たる言動に加えて、おそらく別の理由もブリテンのこの地方〈スコットランド〉でのそのように急激で顕著な変化を生み出す一因であった。われわれのスコットランドには、二つの階級、すなわち、いくらかの財産と教養をもつジェントルマンと、最も貧しくて奴隷のように働く貧民しかいないのであり、世界の他のいかなる地域よりも、イングランドの都市と田舎にたくさんいる中産階級が、ほとんどいないのである。奴隷のように働く貧民にはおよそ原理など理解する力はない。他方、ジェントルマンは時間が経過し経験を積むことによって、正しい原理に向かいそれを理解することができよう。中産階級は原理を立てるのに十分な好奇心と知識をもっているが、しかしそれは正しい原理を立てたり、あるいは既に彼らが吸収した先入観を是正するのには十分ではない。**トーリー**の原理が現在イングランドで最も広く行きわたっているのは、まさにこの中産階級の間においてである。〔この最後のパラグラフはA版とB版にしか出ていない〕。

＊前世紀における国家業務に関して、これらのエッセイで述べられた見解のあるものについては、著者はもっと厳密な検討を加えた結果、著者の『グレイト・ブリテンの歴史』〈『イングランド史』〉において撤回する理由を見出すこととなった。著者はいずれの党派の主義主張の奴隷となるものではないが、同時に自分自身があ

らかじめもっていた見解や原理によって自分の判断を束縛するものでもない。また著者は自分の誤りを認めるのを恥とするものでもない」〕。〔この注はM版以前のどの版にも見られない〕。

X　迷信と熱狂について

最善のものが腐敗すれば最悪のものを生み出すということは格言（maxim）になっていて、他の事例のなかでも、迷信（*superstition*）と熱狂（*enthusiasm*）という本物の宗教の腐敗・堕落のきわめて有害な結果によって、一般に証明されている。

こうした二種類の偽宗教は、いずれも有害だが、非常に異なる性質のものであり、それどころか相反する性質をもつものである。人の心は理性によって説明しがたいなんらかの恐怖や不安に陥りやすいものだが、それらの恐怖や不安は私事や公事の不幸な状況や、不健康や、陰気で憂うつな性向から生じるか、それともこうした事情すべてが同時に発生することから起こってくる。このような精神状態にあるときは、未知の力から生じるはかり知れないほどの未知の災いが恐れられる。しかも恐怖の真の対象が欠けていて分からない場合には、その人の魂は自らの偏見に働きかけ、さらに魂のもつ支配的な性向を助長することによって、想像上の対象を見つけ出し、その対象がもつ力と敵意に魂はまったく制限を課さない。こうした敵はまったく目に見えず未知なものであるので、それらをなだめるための方法は同じく説明しがたいものであり、儀式、祭式、難行苦行、犠牲、儀礼的な贈物、あるいはいかに馬鹿らしくたわいもないものであれ、なんらかの慣行から成っている。そして愚かさや悪辣さは、理性を失い恐怖にとらわれた軽信にこうした慣行の実行を勧めるのである。それゆえ、心の弱さ、恐れ、憂うつが、無知とともに**迷信**の真の源泉なのである。

しかし人の心はまた説明のつかない高揚やずうずうしさにも左右されるのであり、これらはさいさきのよい成功や、盛んな健康や、強大な気力・活力や、あるいは大胆で自信たっぷりな性向から生じる。このような精神状態にあるとき、想像力は高度に達するものの、混乱したさまざまな概念とともに膨れ上がり、このような概念には地上のどのような美も享楽も対応することができない。死を免れず滅亡すべきものはすべて注目に値しないとして消え失せる。そして目に見えない領域、すなわち精神界における空想に全精力が注がれるが、このような世界では、魂はその趣味や性向に最適なありとあらゆる想像に自由自在にふけることができる。ここから恍惚状態、没我状態、空想の驚くべき飛躍が起こり、自信とずうずうしさがなお一層増大する。こうした恍惚状態はまったく説明しがたいものであり、われわれの通常の能力の及ぶ範囲をはるかに超えていると思われるので、献身の対象であるあの神的存在からの直接的霊感によるものとされる。しばらくすると、霊感を受けた人は、自分をとくに優れた神の寵児とみなすようになる。そして熱狂の頂点であるこの狂乱がひとたび起これば、どのような奇想・奇行も聖化されてしまう。人間の理性や道徳さえ誤った指針として拒否される。したがって狂信的な狂人は、突如くだる霊と天上からの霊感に盲目的かつ無条件に身を委ねる。それゆえ、希望、自負心、ずうずうしさ、興奮した想像力が、無知とともに**熱狂**の真の源泉なのである。

これら二種類の偽宗教は多くの思索のきっかけを与えてくれるであろう。しかし私は差し当たり、偽宗教が統治と社会に及ぼすさまざまな影響に関するいくつかの見解に限定することにしたい。

[1]私の第一の見解は、迷信は聖職者の権力にとって有利であり、熱狂は健全な理性と哲学に劣らず、あるいはそれらより一層聖職者の権力に反しているということである。迷信は恐怖、悲しみ、意気消沈に基づいているので、それは迷信にとらわれた人間に自分自身の卑劣な姿を見せるため、その結果、彼は自分が神の御前に近づくに値しない存在であることを自分の目で見てしまい、したがっておのずと誰か他の人物に頼ることになる。その人物は、高潔な生活や、もしくはおそらくそのずうずうしさと狡猾さによって、自分が神の恩寵をより多く受けていると他人に思わせることができた。このような人物に迷信家は彼らの信心を託す。この人物の配慮に、迷信家たちはその祈りと請願と犠牲を委ねるのである。こうしてこの人物を介して、彼らは自分たちの祈願が激怒した神に受け入れられることを請い願う。ここに**聖職者**（PRIESTS）の起源がある。[2]聖職者は臆病で卑しむべき迷信が発明したものとみなされてしかるべきであろう。[3]迷信はいつも自らに自信をもっていないので、自らの信心をあえて直接神に捧げるのでなく、愚かにもそれを神の支持者や従者と想定される人びとを介して神に託そうと考えるからである。迷信はほとんどあらゆる宗教、最も狂信的な宗教においてさえ、重要な要素である。こうした説明しがたい恐怖を完全に克服できるのは哲学以外には存在しないので、ここからほぼすべての教派には聖職者が見出されることになる。しかし、迷信の混入が強ければ強いほど、それだけ聖職者の権威は高くなるのである。[4]

他方、観察によって分かるように、熱狂的な信徒はすべて聖職者の束縛から自由であったし、形式や儀式や伝統を軽蔑して、彼らの献身における大きな自主独立を示していると言ってもよかろう。クエーカー教徒は、[5]これまで知られているうち、最も優れた、同時に最も無害な熱狂的信徒である。また彼らはおそらく自分たちの間に聖職者をけっして認めなかった唯一の教派であろう。イギリスのすべての教派のうち、独立教会派[6]は、その狂信という点と、聖職者の束縛からの自由という点において、クエーカー教徒に最も近い。長老派[7]がこのいずれの点においても同じ距離をおいてこれに続いている。要するに、この考察は経験に基づくものであり、もしわれわれが、熱狂はずうずうしい自尊心と自信から生じるので、なんら人間的仲介者なしに、自分自身で神に近づく資格を十分与えられていると考えることを考慮すれば、この考察はまた理性に基づくものと見られよう。熱狂的信仰はきわめて激しいため、瞑想や霊的交わりの方法で、実際に神に近づくことさえできると考える。このことから熱狂は、迷信的で熱烈な信徒たちの目には聖職者による助けがどうしても必要だと思われるような儀式や祭式をすべて軽視することになる。狂信者は自らを聖化し、自分自身に神聖な性格を与えるのである。この神聖な性格はいかなる形式や儀式上の諸制度が他の者に与えうるよりも優れた性格を自分自身に与えるのである。

　こうした種類の偽宗教に関する私の第二の見解はこうである。すなわち、熱狂の性質をもつ宗教は、それが最初に生じたときには、迷信の性質をもつ宗教よりも激烈であり猛烈であるが、しかししばらくするとより穏やかで寛容になる。この種の宗教の激しさが、その新奇さに刺激され、それに対する妨害により活気づけられたときに現れることは、無数の事例から明らかである。たとえばドイツにおける再洗礼派[8]、フランスにおけるカミザール派（*camisars*）[9]、イングランドにおけるレヴェラーズ[10]とその他の狂信家たち、スコットランドにおけるコヴナンター派（*covenanters*）[11]がその例である。熱狂は、強烈な気力・活力と、ずうずうしい大胆な性格に基づいているので、当然最も極端な決断を生み出す。とくに熱狂が発展して、錯覚した狂信者が神の啓示を受けたという信念や、理性、道徳、思慮分別の一般的規則に対する軽蔑を鼓吹するほどの高さに達した後においては、そうである。

　このようにして、熱狂は人間社会に最も残酷な無秩序を生み出す。しかしその激しさは雷鳴や暴風雨のように、しばらくすると力尽きて弱まり、大気を以前よりも静かで穏やかなものにする。熱狂の最初の火が燃え尽きると、人びとはあらゆる狂信的教派において、神聖なことがらに関する最大の鎮静と冷淡さにおのずと落ち込んでゆく。これらの教派には、十分な権威を与えられ、宗教心を維持することが利益となるような人びとの集団が存在しないからである。また、日常の生活に入り込み、神聖な原理を忘却から守りうる典礼も儀式も神聖な戒律も一切存在しないからである。これとは反対に、迷信は徐々に目に見えないうちに忍び込み、人びとをおとなしく従順にし、為政者に受け入れられやすく、民衆にとって害にならないように思われる。そしてついには、権威を確固なものとした聖職者は果てしない論争、迫害、宗教戦争によって、人間社会の圧制者、撹乱者となる。ローマカトリック教会はなんとすらすらとその権力の獲得を進めたことか。しかし、その権力を保持するため、ローマカトリック教会は全ヨーロッパをなんという惨憺たる動乱に投げ込んだことか。他方、わが国の教派の信徒たちは、以前にはあのような危険な狂信者だったのに、いまではきわめて自由な思慮分別をわきまえた人びとになっている。そしてクエーカー教徒は世界の理神論者たちのただ一つの組織的な団体、すなわち中国の学者・文人たち（*the literati*）、つまり孔子の弟子たちにほとんど近づいていると思われる。[12][13]

この問題に関する私の第三の見解は、迷信は政治的自由（*civil liberty*）に対する敵であり、熱狂はそれに対する味方である、ということである。迷信は聖職者の支配のもとに呻吟し、熱狂は聖職者のあらゆる権力を破壊するので、このことはいま述べられた見解を十分説明している。熱狂は大胆で野心的な気質をもつという欠点があるので、自然に自由の精神を伴うことは言うまでもない。これとは反対に、迷信は人びとを従順で卑屈にし、彼らを隷属状態に適合させる。イギリスの歴史から分かるように、内戦中、独立教会派と理神論者たちは、彼らの宗教的原理においては最も相対立するにもかかわらず、しかし彼らの政治的原理においては一致し、共和政体を求めて等しく情熱を燃やしたのであった。こうしてウイッグ党とトーリー党の起源以来、ウイッグ党の指導者たちは、その原理において理神論者か、あるいは公然たる宗教的自由主義者（*latitudinarians*）、すなわち寛容の味方であり、キリスト教徒のどの特定の教派に対しても中立的であった。すなわち、あらゆる熱狂の強い特色をもっていた諸教派は、いつでも例外なくウイッグ党と一致した意見をもち、政治的自由を擁護したのであった。迷信に関する類似性から、高教会派トーリー党とローマカトリック教徒は、長い間連合して排他的特権や王権を支持した。もっとも、ウイッグ党の寛容の精神を体験したことは、最近、カトリック教徒をこの党と和解させたように思われるのだが。

フランスにおけるモリナ派（*molinists*）とヤンセン派（*jansenists*）は、常識をそなえた人ならとうてい考慮に値しないような無数の不可解な論争を行っている。しかしこれら二教派を主として区分するもので、唯一注目に値する特徴は、彼らの宗教の異なる精神である。モリナ派はイエズス会派（*jesuits*）の指導を受けた迷信の大の味方であり、外的な形式と儀式の厳格な遵守者で、聖職者の権威と伝統に対して献身的である。一方、ヤンセン派は熱狂者であり、情熱的な献身と内的生活の熱烈な促進者で、権威からはほとんど影響を受けない。したがって一言で言えば、不完全なカトリック教徒であるにすぎない。こうした帰結は上に述べた推論にまさに合致している。イエズス会派は民衆の圧制者であり、宮廷の奴隷である。そしてヤンセン派は、フランス国民のうちに見出されるべき自由の愛好のわずかな火花を消さずに守っているのである。[14]

（1）〔A版とB版では、このパラグラフとそれに続く三パラグラフは次のように書かれている。「私の第一の見解は、熱狂の性質をもつ宗教は、それが最初に生じたときには、迷信の性質をもつ宗教よりも激烈で猛烈であるが、しかししばらくすると、より穏やかで寛容になるということである。この種の宗教の激しさがその新奇さに刺激され、それに対する妨害により活気づけられたときに現れることは、無数の事例から明らかである。たとえばドイツにおける再洗礼派、フランスにおけるカミザール派、イングランドにおけるレヴェラーズとその他の狂信家たち、スコットランドにおけるコヴナンター派がその例である。熱狂は、強烈な気力・活力と、ずうずうしい大胆な性格に基づいているので、当然最も極端な決断を生み出す。とくに熱狂が発展して、錯覚した狂信者が神の啓示を受けたという信念や、理性、道徳、思慮分別の一般的規則に対する軽蔑を鼓吹するほどの高さに達したあとにおいては、そうである。

このようにして、熱狂は人間社会に最も残酷な無秩序を生み出す。しかしその激しさは雷鳴や暴風雨のように、しばらくすると力尽きて弱まり、大気を以前よりも静かで穏やかなものにする。この理由は、熱狂を他の種類の偽宗教である迷信と比較し、各々の自然的結果をたどることによって、明らかとなるであろう。迷信は恐怖、悲しみ、意気消沈に基づいているので、それは人間に自分自身の卑劣な姿を見せるため、その結果、彼は自分が神の御前に近づくに値しない存在であることを自分の目で見てしまい、したがっておのずと誰か他の人物に頼ることになる。その人物は、高潔な生活や、もしくはおそらくそのずうずうしさと狡猾さによって、自分が神の恩寵をより多く受けていると他人に思わせることができた。このような人物に迷信家は彼らの信心を託す。この人物の配慮に、迷信家たちはその祈りと請願と犠牲を委ねるのである。こうしてその人物を介して、彼らは自分たちの祈願が激怒した神に受け入れられることを請い願う。ここに**聖職者**の起源がある。聖職者は臆病で卑しむべき迷信が発明した最もとんでもないものとみなされてしかるべきであろう。迷信はいつも自らに自信をもっていないので、自らの信心をあえて直接神に捧げるのでなく、愚かにもそれを神の支持者や従者と想定される人びとを介して神に託そうと考えるからである。迷信はほとんどあらゆる宗教、最も狂信的な宗教においてさえ、重要な要素であり、こうした説明しがたい恐怖を完全に克服できるのは哲学以外には存在しないので、ここからほぼすべての教派には聖職者が見出されることになる。しかし、迷信の混入が強ければ強いほど、それだけ聖職者の権威は高くなるのである。現在のユダヤ教とローマカトリック教は、とくに後者はそうだが、世界にこれまで知られた最も野蛮で馬鹿げた迷信であるので、その聖職者によって極度に奴隷化されている。イギリス国教会はローマカトリック教の有力な混合物を持ち続けていると言われてしかるべきであるから、国教会もまたその組織の根源のうちに、聖職者の権力と支配への傾向をもっている。とくにそれは国教会が聖職者に対して強制する尊敬の念においてそうである。したがって、国教会の見解によれば、聖職者の祈りは信徒の祈りに伴われねばならないとはいえ、それにもかかわらず聖職者は信徒会衆を代弁する口であり、その人格は神聖なものであり、彼の出席がなければ、信徒はその献身、あるいは秘蹟とその他の典礼が神に受け入れられるとはまず考えないであろう。

他方、観察によって分かるように、熱狂的な信徒はすべて聖職者の束縛から自由であったし、形式や伝統や権威を軽蔑して、彼らの献身における大きな自主独立を示している。クエーカー教徒は、これまで知られているうち、最も優れた、同時に最も無害な熱狂的信徒である。また彼らはおそらく自分たちの間に聖職者をけっして認めなかった唯一の教派であろう。イギリスのすべての教派のうち、独立教会派は、その狂信という点と、聖職者の束縛からの自由という点において、クエーカー教徒に最も近い。長老派がこのいずれの点においても同じ距離をおいてこれに続いている。要するに、この考察は経験に基づくものであり、もしわれわれが、熱狂はずうずうしい自尊心と自信から生じるので、なんら人間的仲介者なしに、自分自身で神に近づく資格を十分与えられていると考えることを考慮すれば、また理性に基づくものと見られよう。熱狂的信仰はきわめて激しいため、瞑想や霊的交わりの方法で、実際に神に近づくことさえできると考える。このことから熱狂は、迷信的で熱烈な信徒たちの目には聖職者による助けがどうしても必要だと思われるような儀式や祭式をすべて軽視することになる。狂信者は自らを聖化し、自分自身に神聖な性格を与えるのである。この神聖な性格はいかなる形式や儀式上の諸制度が他の者に与えうるよりも、優れた性格を自分自身に与えているのである。

それゆえ、迷信が聖職者の権力に対して好意的であり、熱狂が健全な理性と哲学と同程度、あるいはそれ以上に聖職者の権力と相容れないことは、まったく間違いのない規準である。この結論は明白である。熱狂の最初の火が燃え尽きると、人びとはあらゆる狂信的教派において、神聖なことがらに関する最大の鎮静と冷淡さにおのずと落ち込んでゆく。これらの教派には、十分な権威を与えられ、宗教心を維持することが利益となるような人びとの集団が存在しないからである。これとは反対に、迷信は徐々に目に見えないうちに忍び込み、人びとをおとなしく従順にし、為政者に受け入れられやすく、民衆にとって害にならないように思われる。そしてついには、権威を確固なものとした聖職者は果てしない論争、迫害、宗教戦争によって、人間社会の圧制者、撹乱者となる。ローマカトリック教会はなんとすらすらとその権力の獲得を進めたことか。しかし、その権力を保持するため、ローマカトリック教会は全ヨーロッパをなんという惨憺たる動乱に投げ込んだことか。他方、わが国の教派の信徒たちは、以前にはあのような危険な狂信者だったのに、いまではきわめて自由な思慮分別をわきまえた人びとになっている。そしてクエーカー教徒は、中国の学者・文人たち、つまり孔子の弟子たちを除けば、おそらく世界における理神論者たちの唯一の組織的な団体であろう」］。

(2)［次の注はD―N版に付された。「聖職者によって私がここで意味するのは、権力と支配力、さらに美徳と立派な道徳とは区別される性格上の優れた神聖さを装う詐称者だけである。こうした人びとは、法律によって神聖なことがらの世話をし、われわれの公的な信仰心をより大きな節度と秩序をもって指導するように決められている牧師とは大いに異なる。この後者ほど尊敬されるべき人の階層は他には存在しない」］。

(3)［「最もとんでもない発明の一つとして」。D―N版］。

(4)［ここにD―P版では以下のものが追加されている。「現在のユダヤ教とローマカトリック教（とくに後者）は、世界にこれまで知られたなかで最も非哲学的で馬鹿げた迷信であるので、その聖職者によって極度に奴隷化されている。イギリス国教会はローマカトリック教の有力な混合物をもち続けていると言われてしかるべきであるから、国教会もまたその組織の根源のうちに、聖職者の権力と支配への傾向をもっている。とくにそれは国教会が司祭の人格に対して強制する尊敬の念においてそうである。したがって、国教会の見解によれば、聖職者の祈りは信徒の祈りに伴われねばならないとはいえ、それにもかかわらず、聖職者は信徒会衆を代弁する口であり、その人格は神聖なものであり、彼の出席がなければ、信徒はその献身、あるいは秘蹟とその他の典礼が神に受け入れられるとはまず考えないであろう」］。

(5)［クエーカー教徒としても知られるフレンド派は一七世紀半ばにジョージ・フォックス（George Fox, 1624-1691）によりイングランドで創立された。その教義には、人間のうちにある内なる証人あるいは神的原理の信頼、暴力および戦争の放棄、スピーチと衣装の簡素さ、任命された聖職者をもたない礼拝の執行が含まれている］。

(6)［独立教会派、もしくは組合教会派（Congregationalists）は一六世紀にイングランドに出現し、一七世紀の共和政下で大きな影響力をもつに至った。彼らは地方の信徒組合を真の教会とみなし、こうした信徒組合の、他の世俗および教会組織のすべてからの独立を主張した］。

(7)［長老派教会は、キリスト教を原始キリスト教会の教会政治形態に戻そうとするジャン・カルヴァン（Jean Calvin, 1509-1564）の努力から起こった。イングランドとスコットランドの長老派は、監督制、すなわちその任命を国王に負う監督による教会政治の拒否という点で組合教会派と意見が一致するが、しかし彼らは、地方の信徒組合による牧師と長老の選出はそれよりも大きな教会会議、すなわち中会（presbyteries）による正式の確認を受けねばならないことを認めた］。

(8)〔プロテスタントによる宗教改革期にヨーロッパで始まった再洗礼派の動きは、幼児洗礼問題に関してルターとたもとを分かち、悔い改めた成人だけが正当に洗礼を受けることができると主張した。教会と国家との完全な分離を熱烈に主張し、世俗の宣誓を行うことを拒否したため、再洗礼派は世俗の権力により大いに迫害された。一五二五年の農民一揆では、トマス・ミュンツァー（Thomas Münzer, 1489–1525）の指導下にあったドイツの急進的な再洗礼派は、世俗の権威との戦いを始め、絶対的平等と財の共有に基づくキリスト教共和国を実力で樹立しようと企てた〕。

(9)〔カミザール派は、ルイ一四世（Louis XIV, 1638–1715）によるナント勅令の廃棄（一六八五年）の結果生じた一七〇三年の反乱によって立ち上がったフランスのカルヴァン派であった。ナント勅令はプロテスタントに公の礼拝を行う権利と世俗の役職につく権利を与えていた〕。

(10)〔レヴェラーズは共和政下のイングランドにおける急進的な平等主義的党派に与えられた名称であり、彼らはクロムウェル体制に対して、それが真に貴族制と決別するものではないという理由に基づいて反対した〕。

(11)〔一七世紀半ばに、コヴナンター派という名称はスコットランドで長老派による教会政治形態を擁護した党派に与えられた。一六六二年の監督制の再確立とこれに反対する牧師の迫害の結果、コヴナンター派は武装して反乱を起こしたが、国王の軍隊により鎮圧された〕。

(12)〔理神論者（*deist*）という言葉はヒュームの時代には、一人の神を認めるが、この信仰を啓示宗教よりもむしろ理性に基づくとした著作家たちに対して広く用いられた。神の道徳的役割や摂理や来世のようなことがらについては理神論者たちの間でも意見が分かれていた〕。

(13)中国の学者・文人には聖職者ないし教会の指導者層は入っていない。*〔孔子（前五五一—四七九）は教師・思想家であり、美徳と人間関係に関する彼の見解は中国の伝統的な生活と思想に深甚な影響を与えた。儒教の教えには、道徳的意義をもつ宇宙の精神力としての天に対する畏敬が含まれている〕。

*〔この注はD—K版にはなく、他の版の本文では、「そしてクエーカー教徒は、世界の理神論者たちの唯一の組織的な団体、すなわち中国の学者・文人たち、つまり孔子の弟子たちにほとんど近づいていると思われる」となっている〕。

(14)〔一七世紀カトリック教会内部におけるこの論争は、自由意志と予定説に関する問題に集中していた。ヤンセン派が救済の基礎を善行よりもむしろ神の恩寵であると見たのに対して、モリナ派は人間の意志のより大きな役割を維持することを求めた〕。

XI　人間本性の尊厳ないし卑しさについて[1]

政界の党派と同じく、学界でもひそかに形成されるある種の学派がある。そしてときには学派は公然たる断絶に至らないけれども、それはいずれかの学派に参加してきた人びとの考え方に異なった変化を与えるものである。この種の最も顕著なものは、人間本性の尊厳（*dignity of human nature*）に関する異なる見解に基づいて形成された学派である。この問題は、世の初めから今日まで、聖職者たちだけでなく、哲学者や詩人たちの意見も分裂させてきた。ある人びとは人類を口をきわめてほめそやし、人間は一種の半神であると断言する。人間はその起源を天に由来し、その家柄と血統の明らかなしるしをもち続けているというのである。これに対して他の人びとは人間本性の隠れた面を力説し、人間が非常に軽蔑する他の動物よりも人が優っているものは、虚栄を除けば何も発見することができないとする。もしある著者がレトリックと雄弁の才を備えていれば、彼は通常前者にくみする。もし彼の気質が皮肉と嘲笑に向いていれば、当然その反対に身を置くことになる。

人類を見くびってきたすべての人びとが美徳の敵であり、人間という同類の欠点を何か悪しき目的からあばき出したと私は考えたりはしない。[2] 反対に、繊細な道徳感は、とくに怒りっぽい気質を伴う場合には、人に世に対する嫌悪感を与え、人間の行うことがらの通常の成り行きをあまりにも多くの憤りをもって考えさせがちであるように私には感じられる。とはいえ、人類を好意をもって考えがちな人びとの見解は、われわれの本性について卑しい意見を与える正反対の原理よりも、美徳に有利であるという意見を私はもたざるをえない。創造されたときの地位や性格に関する高尚な考えを先入観としてもっている場合、人は自ずとそれを守ろうと努めるであろう。そして自分自身が想像によってつくり出す人物像以下に自分を沈めるかもしれない卑劣な、あるいは不道徳な行為を行うことを嘲笑するであろう。したがって、わが国の洗練された当世風の道徳家はこの論題を力説し、悪徳はそれ自体忌わしいだけでなく、人間にふさわしくないと断言するよう努めるのである。[3]

表現上のなんらかの曖昧さに基づかない論争はまず存在しないことをわれわれは知っている。したがって、人間本性の尊厳ないし卑しさに関するこの論争も、他の論争に比べてこの点を免れないものと私は確信している。それゆえ、この論争において何が真実であり、何が言葉の上だけのものなのかをよく考えてみる価値があろう。

長所と短所、美徳と悪徳、智恵と愚かさの間に当然違いがあることを、理をわきまえた人なら否定しないであろう。にもかかわらず、われわれが是認や非難のいずれかを表す言葉を与えるさい、われわれは通常、事物の本質上何かある決まった不変の標準によるよりも、比較によって影響されることが多いことは明らかである。同様に、数量や面積や容積は、誰によっても真実のものと認められる。しかし、およそ動物を大きいとか、小さい（*great or little*）とか呼ぶときには、われわれはいつもその動物と同じ種の別の動物とを内々に比較しているのであり、大きさに関するわれわれの判断を規定するのはその比較なのである。ある犬やある馬がまったく同じ大きさであるとき、一方はそのかさの大きさが称賛されるのに対し、他方は小ささが称賛される。したがって、およそ論争にのぞんだとき、論争の主題であるのは比較の問題なのかそうでないのか、そして、もし比較の問題であるならば、論争者はともに同じものを比較しているのか、それとも大いに異なった事物について語っているのかを私はいつも頭に入れている。(4)

人間本性に関する考えをまとめるに当たって、われわれは人間と動物、すなわちわれわれの感覚の範囲に入る思考力を生まれながらに与えられている唯一の創造物同士を比較しがちである。確かにこの比較は人類に有利である。一方でわれわれ人間は、その思考が時と場所のいずれを問わずまったく制限されず、その探究をこの地球のさい果ての地域や、さらにこの地球を超えた惑星と天体にまで広げる。また最初の起源を少なくとも人類史にさかのぼって考えるとともに、目を将来に向け、人類が後代の人びとに与える影響といまから千年後の人類の性格からつくり上げられるであろう良識を見る。それは原因と結果をどこまでも長く複雑にたどり、個々の外観から一般原理を推論し、その発見をさらに改善し、誤ちをただし、その誤ちそのものを利用することである。他方では、われわれはこれとは逆の人間であると言われている。すなわち、そのまわりにある目立ったわずかなものの観察と推論に限定され、好奇心もなければ、先見の明も欠き、本能によって無分別に振舞い、わずかな間にその最高の完全性に到達し、その地点以上にはただの一歩も進むことはできない存在である。こうした被造物の間にはなんと大きな違いがあることか。また後者と比べた場合、われわれは前者に対していかに気高い考え方をもつことであろうか。

こうした結論を打破するために通常用いられる二つの方法がある。第一には、問題を偏って提示し、人間本性の弱点だけを力説することによる。そして第二には、人間と最も完全な智恵をもった存在との間の新しいひそかな比較による場合である。人間がもつ他の諸々の卓越性のうち、人間には自分自身で経験するものをはるかに超えた完成されたものの概念を作ることができるということがあり、それは、知恵と美徳に関する彼の考えに限定されない。彼は容易に自分の考えを高めることによって、ある段階の知識を懐に抱くことができる。それは、彼自身の知識と比較された場合、後者を非常に軽蔑すべきものと思わせ、そして彼自身の知識と動物の賢さとの違いをある意味で消滅させ、見えなくするであろう。いまや人間知性は無限に完全な知恵にいつまでたっても到達しないということが全世界で一致して認められる問題点であれば、こうした比較が行われた場合、われわれの見解に実際の相異がないところでは、われわれは論争しないことをまさしく知るべきであろう。人間は、動物が人間に及ばない以上に、完全な知恵に及ばず、また完全な知恵に関する彼自身の考えにすら及ばない。にもかかわらず、前者の相異はかなり大きいため、後者との比較だけがそれを大して重要でないと思わせることができるのである。

また、ある人を別の人と比較するのもありふれたことである。そして賢明な人ないし有徳な人（*wise or virtuous*）と呼びうる人のあまりの少なさに気づき、われわれはわれわれ人間一般について卑しむべき考えを抱きがちである。この推論の誤りに気がつくならば、賢明と有徳という立派な名称は知恵と美徳（*wisdom* and *virtue*）の質の特定の度合いに伴うものではなくて、概してある人と別の人とを比較することから生じることが分かる。めったに見られないほどの高さの知恵に達する人を見つけたとき、われわれはその人を賢人と断言する。したがって、この世界に賢人はほとんどいないと言うことは、実際何も言っていないに等しい。というのも、彼らがその名称に値するのは彼らが稀少であることのみによるからである。かりに、われわれ人間の最低の者がトゥッリウス（TULLY）〈キケロ〉やベイコン卿と同じくらい賢明だとしても[5]、それでもわれわれはやはり、賢人はほとんどいないと言ってよいであろう。というのは、その場合、われわれは知恵というわれわれの概念を賞揚するのであって、才能が著しく傑出していたわけではない人に顕著な敬意を払うのではないからである。同様に、美しさを欠いた人と比較して美しいといわれる女性はまずいないと軽率な人びとが断言するのを聞いたことがあるが、その場合、われわれは彼女らのうちのごくわずかにだけ通常見られるような美しさの度合いについてのみ美しい（*beautiful*）という形容語を与えるということを考慮に入れていない。女性における同程度の美は醜さと呼ばれるが、それは男性における真実の美として扱われている。

人間についての概念をつくり上げるさい、人間をその上下の他の種と比較したり、あるいはその種の個々のものを彼らのうちで比較したりするのが普通であるように、われわれはしばしば、人間本性に関する判断を規定するために、人間本性に備わるさまざまな動機あるいは人間を行動に駆り立てる原理を一緒に比較する。しかも事実、これが注目するに値し、いまここに取り上げている問題に対して何かを決定する、ただ一つの種類の比較なのである。ある哲学者たちが主張したように、かりにわれわれの利己的で悪徳的な原理がわれわれがもつ社会的で有徳な原理を上回って支配的であるとすれば、われわれが人間本性に関する卑しい概念を抱くに違いないことは疑いのないところであろう[6]。

この論争にはすべてにおいて言葉の上での争いが多い。ある人がすべての公共心や、国や共同体に対する愛情の誠実さを否定する場合、その人をどのように考えたらよいのか私は途方にくれてしまう。おそらく彼は、この情念の力と真実に関する自分の疑いのすべてを取り除くほど明らかではっきりした仕方で、この情念を感じたことがけっしてなかったのであろう。しかしのちに彼が歩を進めて、なんの利益も利己心も混ざっていない私的な友情のすべてを拒否するに至る場合には、彼は言葉を濫用し、ものごとの観念を混同していると、私は確信する。というのは、ある人と別の人とを区別せず、自分の是認と尊敬を引きよせる性質を選ばないほど人が利己的であり、むしろ愚かであることは、およそ誰にとっても不可能だからである。その人はまた友情を理解できない振りをしているのと同様に怒りも感じないのであろうか。そして中傷や不正は親切や便宜と同様、彼に影響を及ぼさないのか。ありえないことである。彼は自分自身のことを知らないのである。すなわち、彼は自分の心の動きを忘れてしまっているか、あるいはむしろ彼は他の自国民とは異なる言語を使用し、ことがらをそれにふさわしい名称で呼んでいないのである。生まれつきの愛情についてはどのように言うのだろうか（と私は付け加える）。それも同じく自愛の一種なのか。そうだ、すべては自愛なのだ。あなたの子供は、ただあなたの子供であるということだけで愛される。あなたの友人も同様の理由で愛される。さらにあなたの国は、それがあなた自身と関係する限りでのみ注意を引く。かりに自己という観念が取り除かれれば、何もあなたに影響を与えないであろう。その場合、あなたはまったく不活発で無感覚になる。あるいは、もしかりにあなたがあなた自身に何らかの動きをもたらしたとすれば、それはただ虚栄心からにすぎず、またこの同じ自己への名声と評判への欲からにすぎない。もしあなたがこれらの事実を認めるならば、私は人間行動についてのあなたの解釈を受け入れることをいとわないというのが私の答えである。他人に対する親切のうちに見られる種類の自愛が人間の行為に大きく影響を与え、多くの場合、その最初の形式で残っているものよりも、大きいことさえ、あなたは認めねばならない。というのは、家庭と子供や親戚のいる人で、自分自身の満足よりも、これらの人びとの扶養や教育に多くの支出をしないような人はいかに少ないことであろうか。実際あなたの正確な観察どおり、これは彼らの自愛から出てくるかもしれない。なぜならば、彼らの家族と友人の繁栄は彼らの重要な名誉であるだけでなく、重要な楽しみでもあるからである。もしかりに、あなたもこうした利己的な人間の一人であるならば、あなたは必ずあらゆる人の敬意と善意を確信するであろう。あるいはこうした表現に耳が痛くなければ、その場合にはあらゆる人の自愛心と、なかでも私の自愛心はあなたに役立ち、あなたをほめることであろう。[7]

私の見るところ、人間の利己主義を大いに主張した哲学者たちを迷わしてきたものが二つあると思う。第一に、彼らは、あらゆる有徳な行為にはひそかな快が伴うことを見出して、そこから、友情や美徳は公平無私ではありえないと結論を下したのであった。しかしこれが誤っていることは明白である。有徳な感情や情念は快を生み出すが、快から生じるものではない。私は友人に親切にすることで快を感じる。なぜならば、私は彼を愛しているからである。しかしその快のために彼を愛するのではない。

第二に、有徳な人は称賛に無関心であるどころではないということが指摘されてきた。それゆえ、彼らは他人の称賛以外に何も見ていない見えっ張りな連中と呼ばれてきた。しかしこれも同じく誤りである。彼らがほめるべき行為のうちに虚栄心の臭いをかぎ取ったとき、虚栄心を理由にその行為を非難したり、その動機を虚栄心にまったく帰することは、まさにきわめて不公正である。虚栄心の場合と他の情念の場合とは同じではない。貪欲や復讐心がうわべだけの有徳な行為に入ってくる場合、それがどこまで入り込んでいるかを決めることは難しい。したがって、それを単一の行動原理と想像するのは自然である。しかし、虚栄心は美徳にきわめてよく類似しており、称賛すべき行為の名声を愛することは、称賛すべき行為自体を愛することに非常に近づくため、これらの情念は、他のいかなる種類の感情よりもよく混合することが可能であり、ある程度の前者なしに後者をもつことはほとんどありえない。したがって、この栄光を求める情念はいつも曲解され、特定の趣味やその情念が向けられる精神的傾向に従って変わることが分かる。ネロは戦車を駆るときには、トラヤヌスがローマ帝国を正義と手腕をもって統治するさいにもっていたものと同じ虚栄をもっていた。[8] 有徳な行為の栄光を愛することは美徳への愛の確かな証拠である。

(1)〔A—P版までのすべての版では「人間本性の尊厳について」と題されている〕。

(2)〔A—P版では「とくに人間ぎらい（*Misanthrope*）をいくらか伴う場合」とある〕。

(3)〔A—P版では以下のようになっている。「女性は一般に若いときは男性以上に非常におせじを言われるが、それはとりわけこうした理由に基づく。すなわち彼女たちの名誉に関する重要な問題はわれわれのそれ以上に難しく考えられ、彼女たちに教え込むことができる礼儀にかなった自負心のすべてによって支持される必要がある」〕。

(4)〔A—P版には次のものが追加されている。「後者は通常の場合であるので、それ以来、このような論争を無視することを学んだ。それは人間に与えられた最も価値のある贈り物である余暇の濫用にしかならないと判断したからである」〕。

(5)〔トゥッリウスはキケロのこと。フランシス・ベイコンは大法官を含む多くの要職についた。ヒュームはベイコンを『人間本性論』序論において、科学における新しい実験的推論方法の創設者としている〕。〈木曽好能訳、第一巻、法政大学出版局、一九九五年、八頁を参照〉。

(6)〔ヒュームの『道徳原理の研究』（一七五一年）、とくに付録二「自己愛について」を参照。そこではホッブズとロックは「利己的道徳体系」の近代における主張者とされている」。

（7）〔このパラグラフはA―D版には見られず、その代わりに次のようになっている。「私はおそらく今後のエッセイでこの主題についてもっと十分に論じることになろう。いまのところ、私が述べるのは、現代の幾人かの偉大な道徳家によって無論のことと証明されてきたこと、すなわち、社会的情念はどの情念よりもはるかに最も有力なものであり、その他の諸情念でさえすべてこの社会的情念からその主要な力と影響を受けるということである。この問題が最高に力強い論議と雄弁をもって論じられているのを見たい人は誰であれ、わがシャフツベリ卿の美徳に関する研究を読まれたい」〕。

（8）〔ネロ（Nero Claudius Caesar Augustus Germanicus, 37-68）はローマ皇帝（在位、五四―六八年）で、キリスト教徒迫害で悪名高い。トラヤヌス（Marcus Ulpius Trajanus, 52 or 53-117）はローマ皇帝（在位、九八―一一七年）〕。

XII　政治的自由について[1]

党派的な熱狂や党派的な偏見をもたずに、政治的な主題について ペンをとる人びとは、他のすべての学問のうち、公共の利益に、さらに公共の利益の研究に身を委ねる人びとに与える私的満足にさえ、最も貢献する学問を促進する。しかしながら、私がとかく抱きがちな疑念は、末代の子々孫々までも真実であり続けるような政治学上の多くの普遍的真理を確立するには、この世界の歴史はいまなおあまりにも浅いのではなかろうか、ということである。われわれはまだ三千年の経験さえ積んでいない。だから、他のすべての学問と同様この学問においても、推論方法がまだ不完全であるだけでなく、推論しうる対象の資料でさえ十分なものを欠いている。善悪いずれにせよ、人間本性がどの程度まで洗練を受け入れることができるのかについては、十分には分かっていない。また人間の教育、習慣、あるいは政治・道徳上の信条における大変革が人間にどのような変化を与えうるかについても、しかとは分かっていない。マキアヴェリは確かに偉大な天才であった。しかし彼の研究は古代の狂暴で圧制的な政体か、あるいはイタリアの無秩序な小公国に限定されていたため、とくに君主政体に関する彼の推論がきわめて欠陥のあるものだということが分かっている。また彼の君主に関する一般原則（maxim）のうち、それ以後の経験によってその誤りが完全に明らかにされていないものはほとんどない。彼はこう述べている。「力量に乏しい君主は良い助言を得ることができない。というのは、もし彼が幾人かの大臣に助言を求めるならば、彼は大臣たちの異なる助言のうちから選択することができないだろうからである。もし彼が一人の大臣に身をまかせるとすれば、その場合、その大臣はおそらく有能な人物かもしれない。しかし彼はそう長い間、大臣に留まることはなかろう。彼は必ずその主人を追い出し、彼自らとその家系を君主の座につけることであろう」[2]。この政論家が犯した誤りの多くの事例のうち、これを私が引き合いに出すのは、政治的真理の優れた判定者となるには、世界のあまりにも初期の時代に彼が生まれたことからその誤りの大部分が生じたからである。

ヨーロッパの君主のほとんどすべては、現在、大臣たちによって支配され、ほぼ二世紀も続いている。しかし、それにもかかわらず、この政論家が述べたような出来事は一度も起こってはいないし、起こりうるとはとても考えられない。セイヤヌス(SEJANUS)なら、皇帝を廃位させることを企てたかもしれない。しかし、フルーリー(FLEURY)(3)は、たとえ同じく悪徳に走る人物であったにせよ、彼が正気である限り、ブルボン家の廃位を望むことなどけっしてなかったであろう。

交易(trade)が前世紀まで国家の関心事とみなされることはけっしてなかった。だから政治問題を論じた古代の著作家で、交易に言及した者はほとんどいない(4)。いまでは交易は、理論的に考える人びとだけでなく、国家の大臣にとっても最も重要な関心事となっているとはいえ、イタリア人ですら交易に関しては深い沈黙を守っている。あの二大海洋国家(5)の巨大な富と壮大さと軍事的偉業が初めて、広汎な取引の重要性を人びとに教えたと思われる。

したがって、このエッセイでは、政治的自由(civil liberty)と専制的政体との全面的な比較を行い、後者に対する前者の重要な長所(6)を明らかにするつもりだったが、この現代に生きている人は誰もそのような試みを行う十分な資格に欠けるのではないか、そしてまた、その問題について誰が何を述べようと、それは十中八九今後の経験によって反駁され、後代の人びとによって拒否されるのではないかという疑念を、私は抱き始めるに至った。人間社会のことがらに生じている巨大な変革と、古代の人びとの予想に反して生じた数々の出来事、それらはさらに一層の変化が生じることを疑わせるに足るものである。

技芸と学問(arts and sciences)のすべてが自由な国家のうちに起こったこと、そしてペルシア人とエジプト人はその安楽と富裕と奢侈にもかかわらず、それらのより洗練された楽しみを味わうことにはほとんど努力せず、それらの楽しみは、貧困と、さらに生活と生活慣習の極度の簡素化を伴う絶え間なく続く戦争のただなかで、ギリシア人によってあのような完成の域にまでもたらされたことは、古代の人びとにより述べられてきたところである。また同じく、ギリシア人がその自由を失ったとき、アレクサンドロスの征服によって彼らが富を大いに増大したとしても、それにもかかわらず、技芸(arts)はその瞬間から彼らの間で衰退し、以後、その国土で生き返らせることはできていないことも認められてきた。学芸(learning)は、当時世界における唯一の自由な国家であったローマに移植されたのであった。そしてきわめて好都合な土壌に出会ったことにより、学芸は一世紀以上もの間、驚くべき急速な進歩を遂げた。ところが自由が衰退するに至ると、それはまた学芸(letters)の衰退をもたらし、世界の至るところに全面的な野蛮状態を広げることとなった。こうした二つの実験――その各々は種類上、二重のものであり、民主政体において学芸が興隆することに加えて、専制政体においては学芸が没落することを明らかにしている――から、ロンギノスは、技芸と学問は自由な政体以外においてはけっして繁栄することはできない、と主張することには十分な正当性があると考えたのであった。(7) そしてこの見解は、われわれ自身の国においても、その考察がただ古代の事実だけに限定されているか、あるいはわれわれの間で確立されている例の政体に対してあまりにも大きな偏愛を抱いている、幾人かの著名な著作家(8)によって追随されている。

しかしこれらの著作家たちは、近代ローマやフィレンツェの事例に対しては、どのように述べるのであろうか。そのうち前者のローマは、圧制のもとに、しかも聖職者の圧制下にあえぎはしたものの、詩だけでなく彫刻、絵画、音楽といったすべての洗練された技芸を完成の域にもたらした。他方、後者のフィレンツェが技芸と学問において最も重要な進歩を果たしたのは、メディチ家の権力強奪によってフィレンツェがその自由を失い始めたあとであった。ラファエロやミケランジェロは言うに及ばず、アリオスト（ARIOSTO）、タッソ（TASSO）、ガリレオも共和政体には生まれていなかった。(9) また**ロンバルド**派（LOMBARD school）の名声はローマ派に並ぶほどであったとはいえ、それにもかかわらず、ヴェネチア人はその名声にはほとんどあずかっておらず、技芸と学問に対する才能において他のイタリア人よりもむしろ劣ると見られている。ルーベンス（RUBENS）が自分の流派を確立したのはアントウェルペンであって、アムステルダムではなかった。またハンブルクではなく、ドレスデンがドイツの学芸上の洗練の中心なのである。(10)

しかし専制政体における学芸の繁栄を示す最も注目すべき事例はフランスである。というのも、フランスはおよそ確立された自由をこれまでほとんど享受したことがないが、それにもかかわらず、技芸と学問を他のいかなる国ともほぼ同じくらいの完成に近い域にまでもたらしているからである。イギリス人はおそらく、フランス人よりもより優れた哲学者であろう。(11) またイタリア人はフランス人よりもより優れた画家であり音楽家であろう。ローマ人はより優れた雄弁家であった。しかしフランス人は、ギリシア人を除けば、同時に哲学者、詩人、雄弁家、歴史家、画家、建築家、彫刻家、音楽家でもあるような唯一の国民である。演劇に関しては、フランス人はギリシア人をもしのぎ、そのギリシア人はイギリス人をしのいでいる。(12) さらに、日常生活においても、フランス人は、あらゆる術《アート》のうちでも最も有益で最も快いあの人生を楽しむ術（*l'Art de Vivre*）、すなわち社交と会話の術の大半を完成させたのであった。

もしわれわれ自身の国における学問と洗練された技芸の状態を検討すれば、ローマ人に関するホラティウスの考察[1]がブリテン人に大体当てはまるであろう。

——にもかかわらず久しい年月
生きながらえ、いまもなお生きながらえる
田舎暮らしの名残りは(13)

文体の優雅さと適正は、われわれブリテン人の間では非常に軽視されてきた。われわれには国語に関する辞書がなく、まずまずの文法書もほとんどない。われわれの最初の洗練された散文は、いまもなお存命するある人[14]によって書かれたものである。スプラット、ロック、さらにテンプルでさえ、優雅な文筆家とみなされるには、文章術に関してあまりにも知るところが少ない[15]。ベイコン、ハリントン、ミルトン[16]の散文も、彼らの思慮分別は卓抜であっても、まったく優雅さを欠いてぎこちなく衒学的なものである。この国では人びとは、宗教と政治と哲学に関する大論争にあまりにも心を奪われてしまい、そのため文法と文芸批評に関する一見したところ些細に見える考察に興味をもたなかった。だから、こうした思考傾向がわれわれの思慮分別の能力と推論の才能を大いに向上させたに違いないとしても、上にあげた学問においてさえ、われわれには後代に伝えうるような標準書がまったくないことは認められねばならない。だからわれわれがせいぜい誇りうるのは、より正確な哲学に向けての二、三の論集であり、その論集もなるほどある完成度をかなり約束しているが、しかしまだその域に達してはいないのである。

　商業（commerce）は自由な政体以外においてはけっして繁栄することができないということは、既定の見解となった。しかもこの見解は芸術と学問に関する前述した見解よりも、長く豊かな経験に基礎を置いていると思われる。もしわれわれが商業の進歩の跡を、テュロス、アテナイ、シュラクサイ、カルタゴ、ヴェネチア、フィレンツェ、ジェノヴァ、アントウェルペン、オランダ、イングランド等々とその跡をたどるならば、商業は常に自由な政体にその座を置くことを決めてきたことが分かるであろう。現在ヨーロッパにおける三大交易都市はロンドン、アムステルダム、ハンブルクであるが、これらはすべて自由都市であり、プロテスタントの都市である。すなわち、二重の自由を享受している都市である。しかしながら、指摘されねばならないことだが、最近フランスの商業に関して抱かれている大きな警戒心は、この〈商業に関する〉一般原則が、学芸における前述のそれと同様に、疑う余地のない絶対確実なものではなく、専制君主下の被治者も、学芸だけでなく商業においても、われわれのライバルとなりうることを証明していると思われる。

　これほどきわめて不確実な問題にあえて私の見解を提出することで、私が主張したいのは、フランス人の努力にもかかわらず、専制政体の本質そのもののうちに商業に有害なものがあり、しかもそれは専制政体から切り離すことができないということである。ただし私がこの見解を裏づけるべき理由は、普通主張される理由とは多少異なっている。私有財産は、ヨーロッパの文明化された君主政体では共和政体におけるのとほとんど同じくらい安全であると私には思われるし、またそのような政体では、主権者の暴虐による危険が懸念されることもあまりなく、それは雷や地震やあるいは最も異常で途方もない偶発的な出来事による害をわれわれが心配しないのと変わりはない。産業活動《インダストリ》にわれわれを駆り立てる拍車である貪欲は、非常に頑強な欲望であり、実際の危険と困難がいかに多くとも、それを切り抜けて働く結果、計算にまず入らないくらい小さな想像上の危険のために貪欲がおびえたりすることはまず起こりそうもない。したがって、私の見解では、商業が専制政体において衰退しがちなのは、そこでは商業がより安全でないからではなく、商業を尊敬すべきものと見ることがより少ないからである。諸階層の服従関係は君主政体を維持するために絶対必要である。生まれ、称号、官職は、勤労《インダストリ》と富よりも尊ばれるに違いない。そしてこうした考え方が広く行きわたる限り、およそ注目すべき商人はすべて、特権と名誉を伴うなんらかの官職を手に入れるために、商業を断念したい誘惑に駆られることであろう。

私はいま、時の流れが政治において生み出した、あるいはこれから生み出すかも知れない変動という論題を取り上げているので、自由な政体と専制政体を問わず、あらゆる種類の政体が近代において外政、内政のいずれに関しても、より良い方向へと大きな変化を経験していることを認めねばならない。勢力均衡は政治における秘訣だが、それが完全に知られているのは現代だけである。そして付け加えねばならないのは、諸国家の国内**治安**（POLICE）が同じく、前世紀の間に大きく改善されたことである。サッルスティウス[2]から知らされるのだが、カティリナ[3]の軍勢は、ローマ周辺の追剥ぎが加わったため、大幅に増大したのであった。(17)とは言っても、現在ヨーロッパ中に散在しているこの種の追剥ぎを職業とする者の総数は、一個連隊には及ばないと思う。キケロがミロのために行った弁論のなかで、私は、キケロの弁護依頼人がクロディウス[4]を暗殺したのではないことを証明するために、とりわけこのような論拠をあげているのに気づく。すなわち、キケロが言うには、もしミロがクロディウスを殺害する意図をもっていたのならば、彼は白昼、しかもローマ市中からこれほど隔たったところで、クロディウスを襲うことはなかったであろう。彼は夜に市の中心に隣接した地帯あたりで待ち伏せしたことであろう。というのは、そこであれば、クロディウスは盗賊によって殺害されたのだと偽ることができ、事件が頻発していることがそのペテンを助けたであろうからである。これはローマの治安のたるみとこうした盗賊の数と力の驚くべき証拠である。なぜなら、クロディウス(18)はその時三〇人の完全武装した奴隷を従えており、しかも彼らはあの扇動的な護民官によって引き起こされた度重なる暴動において流血と危険には十分慣れていたからである。(19)

しかし、近代ではあらゆる種類の政体が改善されているというものの、それにもかかわらず、君主政体は完成に向けて最大の進歩を遂げていると思われる。以前は共和政体を称賛するときだけに言われた、「共和政体は法の支配であり、人の支配ではない」という言葉は、いまや、文明化された君主政体についても主張することができよう。文明化された君主政体は驚歎するほどの秩序と方法と不変性を許すものであるということが分かっている。そこでは、財産は安全であり、産業活動は奨励され、もろもろの技芸は繁栄し、君主は、子供たちに囲まれた父親のように、被治者に囲まれて安泰に暮らしている。ヨーロッパには、二世紀の間、おそらく大小ほぼ二〇〇人の専制君主がいて、現在もそうである。だからそれぞれの君主の治世を二〇年とすれば、全部で二千人の君主、もしくは、ギリシア人ならそう呼んだであろう僭主がいたと想定することができよう。しかしそれにもかかわらず、これらのうち、ローマ皇帝の一二人のうちの四人である、ティベリウス、カリグラ、ネロ、あるいはドミティアヌスと同じほどの悪虐な君主は一人もいなかったし、スペインのフェリペ二世[20]でさえそれほど悪虐な君主ではなかった[21]。しかしながら、君主政体の国が優雅さと安定性において民主政体の国に一層近づいてきたとはいえ、君主政体の国はいまもなお民主政体の国に劣るということは認められねばならない。われわれの近代の教育と慣習は古代よりも人道と中庸の精神を徐々により深く教え込んでいる。しかしいまだにこの君主政体の欠点を完全に克服しうるには至っていない。

しかしここで私には確かであろうと思われるのだが、その正しい判断はただ後代の人びとだけがなしうるある推測を述べることを許してもらわねばならない。それは、君主政体には改善の源泉があり、他方、民主政体には退歩の源泉があり、このことはやがてこれら二種類の政体を同等なものになお一層近づけることになるだろうということである。純粋な君主政体の最も完全なモデルであるフランスで生じている最大の悪弊は、自由な政体の諸国で見られるよりも多数の租税、あるいはより重い租税から生じているのではなくて、経費がかかり不平等で恣意的で複雑に入りくんだ徴税方法から生じているのである。これによって、貧民の、とりわけ小作農と農業者の産業活動が大いに妨げられ、農業を赤貧洗うがごとき奴隷にふさわしいような職業にしているのである。しかしこうした悪弊は誰の利益となるものであろうか。もし貴族の利益となるのであれば、それらの悪弊は君主政体に本来内在するものとみなすことができよう。なぜなら、貴族は君主政体の真の大黒柱であり、そのような国制のもとで貴族の利益が民衆の利益よりも重んじられるのは当然だからである。しかし実際には、貴族こそこの圧制による最大の損失者なのである。なぜなら、その圧制は彼らの所領を荒廃させ、彼らの小作人を貧窮に陥れるからである。その圧制による唯一の利得者は、貴族とフランス王国全体にとって、むしろ憎むべき人種である徴税吏（*Financiers*）[22]なのである。したがって、もし自分自身の利益と国家の利益を判断しうる十分な眼識と、古くからの慣習を打ち破るだけの十分な気力を与えられた君主や大臣が現れるならば、こうした悪弊が矯正されるのを見ることが期待できよう。その場合には、その専制政体とわれわれの自由政体との差異は、今日ほど重大なものとは思われないであろう。

自由な政体に見られる退歩の源泉は、債務を契約し、国家の歳入を抵当に入れるという慣行にある。というのは、それにより早晩、租税がまったく耐えられないものになり、その国の財産がすべて国家の手中に入ることがありうるからである。この慣行は近代のものである[23]。アテナイ人は、共和政体により統治されていたとはいえ、クセノフォンから知られるように[5][24]、なんらかの突発事態のために借入れが必要となったとき、その貨幣額のほぼ二〇〇パーセントを支払った。近代の国民では、オランダ人が最初に莫大な金額を低利で借り入れる慣行を導入し、それによってほぼ破産に近い状態に陥っている。専制君主も同じく債務契約をしているが、しかし専制君主は好きなときに破産することができるので、彼の債務によってその国民が苦しめられることはありえない。ところが民主政体においては通常、民衆、それも主として最高の官職についている人びとが国家に対する債権者であるため、ときにその救済手段がいかに必要であろうとも、国家が常に苛酷で野蛮な救済手段をとるということは困難である。したがって、このことは自由な政体のすべてをほぼ脅かすものであり、とりわけ現在の重大な事態下のわが国の政体を脅かす不都合となるように思われる。そして公金の不足のため、多種多様な租税、あるいはもっと悪いことに、わが国が防衛に対して無力無能となることを余儀なくされ、われわれがわれわれの自由そのものを呪い、わが国を取り囲む国々のすべてと同じ隷属的状態になるのを望むようなことになりはせぬかと恐れて、われわれが公金の節約に一層努めるとしても、これはいったいどれほど強力な動機となるであろうか。

（1）〔A―K版での表題は「自由と専制について」(Of Liberty and Despotism) となっている〕。

（2）〔マキアヴェリ『君主論』（一五一三年）第二三章〈佐々木毅訳、講談社学術文庫、二〇〇四年、一八四頁〉を参照。マキアヴェリは、ヒュームが示唆しているような「力量に乏しい」君主ではなく、「無分別な」君主について語っている〕。

（3）〔セイヤヌスは皇帝ティベリウスのもとで執政官親衛隊の長官であった。彼はティベリウスがカプリに引退した（二六年）のち、しばらくローマを支配した。しかしティベリウスはのち彼を逮捕し殺害した（三一年）。フルーリー枢機卿 (Andre Hencule de Fleury, 1653-1743) は、一七四三年に没するが、それに先立つ数十年の間、ルイ一五世の家庭教師であり、その後、最も重要な大臣となった〕。

（4）クセノフォンは商業に言及しているが、商業が国家にとって有益か否かについては疑わしいとしている。「もし商業も同じく都市に利益をもたらすならば」(*Εἰ δὲ καὶ ἐμπορία ὠφελεῖ τι πόλιν, &c.*) クセノフォン『ヒエロン』。〔第九節、九（レーブ版、E. C. Marchant 訳）〕。プラトンは彼の想像上の共和国から商業を完全に排除している。『法律』第四巻。* 〔プラトン（前四二七―三四七年）、第四巻（七〇四d―七〇五b）〕。

　＊〔この注はK版で追加された〕。

（5）〔ヒュームは、このエッセイでのちに指摘しているように、オランダとイングランドを念頭に置いていた〕。

（6）〔A―D版では「それぞれの長所と短所」となっている〕。

（7）〔ロンギノス（二一三?―二七三）『崇高について』第四四節。著者はなるほど、天分に恵まれた著述家や雄弁家が民主政体もしくは自由な政体にのみ見出されるという可能性を主張しているが、しかしそれに続いて、おそらく皮肉を込めて、次のように示唆している。すなわち、現代における天分の堕落は政治上の専制《ティラニー》ではなく、情念の専横《ティラニー》、とりわけ富に対する欲望とそれに伴う悪徳に起因するのであると〕。〈Dionysios Kassios Longinos. 三世紀ギリシアのプラトン哲学者、修辞家〉。

（8）アディスン氏とシャフツベリ卿。〔アディスン (Joseph Addison, 1672-1719)『タトラー』(*The Tatler*) 一六一号（一七一〇年四月二〇日）と第三代シャフツベリ卿 (Anthony Ashley Cooper, the third Earl of Shaftesbury, 1671-1713)『特徴論』(*Characteristics of Men, Manners,*

Opinions, Times, 1711)「独白」第二部、第二節〕。

(9)〔詩人のアリオスト (Ludovico Ariosto, 1474–1533) とタッソ (Torquato Tasso, 1544–1595)、物理学者のガリレオ (Galileo Galilei, 1564–1642)、美術家のラファエロ (Raffaello Sanzio da Urbino, 1483–1520) とミケランジェロ (Michelangelo di Lodovico Buonarroti, 1475–1564) は、さまざまなイタリアの公国で生まれた〕。

(10)〔画家ルーベンス (Peter Paul Rubens, 1577–1640) が生きた間、南オランダ王国のアントウェルペンは、カトリック教会とスペイン国王に忠誠を尽くしていた。一八世紀初期のドレスデンは、ローマカトリック教徒のサクソニーの選挙侯、フレデリック・アウグストゥスにより、しばしば支配されていた。アムステルダムとハンブルクは自由なプロテスタントの都市であった〕。

(11)〔注意。P版にはこれは一七四二年に公表されたとある〕。

(12)〔「そのギリシア人はイギリス人をしのいでいる」はK版での追加〕。

[1] Quintus Horatius Flaccus (65–8 B.C.) はローマの桂冠詩人。

(13)〔ホラティウス『書簡体詩』第二巻、第一節、一六〇（レーブ版、H. Rushton Fairclough 訳)〕。

(14) スウィフト博士。〔Jonathan Swift (1667–1745) はさまざまな著作を著したが、そのうち最も有名なのは諷刺文学の作品、『ガリヴァー旅行記』(一七二六年) である〕。

(15)〔スプラット (Thomas Sprat, 1635–1713) は英国学士院の最初の歴史家であった。ロック (John Locke, 1632–1704) は、『人間悟性論』(*Essay Concerning Human Understanding*, 1690) と『統治二論』(*Two Treatises of Government*, 1690) により有名。テンプル卿 (Sir William Temple, 1628–1699) は重要なエッセイスト、歴史家であった〕。

(16)〔ミルトン (John Milton, 1608–1674) の数多くの詩と散文の著名な作品には、（言論出版の自由を論じた）『アレオパジティカ』(*Areopagitica*, 1644) と『失楽園』(*Paradise Lost*, 1667) が含まれている〕。

[2] Gaius Crispus Sallustius (86–34 B.C.) はローマの歴史家、政治家。五巻からなる『歴史』(*Historiae*) が伝えられている。

[3] Lucius Sergius Catilina (108–62 B.C.) はローマ共和政末期のいわゆるカティリナ事件の主謀者。統領になるのに失敗し陰謀を企てたが、キケロなどにより敗れる。その放蕩な生活は悪名高い。

(17)〔サッルスティウス『カティリナ戦記』(*Bellum Catilinae*, 43 B.C.) を参照。カティリナは、執政官職を手中にするのに失敗したことに憤激し、私兵を募りローマの支配権を奪取しようと図ったが失敗した〕。

[4] Publius Clodius (c. 93–52 B.C.) はキケロの対立者として彼を追放し、その財産を没収した。

(18)『ミロのための弁論』(*Orat. pro Milone*) のなかのアスコニウス・ペディアヌス (Asconius Pedianus) の注を参照。

(19)〔A版では次のように追加されている。「しかも、ローマ法によって、自らの生命をかけて主人の生命を守るべき責任を負っていたからである」〕。

(20)〔フェリペ二世は一五五六年から九八年までスペインおよびスペイン帝国の王であった。ティベリウスは一四年から三七年までローマ皇帝であり、カリグラは三七年から四一年まで、ネロは五四年から六八年まで、そしてドミティアヌスは八一年から九六年までローマ皇帝であった〕。

(21)〔この文はK版で追加された〕。

(22)〔セディーユ（Cの下に付ける符号）は、B版やあるいは、この言葉が出てくる『政治論集』(*Political Discourses*) のいくつかの版には見られない〕。

(23)〔A版では「アテナイ人は、共和政体であったとはいえ、クセノフォンから知られるように、その貨幣額の二〇パーセントを支払った」となっていて、注(24)はない。

　B版では「アテナイ人は、共和政体により統治されていたとはいえ、クセノフォンから知られるように、なんらかの突発事態のため、借入れが必要となったとき、その貨幣額の二〇パーセントを支払った」となり、注(24)はない。

D―Q版は「アテネ人は、共和政体により統治されていたとはいえ、クセノフォンから知られるように、何かの突発事態のため、借入れが必要となったとき、その貨幣額のほぼ二〇〇パーセントを支払った」となり、注(24)が付いている」。

［5］Ksenophon（c. 430–c. 354 B.C.）はギリシアの将軍、哲学者、歴史家。前四〇一年にペルシアに内乱が起こったとき、小キュロスを助けるため遠征軍に従軍したが、内乱が鎮定されたので、空しく帰り、いわゆる一万人の退却をした。『ソクラテスの思い出』（*Memorabilia*）、『ソクラテスの弁明』（*Apologia Sokratous*）や『ギリシア史』（*Hellenika*）などの史書のほか、『キュロスの教育』などを著した。

(24)「しかし、いかなる投資も、元本をつくるために前貸しされた貨幣ほどよい収益をもたらすことはできない。……ところが、たいていのアテネ人は年に一〇〇パーセントを超える（利子を）手にするであろう。というのは、一ミナを前貸しする人びとは、国家に保証されたほぼ二ミナの所得を引き出すことになろう。これはどう見ても、人間がつくり出した制度のうち、最も安全で最も長続きするものである」（*Κτῆσιν δὲ ἀπ᾽ οὐδενὸς ἂν οὕτω καλὴν κτήσαιντο, ὥσπερ ἀφ᾽ οὗ ἂν προτελέσωσιν εἰς τὴν ἀφορμήν*――*οἱ δέ γε πλεῖστοι Ἀθηναίων πλείονα λήψονται κατ᾽ ἐνιαυτὸν ἢ ὅσα ἂν εἰσενέγκωσιν᾽ οἱ γὰρ μνᾶν προτελέσαντες, ἐγγὺς δυοῖν μναῖν πρόσοδον ἕξουσι*――*ὃ δοκεῖ τῶν ἀνθρωπίνων ἀσφαλέστατόν τε καὶ πολυχρονιώτατον εἶναι*）クセノフォン『歳入について』。〔第三巻、九―一〇（レーブ版、E. C. Marchant 訳）〕。

XIII　雄弁について

歴史に記述されたような人類の発展段階と大変革を考察する人は、喜びと変化に富んだ光景に接して面白いと思う。そしてさまざまな異なる時期におけるそのような驚くべき変化を許容しうる同じ人類の風俗、習慣、意見を驚きをもって見るものである。とはいえ、政治史（*civil* history）には、学芸や学問の歴史に見られる同一性よりも、もっと大きな同一性が見られ、ある時代の戦争、外交交渉、政治は、趣味、機知（wit）、理論的原理以上に異なる時代のあいだで類似していることが分かる。利害と野心、名誉と恥辱、友情と敵愾心、感謝と復讐心は、すべての公共的活動の第一の原動力であり、こうした情念は、教育や実例によって変化しやすい感情や機知と比較して、きわめて頑強で御しがたい性質をもった情念である。ゴート人は勇気と美徳におけるよりも、趣味と学問において、ローマ人に大いに劣っていた。

しかし、これほど大きく異なる国民[1]を比較し合うまでもなく、学問のより新しい時代でさえ、多くの点で古代とは正反対の特徴をもっており、もしわれわれが哲学においてより優れているとしても、われわれはいまもなお、われわれのもつすべての洗練にもかかわらず、雄弁では大いに劣っていることが分かるであろう。

古代では、公の演説ほど主要な要素と力量を必要とすると考えられる天分の働きはなかった。ある卓越した著述家たちは、偉大な詩人や哲学者の才能でさえ、そのような仕事に不可欠な才能よりも劣った性質のものであるとの見解を述べていた。ギリシア人とローマ人はいずれも優れた雄弁家を一人しか生み出さなかったが、他の名高い雄弁家がどんな称賛に値しても、それでも彼らはこれらの雄弁の偉大な手本に大きく劣ると評価された。古代の批評家は、どの時代においても、まさに同じ地位にあり同じ程度の称賛を受けるに足る二人の雄弁家を見つけ出すことはまずできないであろう。カルウス、カエリウス、クリオ、ホルテンシウス、カエサル[2]が次々と現れた。しかし、その時代の最も優れた雄弁家でさえ、かつてローマに現れた最高の雄弁家であるキケロには劣っていた。とはいえ、洗練された趣味の持ち主は、ギリシアだけでなく、ローマの雄弁家についてのこうした判断に関して次のような意見を述べたのであった。すなわち、ギリシア人やローマ人はいずれも、雄弁においてそれまでに現れたすべての人をしのいでいたが、彼らの雄弁術は完成の域に達するには程遠かったのである。というのも、雄弁術の完成は無限の彼方にあり、人間の力で達しうる限度を超えていたばかりか、人間の抱く想像力をも超えていたからである。キケロは彼自身の成果に満足していないと述べている。いや、デモステネスの成果にさえ不満を表明している。[1]「私の耳は非常に貪欲で飽くことを知らず、莫大な果てしないものをしきりと欲しがることがしばしばである」(*Ita sunt avidæ & capaces meæ aures, & semper aliquid immensum, infinitumque desiderant*)[3] と、彼は言っている。[4]

学問や教養のあるすべての国家のうち、イングランドだけが人民による統治を行っている。すなわち、立法府のうちに雄弁の支配下にあると思えるような多数の集会を認めている。しかし、この点でイングランドはどのような誇るべきものをもっているだろうか。わが国に名声をもたらした偉大な人びとをあげると、われわれは詩人と哲学者を称賛するが、しかしいったいどのような雄弁家をあげることができるだろうか。あるいは雄弁家の記念碑にどこでお目にかかれるであろうか。実際、わが国の歴史上、わが議会の決定を指導した数人の名を見つけ出すことができる。しかし彼ら自身も他の者も彼らの演説を保存する努力をしてこなかった。したがって、彼らのもっていた権威は、雄弁の才能よりも、経験と知識、もしくは権力によるものであったと思われる。現在、二院には半ダースを超える雄弁家がいるが、彼らは大衆の判断によると、きわめて同程度の雄弁に達しており、誰かが他よりも優れていると主張する人はいない。これは、彼らのうちの誰一人として雄弁術において平凡さの域を大きく超えるものではなく、彼らの熱望する種類の雄弁は、人間のこの崇高な能力を働かせることなく、普通の才能とわずかばかりの勤勉によって到達しうるものであることを証明しているように思える。ロンドンの百人の指物師はテーブルや椅子を同じく巧みにつくることができる。だが詩人は誰一人としてポープ氏のような気概と優雅さをもった詩を書くことはできないのである。

デモステネスが弁論に立ったとき、賢明な人はみなギリシアの最も遠く離れた地域から、世界の最もすばらしい光景を見ようとして、アテナイへ群れをなして集まったと言われている。[5]ロンドンでは、最も重要な討議が二院で行われているとき、少額債権裁判所[6]には人びとがぶらぶらしており、わが国の最も著名な雄弁家の雄弁をすべて聞くために、食事をとり損ねても十分埋め合わせられるとは多くの人びとは考えていない。老練なシバー[7]が劇を演じようとするときに、かなりの人は自国の首相が自分の解任や弾劾の動議からわが身を守ろうとするときよりも好奇心を一層かき立てられる。

古代の雄弁家の高尚な遺作を知らない人でも、その二、三の業績から、彼らの雄弁の文体や種類が現代の雄弁家が望むものよりも非常に高尚だったと判断するであろう。わが国の控えめで冷静な雄弁家にとっては、クインティリアヌスとロンギノスにあれほど称賛されたデモステネス[8]の高尚な頓《とん》呼《こ》法(*Apostrophe*)[2]を使用することは、いかに愚にもつかないことと思われるであろうか。その時、デモステネスはカイロネイアでの敗戦を正当化して、不意に叫び出したのである。「いや、わが同胞よ。いや、あなたがたは間違っていない。私はマラトンとプラテアの平原で同じ大義のために戦って死んだ英雄たちの魂にかけて誓う」と。キケロがローマ市民のはりつけを最も悲劇的な言葉で記述したのちにとったような大胆で詩的な堂々とした態度に、いま誰ががまんできるであろうか。「私はこの光景の恐ろしさを、ローマの市民でなく、わが国の同盟国でもなく、これまでローマの名を聞いたことのある人びとに対してでもなく、さらに人間に対してですらなく、野蛮な獣たちのために描写すべきだろうか。もしくは、もっと進んで、最もわびしい孤独のうちに、岩や山々に向かって声を張り上げるべきであろうか。さらに、私はこうした粗雑で生命の通わない自然の一部が、兇悪な行為の詳述によって恐怖や怒りに突き動かされる様子を見るべきであろうか」[9]。このような文章は、優雅さを与えたり、あるいは聞き手に印象を与えるためになんという雄弁の炎によって囲まれねばならないのであろうか。それほど大胆で法外な感情に、適切な度合いで達するために、また聴衆をそれほど激しい情念とあれほど高揚した考えをもつ雄弁家についていかせるために、そしてまたこのすべてを達成する巧妙な工夫を雄弁の奔流の下に隠すためにはなんという気品のある技巧と崇高な才能が必要であろうか！　この見解がもし行きすぎと思われても——おそらくそう思われるに決まっているが——それは少なくとも古代の雄弁の文体を知るのに役立つであろう。古代の雄弁では、そのような大げさな話しぶりはまったく途方もない大げさなものとしてしりぞけられることはなかったのである[10]。

思考と表現のこうした力強さにふさわしいのが、古代の雄弁家に見られた身振りの力強さであった。*supplosio pedis*、すなわち足を踏みならす行為は、彼らが用いた最も普通の控え目な身振りの一つであった[11]。ただし、それはいまでは上院、裁判所、あるいは説教壇のいずれにおいても、激しすぎるとみなされており、わずかに劇場で、最も激しい情念を現す場合にのみ認められている。

後の時代に雄弁が大きく衰退した原因について考えると、われわれはいささか当惑してしまう。人間の天分はいつの時代にもおそらく同じであろう。近代人は他のすべての技芸と学問にきわめて勤勉に力を注ぎ成功してきた。また学問の知識に富んだ国家は民主政体、すなわち、こうした高尚な才能を完全に発揮するために必要と思われる情況を所有している。しかしこうした長所のすべてにもかかわらず、われわれの雄弁の進歩は、われわれが他のすべての学問領域で到達した進歩と比較すれば、きわめて取るに足らないものである。

古代の雄弁に見られる話しぶりはわれわれの時代には不相応であり、現代の雄弁家によって模倣されるべきではないと、われわれは主張するのであろうか。これを論証するのに用いうる理由がいかなるものであるにせよ、それらの理由は、検討してみれば、当てにならない不十分なものであることが分かると、私は確信している。

第一に、古代のギリシアとローマで学問が栄えた時期には、国内法はどの国家でも、ごく少数で簡単なものであり、訴訟の判決は、おおかた衡平法と裁判官の良識に委ねられていた。当時、法律の勉強はその完成のために生涯かけてこつこつと行うことが求められる骨の折れる仕事ではなかったのであり、他の勉強や職業と兼ねられないものではなかった。ローマ人の間では、優れた政治家や将軍はみな法律家であった。キケロは、この学問を修得する才能を示すため、彼のすべての仕事を行いつつも、二、三日仕事をすれば、ローマ法の大家になってみせると宣言している。ところで、申し立て人が裁判官の衡平に訴える場合、彼には自分の議論を厳正な法律、法令、先例から引き出さねばならない場合よりも、雄弁を示す余地がはるかに多い。後者の場合には、数多くの事情が考慮に入れられねばならないし、多くの個人的配慮が尊重されねばならない。そしてさらに雄弁家がその技術と雄弁によってなだめるのがふさわしい好意や好みさえ、衡平という外観のもとに偽装されるかもしれないからである。しかし、現代の法律家はパルナッススの花[12]を集めるために、その骨の折れる仕事をやめる余暇をどのようにしてもつであろうか。すなわち、彼は用いざるをえない精密で巧みな議論、反論、答弁のただなかにあって、雄弁を示す機会[13]をどのようにしてもつのであろうか。大法官（*Chancellor*）の前で申し立てをしようとする最も偉大な天分の持ち主や最高の雄弁家ですら、一カ月間法律を勉強したあとにできることは、ただくどくどと論じて失笑をかうことくらいであろう。

法律が多様で複雑であるということうした事情が現代にあって雄弁の障害となっていることを認める用意が私にはある。しかし私が主張したいのは、そのことはあの高尚な技術の衰退の説明には少しもなりえないことである。そうした事情はウエストミンスター・ホール[14]から雄弁を追放するかもしれないが、議会からではなかろう。アテナイ人のうち、アレオパギテス家[15]は雄弁の誘惑をすべて禁止し、さらにある者は、裁判形式で書かれたギリシアの弁論には、ローマ人の弁論に現れるような大胆で誇張的な文体は存在しないと主張している。しかし、国事が検討され、共和国の自由、幸福、名誉が討論の主題であったとき、アテナイ人は慎重な審議を要する類いの雄弁をどのような高さにまでもっていったのであろうか。この種の議論は他のどれよりも天分を発揮させ、雄弁に最大限の機会を与える。しかもこのような論争はこの国ではごく頻繁なのである。

第二に、雄弁の衰退は現代人のより優れた良識によると主張しうるかもしれない。というのは、現代人は裁判官を迷わせるために用いられたそれら修辞上の手管を軽侮して拒否し、あらゆる討論や審議においては確実で信頼すべき議論のほか何も認めないからである。もしある人が殺人の罪に問われたならば、その事実は証言と証拠によって証明されなければならず、そしてその後、法律が罪人の処罰を決定することになる。その殺害行為の恐怖と残酷さをいかにももっともらしく叙述することは馬鹿げているであろう。死者の縁者を連れてきて、合図によって裁判官の足下に身を投げ出させ、涙を流し嘆き悲しんで哀願させることもまた馬鹿げている。なおさらもっと馬鹿げているのは、そのように悲劇的な光景を見せることによって裁判官の心を動かすために血にまみれた行為を表す絵を使うことである。こうした手管がときとして昔の申し立て人によって行われたことをわれわれは知っている。(16) しかしいまや公の議論から情念に働きかけることを追放すれば、演説者をただ現代の雄弁、すなわち、適切な表現で述べられる良識に引き下げることになる。

われわれの現代の慣習、あるいはよければわれわれのより優れた良識が、情念をあおり立てたり、あるいは聴衆の想像力を刺激したりする上で、現代の雄弁家を古代人よりも慎重かつ控え目にさせることがおそらく認められるであろう。しかし、それによってなぜ彼らがその企ての成功をまったくあきらめなければならないのか、その理由が私には分からない。それは彼らに手管を強化させ、まったく放棄させることにはならないであろう。古代の雄弁家もまた聴衆の警戒心を用心していたと思われる。しかし彼らはそれを逃れる別の方法をとった。(17) 彼らはほとばしるような崇高さで情念に働きかけることを急ぎ、それが聞き手に手管と分かるいとまを残さなかったため、聞き手は手管によって欺されたのである。いや、事態を正しく考えれば、彼らは手管によって少しもだまされたのではなかった。雄弁家は自身の天分と雄弁の力によって、まず怒り、憤慨、憐れみ、悲しみに自らを燃え立たせ、次いでそれらの激烈な心の動きを聴衆に伝えたのであった。

ユリウス・カエサル以上の良識をもつと主張する人がいるだろうか。それにもかかわらず、あの傲慢な征服者はわれわれが知るように、キケロの雄弁の魅力によって圧倒され、彼が心に決めていた目的と決定を変更し、その雄弁家が申し立てる前には有罪と判定されていた罪人を許さざるをえなくなった。(18)

このローマの雄弁家の大成功にもかかわらず、彼の議論のいくつかに対して反論があることを私は認める。彼の容姿はあまりにも堂々として派手であり、その言葉は修辞的すぎる。美辞麗句が多く誇張的である。彼の議論の分類は主として諸学派の規則から引き出されている。また彼の才能は、だじゃれや韻を踏む語やあるいは調子のよい下品な同音反復でさえその手口を必ずしもさげすむことはない。あのギリシア人〈デモステネス〉はこのローマの上院議員や裁判官よりもはるかに洗練されていない言葉で聴衆に話しかけた。アテナイの最下層の人びとでも彼の主権者であり、彼の雄弁の裁決者であった。(19) しかし彼のやり方はキケロのやり方よりも純粋で厳格であった。もしそれが模倣されれば、それは確実に現代の集会でも成功をおさめることができるであろう。それはまさに良識にかなったすばやい調和である。それは力強い推論であり、なんら技巧の外観をもたない。それは、絶え間なく流れる議論のうちに含まれた軽侮、怒り、大胆さ、自由である。そして人間のつくり出したもののうち、デモステネスの雄弁は、完成の域に最も近づいた手本をわれわれに示している。[20]

第三に、古代の政体の無秩序と、市民がしばしば犯した途方もない犯罪が、現代人の間に見ることができるよりも雄弁に対してはるかに大きな重要性を与えたと主張することができよう。もしもウェッレスやカティリナがいなければ、キケロはいなかったであろう。しかしこの理由がなんら大きな影響力をもちえないことは明白である。現代にフィリッポスのような人物[21]を見つけ出すのはたやすいことであろうが、しかしわれわれはどこにデモステネスを見出すであろうか。

それでは残るのは、ただ、われわれがわが国の演説家に天分や判断力が欠如していることに罪を着せる以外にはないということだろうか。というのは、彼らは古代の雄弁家の高みに到達することができないと分かっているか、それとも、そうした努力のすべてを、現代の集会の気風に合わないとしてしりぞけたからである。この種の試みがわずかでも成功すれば、それは国民の天分を目覚めさせ、青年の競争心をかき立て、これまで聞いたものよりも一層崇高で一層感動的な演説ぶりに慣れさせるであろう。いかなる国民においてもこの技芸の起源と進歩にはある偶然的なものが確かにある。古代のローマは、なぜギリシアからそのすべての洗練を受けたにもかかわらず、彫塑術、絵画、建築に対する趣味にだけ到達することができ、これらの技芸の実践に至らなかったのか。この問いにきわめて満足のいく理由を与えうるかどうか、私は疑わしく思っている。一方では、現代のローマは古代の遺跡のうちに見つけた二、三の遺跡に刺激され、最も卓越した立派な芸術家を生み出している。もしも詩に対するウォラー[22]の天分のように雄弁に対する洗練された天分が、自由が十分確立し、民主的な集会が統治のすべての最も重要なところに入り始めた市民戦争期に現れていたならば、その非常にはなばなしい例がブリテンの演説にまったく異なった方向性を与え、われわれに古代の手本を完成させたことであろう。そうすれば、わが国の雄弁家はわが国の詩人、幾何学者、哲学者と同じく、わが国に名声をもたらし、ブリテンのアルキメデス[24]やウェルギリウス[25]と同じく、ブリテンのキケロが出現したことであろう。[26]

詩や雄弁における誤った趣味が人びとの間に広まる場合、両者を比較し熟考してみれば、誤ったものが真実の趣味よりも優ったことはまずないか、もしくはけっしてない。誤った趣味は通常、真実の趣味を知らないことによってのみ、さらに、人びとをよりもっともな理解と、天分の産物に対する一層洗練された趣味へと導く完全な手本が欠如していることから広まる。これらの完全な手本が現れると、それらはその趣味にすべての賛成票を集め、その自然の有力な魅力によって、最も偏見を抱いた人びとさえ味方につけ、それらを愛好し称賛させるに至る。あらゆる情念、あらゆる感情の本源は各人のうちにあり、適切に触れられるとそれらは勢いを増し、人の心を温め、質の悪い機知と空想のまぜものの美から天才の作品を区別するあの満足を伝える。そしてもしこの観察がすべての学芸に関して当てはまるのであれば、それは雄弁に関してもとくに妥当するに違いない。というのも、雄弁はただ大衆のために、そして、世間の人びとのために作られたものであるため、見せかけの理性によって人民からもっと洗練された裁判官に訴えることはできず、世間一般の判断になんの制限も限定もなしに従わねばならない。比較してみれば、普通の聴衆によって最も偉大な雄弁家とみなされる者が、学者や学識者によってそのように呼ばれるのは至極確かなことである。たとえ並のどうでもよい演説家が長い間勝利を収め、自分の成果に満足し、どこに欠点があるか分からない庶民によってまったく完全とみなされていたとしても、本当の天分の持ち主が現れる場合には必ず、彼はあらゆる人の注目を自分に引きつけ、直ちに彼の競争相手の上をゆくと思われる。

ところで、このルールによって判断すれば、古代の雄弁、すなわち崇高さと熱烈さは、現代の雄弁、つまり理屈っぽく合理的なものよりもはるかにもっともなものである。そしてもし適切に実行されれば、それはいつでも人びとを自由に操る力と権威をもつであろう。われわれが平々凡々たる才能に満足しているのは、われわれがよりよいものを経験したことがないからである。しかし古代の人びとは両方をいずれも経験しており、それらを比較して、あのような称賛された手本を残した種類のものを選択したのであった。というのは、もし私に誤りがなければ、わが国の雄弁は、古代の批評家がアテナイの雄弁と呼んだものと同じ文体や種類のもの、すなわち、冷静で優雅で、繊細で、情念に動かされるよりも理性を重んじ、議論や普通の話法以上にけっして調子をあげない雄弁なのである。そのような雄弁がアテナイ人の間のリュシアスの雄弁であり、ローマ人の間のカルウス[27]のそれであった。これらの雄弁はその時代に重んじられたが、デモステネスやキケロと比較すれば、真昼の太陽の光のもとにおかれたロウソクのように光を失った。後者の雄弁家、デモステネスやキケロは前者のリュシアスやカルウスと同じ優雅さ、繊細さ、議論の力強さをもっていた。しかし彼らを主に称賛すべきものとしたのは、感動的で崇高な性質であった。というのは、その場にふさわしい場合に、それらが演説に投入され、それによって彼らは聴衆の判断を制することができたからであった。

この種の雄弁は、少なくともわが国の公共の演説家のうちには、およそイングランドでまずお目にかかったことがない。わが国の著作家には大きな拍手喝采を得た実例がいくつかあったが、彼らは、古代の雄弁を復活させようとする企てにおいて、彼らと同等もしくはそれ以上の名声をわが国の野心を抱いた青年に確信させるかもしれない。ボリングブルック卿の作品には、その議論、方法、正確さ[28]におけるすべての欠点にもかかわらず、わが国の雄弁家がまず目指さないような力と活気が見られる。ただし、そのような気品のある文体には、作家よりも演説家にとって、はるかに優雅な洗練さを備えたものとなり、一層すみやかで一層驚くほどの成功が約束されることは明らかである。それは声と身振りの優雅さによって助長されており、その身振りは雄弁家と聴衆の間でたがいに分かち合われている。しかも、一人の人物の議論に注意を傾けている大集会という光景そのものが、堂々とした修辞と表現を正当化するに足る特殊な高揚で彼を鼓舞するに違いない。なるほど、あらかじめ決められた演説（*set speeches*）に対しては大きな偏見がある。生徒が学課をこなすように議論を繰り返し、討論の過程で述べられたことをまったく気にもとめないような人物は失笑を免れえない。しかしこんな馬鹿げたことになってしまう必然性はどこにあるのであろうか。公共の演説家は討論する問題を前もって知っているに違いない。彼は自分の議論に最も適切と考えるような、議論、反論、答論のすべてをつくることができる。もし何か新しいことが生じたら、彼は自分の創案力によってそれに対応することができよう。入念に準備された文章と即席の文章との間にはそれほど明らかな違いはないであろう。あたかもオールでいったん漕ぎ出された舟の最初の推進力が止まっても、舟がしばらくはそのコースをとるのと同じように、心は、その身振りによって得た勢い（*impetus*）や力（*force*）を当然もち続けることになる。

　私は次のことを述べて、この主題を終えることにしたい。すなわち、たとえわが国の現代の雄弁家が文体を高尚なものに変えたり、古代の雄弁家と競おうと熱望したりしなくとも、彼らのたいていの演説には本質的な欠点がある。その欠点は彼らがその野心を定めた議論と推論のもつ落ち着いた態度から離れることなく、修正することができる。即興の議論への彼らの大きな愛着が、議論をするのに非常に必要であり、それなくしては人の心にまず完全な確信を生み出すことができないすべての規則と方法をしりぞけさせてきたのである。公の議論においては、主題が明らかにそれを要求しない限り、過度な論旨の分割は推奨されない。しかし、このように形式ばることなく、方法を守り、その方法を聞き手にはっきり分からせることはたやすいことである。その聞き手は次々と自然に生じる議論を見て非常に喜び、混乱のうちにたがいに投じられる最も強じんな理性から生じうるものよりも一層徹底した説得力をもち続けるであろう。

（1）〔C―P版では次の文が追加されている。「彼らはほとんど異なる種類と見てよかろう」〕。

（2）〔すべて前一世紀のローマ人〕。〈カルウス（Gaius Licinius Macer Calvus）、カエリウス（Marcus Caelius, d. 48 B.C.）、クリオ（Gaius Scribonius Curio）、ホルテンシウス（Quintus Hortensius, 114-50 B.C.）〉。

［1］Demosthenes（384-322 B.C.）はギリシアの雄弁家、政治家。

（3）〔キケロ『雄弁家について』（*Orator*）第二九章、一〇四（レーブ版、H. M. Hubbell 訳）。デモステネス（前三八四―三二二）はアテネの最も偉大な雄弁家であった〕。

（4）〔C―P版での追加。「このただ一つの事情によっても、古代の雄弁と現代の雄弁との大きな相違をわれわれに分からせ、現代の雄弁が古代のそれにどれほど劣っているかを知らせるに十分なものである」」。

（5）「歴史に記録されているだけでなく、そうであったに違いないのだが、彼らは、いつデモステネスが彼の演説を聴きに群がったすべてのギリシア人に話しかけることになっているのかすら分からなかった。しかし、わが国のアテナイの優雅な言葉を話す人が演説すると、彼らは好奇心の強い群衆によってだけでなく――これは十分屈辱的なことだが――、彼らの訴訟依頼人の友人や支持者によってすら見捨てられている」（Ne illud quidem intelligunt, non modo ita memoriæ proditum esse, sed ita necesse fuisse, cum DEMOSTHENES dicturus esset, ut concursus, audiendi causa, ex tota GRECIA fierent. At cum isti ATTICI dicunt, non modo a corona (quod est ipsum miserabile) sed etiam ab advocatis relinquuntur）キケロ「明晰な雄弁について」〔キケロ『ブルートゥス』第八四章、二八九（レーブ版、H. M. Hubbell 訳）〕。

（6）〔一八世紀の少額債権裁判所（Courts of Request）は小額の債務を取り戻すために設けられた地方の法廷であった。二院とは議会の二つの区分である上院と下院を指す〕。

（7）〔シバー（Colley Cibber, 1671–1757）はイングランドの劇作家、役者であり、一七三〇年に桂冠詩人となった〕。

（8）〔デモステネス『王位について』（*De Corona*）第二〇八節を参照。クインティリアヌス（Marcus Fabius Quintilianus, 35?–100?）『雄弁家の教育』（*Institutio Oratoria*）第九巻、第二章、第六二節。およびロンギノス『崇高について』第一六節〕。

［2］演説の途中で感情の高ぶりのため、普通の語勢から急転して別の人物や事実に呼びかける表現法。

（9）原典ではこうなっている。Quod si hæc non ad cives Romanos, non ad aliquos amicos nostræ civitatis, non ad eos qui populi Romani nomen audissent; denique, si non ad homines, verum ad bestias; aut etiam, ut longius progrediar, si in aliqua desertissima solitudine, ad saxa & ad scopulos hæc conqueri & deplorare vellem, tamen omnia muta atque inanima, tanta & tam indigna rerum atrocitate commoverentur. キケロ『ウェッレス排撃論』〔第二巻、第五章、第六七節。レーブ版は *atrocitate* よりもむしろ *acerbitate* と読んでいる〕。

（10）〔この文はP版で追加された〕。

（11）「まったく雄弁のできない人びとの心さえ動かし、不正に対して不満を噴出させ、大声を出させるような怒りと、あの燃えさかるいきどおりの痕跡はどこに見られるのか。ところがあなたの心にも身体にも人の心をかき立てるものがわずかでもあったか。まゆ毛を動かしたり感動を与えたか。またをたたいたり、あるいは少なくとも足踏みをしたりしたか。いや、実際のところ、私の感情を動かすにはほど遠く、私はあの場で居眠りをしそうになるのをほとんど抑えることができなかった」（Ubi dolor? Ubi ardor animi, qui etiam ex infantium ingeniis elicere voces & querelas solet? nulla perturbatio animi, nulla corporis: frons non percussa, non femur; pedis (*quod minimum est*) nulla supplosio. Itaque tantum abfuit ut inflammares nostros animos; somnum isto loco vix tenebamus）キケロ「明晰な雄弁について」〔キケロ『ブルートゥス』第八〇章、二七八（レーブ版、H. M. Hubbell 訳）〕。

（12）〔パルナッソスはギリシアの中央、デルフォイに近い山であり、古代の人びとは詩神に捧げられた聖地とみなしていた。その名称は文学、とくに詩に関して暗示的に用いられる。ロバート・アロット（Robert Allot）〈一六〇〇年に活躍した〉の『イングランドのパルナッソス』（*England's Parnassus: or the choycest Flowers of our modern Poets*, 1600）を参照。ヒュームは、近代の法律家には文学や詩の訓練を受けるための余暇が欠けていたと示唆している〕。

（13）〔大法官は大法官法廷の主任裁判官であり、衡平法に従って裁判を行った〕。

（14）〔ロンドンのウエストミンスター・ホールには法廷が置かれていた〕。

（15）〔アレオパギテス家は、アテナイの最高法廷であるアレオパグス裁判所の構成員であった〕。

(16) クインティリアヌス、第六巻、第一章。

(17) ロンギノス、第一五章。

(18)〔前四五年にキケロは、かつてカエサル暗殺を企てた罪で告訴された昔からの同盟者であるガラティアのデイオタルス王のために、カエサルの前で演説をした。カエサルは、デイオタルスを非難するよりもむしろ、彼が東方へおもむき、その地の事情のすべてを知ることができるまで判断を保留したのであった〕。

(19) 雄弁家はアテナイの人民の趣味を育成したのであり、人民が雄弁家の趣味を育成したのではなかった。レオンティノイのゴルギアス(Gorgias Leontinus)〈前四八三?—三七六?　ギリシアの弁論術の大家、ソフィスト〉は、人民がより優れた風俗を知るようになるまで、彼らときわめて親しかった。彼の弁論の特徴であるその対照語 *ἰσόκωλον*〔等しい同系語ないしバランスのとれた節をもつ文章〕、*ὁμοιοτέλευτον*〔同様な語尾をもつ節〕は、いまでは軽侮されているが、聴衆に大きな影響力をもっていたと、シチリアのディオドロスは言っている。第一二巻、一〇六頁、ロード版。〔シチリアのディオドロス『歴史文庫』第一二巻、第五三章、レーブ版。当時の優れた雄弁家で修辞学の規則を編み出した最初の人物であったゴルギアスは、前四二七年にシラクサ大使館の指揮者としてアテナイ人に演説していた〕。したがって、現代の雄弁家が自分たちの下手な演説の弁解として聞き手の趣味を申し立てるのは空しいことである。ブリテンの議会が判断力と精妙さにおいてアテナイの群衆に当然勝ることを認めないことは、古代に味方する奇妙な偏見となるであろう。

(20)〔このパラグラフはK版で追加された〕。

(21)〔前三五九—三三六年、マケドニア王のフィリッポス二世は、彼の息子アレクサンドロス大王により樹立されたマケドニア—ギリシア帝国の基礎を築いた〕。

(22)〔Edmund Waller(1606–1687)〕.〈ウォラーはイギリスの詩人、王党派政治家。主著に『詩』(*Poems*, 1645)や『神授詩』(*Divine Poems*, 1685)などがある〉。

(23)〔C版とD版では「私のボリングブルック卿と同様」となっている〕。

(24)〔C版とD版では「プラトンとウェルギリウス」、K—P版では「プルタルコスとウェルギリウス」となっている〕。

(25)〔アルキメデス(Archimedes, 287? –212? B.C.)は、ギリシアの数学者、発明家。詩人ウェルギリウス(Publius Vergilius Maro, 70–19 B.C.)は、偉大なローマ叙事詩『アエネイス』を書いた〕。

(26)〔C—P版では次のように続けられていた。「どの国民にあっても技芸の起源と進歩には何か偶然的なものがあることを私は認めたことがある。にもかかわらず、もしヨーロッパの他の学識あり洗練された諸国民が民主政体という同じ長所をもっていたならば、それらの国民はおそらく、その政体がブリテンで既に達したよりも一層高い雄弁に到達したことであろうと、私は考えざるをえない。フランス人の説教、ことにフレシエ〈Herman Esprit Fléchier(1632–1710). フランスのローマカトリックの修道院長〉やボシュエ〈Jacques Bénige Bossuet(1627–1704). フランスのローマカトリックの修道院長〉の説教はこの点でイギリス人よりはるかに優れている。この両著述家には最も高尚な詩の業績が数多く見られる〔C版とD版では、「そしてフレシエには最も高尚な詩の業績が数多く見られる。マルシャル・ドゥ・テュレンヌ(Marchal de Turenne)についての告別式説教がよい一例である」〕。フランスでは、私的な訴訟以外、かつてその議会や裁判所で論議されたためしはない。しかしこうした短所にもかかわらず、フランスの法律家の多くには雄弁の気風が現れており、それは、適切な育成と奨励が行われれば、最高度に達することができよう。パトリュ(PATRU)の申し立てはきわめて優雅であり、公共の自由や奴隷制、平和もしくは戦争に関する諸問題において、いかに優れた天分が発揮されたことであろう。彼は、老馬の価格や、あるいは女子修道院長と修道女との争いについてのおしゃべりに関する討議において努力し成功を収めている。というのは、この洗練された著述家は、彼の時代のすべての機知に富む人びとによって尊敬されたが、その裁判所の最も重要な訴訟にはけっして用いられず、貧困のうちに生き、死んでいったことが目立つからである。あらゆる国における古典研究反対者たち（dunces）によってせっせと宣伝された古代の偏見によると、天分の持ち主は仕事に不向きであるということである。マザラン枢機卿に反対する党派によりつくり出された無秩序は、パリの議会を国事に関する論議に入らせた。そしてその短い期間に、古代の雄弁の復活のきざしが数多く現れた。次席検事（*avocat general*）のタロン（TALON）は演説で、ルイ九世（聖王）に、分裂した不幸な人民を憐れんで見おろし、上から一致と合意の愛好を彼らに鼓舞するよう懇願した。フランス学士院の会員は、入会のさいの熱弁によって雄弁の手本をわれわれに与えようと試みた。しかし、論じるべき主題をもたなかったので、彼らはすべての主題のうち、最も不毛な称賛とおせじを鼻につくほどしつこく述べたのである。とはいえ、彼の文体は、通常こうした場合、きわめて気品のある崇高なものであって、もしそれがもっと魅力的なものであれば、最高の高みに達しえたことであろう。

　イギリス人の気質や天分にはある事情があることを私は認める。というのは、それらの気質や天分は雄弁の進歩に不利であり、その種の試みのすべてを他のどの国民の間よりも彼らの間で危険で困難なものにしている。イギリス人は良識（*good-sense*）ではきわだっているため、それはレトリックや雄弁術の言葉のあやによって彼らを欺そうとする企てを非常に警戒させる。彼らはまたとくに控え目（*modest*）である。このことは理知以外のものを公共の集会に提供したり、あるいは彼らを情念や空想によって導こうと図ることを傲慢と考えさせる。おそらくこれに付け加えることが許されるであろうが、一般の人民は繊細な趣味やあるいはじっと考えることの魅力に対する感受性においては目立たないであろう。高尚な著作家の表現を用いれば、彼らの音楽的要素（*musical parts*）はどうでもよいものにすぎない。ここから彼らの心を動かすために、彼らの喜劇的な詩はわい談を頼みにせねばならず、彼らの悲劇的な詩は血と虐殺に頼らざるをえない。さらにここから、彼らの雄弁家がそのような方策を奪われると、彼らの心を動かす望みをまったく捨ててしまい、自らを分かりやすい議論と推論に限定したのである。

　こうした事情は、個々の偶然の出来事と合わさって、おそらく、この王国における雄弁の発展を妨げてきたであろう。しかし、もしも雄弁がわが国民の間に現れるならば、その成功を妨げることはできないであろう。さらに次のように断言してもさしつかえないであろう。すなわち、これは、もし優れた天分をもつある青年がすべての洗練された技芸を完全に熟知し、公共の仕事に無知でなく、議会に現れ、一層堂々として感動的な雄弁にわれわれの耳を慣らすならば、最も盛んな栄誉を得ることができる分野なのである。私のこの意見を確かなものにするため、二つの考慮すべきことがらが見出される。一つは古代から、もう一つは現代からのものである」]。

(27)［Lysias（450?-380? B.C.）はアテナイである程度有名な雄弁家で演説の草稿執筆者であった。Calvus は前一世紀のローマの詩人であり、雄弁家であった］。

(28)［「その議論、方法、正確さにおけるすべての欠点にもかかわらず」という文節はK版で追加された］。

XIV　技芸と学問の生成・発展について

人間の行いにかかわる事象をわれわれが研究するさい、偶然(*chance*)に起因するものと、原因(*causes*)から生じるものとを正確に区別することほど、細心で精緻な思考を必要とすることはない。また、間違った鋭敏さと洗練のために著作家がこれほど誤りを犯しがちな主題もない。どのような事象も偶然から生じると言ってしまえば、それはその事象に関するそれ以上の探究をすべて終わらせてしまい、その著作家を他のすべての人と同様な無知な状態に留めることになる。しかし、その事象が一定不変の原因から生じると推定される場合には、その著作家はその原因をあげることによって、自分の卓越した才能を誇示することができよう。また、何ほどかの明敏さの持ち主であれば、その原因をあげるのに困るようなことはけっしてありえないので、彼はそのことによって、無教養で無知な人びとが気づかないことを述べることで、自分の著作を膨らませ、その深遠な知識を開示する機会を得ることになる。

偶然と原因を区別することは、個々のあらゆる出来事を考察する場合の個々のあらゆる人の明敏さにかかっているに違いない。しかし、こうした区別を行う上で助けとなるなんらかの一般規則(general rule)を、もし私があげるとすれば、それは次のようになるであろう。すなわち、少数の人間に左右される事象の多くは、偶然か、あるいは人目につかない未知の原因に帰すべきだが、きわめて多数の人間から生じる事象は、一定の既知の原因によってしばしば説明できる。

この一般規則については二つのもっともな理由をあげることができよう。第一には、もしここにさいころがあり、そのある特定の面に、ごくわずかであっても、なんらかの偏りがあれば、少数回投げた場合にはおそらくその偏りの効果は現れないかもしれないものの、多数回投げれば確かに効果をあらわし、完全にバランスを特定の面に向けさせることになろう。これと同様に、いかなる原因にせよ、それが一定の時代や一定の国民の間に、ある特定の心の傾向や情念を生み出す場合には、たとえ多くの個人がそのような傾向や情念に感染するのを免れ、彼ら自身に固有な情念に支配されるとしても、それにもかかわらず、多数の人びとは確実にこの共通の情念にとらえられ、そのすべての行いはこの情念に支配されるであろう。

第二に、多数の人びとに作用するのに適した原理あるいは原因は常に、少数の人にしか作用しない原理あるいは原因よりもきめが粗く頑強であり、偶然の出来事に左右されることが少なく、また気まぐれや個人的な好みに影響されることも少ない。少数の人にしか作用しない原理あるいは原因は、たいてい非常に微妙できめ細やかであるため、ある特定の人の健康、教育、あるいは財産におけるごく些細な出来事でさえ、その本来のコースを他にそらせ、その原因を妨げるのに十分である。したがってまた、そのような作用をなんらかの一般的な原則(general maxims)や言説にすることは不可能である。そうした原因のある一時点での作用は、たとえ一般的状況のすべてが同一であるとしても、別の時点での作用に関しては、われわれになんの保証も与えてくれないであろう。

この一般規則に従って判断するならば、国内的で徐々に変化する大変革の方が、国外的で急激に変わる大変革よりも、推定と観察にとって一層適切な主題であるに違いない。というのは、後者の場合の大変革は一般にただ一人の人によってつくり出され、しかも国民全般の情念や利害によるよりも、気まぐれ、愚行、あるいは移り気によってより大きく左右されるからである。〈宗教改革での修道院解散による所領の没収という〉所有権譲渡に関する諸制定法と、商工業の拡大以後の、イングランドにおける上院の衰退と下院の興隆は、カール五世(CHARLES QUINT)[1]没後の、スペインの君主政の衰退とフランス君主政の興隆よりも、一般原理によってより容易に説明することができる。もしアンリ四世(HARRY IV)とリシュリュー枢機卿(RICHLIEU)とルイ一四世(LOUIS XIV)がスペイン人であり、フェリペ二世、フェリペ三世、フェリペ四世、そしてカルロス二世がフランス人であったら、これら両国民の歴史はまったく逆転していたであろう。[2]

これと同じ理由から、いかなる国においても、商業《コマース》の生成・発展を説明することの方が、学芸(learning)の生成・発展を説明するよりも容易である。だから、商業の奨励に専念する国家の方が、学芸の発展を促進する国家よりも、成功を確実なものとすることができよう。何かを獲得したいという願望もしくは利得を得たいという願望は、普遍的な情念であり、これはあらゆる時代、あらゆる場所で、あらゆる人に作用する。ところが、好奇心もしくは知識愛には非常に限られた影響力しかなく、これが人を支配するためには、若さと閑暇と教育と才能と模範を必要とする。書物の買い手がいるのに、書物の売り手がいないようなことはけっしてないであろう。しかし、書物の著者は一人もいないのに読者がいることはしばしばありうることである。多数の国民と必要性と自由がオランダに商業を生み出した。しかし、研究と研究への専心はなんらかの著名な著作家をほとんど生み出してはいない。

したがって、われわれは次のように結論することができよう。すなわち、技芸と学問の歴史をたどることほど、慎重にことを進めねばならない主題はない。というのは、存在してもいない原因をあげたりすることのないように、また、ただ偶然に生じたことがらを一定不変の普遍的な原理に帰すようなことのないように注意しなければならないからである。いかなる国家でも学問を促進する人びとは常にわずかしかいないし、このような人びとを支配する情念は、その範囲が限られている。それにその趣味や判断力が働かされるとき、容易に本来の道からはずれやすい。そしてその専心力はごく些細な出来事によってかき乱される。それゆえ、偶然あるいは隠れた未知の原因は、すべての洗練された学芸（refined arts）の生成・発展に多大な影響力を及ぼすに違いない。

しかし、技芸と学問の歴史ということがらをまったく偶然に帰すことのないように、私を導く理由がある。学問に没頭することによって後世の人びとの称賛を引きつけるような驚くほどの成功を収める人びとは、すべての国民、すべての時代において、いつでも少数であるとはいえ、この少数の人びとの気質と才能と同様なものが、その学問が生成する国民の間にあらかじめ分かちもたれ、広く行きわたっており、こういったことが学問のごく初期の揺籃期から、それらの著名な著作家の審美眼と判断力を生み出し、形成し、発展させるということがなければ、こうした事態はありえないことである。そのような洗練された精神が抽出される当の国民の大部分の人びとが、まったく無味乾燥であることはありえない。「われわれの内に神いまし、聖なる火の息吹きによりわれわれを生かす」と、オウィディウスは言っている。[3]詩人はあらゆる時代に、こうした神霊の導きに帰す主張をしている。とはいえ、いま問題にしている場合には、超自然的なものは何もない。彼ら少数の人びとに点ぜられる火は、天からのものではない。それはただ大地を伝って広がるだけであり、ある人の胸中から別の人の胸中へと燃え継がれ、素材が最もよく準備され、最も適切に配置されているところで、最も明るく燃え上がる。したがって、技芸と学問の生成・発展に関する問題は、もっぱら少数の人の趣味と才能と気質に関する問題ということではなく、国民全体のそれらに関する問題なのである。それゆえ、この問題は一般的原因と原理によってある程度、説明することができる。なるほど確かに、たとえばホメロス（HOMER）[4]のような特定の詩人がこれこれの場所に、これこれの時代に生存したのはなぜか、と言ったようなことを問う人がいるなら、その人は〈ギリシア神話の〉キマイラ（chimæra）のような奇怪な幻想の中にまっさかさまに身を投じ、山ほどの誤った神秘で手の込んだ議論をすることなく、そのような主題を扱うことはけっしてできないであろう。彼はあたかも、ファビウス（FABIUS）やスキピオ（SCIPIO）[5]のような特定の将軍がなぜあのような時代にローマで生きたのか、そしてなぜファビウスはスキピオよりも先にこの世に生まれてきたのかという理由を明らかにできると主張しているのと同じであろう。このような出来事に対して与えうる理由は、ホラティウス（HORACE）が与えている次の理由以外にはありえない。

かの守護神《ゲニウス》のみぞ知る、
われらの誕生の星を支配する伴侶よ、
人間本性の神よ、人それぞれの
寿命を生きるとはいえ、
顔つきは移り変わり、白となり黒となる。[6]

しかし、これこれの国民がある特定の時代に、その近隣のいかなる国民よりも、洗練され学問に秀でているのはなぜかということについては、多くの場合、適切な理由をあげることができると、私は信じている。少なくとも、この問いはきわめて好奇心をそそる主題であるので、それが理論的な推論を受け入れることができるかどうか、またなんらかの一般原理に帰すことができるかが分かる前に、もしこの問いを全面的に断念することになれば、それは遺憾なことであろう。[7]

この主題に関して私が観察によって得た第一の所見は、いかなる国民の間でも、技芸と学問が最初に生成するには、その国民が自由な政体による恩恵を享受するのでなければ不可能だということである。

世界の最初の時代には、人びとはまだ野蛮で無知であり、彼らが相互の暴力と不正から身の安全を求めるには、少人数にせよ多数にせよ、幾人かの支配者を選ぶほかない。そしてこれらの支配者の暴力と不正に対して、法律あるいは政治制度によってなんらかの防御手段を備えることなしに、人びとは暗黙のうちにその支配者に信頼を寄せることになる。もし権力がただ一人の人に集中し、しかも、もし征服によるか、あるいは通常の人口増殖過程かのいずれかにより、国民が増大し人口がおびただしい数ともなれば、この一人の支配者たる君主（the monarch）は、主権に関するあらゆる職務を、あらゆる場所において、彼自身が自ら執行することは不可能であることを知り、そのため彼はその権力を代理者である下級の行政の首長に委任することになる。そして、この行政の首長がそれぞれの地域において平和と秩序を維持することになる。経験と教育がまだそれほど人びとの判断力を洗練するに至っていないため、君主は自身の権力の行使上、いかなる抑制も受けず、彼の代理人たちの権力行使を抑制することなど夢にも思わず、彼の全能の権力を、彼が一定部分の国民の支配者とみなすあらゆる代理人に委任する。一般的な法律はすべて、それが特定の場合に適用されるにさいしては、さまざまな不都合を伴うものである。また、こうした不都合は、代理人のそれぞれがもつ完全に自由裁量を許す権力から生じる不都合よりはわずかであることを看取するとともに、同じく、いかなる一般的な法律が全体から見て、最もわずかな不都合しか伴わないかを見分けるには、優れた洞察力と経験を必要とする。これはきわめて困難なことである。したがって、詩と修辞という最高の技芸においてさえ、生まれつきの天分と想像力のすばやい働きが人びとの進歩を助けるので、人びとが頻繁な試行と注意深い観察によってのみ進歩への道を指し示すことができる国内法においてなんらかの大きな洗練に到達する前に、人びとは詩と修辞の分野でかなりの進歩を遂げることができたであろう。それゆえ、なんの抑制も受けない権力をもち、しかも無知である野蛮な君主がかりにも立法者となったり、あるいは彼のバショウ（*Bashaws*）[1]のそれぞれの地方における権限の行使に対して、さらに彼のカーディ（*Cadis*）[2]のそれぞれの村における裁判権の行使に対して制限を加えることを考えつくといったことなど想定することができない。最近亡くなったツァー[8]（*Czar*）は、高貴な天分に駆り立てられ、またヨーロッパの技芸に深く感動し、それを愛し称賛したとはいえ、それにもかかわらず、こと行政や司法においては、トルコ式の方策を尊重することを公言し、裁判官が手続きや形式、あるいは法律によって少しも抑制を受けない野蛮な君主政のもとで常に行われているような、訴訟に対する即決的な判決を是認したと言われている。彼は、このようなやり方が国民を洗練しようとする彼の他のすべての努力といかに相容れないかに、まったく気づいていなかったのである。専制的な権力は、あらゆる場合において、ある程度は圧制的であり、民衆の品性を卑しく引き下げるものである。しかし、専制的な権力がわずかな範囲の地域に凝縮した形で行使される場合には、それはまったく破滅的で耐えがたいものであり、その上、権力を握る人物が、その権力を行使しうる期間が限定されていて、しかも不確定であることを知っている場合には、なお一層悪いものとなる。*Habet subjectos tanquam suos; viles, ut alienos.*[9] すなわち、彼はあたかも彼自身の持ち物でもあるかのように、全能の権力を無制限に、また他人の持ち物のように無頓着で専横に、被治者を支配するのである。このような仕方で支配されるならば、民衆は、言葉の完全かつ本来の意味において奴隷である。したがって、民衆がおよそ趣味や推理能力の洗練を渇望しうることなどありえない。このような民衆は、生活必需品を豊富に、あるいは安全に享受することをあえて主張したりなどはしない。

したがって、技芸と学問がまず最初に君主政のもとで生成すると予想することは、自家撞着を予想することになる。技芸と学問の洗練が生じる以前は、君主は無知で無教養であり、一般的な法律に基づいて統治をバランスのとれたものにする必要性を彼に気づかせるに足る知識をもち合わせていないため、彼の全能の権力を下級の代理人のすべてに委ねることになる。こうした野蛮な方策は、民衆の品性を卑しく引き下げ、あらゆる進歩向上を永久に阻むことになる。もしかりに、およそ学問が知られる以前に、君主が立法者となり、民衆の同輩である被治者の恣意に委ねるのでなく、法によって民衆を統治するほどの知恵をもちうるということがありうるならば、そのような種類の政体が技芸と学問を育てる最初の場となることはありうるかもしれない。しかしそのような仮定は、首尾一貫したもの、あるいは合理的なものとはまず思われない。

共和政でも、その揺籃期には、野蛮な君主政と同様に、法によって支持されることがほとんど少なく、無制限な権力を行政官や裁判官に委任するということが起こりうるであろう。しかし、民衆による頻繁な選挙が権力に対する相当な抑制となることに加えて、自由を保持するため、そのうちに、行政官〈や裁判官〉に対して一定の抑制を加える必要性が最後には明らかになり、一般的な法律や法令を生じさせるに違いない。ローマの執政官は、しばらくの間、いかなる実定法にも拘束されずに、あらゆる訴訟に判決を下した。しかしこのくびきを耐え忍んできた民衆は、ついに十大官（*decemvirs*）をつくり出し、十二銅表（*twelve tables*）を公布することとなった。そしてこの法典は、分量ではおそらくイングランドの国会制定法の一つにさえならないものであったとはいえ、あの有名な共和政のもと、幾時代もの間、財産と刑罰を規定するほとんど唯一の成文法規となった。それにしても、十二銅表は、自由な政体のもつさまざまな政治形態と相まって、共和国の市民の生命と財産を保障し、ある人を他の人による支配から免れさせ、あらゆる人を同輩の市民による暴力あるいは暴虐行為から保護するに十分なものであった。そのような状態であれば、学問が頭をもたげ栄えることができよう。しかし、民衆だけが司法・行政権をもつ支配者の権力によって拘束され、こうした支配者が法や制定法によって少しも拘束されないような野蛮な君主政から常に生じるような圧制と隷従の場のただなかでは、学問はけっして存立しうるものではない。こうした性質をもった無制限な専制政治は、それが存在する限り、すべての進歩を実際止めてしまうし、さらに、より優れた治政とより温和な権力から生じる利点を人びとに知らせるのに必要な一定の知識に到達するのを妨げるのである。

そこでまさにこの点にこそ、自由な国家の利点がある。たとえ共和政が野蛮なものであっても、それは、人類が他の諸学問においてこれという進歩を見せる以前にさえ、ある不可避的な働きによって、必然的に**法**を生じさせる。法から安全が生じ、安全から好奇心が生じる。そして好奇心から知識が生じてくる。こうした進展の後半の段階はより偶然的なものであるかもしれない。だが前半の段階はまったく必然的なものである。共和政は法なくしては一瞬たりとも存続することはできない。これとは反対に、君主政体のもとでは、法はその統治形態からは必ずしも生じない。君主政は、それが専制的な場合には、法と両立しない要素さえ内にもっている。ただ優れた知恵と反省だけが君主政と法を融和させることができる。しかし、そのような優れた知恵は、人間の理性がより一層洗練され進歩するまでは期待することができない。このような洗練には好奇心と安全と法を必要とする。それゆえ、技芸と学問が専制的な政体のもとで、まず最初に生成することなどけっして期待することはできない[10]。

専制的な政体のもとで学芸の生成を妨げる原因はこの他にもある。けれども私は、法を欠いていることと、なんの抑制も受けない全能の権力があらゆる下級の司法・行政官に委ねられることが、学芸の生成を妨げる第一の重要な原因であると考えている。修辞法は確かに民主政体のもとでより一層自然な形で生成する。あらゆる成果をあげる上で、競争心もまた、民主政体のもとの方がより一層活気を帯び元気づけられるに違いない。

また、天分と能力もより一層十分な活動範囲と成功の場を得ることになる。これらの原因のすべては、自由な政体を技芸と学問を**育成**する唯一の適切な場にするのである。

この主題に関して私が指摘したい次の所見は、隣接するが相互に独立した多数の国家が商業と政策によって結合するということほど、技芸と学問の生成にとって好都合なことはない、ということである。それらの近接する国家の間に自然に生じる競争心は、明らかな進歩の源泉である。しかし私が最も強調したいのは、そのような限定された領土が権力と権威の両方に対して与える抑制である。

広大な領土をもち、ただ一人の人物が驚くほど大きな権力を手にする政体は、早晩、専制的になる。しかし小さな領土しかもたない政体は自然に共和政体へと変わってゆく。他方、広大な領土をもつ政体は徐々に専制に慣れてゆく。なぜなら、それぞれの暴虐的な行為は、最初は一部の人びとに対してなされるものであり、これは多数の人びととは関係がないため注目されることもなく、激しい怒りを引き起こすこともないからである。その上、広大な領土を支配する政体は、たとえその全体の人びとが不満をもっていても、ちょっとした術策によって服従させ続けることができよう。その間、またある人びとは他の人びとの決意のほどが分からず、暴動や反乱を起こすだけの勇気をもたない。言うまでもないが、君主に対する迷信的な崇拝の念があり、これは、人びとがその君主をあまり見ることがなく、その弱点をはっきりと掴むほど彼を親しく知るに至らない場合に、人が自然に抱く感情である。しかも、領土の広大な国家は、君主の壮麗さを維持するための多大の費用に耐える余裕があるので、このことが人びとに対する一種の魅惑となり、自然に人びとを隷従させるのに役立つことになる。

領土の小さい政体では、およそ圧制的な行為があれば、直ちに国全体に知れ渡る。圧制的な行為から生じる不平不満の声は容易に伝えられてゆく。その上、このような国家では、被治者は、自分たちと統治者との間にきわめて広大な距離があるなどとは思っていないので、彼らの憤激はそれだけ激しいものとなる。コンデ公（prince of CONDE）が言っているように、「部屋付きの召使い（*Valet de Chambre*）に対しては誰も英雄ではない[11]」。およそこの世の人間にとっては、称賛し敬服する感情と身近でよく知っているということが、まったく相容れないことは確かである[12]。眠らねばならないことと女性を求める愛は、アレクサンドロス自身にさえ、自分が神ではないことを悟らせたのであった。しかし彼のそばに日夜仕えるような人は、アレクサンドロスの陥りやすい数々の弱点から、彼が人間であることを確信するさらにもっと多くの証拠をあげることが容易にできたものと私は思う。

しかし、小さな国家に分かれていることは、権力の拡大を阻止するとともに、権威の増大も阻止することになるので、学問にとって好都合である。名声を博すことは、統治権と同様に、しばしば人びとを非常に魅惑するものであり、思想と研究の自由にとって破壊的である。しかし、多数の隣接する国家同士が技芸と商業において盛んに交流する場合には、それらの国の相互の警戒心が働いて、それらの国が、趣味や理論的推論に関する問題における原則を、あまりに軽々しく受け入れることを妨げ、学芸上のあらゆる作品を最も注意深く厳密に検討するようにさせるものである。広く受け入れられている見解でも、それがある地域から他の地域へと伝染することは容易ではない。そのような見解は、もしそれがそれぞれの国の地域に広く支配している先入観に合致しない場合には、伝播が阻止される。したがって、自然と理性、あるいは少なくともそれらにごく似通ったもの[13]のみが、あらゆる障害を乗り越えて入ってゆき、最も激しく競争している国々をさえ、それを一致して尊敬し称賛するようにさせるのである。

　ギリシアは小君主国の集まりであったが、それらは間もなく共和国となった。そしてそれらがたがいに近接していることとともに、同一の言語と利害というきずなによって結合し、商業と学問における最も近密な交流関係に入った。そこでは、快適な気候と不毛ではない土壌と、非常に階調に富み、ものごとを包括的にとらえることができる言語が一緒になって作用した。したがって、この民族の間であらゆる事情が技芸と学問の生成にとって好都合と思われた。それぞれの都市がさまざまな学芸や哲学者を生み出し、彼らは近接する共和国の学芸家や哲学者に先を越されることを拒否したのであった。彼らの間の競争と論争が人びとの才能を研ぎすまされた鋭いものにしていった。さまざまな問題が判断力に対して供され、他方で各人は他の人の判断力と優劣を競うことに挑戦することとなった。それゆえ学問は、権威に抑制されて成長を妨げられることなく、今日でさえ、われわれの称賛の的であるような注目すべき成長を遂げることができたのである。ローマのキリスト教会、すなわちカトリック教会が文明的な世界に広がり、その時代のすべての学問を独占するに至ったのちは、カトリック教会は実際、それ自体の内部における一大国家であり、ただ一人の支配者のもとに一体となっていたので、こうしたさまざまな学派は直ちに消滅してしまい、ただ[14]**逍遙学派**の哲学だけがあらゆる学派に受け入れられることになり、あらゆる種類の学問の完全な頽廃をもたらすこととなった。しかし、人類はついにこのくびきを断ち切り、事態はいまでは以前と同じ状態にほぼ戻っている。だから、今日のヨーロッパは全体として、ギリシアが以前にその小型版の原型であったもののコピーなのである。われわれはこうした状態のもつ利点をいくつかの事例のうちに見てきた。フランス国民が前世紀の終わり頃にあのように熱烈に傾倒した**デカルト**[15]哲学の進展を妨げたものは、その哲学の弱点をたちまち見抜いたヨーロッパの他の諸国民からなされた反対以外に何があった[16]であろうか。**ニュートン**の理論が受けた最も厳しい批判的検討は、彼自身の同国人からではなく、外国人から出てきたものである。現在、ヨーロッパのあらゆる地域で直面している障害を、もし乗り越えることができれば、ニュートンの理論はおそらく後代の最後まで意気揚々と受け入れられることであろう。イングランド人はフランス人の上品さと品行をお手本にして、自分たちの演劇の不面目な放縦に気づくようになっている。そしてフランス人は、自分たちの演劇が過剰な色事と情事によりいくらか女性的なものになっていることを悟り、いくつかの近隣諸国のもっと男らしい趣味を好意的に見始めるようになっている。

中国には、教養と学問の相当高度な蓄積があるように思われる。それにこの蓄積は、非常に長い年月が経過するうちに、これまでにそれらから生成したものよりも、もっと完全で完成されたものに当然成熟したであろうと予想しうるほどのものである。しかし中国は、ただ一つの言語を語り、ただ一つの法により統治され、同一の生活様式に共感し合う、ただ一つの大帝国である。いかなる教師——たとえば**孔子**のような——であれ、その権威が帝国の隅々にまで伝播されることはたやすいことであった。多くの人びとに称賛される見解の奔流に抵抗するような勇気のある人はいなかった。また後代の人びとにしても、自分たちの祖先によりあまねく受け入れられてきた見解に異議を差しはさむほど大胆な人はいなかった。こうしたことがあの強大な帝国において、学問の進歩がこのように非常に遅いことを説明する唯一の自然な理由と思われる(17)。

もし地球の表面を注意して見れば、世界の四つの地域のすべてのうち、ヨーロッパは、海と川と山によって最も分断されており、ヨーロッパのすべての国のうちでは特にギリシアがそうである。こうしたことから、これらの地域は自然にいくつかの異なる国家に分かれることとなった。そしてまた、この点から学問がギリシアで起こったのであり、ヨーロッパはこれまで学問の最も不変な定住地となったのである。

私はときにこう考えたくなる。学問の歴史の上でさまざまな時代に見られるその中断は、もしそれが古くから伝わる書物や歴史の記録のあのような大きな破壊を伴うものでなければ、権威の進展を阻止し、人間の理性に対する圧制的な簒奪者を追放することによって、技芸と学問にとってむしろ好都合であったのではなかろうか。こうした点では、学問の中断は政体や政治社会における中断と同じ効果をもっている。古代の哲学者が各学派のそれぞれの巨匠に対してもったあの盲目的な服従を考えてみれば、そのような奴隷的な哲学が何世紀にもわたり存続しようとも、ほとんどなんの利益も期待できないことがよく分かるであろう。アウグストゥスの時代の頃に現れた**折衷学派**(ECLECTICS)(18)[3]でさえ、あらゆる異なる学派から自分たちの気に入る学説を自由に選択するという言明にもかかわらず、重要な点では、やはり他の諸学派のどれとも同じく、奴隷的であり他に依存する傾向をもっていた。彼ら折衷学派は真理を自然のなかにではなく、いくつかの学派のうちに求めたのである。その場合、彼ら折衷学派は、真理はたとえ一体のものにまとめられていなくても、部分のうちに分散した形で必ず見出されるに違いないと想定したのであった。学問の復興が始まったとき、**ストア派**、**エピクロス派**、**プラトン派**、**ピュタゴラス派**(19)の諸学派は、いかなる信用も権威もけっして回復することができなかった。さらにそれと同時に、それら諸学派の没落が手本となって、それら諸学派を超えて優位に立つことを目指した新しい学派に対して、あのような盲目的な服従をもって意見を述べることを人びとにやめさせたのであった。

技芸と学問の生成・発展というこうした問題について、私が行おうと思う第三の考察は次の通りである。すなわち、これらの高貴な植物を育て上げるのに適した唯一の場は自由な国家であるとはいえ、にもかかわらず、それらの植物はどのような政体にも移植することができる。そして共和政体は学問の発展に最も有利であり、文明的な君主政体は技芸の発展に最も有利である。

君主政体であれ、共和政体であれ、大きな国家もしくは社会を、その成員のすべてに関する一般的な法に基づきバランスをとって運営することはきわめて困難なわざであるため、生まれつきいかに包括的な才能に恵まれている人物でも、ただその理性と省察だけによって成し遂げることができるものではない。このわざを行うに当たっては多くの人びとの判断力が結集されねばならない。経験により彼らの仕事が導かれねばならない。時間がこのわざを完成させるのでなければならない。さらに、生じてくるさまざまな不都合に対する感受性が、最初の試行と実験において彼らが不可避的に陥る誤りをたださねばならない。したがって、いかなる君主政体であっても、そこでこのわざが開始され遂行されることなどありえないことは明らかである。というのは、このような政体は、文明化する以前では、無制限な権力をあらゆる州総督や地方長官に委託し、国民をきわめて多くの隷属的な階級・階層に細分する以外に、他の秘策や方策を知らないからである。そのような状況からは、学問、学芸、法においていかなる進歩もおよそ期待することはできず、さらに手工的な技術（manual arts）や製造業においても進歩はほとんど期待することができない。君主政体が開始されるさいの同じ野蛮と無知はすべての後代の人びとに伝え継がれ、あのように不幸な奴隷の努力や才能によって終止符が打たれることはけっしてありえないのである。

しかし、あらゆる安全と幸福の根源である法は、どのような政体においても遅れて現れ、秩序と、そして自由とを徐々に生み出すとはいえ、法の保持に当たっては、法がつくり出されるさいと同様な難しさを伴うわけではない。法はひとたび根を下ろせば、それは頑健な植物のようなものであり、人による栽培がまずかったり、あるいは気候が苛酷なほど厳しくても、枯れてしまうことはまずないであろう。ところが、洗練された趣味あるいは情感にかかっている奢侈的技術（arts of luxury）と、学芸（liberal arts）に至っては、さらにもっとたやすく失われてしまう。なぜなら、それらの技術と学芸はいつでも、閑暇と財産と天賦の才がそうした楽しみを味わうのをふさわしくするようなごく少数の人びとだけに享受されるからである。しかし、あらゆる人間にとって有益であり、しかも日常生活の上で有益であるものは、ひとたび発見されると、社会が全面的に転覆されない限り、またそれまでの技芸と文明に関する一切の記憶を抹消してしまうような野蛮な侵入者の怒濤のような殺到でもない限り、忘却されてしまうことはまずありえない。模倣もまた同じく、その洗練の上では劣るが、より有用な技術（coarser and more useful art）を一地域から他の地域へと運び、したがって、それらの技術を洗練された学芸（refined arts）の進歩に先行させる傾向がある。ただおそらくは、洗練された学芸は、洗練性に劣るがより有用な技術がまず生成し伝播されたあとに生成するることであろう。これらの諸原因から文明化された君主政が生じ、そこではまず最初に自由な国家において発明された統治の技術が統治者と被治者の相互の利益と安全のために保持されるのである。

したがって、君主政体が一部の政治家にとりいかに完全な政体であると見えようとも、それはその完全性のすべてを共和政体に負っており、野蛮な国民の間で樹立される純粋な専制政体がその本来の力と活力とによって自身を洗練・向上させうるということなどありえないことである。君主政体はその法律と方法と制度とを、したがってその安定と秩序を自由な政体から借りねばならない。これらの長所は共和政体だけが生み出しうるものである。野蛮な君主政がその専制を拡大してゆけば、それは統治における主要な点だけでなく、その細目にまで入り込むことによって、そのような一切の進歩を永久に阻止することになる。

文明化された君主政では、君主だけがその権力の行使を抑制されることがなく、彼だけが、慣習と先例と自身の利害に関する判断力以外には、何ものにも束縛されない権力を所有している。大臣や地方行政の首長はすべて、いかに高い地位にあっても、社会全体に適用される一般的な法律に服さねばならず、委任された権限をあらかじめ定められた仕方に従って行使しなければならない。国民は自己の財産の安全のため、自分たちの統治者以外の何者にも依存しない。彼らの統治者は国民からまったく隔たった存在であり、しかも私的な警戒心や利害に左右されることもないため、こうした統治者に対する依存関係が感じられることはまずない。このようにして、ある種の政体、極端に政治的なおおげさな言いかた（rant）をすれば、それが専制政体（*Tyranny*）という名を与えうるものであっても、その統治が公正で思慮深いものであれば、国民に対してそれ相当の安全をもたらすことができ、政治的社会の目的を大部分達成しうるような政体が生じることになる。

しかし、共和政においてと同じく、文明化された君主政においても、国民は自己の財産の享受に対して保障を得るとはいえ、それにもかかわらず、これらいずれの政体においても、至高の権力を握る人びとは、人間のもつ野心と強欲を刺激する多くの栄誉と利益の配分を、自らの意のままに行うことができる。両政体におけるただ一つの違いは、共和政体においては、官職を求める候補者は国民の票を獲得するため、下の方に注意を向けなければならないのに対して、君主政体にあっては、高貴な人びとの寵愛と愛顧を得ようと努めるため、注意を上の方に向けねばならないということである。前者が目線を下に向けて成功するためには、人はその勤労と能力もしくは知識によって、自分自身を**有用な**者にすることが必要である。これに対して、後者の場合、上の方に目を向けて成功するためには、人はその機知といんぎんさ、もしくは礼儀正しさによって、自分自身を相手の気に入るような者にすることが求められる。優れた才能は共和政体において、洗練された趣味は君主政体において最も成功する。したがって学問は共和政体において、より自然に成長し、他方、洗練された技芸は文明化された君主政体において、より自然に発達することになる。

　言うまでもないが、君主政体は、聖職者と君主に対する迷信的な崇敬の念からその安定を得ているため、宗教と政治、したがって形而上学と道徳に関する論議の自由を一般に奪ってきた。これらはすべて学問の最も重要な部門を形づくっている。数学と自然哲学は残るが、その貴重さにおいては、これらの部門の半分にも及ばない(20)。

　会話の技術《アーツ》のうち、相互に敬意を払ったり、礼儀を尽くそうとすること（civility）ほど人びとの気に入ることはなく、こうした態度はわれわれを導き、われわれ自身の性向を相手に譲り、人間の心に生得的なあの尊大さと傲慢を抑制し隠すようにさせる。十分な教育を受けた気立てのよい人は、前もって計画したり利害を考えたりせずに、あらゆる人に対してこうした礼儀正しい態度をとるものである。しかし、いかなる国民の間でも、あの貴重な特性を広く一般的なものとするためには、なんらかの一般的な動機づけによって、この自然的な性向を助長することが必要であると思われる。すべての共和政体においてそうであるように、権力が国民から高い地位にある人へと上昇し強大となる場合には、礼儀作法に関するそのような洗練が一般に行われる傾向はまず見られない。というのは、権力が下から上へ上昇するということにより、国の全体がある段階に近づけられ、国家の成員はすべて他の成員からかなりの程度、独立しているからである。国民がその投票という権限により利点をもっているのに対して、高い地位にある者はその地位の高さによって利点をもっている。しかし文明化された君主政体においては、君主から小作人に至るまでの長い従属・依存関係の連鎖が存在しており、この関係は国民の財産を危険なものにしたり、あるいは国民の精神から活力を奪うほどのものではないが、しかしそれは、国民のすべてに自分より目上の人びとに気に入られたいという気持ちを、そしてさらに、身分と教養のある人びとが最も気に入るようなモデルを手本にして自らをつくり上げようとする気持ちを生み出すには十分である。したがって、態度や振舞いの洗練は、君主政体と宮廷において最も自然な形で生じ、またその洗練が華やかに栄えるところでは、およそ学芸がまったく無視されたり、あるいは蔑視されたりすることはないであろう。

　ヨーロッパの共和政体は、現在、洗練された態度や振舞い（politeness）に欠けると言われている(21)。**オランダ**で文明を知った**スイス人**の洗練された礼儀作法というのは、フランス人の間では不作法を表す言葉である。イングランド人も、その学問と天賦の才能にもかかわらず、ある程度、同じ非難を受けている。またもしヴェネチア人がこの原則の例外であるとすれば、その原因はおそらく彼らが他のイタリア人と交流していることにある。ただ、他のイタリア人の政体の大半は、彼らの礼儀作法を文明化するには十分すぎる以上の従属・依存関係を生み出している。

古代の共和政体がこの礼儀作法という問題においてどの程度の洗練を示していたかについては、なんらかの判断を断定的に述べることは難しい。しかし、そこでは会話の技術が作文や作詩の技術ほど完成の域に近づいてはいなかったと、私は疑わざるをえない。古代の雄弁家たちの下品な言葉は、多くの場合、まったく衝撃的なものであり、とても信じがたい。これらの時代の著作家には、その文章表現法に共通した放埒と不謹慎さだけでなく、虚栄心もまたしばしば、少なからずわれわれを不快にする。[22]「淫乱家、大食漢、賭博好きがこぞって賭博と饗宴と放蕩により、その世襲財産を蕩尽した」（*Quicunque impudicus, adulter, ganeo, manu, ventre,* pene, *bona patria laceraverat*）と、サッルスティウスはその史書のなかの最も荘重で最も倫理的な文章の一節において述べている。[23]「ヘレナの日より前では、娼婦こそ戦いの最も恐ろしき原因であった」（*Nam fuit ante Helenam Cunnus teterrima belli Causa*）は、ホラティウスが道徳的な善悪の起源をたどるときに用いている表現である。[24]オウィディウスもルクレティウス[25]も、文章表現法における不道徳という点では、ロチェスター卿[26]とほとんど同じである。ただ、オウィディウスとルクレティウスは立派な紳士であり、繊細で優美な著作家であるのに対して、ロチェスター卿は彼が生きたあの宮廷の腐敗の影響を受け、恥と品位に対する顧慮をすべてかなぐり捨ててしまったと思われる。[27]ユウェナリス[28]は、上品さを繰り返し熱意を込めて説いているが、しかし彼の表現の慎しみに欠ける点を考えに入れれば、非常に悪い手本を示しているのである。

私はまたあえて断言することになるが、古代の諸国民の間には、あまり洗練された礼儀作法、すなわち、われわれが会話をする相手に対して礼儀として表現したり、あるいは見せかけたりしなければならないあの洗練された敬意と尊敬は、あまり見られなかったのである。キケロは確かに彼の時代における最も優れた紳士の一人であった。にもかかわらず、彼自身が語り手として現れる対話のなかで、彼の友人アッティクス（ATTICUS）[4]に演じさせているみじめな人物には、しばしばショックを受けたことを、私は告白せざるをえない。官職につかない一紳士にすぎなかったとはいえ、その威厳はローマのいかなる人にも劣ることのなかった、この学識のある有徳のローマ人が、対話においては、近代のわれわれの対話に現れる〈真理の語り手〉フィラレテス（PHILALETHES）の相手役の友人よりも、むしろもっとみじめな姿で登場させられている。アッティクスはこの雄弁家の崇拝者であり、しばしば敬意を表し、弟子がその師に表すべき敬意を込めてキケロの教えを受け入れている。[29]〈小〉カトー（CATO）でさえ、キケロの「目的について」（*de finibus*）[30]の対話のなかで、幾分無造作な仕方で扱われている。[31]

古代においてわれわれが出会う実際の対話をその個々の細部に至るまで最も詳細に記録したものの一つは、ポリュビオスによって述べられている。[32] 機知と才能をそなえた君主であるマケドニア王のフィリッポス（PHILIP）[5] がローマ人のうち最も洗練された人物の一人であるティトゥス・フラミニヌスと会見したとき、プルタルコス（PLUTARCH）[6] が伝えているように、[33] 彼はギリシアのほとんどすべての都市〈国家〉からの使節を同行させていた。アイトリア同盟からの使節がきわめて不意にマケドニア王の言葉をさえぎり、王に向かって、王が愚か者か、でなければ狂人（*ληρεῖν*）のように話していると言う。これに対して王は、「それは盲人にさえも明らかなこと」と言い返している。これは閣下が盲目であるということに対する揶揄であった。にもかかわらず、こうしたことはすべて、通常の限度を超えるものではなかったのである。というのは、それによって会談は妨げられることなく、フラミニヌスはこうした丁々発止のユーモアを大いに気晴らしと感じたからである。会談の終わりに、フィリッポスがこの場には一人もいない味方の者たちと相談するため、わずかの猶予を強く請うたとき、この歴史家のポリュビオスが述べているように、このローマの将軍は、自分の機知を示すことも望んでいたので、彼にこう言っている。「彼が味方の者を一人も連れてこなかったその理由は、おそらく、味方の者をすべて彼が殺してしまったからであろう」と。そしてこのことは実際に行われたのであった。この挑発されたわけではない不作法はポリュビオスによって非難されてはいないし、フィリッポスにサルディニア風の笑い、つまり、われわれの言うにやにや笑いをさせる以外、それ以上の憤慨を引き起こすことにならず、翌日の会談再開を彼に中止させることにはならなかった。プルタルコスもまた、[34] この揶揄をフラミニヌスの機知に富む心地よい言葉としてあげている。[35][36]

ウルジー枢機卿[37]は彼の有名な傲慢無礼の一例、すなわち、EGO ET REX MEUS つまり、私と私の王と言ったことに対して弁明し、この表現がラテン語の慣用語法に合致しており、その上、ローマ人はいつも自分が話しかけるか、あるいは自分がその人について語る人物の名をあげる前に、まず自分自身の名をあげたことを指摘したのであった。にもかかわらず、これはローマ国民の間では礼儀作法に欠けていたことの例証であったと思われる。古代の人びとは、最高位にある人物が話のなかでまず最初に取り上げられ言及されることを慣例としていた。それは、ローマとアイトリアの連合軍がマケドニア人と戦って得た勝利を祝うさいに、ある詩人がローマ人よりも先にアイトリア人の名をあげたことが、ローマ人とアイトリア人との間の争いと嫉妬の源となったほどである。[38] このように、ユリア[7]が銘文において彼女自身の名をティベリウス（TIBERIUS）の名よりも先に刻ませたことが、ティベリウスを非常に不快にさせたのも、同じことによるものであった。[39][40]

およそこの世における利点というもので、純粋そのものでなんの混ぜものも含まないようなものは存在しない。もともと非常に装飾的なものである近代の洗練された礼儀作法がしばしば見せかけや虚飾、偽装や偽善に堕してゆくのと同様に、元来きわめて愛すべきもので、人びとに感動を与える古代の素朴単純さは、しばしば不作法と悪習、下品と猥雑に堕してゆく。

もし礼儀作法の卓越が近代に認められるとすれば、宮廷と君主政体の自然的所産である女性に対する心やさしい振舞い（*gallantry*）という近代の考え方がおそらくこの洗練の原因であるとみなすことができよう。この考案が近代のものであることを否定する人は一人もいない[41]。しかし、古代の人びとの優越を熱心に説く人びとのうちでも、より熱狂的な一部の人は、この考案を偽善で愚かしく、現代にとって名誉と認められるよりは、むしろ不面目だと主張している[42]。だからここでこの問題を検討しておくのは適切なことであろう。

自然はすべての命ある被造物に両性間の情愛を植え込んでおり、この情愛は、最も獰猛で最も肉食を好む動物でさえ、ただ肉欲の満足だけにとどめられず、その全生涯に見られる親しみと相互の共感を生み出す。いやそれどころか、この肉欲の満足を自然がただ一つの季節とただ一つの対象だけに限定し、ただ一頭の雄と雌との間の一種の結婚関係あるいは相互結合関係をつくり出すような種類の動物においてさえ、相手に対する明らかな親切さと温かい思いやりの心が見られるのであり、この親切さと温かい思いやりはさらに一層広がり、両性間の情愛を相互に心やさしいものにしてゆくのである[43]。人間の場合は、こうしたことが生じる必然性はどれほど大きいことであろうか。なぜなら、人間にあっては、両性間の情愛を制限するものは自然的なものではなく、それは愛のもつある強い魅力から偶然生じるか、それとも義務と便宜に対する熟考から生じるかのいずれかだからである。それゆえ、女性に対する丁重な振舞いの心ほど、うわべの見せかけから生じえないものは他にないのである。この女性に対する心やさしい振舞いの情念は、最高度に自然的なものである。最も優雅な宮廷における技巧と訓練ですら、その他すべての称賛すべき情念の場合と同じく、この情念をいささかも変えるものではない。そうした技巧と訓練は人の心を一層この情念へと向けさせるだけである。それらは、この情念を洗練し、それに磨きをかけ、それにふさわしい優雅さと表現を与えるだけである。

しかし女性に対する心やさしい振舞いは、自然的であると同時に、雅量の大きさ（*generous*）にも由来している。われわれをして他人に対し実際に害悪を加えさせるようなとんでもない悪徳を是正することは道徳の役割であり、最も通常の教育の目指すところである。そのような悪徳の是正がある程度伴うことがない場合には、いかなる人間社会も存続することができない。しかし会話を、つまり人と人との交わりを一層円滑・快適なものにするための礼儀作法が既に案出されており、この問題をいくらか先に進めてきている。いかなる悪徳あるいは他人にとって不快ないかなる感情であれ、そうした傾向を自然が既に人びとの心に与えているような場合には、洗練されたしつけが人びとに対しそのような傾向を反対方向に向け、彼らが自然に抱きがちな感情とは異なる感情を抱いているという外観を、彼らの行動のすべてにおいて維持すべきことを教えてきている。

このようにして、われわれは普通、尊大で利己的であり、他人の誰よりも自分を上に置こうとしがちであるため、礼儀をわきまえた人は交際相手に対し敬意を払って譲り、社会の普通のあらゆる些事に関しては、交際相手に優位を譲ることを学び知っている。同様に、ある人の状況から、その人のうちに不快な疑念を生むのが自然であるかもしれない場合にはいつでも、その人が用心しがちな考えとは正反対の考えを慎重に表明することにより、そのような疑念の生じるのを防ぐのが礼儀作法の役割である。こういうわけで、老人は自分の老いの衰えを知っていて、自然と若者による軽侮を恐れる。したがって、礼儀をわきまえた若者は老人に対する尊敬と礼譲を示す具体的な態度を強め繰り返すのである。外来者や外国人は保護を受けられない状態にある。したがって、礼儀作法の洗練された国ではすべて、彼らは最高の礼節を受け、あらゆる会合で最上席を与えられることになる。夫は自分の家庭では支配者であり、客はある意味で彼の支配権のもとに置かれる。したがって、夫は社交的会合では常に最も下座につく人となり、列席のすべての人びとの思いに何かと心配りをする。そして、うわべだけの見せかけがあまりにも見え見えであったり、あるいは客にあまりにも気兼ねをさせたりしないような形で、列席者を喜ばせるために、あらゆる面倒を引き受けることをいとわない[44]。女性に対する心やさしい振舞いも、これらと同様な雅量ある心遣いの一例にすぎない。自然は男性に心身の両面において女性に優る力を与えることにより、**男性**を**女性**に対し優位に置いたので、男性の側での雅量のある行動により、女性の示す傾向と見解のすべてに対して慎重な敬意と親切を示すことによって、女性に対する男性の優位をできる限り和らげるのが男性の側の役割である。野蛮な国民は女性に最もみじめな隷従を強いることにより、すなわち、女性を監禁し、なぐりつけ、売却し、殺害することにより、この男性の優位を見せびらかす。しかし文明的な国民の間では、男性は自分たちのもつ権威を、たとえはっきりしない仕方であっても、もっと雅量のある仕方で、すなわち、礼儀正しい振舞いと敬意と親切さにより、一言で言えば、心やさしい礼節を心得た振舞いによって示すのである。礼儀正しい社交的会合の席では、誰がその饗宴の主人かを尋ねるには及ばない。一番末席に座を占め、いつもすべての人の世話につとめている人が間違いなくその人物である。われわれにとっては、雅量のあるそのような事例のすべてを、馬鹿げたうわべだけにすぎないと非難するか、それとも女性に対する心やさしい振舞いを、上にあげたその他の事例のうちのものと認めるかのいずれかでなければならない。古代の**ロシア人**（MUSCOVITES）は指輪ではなく、代わりにむちを手にして妻と結婚した。同じ古代のロシア人は、自分の家では、たとえ外国の大使を迎えたとしても、自分が常に外国人よりも上座についたのであった[45]。彼らの雅量と礼儀作法を示すこれら二つの事例は同質のものであり、一致している。

女性に対する心やさしい振舞いは、自然と雅量のある精神

（*generosity*）に合致するだけでなく、それに劣らず知恵分別と慎重な判断力にも合致している。したがって適度な節度のもとにある限り、女性に対する心やさしい振舞いは、他のいかなる人為的な工夫よりも、男女いずれの若者にも交際による愛の交わりと人間性の向上に大いに役立つものである(46)。あらゆる種類の動物において、自然はその最も甘美な最高の喜びを両性間の情愛を土台として築いている。しかし肉欲の満足はそれだけでは心を満たすには十分ではない。すなわち、理性のない動物の間でさえ、求愛の戯れやいちゃつきや、その他の求愛の表現が愛の楽しみの大半をなしていることを、われわれは知っている。理性をもつ人間の場合には、心が大きな役割をもっていることをわれわれは確かに認めねばならない。外見上、いかに装飾をきわめた饗宴でも、もしそれから理知、談論、共感、友好的感情、陽気な楽しさが取り去られてしまえば、あとに残ったものは、真の優雅さや豪華さの判断からすれば、ほとんど認めるに値しないものであろう。

行儀作法を学ぶ場として、貞淑の誉れ高い女性たちと同席する会合に勝るものがあるだろうか。というのは、そこでは相手を喜ばせようとする相互の努力が知らず知らずのうちに人びとの心に磨きをかけるし、また女性が見せる特有の優しさとしとやかさは、そうした女性を称賛する男性たちに伝わるに違いなく、したがって、女性の繊細な感受性はすべての男性に対して、礼儀作法をたがえて女性の感情を損なわないようにと、用心させることになるからである(47)。

古代〈ギリシアやローマ〉の人びとの間では、女性の役割はもっぱら家庭内のものとみなされていて、女性が洗練された社交界やあるいは礼儀正しい立派な会合の一員となるとはみなされていなかった。おそらくこうしたことが、古代の著作家たちの厳粛な作品の多くが到底まねできないものであるにもかかわらず、（クセノフォンの「饗宴」とルキアノスの「対話」を例外とする人があるかもしれないが、これを除くと(48)）会話における心地よい楽しみを与えてくれるような優れた作品を何一つとして残していない真の理由であろう。ホラティウスはプラウトゥスの粗野なあざけりや冷酷なからかいを非難している(49)。しかし、きわめて寛大で、気持ちのよい、思慮分別に富む著作家であるとはいえ、冗談を飛ばして人を笑わせる彼自身の才能は、非常に飛び抜けたもの、あるいは洗練されていると言えるだろうか。したがって、こうした会話における洗練された楽しみは、芸術が女性に対する心やさしい振舞いから、そしてそれが最初に現れた宮廷から受け取った一つの重要な進歩向上なのである(50)。

しかし、本題から脇道にそれたが、元に戻り、技芸と学問の生成・発展についてというこの主題に関する第四の考察として、意見を述べることにしよう。すなわち、技芸と学問は、いかなる国においても完成の域に達すれば、その瞬間から自然に、いやむしろ必然的に衰退し、しかも以前に技芸と学問が栄えた国において復活することは、ほとんどもしくはけっしてない、ということである。

この原則は、経験に基づく事実に合致するとはいえ、一見したところでは、理性による推論に反するように見えるということを、実は認めざるをえない。もし人類の生まれながらの才能があらゆる時代において、さらにほとんどすべての国において同一であるならば（実際はその通りと思われるが）、あらゆる技芸において、趣味の規準を与え、模倣すべき対象を固定し恒久化するような模範となる作品を保有していることは、こうした生まれながらの才能を大いに促進し洗練するに違いない。古代〈ギリシアやローマ〉の人びとがわれわれに遺してくれた典型的な作品は、ほぼ二〇〇〇年前にあらゆる技芸を生み出し、ヨーロッパのあらゆる国でその発展を大いに促進している。したがって、それらの典型的な作品がいまよりもはるかに完全な形を保持し、依然として全世界中の人びとによって称賛され、その習得に努められていたトラヤヌス（TRAJAN）やその後継者たちの治世に、それらの典型的な作品がどうして今日と同様な影響を及ぼさなかったであろうか。もっと下ってユスティニアヌス帝（JUSTINIAN）[51]の時代に、**詩人**と言えば、それは紛れもなく、ギリシア人の間ではホメロス、ローマ人の間ではウェルギリウス（VIRGIL）と理解されていた。これら二人の詩人を模倣したとまさに主張しうる詩人は、幾世紀もの間一人も現れなかったとはいえ、神のように優れた才能をもつこれらの詩人に対するそのような感嘆の念は、依然として保持されていたのである。

　人にそなわった天分というものはいつも、その人の人生の初めには、他人はもちろん、自分自身にも分からないものである。既に成功し人びとの称賛も確定した人物の仕事に匹敵する仕事が自分にもできるとあえて考えるようになるのは、人がただ数多くの試練を成功のうちに切り抜けたあとのことである。もし彼自身の国が既に雄弁に関する多くの典型的な作品を保有しているならば、彼は自然に自分自身の未熟な若年の作品をそれらの作品と比較して、まったく比較にもならないことを知り、それ以上やってみようという気にはならない。したがって、彼が大いに尊敬する著作家の競争相手となることをけっして目指したりはしない。高い志をもった競争心はあらゆる卓越の源である。感嘆と謙譲は自然にこの競争心を消滅させてしまう。しかも、真に偉大な天分の持ち主ほど、行きすぎた感嘆と謙譲にとらわれやすい者はないのである。

　競争心に次いで、この高貴な技芸を最も鼓舞し激励するものは称賛と栄光である。著作家というものは自分のそれまでの作品に対する世人の拍手喝采を耳にするとき、生き生きとして新しい力を得、こうした動機により鼓舞されて、彼自身とその読者も同様に驚くほどの完成度にしばしば到達するものである。しかし名誉ある地位がすべて既に占められてしまっていれば、彼の最初の試みとしての作品は、世人によって冷たく扱われるだけである。というのは、それ自体がもっと優れているだけでなく、既に確固とした名声を博しているという利点をもつ作品と彼の作品が比較されることになるからである。もしモリエール[52]とコルネイユ（CORNEILLE）[8]が、当時世人の大好評を得たその作品を今日上演するとすれば、彼らは世人の無関心と軽蔑を見て、それがこの若き詩人たちを落胆させることになるであろう。もし『テュロスの王子』が世人に認められえたとすれば、それはただ当時の人びとの無知によるものであろう。しかしわれわれが『ムーア人』を見ることができるのは、まさしくこの無知のおかげなのである。またもし、『十人十色』が無価値なものとしてしりぞけられていれば、われわれが『ヴォルポーネ』を見ることはけっしてなかったであろう。(53)

おそらく、いかなる国民にあっても、近隣の国々からあまりにも極度に完成された形で技芸が輸入されることは、その国民の利益とは言えないであろう。このことは競争心の灯をかき消してしまい、胸中に大志を抱く若者の情熱の火を喪失させてしまう。イタリアの絵画の典型的な作品がきわめて数多くイングランドにもたらされたということは、わが国の画家たちに刺激を与えて発奮させるどころか、この高貴な技芸において彼らがわずかな進歩しか示すことができない原因となっている。ローマがギリシアから技芸を受け入れたときも、おそらく同様だったであろう。フランス語で書かれたおびただしい文芸作品がドイツと北欧の国々の至るところに広まっていったということは、これらの国が自国の言語を洗練させることを妨げ、それらの国がそうした文芸作品による優雅な楽しみを得るのには、今日なお依然として近隣のフランス人に依存しなければならないありさまである。

なるほど、古代の著作家たちは、あらゆる種類の文筆活動において、大いに感嘆するに値する典型的な作品をわれわれに遺してくれた。しかし、それらの作品は学識のある人びとにしか分からない言語〈古典のギリシア語やラテン語〉で書かれている上に、さらに加えて、注意すべきは、近代の機知豊かな文筆家と〈ギリシアやローマの〉遠い昔に生きた文筆家を比較しても、それほど完璧なあるいは全面的な比較にはならないということである。もしウォラー（WALLER）がティベリウスの治世下のローマに生まれていたとすれば、彼の最初の作品は、ホラティウスの完成の域に達した頌〈オード〉と比較されて、軽侮されることとなったであろう。しかし、この島国〈ブリテン〉では、このローマの詩人の優位はイングランドの詩人、ウォラーの名声を落とすことはまったくなかったのである。わが国の風土と言語がこのように優れたオリジナルな作品の貧弱なコピーしかつくり出せなくとも、それをつくり出しえたことに、われわれは十分すぎるほど満足を覚えたのであった。

要するに、技芸と学問には、ある種の植物と同様に、新鮮な土壌が必要である。しかも土地がいかに肥沃であっても、またいかに技巧をこらし細心の注意を払って地力を回復しようとしても、ひとたび地力が枯渇すれば、その土地は、その種における完全もしくは完璧なものを何一つつくり出すことはないであろう。

（1）［Charles V（1500–1588）．一五一六年にスペインのカルロス一世となったカール五世は、一五一九年から五六年まで神聖ローマ帝国の皇帝となった］。

(2)〔アンリ四世（一五五三―一六一〇）は一五八九年から一六一〇年までフランス国王であった。リシュリュー枢機卿（Armand Jean du Plessis Richlie, 1585-1642）はルイ一三世の宰相となり、一六二四年から四二年に没するまで実質上のフランスの支配者となった。ルイ一四世（一六三八―一七一五）は父のルイ一三世の後を継ぎ、一七一五年に没するまで統治した。カルロス一世の退位のあと、スペインはフェリペ二世（一五五六―九八年）、フェリペ三世（一五九八―一六二一年）、フェリペ四世（一六二一―六五年）、カルロス二世（一六六五―一七〇〇年）によって統治され、彼らはすべてハプスブルク家の出であった〕。

(3) Est Deus in nobis; agitante calescimus illo:
Impetus hic, sacræ semina mentis habet.
オウィディウス『暦』(*Fasti*)、第一巻
〔第六巻、五―六行、レーブ版〕。

(4)〔前九世紀のギリシアの詩人で、伝承により『イリアス』と『オデュッセイア』の作者とみなされてきた〕。

(5)〔数人の将軍が古代ローマの貴族の称号であるファビウスとスキピオをもっていた。ヒュームがここで言及しているのは、疑いもなく第二次ポエニ戦争（前二一八―二〇一年）での優れた将軍であったファビウス・クンクタトル（Quintus Fabius Maximus Verrucosus Cunctator, d. 203）と、前二〇二年にアフリカでカルタゴと戦い、ハンニバルを打ち破ったスキピオ・アフリカヌス（Scipio Africanus, 237-183 B.C.）である〕。

(6)〔『書簡体詩』第二巻、第二章、第一八七―八九節（レーブ版、H. Rushton Fairclough 訳）〕。

(7)〔C―P版では次のものが追加されている。「それゆえ、私は一歩を進め、この主題に関する二、三の所見を述べ、学識ある人びとの批判と検討に委ねることにしたい」〕。

［1］*Bashaws* はトルコのパシャ（*Pasha*）のことで、首長ないし大守を示す。

［2］*Cadis* はトルコや他の国民の間での町や村の裁判官を指す。

(8)〔ピョートル一世（大帝）は一六八二年から一七二五年までロシアの皇帝であった〕。

(9) タキトゥス『歴史』第一巻。〔第三七節。「……いまや彼は、われわれが彼の奴隷でもあるかのように虐げ、われわれが他の者の所有物であるため、安価とみなしている」（レーブ版、Clifford H. Moore 訳）。ヒュームの引用はラテン語のオリジナルとは異なっている〕。

(10)〔C―P版では次のものが追加されている。「事物の必然的な成り行きに従い、法は学問に先行するに違いない。共和政体では、法は学問に先行することができるし、政体の本質そのものから生じることが可能であろう。君主政体にあっては、法は政体の本質から生じることはなく、学問に先行することもありえない。野蛮な絶対君主は彼の大臣と地方の首長とのすべてを彼自身と同様な絶対的な者にする。したがって、すべての産業活動、知的好奇心、学問を永久に阻むのに、これ以上のものを必要としない」〕。

(11)〔ブルボン王家のルイ二世、コンデ公（一六二一―一六八六）は、フランスの貴族で将軍であった。「部屋付きの召使いに対しては誰も英雄ではない」という引用文は、この時代のさまざまな人物の作とみなされていた〕。

(12)〔C―K版では次のものが追加されている。「アンティゴノス（*Antigonus*）は、彼にへつらう者たちから、神であり、しかも宇宙を照らす輝かしい星の息子というお世辞を言われたとき、『そのことについては、私の便器を掃除する人間に意見をきいてみるがよい』と言っている」〕。

(13)〔「あるいは……ごく似通ったもの」はC版とD版では省かれている〕。

(14)〔逍遙学派という名称はアリストテレス学派の哲学に与えられたが、その理由は、その教育が歩き回りながら行われたか、それとも学派を

収容した建物にペリパトス（*peripatos*）、すなわち屋根の付いた歩行場所が含まれていたかのいずれかであった」。

（15）〔ルネ・デカルト（René Descartes, 1596–1650）とその学徒の哲学〕。

（16）〔サー・アイザック・ニュートン（Sir Isaac Newton, 1642–1727）の自然に関する革命的な理論。それは運動法則に基礎を置き、数学形式で提供された。ニュートンの物理理論はヨーロッパで一八世紀半ばまでデカルトの理論と優劣を競い合った〕。

（17）中国人の幸福、富、良好な治安をいかにしてわれわれは前述の原理と調和させることができるのか——というのは彼らは常に君主によって統治され、自由な政体を心に描くことなどまずできないからである——と、もし尋ねられるならば、中国の政体は純粋な君主政体であるとはいえ、正確に言えば、それは絶対君主政ではないと、私は答えよう。これはその国の置かれている状況の特殊性から生じている。中国人はタタール人を除けば隣国人をまったくもたず、タタール人からは、有名な長城により、さらに人口の顕著な優位によって、ある程度、安全を確保することができたし、少なくとも確保できると思われた。このために、彼らの間では軍事訓練は常に軽視されることがはなはだしく、その常備兵力も民兵にすぎず、しかも最悪のものであり、中国のようにあれほど極度に人口の多い国において全面的な反乱を鎮圧するのに適したものではなかった。それゆえ、軍事力はいつでも人民の手中にあると言った方が適切であり、このことは君主に対する十分な抑制力となる。そして、この国の歴史から反乱が非常に頻繁に起こり政体を危機に陥れたことが分かるが、そうした反乱を防ぐために、マンダリン（*mandarins*）、つまり地方の首長を一般的な法律の拘束下に置くことを君主に余儀なくさせている。おそらく、この種の純粋な君主政体は、もしそれが外敵に対する防衛に適していれば、すべての政体のうち最善のものであろう。というのは、それは王権に伴う平穏と、民主的議会による政治的穏健さと自由の双方をもつことになるからである。

〔3〕Augustus (63 B.C.-A.D. 14) はローマ帝政初代の皇帝。在位、前二七—後一四年。

（18）〔折衷（*eclectic*）という名称は、他のあらゆる学派の真理を一体となるように合わせて結合しようと努める哲学体系に用いられている。アレクサンドリアの新プラトン学派は一般的にこの折衷学派として知られている〕。

（19）〔これらは古代ギリシア文化時代とローマ帝国期における哲学の主要な学派であった。「エピクロス派」、「ストア派」、「プラトン派」と題されたヒュームのエッセイを参照〕。

（20）〔C—P版では「〈人生の〉楽しみに役立つ技芸のすべての間にはきわめて密接な関連がある。したがって一つの技芸においてわれわれを進歩向上させる趣味の洗練そのものは、それ以外の技芸がまったく粗野で野蛮なものにとどまるのを許さないであろう」〕。

（21）「それがオランダで文明を知ったスイス人の洗練された礼儀作法というものだ」（ルソー）。〔ジャン＝バティスト・ルソー（Jean-Baptiste Rousseau, 1671–1741）『さまざまな詩』（*Poésies Diverse*）、「ソネット」、『全集』第二巻（パリ、一八二〇年）、三六六〕。

（22）このことについてキケロや〈小〉プリニウス〈Gaius Plinius Caesilus Secundas, 61–114). ローマの政治家、文人。大プリニウスの甥〉を引き合いに出す必要はない。彼らについては既にあまりにも多くのことが述べられている。しかし非常にまじめで思慮分別のある著作家のアッリアノス（ARRIAN）〈Arrhianos, 95?–175〉が、まったく唐突に、叙述の脈絡を中断し、読者に、自分自身が雄弁においてギリシア人の間で卓越しているのは、アレクサンドロスが武力においてそうであったのと同じだと述べているのを見ると、人は少なからず驚かされてしまう。第一巻。〔アッリアノス『アレクサンドロス大王東征記』第一巻、一二〕。〈大牟田章訳 上、岩波文庫、二〇〇一年、七一頁〉。

（23）〔サッルスティウス（Crispus Gaius Sallustius, 86–35 B.C.）『カティリナ戦記』第一四節、二行（レーブ版、J. C. Rolfe 訳）〕。

(24)〔ホラティウス『諷刺詩』第一巻、第三篇、一〇七行（レーブ版、H. Rushton Fairclough 訳）〕。

(25) この詩人（第四巻、一一六五行を参照）は恋患いを治す非常にとっぴな治療法を、そのような高雅で哲学的な詩のなかで出くわすとは誰も予想しないような方法で推奨している。それはスウィフト博士*の比喩的表現のいくつかの原型であったと思われる。高雅なカトゥッルスやファエドルスも同様な非難を免れない。〔ルクレティウス（Lucretius, 94?–55? B.C.）『事物の本性』(*De Rerum Natura*) 第四巻、一一六五行。引用箇所で、ローマの詩人でエピクロス派哲学の支持者であるルクレティウスは、男性は女性の心身の欠点に気をつけることで恋の落し穴を逃れることができると示唆している。というのは、女性はたとえば香料のようなさまざまな手練手管を使い体臭を隠そうとするからである。カトゥッルス（Catullus, 84?–54? B.C.）はローマの叙情詩人であった。ファエドルス（Phaedrus, 15? B.C.–A.D. 50?）はローマの寓話作家であった〕。

　*〔C―P版では「美しく清潔な」が挿入されている〕。

(26)〔ジョン・ウィルモット（John Wilmot）第二代ロチェスター伯爵（一六四八―一六八〇）は詩人で悪名高い放蕩者で、チャールズ二世の宮廷における寵臣であった〕。

(27)〔C版とD版では「……捨てばちな恥知らずの放蕩者であった」となっている〕。

(28)〔ユウェナリス（Juvenalis, 60?–after 127）はローマ最高の諷刺詩人の一人であった〕。

［4］Atticus Titus Pomponius（109–32 B.C.）はローマの富豪、キケロの親友。

(29)「アッティクス。『幸福な生涯を過すのに徳だけで十分であると私には思えない』。マルクス。『しかし、わが友ブルートゥスは徳だけで十分だと考えていると私は断言できる。許してもらえるなら、私は彼の判断を君の判断よりもはるかに重視するつもりだ』」（ATT. Non mihi videtur ad beate vivendum satis esse virtutem. MAR. At hercule BRUTO meo videtur ; cujus ego judicium, pace tua dixerim, longe antepono tuo）キケロ『トゥスクルム論叢』第五巻。〔第五章、第一二節（レーブ版、J. E. King 訳）。「われわれの対話に現れるフィラレテスの友人」というヒュームの言及については、ジェレミー・コリア（Jeremy Collier, 1650–1726）の『エッセイ集』(*Essays*, 1697) を参照。それにはフィロティオヌス（Philotionus）とフィラレテスの対話が含まれている〕。

(30)〔キケロの『善悪の目的について』(*De Finibus Banorum et Malorum*) を参照。そこではカトーがストア派倫理学の代弁者である〕。

(31)〔C―P版では次のものが追加される。「また、注目に値するのは、宗教問題に関しては大の懐疑論者であり、哲学のさまざまな学派の間にあって、宗教に関する問題に決定を下すことを好まなかったので、キケロは神々の存在と本質に関して討論を行う友人たちを登場させており、彼は単なる聞き役にとどまっていることである。なぜなら、もしも彼が発言して、この問題についてなんら決定的なことを言うことができず、その他の問題の場合に彼がいつも行っているように大成功を収めることができないならば、それは確かに彼自身のような優れた才能の持ち主としては、面目を失うことになってしまうからである。『雄弁家について』(*de Oratore*) という雄弁な書物においても、対話の精神が見られ、話し手の間にはかなりの対等な関係が維持されている。しかしこの場合には話し手は著者キケロに先立つ時代の〈ローマの〉優れた人びとであり、したがって彼はこの対話をもっぱら伝聞によるものとして詳しく展開しているのである」〕。

(32) 第一七巻。〔ポリュビオス『歴史』第一八巻、第四―七章〕。

［5］Philippos V（237–179 B.C.）はマケドニアの王。在位、前二二一―一七九年。

［6］Plutarchos (46?–120?) は末期ギリシアの歴史家、倫理学者。『英雄伝』もしくは『対比列伝』を著す。

(33) フラミニヌス伝。〔プルタルコス『英雄伝』(*Lives*)、「ティトゥス・フラミニヌス伝」第二節。ローマの政治家で将軍であるフラミニヌス（Flamininus, 225?–174 B.C.）は、マケドニアのフィリッポス五世（前二三七—一七九）との戦いの指揮の罪を問われたが、最終的に彼はフィリッポス五世を打ち破った」。

(34) プルタルコス「フラミニヌス伝」。〔第一七節〕。

(35) 〔このパラグラフはC版とD版には見られない〕。

(36) 〔C—P版では次のものが挿入されている。「これはどうでもよいような賛辞にすぎないものだが、ホラティウスは友人のグロスフス（Grosphus）に捧げた頌（オード）のなかで次のように言っている。『誰一人としてあらゆる点で幸福であることはない。だからあなたが享受していない長所をおそらく私が享受していることもあろう。あなたは大きな富をもつ。あなたのほえる雌牛の群れはシケリアの平原をおおい、あなたの馬車は限りなく美しい駿馬にひかれる。そしてあなたはあざやかな紫の衣を装う。しかし心広くやさしい運命の女神たちは、ささやかな遺産とともに、**私**に洗練された才能を与え、下品な大衆の有害な判断に対する軽侮の念を授けた*』。ファエドルスは彼のパトロンのエウテュクス（Euthycus）にこう言っている。『私の著作を読むおつもりなら、私はうれしい。しかしもしあなたにその気がなくとも、私は少なくとも後世の人びとを喜ばせる利点をもつことになりましょう**』。ウェルギリウスがアウグストゥスに捧げた挨拶のなかに見られるような不作法を近代の詩人が犯すことなどないものと、私は思いがちである。その時代の慣習により、法外なお世辞の数々を述べ、この皇帝を神としてまつり上げたのち、彼は最後にこの神を自分自身と同列に置いているのである。『あなたの慈悲深いご賛同により、私の企てを成功させてください。そして農耕に無知な百姓たちに、私とともに、憐れみを給わり、このわざにあなたの慈悲深い力をお貸しくだされ***』と彼は言っている。もしもその時代の人びとがこのような洗練された振舞いを見慣れていたのならば、ウェルギリウスのような繊細な著作家であれば、この文章とは異なった方向へ確かに展開したことであろう。アウグストゥスの宮廷は、いかに洗練されていたとしても、共和政下の生活慣習から抜け切ってはいなかったと思われる」。

* 「いかなる人も完き幸せであることはない。アキレス（Achilles）は〈足の速いことで得た〉彼のあらゆる栄光のゆえに、突如早い死に連れ去られた。ティトノス（Tithonus）は、長寿を許されたが、老衰により影のようになり果てた。だから過ぎゆく時は、あなたに拒んだことを、おそらくは私に与えてくれるであろう。幾百頭のあのシケリア〈シチリア〉の雌牛の群れがあなたのまわりで鳴き、あなたの厩舎には競走のための雌馬がいななく。あなたはアフリカ紫に再度染められた毛織のものを装う。しかし運命の女神は、その名パルカ（Parca）〈それは贈物に吝嗇であることを示す〉にたがわず、私にささやかな地所を与え、あのギリシアの歌の見事な息吹きと人の幸運をうらやむ俗衆に対する軽侮の心をくだされた」。

——Nihil est ab omni
　　Parte beatum.
Abstulit clarum cita mors ACHILLEM,
Longa TITHONUM minuit senectus,
Et mihi forsan, tibi quod negarit,
　　Porriget hora.
Te greges centum, Siculæque circum
Mugiunt vaccæ : tibi tollit, hinni-
Tum apta quadrigis equa : te bis Afro
　　Murice tinctæ
Vestiunt lanæ : mihi parva rura, &
Spiritum Graiæ tenuem Camœnæ
Parca non mendax dedit & malignum
　　Spernere vulgus.

第二巻、頌、第一六。

〈レーブ版、ホラティウス、C. E. Bennett 訳〉。

**「もしそれを読まれるのなら、私はうれしい。しかしそうでなくても、ともかく、後世の人びとはそれで楽しめるものを手に入れることでしょう」。

Quem si leges, lætabor; sin autem minus,
Habebunt certe quo se oblectent posteri.

第三巻、序言、三一行。

〈レーブ版、Ben Edwin Perry 訳〉。

***「平坦な道を私に与え給え。私の大胆な企てに同意を与え給え。またなすべき道を知らない百姓たちを私と共に憐み、あなたへの礼賛に心を尽し、いまこそわれわれの祈りが聞き届けられるようにさせ給え」。

Ignarosque viæ *mecum* miseratus agrestes
Ingredere, & votis jam nunc assuesce vocari.

『農耕詩』第一巻、四一行。

〈レーブ版、ウェルギリウス、H. Rushton Fairclough 訳〉。

君主や貴人に対しては、「あなたと私がこれこれの場所にいたとき、これこれのことが起きるのをわれわれは見た」とは言わないであろう。「あなたがこれこれの場所におられたとき、私はあなたのお伴をしていた。そしてこれこれのことが起きた」と言うはずである。

ここで、私はフランスで見た、行きすぎで、私にはこっけいと思える微妙な言葉遣いの一例に、言及するのを差し控えることができない。「立派な犬ですね、マダム」と言ってはならない。そうではなく、「マダム、立派な犬ですね」と言わねばならない。犬という語とマダムという語の間には意味の上ではまったく関連がないとはいえ、それら二つの語が文章のなかで一連のものとして用いられるのを、〈フランスの〉人びとは不作法と考えるからである。

結局のところ、古代の著作家たちの片言隻句からのこうした推論が誤りと思われるかもしれない。したがって、これらの著作家によく通じ、一般的な見解の真であることを知っている人びとを別にすれば、上に述べた議論が大きな説得力をもちえないことを私は自認している。たとえば、ウェルギリウスは自分が用いている言葉の力を理解せず、形容の語句を適切に選ぶことができなかったなどと主張しようものなら、それはなんと馬鹿げたことになるであろうか。彼がアウグストゥスに捧げた詩句のなかでこの言葉の選択で失敗し、それを、ある意味では、彼の英雄を笑いものにするような特性を**インド人** (the INDIANS) のもつ特徴のせいにしたところで、そうはいかないであろう。

「至高の偉大なカエサルよ、あなたはいまやアジアの果てなる地で勝者となり、戦意なきインド人をローマの丘より駆逐した」。

—— Et te, maxime CÆSAR,
Qui nunc extremis ASIÆ jam victor in oris
Imbellem avertis ROMANIS arcibus Indum.

『農耕詩』第二巻、一七一行〕。

〈インド人というのは、一般にさまざまな東方の国民を指していると、レーブ版の訳者は注を付している〉。

(37)〔トマス・ウルジー (Thomas Wolsey, 1471-1530) 枢機卿・大法官はヘンリー八世〈一四九一―一五四七。イングランド王。在位、一五〇九―四七年〉のもとで強大な権力を振るったが、ヘンリーの離婚問題に関する優柔不断の結果、その権力を失った〕。

(38) 同上。〔プルタルコス『英雄伝』、「ティトゥス・フラミニヌス伝」第九節〕。

[7] ヒュームはここでリウィア (Livia) と書いているが、これは誤りで、ユリア (Julia Augusta, 39 B.C.-14 A.D.) が正しい。このことは既に小松茂夫訳『市民の国について』(下、岩波文庫、一九八二年、二

五〇頁）で指摘されている通りである（ただしIuliaと誤記されているが）。ミラー版も訂正が必要。

(39) タキトゥス『年代記』第三巻、第六四章。〈国原吉之助訳、上、岩波文庫、一九八一年、二二七頁〉。

(40)〔この文と次のパラグラフはK版で追加された〕。

(41) テレンティウス（TERENCE）の『自虐の人』では、クリニア（CLINIAS）は、彼が町にやってくるときはいつでも、愛人が来るのを待つのではなく、彼女のところへ人をやって、彼女を彼のところに来させている。〔テレンティウス（Publius Terentius Afer, 190?-159?）はローマの喜劇作家であった〕。

(42) シャフツベリ卿の「モラリスト」（*Moralists*）を参照。〔「モラリスト、哲学的狂想詩」『人間、習俗、世論、時勢の諸特徴』（*Characteristicks of Men, Manners, Opinions, Times*, 1699）第二巻〕。

(43)〔C—P版では次の引用が加わる。

「地上のほかの獣らは、
みな穏やかに、安けく生きて、
たがいに諍い、争いあっても、
牡の獣が牝に歯を剥くことはない。
安んじて牝熊は牡熊と森をうろつき、
雌獅子は雄獅子のそばに寝そべり、
狼の牝と牡とは穏やかに生き、
雌牛は雄牛を恐れはしない」。

Tutti gli altri animai che sono in terra,
　O che vivon quieti & stanno in pace;
O se vengon a rissa, & si fan guerra,
　A la femina il maschio non la face.
L'orsa con l'orso al bosco sicura erra,
　La Leonessa apprésso il Leon giace,
Con Lupo vive il Lupa sicura,
Nè la Giuvenca ha del Torel Paura.

アリオスト、第五歌〕。

〈脇功訳『狂えるオルランド』上、名古屋大学出版会、二〇〇一年、六一頁〉。

(44) 食事にさいして、一家の主人が客に与えたよりも上等のパンやワインを食したり飲んだりするあの不作法な習慣について、古代の著作家たちはしばしば言及しているが、しかしそれはその時代の礼儀作法のしるしとしてはごく普通のことなのである。ユウェナリス『諷刺詩』第五篇、プリニウス、第一四巻、第一三章を参照。〔大プリニウス『自然誌』（*Naturalis historia*）第一四巻、第一四章、九一、レーブ版〕。また、プリニウス『書簡』〔小プリニウス（六一—一一二?）〕、ルキアノス『貴人の館に雇われる者について』、『農神祭』（*Saturnalia*）等も参照。現在のヨーロッパには、そのような習慣を許すほど非文明的な地域はまず見当たらない。

(45) カーライル伯の『大使としての三カ国との外交関係』（*Relation of three Embassies*）を参照。〔初代カーライル伯爵（Charles Howard, 1629-1685）は、一六六〇年代にロシア、スウェーデン、デンマークのイギリス大使であった。ヒュームが言及している書物、『チャールズ二世陛下からロシア、モスクワ大公、スウェーデン王、およびデンマーク王に対する三カ国の大使との外交関係』（*A Relation of Three Embassies from His Sacred Majestie Charles II to the Great Duke of Muscovie, the King of Sweden, and the King of Denmark*, 1669）は、カーライルではなく、大使に随行したギュイ・ミエージュ（Guy Miège）によって書かれた〕。

(46)〔C—P版では次の通りである。「花と実がいつも結びついて対をなしていることは、植物のすべてにおいて観察できることである。またこれと同様なことは、あらゆる種に見られる」〕。

(47)〔C—O版では次のものが追加される。「私は自認せざるをえないが、私自身の独特の好みで会合を選ぶとすれば、それはむしろ、少数の選り抜かれた仲間からなり、理性の饗宴を静かに穏やかに楽しみ、陽気なものであれ、厳粛なものであれ、私の心に浮かぶあらゆる考えが妥当なものかどうかをはっきりさせることができるような会合となるであろう。しかしそのような楽しい会合に毎日出会えるわけではないので、種々雑多な人びとからなる会合で、女性がいなければ、それは最も退屈でおもしろ味のないものであり、感性と理知に欠けるだけでなく、陽気な気分も洗練された振舞いも味わえない会合であると、私は考えざるをえない。そのような会合から途方もない退屈を除きうるのは、大酒を飲むこと以外にはなく、これでは、治療の薬が当の病気そのものよりももっと悪いことになる」。

(48)［ギリシアの著作家、ルキアノスの主要な著作は、諷刺的な対話である」。〈Lukianos (120?-180) はギリシアの諷刺詩人。諷刺対話八〇余篇あり〉。

(49)［ホラティウスの『詩の技術』(*Ars Poetica*) 二七〇—七四行を参照。プラウトゥス (Plautus, 250?-184? B.C.) はローマの喜劇作家であった」。

(50)［C—P版では次のものが挿入されている。「名誉という問題、あるいは決闘という問題は、女性に対する心やさしい振舞いと同様に、近代に考え出されたものであり、これは一部の人によって女性に対する心やさしい振舞いと同じく礼儀作法の洗練に役立つとみなされている。しかし、それがどのように役立っているのか、私にははっきりとは分からない。会話のさいには、最もひどい不作法な人びととの間のもので、この奇怪な名誉に関する手の込んだきまりに従ってみたところ、決闘を引き起こしうるほどの不作法を帯びるということは通常ない。最も頻繁に見られるため、最も人に不快感を与えるような他のちょっとした不作法については、それが決闘という仕方によって矯正されうることなどけっしてありえない。しかし、名誉に関する問題をめぐるこうした考えはただ無用なだけではない。それは同時に有害なのである。名誉を重んじる人間を徳を重んじる人間から区別することによって、この上ない道楽者でさえ、最も恥ずべき最も危険な悪徳をしでかしているにもかかわらず、それでもなお自らにより頼む何かをもっており、自分の面目を保つことができているのである。彼ら道楽者は放蕩者で浪費家であり、彼らは借りた金はびた一文もけっして返さない。ところが彼らは名誉を重んじる人間であり、したがってあらゆる会合で紳士として迎えられるべきということになる。

　近代の名誉を構成している部分のうちには、道徳の最も本質的な部分、たとえば、誠実さや、約束を守ることや、真実を語ることが含まれている。アディスン氏が［『カトー』(*Cato*, 1713) 第二幕、第五場で、ヌミディア (Numidia) の若き王子］ユバ (JUBA) に次のように語らせたとき、彼の念頭にあったのは、こうした名誉の部分なのであった。

名誉心は聖なるきずな、王者の法、
高貴な心の紛れもない極致、
徳と出会えばそれを助け強め、
徳のないところでは徳の行いを手本とする、
それゆえ、名誉心をもてあそぶべきにあらず。

　これらの詩句は実に美しい。しかし、アディスン氏は、これらの詩句において、他の機会に彼がわが国の詩人の欠点として正当にも非難したことのある、詩句に含まれた見解における不適切さという欠点をもっているのではないかと思われる。古代の人びとにとっては、**名誉**を**徳**と区別して考えるということなどけっしてなかったことは確かである」］。

(51)［ユスティニアヌス (Justinianus I, 483-565) は五二七年から五六五年まで東ローマ帝国の皇帝であった」。

(52)［モリエール (Molière, 1622-1673) として知られるジャン・バティスト・ポクラン (Jean Baptiste Poquelin) はフランスの優れた喜劇作家であった」。

［8］Thomas Corneille (1625-1709) はフランスの劇作家。

（53）［『ペリクレス、テュロスの王子』（*Pericles, Prince of Tyre*, 1608）と『オセロ、ヴェニスのムーア人』（*Othello, The Moor of Venice*, 1604）はウィリアム・シェイクスピア（William Shakespeare, 1564–1616）の芝居である。『十人十色』（*Every Man in His Humour*, 1598）と『ヴォルポーネ』（*Volpone*, 1605）はベン・ジョンソン（Ben Jonson, 1572–1637）の芝居である］。

XV エピクロス派(1)

自分の最高の技芸と精励が、美においても価値においても自然が生み出した最もつまらないものにさえ及ばないということは、人間の虚栄心にとって屈辱である。技芸は下働きをする労働者にすぎず、自然という巨匠の手による作品にほんの二、三筆を加えるのに用いられる。絵画に描かれた衣服のある部分は彼が描いたものかもしれないが、彼はその人物像に触れることは許されない。技芸は衣服を作るかもしれない。しかし自然は人間を生み出すのである。

通常、芸術作品と呼ばれているこうした作品においてさえ、最も高尚な種類のものの主たる美しさは、自然の力と適切な影響力のおかげであることが分かる。詩人の生まれつきの優れた想像力に(2)、われわれはその作品のすばらしさを負っている。自然がどんなときであれ詩人を見捨てるなら(というのは自然は平等ではないからである)、最高の天分の持ち主でさえ叙事詩を投げ捨て、芸術の規則によって自然の霊感のみから生まれるはずのあの神々しい調和に達する望みを失う。空想力の適切な流れが詩の題材を美しく洗練することがなければ、その詩歌はなんと貧弱なものとなるであろう。

しかし、あらゆる空しい芸術的な企てのうち、厳格な哲学者たちが人為的な幸福(*artificial happiness*)の創出に取りくみ、理知や熟慮によってわれわれを喜ばせようとすることほど馬鹿げたものはない。新しい快楽を新たにつくり出した者にクセルクセス(3)が約束した褒賞金をなぜ誰も要求しなかったのか。おそらく、要求しなかったのは、彼らが自分自身のためにきわめて多くの快楽をつくり出したため、富を軽侮し、あの君主の褒賞金が彼らにもたらしうる楽しみを必要としなかったからである。実際、私が考えがちなのは、彼らはあれほど新しく珍しい嘲笑の対象を提供することによって、新しい快楽をペルシアの宮廷に提供したくなかったということである。理論に限定され、ギリシアの諸学派でおごそかに提供された彼らの空論は、その無知な弟子たちのうちに称賛を喚起しえたかもしれない。しかし、そのような原理を実践に移そうとする企ては、すぐさまその馬鹿らしさをさらけ出したことであろう。

あなたは理知によって、また芸術の規則によって私を幸せにすると言い張る。その場合、芸術の規則によって私を新しくつくり出さなければならない。というのも、私の幸福は私の元来の骨組みと構成にかかっているからである。しかし、あなたはこれらに変化をもたらす力に欠けており、また技巧にも欠けていると思う。あなたの英知よりも、自然の英知が劣っているとは私はけっして思わない。それゆえ、自然が非常に賢明に作り出した機械を自然に管理させてみよう。そうすれば、私がいじることでそれを駄目にしてしまうだけであることが分かる。

なんの目的のために、自然が私の内に植え込んだ原動力や原理を規制し、洗練し、あるいは活気づけると言い張るのであろうか。これは私が必ず幸福に至る道であるのか。だが、幸福には安らかさと満足、休息、快楽が含まれており、油断のなさや気苦労や疲労は含まれてはいない。私の身体の健康は、身体の働きのすべてが行われる手ぎわのよさにある。胃は食物を消化する。心臓は血液を循環させる。脳は精気を識別し純化する。これらすべてのことは私自身の意志とは無関係である。私の意志によってのみ、血液がその進路に沿って力強く流れ、血液を止めることができる場合だけ、私は私の感情や情念の経路を変えうるのだと思う。私の諸能力を働かせ、私の諸器官を動かすのに生来適していない物から快楽を得ようと努めても、それは空しいことである。私ははかない努力によって苦痛を私自身に与えるかもしれず、けっして快楽に達しないであろう。

だからわれわれ自身の内部でわれわれ自身を幸福にし、われわれ自身の思いを楽しませ、善行を行っているという意識に満足し、外部の物からの支援と供給のすべてを軽侮する空しい見せかけのすべてを取り除こう。これは**自負心**の声であり、**自然**のそれではない。そして、もしこの自負心でさえそれ自身を支えることができ、それがいかに憂うつなあるいは苛酷なものであっても、真の内的な（*inward*）快楽を伝えるものであればよかったであろう。しかしこの無力な自負心は外側（*outside*）を規制することができるだけである。そして無知な大衆をだますため、限りない苦痛と注意を払って哲学的尊厳を保つことができるような言語と表情をつくり上げる。心はしばらくの間、まったく喜びをもたない。そして精神はそのふさわしい対象に支えられることなく、最も深い悲しみと失意に沈む。みじめで哀れな人間！　なんじの精神はそれ自身の内部で幸福であれ！　精神は非常に大きな空虚さを満たし、なんじの身体的感覚と力能のすべての場を埋め合わせるのに、どのような力を賦与されているのであろうか。なんじの頭はなんじの他の器官がなくても存続できるのか。そのような状況のもとで、

それはなんと愚かな人間をつくることか、
ただ眠り、目ざめるほか何もしない。
What foolish figure must it make?(4)
Do nothing else but sleep and ake.

外的な仕事や喜びが奪われると、なんじの精神はこのような無気力、あるいはこのような憂うつに落ち込むに違いない。

それゆえ、私をこれ以上この激しい制約に縛りつけないでくれ。私を私自身の内部に閉じ込めないで、最も重要な喜びをもたらす物と快楽を私に指し示してくれ。しかし、高慢で無知な賢人のあなたに、なぜ私は幸福に至る道を教えるように望むのか。私自身の情念と意向を考慮してみよう。それらのうちに私はあなたのたわいのない議論でなく、自然の命令を読みとるに違いない。

だが見よ、私の願望に好意を示すかのように、神聖でやさしい**快楽**（PLEASURE）[5]、神々と人びとの至高の愛が私に向かって進んでくる。それが近づいてくれば、私の心臓は生来の熱で脈打ち、あらゆる感覚とあらゆる機能は喜びに溶ける。その間それは春のすべての飾りと秋のすべての宝を私のまわりに注ぐ。その声の調べは、美しい音楽で私の耳を魅了し、天と地に栄光を行きわたらせるほほ笑みとともに、私に美味な果実を授け、その饗宴に私を誘う。陽気なキューピッドはそのそばに仕え、芳しい翼で私をあおぎ、あるいは私の頭に甘美な香油を注いだり、あるいは泡立つ神酒を黄金色のゴブレットに入れて差し出したりする。ああ、私を永遠にこのばらのベッドで手足を広げさせてくれ。そして、この甘美な時が柔らかい綿毛のような足どりで過ぎ去ってゆくのを感じさせてくれ。だが残酷な運命よ！　あなたはそんなに早くどこへ飛んでゆくのか。なぜ私の燃えるような願望と、あなたが背負う快楽の重荷は、あなたの揺るがない足どりを妨げるのではなく、むしろ急がせてしまうのか。幸福を探し求めた私に、この心地よい休止を楽しむことを許されよ。あれほど長い間、あれほど愚かしい節制の苦痛のあと、こうした繊細な感情に飽くことを許されよ。

しかしそうはいかないであろう。ばらはその色合いを失ってしまった。果実はその香りをなくしてしまった。それについ最近、その香気があのような歓喜で私の感覚のすべてを酔わせてくれたあのうま酒は、いまや満喫した味覚を空しく求めている。快楽は私の無気力を見てほほ笑む。快楽は助けに来るようにと、姉妹の美徳を差し招く。陽気にはしゃぐ美徳は呼び声に気づき、私の多勢の陽気な友を全部連れてくる。歓迎、大いに歓迎、私のいつも愛する友よ、この木陰の休息所へどうぞ、そしてこのぜいたくな食事をどうぞ。あなたがここにいることがばらに色合いを取り戻させ、果実に香りを戻す。いまや再びこの陽気な神々の飲物が蒸発し、私の心のまわりにただよう。一方、あなたは私の喜びにあずかり、あなたの陽気な顔つきのうちに、あなたが私の幸福と満足から受ける快楽を発見する。同じものを私はあなたの幸福と満足から受け、あなたの楽しそうな存在に励まされ、もう一度饗宴を始めるであろう。その多大な喜びによって、私の感覚はほぼ満喫したのであった。一方、心は身体と足並みを揃えず、その伴侶である身体の過重な負担に休息をもたらさなかった。

諸学派の形式的な推論にまさるわれわれの愉快な議論のうちに、真の英知が見出される。われわれの好意的な愛の言葉のうちに、政治家や自称愛国者たちの空虚な議論にまさる真実の徳が姿を見せる。過去を忘れ、将来に心配することなく、いまこの現在を楽しもう。そして生きている限り、悲運や幸運の力を超えた善を見すえよう。明日は明日の快楽をもたらすであろう。あるいはもし明日がわれわれの虫のいい望みを失望させるならば、少なくともわれわれは今日の快楽を思い起こす喜びをもつであろう。

友よ、バックス[6]とその飲み騒ぐ者たちの粗野で耳ざわりな音が、この歓待を不意にじゃまし、われわれを彼らの乱暴で騒々しい快楽と混同することを恐れるな。陽気な詩神はわれわれを待ち受け、未開な荒野の狼や虎を穏やかにするに足る魅惑的な交響曲ですべての胸中に優しい喜びを吹き込む。平和と調和と一致がこの隠遁を支配し、沈黙は、われわれの歌声や、あるいはわが友の声の陽気な言葉によるほか、けっして破られることはない。

しかし、耳を傾けるがよい。詩神の寵児、優しいダモン[7]がライア〈ギリシアの七弦の竪琴〉を奏し、彼がその音色に彼の歌声を調和させたとき、彼自身を恍惚とさせるものと同じ幸福な空想の道楽をわれわれに吹き込む。「なんじ幸せな若者」と彼は歌う。「なんじ天の寵児よ[8]。陽気な春が青春のすべての栄光をあなたに注いでいる間、栄光がその迷わせるようなきらめきであなたを堕落させ、この楽しい季節、この人生の青春時代を冒険と危険のうちに過ごさせることのないようにしよう。英知があなたに快楽への道を指し示す。自然もまたあなたを誘い、あの平坦で花の咲き乱れる道へと導く。あなたはそれらが命じる声に耳をふさぐのか。あなたはそれらの甘い誘惑に心を閉ざすのか。ああ、惑わされた人びとはこのようにして青春を失い、このようにして非常に貴重な贈りものを投げ捨て、亡びゆく祝福をもてあそぶのだ。あなたの償いをよくよく考えてみるがよい。あなたの誇り高い心を魅惑し、あなた自身の称賛であなたを誘惑するあの名声をよく考えてみよう。その名声はこだま、夢であり、いや、風が吹けば消散し、無知で無分別な大衆がささやくあらゆる声によって失われる夢の影である。死があなたから名声を奪い去ることすら怖れることはない。しかし、見よ、あなたがまだ生きている間に、中傷があなたから名声を奪い去るであろう。また無知が名声を忘れさせ、自然もまた名声を楽しまない。あらゆる快楽を断念する空想だけが自身と同様に、空虚で不確かなこのはかない償いそれ自体を受けとめるのである」。

このようにして、時間が気づかないうちに過ぎ去り、すべての感覚の快楽と、調和と友情のすべての喜びをその陽気な列に導く。ほほ笑む天真らんまんさが行列の最後尾につく。そして彼女がわれわれの恍惚とした目にうつる間、彼女はその場面の全体を潤色し、これらの快楽が過ぎ去ったあと、それらがほほ笑みながらわれわれの方へ進んでいたときと同じく、快楽を見てうっとりとさせるのである。

しかし、日が水平線の下に沈み、静かに忍び寄る暗闇がすべての自然を森羅万象の影のなかに埋めてしまった。「喜べ、わが友よ、食事を続けるか、それとも、それをやさしい休息に変えるとよい。私はそこにいないけれども、あなたの喜びやあなたの静穏はなお私のものだろう」。「ではあなたはどこへ行くのか。どんな新しい快楽がわれわれの社交からあなたを呼んでいるのか。友達がいなくて何か快いものがあるのか。われわれがともに享受することがない何かが喜びをもたらすことなどあるのだろうか」。「そうだ、わが友よ。私がいま探し求めている喜びはあなたの参加を許さない。ここだけは私はあなたの不在を望む。またここだけに私はあなたたちとの社交を失ったことに対する十分な償いを見出すことができる」。

しかし、私が、私のまわりに真っ暗闇を広げる茂った深い森の陰をそれほど奥へと進まないうちに、暗がりの先に美しい女主人、カエリア（CÆLIA）の姿を見つけた。私の意中の人である彼女はせっかちに森をさまよい、約束の時間より先に到着し、私の遅れた足どりにそっと小言を言う。しかし彼女が私の存在から受ける喜びは、私の言い訳の最善の抗弁となる。そしてあらゆる不安な思いと怒りのすべてを消散させ、たがいの喜びと歓喜以外のものを消失させる。私の愛しい人よ、どんな言葉で私は自分の優しさを表現し、いま私のうっとりとした胸のうちを温めてくれる感情を描き出そうか！　言葉はあまりにも弱々しくて私の愛を描出できない。そして、ああ！　もしあなたがあなたの内にこれと同じ燃えるような情熱を感じないのなら、その正確な考えをあなたに伝えようとする努力は空しい。しかしあなたのあらゆる言葉、あらゆる振舞いは十分この疑いを取り除いてくれる。同時にそれらはあなたの情念を表し、また私の情念を燃え上がらせるのに役立つ。この孤独、この沈黙、この暗闇はなんとやさしいものか！　いまやうっとりとした魂を悩ますものは何も存在しない。思考と感覚はわれわれ相互の幸福だけで満たされた状態に精神を完全に保ち、だまされた人間が他のあらゆる楽しみのなかにはかなく探し求める快楽を伝えてくれる。

しかし、涙があなたの紅潮したほほを濡らすとき、なぜあなたの胸はため息をもらすのか。[9] なぜあなたの心はそのようなくだらない不安に惑うのか。なぜそんなにしばしば私に「私の愛はまだどれほどもつのでしょうか」と問うのか。ああ、私のカエリアよ、私はこの問いを解決できるのか。「私の命がまだどれほどもつのかを私が知っているのか」。しかし、これもまた、あなたのやさしい胸の内をかき乱すのだろうか。そしてわれわれのはかない運命が永久にあなたに与えるイメージはあなたの最も陽気な時にも失望を投げかけ、愛が喚起する喜びさえ毒するのか。むしろよく考えてみるがよい。もし命がはかないものであれば、もし青春がつかの間のものであれば、われわれは現在の瞬間をうまく使い、これほど滅びやすい存在のどの部分も失うべきではない。にもかかわらず、わずかな瞬間が過ぎるとこれらの部分は、もはや存在しないであろう。あたかもわれわれが存在しなかったかのようになるであろう。われわれの記憶はこの世に残ることはない。また、地上の架空の日陰さえ、われわれに住みかを与えることはなかろう。われわれの無駄な不安、われわれの空しい企て、われわれの不確かな思索はすべて飲み込まれ、失われてしまうであろう。すべての事物の第一原因に関して現在われわれがもっている疑問は、ああ、けっして解決されないに違いない。これだけは確かなことだが、もしある支配的な精神が統括しているとすれば、彼は、われわれがその存在の目的をかなえ、そのためにだけわれわれが創造されたあの快楽を享受するのを見て喜ぶに違いない。こう考えてあなたの不安な思いに安心を与えよう。だがしかし、このことをいつも考えることによって、あなたの喜びをあまり重大なものと考えるな。愛と浮かれ騒ぎに無限の自由を与え、くだらない迷信による疑念のすべてを取り除くために、この哲学を知ることは一度で十分である。しかし愛しい人よ、青春と情熱がわれわれの切なる願望を鼓舞する間、われわれはこうした恋の愛撫に混ぜ合わせるためのもっと陽気な論題を見つけねばならない。

（1）すなわち、優雅で愉快な人（*The man of èlegance and pleasure*）。これと以下の三篇のエッセイが意図するのは古代の哲学派の主張を正確に説明するというよりは、この世で自然に生じ、人間生活と幸福に関するさまざまな考えを抱く諸学派の見解を述べることである。私はそれらの学派の各々に、それが最も類似している哲学上の学派の名称を与えた。

（2）［C—D版までの諸版では「エストルム（*Oestrum*）やウェルウェ（*Verve*）」、K—P版では「エストルムあるいは生まれつきの熱情」］。

（3）［クセルクセス一世（Xerxes I）。この前四八六年から四六五年のペルシア王は、前四八〇年のギリシアに対する侵略の失敗で最もよく知られる］。

（4）［これらの詩句の出所と著者をつきとめることはできなかった。八音節の二行連句〈続いた二行の詩句で、同じ却韻をもち、同類の音節からなるもの〉は、一八世紀にはヒューディブラスティック（*Hudibrastic*）として知られた諷刺詩の文体で広く用いられた。その手本はサミュエル・バトラー（Samuel Butler, 1612-1680）〈イギリスの諷刺詩人〉の『ヒューディブラス』（第一部、一六六三年、第二部、一六六四年、第三部、一六七八年）であった。Richmond P. Bond, *English Burlesque Poetry: 1700-1750* (Cambridge: Harvard University Press, 1932), pp. 145-54を参照］。

（5）ルクレティウス『事物の本性』（*Dia Voluptas*）［“... divine pleasure.” 第二巻、一七二行］。

（6）［バックスはディオニュソスの別名で、植物とワインの神。彼の教徒たちはしばしば抑制されない感情に身を任せた］。

（7）［この名はおそらくウェルギリウスの『牧歌』（*Eclogues*〈Eclogae〉no. 8）から引かれたものであろう。そこでは、やぎ飼いのダモンが悲劇的な結末をもつ恋歌を歌っている］。

（8）タッソにおけるセイレネス（SYREN）の歌の模倣。

“O Giovinetti, mentre APRILE & MAGGIO
V'ammantan di fiorité & verde spoglie,” &c.

『エルサレムの解放』第一四歌

［タッソ『エルサレムの解放』（*Giuresalemme liberata*）第一四歌、六二。「なんじら幸せな若者、四月の清新なときと五月／元気旺盛な年齢の湧き出る緑」等々。Edward Fairfax（1600）による訳（Carbondale: Southern Illinois Press, 1962）］。〈Torquato Tasso（1544-1595）はイタリアの叙事詩人。『エルサレムの解放』（一五八〇年）は叙事詩の名作とされる〉。

（9）［C版では「われわれの激しく乱れた喜びのあと」とある］。

XVI　ストア派[1]

人間と他の動物に関しては、自然の振舞いに以下のような明白で重要な相異点がある。すなわち、人間には崇高で神聖な精神が賦与され、優れた存在との類似性が与えられているので、自然はこのような高尚な能力が眠ったままでいたり、あるいは怠惰なままになるのを許さず、必要に応じて問題が生じる度に必ず、その最大限の技巧（*art*）と勤労（*industry*）を用いることを人間に迫る。獣は必要な物の多くを自然によって満たされ、この慈悲深い万物の守護者により衣服を当てがわれ、武装している。したがってあるとき、彼ら自身の勤労が必要になった場合には、自然は本能を植え込むことによって、彼らに技巧を与え、誤りのない教えによって望ましい結果へと彼らを導く。しかし、人間は裸と窮乏にさらされ、その無力な状態から、両親の注意と用心のもと、ゆっくりと立ち上がり最大限の成長と完成を達成し、彼自身の注意と用心によって、ようやく生存できる能力に達する。あらゆるものが熟練と労働に対して売られる。したがって自然が材料を提供する場合、常に活発で気のきいた勤労がそれらの材料を自然のままの状態から洗練し、人間の利益と便宜にかなうようにするまでは、それらは粗野で未完成なものである。

　したがって、ああ人間よ、自然の慈愛に感謝するがよい。というのは、自然はなんじに必需品のすべてを満たすためのあの知性を与えてくれたからである。しかし感謝という偽りのうわべのもとで、怠惰になんじを自然の贈物に満足して休息するようにと説得させてはならない。なんじは食物として生の草を食べ、大空を隠れ場所とし、荒野の飢えた動物から身を守るのに石やこん棒に頼る状態に戻りたいのか。それなら、未開な習慣と、おく病な迷信と、野蛮な無知にも戻るがよい。そして動物の状態を称賛し、浅はかにもそのまねをし、その動物以下に身を沈めるがよい。

　なんじに技巧と知性を与えたなんじの守護者たる自然は、世界の全部をこれらの能力を用いる材料で満たしてくれた。自然の声に耳を傾けるがよい。それは、なんじ自身もなんじの勤労の対象であること、そして技巧と注意によってのみ、世界のなかでなんじをしかるべき地位へと上昇させるあの能力を得ることができることを非常に明白に告げているのである。この職人を見るがよい。彼は自然のままのぶかっこうな石を立派な金属に変え、その金属を巧みな手腕で型に入れて、いわば魔術を用いたかのように、身を守るためのあらゆる武器やあらゆる便利な道具をつくり出す。彼がこの技巧を得たのは自然からではない。使用と実践が彼にそれを教えたのである。だから、もしなんじが彼の成功をうらやむのならば、彼の勤勉な足どりに続かねばならない。

しかしなんじが野心をもって（*ambitiously*）身体上の力や能力の完成を熱望する一方で、なんじは卑劣にも（*meanly*）自らの精神を軽んじ、馬鹿げた怠慢から、自然の手から届けられた精神を自然そのままの未開な状態に放置するのか。そのような愚かさと怠慢は、およそ理性的な存在にはほど遠いものである。もし自然がその贈り物と賦与において質素であれば、その欠陥を補う技巧がもっと必要になる。たとえ自然がおおらかで寛大であったとしてもなお、自然はわれわれの側の勤労と努力に期待し、われわれの怠慢な亡恩に比例して報復する。最も豊かな天分といえども最も肥沃な土地と同様、手入れされなければ、伸び放題の雑草が生え、人を楽しませて役に立つぶどうの木やオリーブでなく、有毒な作物をどっさり、その怠慢な所有者にもたらすことになる。

人間のすべての勤労の大きな目的は幸福の達成である。このために技巧が考案され、学問が促進され、法が制定され、愛国者と為政者の最も深遠な英知によって社会が形成される。四大元素〈地、水、風、火〉の苛酷さと野獣の猛威にさらされる孤立した未開人でさえ、こうした存在の大目的を片時も忘れはしない。彼は生活上のあらゆる技巧について無知ではあるが、それでもそうした技巧のすべての目的を心にとどめており、自分が囲まれている暗闇のただなかにあって熱心に幸福を探し求める。だが、最も野蛮な未開人は、法の保護のもとに勤労が新しくつくり出したあらゆる便益を享受する洗練された市民に劣るが、同様にこの市民自身もまた、自分の欲望を支配し、情念を抑制し、理性によってあらゆる欲求の追求と享受に公正な価値を置く有徳の人や真の哲学者に劣っている。というのは、あらゆるものの達成には、技巧と徒弟としての訓練が必要ではないか。そして、この主要な関心事においてわれわれを導く生活上のわざや、規則や考えはないのか。熟練なくして個々の楽しみを得ることができるのか。欲求や本能の盲目的な導きによって、熟考や知性なしに全体は規制されうるのか。確かにその場合、このことがらにおいてなんら間違いは犯されない。しかし、いかに放らつで怠慢であっても、各人は、全能の神の手に統べられた天体が天上の平地を運行するさいに守る誤りのない動きで、幸福の追求に取りかかる。しかし、もし誤りをしばしば犯さざるをえないならば、これらの誤りを心に銘記しよう。そしてその原因を考え、その重要度を評価し、その対策を探究することにしよう。これによってわれわれが行動の規則のすべてを決めたとき、われわれは哲学者となる。われわれがこれらを実践のための規則としたとき、われわれは賢人となる。

付随的な仕事をする多くの職人のように、ある機械の車やバネの一部を製作するために雇われる人びとがいる。そのような人びとは生活上のすべての個々のわざにおいて優れている人たちである。これらのいくつかの部分を一緒にし、それらを正しい調和と比例に従って動かし、それらが協動する秩序の結果として真の幸福をつくり出す人こそが親方職人である。

なんじがそのような魅惑的なものを念頭に置く限り、なんじの目的の達成に必要な勤労と配慮は、およそやっかいで耐えがたいと思われるであろうか。この労働そのものはなんじの熱望する幸福の重要な要素であり、疲労と勤労によって楽しみが得られない場合、あらゆる楽しみはすぐ無味乾燥なものとなり気に入らなくなることが分かるであろう。頑健な猟師たちが綿毛でつくったソファから起き上がり、まだ重いまぶたを下げさせている眠気を追い払い、あけぼのの女神（*Aurora*）が燃えるような衣で空を覆う前に、森へ急ぐのを見るがよい。彼らは自分自身の家をあとにし、近くの平原で、その肉が最も美味な食物を与えてくれ、致命的な一撃に自らを捧げようとするあらゆる種類の動物を追う。勤労にはげむ人は、楽して何かを手に入れることを軽侮する。獲物は彼の探索から身を隠し、彼の追求をかわし、彼の暴力から身を守ろうとする。彼は獲物を探し求めるが、好機がおとずれると、彼は精神のあらゆる情念と肉体のあらゆる部分を駆使し、その後、彼は休息の魅力を見つけ出し、歓喜とともに休息の喜びと従事した労働の喜びとを比べるのである。

そして、力強い勤労は、われわれの骨折りからしばしば逃れるごくつまらない獲物の追求にさえ喜びを与えることができるのではないか。また、同じ勤労によって、われわれの精神を錬磨し、情念を和らげ、理性を啓発し、気持ちよく仕事をすることができないであろうか。その間、日ごとに自らの進歩を感じ、新しい魅力に絶えず輝くわれわれの内面と表情を見ることができるであろう。この無感動な怠慢を自らただすことから始めよ。この仕事は難しいことではない。誠実な労働の楽しみをただ味わえばよい。あらゆる追求の公正な価値を引き続き学ぶがよい。長期にわたる学習は必要ではない。一度だけでも、精神と肉体、美徳と財産、栄光と快楽を比べてみよ。そうすれば、勤労のもつ長所が分かるであろう。

あなたはばらのベッドから得る休息を空しく探し求めるのか。そして、最も美味なワインと果物から得る楽しみを空しく望むのか。あなたの怠慢自体が疲労となる。あなたの快楽自体が嫌悪感を生み出す。鍛えられていない精神はあらゆる喜びに退屈さと忌まわしさを見出す。そして不健全な気質で満たされた肉体が、病の苦痛の増加を感じる前に、あなたのより高貴な部分は襲いくる害悪を感じとり、その不安を新しい快楽によっていたずらに和らげようとする。しかし、その快楽もまた致命的な病を悪化させるものなのだ。

言うまでもないが、一層熱心に快楽を追求することによって、あなたは幸運と偶然にますます身をさらし、偶然が一瞬にしてあなたから奪い去ってしまうような外的な物に愛情を傾ける。あなたの寛大な運勢の星たちは、あなたになおも富と財産の喜びを与えることと私は思う。私は次のことを証明してみせよう。あなたはぜいたくな快楽の最中でさえ不幸なのだ。そして放縦に耽るあまり、あなたは運命があなたに所有を許したものすらも楽しむことができないのである。

しかし、確かに運命の不安定さは見逃したり軽視したりできない考慮すべきことである。幸福はおそらく、安全のないところでは存在することができないであろう。運命が支配権を握るところでは、安全が占める場はない。あの気の変わりやすい運命の女神があなたに怒りを発することはないはずであるけれども、女神の怒りへの恐れはなおあなたを苦しめ、あなたの眠りを妨げ、夢の中につきまとい、あなたの最も美味な祝宴の喜びを台無しにすることになろう。

英知の神殿は、四大元素の争いのような怒りが及ばず、また人間のすべての悪意が近づきがたい岩の上に鎮座する。雷鳴はその下で鳴り響き、人間の激情のもっと恐るべき道具はこれほど高尚な高さには届かない。あの澄み切った大気を吸う賢人は、真実の人生の路を無分別に求め、真の幸福のために富や貴族の身分や名声や権力を追い求める人間の誤ちを、同情の入り交じった喜びで見下ろしている。彼が心にとどめる大部分ののは人間の愚かな願いを裏切った。いったん自分たちの願望する物を手に入れながら、それが嫉妬深い運命によって奪い取られたと、嘆く者もある。また、彼ら自身の願いが叶えられたにもかかわらず、それが幸福を彼らに与えてはくれず、取り乱した精神の不安を和らげてくれないと、すべての者が嘆く。

しかし賢人は常にこうした哲学的無関心のうちに身を守り、人類の救済に自らけっして従事することなく、彼らの悲惨を嘆くことに満足しているのであろうか。彼は絶えずこの厳正な英知にふけるのか。その英知は人間の偶然を超えた高みへと彼を上昇させたふりをすることによって、実際のところ彼の心を非情にし、人類や社会の利益に無頓着にするのではないか。いや、そうではない。この陰うつな無関心（*Apathy*）には真の英知も、真の幸福も見出しえないことが彼には分かっている。彼は社会的愛情の魅力をあまりにも強く感じすぎるため、それほど甘美で、それほど自然で、それほど有徳な性質に反することができない。涙に濡れて彼が人類や国や友人たちの悲惨を嘆き、援助を与えることができず、ただ同情によってのみ彼らを救うことができる場合でさえ、それにもかかわらず彼はおおらかな気持ちで喜び、最も夢中になった感覚の満足さに劣らない満足を感じる。人間らしい感情に深く関係しているため、それらの感情は悲しみの顔そのものを晴れやかにし、薄暗い雲や降る雨に輝いて、それらに自然界の全体に見出されるべき最もけんらんたる彩色を施す太陽のような仕事をする。

しかし、社会的美徳がその活力を現すのは、ここだけではない。それらにどんな要素を混ぜようとも、それらの美徳はなお支配的である。悲しみが美徳を圧倒できないように、感能的な快楽は美徳を曖昧にすることはできない。どんなに激しく乱れても、愛の喜びは同情や愛情のようなやさしい感情を払いのけることはない。愛の喜びは、あのおおらかな情念から主要な影響力を引き出しすらする。そして愛の喜びだけが与えられた場合にも、不幸な心に疲労と嫌悪のほか、何も与えない。この陽気な道楽者を見るがよい。彼は酒と陽気な集まり以外のすべての快楽を軽侮すると言う。火が燃え広がる前に、火から火花を切り離すように、彼をその仲間から引き離してみよう。そうすれば、彼の活発さは突然消え失せる。そして喜びを与える他のあらゆる手段に囲まれているというのに、彼はぜいたくな宴会を嫌い、最も抽象的な研究や推論さえ一層心地よく面白いものだと思うようになる。

しかし、社会的情念があらゆる世俗的な混ぜものを払いのけて、有徳な感情と結びつき、称賛に値する立派な行為をわれわれに促すときほど、その情念が我を忘れるほどの快楽を与え、**神**と人のいずれの目にも栄光に満ちた姿が現れるときはない。調和した色彩が仲よく結びつくと、相互に輝きを与えたり受けたりするのと同様に、人間精神のこうした高貴な感情も同じ働きをする。親の愛情のうちに自然の勝ち誇りを見るがよい。どんな利己的な情念や、どんな感能的な喜びがそれに匹敵するであろうか。人は自分の子孫の繁栄と美徳に大喜びしたり、あるいは最も険悪で大きな危険があっても彼らの援助に駆けつけるのではないか。

おおらかな情念の純化をなおも続けると、あなたはさらにその輝く栄光を称賛するようになるであろう。心の調和と、相互の尊敬と感謝に基づく友情に、なんというおおらかな魅力があるのか。悩む人を救い、苦しむ人を慰め、倒れた人を起こし、残酷な運命の進行を妨げ、善良で有徳な人間を侮辱する点で、さらにもっと冷酷な人間の暴走を止めるのは、なんと喜ばしいことであろうか。しかし有徳な実例によってか、あるいは賢明な勧告によって、われわれ人間がその情念を抑えるように教えられ、自らの悪徳を変え、自身の胸中に住まう最悪の敵を克服するとき、悲惨だけでなく、悪徳に対する勝利にもなるのだが、これにはなんという至上の喜びがあろうか。

しかしこれらの目標は人間の精神にとってはなおあまりにも狭い範囲に限定されている。人間の精神は神聖な起源をもち、最も神のような、最も拡大された愛情に高まり、親族や知人を超えて愛情を注ぎ、利他的な願望を最もかけ離れた後代の人びとにまで広げる。人間の精神は自由と法を人間の幸福の源と見て、それらの後見と保護に最もすすんで身を捧げる。労苦や危険や死は、われわれが公的な善をなすためにそれらを顧みることのないとき、そしてわが国の利益のために高貴な犠牲となった人物を称えるときに魅力を帯びる。寛大な運命が自然への負債を美徳に支払い、さもなければ、残酷な必然によって奪われたに違いないものを高貴な贈り物にすることを寛大な運命が許した人は、幸いである。

真の賢人と愛国者には、人間本性を特徴づけるもの、あるいは死すべき人間を高尚にして神に類似させるものが結びついている。最もやさしい慈愛心や最も不屈の決断、最も敏感な感情や最も高尚な徳の愛、これらのすべてが相次いで彼の恍惚とした胸中を生き生きとさせる。彼が心の内部に、最も荒れ狂う情念が正しい調和と一致に調子を合わせ、あらゆる耳ざわりな音がこの魅惑的な音楽から追い払われるのを見出せば、なんと満足なことであろう。もし活気のない美についての黙想でさえ非常に楽しいのであれば、もし、その美しい外見がわれわれにななじみのないときでさえ、その美が感覚をうっとりさせるならば、道徳的な美しさの効果は果たしてどんなものであろうか。そしてその道徳的な美がわれわれ自身の精神を美しくし、われわれの熟慮と勤労の結果である場合には、どのような影響力をもつに違いないことか。

「しかし、美徳の報酬はどこにあるのか。そして、われわれがしばしばそうしなければならない、生命と財産のような重大な犠牲に対して、自然はどのような償いを与えたのか」。おお人類よ！　なんじはこの神聖な女主人の価値を知らないのか。またなんじは、彼女の本当の魅力に気づくとき、神から彼女に割り当てられたものはなんであるのかを十分問うていないのではないか。しかし、自然は人間の弱点に寛大で、このお気に入りの子供を、裸のまま、才能を賦与しないままにはしなかったことが分かる。自然は最も豊かな持参金とともに美徳を準備した。しかし、その価値の誘惑が神聖な美の生来の価値に気づかない求婚者を招き寄せないようにと警戒して、自然は賢明にも、この持参金が既に美徳の愛によって我を忘れている人びと以外には、なんの魅力ももちえないように前もって準備したのであった。**栄光**は美徳の分け前であり、名誉ある骨折りの甘美な報償であり、私欲のない愛国者の思慮深い知性や勝利に意気揚々とした戦士のくすんだ額を覆う勝利の王冠なのである。これほど気高い賞により鼓舞されて、有徳の人は、すべての快楽の誘惑とすべての危険の脅迫を軽侮して見下す。死そのものも、その支配が彼の一部に及ぶだけであり、死と時間と、四大元素の猛威と、人間のかかわることがらの果てしない移り変わりにもかかわらず、彼が子々孫々の間に不滅の名声を得ることを考えるとき、その恐ろしさを失うのである。

世界を統括する存在は確かにあり、その存在ははかり知れない英知と力をもち、不協和音を奏でる万物を正しい秩序と調和に戻す。思弁的な推理家に、この慈悲深い存在がどこまでその配慮を広げるのか、また、それは美徳にその正当な償いを与え、美徳に完全に勝利させるために墓場を超えてわれわれの存在を引き伸ばすかどうかについて議論させるとしよう。有徳な人は、この非常に疑わしい問題を解決することなく、万物の至高の配置者によって自分に予定された役割に満足する。彼は自分のために備えられたその後の償いをありがたく受け入れる。しかし、もし落胆することがあっても、彼は徳を空しい名声とは考えず、まさにそれをそれ自身の償いとみなし、自分を創造することによって、そのような貴重なものを獲得する機会を自分に与えた創造主の恵み深さをありがたく認めるのである。

（1）すなわち、活動力と美徳をもつ人。

XVII プラトン派①

人類はすべて同じ本性をもち、同じ才能を賦与されているが、追い求めるものや性向において非常に大きく異なっており、ある人が、他の人によって盲信的に追求されていることがらを激しく非難することは、ある種の哲学者たちにとって驚くべきことと思われる。ある人は時が異なるとまったく別人のようになり、以前に自分の誓いや願望のすべての目標だった物を手に入れたあとに、それを軽侮して拒否することは、ある種の人たちにはなおもっと驚くべきことと思われる。私には、人間の行為におけるこうした落ち着かない不安定さや優柔不断はまったく避けがたいことと思われる。至高の存在とその働きを熟考するためにつくられた合理的人間は、一方で感覚的な快楽や民衆の拍手喝采という下品な追求に拘束されている間、静穏や満足を楽しむことができない。神は歓喜と栄光の果てしない大海原である。人間の精神は、まずこの大海から発生し、放浪する間に大海に戻ることを求めるものの、完成というあの無限の広がりのうちに道に迷う小さな流れである。こうした自然の成り行きのなかで悪徳や愚かさによって妨げられると、人間の精神は激しく激怒するに至り、激流に膨れ上がり、恐怖をまき散らし、隣接する平地を荒らす。

空しいことに、誇大な言葉や熱烈な表現によって、各人は自分自身の追求を推挙し、だまされやすい聞き手に自分の生活と習慣をまねるように求める。その心は表情に背き、最も成功している最中でさえ、あらゆる快楽の不満足な性質が心をその真の目標に到達させないことを敏感に感じる。快楽を享受する前の官能的な人を検討すれば、彼の願望の強さや彼の目標の重要性が分かる。彼の幸福のすべてが、あの思考の性急さだけから生じていることが私には分かる。それが彼を自分自身から引き離し、彼の目を罪の意識と悲惨からそらす。すぐのちの彼を考えれば、彼はいまや、あさはかにも追い求めた快楽を楽しんだのである。彼の罪の意識と悲惨の感覚は、倍の苦痛を伴い彼に返ってくる。彼の精神は恐怖と後悔に苦しみ、彼の肉体は嫌悪と倦怠で沈んでいる。

しかし、もっと堂々とした、少なくとももっと高慢な人物が大胆にもわれわれの非難の前に姿を現す。そして哲学者や道徳家の称号を装い、最も厳格な尋問を受けると申し出る。彼は隠してはいるものの、明らかな性急さで、われわれの是認と拍手喝采に挑む。そしてわれわれが彼の美徳を称賛し出す前に一瞬ためらう過ちを犯したことに傷ついたようだ。この短気さを見て、私はさらにためらう。私は彼の見せかけの美徳の目的を探りはじめる。しかし見るがよい！　私がこの検討に入る前に、彼は私から急いで立ち去る。そしてあの愚かな聴衆の群れに語りかけ、愚かにも、堂々とした見せかけによって彼らをだますのである。

おお哲学者よ！　なんじの英知は空しく、なんじの徳は無益である。なんじは、なんじ自身の良心の純粋な沈思や、あるいは万物を見通す目で世界を見通すあの存在のもっと純粋な称賛ではなく、人びとの無知から生じる拍手喝采を求める。なんじはなんじの言い張る誠実の偽りを確かに意識しているが、一方では自分自身を市民、息子、友と呼び、なんじの君主、真の父、最大の恩人を忘れている。あらゆる善なるものや価値あるものがそこに由来するという、無限の完成に帰すべき崇敬はどこにあるのか。なんじを無から呼び出し、なんじを仲間とのこうしたすべての関係のうちに置き、それぞれの関係の義務を果たすことを求め、なんじが最も緊密なきずなによって結びつけられている最も完全な存在に負っているものを忘れないように、なんじに命じているなんじの創造主に対する感謝はどこにいったのか。

しかしなんじは、まさになんじ自身の偶像である。なんじはなんじの想像上の（imaginary）完成を拝む。あるいはむしろ、なんじの真の（*real*）不完成に気づいているので、なんじはこの世をだまし、無知な崇拝者を増やすことによって、なんじの空想を満足させることだけを求めている。このようにして、世界における最も優れたものを無視することに満足しないだけでなく、なんじは最も下品で卑しむべきものを、それに置き換えようと欲している。

人間の手になるすべてのわざ、なんじがその明敏さに感動する、人間の知恵が発見したすべてのものを考察してみよう。そうすれば、最も完全な産物はいまも、最も完全な思考から生まれること、さらに、われわれは調和のよくとれた立像の優雅さや、あるいは高尚な大建築物のもつ対称性を称賛するけれども、われわれが称賛するのは**精神**だけであることが分かる。彫刻家や建築家の姿はいまなお目に見える状態で現れ、形を与えられていない物質のかたまりから、そのような表現と調和を引き出しうる彼の技巧と工夫の美をわれわれに考えさせる。この優れた思考と英知の美しさをなんじ自身は認めるが、同時になんじはその行為のうちに愛情の調和、感情の気高さ、主にわれわれの注目に値するすべての優雅なものを観賞するようにわれわれを招く。しかし、なんじはなぜそこで立ち止まるのか。なんじは価値あるものをなぜさらに求めないのか。美と秩序に対する熱狂的な拍手のただなかで、なんじは最も完成された美、そして最も完全な秩序を見出すべきところを知らない。技巧のわざと自然のわざを比べるとよい。技巧は自然がつくり出したものの模倣にすぎない。技巧が自然に近づけば近づくほど、それは一層完全とみなされる。しかし、それでもなお最も近づいたところで、依然として両者はいかに大きく離れていることか。また両者の間にいかに大きな隔たりが見られるであろうか。技巧は自然の外側だけを写しとり、内的でもっと立派な根本と原理を、自然の模倣を超えるものとして、自然の理解を超えるものとして、そのままに放置していないか。技巧は、自然の原型という見事な製作物がもつ驚くべき雄大さと壮麗さに至ることを断念し、自然の些細な産物のみを模倣する。ではわれわれは、世界の精巧できわめて膨大な仕掛けのなかに知性と計画《デザイン》を発見できないほど盲目なのであろうか。われわれは、果てしない善と賢明さをもつあの知的存在を瞑想するときに、崇拝と敬愛がもたらす最も熱烈な歓喜を感じることができないほど盲目なのか。

最も完全な幸福は確かに、最も完全なものを沈思黙考することから生じるに違いない。しかし、美や徳以上に完全なものとはなんであろうか。また、世界の美に匹敵する美をどこに見つけることができるだろうか。すなわち、神の慈しみと正義に比べうる美徳はあるのか。もしも、こうした沈思黙考の楽しみを減らすことができるものが何かあるとすれば、それはこれらの美と完成の大部分をわれわれから隠すわれわれの能力の狭さか、それとも、それらをわれわれに教えるのに十分な時間を許さないわれわれの生涯の短さのいずれかに違いない。しかし、もしわれわれがこの世で与えられている才能を十分に発揮することによって、われわれを創造主に対してよりふさわしい崇拝者へと導くために、その能力が別の存在状態で拡張されるであろうということは、われわれにとっての慰めとなる。そして、けっして終わりえないこの仕事は永遠の仕事となるだろう。

（1）すなわち、黙想し、哲学に専心する人のことである。

XVIII　懐疑派

私は長い間、すべての問題に対する哲学者たちの決定に疑念を抱いてきた。だから彼らの結論に同意するよりも、反論したい気持ちを大きくもつようになった。彼らがほとんど例外なく犯しやすい一つの間違いがある。すなわち、彼らはあまりにも原理の範囲に閉じこもり、自然がそのすべての働きにおいて大いに愛好してきたあの大きな多様性をなんら説明していないということである。ある哲学者がおそらく多くの自然的結果を説明するお気に入りの原理をひとたび手に入れると、彼はその同じ原理を創造物全体にまで広げ、最も乱暴で馬鹿げた推論によって、あらゆる現象をその同一の原理に帰してしまう。われわれ自身の精神は狭量なため、われわれは自然のもつ多様性や広がりにまで考えを広げることができない。われわれは、われわれの思索が制限されているのと同じように、自然の働きもまた大いに制限されているのではないかと想定してしまうのである。

しかし、もしかりに哲学者のこうした弱点がある機会に疑われるならば、その弱点は人間の生と幸福に至る方法とに関する彼らの推論にある。その場合、彼らはその理解力の狭さによるだけでなく、情念の狭さによっても迷い込むのである。ほとんどあらゆる人には、支配的な心の傾向というものがある。それにはその人の他の諸々の欲望と感情が従い、おそらく少し合間をおいてだが、その傾向は全生涯にわたって彼を支配することになる。彼にとってはまったくどうでもよいように見えるものが他の誰かに喜びを与えうることや、あるいは彼の考察をまったく免れる魅力をもちうることを彼は理解できない。彼自身の追求は常に彼の判断においてのみ最も魅力的なものとなる。すなわち、彼の情念の対象こそが、最も価値あるものである。したがって、彼の追求する道であり、彼を幸福に導く唯一の道なのである。

しかし、もしこれらの偏見にとらわれた推論家たちが少し考えてみるならば、自らの迷いを覚まし、その原理原則を広げさせるに足る数多くの明白な実例や議論があることが分かるであろう。彼らは人類がもつ心の傾向と追求の対象に大きな多様性を見ないのであろうか。各人は自分自身の人生に十分満足していると思われるならば、その人生が自らの隣人の人生によって制限されるのは最大の不幸だと思うのではないか。性向の変化によって、ある時に快を与えるものが別の時には不快に感じるということが分からないのであろうか。そしてまた、いまではどうでもよいかあるいは不快と思えるものに、以前は魅力を与えていた趣味を思い出すことが、いくら努力をしても彼らにはできないということを、自ら感じないであろうか。したがって、都市での生活か田舎暮らしか、活動のための生活かそれとも楽しみの生活か、隠居かそれとも社交かの一般的な好みはどのような意味をもっているのか。異なる人びとの異なる性向に加えて、各人の経験が、これらの種類の暮らしのそれぞれが交互に気に入ったり、また、それらの多様性や賢明な混合が主としてそれらのすべてを気に入らせるのに役立ったりすると、彼に確信させるかもしれないのである。

　しかし、このことがまったく偶然に行われるのは許されるのであろうか。そして人は人生の成り行きを決定するために、理性を用いて選びうる最も確実に幸福に至る道を知ることなしに、自分自身の気分と性向だけに相談しなければならないのであろうか。もしそうだとすれば、ある人の行動と他の人の行動との間に相違はないのであろうか。

　これには大きな相違があるというのが私の答えである。自分の性向に従い、人生の成り行きを選び取るある人が、自分の性向によって同じ人生の成り行きに導かれ、同じものを追求する別の人よりも、成功するための一層確かな手段を用いることができるかもしれない。「富はあなたの欲する最も重要なものなのか」。そうであるならば、あなたの仕事に熟練せよ。仕事を行うに当たっては勤勉であれ。友人・知人の環を広め、歓楽と出費を避け、利益を得られるという確証がない限りは、けっして気前のよい顔をするな。そして節倹によって貯蓄できる以上に稼ぐことを目指せ。「あなたは世間から尊敬を得たいのか」。ならば傲慢とこびへつらいの両極端をいずれも慎め。自分自身を重んじるが、他人を軽侮しない人物であると思われるように。もしこの両極端のいずれかに陥るならば、傲慢によって人びとの自尊心をかき立てるか、それとも、おく病な服従によって、さらにまたあなたが自分自身に抱いていると思われる狭量な意見ゆえに、自身を軽侮していることを彼らに悟らせるかのいずれかである。

　こんなことは思慮分別を説くよくある格律ではないかと、あなたは言う。すなわち、親なら誰でもその子に教え込むことであり、思慮分別のある人なら誰しも自分が選んだ人生行路において追求することである。――ではあなたはこれ以上の何を望むのか。普通の慎重さと思慮分別によって知りうること以上の何かを、魔術や魔法によって教わるために、抜け目のない人（*cunning man*）のところへ行くのと同様に、あなたは哲学者のところへ行くのか。――そうだ、われわれは目的を達成する手段ではなく、目的をいかに選ぶかを教わるため、哲学者のもとに行くのである。われわれは、いかなる欲望を満たすべきなのか、どのような情念に従うべきなのか、どのような欲望を満たすべきなのか、どのような欲求を受け入れるべきなのかを知りたいのである。その他について言えば、われわれは常識と世間の一般的格律にこれを委ねるのである。

申し訳ないが、私は哲学者であると自負してきた。というのも、私はあなたの質問に困惑したからである。もし私の答えがガチガチに厳格なものであれば、私は衒学者や学者ぶった人とみなされてしまうだろうし、またもし私の答えがあまりにも平易で自由すぎるならば、私は悪徳や不道徳を説く者とみなされてしまうのだから。

とはいえ、あなたを満足させるため、私はこの問題に関する私の見解を述べることにしよう。そして私自身がそうみなすように、それを取るに足りない結論とみなすことを、ただ私はあなたに望むだけである。そうすれば、私の見解があなたの嘲笑や怒りの対象となることはないであろう。

もしわれわれが、哲学から教わるなんらかの原理に依存することができるならば次のことは確実で疑う余地がないと考えられる。すなわち、価値あるものやあるいは卑しむべきもの、望ましいものやあるいは憎むべきもの、美しいものやあるいは不快なものはそれ自体本来まったく存在せず、これらの性質は、人間の感情と情動がもつ特定の気質と組織から生じるということである。ある動物には最も美味な食物と思われるものが、他の動物にとってはひどく嫌な食物と思われる。ある動物の感覚に喜びを与えるものが、他の動物には不安を生み出す。これはすべての身体感覚に関して明白に当てはまることである。しかし、もしことがらをもっと正確に検討するならば、その同じ考察は、精神が身体と協働し、その感情を外的な欲求に混ぜる場合でさえ当てはまることが分かるであろう。

情熱的な恋をしている男に彼の恋人について語ってもらうよう望んだとする。彼は、自分は彼女の魅力を述べる言葉に窮すると打ち明けるであろう。そして、あなたは女神や天使に会ったことがあるのかとごくまじめに尋ねることであろう。もしあなたが会ったことがないと答えるならば、そのとき彼は、あなたには彼の美女がもっているような神々しいまでの美しさ、あれほどの容姿の完璧さ、均整のとれた容貌、魅力ある態度、気立てのよさ、陽気な気分を理解することはできないと言うであろう。とはいえ、この議論から推測できるのは、ただ哀れな男が恋をしていること、そして自然がすべての動物に注ぎ込んだ両性間の一般的欲求は、彼のなかで、彼に快楽を与えるいくつかの性質によって特定の対象に決められていることだけである。その神々しい人物ですらも、別の動物だけでなく、別の人間にとっては、単なる死すべき存在でしかなく、まったく関心を集めることはないのである。

自然はすべての動物にその子孫の利益となるような類似した先入観を与えている。無力な赤子がこの世に生まれるや否や、あらゆる他人の目には、それはひ弱な取るに足りない子供にしか見えないけれども、子供に甘い親によって、それは最高の愛情をもって見られ、いかに他のあらゆるものが完成し教養があろうとも、それらにまさるのである。人間本性の根源的な構造と形成から生じる情念だけが最も取るに足りないものに価値を与えるのである。

これと同じ考察をさらに押し進めて次のように結論することができよう。すなわち、精神が単独で機能し、非難や是認の感情から、ある対象を不快で憎むべきだと断言し、別の対象を美しく愛すべきだと断言する場合、こうした性質は対象のうちにあるのではなく、非難したり称賛したりする精神の側の感情に完全に属しているのである。この主張を明白にし、いわば不注意な思索家にも容易に知覚できるようにすることは、もっと難しいことだと私は認める。なぜなら、自然は身体の大部分の感覚においてよりも、精神の諸感覚において一層、斉一的だからであり、人間の外部においてよりも内部において一層似た類似性を生み出すからである。精神的な趣味には、原理に近づくものがあり、批評家は料理人や香水製造業者よりも、より合理的に推論し論じることができる。しかしながら、この人間の間の斉一性は、美と価値の感情がもつ多様性を妨げないこと、そして、教育、慣習、偏見、気まぐれ、気質がこの種の趣味をしばしば多様化することをわれわれは認めることができよう。イタリアの音楽に聴き慣れておらず、その込み入ったところについてゆく耳をもたない人に、スコットランドの歌が好ましくないことを確信させることはけっしてできないであろう。自分自身の趣味を超えたところで、自分のために用いうる論拠はただ一つもない。そしてまた、あなたの対立者にとっては、逆に彼の特定の趣味が常に一層納得のゆく論拠とみえるであろう。もしあなたがたが賢明なら、相手が正しいかもしれないことを互いに認めるであろう。そして、こうした趣味の多様性を示す他の多くの事例を見て、美と価値は、単に相対的な性質のものにすぎず、ある対象によって特定の精神の内部に、その精神の固有な構造と組織に従って生み出される快適な感情であると、あなた方いずれもが認めるであろう。

人間に見られるこうした感情の多様性によって、自然はおそらくわれわれにその権威を感じさせようと企図し、自然が対象を少しも変えずに、ただ人類の内部組織の変化によって、人類の情念や欲望に対して生み出しうる驚くべき変化を見させようと企てたのであろう。庶民はこうした議論によって確かに説得できるかもしれない。だが、思索に慣れ親しむ人びとは問題の本質そのものから、もっと納得できる、少なくともより一般的な議論を引き出すであろう。

推論が行われるさい、精神は現実に存在しているとされる対象に目を通すだけであり、対象に何かを付け加えたり、何かを差し引いたりはしない。もし私がプトレマイオスの体系とコペルニクスの体系(1)を検討するとすれば、私の研究によって、ただ諸々の惑星の実際の位置を知ろうと努める。言い換えれば、私はそれらの惑星が天体上でもつ関係と同じ関係を私の認識上に与えるよう努めるのである。したがって、こうした精神の働きには、ことがらの性質上、しばしば未知だが実際の基準が常にあると思われる。そして、真偽は人間の多種多様な理解によって変わるものではない。たとえすべての人類が、太陽が動き、地球は静止し続けると永遠に結論づけたとしても、こうした推論のために太陽はその位置から一インチたりとも動かないので、このような結論は永遠に偽りであり誤りであることになる。

しかし、「美と醜、好ましいと醜悪な」という性質に関する問題は、真偽に関する場合と同じではない。前者の場合には、精神はその対象をあるがままの姿でただ調査することに満足しない。それはまたその調査の結果、喜びや不安、是認や非難の感情を感じる。そしてこの感情が美と醜、好ましいと醜悪なという形容句の貼り付けを決定するのである。いまや明らかなように、この感情は精神の特定の組織や構造に依存しなければならない。というのは、その特定の組織や構造がこのような特定の仕方でこのような特定の形を可能にし、精神とその対象との間の調和あるいは一致を生み出すからである。精神や内的器官の構造が変われば、形式は同一にとどまるが、同じ感情はもはや生じない。感情はその対象とは異なり、精神の諸器官に対する働きから生じるため、精神に対する変化は結果を変えざるをえず、たとえ同じ対象であったとしても、それは精神にまったく異なった形で提示され、同一の感情を生み出すことができないのである。

あらゆる人は、感情が明らかに対象から区別しうる場合、多くの哲学なしに、この結論を自分自身で引き出しやすい。権力、栄光、復讐はそれ自体望ましいものではなく、そのような特定の追求に対する欲望を生む人間の情念の構造からすべてその価値を引き出すということに誰が気づかないであろうか。だが、自然的なものであれ、道徳的なものであれ、美に関しては、事態は異なると普通考えられている。快適な性質は、感情にではなく、対象にあると考えられる。しかもそれはただ、感情は対象の知覚とは明らかに区別されうるほど荒れ狂う激しいものではないという理由からである。

しかし少しよく考えてみれば、それらは十分区別することができる。人はコペルニクス体系のすべての円と楕円、およびプトレマイオス体系のすべての不規則ならせんを、前者が後者よりも美しいと気づかずに、正確に知っているかもしれない。エウクレイデス[2]はこの円のあらゆる性質を十分説明したが、どの定理もその美しさについて一言も触れなかった。その理由は明らかである。美は円の性質ではないからである。その美は、部分がすべて等しく共通の中心から離れている線のどの部分にもない。その美は、その図が精神に生み出す結果にすぎないのであり、精神の固有な組織や構造がそのような感情を認めるのである。美を円のうちに探し求めたり、諸感覚あるいは数学的推論によって、その図のすべての属性のうちに探し求めたりしても無駄であろう。

ウェルギリウスを読んで、アエネイス（ENEAS）の航海を地図で検討することにほかならぬ楽しみをもった数学者は、あの立派な著者によって用いられたラテン語の意味をすべて完全に理解することができたであろう。その結果、物語全体を明確に理解したであろう。彼は、その詩の地理をそれほど研究したことのない人びとよりも、もっと明確にその物語を理解しさえするであろう。したがって彼はその詩のあらゆることを知っていた。しかし、彼はその詩がもつ美を知らなかった。なぜならば、正しく言えば、美は詩のなかにではなく、読者の感情や趣味のなかにあるからである。だから、こういった感情を感じさせるような繊細な気質をもたない人には、いくら天使についての知識や理解をもっていたとしても、美を知らないに違いない。(3)

全体として推論しうるのは、われわれがある人の楽しみや喜びの享受を決定しうるのは、その人が追い求める対象の価値や値打ちからではなく、ただ彼がそれらを追い求めるさいの情念と追い求めるときに経験する成功からであるということである。対象はそのもの自体にまったくなんの価値や値打ちももっていないのである。対象はその価値をただ情念から引き出すのである。もし情念が強く断固たるもので、上首尾のものであれば、その人は幸せである。道理から言って疑うことはできないが、舞踏会のための新しい衣装を着た少女は、最も偉大な雄弁家が大きな集会における情念と決議を左右するときに、その卓越した雄弁を勝ち誇るのと同じように、完全な喜びを経験するのである。

したがって、ある人の人生と他の人の人生の相違は情念（*passion*）あるいは楽しみ（*enjoyment*）のいずれかにある。そしてこうした諸々の相違は幸と不幸の大きな両極端を生み出すのに十分である。

幸福であるためには、情念は激しすぎても、無気力すぎてもいけない。前者の場合、精神は絶えず焦り大騒ぎをする。後者の場合、精神は不愉快な怠惰と倦怠に陥る。

幸福であるためには、情念は荒々しい、あるいは激しいものではなく、優しく社交的なものでなければならない。前者の種類の感情は、後者の感情ほど感覚にとってまず快適なものではないからである。恨みと憎しみ、ねたみと復讐を、友情、親切、温和、感謝になぞらえる人があるだろうか。

幸福であるためには、情念は陰気でなく、また陰うつでもなく、元気よく陽気でなければならない。望みをもち喜ぶ性向こそ真の富であり、これに対して怖れ悲しむ性向は真の貧困である。

ある情念や性向は、それらの対象の享受において、他の情念や性向ほど確固たるものでなく、それほど持続的な快楽や満足を伝えることがない。たとえば、詩人の熱狂のような学問的専心（*philosophical devotion*）は、精神の高揚、大いなる余暇、すばらしい天分と、研究・思索の習慣によって生み出された一時的効果である。しかしこれらすべての事情にもかかわらず、自然宗教だけがわれわれにもたらすような抽象的で目に見えない対象は精神を長い間引き続き動かすことができないか、あるいは人生における瞬時のものでしかない。情念を持続させるために、われわれは感覚と想像力に影響を与えるなんらかの方法を見つけねばならず、神に関する哲学的説明に加えて、歴史的説明も受け入れねばならない。人気のある迷信や宗教上の儀式はこの問題においても役に立つことさえ分かるのである。

気質は人により非常に異なるけれども、にもかかわらず、快楽の生活はもっとあきあきし、すぐにうんざりしやすいので仕事の生活ほど長く持ちこたえることができない。最も長続きする娯楽は、賭博や狩猟のように、娯楽に対する専心没頭と礼儀が混合していることである。そして一般に、仕事と活動は人間生活におけるすべての大きなすき間を満たすものなのである。

しかし、気質があらゆる楽しみに最もよく向いている場合でも、その対象はしばしば欠けていることがよくある。そしてこの点で、外的な対象を追い求める情念は、われわれの内面に宿る他の気質と比べてそれほど幸福に役立たない。なぜなら、われわれはそのような対象に到達することが確かでないか、あるいはそれらの対象を所有することが確かでないからである。幸福に関しては、学問に対する情念は富を求める情念よりも望ましい。

ある人びとは強い精神力をもっていて、彼らが外的な対象を追い求めるときでも、落胆によってあまり影響を受けず、元気一杯、専心と勤勉をあらたにする。このような精神の転換ほど幸福に役立つものはない。

人間生活に関するこの短い不完全なスケッチによれば、精神の最も幸福な気質は有徳な性質である。あるいは、言い換えれば、その性質はわれわれを活動と仕事に導き、われわれに社交的な情念を気づかせ、財産を猛烈に追い求めることに対して心を冷酷にし、愛着をちょうど中庸なものにし、われわれ自身の考えを気晴らしに向け、感覚の喜びよりもむしろ、社交と会話の喜びに向かわせる性質である。一方、次のようなことは最も不注意な推論家にさえ明らかとなるに違いない。すなわち、すべての精神の気質が幸福にとって好都合であるというわけではなく、さらに、ある情念や気質はきわめて望ましいのに対して、他の情念は同程度に不愉快であるということである。事実、生活状態のすべての相違は精神にかかっている。何かある事態が本来、他の事態よりも望ましいのではない。自然的にせよ道徳的にせよ、良し悪しはまったく人間の感情と愛情に対応している。自分の感じ方を変えることができれば、誰も不幸にはならないであろう。そのような人は〈さまざまにその姿を変えると言われる〉プロテウスのように、その姿形を絶えず変えて、すべての攻撃から逃れるであろう(4)。

しかし自然はこうした才気を大幅にわれわれから奪い取ってしまっている。われわれの精神の組織・構造がわれわれの選択に依存しないのは、われわれの身体の場合と同様である。大部分の人びとは、この点でのなんらかの変更がおよそ望ましいかもしれないことをまったく知らない。小川が必然的にそれが流れる地面のそれぞれの傾斜に沿って進むように、人類のうち無知で思慮分別のない人びとは彼らの自然的性向によって心を動かされる。そのような人びとは学問を要求すること、そして精神の薬 (*medicine of the mind*) として宣伝されているものから実際上すっかり排除されている。しかし賢明で思慮分別に富む人に対してさえ、自然は驚くべき大きな影響力をもっている。その気質を矯正し、彼が熱望する有徳な性格を獲得することは、最高の技巧と勤労によっても人の力の及ぶところではない。学問の帝国はわずかな人びとにしか及ばず、彼らにとっても、学問の権威はきわめて弱く限られている。人びとは美徳の価値によく気づいているのかもしれないし、美徳を獲得したいと願っているかもしれない。しかし彼らがその願望を満たすのに成功するかどうかは必ずしも定かではない。

人間行動の成り行きを偏見をもたずに考察すれば誰にでも分かることだが、人類はほとんどもっぱら性質や気質に導かれていて、一般原理は、われわれの趣味や感情に作用しない限り、ほとんど影響力をもたない。もし人が生き生きとした名誉・美徳感とほどよい情念を合わせもつならば、彼の行動は常に道徳律に一致するであろう。あるいはもし彼が道徳律から離れることがあっても、それに復帰するのは容易であり迅速であろう。他方、美徳や人間らしさに興味をなんらもたないような、冷淡で無感覚な気質をもって生まれた人間は、仲間に少しも同感することもなく、尊敬や称賛を望むこともない。そのような人はまったく不治と認められねばならないし、学問にはなんの救済策もない。彼は低級な感覚的対象や、あるいは有害な情念に没頭すること以外から満足を得ることはない。彼は良心の呵責を感じて自分の悪い性向を抑えることをけっしてしない。彼は自分によりよい性格を望ませるのに必要な感覚や趣味さえもっていない。私としては、そのような人にどのように話しかけるべきか、あるいはどのような議論をして彼を改心させるよう努めるべきか分からない。かりに私が彼に、称賛すべき人間らしい行動や、利害関係をもたない愛や友情の繊細な喜び、名誉ある名前や定評のある性格がもつ永続的な喜びから生じる内的な満足について述べたとしても、彼は、こうしたものはおそらく、それらに感じやすい人にとっての喜びであり、彼としては、自分自身のうちに、まったく異なった傾向と気質を見出すと答えるかもしれない。繰り返さねばならないが、私の学問は、そのような場合なんの救済策ももたらさないし、私はこの人の不幸な状態を嘆くほか何もできないであろう。しかしそうならば私は問いたい。他の学問が救済策をもたらしうるのか、あるいは、その生まれつきの精神構造がいかにつむじ曲がりなものであろうと、すべての人類を有徳にすることが、ある体系によって可能なのであろうか。経験はすぐさまその反対であることを確信させるであろう。そこで私はあえて断言するが、おそらく学問から生じる重要な利益は間接的な仕方[5]で生じ、その直接的な働きからよりも、むしろひそかな気づかない影響力から起きるのである。

確かに、学問や学芸に真剣に精を出すことは気質を和らげ、人間らしくし、真の徳と名誉がそこにある洗練された諸感情を大事にする。どのような弱点をもとうが、趣味と学芸に富む人で、少なくとも正直な人間でない人は稀であり、ほとんどない。思索的研究に対する彼の好みは、彼のなかで利害や野心の情念を抑制し、また同時に彼に生活上の礼儀と義務のすべてに対する一層鋭い感受性を与えるに違いない。彼は性格と生活慣習における道徳的卓越をより十分に感じる。思索によって、彼のこの種の感覚は鈍ることなく、それどころか反対にそれは大いに鋭くなるのである。

気質と性向に対するこのような気づかない変化に加えて、他の変化が研究と専心によって生み出されることは大いにありうるかもしれない。教育の大きな効果は、精神がまったく頑固で融通のきかないものではなく、その本来の形や構造から多くの変化を許すものであることをわれわれに確信させるであろう。ある人に彼が称賛する性格の手本を志させよう。彼は自分自身の性格がこの手本からはずれているあれやこれやの細目をよく知っているものとしよう。彼は自分自身を絶えず見張り続け、不断の努力によって悪徳から美徳へと精神を転じるものとしよう。そうすれば、疑いもなく、やがて彼は自分の気質がよりよいものに変わったことに気づくであろう。

習慣は精神をつくり変え、それに善い性向と傾向を植え込むもう一つの手段である。禁酒・節制の方針を続ける人は騒動や無秩序を嫌うであろう。もし彼が実業や研究に従事しているならば、怠惰は彼にとって罰と思われるであろう。もし彼が慈善や愛想のよさを実践することを自分自身に課したならば、間もなく彼は高慢と侮辱の実例をすべてひどく嫌悪するであろう。有徳な人生行路が望ましいと心から確信している場合、もし彼にしばらくの間自分自身に強制力を課すに足る決心さえあれば、彼の改心は絶望するに及ばない。ただ不幸なことに、この確信とこの決心は、人が前もってかなり有徳であるのでなければけっして起こりえないことである。

そしてここに学芸と学問の重要な勝利がある。それは気質を気づかないうちに洗練する。そしてそれは精神の絶えざる転換と習慣の反復によって、到達しようと努力すべき性向をわれわれに指し示す。それがこれ以上の大きな影響力をもつことを私は認めることができない。したがって私は思弁的な推論家たちの間で非常に人気があるそうしたすべての勧告や慰めに関して疑問を抱かざるをえない。

既に述べたように、いかなる対象も、それ自体が望ましかったり不快であったりするわけでなく、価値があったり卑しむべきものでもなく、その対象は、これらの性質を眺める精神のもつ固有の性格と気質からこうした性質を獲得するのである。したがって、およそ、ある人がある対象に対してもつ価値を増減したり、その人の情念をかき立てたり穏和にしたりするために、力や影響力をもって使用しうる直接的な議論や推論はないのである。ドミティアヌスのように、はえを捕えることが彼に一層の楽しみを与えるのであれば、それはウィリアム・ルーフスのように野獣を狩ることや、アレクサンドロスのように諸王国を征服することよりも望ましいのである。(6)

しかし、あらゆる対象の価値はあらゆる個人の感情や情念によってのみ決定されうるとはいえ、その判断を断言するさい、情念はただその本来の姿だけを考察するのではなく、それに伴うすべての事情を視野に入れていると言うことができる。ダイヤモンドを所有することで喜びに有頂天になっている人は、彼の眼前にきらきらと輝く宝石だけを見ているのではない。彼は同時にダイヤモンドの稀少性を考慮に入れており、主にそこから快楽と歓喜が生じているのである。したがってここに哲学者が踏み込み、固有の見方や考察や、さもなければ見逃がしてしまう諸事情を示唆するのである。それによって彼はどの特定の情念でも、穏和にしたり、かき立てたりすることができるであろう。

この点で哲学者の権威を否定することはまったく不合理と思われるであろう。しかし、それに反する次のような強力な推定のあることが認められねばならない。すなわち、もしこうした見方が自然で明白ならば、それらは哲学の助けがなくても生じたであろうし、かりにそれらが自然でなければ、それらは感情に対してなんら影響力をもちえない。こうした見方は、非常に微妙な性質をもち、最高の技巧や勤労をもってしても強制したり抑制したりすることはできない。われわれが故意に探し求め、かろうじて手に入れることができたとしても、用心や注意力なしではもち続けることができないような思考は、自然の結果であり、精神の構成要素でもある真の持続する情念の運動を生み出すことはけっしてないであろう。男は愛人を顕微鏡や望遠鏡といった人為的な手段によって眺め、彼女の肌の荒さや表情の恐ろしいまでの不調和を見ることであえて恋の病を治そうとするであろうが、それはセネカのような人やエピクテトスのような人(7)の人為的な議論によって情念をかき立てたり穏和にしたりしたいと思うのと同じである。対象の自然な外観と状態の記憶は、両者いずれの場合にもなお思い出されるであろう。哲学の省察はあまりにも精妙でかけ離れているため、日常生活で起こったり、あるいは感情を根こそぎにしたりすることはできない。大気の風と雲の上にある空気はあまりにも薄くて呼吸できないのである。

哲学が示唆する洗練された省察のいま一つの欠点は、そうした省察が通常、有徳な情念を低下させたり打ち消したりすることなく、また精神を完全に無関心で活気のないものにする不道徳な情念を軽減したり打ち消したりすることができないということである。このような省察はたいてい一般的なものであり、すべての感情に適用できる。それらの影響力をただ一方にだけ向けようと思っても無駄である。たとえ不断の研究と熟慮によってそれらの省察をわれわれの心にすぐ浮かぶくらいに親密なものにしたとしても、それらの省察はくまなく作用し、精神に普遍的な無感覚を広めるであろう。神経を破壊すれば、われわれは人体から苦痛の感覚とともに、快楽の感覚をも打ち消してしまうのである。

古代と現代のいずれにおいても非常に有名な哲学的省察の大部分に、こうした欠点の一つ二つを見つけることは、一瞥すればたやすいことであろう。「他人の中傷や暴力によって心がかき乱されることがないようにしよう。あなたは猿の悪意に怒ったり、虎の凶暴さに怒ったりするだろうか」と、哲学者は言う(8)。この省察はわれわれを人間本性に関するろくでもない意見へと導き、社会的感情を打ち消すに違いない。それは同時にまた、野獣が固有の本能をもつと同時に、悪徳が人間にとって自然なものであると考えてしまう場合、それは人間自身の罪に対する良心の呵責をまったく妨げる結果となる。

「すべての不幸は、絶対完璧である宇宙の秩序から生じる。あなたはあなた自身に固有な利害のためにこれほど神聖な秩序をかき乱したいと思うのか」。もし私が苦しんでいる不幸が悪意や抑圧から生じるとすればどうであろうか。「しかし人間の悪徳と不完全もまた、宇宙の秩序に包含されている」。

「もし悪疫や地震が神の計画を破壊するのでないならば、
ボルジア[1]やカティリナも同じことではないのか(9)。」

これが認められるものとしよう。そうすれば私自身の悪徳もまたその同じ秩序の一部分となるであろう。

幸福な人は誰もいないのであり、誰がこれを超える意見をもっているかと言った人に対して、あるスパルタ人はもしそうならば、「悪漢と泥棒だけが幸福である」と答えたのであっ(10)た(11)。

「人間は生まれながら不幸なので何か特定の不幸に驚くであろうか。彼はおよそ不幸のために悲しみ、嘆きにくじけたりすることがありうるだろうか」。そう、彼は自分が生まれながら不幸であることをごく穏当に嘆く。あなたが心を和らげるために述べる慰めは百もの不幸を引き起こすことになる。

「あなたは、人間本性にありがちな不幸として、いつも眼前に死、病、貧窮、盲目、追放、中傷、悪名をもつはずである。たとえ、これらの不幸のどれかがあなたの運命に降りかかったとしても、あなたがすでにそれを予期していた場合、あなたはそれにより一層よく耐えられるであろう」。もし人間生活上の不幸に関する一般的でかけ離れた省察に限定すれば、それは不幸に対してわれわれに心の準備をさせる効果はもちえない、と私は答える。もし綿密で熱心な熟考によって、その不幸がすぐそばにある親密なものとわれわれがみなすならば、それこそわれわれのすべての快楽を毒し、われわれを絶えず不幸にする真の秘義なのである。

「あなたが悲しむのは無駄なことであり、運命の成り行きを変えないであろう」。実にその通りである。まさにその理由によって私は気の毒に思う。

耳の聞こえないことに対するキケロの慰めはやや奇妙なものである。「古代カルタゴ語、スペイン語、ガリア語、エジプト語などあなたの理解できない言語がどれほど沢山あることか。これらの言語のすべてに関して、あなたはあたかも耳が聞こえない人も同然である。にもかかわらず、あなたはそのことに無関心である。そうだとすれば、言語がもう一つ聞こえないことはそれほど大きな不幸なのであろうか」と、彼は言っている(12)。

目の見えないキュレネのアンティパトロス[2]に女たちが同情したとき、彼が言った当意即妙の答えのほうが私は好きだ。「なんだって！　あなたたちは暗闇にはなんの楽しみもないとお思いなのか」と、彼は言っているのである。[13]

フォントネル（FONTENELLE）は言っている。[14]「真の天文学体系ほど、野心や征服欲に対して破壊的なものはありえない。地球の全体でさえ、自然の無限の広がりに比べればなんとみすぼらしいものであろうか」と。こうした考えは明らかにあまりにもかけ離れていておよそなんの効果ももたない。あるいは、かりにもったとしても、それは野心ばかりか愛国心を破壊することにならないだろうか。婦人に対して丁重なこの同じ著者は、ある理由から、貴婦人の輝く目は、最も広大な天文学的見方から見てもその輝きや価値をけっして失わず、あらゆる体系に反する証拠となる唯一のものであると付け加えている。哲学者はいったいわれわれの愛情を貴婦人の輝く眼に限定するように、助言するのであろうか。

プルタルコスは追放中のある友人にこう言っている。[15]「追放は少しも悪いことではない。数学者が教えてくれているように、地球全体は天体に比べれば、一つの点にすぎない。したがって一つの国を変えることはある街路から別の街路に移動するのと少しも変わらない。人間は地球の一定の地点に根を下ろす植物ではない。すべての土壌とすべての気候は人間に対して等しく適しているのだ」と。[16]こうした話は、追放された人びとの手中に届けば、立派なものであろう。しかし、もしその話が公務にたずさわる人びとの知るところとなり、彼らの祖国に対する愛着心をすべて破壊することになればどうであろうか。あるいは、その話は糖尿病と水腫症に一様に効くような偽医者の薬のように効くのであろうか。

もし超自然的な存在がある人間の身体に押し入るならば、彼にとっては人生の全体がとてもさもしい、卑しむべき、たわいもないものに見え、彼は何かに荷担する気にはなりえず、彼のまわりを通り過ぎるものにほとんど注意を払うこともないであろう。このような人物を、熱烈かつ積極的にフィリッポスのような人の役割を演じるほどの横柄な人物にすることは、五〇年間国王かつ征服者であったのちに、同じフィリッポスに、適切な注意と配慮をもって行状を改めさせること——すなわちルキアノスがあの地獄で彼に割り当てるような仕事——よりも、もっと難しいことであろう。[17]われわれが仮定したこの人間において認められた、人事に対する軽侮と同様の話題はまた、哲学者にも見出される。しかしこの話題は、ある程度、人間の能力に対して不釣り合いであり、また何かよりよい経験によって強化されない場合、彼に十分な印象を与えることはない。彼は理解するものの、その真理を十分には感じず、彼が必要としないとき、すなわち、彼の心をかき乱したり、感情をかき立てるものがない限り、彼はいつでも崇高な哲学者となるのである。他人が動き回っている間、彼は彼らの熱心さと熱意を不思議に思うが、彼自身に利害関係が生じるや、彼が単なる傍観者にとどまっていたときには非常に非難していた同じ情念をもって有頂天になるのが普通である。

なんらかの重要な結果が期待される哲学書の中で出会う主と

して二つの考慮すべき点がある。しかもこれらの考慮すべき点は普通の生活から引き出され、人事を最も表面的に見ても生じるものである。われわれが人生の短さと不安定さを考えるとき、あらゆる幸福の追求はなんと軽侮すべきものと思われることであろうか。さらに、たとえわれわれ自身の人生を超えて関心を広げたとしても、われわれの最も広大で最も寛大な企画ですらいかにたわいもないものに見えることであろうか。われわれが人事の絶えざる変化と変革を考え、それによって法と学問、書物と政体が、急流に流されるように急いで立ち去らせられ、ことがらの大海原に失われてしまうことを考えるときには、そのような考えは確かにわれわれのすべての情念を抑制しがちである。しかし、その考え自体が、人生にはいくらかの重要性があるという見解へと幸福にもわれわれをうまく欺く自然の技巧を妨げないであろうか。また、そのような考えは官能的な推論家たちによって、われわれを行動と美徳の道から怠慢と快楽の花咲き乱れる野へと導くために、巧妙に用いられないであろうか。

　トゥキュディデス[3]が伝えるところによると、[18]アテナイで有名な悪疫が流行し、死が誰に訪れても不思議ではないと思われた間には、ふしだらなお祭り騒ぎと陽気さが、人生が続く限り、それを最大限に楽しむことをたがいに熱心に説く人びとの間で広まった。これと同様な報告はボッカッチョ[4]によってフィレンツェの悪疫に関してもなされている。[19][20]これと似た原理は、とりわけ戦争中に兵士を他の種類の人びとよりも、暴動と犠牲に身を委ねさせる。目の前の快楽がいつも重要なのである。そして、他のすべての事物の重要性を低下させるものは、いかなるものでも、それに付加的な影響力と価値を与えるに違いない。[21]

　しばしば感情に影響力をもつ哲学的に考慮すべき第二の点は、われわれ自身の状態を他人の状態と比較することから引き出される。われわれはこの比較を、日常生活でさえ絶えず行っている。だが不運なことに、われわれはどちらかと言えば、われわれより下位の者の状態よりは、上位の者の状態と自分を比較しがちである。ある哲学者はこの本来の弱点を、運命が彼自身を閉じ込めた状況に安心させるために、見方を他の側面に向け変えることによって矯正するのである。この省察からなんらかの慰めを感じない人はまずいない。ただし、非常に気立てのよい人にとっては、人の不幸を見ることは、慰めよりもむしろ悲しみを生み出し、自分自身の不幸に対する嘆きに、他人の不幸に対する深い同情心を付け加えるであろう。このようなことは、こうした哲学的な慰めの最高のものでさえもっている不完全さなのである。[22]

　私は次のように述べてこの主題を終えることにしたい。すなわち、美徳が達成できるとき、それが最善の選択であることに疑いはないが、にもかかわらず、人間のかかわる事象は無秩序かつ混乱状態にあるので、幸福と不幸の完全なあるいは規則正しい配分などとても期待すべくもない。幸運という財産と身体の資質（このいずれもが重要である）のような利点が有徳な人と悪徳な人との間に不公平に配分されているばかりでなく、精神自体でさえ、ある程度この混乱に加わっていて、最も立派な性格が、情念の性質そのものによって、必ずしも最高の幸福を享受するとは限らないのである。

　身体的苦痛のすべては器官や組織のある程度の混乱から生じる。にもかかわらず、苦痛は必ずしもこの混乱に比例することなく、苦痛の大小は、有害な気質がその影響力を及ぼす器官の感受性の大小次第であることが分かる。歯痛は結核や水腫症よりも激しい苦痛のけいれんを生み出す。同様に、精神の組織に関して、われわれは次のように述べることができる。すなわち、すべての悪徳はたしかに有害だが、にもかかわらず、心の動揺や苦痛は本来悪徳の度合いに正確に比例するものではなく、最高の徳の持ち主が、外部的な偶然事から注意を奪うが、必ずしも最も幸福だとは限らない。陰惨で憂うつな気質は確かに、われわれの感情に対しては悪徳ないし不完全なものである。しかしそれが優れた名誉感と優れた誠実さを伴う場合、その気質は非常に立派な性格のうちに見出されるかもしれない。ただし、その気質はそれだけで人生を一層ひどくし、その人にまったく不幸な感情を抱かせるのに十分である。他方、利己的な悪人が活力のある生き生きとした気質、ある種の陽気な心(*gaiety of heart*)(23)——これは実に善い性質であり、その値打ち以上の報いを得ている——をもっているかもしれない。そしてそれらが幸運に恵まれれば、その他のすべての悪徳から生じる不安と良心の呵責とを相殺するであろう。

　同じ目的のための考察として私は付け加えておきたい。すなわち、ある人が悪徳や欠点に陥りやすいとしても、それと一緒に彼がもっている善い性質が、彼がまったく悪徳に染まっている場合よりも彼をもっと不幸にすることがしばしば起こるかもしれない。不幸によってたやすく破滅するような弱い気質をもつ人は、寛大で親切な性向を賦与されており、その気質のために他人のことを強く心配し、運命と偶然に翻弄されやすくなるのでさらに不幸である。欠点のある性格のうち、恥を感じる感覚は確かに美徳であるが、恥知らずな悪漢がまったく免がれている大きな不安と良心の呵責を生み出す。友情に欠けた心をもつ非常に好色な気質は、過剰な愛情をもつ気質よりも幸福である。過剰な気質は、寛大な気質とともに、人を没我状態にさせ、彼を情念の対象の完全な奴隷にしてしまう。

　要するに、人生は理性よりも運に支配されており、まじめな仕事よりも退屈な気晴らしとみなされるべきであり、一般原理よりも個々の気質によって影響を受ける。われわれは情念と不安をもって人生に関わるべきなのであろうか。人生はそれほど大きな関心をもつに値しない。われわれは何が起こってもそれに無関心でいるべきだろうか。われわれはわれわれの鈍感さと不注意によって娯楽の楽しみをすべて失ってしまう。われわれが人生に関して推論している間に、人生は終わってしまう。そしておそらく、生と死は異なる形で彼を迎えることであろうが、にもかかわらず、死は愚か者と哲学者を同様に扱う。人生を厳密な規則と方法に従わせることは通常困難であり、しばしば無駄なことである。また、われわれが手に入れようと争う賞を過大評価することもその証拠ではないのか。その賞に関して非常に注意深く推論し、それがどれほどのものかと正確に決めることさえ、もしある気質の人にとって、それが、人生を賭して従事することができる最も面白い仕事の一つでなければ、その賞を過大評価することになるであろう。

(1)〔プトレマイオス（Ptolemaios）（二世紀）は地球が太陽系の中心に位置して不動であると教えたのに対して、ニコラウス・コペルニクス（Nicholaus Copernicus, 1473–1543）の太陽中心説は、地球は毎日地軸を中心に一回転し、一年で太陽を一周すると考える〕。

(2)〔ギリシアの数学者、エウクレイデス〈ユークリッド〉は前四世紀終わりから三世紀初めに生き、幾何学の教科書『幾何学原理』で有名〕。

(3) もし私があまりにも哲学的と思われるのを恐れないならば、私は読者に、現代では十分証明されていると思われるあの有名な学説を思い出してもらいたい。すなわち、「趣味と色彩、および他のすべての知覚可能な性質は物体にではなく、ただ諸感覚のみにある」ということである。この問題は美と醜、美徳と悪徳に関しても同じである。とはいえ、この学説は後者の美徳や悪徳といった性質の実体から外れたものでも、前者の美醜の実体から外れたものでもなく、批評家や道徳家のいずれにも不快の念を与えることもない。色彩が目のなかのみに存在することを許されるからといって、染物師や画家が軽視されたり低く評価されたりすることがあるであろうか。人間の感覚と感性には十分な斉一性があり、それはこれらの性質のすべてを技芸と推論の対象とし、生活と生活習慣に最大の影響力をもつ。そして、自然哲学における前述の発見が行為や活動になんらの変更も引き起こさないことが確かだとすれば、なぜ道徳哲学における同様の発見が変更を引き起こすのであろうか。

(4)〔ギリシア神話によれば、海神プロテウスは姿形を変える力と、予言する力をもっている。もし強く握られたならば、彼は本当の姿形になり、問いに答えを与える〕。

(5)〔この文章以下はC版とD版には見られない〕。

(6)〔スエトニウス『ローマ皇帝伝』「ドミティアヌス伝」第三節が伝えるところによると、ドミティアヌスは、その統治の初期には、引きこもって暮らすのが常であり、毎日、はえを捕えては、それを鋭いナイフで刺し殺す以外に何もしなかった。ウィリアム・ルーフス（一〇八七年から一一〇〇年までイングランド王）のただ一つの楽しみは狩猟であった。彼は偶然、仲間の狩猟家の矢で殺された（ヒューム『イングランド史』第五章を参照）。アレクサンドロス大王はギリシアから東方のインドまでの地域を征服した〕。

(7)〔セネカ（Lucius Annaeus Seneca, 4? B.C.–A.D. 65）とエピクテトス（Epictetus, 55–135?）はストア派の哲学者であった〕。〈セネカはローマの詩人、哲学者。詩的で人間愛に富む処世哲学者として知られている〉。

(8) プルタルコス「怒りの抑制について」(*de ira cohibenda*)。〔プルタルコスの『道徳論』のうちにある〕。

[1] **Cesare Borgia** (c. 1475–1507) はルネッサンス期イタリアの貴族、聖職者、政治家。父の法王アレクサンデル六世の影響力により一五〇一—〇三年、イタリア北部のロマーニャ地域を征服し支配した。残忍な権謀家で全イタリアを恐怖に陥れた。マキアヴェリ『君主論』第七章。佐々木毅訳、講談社学術文庫、六八頁以下を参照。

(9)〔アレグザンダー・ポープ『人間論』〈一七三二—三四年〉第一巻、一五五—五六。〈上田勤訳、岩波文庫、二〇〇一年、二五頁〉。原文では「もし悪疫や (or) 地震が……」となっている〕。

(10) プルタルコス『スパルタ人の警句』(*Apophthegmata Laconica*)。〔プルタルコスの『道徳論』第二一七節〕。

(11)〔このパラグラフはC版とD版には見られない〕。

(12) トゥキュディデス『論叢』第五巻。〔キケロ『トゥスクルム論叢』第五巻、四〇〕。

[2] Antipatros（397–319 B.C.）はアレクサンドロス大王の後継者の一人。

(13)〔同上、第五巻、三八〕。

(14)〔フォントネル『世界の複数性についての対話』〕。

(15)〔以下の二つのパラグラフはC版とD版には見られない〕。

(16)「追放について」(*De exilio*)。〔プルタルコス『道徳論』のなかにある「追放について」〕。

(17)〔ルキアノス『メニッポス、あるいは地獄へ落ちる』(*Menippus, or the Descent into Hades*) 第一七節〕。

[3] Thukydides (460 or 455–400? B.C.) はギリシアの有名な歴史家。ペロポネソス戦争を主とした政治・軍事史を著した。これは世界最初の学問的な史書として有名。

(18)〔トゥキュディデス『ペロポネソス戦争』第二巻、五三〕。

[4] Giovanni Boccaccio (1313–1375) はイタリアの文学者。主著は『十日物語』(*Decameron*)（一三四八―五三年、一四七〇年刊）。

(19)〔ジョヴァンニ・ボッカッチョ『十日物語』(*Decameron*)「序　淑女へ」〕。

(20)〔この文章はC版とD版には見られない〕。

(21)〔この文章に代わって、C版とD版は次のようになっている。「そしてこの王国において見られるように、永い平和が安全を生み出すことによって、この点において彼らを大きく変えてしまい、将校からその職業の高潔な性格をまったく取り除いてしまった」〕。

(22) 懐疑派がすべての哲学上の話題と省察をこれらの二つに限定するときには、彼らはおそらく問題をあまりに極端にとらえている。これら二つの他にも、否定しがたい真理をもち、あらゆる情念をしずめる本来の傾向をもった省察があるように思われる。哲学は貪欲にこれらの考察をとらえ、研究し、評価し、それを記憶に委ね、精神になれ親しませる。したがって、思慮分別に優れた、やさしい、穏和な気質に対するそれらの影響はかなりのものであろう。しかし、もし考察が気質を形成しようとするのと同じ仕方で、気質が前もって処理されているならば、考察の影響力はいかなるものなのかと、言われるであろう。哲学的話題と省察は、少なくともその気質を強化し、その気質が自らを維持、強化するための見方を提供するであろう。ここにそのような哲学的省察の二、三の実例がある。

1. あらゆる状態が不幸を隠してきたことは確かではないのか。ではなぜ誰かをうらやむのか。
2. 人は誰でも不幸を知っている。そしてそれを埋め合わせるものが至るところにある。なぜ現状に満足しないのか。
3. 習慣は幸と不幸いずれの感覚も弱め、あらゆるものを平坦にしてしまう。
4. 健康と気分がすべてである。これらが影響を受けるものを除けば、他はほとんど重要ではない。
5. 私には他に良いことがいくつあるのか。では一つの不幸に心を乱すのはなぜか。
6. 私が不満をもらす状態においてどれだけの人が幸福なのか。どれだけの人が私をうらやましく思っているのか。
7. あらゆる幸福は代価を支払われねばならない。幸運は労働によって、好意はへつらいによって。私は代価を払い続けてもなお財を得ようとするのか。
8. 人生にあまりにも大きな幸福を期待するな。人間本性がそれを許さない。
9. あまりにも込み入って分かりにくい幸福をもち出すな。その幸福は私次第ではないか。そうだ、最初の選択は私にかかっている。人生は娯楽のようなもの。人は娯楽の対象を選ぶことができる。そして情念は次第にふさわしい対象をとらえるのである。

10. 希望と好みによって将来の慰めを予測せよ。時はあらゆる不幸に対して必ずその慰めをもたらすのである。

11. 私は金持ちになりたいと思う。なぜか。沢山のすばらしいもの、住宅、庭園、馬車、等々を所有できるからである。いかに多くのすばらしいものを自然は各人に無償で提供しているだろうか。もしそれらを享受しているなら十分である。もしそうでなければ、富者の嗜好をすぐに取り去ってしまう習慣や気質の影響を見るがよい。

12. 私は名声を欲する。これが手に入るものとしよう。もしうまく振る舞えば、私は知人すべての尊敬を得るであろう。そしてその他のことは私にとってなんなのであろうか。

こうした省察は非常に明白であり、省察があらゆる人に思い浮かばないのが不思議である。また、非常に納得のゆくものであるので、省察があらゆる人を説得しないのは不思議なくらいである。たいていの人びとが普通の冷静な調査によって人生を考える場合、省察がおそらく彼らに思い浮かばれ彼らを説得することであろう。しかし何か現実の痛ましい偶発事が生じた場合、そして情念が目覚め、空想がかき立てられ、先例が引き出され、忠告が行われる場合、哲学者はその人のうちで見失われてしまい、以前は確固として揺らがないものと思われた説得力を求めても無駄である。この不都合に対する救済策は何か。面白い道学者たちの著作を頻繁に精読することによって自分自身を助けるとよい。プルタルコスの学識、ルキアノスの想像力、キケロの雄弁、セネカの機知、モンテーニュの陽気さ、シャフツベリの崇高さを頼みにするがよい。暗示された道徳的教訓が深く感銘を与え、情念の幻想に抗して心を強くする。しかし外部からの助けにまったく期待してはならない。習慣と研究によって、その両者が省察に力を与える哲学的気質を獲得せよ。またあなたの幸福の大部分を独立したものにすることによって、すべての混乱した情念から鋭さを取り去り、心をしずめよ。こうした手助けを軽侮するな。だが、自然があなたに賦与した気質に自然が味方するのでなければ、そうした手助けをあまり信頼しすぎてはならない。

(23)〔C版では Gaieté de Cœur とある〕。

XIX　一夫多妻と離婚について

結婚は相互の同意によって始まる契約であり、その目的は種の繁殖にあるので、その目的に反しないのであれば、それは同意がつくり出す多様な条件のすべてを認めるものでなければならないことは明らかである。

男性は、女性と夫婦になれば、契約の文言に従って彼女に束縛される。すなわち、子供をもうければ、彼は、自然と人間性のきずなのすべてによって、子供の生計の資と教育を用意せねばならない。彼がこれら二つの義務を果たしたときは、誰も彼を不正義や違法行為を理由に非難することはできない。また、彼の契約の文言は、その子孫を養う方法と同じく多様でありうるので、結婚がまったく斉一的なものであり、ただ一つの様式や形式だけが認められると想定することは単なる迷信にすぎない。人間の法律が人の自然的自由を抑制しなければ、個々のあらゆる結婚は、他のすべての種類の契約や取引と同じく、種々さまざまであっただろう。

事情はさまざまに変化し、法律はさまざまな利点を提案するので、時と場所が違えば、法律はこの重要な契約にさまざまな条件を課すことが分かる。トンキン（TONQUIN）[1]では、船が港に入るさい、船乗りたちがある期間結婚するのは通常のことである。この当てにならない契約にもかかわらず、彼らは、そうした一時的な配偶者から、彼らの情事全般の扱いに加えて、厳格な貞節を保証されると言われている。

差し当たり典拠を思い出すことができないが、アテナイ共和国が戦争と悪疫によって市民の多数を失ったとき、これらの不幸によって生じた消耗をすぐに取り戻すために、あらゆる男性は二人の妻をめとることを許されたということを、私はどこかで読んだことがある。詩人のエウリピデス（EURIPIDES）はたまたま二人の口やかましい女性と結婚したが、彼女らはその嫉妬といさかいで彼を非常に悩ませたので、それ以来彼は自称女ぎらい（*woman hater*）になった。したがって彼は女性に対しておよそ嫌悪感を抱いていた唯一の劇作家であり、おそらく唯一の詩人なのである。[2]

『セヴァランビア人の歴史』(3)と呼ばれたあの気持ちのよい小説のなかで、きわめて多数の男性とわずかな女性が無人の海岸に難破したと仮定された場面で、一行の船長は、絶え間ない口論が生じるのを回避するために、彼らの結婚を以下のように規制している。すなわち、船長は一人の立派な女性を自分だけのものにし、下位の将校二人には一人の女性を、そして、最下位の階層の五人には一人の共同の妻を与えたのである。(4)

古代ブリテン人[1]には他の民族には見られない奇妙な種類の結婚があった。彼らは一〇人や一二人で一つの集団を形成した。このような集団はおそらくそうした野蛮な時代に相互防衛上、必要であったのであろう。この集団のきずなをより強めるために、彼らは同じ数の妻を共有した。そして子供が生まれると、子供は彼らのすべてに属するものとみなされ、したがって共同体全体によって養われたのであった。

動物の間では、最高の立法者である自然自身が彼らの結婚を規定するすべての法律を制定し、動物のさまざまな事情に従ってそれらの法律を変えている。自然が新たに生まれた動物にたやすく食物と防御を提供するところでは、一瞬の抱擁がいままでの結婚を終わらせる。そして子孫の世話は雌にまったく委ねられる。食物の入手がもっと難しいところでは、共通の子供が自立できるまで、結婚は一定期間継続する。そしてその後、夫婦関係は直ちに解消し、関係者の各々はそれに続く時期には新しい契約を自由に結ぶことができるようになる。しかし、自然は人間に理性を賦与したので、その結婚のあらゆる契約条項をそれほど正確には規制せず、人間自身の思慮分別によって、その特定の事情と状態に従いそれらの条項を調整することを彼に残したのである。内国法は各個人の知恵を補うものであり、同時に、人びとの自然的自由を抑制することによって、個人の利益を公共の利益に従わせる。したがって、この問題に関するすべての規制は等しく合法的なものであり、等しく自然の原理に合致している。ただし、それらの規制はすべて等しく便利ではなく、あるいは社会にとって等しく有益でもない。東方の(Eastern)諸国民の間におけるように、法律は一夫多妻を認めることができよう。あるいはギリシア人やローマ人の間におけるように、自由意志による離婚を認めることもできよう。あるいは、法律は近代のヨーロッパ人の間におけるように、生涯全過程の間、一人の男性を一人の女性に限定することもできよう。こうした制度の各々から生じる利点と不利益を考察するのは不愉快なことではないであろう。

一夫多妻の擁護者は、それを愛の無秩序に対する唯一の有効な救済策であり、われわれの情念の生まれつきの激しさがわれわれに課している、女性へのあの隷従から男性を自由にするただ一つの手段として勧めるかもしれない。この手段によってのみ、われわれは君主としての権利を取り戻すことができ、また、われわれの欲望を十分に満足させ、われわれの精神に理性の権威を回復させ、その結果、家庭のなかでわれわれ自身の権威を取り戻すことができる。男性は、弱い君主と同様、彼の臣民の策略や陰謀に対して自らを支えることができないので、別の党派に対抗するある党派の役を演じ、相互の女性の嫉妬によって絶対的とならねばならない。分割して統治することは普遍的な原理なのである。だからそれをおろそかにして、ヨーロッパ人は、トルコ人やペルシア人以上の悲しむべき、また恥ずべき隷従をこうむっている。トルコ人とペルシア人は遠くにいる君主には服従しているが、彼らの家庭内の諸事においては絶対的な統治を行っているのである。(5)

他方、一層優れた根拠に基づいてこうも主張することができよう。この男性の主権は実際の権利の侵害であり、平等とは言わないが、自然が両性間にもうけたあの身分の近さを破壊するものである。われわれは本来おたがいが愛する人であり、友人、保護者なのである。われわれはこのような親しみのある呼び名を主人や専制君主という野蛮な肩書きに喜んで変えようというのだろうか。

どのような資格があってわれわれはこの非人間的行為から利得を得るのだろうか。恋人として、あるいは夫としてはどうなのだろうか。恋人（*The lover*）はまったく抹消されてしまう。したがって、生涯における最も心地よい光景である求愛はもはや存在しえない。女性が自らの意志で身を処すことなく、卑しむべき動物のように売買されるところでは、夫もまたわずかな利得しか得られず、嫉妬をのぞく、愛のあらゆる部分を消滅させる立派な秘訣を見出す。とげのないばらはないが、ばらを捨て去り、とげだけを残しておく人は実に愚かな恥知らずに違いない。(6)

しかし、アジアの風習は愛に対してと同様、友情に対しても破壊的である。嫉妬はおたがいのすべての親密さと親交から人びとを排除する。彼の多くの妻たちに愛人を連れてくることのないように、友人をあえて家や食卓に招く人はいない。だから東方の至るところで、それぞれの家庭は、多数の異なった王国でもあるかのように、たがいに切り離されている。だから、東方の君主のように、七〇〇人の王妃と三〇〇人の側室をもち、一人の友人もなく暮らしていたソロモン（SOLOMON）[2]が世の虚栄に関して非常に悲しげに書くことができたのは驚くに当たらない。(7)もしも彼が一人の王妃ないし愛人と、二、三の友人と、たくさんの仲間をもったならば、彼は人生をいくらかもっと心地よいものだと気づいたかもしれない。愛と友情を破壊すれば、価値ありと認められるものでいったい何が残るのであろうか。

子供、とくに身分の高い子供の悪い教育は、こうした東方の制度がもたらすもう一つの避けがたい結果である。人生の初期を奴隷たちと過ごす人びとは、彼ら自身、奴隷や専制君主になる資格しか与えられない。そして彼らは自分より劣った者や優れた者との将来のあらゆる交際において、人間が生まれながら平等であることを忘れがちである。また、後宮が五〇人の息子をもたらすような場合、親はほとんど子供の顔も知らず、非常に分割された愛情でもって子供に道徳や科学の原理を教え込もうとする。そんな親にいったいどのような世話を考えることができるであろうか。それゆえ、経験に加えて理性から見ても、

野蛮は、一夫多妻に不可避に伴うように思われるのである。(8)

一夫多妻をもっと憎むべきものにするため、私は嫉妬がもたらす恐ろしい結果や、一夫多妻が東方の至るところで女性に課している束縛を数え上げるに及ばない。そうした国々では男性は女性とのいかなる交際も許されない。病気のため女性の胸中のすべてのみだらな情念が消滅し、同時に女性が情欲の対象として不適当な状態になった場合でも、医者でさえ彼女らと接触することは許されない。トゥルヌフォール氏[3]が述べているが、彼が閣下の（*grand signior's*）後宮に医者として連れていかれたとき、彼は細長い部屋を見回して、部屋の側面から突き出されているおびただしい数の裸の腕を目にして少なからず驚いたという。これらの腕は彼が腕から知りうること以上は何も知らずに治療しなければならない身体に属しているものだと言われるまでは、彼にはこのことが何を意味しているのか想像できなかった。後宮の微妙なことがらゆえにもれるのが許されない事情に関して尋ねる必要があると医者が考えるといけないので、彼は患者やお供の者に質問することを許されなかった。(9) だから、東方の医者は、脈拍からすべての病気が分かると主張するのである。これはちょうどヨーロッパの偽医者がただ尿を見ただけで患者を治療しようとするのと同じである。もしトゥルヌフォール氏がこの後者の種類であったならば、彼はコンスタンティノポリスで警戒心の強いトルコ人によって、彼の腕を振るうために必要な材料を提供されることは許されなかったであろう。

一夫多妻が許されている別の国では、妻を自分自身の家に閉じ込めておくため、妻の足を使えなくするという。しかし、おそらく奇妙に思われるであろうが、ヨーロッパのある国では、嫉妬心があまりにも強いため、高位の女性が足や脚をもちうると想像することさえ下品とみなされるという。(10) われわれが非常に優れた権威から得ている次のような証言がある。(11) それによれば、故スペイン王の母がマドリードへ向かう途上、手袋と靴下の工場で有名な、スペインのある小さな町を通り抜けた。当地の治安判事たちは、町で唯一注目すべき商品の見本を彼女に贈呈することほど新女王を迎える喜びを表しうるものはないと考えたのであった。女王を案内した王家の執事（*major domo*）は手袋を丁重に受け取った。しかし、靴下が贈られたとき、彼は激怒してそれを投げ出し、この途方もない不作法に対して治安判事を厳しく叱責した。「スペイン女王には脚がないことを知れ」と彼は言ったという。当時、不完全だが言葉を理解し、しばしばスペイン人の嫉妬の話に驚いていた若い女王は、彼らに自分の脚を切り取られると思った。彼女はそこに泣きくずれ、ドイツへ連れ戻してくれるよう請うた。というのも、彼女は手術にまったく耐えられそうにもなかったからである。彼女をなだめるためには多少の困難を要したという。フェリペ四世がその生涯で心から笑ったのは、この話を聞いたときだけだったと言われている。(12)

一夫多妻をしりぞけ一人の男性と一人の女性とを結婚させるとして、次に、その結合に与える持続期間と、ギリシア人やローマ人の間で習慣であった自発的な離婚を認めるかどうかを考察することにしよう。この慣例を弁護する人びとは次のような理由をあげるであろう。

結婚後、ほんの取るに足りないことから、またふとしたことから、あるいは気質の不調和から、愛想づかしと嫌悪がいかに頻繁に生じることであろうか。その場合、時間は相互の中傷から生じる傷を癒すどころか、日ごとに新しいいさかいと非難によって傷をさらにただれさせる。結合しなくなった心を引き離すことにしよう。その各々は、おそらく、よりふさわしい別の人を見つけるかもしれない。少なくとも、初めはおたがいの愛によって行われたが、いまや事実上、相互の憎しみによって解消してしまった結合を暴力によって維持することほど残酷なことはない。

しかし、離婚の自由は憎しみと家庭内のいさかいを治療するだけではない。それはまた、それらに対する立派な予防法であり、結婚したカップルを最初に結合した愛を生き生きと持続させる唯一の秘訣でもある。人の心は自由を喜ぶ。束縛というイメージそのものが自由にとって嘆かわしい。暴力によって自由を、そうでない場合に選択したと思われるものに制限しようとすれば、好みは直ちに変化し、情欲は嫌悪に変わる。もし公共の利益が一夫多妻において、愛において非常に心地よいあの多様性を享受することを許さないのであれば、その多様性は少なくとも、非常に不可欠であるあの自由をわれわれから奪わないでくれ。私は私自身を結合しようと思う人を選択したではないかと、あなたが私に言ってもそれは空しいことである。なるほど、私は私の監獄を選択した。しかしこれはささやかな慰めにすぎない。というのは、それはやはり監獄であるのに違いないからである。

以上が離婚に賛成する側から述べられるかもしれない議論である。しかし、これらに対しては三つの弁ばくのできない反論があると思われる。第一に、両親が離婚したとき、子供たちはどうなってしまうのか。子供たちは継母の世話に委ねられねばならず、両親の愛情のこもった世話と心配に代わって、見知らぬ人やあるいは敵のあらゆる無関心や憎しみを感じなければならないのではないか。こうした不都合は、自然がすべての人間に不可避な死滅によって離婚させた場合に十分に感じられるものである。そして、離婚の数を増やし、またあらゆる気まぐれによって彼らの子孫を不幸にすることを、両親の権限のうちに置こうとして、不都合を増加することをわれわれは求めるだろうか。

第二に、もし、一方で人の心が自由を喜び、束縛されることをすべて嫌うのが真実であるとすれば、他方では、人の心は生まれながら、必要に従い、性向を満足させることが絶対不可能と思われる場合には、直ちに好みを失う。こうした人間本性の諸原理は矛盾していると、人は言うであろう。しかし人間というのは矛盾の固まりにすぎないのだ！　それらの原理がこのように矛盾した働きをする場合、それらは必ずしもたがいを破壊し合うとは限らないけれども、どちらか一方は、事情がそれに大なり小なり有利であるかどうかに従って、個々の場合に支配的となるであろうということは注目すべきことである。たとえば、愛はやむことのない、じっと我慢することのできない気まぐれと変化に満ちた情念である。一瞬のうちに顔だちから、風采から、無から生じ、同じ様に突然消滅する。そのような情念は何よりも自由を求める。それゆえ、エロイーズ（ELOISA）が、この情念を維持するために、彼女が愛するアベラール（ABELARD）との結婚を拒んだのには、こういった理由があったのである。

結婚を迫られたとき、私はどんなにしばしば言ったことか。

愛がつくった法律以外のすべての法律を呪う。
空気のような自由な愛が人間のきずなを一目見れば、
愛はその軽い翼をひろげ、一瞬のうちに飛び去る。(13)

しかし友情は冷静で落ち着いた感情であり、理性によって導かれ、習慣によって固められ、長い交友関係と相互の義務から生じ、嫉妬も怖れもなく、また、恋の情念におけるような快い苦悩を引き起こす熱狂的な熱気や冷淡の気分もない。それゆえ、友情のようなまじめな感情は、むしろ抑制された場合に栄えるのであり、何か強力な利益や必要が二人を一緒に結びつけ、共通に追い求めるある対象を二人に与える場合のような高さにまで達することはない。(14) したがって、われわれは結婚という結び目を固く結ぶことを恐れる必要はない。というのも、それは主として友情によって可能な限り親密に存続するからである。人と人との親交は、それが信頼でき、誠実なものである場合、むしろその結合によって利益を得るだろう。また、親交が揺れ動き不安定である場合には、結婚こそ親交を確立する最善の手段である。すなわち通常の分別をもった人びとが、その生涯を共に過ごす必要のもとに置かれたときであれば水に流そうとするささいな口論や嫌悪感はなんと多いことか。もし彼らが簡単に離婚できる見込みをもっていさかいを限りなく続ければ、それらはすぐに最も致命的な憎しみへと燃え上がることになる。

第三に、われわれがよくよく考えなければならないのは、夫婦のように、結合を完全で全面的なものにせずに、すべての利害や関心において緊密に二人を結びつけることほど危険なことはないということである。ばらばらな関心をもつ可能性がほとんどないことは絶えざるいさかいと疑いの源となるに違いない。妻は、妻としての地位が安定していない場合、やはり、別のある目的や計画を追うであろうし、(15) 夫のわがままはもっと大きな力を伴うので、より一層危険であろう。

自発的離婚に反対するこうした理由は十分ではないとみなされたとしても、経験から得られた証言を否定しようとする人は誰もいないであろうと思う。ローマ人の間で離婚が最も頻繁に行われていたとき、結婚は最も稀であった。だからアウグストゥスは刑法によって上流社交界の人びとに結婚を強制せざるをえなかった。これは他のいかなる時代や国民にも滅多に見られない情況であった(16)。離婚を禁じたもっと古代のローマ法はハリカルナッソスのディオニュシオス（DIONYSIUS HALYCARNASSÆÜS）によって激賞された(17)。この分離しがたい関心の結合が夫婦の間につくり出した調和はすばらしかったと、この歴史家は言っている。すなわち、夫婦それぞれが共に結びつけられている不可避な必要性を考慮すると同時に、他のいかなる選択や制度の見込みをすべて断念したのである。

　一夫多妻と離婚の排除は、結婚に関する現在のわれわれヨーロッパの習慣を十分に好ましいものにしている。

（1）〔あるいはTongkingは今日ヴェトナムと呼ばれている北インドシナの地域〕。

（2）〔古代の伝記によれば、ギリシアの悲劇作家のエウリピデス（前四八〇―四〇六）は連続して二人の妻をもった。最初の妻はエウリピデスの召使いと密通し、二番目の妻も道徳上ふしだらであった。これらの事実はおそらく、彼の悲劇で女性たちが軽蔑されがちな理由を説明していると思われる。アリストファネス〈Aristophanes（448?-380? B.C.）、アテナイの劇作家でギリシアの大喜劇詩人〉の喜劇 *The Thesmophoriazusae* では、アテナイの女性たちの会議はエウリピデスをその断言的な侮辱について呼び出し、説明を求めている〕。

（3）〔Denis Vairasse, *The History of Sevarities or Sevarambi* (London, 1675). ヒュームの要約は必ずしも正確ではない。というのは、その物語では、主な将校は各々一人の女性をすっかり自分自身のものにすることが許されたからである〕。

（4）〔C―P版では次のように追加されている。「そのような情況下では、最も偉大な立法家であっても、より優れた智恵によって事態をうまく処理することができたであろうか」〕。

［1］古代英国南部に住んでいたケルト族。

（5）〔C―P版では次のように追加されている。「かつて後宮にあらゆる人びとを従えていたであろう正直なトルコ人がやってくると、彼は客間ですべての色男や町のにやけた連中に崇拝されているシルヴィアを見て驚くであろう。そしてそのトルコ人が彼女を、こびへつらう奴隷や宦官の護衛に取り巻かれた強大な力をもつ女王と解することは確かであろう」〕。

（6）〔C―N版では次のパラグラフが追加されている。「私は先代のフランスにおけるトルコ大使、メフメット・エフェンディ（MEHEMET EFFENDI）によって述べられたことを、われわれヨーロッパ人の習慣の利点として進んで主張するものではない。彼は言っている。「われわれトルコ人はキリスト教徒と比べれば馬鹿者である。われわれは自分自身の家に後宮をもち続けるために費用と労苦をかけている。しかしあなたたちはこの負担をやっかい払いし、あなたの後宮をあなたの友人の家にもっている」と。ブリテンの女性がもっていると一般に認められている美徳はこの非難を十分免れている。だから、あのトルコ人自身、われわれの国を旅するならば、われわれの女性との自由な交際は、他のいかなる発明にもまして、社会を美しくし、活気づけ、洗練させるものであることを認めるに違いない」〕。

［2］前九七〇年頃から九三〇年頃までのイスラエルの王。ダビデの子。エルサレム神殿を設けた。

（7）〔世の虚栄は「伝道の書」〈旧約聖書〉のテーマであり、その著者は伝統的にソロモンに帰されてきた。ソロモンが七〇〇人の王妃と三〇〇人の側室をもっていたことは、「列王記」上、第一一章、第三節で言及されている〕。

（8）〔このパラグラフはC版からK版には見られない〕。

［3］Joseph Pitton de Tournefort（1656-1708）はフランスの植物学者、近代の体系的植物学の創始者の一人。

(9)〔トゥルヌフォール『レヴァントへの航海の報告』(*Relation d'un Voyage du Levant*, 1717)。ヒュームが報じた事件については、*A Voyage into the Levant* (London, 1741), 2：248-49を参照〕。

(10)〔C―P版では次のように追加されている。「スペイン人は自分の妻に近づく人びとのあらゆる意向に嫉妬し、できることなら、みだらな想像によってさえ恥をかくのを防ぐであろう」〕。

(11)『スペイン王室の思い出』(*Memoirs de la cour d'*ESPAGNE *par Madame d'*AUNOY)。〔Marie Catherine Jumelle de Berneville, Comtesse d'Aulnoy (1690)〕。

(12)〔C―P版では次のように追加されている。「もしスペインの婦人が脚をもつと思われてはならないならば、トルコの婦人はどう思われねばならないのか。彼女は少しでも存在すると思われてはならない。したがっておよそある男の前で妻のことを口にすることは、コンスタンティノポリスでは無作法で下品なこととみなされる。* ヨーロッパでは、育ちのよい人びとが自分の妻についてしゃべらないことをきまりにしていることは事実である。しかし、その理由はわれわれの嫉妬に基づくものではない。それは、もしこのきまりがなければ、われわれは、妻のことをしゃべりすぎて、その場にいる人びとに迷惑をかけがちだからだと私は思う。

ペルシア人の手紙の著者はこの洗練された処世訓に対して異なる理由をあげている。「男たちは、自分自身よりも妻をよく知っている人びとの前で妻のことをしゃべるのはいけないが、仲間うちで妻のことを口にすることは気にしない」と、彼は言っている。

*『ダルジャン侯爵の思い出』(*Memoires de Marquis d'Argens*)」〕。

(13)〔アレグザンダー・ポープ「エロイーズからアベラールへ」(一七一七年)、七三―七六行〕。

(14)〔C―P版では次のように追加されている。「では、次に、結婚において、愛と友情のいずれが最も優位を占めるかを考えてみよう。そうすれば、結婚にとって自由と束縛のいずれが最も好ましいかがすぐ決まるであろう。最も幸福な結婚は、確かに、長い愛の交際によって友情へと固められる場合に見られる。蜜月を超えて恍惚や忘我の境地を夢見る人は馬鹿者である。虚構の自由を駆使した恋物語でもその愛する人たちを彼らが結婚したその日に別れさせざるをえないし、情念にとりつかれて安心した一週間よりも、冷淡さと軽侮と窮境下にある何十年の間、その情念を維持するほうがたやすいことが分かる」〕。

(15)〔「妻は、妻としての地位が安定していない場合、やはり、別のある目的や計画を追うであろう」に代わって、C―P版ではこうなっている。「パーネル博士(Dr. PARNEL)が断定するように、妻のちょっとしたものをくすねる気性はなおさら破滅を招くであろう」〕。

(16)〔C版とD版はこのパラグラフの後半を省略している〕。

(17)第二巻。〔『古ローマ史』(*Romanike Archaelogia*)第二巻、第二五章。ハリカルナッソスのディオニュシオスは前三〇年頃から七年頃までローマで活躍した歴史家、雄弁家であった〕。

XX　著述の簡素と洗練について

アディスン氏[1]によれば、洗練された著述は、自然で、きざなところがない感情からなっている。洗練された著述の定義で、これほどもっともらしく簡潔なものはありえない。(1)

自然のままにすぎない感情は心になんら快をもたらさず、われわれが注目するに値しないと思われる。渡し守の冗談、農民の言葉遣い、ポーターや貸し馬車の車夫の下品な言葉、これらはすべて自然のままで不快なものである。お茶の席での雑談を忠実にかつ完全に再現した場合、なんと面白味のない喜劇ができあがることか。その魅力と装飾のすべてとともに描かれた自然、芸術によって美化された自然（*la belle nature*）以外に、趣味を解する人びとを喜ばせうるものはない。あるいは、もしわれわれが下品な生活を模倣するならば、その筆致は強力で目立つものでなければならず、心に生き生きとしたイメージを与えるものでなければならない。サンチョ・パンサ[2]の馬鹿げた無邪気さ（naivety）(2)はセルバンテスによって無類の個性のうちに表されているため、それは最も高潔な英雄や最も愛しい恋人の肖像画と同じくらいに私たちを楽しませてくれる。(3)

このような事情は雄弁家、哲学者、批評家、あるいは他の語り手や人物を使わずに自分自身で語るあらゆる著者も同じである。もし彼の言語が上品でなく、彼の意見も稀なものではなく、また彼の感覚が強力で雄々しいものでなければ、彼がいくら自分の本性と簡素さを自慢しても無駄であろう。彼は正確であるかもしれないが、けっして心地好い人物とはみなされないであろう。けっして非難されたり中傷されたりしないのは、そのような著者にとっては不幸である。書物の幸運と人の幸運は同じではない。ホラティウスが気づかれていない人生の道（*fallentis semita vitae*）(4)と語る、人をあざむく秘密の人生の道は前者〈書物〉の最も幸福な運命かもしれないが、後者〈人〉にとってはおそらく陥ることがありうる最大の不幸である。

他方、ただ人をびっくりさせるだけで、自然ではない著作物は人の心にけっして長続きする楽しみを与えることはできない。キマイラのような実現できそうもない夢を描くのは、正確に言えば、模倣したり、まねたりすることではない。描写の正しさは失われ、心は原型と似ても似つかぬ描写を見て不快になる。そのような過度な洗練は叙事詩や悲劇同様、書簡体や哲学的な文体でも気持ちのよいものではない。飾りすぎはあらゆる種類の著作における欠点である。稀に見る表現、強力な機知のひらめき、きわ立った直喩、警句的な表現は、とくにそれらがあまりにも頻繁に繰り返されると、論述の潤色というよりもむしろ欠点になるのである。ゴシック様式の建造物を見渡すとき、目はさまざまな装飾にまどわされ、それぞれの部分に細かい注意を払いすぎて全体を見失う。これと同様に、心は機知に富みすぎた作品を精読すると、ひらめきを与え驚かそうとする不断の努力によって疲れ、うんざりする。これは著述家が機知過剰である場合であり、たとえ機知そのものが正しく気持ちのよいものであっても、そうである。しかし、そのような著述家が、主題にふさわしくない場合でさえ好みの装飾を求め、それによって本当に美しい一つの考えに対して数多の無味乾燥な奇想を言うことが普通起きたりするのである。

批評についての学問において、著述における簡素と洗練の適切な混合ほど広大な主題はない。したがって、広すぎる分野に迷い込まずに、私はその題目に関する二、三の一般的考察に限定することにしたい。

第一に、私が述べるのは、「簡素と洗練のいずれの過度も避けるべきであるけれども、また、適切な中庸がすべての著作物において研究されるべきであるけれども、にもかかわらず、この中庸はどこか一点にあるのではなく、かなりの範囲を許容する」ということである。この点に関して、ポープ氏とルクレティウスの間に大きな相違があることを考えてみるがよい。この二人はそれぞれ洗練と簡素の両極端に位置しており、その内であれば、詩人は過剰さを非難されることなく詩作にふけることができるだろう。この隔たりは詩人たちによって埋められるであろう。彼らはたがいに異なった特徴をもつだろうが、各々がその文体と方法において等しく称賛に値するものであろう。コルネイユとコングリーヴ(5)の機知と洗練は（もし非常に異なった種類の詩人が比較しうるならば(6)）ポープ氏よりも多少大げさである。そしてソフォクレスとテレンティウスはルクレティウスよりも簡素である。これらの詩人は、最も完成された著作物に見られる中庸からはずれ、その両極端な性質を超過した欠点をもっているように思われる。すべての偉大な詩人のうち、ウェルギリウスとラシーヌは(7)、私の見るところ、中心に最も近いところにいて、両極端から一番隔たっている。

この項目に関する私の第二の考察はこうである。すなわち、「簡素と洗練の過剰の間の適正な中庸がどこかを言葉で説明すること、あるいは、欠点と美との境界を正確に知りうる規則を定めることは不可能ではないにせよ、きわめて難しい」ということである。ある批評家はこの問題を賢明に論じてはいるものの、読者に教えを授けていないだけではなく、彼自身がこの問題を完全に理解してすらいない(8)。フォントネルの田園詩に関する論説（*dissertation on Pastorals*）ほど優れた批評はない。というのも、その中で彼は、数多くの省察と哲学的推論によって、その種類の著述にふさわしい適正な中庸を決めようと努めているからである。しかし、誰かがあの著者の田園詩を読むとすれば、この賢明な批評家は、その立派な推論にもかかわらず、間違った趣味をもっていて、中庸の完成点を田園詩の許容範囲を超えた極端な洗練に近いところに定めたと確信するであろう。彼の羊飼いがもった感情は、アルカディア（ARCADIA）[3]の森よりも、パリの化粧部屋（*Toilettes*）[4]に適している。しかし、これを彼の批評的推論から発見することは不可能である。もしもあの偉大な詩人のウェルギリウスがこの種の詩に関する論説を書いたとすれば批難したであろうが、それと同様に過度な描写や装飾のすべてを彼は批難している。人びとの趣味がいかに異なっていても、こうした主題に関する一般的な論説は普通同じである。概論から各論に入らず、実例や例証に満ちていない批評は教訓的ではありえない。美徳と同様、美は常に中庸にあることは各方面から認められている。しかし、この中庸がどこにあるかは大問題であり、一般的推論ではけっして十分に説明することはできない。

私はそれをこの主題に関する第三の考察として述べることにしたい。すなわち、「われわれは簡素の過剰よりも洗練の過剰から一層身を守るべきであり、さらに、洗練の過剰は簡素の過剰に比べて美しさに劣り、しかも一層危険である[5]」。

機知と情念がまったく相容れないということは確かな規則である。感情が興奮したとき、想像力の働く場はない。人の心は生まれつき限定されているので、心のすべての機能が同時に働くのは不可能である。だからどれか一つが支配的となれば、他の機能が強力に働く余地は少なくなる。こうした理由から、たとえば、考察やそれに基づく所見からなる場合よりも、人間と行動と情念が描写されているすべての著述物には、より大きな程度の簡素が求められる。したがって、前者の種類の著述は一層気持ちよく美しく、このために洗練の極端よりも簡素の極端を選んで差しつかえなかろう。

また、われわれが最も頻繁に読み、趣味を解する人なら誰でもそらんじた著述物には簡素が長所となり、思考が表される表現の優雅さと詩句の調和が奪われるとき、思考に人を驚かすものがないことが勧告されるということもまた言えるかもしれない。もし著述物の長所が機知という点にあれば、それは最初のうちは感銘を与えるかもしれないが、二度目に精読したときには、心はもはやその影響を受けない。マルティアリス[9]の警句を読むと、最初の行が全体を思い出させる。だから私は既に知っていることを自ら繰り返すことに喜びを感じない。しかし、カトゥッルス[6]の各行、各語には長所があり、私は彼のものを精読して飽きない。カウリー[10]は一度ざっと目を通せば十分である。しかしパーネル[11]は、五〇回読んだあとも、最初と同じく新鮮である。その上、それは、女性たちに出会うように書に出会うようなものであり、目を眩惑させるが愛情には至らぬ描写、外見、装いのまぶしい輝きよりも、風習や衣装の一定の単純さが一層気持ちよいのである。テレンティウスは控え目で内気な美点の持ち主であり、彼は少しも装ったりしないので、われわれは彼にあらゆるものを認めるし、彼の純粋さと自然は、激しくはないけれども、持続的な印象をわれわれに与える。

しかし、洗練は一層少ないのが美しいと同様に、それがより多いのは危険な極端であり、それはわれわれが最も陥りやすいものである。簡素が優れた優雅さと適宜さを伴わないときは、退屈と認められる。反対に、あざやかな機知と奇想には人を驚かすものがある。普通の読者はそれに大いに心打たれ、それが最も優れた最も難しい著述法であると誤解する。セネカは気持ちのよい欠点に富んでいて、クインティリアヌスは「その欠点は非常に多くて魅惑的である」(*abundat dulcibus vitiis*)[12] と言っているが、そのために、一層危険であり、若い軽率な人の趣味を一層偏向させがちである。

付け加えておきたいが、洗練の過剰はいまやかつて以上に一層用心せねばならない。なぜなら、それは学問が多少進歩したのち、また著名な著述家があらゆる種類の著述物に現れたのちに、人びとが最も陥りがちな極端だからである。目新しさによって喜ばそうとする努力は人びとを大いに簡素と自然から遠ざからせ、彼らの著述を気取りと気まぐれで満たすことになる。このようにしてアジアの雄弁はアッティカ人の雄弁から非常に堕落したのであった[13]。このようにしてクラウディウスとネロの時代は、趣味と天分においてアウグストゥスの時代よりも非常に劣るようになったのである。そしておそらく現在、同様な堕落のきざしがフランスと同様にイングランドにも見られるであろう。

[1] アディスンはイギリスのエッセイスト、詩人、政治家。日刊新聞『スペクテイター』(*Spectator*) でスティールとともに、風習、文学に関する論説などを寄せた。

(1)〔アディスン『スペクテイター』三四五号、一七一二年四月五日。Donald F. Bond ed., *The Spectator* (Oxford: 1965), 3: 284〕。

(2)〔C—K版では次のようになっている。「無邪気さ、これは私がフランス語から借りてきた言葉であり、われわれの言葉にはない」〕。

[2] Miguel de Cervantes (1547–1616) はスペインの小説家。主著はここに言及されている『ドン・キホーテ』(一六〇五—一五年)。

(3)〔セルバンテス『賢明な紳士、ラ・マンチャのドン・キホーテ』(*El ingenioso hidalgo don Quijote de la Mancha*) 第一部、一六〇五年、第二部、一六一五年を参照。サンチョ・パンサは無知だがドン・キホーテが従者として選んだ忠実な農民である〕。〈牛島信明訳、岩波文庫、二〇〇一年〉。

(4)〔ホラティウス『書簡体詩』第一巻、第一八節、一〇三 (レーブ版、H. Rushton Fairclough 訳)〕。

(5)〔William Congreve (1670–1729) はイギリスの詩人だが、主としてその喜劇で知られる〕。

(6)〔Sophocles (496–406 B.C.) はアテナイの最も偉大な悲劇詩人で、『アンティゴネー』や『オイディプス王』のような演劇で知られる〕。

(7)〔Jean Racine (1639–1699) はフランスの劇作家で、悲劇で最もよく知られる〕。

(8)〔フォントネル「田園詩の本質論」(Discours sur la Nature de l'Eglogu)『全集』(パリ、一八一八年) 第三巻、第五一—六九章〕。

[3] ギリシアの南半島の山岳地方を指し、文学では、田園的満足を与える理想地とされる。

[4] ご婦人が身じたくの最終段階の間になされる客のもてなしのこと

で、一八世紀に非常に流行した。

［5］傍点はこの場合、直立体であることを示す。

（9）〔Marcus Valerius Martialis（c.40–c.104）はローマの詩人で、警句で最も有名〕。

［6］Gaius Valerius Catullus（84?–54 B.C.）はローマの叙情詩人。ローマ文学史上、最も偉大な叙情詩人と見られている。

（10）〔Abraham Cowley（1618–1667）はイギリス形而上派の詩人〕。

（11）〔Thomas Parnell（1676–1718）はアイルランドの詩人〕。

（12）〔クインティリアヌス『雄弁家の教育』第一〇巻、第一章、第一二九節。クインティリアヌスはここで、セネカの著述物の文体は、「その欠点は非常に多くて魅惑的である」という理由できわめて危険であると述べている〕。

（13）〔この文章の最初の節はK版で追加された〕。

XXI 国民性について

大衆はすべての国民性を極端にまで進めて考えがちである。だから、ある国民は悪らつあるいはおく病、あるいは無知であるという原理がひと度確立すると、彼らは例外を少しも認めず、個人を誰でも同じように理解し非難しようとする。思慮分別のある人びとはこうしたいいかげんな判断をとがめる。だが同時に、彼らは、各々の国民には特有の生活態度（manners）があり、ある独特な性質が、隣接する諸国民の間よりも、ある一国民の間に見られるのが一層頻繁であることを認めている。スイスの庶民は、おそらくアイルランドの同じ階層の人びとよりも正直であろう。だから慎重な人は誰でも、その事情だけから、自分がそれぞれに寄せる信頼に差別をもうけるであろう。セルバンテスはスペインで生まれたけれども、われわれが、スペイン人よりもフランス人に一層優れた機知と陽気さを期待するのには根拠がある。ティコ・ブラーエはデンマーク生まれの人であったのに、イングランド人はデーン人よりも物知りだと思われるのが常であろう。(1)

こうした国民性（*national characters*）にはさまざまな理由が帰されている。ある説明は社会的（*moral*）原因からであると主張し、他は自然的（*physical*）原因からであると主張する。社会的原因ということで、私は、動機や理性として精神に働きかけることに適した特定の生活態度をわれわれに習慣づける、すべての事情を意味している。この種のものには、政体の本質、公事の変革、国民生活の豊かさと貧しさ、その国家が隣国との関係でもつ位置、などの事情がある。自然的原因とは、大気と気候の性質のことであり、それらは身体の正常な調子や習慣を変え、熟慮と理性がときにそれを克服するかもしれないけれども、それにもかかわらず大多数の人びとの間に広まり、彼らの生活態度に影響する特有な性格を与えることによって、気づかないうちに気質に作用すると思われている。

国民の性格が社会的原因に大いに左右されるということは、最も浅薄な観察者にも明らかであるに違いない。なぜなら、国民というのは個人の集まりにすぎず、各個人の生活態度はしばしばしばこうした原因によって決定されるからである。貧窮と苛酷な労働は庶民の精神を卑しくし、彼らをおよそ科学や高尚な職業に不向きにさせる。これと同様に、いかなる政体もその被治者のすべてに非常に抑圧的となる場合には、その政体は抑圧に応じた影響を彼らの気質と天分に与えるに違いなく、彼らの間からすべての学芸を追放するに違いないのである。(2)

社会的原因という同じ原理はさまざまな職業の性格を決め、特定の人びとが自然の手から受け取る気質さえも変えてしまう。兵士と聖職者は、あらゆる時代のあらゆる国家において、異なる性格の人物である。そしてこの違いは、その働きが永続的で不変である事情に基づいている。

兵士の生命の不確かさは彼らを勇敢にするだけでなく、気前よく寛大にする。大きな集団になると、彼らが野営地や守備隊で身につける怠惰は彼らを快楽と情事に向かわせる。彼らは頻繁に隊を移動することによって、立派な行儀作法と行動の率直さを獲得する。彼らは国家の公然たる敵に対してだけ仕事を与えられれば、率直で正直な人物となり、利己的な意図をもたなくなる。そして彼らは、精神の労働よりも身体の労働を多く行うので、通常軽率で無知である。(3)

「すべての宗教の聖職者は同じである」というのは陳腐なことだが、まったく間違った格言ではない。またこの職業の性格は、あらゆる場合、個人の性格を支配するわけではないけれども、それにもかかわらず常に多大な影響力を行使することは確かである。化学者が述べているように、強い酒はある程度にまでなれば、どのような材料から抽出されようと、まったく同じであるように、こうした人びとは人間性を超えて高められ、まったく彼ら自身のものである画一的な性格を獲得する。その性格は、私の意見では、一般的に言って人間社会で出会うべき最も立派なものではない。それはたいていの点において兵士の職業と正反対のものであり、それが引き出される生活方法もまた同様に正反対である。(4)

自然的原因について、私はこの原因の作用をまったく疑いたいと思う。また私は、人びとがその気質や天分を大気や食物や気候に負っているとは少しも思わない。実を言うと、これと反対の意見が、一見したところもっともらしく思われる。なぜなら、こうした事情は他のあらゆる動物に影響を与え、しかも犬や馬などのように、すべての気候のもとで生きるのに適している動物でさえ、全部が同じ完成度には達しないことが分かっているからである。ブルドッグやシャモの勇猛さはイングランドに特有のものと思われる。フランドル[1]では、大きくて堂々とした馬が目立つ。ところがスペインでは、きゃしゃで気性のいい馬が目立っている。さらに、このような馬がある地方から他の地方へ移動した場合は、その生まれた地方の気候から得た性質をすぐ失ってしまう。人間も同じではないかと問われるのももっともである。(5)(6)

これよりももっと興味深く、人間に関するわれわれの問いでもっとしばしば提起されるいくつかの問題がある。したがってそれを十分検討するのが適切であろう。

人間の精神には非常に模倣する性質があり、一団の人びとがしばしば一緒に話し合えば、類似した生活態度を獲得し、おたがいに長所だけでなく欠点も伝えないでいることは不可能である。すべての理性をもった創造物には仲間と社交を求める性向が強いからである。また、この性向をわれわれに与える同じ気質は、われわれをそれぞれ他人の感情に深く入り込ませ、クラブや仲間の集団の全体にわたって、いわば、伝染によって同様な情念と性向を生じさせる。多数の人びとが一つの政治体に結合する場合、彼らの交際の機会は防衛や商業や統治を議論するために非常に頻繁になり、同一の話し方や言語と相まって、彼らはその生活態度に類似性を獲得し、各個人に特有な個人的性格に加えて、共通した国民性を獲得するに違いない。いまや、自然はすべての種類の気質と理解力を非常に豊富に生み出すけれども、自然は常にそれらを同じ割り合いで生み出し、あらゆる社会において、勤労と怠慢、勇気とおく病、人間性と残虐性、智慧と愚かさが同じように混ぜ合わされることにはならない。社会の初期において、もしこうした気質のあるものが他のものよりも豊富に見られるならば、それはおのずと広く行きわたり、国民性に色合いを与えるであろう。もしくは、いかなる種類の気質もそうした狭い社会でさえ、優位を占めるとは道理上考えることはできないし、また、その混合において同じ比率が常に維持されると主張されるかもしれないけれども、それにもかかわらず、さらに狭い政体に属していたとしても、信用と権力をもつ人びとが、必ずしも同じ性格をもつと仮定することはできない。そして彼らがもつ国民の生活態度への影響力はいつでもきわめて大きい。もし共和政が最初に樹立されたとき、ブルートゥスが権威ある地位につき[7]、私益だけでなく、自然のすべてのきずなを無視するほど、自由と公益を求める熱意に夢中になれば、そのような輝かしい実例は当然、社会全体に影響を及ぼし、各人の心に同じ情念をかき立てたであろう。一世代の生活態度を形成するものがなんであれ、次の世代は同じ染料のより一層深い色合いを吸収するに違いない。人びとは幼少期におけるすべての印象を一層受け入れやすく、彼らがこの世にとどまる限り、これらの印象を保持し続ける。だから、すべての国民性は、特定の社会的原因に左右されない場合、このような偶発事から生じるのであり、自然的原因は人間精神にはっきりした作用を与えることはないと、私は断言する。外に現れない諸原因は存在しないと考えなければならないということは、すべての哲学上の原理なのである[8]。

地理にざっと目を通すか、あるいは歴史年代記に思いをめぐらせば、大気や気候の影響とは認められない、生活態度の一致や伝染のしるしをあらゆるところに発見するであろう。

第一に、きわめて広大な政体が多くの世紀の間、樹立されていたところでは、その政体は国民性を帝国全体に広げ、どの部分にも類似した生活様式を伝えていると述べることができよう。こういうわけで、中国人は想像しうる最大の斉一的な性格をもっている。ただし、大気と気候は、あのような広大な領土のさまざまな地方できわめて無視できないほどの多様さが認められるのである。

第二に、隣接する小さい政体であるにもかかわらず、それぞれの国民が異なる国民性をもち、最も遠く離れた国民と同様に、その生活態度を見分けうることがしばしばある。アテナイとテーバイはたがいにわずか一日の旅の距離しか離れていない。しかしアテナイ人は精巧と洗練と陽気さが目立つのに対して、テーバイ人は愚鈍と田舎風と無気力な気質が目立つ。プルタルコスは、人間の精神に対する大気の影響を論じて、ピレウム（PIRÆUM）の住民は、約四マイルほどしか離れていないアテナイの高地にある町の住民と非常に異なった気質をもっていると述べている。しかしワッピング（WAPPING）とセント・ジェイムズ（St. JAMES）における生活態度の相違を大気や気候の違いに帰す人はいないと私は信じている。(9)

第三に、同じ国民性は普通、ちょうどその国境に至るまで政体の権威に従う。だから川を渡ったり山を越えたりすれば、新しい政体と共に、新しい一定の生活態度が見られる。ラングドック人とガスコーニュ人はフランスで最も陽気な国民であるが、ピレネー山脈を越えると、そこはスペイン人の土地である。大気の性質が、戦闘や外交交渉や結婚という偶発事に大いに左右される帝国の国境と共に正確に変化するなどと考えることができるであろうか。

第四に、遠く離れた国に分散した一団の人びとが緊密な交際や連絡を相互に維持し合う場合には、彼らは類似した生活態度を獲得し、彼らが共に暮らしている諸国民と共通することはほとんどない。こういうわけで、ヨーロッパのユダヤ人と、東方のアルメニア人は独特の性格をもっている。後者が正直さで知られているのと同様に前者はごまかしで知られている。(10)すべてのローマカトリック国におけるジェズイット〈イエズス会士〉も一風変わった性格をもつと見られている。(11)

第五に、言葉や宗教上の違いのような偶発事が同じ地方に居住する二つの国民の混合を妨げる場合、彼らは何世紀もの間、独立した正反対ですらある一連の生活態度を維持するであろう。トルコ人の誠実、まじめ、勇敢さは、現代のギリシア人の不誠実、軽率、おく病と正確な対照をなしている。

第六に、同じ一連の生活態度がある国家に従い、同じ法律や言葉と同様に、地球全体にわたり随従することがある。スペイン、イギリス、フランス、オランダの植民地は熱帯地方でさえ、すべて見分けることができる。

第七に、国民の生活態度は世紀が変われば相当大きく変化する。政体の大きな変化によるか、新しい国民の混入によるか、もしくはあの気まぐれのいずれかによるが、あらゆる人間の行為はこれらから影響を受けやすい。古代ギリシア人の精巧、勤労、活動は、その地域の現在の住民の愚鈍と怠慢と共通するところは少しもない。誠実、勇敢、自由の愛好は古代ローマ人の性格を形成した。これに対して、狡猾でおく病で卑屈な気質が現代のローマ人の性格を形づくっている。昔のスペイン人は落ち着きがなく、乱暴で、戦争に夢中になりすぎ、ローマ人に武器を奪われたとき、その多くは自殺するほどであった。(12)ところが、現代のスペイン人を奮起させ彼らに武器を取らせることは、(少なくとも五十年前には見られなかったが)いまではまったく困難であることが分かるであろう。バタヴィア人はすべて運任せの兵士であり、自らローマの軍隊に雇われた。彼らの子孫は、ローマ人が彼らの先祖を使ったのと同じ目的で外国人を使っている。フランス人の性格のうちのある面は、わずかとはいえカエサルがガリア人に帰した性格と同じであるけれども、その地方の現代の住民の礼儀、人間性、知識と、古代の住民の無知、野蛮、粗野との間にはいかなる対照が見られるであろうか。ブリテンの現在の占有者とローマ人による征服以前の占有者との間のような大きな相違ではないけれども、二、三世紀前のわれわれの祖先は最も卑しむべき迷信に陥り、この前の世紀に彼らは最も激烈な熱狂に駆られたが、いまや世界のどの国民にも見られるように、宗教問題に関する最大の冷静な無関心に落ち着いているのをわれわれは見ることができる(13)。

第八に、いくつかの隣接する国民が、政策、商業、もしくは旅行のいずれかによってきわめて緊密な交通をたがいにもつ場合、彼らはこの交通に比例して、類似した生活態度を獲得する。こういうわけで、すべてのフランク族[2]は東方の諸国民に対して斉一的な性格をもつと思われる。彼らの間の相違は、異なる諸地方の独特なアクセントのようなもので、それは聞き慣れた耳によるほか区別することができず、通常、外国人では気づかないものである。

第九に、同じ言葉を話し、同じ政体の支配下にある同じ国民のうちに、生活態度や性格の見事な混合にしばしば気づくであろう。この点で、イングランド人はこれまで世界に存在したであろう国民のうち最も注目すべきものである。これはその気候の変わりやすさと不安定さや、あるいはその他の自然的原因に帰されるべきではない。なぜならば、これらのすべての原因はスコットランドの隣接した地方でも起きるが同じ結果をもたらしてはいないからである。国民の政体が完全な共和政である場合、それは一種独特の生活態度を生み出しがちである。政体が完全な王政である場合には、同様な結果を一層もたらすであろう。上流階級を模倣することによって生活態度が国民の間に急速に広まるからである。もしオランダのように、国家を統治する階層がまったく商人からなるのであれば、彼らの一律の生活様式が国民の性格を決めるであろう。もし、ドイツやフランスやスペインのように、それが主として貴族や地主ジェントリからなるのであれば、同じ結果が生じる。ある特定の教派や宗教の特質も国民の性格を形成しがちである。しかしイングランドの政体は王政と貴族政と民主政の混合である。権力を握る人びとは、ジェントリと商人から構成されている。すべての宗派が彼らの間に見られることになる。そして各人が享受する大きな自由と独立は、自分に特有な生活態度を誇示することを許している。したがって、イングランド人は、もしこの特性自体が国民性とみなされるのでなければ、世界の国民のうちで国民性をまったくもたないことになる。

もし人びとの性格が大気と気候に左右されるのであれば、暑さや寒さの度合いは当然有力な影響を及ぼすと予想されるはずである。なぜならば、すべての植物と理性をもたない動物に対してこれほど大きな影響を及ぼすものはないからである。実際、南北極圏を越えたところや、あるいは熱帯に暮らすすべての国民は、その他の種よりも劣っていて、人間精神のより高度な到達点に達することができないと考えうるいくつかの理由がある。地球の北方の住民の貧窮と不幸と、必需品の少なさから生じる南方の住民の怠惰は、おそらく、われわれが自然的原因に頼らずに、この顕著な差異を説明することができよう。とはいえ、国民性は温和な気候ではきわめて混交しており、これらの気候のうちの比較的南方やあるいは比較的北方の国民について行われた一般的考察のほとんどは、不確実で当てにならないことに気づくことは確かである。(14)

　太陽に近い地帯は人びとの想像力をかき立て、想像力に独特の活力と気力を与えると言えるだろうか。フランス人、ギリシア人、エジプト人、ペルシア人は陽気さが目立つ。スペイン人、トルコ人、中国人は落ち着きとまじめな振舞いで知られるが、この気質の違いを生み出すような気候の違いはまったくないのである。

　すべての他の諸国民を野蛮人と呼んだギリシア人とローマ人は、天分と優れた理解力をより南方の気候に限定し、北方の諸国民はすべての知識と礼儀に欠けるものと断言した。しかしわれわれの島国は、戦闘と学問のいずれにおいても、ギリシアやイタリアが誇らねばならないような偉人を生み出してきた。

人びとの感情はその地方が太陽に近づくほど、一層繊細になり、美と優雅の趣味はあらゆる緯度に比例して改善されると言われている。言語に注目するならば、南方の言葉は滑らかで調子が美しく、北方の言葉は耳ざわりで調子が合わないといった具合である。しかしこの観察は普遍的には当てはまらない。アラビア語は粗野で不愉快である。ロシア語は優しくて音楽的である。活力、力強さ、耳ざわりがラテン語の言葉遣いの性格をつくっている。イタリア語は、想像しうる中で最も流れるような、滑らかで柔らかい言葉である。あらゆる言語は国民の生活態度に多少は左右される。しかしそれは、彼らが祖先から受け継ぎ、彼らの生活態度が最大の変化を許す間にさえ、不変にとどまる言葉や音声の最初の語系に一層大きく左右される。イングランド人が現在、ギリシア人がトロイアの包囲後数世代の間そうであったよりも一層洗練され知識をもった国民であることを誰が疑うことができようか。それにもかかわらず、ミルトンの言葉とホメロスの言葉とは比較にならない。いや、国民の生活態度に生じる変更と改善が大きいほど彼らの言葉に期待されうるものは少ない。少数の著名で優れた天才はその趣味と知識を国民全体に伝え、最大の改善を生み出そうとする。しかし彼らはその著作によって言葉を固定し、ある程度、その一層の変化を防ぐのである。

　ベイコン卿が述べたように、一般に南の住民は、北の住民よりも工夫に富んでいるが、寒い気候に生まれた人が天分をもっている場合、南方の人がその才能によって到達しうるよりも高い地点にまで向上する。最近亡くなったあの著述家[15]はこの意見を次のような比較によって確認している。彼は南方の人の才能をきゅうりにたとえており、通常その種類としてはとても美味だが、それでも、それはきゅうりにすぎないとしている。そして、北方の人の天分はメロンに似ていて、その五〇のうち一つはうまくない場合もあるが、うまいときには、それには見事な風味があるという。この観察はヨーロッパの諸国民とそして現代、もしくはむしろひとつ前の時代に限定される場合、正しいと私は思う。しかし、それは社会的原因により説明しうると私は考える。すべての学問と学芸は南方から輸入された。そして、競争心や栄光に駆り立てられた最初の熱意の中で、学問と学芸に没頭した少数の者たちが、それらを最高の高さにまでもたらそうとし、完全な頂点に達するためにあらゆる神経と能力を使い尽くしたことを想像することはたやすい。このような顕著な実例が知識をあらゆるところに広め、学問に対する世界的な尊敬を生んだのである。その後、勤労の精神が弱まるのは驚くに当たらない。その間、人びとは適切な刺激を受けることもなく、彼らの学識によってあのような名声に達することはない。人びとの間に学問が普及し、ひどい無知と不作法が追放されたところで、特定の人びとに著しい完全さが伴うことはほとんどない。[3]知識がキケロとアウグストゥスの時代よりもウェスパシアヌスの時代にはるかにもっと一般的だったことは、『雄弁について』(*de Oratoribus*) の対話[16]において当然のこととされていたと思われる。クインティリアヌスもまた、学問があまりにも一般化したことで、それの濫用について不平をこぼしている。[17]ユウェナリスは、「かつて学問はギリシアとイタリアに限定されていた。しかしいまや世界全体がアテナイやローマと競っている。雄弁なガリア人が法律を知るイギリス人を教えている。トゥーレ (THULE)[4] でさえ、教育のために修辞家を雇い入れることを考えている」[18]と言っているが、このような状態にあることは顕著である。なぜならば、ユウェナリスは彼自身がなんらかの天分をもつローマの著述家の最後の人だからである。そのあとに続いた人びとは、われわれに情報を与えるという事実を除けば、なんの価値ももたない。学問研究へのロシア人の最近の転向は現代の学芸への前兆のようなものを示していないことを望む。

ベンティヴォリオ卿[19]は、誠実さと正直さに関して南の国民よりも北の国民を選び、一方でスペイン人とイタリア人、他方でフランドル人とドイツ人をあげている。しかしこれはどうも偶然に生じたと私には思える。古代のローマ人は、現代のトルコ人がそうであるように率直で誠実な国民であったと思われる。しかし、もしこの結果が決まった原因から生じたと推測しなければならないならば、すべての極端が一点に集まりがちで、通常、同じ結果を伴うと、それから結論できるだけであろう。裏切りは無知と野蛮に通常は付随するものである。だからもし洗練された国民が狡猾で不正直な手段をとるとすれば、それは権力と栄光への明白で直接的な道をとることを彼らに軽侮させるような洗練の過剰さゆえなのである。

たいていの征服は北から南へと向かった。だから、北方の国民はより優れた勇気とどう猛さをもつと、これまで推測されてきた。しかし、たいていの征服は豊富と富裕に対して貧窮と欠乏によってなされたと言った方がより正しかったであろう。サラセン人〈イスラム教徒〉はアラビアの砂漠をあとにし、ローマ帝国のすべての豊かな地方を目指して北へと征服を進めた。そして、その途中で、タタール地方の砂漠から南下しつつあったトルコ人と遭遇したのであった。

ある著名な著述家[20]が述べたように、あらゆる勇敢な動物もまた肉食性であり、より優れた勇気は、半ば飢えた他の諸国民にではなく、力強く栄養のある食事をしているイングランド人のような国民にこそ期待されるべきであるという。しかし、スウェーデン人は、この点における短所にもかかわらず、武勇の点で、これまで世界に存在したどの国民にも劣ってはいないのである。

一般に、すべての国民性のうち、勇気は最も根拠の不確かなものであることにわれわれは気づく。なぜならば、それは間を置いて、しかもあらゆる国民のうちの少数の人によって発揮されるものにすぎないからである。ところがこれに反して、勤労、知識、礼儀は継続的にかつ万人に役立つものであり、幾世代にもわたり、国民全体の習慣となるであろう。もし勇気が保持されるとすれば、それは訓練、実例、評価[5]によるに違いない。カエサルの第十歩兵軍団と、フランスのピカルディ連隊は市民の間から無差別に組織された。しかしそれらが軍務についている最高の部隊であることがいったん知られると、この評価自体が部隊を実際そのようなものにつくりあげたのであった[21]。

勇気がどれほど評価に依存するかの証拠として、われわれが気づくのは、ギリシアの二つの主要な種族であるドーリア人[6]とイオニア人のうち、前者はいつも尊敬され、後者よりも勇敢で男らしいと思われていたということである。しかし、いずれの種族の植民地もギリシア、小アジア、シチリア島、エーゲ海の諸島のすべてにわたり散在し、入り交じっていたのである。アテナイ人は勇敢さや軍功で名声を得た唯一のイオニア人であった。しかしこのアテナイ人さえ、ドーリア人のうちの最も勇敢なスパルタ人に劣るとみなされていたのである。

さまざまな気候における人びとの相違に関して、われわれが重要性を置くことができるただ一つの考察は、北方地域の国民は強い酒に対する好みが一層強く、南方地域の国民は愛欲と女性に対する好みが強いというありふれたものである。われわれはこの相違をきわめてありそうな自然的原因に帰すことができる。ワインと蒸留酒は寒い気候で凍った血液を温め、天候による被害にそなえて身の守りを強化する。太陽の光線にさらされる地方では、その快適な暑さが血液を燃え立たせ、両性間の情欲をかき立てるのである。

またおそらく、この問題は社会的諸原因によって説明することができるであろう。すべての強い蒸留酒は北では[7]一層稀であるため一層よく求められる。シチリアのディオドロスが言っているように、彼の時代のガリア人は大酒飲みで、ワインにふけっていた。[22]主に、それが稀少で目新しかったことによると私は思う。他方、南の気候の暑さは、男女を半ば裸同然にせざるをえず、したがって彼らの頻繁な交際を一層危険なものにし、彼らのおたがいの情欲をかき立てる。これは両親と夫たちの警戒心を一層強め、遠慮がちにさせ、これがさらに情欲を一層かき立てることになる。言うまでもなく、女性は南の地域では早熟なので、彼女らの教育においては、一層油断なく警戒し、めんどうを見ることが必要である。一二歳の少女が、一七歳か一八歳になるまで情念の激しさを感じない人と同じくらいの思慮分別をもって情念を抑えることができないのは明白である。安心と安逸ほど愛欲を助長するものはなく、あるいは勤労と重労働ほどそれに有害なものはない。そして人間の必需品は、温かい気候では寒い気候よりも明らかに少ないので、この事情だけでも彼らの間にかなりの相違をもたらすであろう。[23]

　しかし、自然が、社会的原因、もしくは自然的原因のいずれからにせよ、こうしたそれぞれの性向をそれぞれの気候に分け与えたという事実はおそらく疑わしい。古代のギリシア人は、温暖な気候に生まれたけれども、大いに酒にふけりがちだったと思われる。彼らの楽しみの集まりは、女性からまったく離れて時を過ごした男たちの間で行われた酒の飲みくらべ以外のものではなかった。それにもかかわらず、アレクサンドロスがギリシア人を、さらにもっと南の気候をもつペルシアに導いたとき、彼らは、ペルシア人の生活態度を模倣して、この種の放蕩を倍増させたのであった。[24]ペルシア人の間では酔っ払いという性格は非常に名誉あることなので、小キュロス（CYRUS）〔8〕はしらふのスパルタ人に彼の兄弟のアルタクセルクセスに対する援軍を強く求めたが、それは主として、より勇敢でより気前がよく、より優れた酒飲みの資質を理由に要求していたのである。[25]ダレイオス・ヒュスタスペス（DARIUS HYSTASPES）[26]は自分の墓石に他の美徳と王としての資質のうちに、誰もあれほど多量の酒に耐えることはできなかったということを刻み込ませた。**黒人**（NEGROES）に強い酒を提供すれば、彼らからなんでも手に入れることができるであろう。彼らをうまく誘えば、彼らの子供だけでなく、その妻や愛人も、一樽のブランデーと交換に売ってもらえるであろう。フランスとイタリアでは夏の一番暑いときを除き、純粋のワインを飲む人はほとんどいない。実際真夏には、暑さで消え失せた活力を取り戻すためにワインが必要なのであり、それはちょうどスウェーデンで真冬の間、厳しい季節によって凍てついた身体を温めるのに必要なのとほとんど同様なのである。

　もし、嫉妬が多情な気質の証拠とみなされるのならば、ヨーロッパとの交通によって、この点での生活態度を多少変更する前のロシア人ほど嫉妬心の深い国民はいなかった。

　しかし、自然がこれら二つの情念を、一方を北方地域に、他方を南方地域に規則正しく配分したという事実を真実と考えるとしても、われわれは、気候はわれわれより粗野な、身体的器官に影響を与えるかもしれないと推察することができるにすぎない。気候は、精神と理解力を左右する一層優れた諸器官に作用することはできない。そしてこれは自然の類推に合致している。動物の種は注意深く管理すれば、けっして退化しない。とくに、馬はその形姿、活力、速さによってその血統をいつも明らかにする。しかし、有徳の人がつまらない子孫を残すかもしれないように、うわべだけ学識があるふりをする人（a coxcomb）が学者をもうけるかもしれない。

私はこの主題をしめくくるに当たり次のように述べておきたい。すなわち、酒を求める情念は、愛情——それは適切に管理されるときはすべての礼儀正しさと洗練の源泉である——よりも野蛮で品位を落とすけれども、それにもかかわらず、これは、はじめに一見して考えがちであるほど、南の気候にとっての大きな利点ではない。愛情が一定の程度を超えると、それは男性を嫉妬深くし、国民の礼儀作法が普通それに大いに左右される、両性間の自由な交際を断ち切ってしまう。だから、もしこの点でわれわれが粗雑さを少なくし洗練しようとすれば、非常に温和な気候に住む国民はあらゆる種類の改善を最も達成しそうであると述べることができる。彼らの血は彼らを嫉妬深くするほどかき立てられることはない。しかしそれにもかかわらず、彼らが女性の魅力と資質にしかるべき価値を置くための十分な暖かさをもつことに気づくであろう。

（1）［ティコ・ブラーエ（Tycho Brahe, 1546-1601）はデンマークの天文学者であり、彼の注意深い観察は天文学におけるコペルニクス革命に貢献した］。

（2）［D—P版では次の追加がある。「この自然な例は世界できわめて頻繁である」］。

（3）それはメナンドロス（MENANDER）が「洗練された兵士をつくることは神でさえ力が及ばない」（*Κομψὸς στρατιώτης, οὐδ᾽ ἂν εἰ πλάττει θεὸς Οὐθεὶς γένοιτ᾽ ἄν*）と言ったことである。［五世紀のギリシアの詞華編集者ストベウスの著作では、メナンドロス（前三四二—二九二）はギリシアの喜劇詩人で、その著作はヒュームの時代にはただ断片的にだけ知られていた］。兵士の生活態度に関する正反対の観察は現代に見られる。これは私には推定と思われるが、古代の人はすべての洗練と礼儀を書物と研究に負っていた。実際のところ、兵士の生活はうまくそれらに適合していない。仲間と世間の人びとが彼らの社会的な活動範囲である。だから、もし仲間から学ぶべき礼儀正しさがあるとすれば、彼らは確かにそれをかなり分かちもつであろう。

（4）すべての人はある時期に、ある気質のうちに、宗教に向かう強い性向をもっているけれども、しかしそれにもかかわらず、この職業の性格を維持し続けるのに必要な程度に、しかも継続して宗教への性向をもつ人はほとんどあるいはまったくいない。したがって、多くの人びとが利益によって他の職業へと引きつけられるように、無神論者と自由思想家を除く一般大衆のなかから引き込まれた聖職者が、特定のときには、彼らが保持している以上の信仰心を装い、その宗教の実践に疲れたときでさえ、あるいは、彼らの精神が普通の職業に従事していると思うときに、熱意とまじめさの外観を維持する必要を見出すということが生じるにちがいない。彼らは世界の他のところと同様に自分たちの生まれつきの振舞いや感情を自由に働かせてはならない。聖職者はその外観と言葉と行動を慎まねばならない。また、多くの人によって彼らに払われた尊敬の念を維持するために、彼らは目立った自制をしなければならないだけでなく、絶えざるしかめ面や偽善によって、迷信を信仰する気風を促進せねばならない。こうした偽装はしばしば彼らの気質の誠実と利発を破壊し、その性格に回復不能な破れを作り出すのである。

もしたまたま、聖職者のある者が、通常以上に帰依しやすい性質をもっていれば、彼はその職業の性格を保持するために、偽善をほとんど必要としない。その人がこうした利点を買いかぶり、自分にはしばしば偽善者と同様の徳しかないということが徳のあらゆる違反の罪を償うと考えるのは、彼にとって自然なことである。また、聖職者にとっては、あらゆることは合法であり、聖職者だけが善を行う性質をもつという、論破された意見をあえて公然と認める人はほとんどいない。けれども、われわれは、こうした原理が各自の胸中にひそみ、宗教儀式への熱中を尊重すべきものと考え、その熱中が多くの悪徳と無法を償うと考えることが分かる。こうした観察は一般的であるため、すべての賢明な人びとは、宗教の異常な現象に出会うと、油断しない。ただしこれと同時に、彼らは、この原則には多くの例外があり、誠実と迷信、あるいは誠実と狂信でさえ、まったくそうとは限らず、あらゆる場合、相容れないことを認める。

たいていの人は野心をもっている。しかし聖職者以外の人びとの野心は、通常その特定の職業において卓越することによって、そしてそれによって社会の利益を促進することによって満足させられるであろう。ところが聖職者の野心はしばしばただ無知と迷信、盲目的な信仰と敬虔なごまかしを広めることによってのみ満足させることができる。アルキメデスが唯一望んでいたもの（すなわち、彼が自分の機械をすえることができたあの世）を彼らが手に入れたならば、彼らがこの世を好むままに動かそうとしても驚くには当たらない。

たいていの人びとは自分自身についてうぬぼれた評価をもっている。しかし、無知な大衆からあれほどの深い尊敬の念をもって見られ、それどころか、神聖とみなされているこうした人びとには、あの欠点への特有の誘惑がある。

たいていの人びとは自分自身の属する職業の仲間に対して一定の敬意をもちがちである。しかし、法律家や医者や商人はそれぞれ各自、自分の仕事をばらばらに行うので、このような職業の人びととの利益は、同じ宗教の聖職者の利益ほど緊密に結合してはいない。聖職者の場合、集団の全体が、彼らの通常の教えに対して払われる深い尊敬によって、また敵対者の抑圧によって利益を得ているのである。

矛盾した言動に辛抱強く耐えることができる人はほとんどいない。だが、聖職者はまたしばしば、この点で激怒することさえある。なぜならば、彼らのすべての信用と暮らしは、彼らの意見が出会う信念にかかっている。そして彼らだけが、神聖で超自然的な権威を装い、あるいはその敵対者を不信心で神聖を汚すと言い表す見せかけをもっている。*Odium Theologicum*、すなわち、神学上の憎しみは、諺にも有名であり、最も激烈で和解しがたいほどの憎悪を意味する。

復讐心は人間にとって自然の情念だが、聖職者と女性の場合、最大の力を振るうと思われる。なぜならば、暴力や格闘で、怒りの直接的発揮を奪われると、彼らはそのせいで自分たちが侮辱されたと思いがちであり、彼らの自負心が報復したい気持ちを支えるからである。[*]

こういうわけで、人間本性の欠点の多くは決まった社会的諸原因によって、その職業においてかき立てられる。そしてなかには感染を免れる人も少しはいるけれども、それにもかかわらず、すべての賢明な政体は、いつでも一つの党派に結合しようとする集団の企てを警戒するであろう。しかしそれが集団として活動する限り、いつでも野心、自負心、復讐心、迫害心によって動かされるであろう。

宗教の気質は重々しく真剣であり、これは聖職者に必要な性格であり、彼らを礼儀正しさの厳しい規則に閉じ込め、通常は彼らの間の不規則性と不節制を防ぐ。そして陽気さ、まして行きすぎた快楽はその団体では許されない。だからこの美徳はおそらく、彼らがその職業に負っている唯一の美徳である。実際、思弁的原理に基づく宗教において、公の説教が宗教的任務の一部をなしている場合、聖職者が当時の学問のかなりの分け前にあずかることも考えられる。ただし、彼らの雄弁の好みがいつでも推論と哲学における熟達よりも大きいのも確かである。しかし、人間らしさ、優しさ、穏健といった他の高尚な美徳をもつ者は——彼らのうちの非常に多くが疑いもなくもっているように——、その職業における才能ではなく、本性もしくは熟考にお陰をこうむっているのである。

誰でも五〇歳を過ぎるまで、聖職者の特権である官職を受けるべきではないという法律を作ることは、聖職者としての性格の強い影響力を防ぐために、古代ローマ人においては悪い方策ではなかった。ハリカルナッソスのディオニュシオス、第一巻。〔『古ローマ史』第二巻、第二章、レーブ版〕。信仰心の強い信徒はその年齢に達すれば、その資格を得ることができるものと推定される。**

*〔このパラグラフはK版で追加された〕。

**〔このパラグラフはK版で追加された〕。

〔1〕現在のベルギー西部、オランダ南部、フランス北部を含む北海に面する地方。

(5) カエサルは、『ガリア戦記』(*de Bello* GALLICO) 第一巻〔第四巻、第二章、レーブ版〕で、ガリア人の馬は非常に優れており、ドイツの馬は非常に悪かった、と言っている。われわれは、ドイツの騎兵隊をガリアの馬に乗らせざるをえなかったことを、第七巻〔六五章〕に見出す。現在、ヨーロッパの地方でフランスほど悪いすべての種類の馬をもつところはない。しかし、ドイツは優れた軍馬が豊富である。このことは、動物でさえ気候でなく、それぞれの品種と、それらを飼育する技術と世話に左右されるということにほとんど疑いを生まないであろう。イングランドの北部は、おそらく世界にいるあらゆる種類の最高の馬に富んでいる。ツイード川の北側に隣接する地方では、どんな種類のいい馬にも出会わない。ストラボン〔前六四/六三—後二一〕は第二巻〔『地理書』第二巻、第三章、第七節〕で大いに人間に対する気候の影響力を否定している。すべては習慣と教育であると、彼は述べている。アテナイ人は学識をもちスパルタ人は無知であるのに、アテナイ人になお一層近い隣人であるテーバイ人が無知であるのは、自然によるものではない。動物の相違でさえ、気候には左右されないと彼は言い足している。*

*〔この注はD版にはない〕。

(6)〔このパラグラフはD版にはない〕。

(7)〔言い伝えによれば、ルキウス・ユニウス・ブルートゥスは、暴君タルキニウス・スペルブスを追い払い、ローマ共和国を前五〇九年に樹立することによってローマに自由を確立した〕。

(8)〔この文章はQ版で追加された〕。

(9)〔ピレウム (Piraeum) あるいはピレウス (Piraeus) はアテナイの港である。ここでヒュームがプルタルコスのどの著作に言及しているのかは定かではない。ワッピングはロンドンのテムズ川沿いのむさくるしい地域で、船乗りや海軍の補給品の調達人たちが住んでいた。そこではかつて海賊が処刑されていた。セント・ジェイムズはセント・ジェイムズ宮殿付近の社交界的な地域であり、ステュアート時代以後、ロンドン（あるいはウエストミンスター）での王室の主要な住居であった〕。

(10) 比較的大きな集団のなかの小さい分派や集団は通常、その道徳において最も規則正しい。なぜならば、それらの集団は一層注目され、個人の欠陥は全体として不名誉を引き寄せるからである。この通例の唯一の例外は、大きな集団の迷信と偏見が小さな集団の道徳とは独立して、その集団の不名誉に視線を向けるほど強大なときである。というのも、その場合には、誰も節約したり利益を得たりしないので、彼らは、彼ら自身の間以外では、その振舞いに無頓着となるからである。*

*〔この注はK版で追加された〕。

(11)〔ジェズイット、すなわちイエズス会はロヨラの聖イグナティウス (St. Ignatius of Loyola, 1491-1556) によって創立された。イエズス会は中央集権化された組織、規律、教育の重要性で知られていた。フランスの小さな町ラ・フレーシュにイエズス会の学院があったが、ヒュームはその町に一七三五年から三七年まで滞在し、『人間本性論』を執筆した。哲学者のルネ・デカルトが教育を受けたこの学院は一七三〇年代にもデカルト哲学の中心地であった。ヒュームは地方のイエズス会と友好的な関係を維持し、ほぼ四万冊を数えた蔵書を利用した。Ernest Campbell Mossner, *Life of David Hume* (Edinburgh : Thomas Nelson and Sons, 1954), pp. 99–104 を参照〕。

（12）ティトゥス・リウィウス〔『ローマ史』第三四巻、第一七章。

（13）〔この文章はK版で追加された〕。

〔2〕東方の諸国民に比べた西ヨーロッパ人。

（14）私は黒人が生まれつき白人に劣るのではないかと思いがちである。あの顔つきをもった文明的な国民はかつてはほとんどいなかったし、活動や思索のいずれにおいても著名な個人さえいなかった。彼らの間には精巧な製造業は見られないし、芸術も学問もない。他方、たとえば古代のゲルマン人や現代のタタール人のような、白人のうち最も粗野で野蛮な者でも、彼らの勇敢さ、統治形態、あるいは何かその他のことがらにおいて、なお優れたものをもっている。もし自然がこれらの人種間に本来の区別をつくらなかったのならば、このように斉一的で不変な相違は、これほど多くの国と時代に生じえなかったであろう。わが国の植民地は言うに及ばず、黒人奴隷はヨーロッパ中に散らばっているが、彼らにはなんらかの才能のきざしさえ発見されていない。といっても、生まれが卑しく教育のない人びとが、われわれの間に急に姿を現し、あらゆる職業において優れていることはある。ジャマイカでは実際、彼らは一人の黒人を有能で学芸のある人のように語るが、しかし彼は、わずかな言葉をはっきりとしゃべるオウムのように、わずかな成果によって尊敬されているようである。* 〔黒人が劣っていることについての彼の見解にもかかわらず、ヒュームは奴隷制に強く反対した。本書第II部にある「古代諸国民の人口について」の注（7）を参照〕。

*〔最初K版の注として現れた以下の異なる箇所は、グリーンとグロースによって、ヒュームの注の最終版として誤って含められている。一七七七年版にはそれに代わる訂正された注があるが、その注は本書の版の原文に脚注10〈本訳書では注（14）〉として組み込まれている。すなわち、「私は黒人と、一般に他のすべての種族（というのは四ないし五の異なる種族がいるので）は生まれつき白人に劣るのではないかと思いがちである。白人以外の顔つきの文明的な国民はけっしていなかったし、活動や思索のいずれにおいても著名な個人さえいなかった。彼らの間には精巧な製造業は見られないし、芸術も学問もない。他方、たとえば古代のゲルマン人や現代のタタール人のような、白人のうち最も粗野で野蛮な者でも、彼らの勇敢さ、統治形態、あるいは何かその他のことがらにおいて、なお優れたものをもっている。もし自然がこれらの人種間に本来の区別をつくらなかったのならば、このように斉一的で不変な相違は、これほど多くの国と時代に生じえなかったであろう。わが国の植民地は言うに及ばず、黒人奴隷はヨーロッパ中に追い散らされているが、彼らのなんらかの才能のきざしさえ発見されていない。といっても、生まれが卑しく教育のない人びとが、われわれの間に急に姿を現し、あらゆる職業において優れていることはある。ジャマイカでは実際、彼らは一人の黒人を有能で学芸のある人のように語るが、しかし彼は、わずかな言葉をはっきりとしゃべるオウムのように、わずかな成果によって尊敬されているようである」〕。

（15）バークリー博士（Dr. Berkeley）『アルシフロン、あるいはつまらない哲学者』〔George Berkeley（1685–1753）, *Alciphron, or the Minute Philosopher*, 5. 26. この対話のなかで、ヒュームがおおざっぱに分かりやすく言い換えている言説はクリトーによって述べられている〕。

〔3〕Titus Flavinus Vespasianus（39–81）は第一〇代ローマ皇帝。在位七九—八一年。

（16）〔タキトゥス『雄弁についての対話』〕。

(17)〔この文章とその前の文章はK版で追加された〕。

［4］世界の北の果てのことで、ギリシア人やローマ人が極北地方をこう呼んだ名称。

(18)「……しかしカンタベリー人はどのようにしてストア派になりえようか。しかも昔のメテッルス（Metellus）〈ローマの著名な名門の名前〉の時代に。今日では、全世界がそのギリシア語とそのローマのアテナイをもっている。雄弁なガリア人がブリテンの弁護士を教育し、遠く離れたトゥーレが雄弁家を雇うと語っている」。

"Sed Cantaber unde
Stoicus? antiqui præsertim ætate Metelli.
Nunc totus GRAIAS, nostrasque habet orbis ATHENAS.
GALLIA causidicos docuit facunda BRITANNOS:
De conducendo loquitur jam rhetore THULE."

『諷刺詩』第一五篇

〔ユウェナリス『諷刺詩』(*Satires*) 第一五篇、一〇八―一一〇（レーブ版、G. G. Romsay 訳）〕。

(19)〔Guido Bentivoglio (1579–1644) は、枢機卿になる前に、フランドルとフランスへの教皇大使を務めた。また彼はそれらの国の統治と外交に関する著作で知られていた。*Relazioni in tempo delle sue nunziature* (1629), *Historical Relations of the United Provinces and of Flanders* (1652) として一部翻訳されたものを参照。また、*Della guerra di Fiandra* (1632-39) は *The Compleat History of the Warrs of Flanders* (1654) として訳された。彼の書簡のさまざまな版や訳もあった〕。

(20)ウィリアム・テンプル卿のオランダに関する説明。〔William Temple, *Observations upon the United Provinces of the Netherlands* (1673), chap. 4〕。

［5］フランス北部の旧地方名。

(21)〔ユリウス・カエサルは第十軍団にその勇敢さのゆえに、大きな信頼を置き特別な好意を示していた。『ガリア戦記』第一巻、第四〇―四二章を参照。ピカルディ連隊はフランス陸軍の中で最も古い連隊であった。またそれは特権を享受し、戦線で名誉ある立場を占めた〕。

［6］古代ギリシアのドリス地方の人。

［7］Diodoros Siclus は前一世紀末、ギリシアの歴史家。『歴史文庫』(*Bibliothieke*) を著す。

(22)第五巻。〔『歴史文庫』第五巻、第二六章〕。同じ著者はその国民を無口と考えている。これは国民性が非常に変わりうることを示す証拠である。アリストテレスは、『政治学』第二巻、第九章で、ガリア人は女性に無頓着な唯一の好戦的な国民であると言っている。

(23)〔この文章はR版で追加された〕。

(24)「バビロニア人はとくに気前よくワインに熱中し、酩酊を伴う」(BABYLONII *maxime in vinum, & quæ ebrietatem sequuntur, effusi sunt*) クィントゥス・クルティウス〔おそらく一世紀〕、第五巻、第一章。〔『アレクサンドロス大王史』第五巻、第一章、三七―三八（レーブ版、John C. Rolfe 訳）〕。

［8］ペルシア王。前四二四?―四〇一年、アルタクセルクセス二世の兄弟。

(25)プルタルコス『饗宴』第一巻、遠征四。〔『饗宴』(*Symposiaca Problemata* [Symposiacs]) 第一巻、遠征四。「祝祭の執事のとるべき習慣」〕。

(26)〔ダレイオス一世、前五二一年から四八六年までのペルシア王〕。

XXII 悲劇について

上手に書かれた悲劇の観客が、悲しみ、恐怖、不安、それ自体が不愉快で不安であるその他の情念を受け取ることは不思議な喜びのようである。感動し感銘を受ければ受けるほど、観客はその光景を喜ぶ。そして不安な情念が働かなくなるとすぐ、その悲劇はおしまいになる。完全な喜びと満足と安心からなる一つの場面は、この種の作品が生み出しうる最高のものであり、それは確かにいつでも最終場面である。もし、その作品の構成に満足のゆく場面が織り込まれていれば、それらの場面は、変化に富むものになり、かすかな喜びのきらめきをもたらす。そして役者を一層深い嘆きに投げ込むために、例の対照的な相違や失望が用いられるのである。詩人のすべての技巧は、聴衆の同情と怒り、不安と憤慨を引き起こし、それらを支えるために用いられる。聴衆は悩まされるのに比例して喜ぶ。そして聴衆が彼らの悲しみにはけ口を与え、最も優しい共感と同情でいっぱいになった心をほっとさせるために涙を流し、すすり泣き、泣き叫ぶときほど幸せなことはないのである。

多少哲学的なところをもった数少ない批評家はこの不思議な現象に注目し、それを説明しようと努めてきた。

デュボス師（L'Abbe DUBOS）は、その詩と絵画についての考察のなかで、精神がすべての情念と仕事が失われたときに感じるものうい、気乗りしない怠惰な状態ほど、精神にとって一般的に不愉快なものはないと、述べている。この苦痛に満ちた状態を避けるために、精神はあらゆる娯楽や追求、仕事、勝負ごと、見世物、死刑執行、すなわち情念を引き起こし、精神から注目されるものならなんでも探し求める。それがどのような情念でもよい。それが不愉快で心をさいなむ、陰うつな、混乱したものでも、それは完全な平穏と安らぎから生じる無味乾燥な気だるさよりはましである。(1)

この説明を少なくとも一部、納得できるものと認めないわけにはいかない。賭け事のテーブルがいくつかある場合、観衆は彼らがそこに一番うまいばくち打ちを見出さなくとも、最も深く没頭するばくちが行われているテーブルに集まることに気づくであろう。大きな損失や利得から生じる激しい情念を見たり、あるいは少なくともそれを想像したりすることは、同情によって観衆に影響を与え、彼らを同じ情念にいくらか触れさせることによって、つかの間の気晴らしとして役立つ。それは彼に一層ゆったりとした時の流れを与え、人びとが自分自身の考えと熟慮のなかに取り残されたとき、一般的に苦しむ圧迫感への多少の息抜きなのである。

普通のうそつきは、話のなかで、喜びや美しさや陽気な騒ぎや壮大さに加えて、あらゆる種類の危険、苦痛、苦悩、病気、死、殺人、残虐をいつも大げさに言うことがある。それは、彼らが一行を喜ばせ、注意を引きつけ、それらがかき立てる情念と感動によって、彼らと観客をそのような不思議な関係へと結びつけるための愚かな秘訣なのである。

とはいえ、それがいかに巧みで満足のゆくものに見えようと、この主題に対してこの解決法を全面的に適用することは難しい。確かに、悲劇のなかで、人を喜ばせるものと同じ対象がかりにわれわれの眼前に置かれるならば、それはけだるさと怠惰に対する最も効果的な矯正法であるけれども、最も偽りのない不安を与えるであろう。フォントネル氏はこの難点に感づいていたと思われる。したがって、この現象の別の解決を企て、少なくとも上述の理論に多少の追加を行っている。(2)

彼は言っている。「それ自身非常に異なる二つの感情である快楽と苦痛は、その原因においてはそれほど異なっていない。くすぐりの例から分かるように、喜びの動作が少し行きすぎると苦痛になる。また苦痛の動作が少し和らげられると喜びになる。つまり、心地よく気持ちのよい悲しみのようなものが存在するということである。それは弱められ和らげられた苦痛である。心は本来感動させられ、影響されるのを好む。憂うつな対象はそれに適合し、そして悲惨で悲痛な対象でさえ、もしそれらがある事情によって和らげられるならば、適合する。確かに、劇場で上演されるものは現実の光景にそっくりである。にもかかわらず、それは現実そのものではない。その光景によってわれわれがいかに急きたてられようとも、感覚と想像力が理性を奪い取る領域がなんであれ、なお胸中には、われわれが見ていることの全体に、真実ではないというある考えが潜んでいる。この考えは、弱く隠されているが、われわれが愛する人びとの不幸から受ける苦痛を軽減し、喜びに変えるほど苦悩を和らげるのに十分である。われわれは愛着心を感じる英雄の不幸のために涙を流す。だがその同じ瞬間に、われわれは、それがフィクションにすぎないことを思い起こして安心するのである。それは明確に、気持ちよい悲しみと、われわれを喜ばせる涙とを生み出すあの感情の交錯なのである。しかし、外部の知覚できる対象によって引き起こされる苦悩が、内省から生じる慰めよりも強いので、それらの感情の交錯は、その構成において優位を占めるべき悲しみの結果としるしなのである」と。

こうした解明は正しく説得的なものにみえる。しかしおそらく、それはここで検討されている現象に十分な解答を与えるためには、いくつか書き加える必要がある。雄弁によってかき立てられたすべての情念は、絵画や劇場によって感動させられた情念と同様に、最高度に快適なものである。キケロのエピローグは、主にこのために、趣味を解するあらゆる読者の楽しみとなる。最も深い共感と悲しみなくしてそれらを読むことは難しい。雄弁家としての彼の功績は、疑いもなく、この点での彼の成功にかかっている。彼が審判と彼のすべての聴衆に涙を流させたとき、彼らはそのとき最高の喜びを得、弁論家に最大の満足を表したのであった。[3] シチリア総督のウェッレス[1]によって行われた虐殺の哀れな描写は、この種の傑作である。しかし、あの種類の憂うつな光景を見ることが楽しみを与えると確信をもって主張する人は誰もいないと、私は思う。ここにはフィクションによって和らげられた悲しみはまったくない。というのは、聴衆はあらゆる事情が現実であることを確信していたからであった。では、この場合、いわば不安の奥底から喜びを引き起こすものはなんなのか。

　私の答えはこうである。すなわち、こうした途方もない結果は、その憂うつな光景を表現する雄弁自体から生じるのである。生き生きとした仕方で対象を描くのに必要な才能、すべての哀れな事情を集めるのに用いられるわざ、それらの事情を処理する上で発揮される判断力——こうした立派な才能の行使が、表現力と弁論における詩句の美しさと相まって、聴衆に最高の満足を行きわたらせ、最も楽しい感動を引き起こすのである。これによって、憂うつな情念の不安は圧倒され、反対の種類のもっと強力なものによって消し去られるだけでなく、そうした情念の衝撃のすべては喜びに転換され、雄弁がわれわれに引き起こす喜びを膨らませる。退屈な主題に用いられた雄弁の同じ力は、その半分も楽しませないか、あるいはむしろまったく馬鹿げていると思われるであろう。そして精神は、まったくの冷静さと無関心のうちに委ねられると、もし情念と結合すれば精神に非常に見事な楽しみを与えるような想像力と表現の美しさを楽しむことはまったくないであろう。悲しみ、同情、憤慨から生じる衝撃や熱意は美の感情によって新しい方向へと向かう。後者は支配的な情動であり、精神全体をとらえ、前者に転換し、少なくとも、それらの性質をまったく変えてしまうほど強くそれらに色合いをもたせる。だから、精神（soul）は同時に、情念によって高められ、雄弁によってうっとりさせられ、まったく非常に楽しい強力な感動を全体として感じるのである。

　同じ原理は悲劇でも起こる。これに加えて、悲劇は模倣であり、模倣はいつでもそれ自体快適なものである。この事情はなお一層、情念の働きを円滑にし、感情の全体を一つの斉一的で強力な楽しみに転換するのに役立つ。最大の恐怖と苦悩の対象は絵画において人を喜ばせる。そして冷静で無関心と思われる最も美しい対象よりも、もっと人を喜ばせる。[4] 精神を高揚させる性質は大量の活力と熱情をかき立てる。そしてそれは優勢な心の働きの力によってすべて快に転換される。こういうわけで、悲劇のフィクションは、ただ悲しみを弱めたり軽減したりすることによってだけでなく、新しい感情の注入によって、情念を和らげるのである。次第に本当の悲しみが弱まり、ついにそれはまったくなくなるであろう。にもかかわらず、悲しみが徐々に変わっていくなかでは、けっして快を与えることはないであろう。ただおそらく、悲しみが偶然にも、無感動な怠惰に沈み込んだ人を、そのものうい状態から立ち直らせるという例外を除いてのことであろう。

この理論を確認するためには、他の例を提出すれば十分であろう。その場合には、付随的な心の動きが優勢な心の動きに転換され、異なる性質のものやときには正反対の性質のものが、それに力を与えるという例があるからである。

新奇さは自ずと精神を高揚させ、注意力を引きつける。だから新奇さが引き起こす心の動きはいつも、対象に適当である情念に転換され、情念と力を合わせる。あることがらが喜びや悲しみ、自負と不名誉、怒りと善意をかき立てようが、それは、新しいかあるいは普通でない場合には、一層強力な感情を生み出すのは確かである。そしてそれ自体の新奇さは快適なものであるけれども、それは快適な情念だけでなく、苦痛に満ちた情念も強化する。

もしかりに、ある人にあることがらを話してその人の心を非常に動かそうという意図をもったならば、その効果を増す最善の方法は、それを彼に知らせることを巧妙に遅らせ、まず彼に秘密をもらす前に、彼の好奇心と辛抱をかき立てることであろう。これはシェイクスピアの有名な舞台でのイアーゴー(IAGO)によって行われた技巧であり、オセロの嫉妬心が先の辛抱から増し加わった力を得て、付随的な情念がここですぐに優勢な情念に変えられることに観客はすべて感づいているのである。[5]

難事はあらゆる種類の情念を増大させる。そしてわれわれの注意力を高め、活動力をかき立てることによって、難事は広く行きわたった性質を助長する感動を生み出す。

両親は通常、病弱な体格のため、その養育上、最大の苦痛と労苦と不安を引き起こす子供を最も慈しむ。この場合、快適な愛情は不安の感情から力を得る。

友人の死に対する悲しみほど彼を慕わせるものはない。彼と共にいる快はそれと同じほどの影響力をもたないのである。

嫉妬心は苦痛に満ちた情念である。しかしそれにもかかわらず、ある程度それを分かち合うのでなければ、快適な愛情がそのすべての力と激しさをもって存続することは難しい。不在もまた愛し合う人の間での不満の大きな原因であり、彼らに最も大きな不安を与える。それにもかかわらず、その種の短い隔たりほど、おたがいの情念に好都合なものはない。またもし長い隔たりがしばしば致命的だと分かるのは、それはただ、時間が経つと人はそれに慣れ、それは不安を与えなくなるからにすぎない。愛における嫉妬心と不在はイタリア人の言う甘い罪つくり(*dolce peccante*)となり、彼らはこれをすべての快にとって非常に不可欠のものと考えている。

ここで主張された原理を例証する大プリニウス[2]の見事な観察がある。彼は言っている。「未完のままに残された有名な画家の最後の作品は常に最も尊重される。非常に注目すべきことであるが、たとえば、アリスティデス（ARISTIDES）のイリス（IRIS）、ニコマコス（NICOMACHUS）のティンダリデス（TYNDARIDES）、ティモマコス（TIMOMACHUS）のメデア（MEDEA）、アペッレス（APELLES）のウェヌス（VENUS）がそうである。これらは彼らの完成した作品以上にさえ評価される。作品の不完全な顔だちと、画家の不完全な考えは慎重に研究される。そして死によって停止された画家のあの精巧な手に対するわれわれの深い悲しみは、われわれの快を増し加えるものである」と。(6)

これらの事例（さらにもっと多く集めることができるであろう）は、自然の類比に対する洞察力をわれわれに与え、詩人、雄弁家、音楽家が悲嘆、悲しみ、憤慨、同情を引き起こすことによって、われわれに与える快は、一見したほど途方もない、もしくは逆説的なものではないことを示すのに十分である。想像力、表現力、詩句の力、模倣の魅力、これらはすべてそれ自体本来、精神に喜びを与える。また、演じられる対象もまた多少の愛着心をもたれているときは、快は、この付随的な心の動きを支配的な心の動きに転換することによって、さらに高められる。しかし情念は、おそらく本来、実際の対象物がそのまま現れることによって引き起こされる場合、それは苦しいものとなるかもしれない。だがそれにもかかわらず、洗練された技巧によって高められると、非常に穏やかにされ、和らげられ、静められて、それは最高の楽しみをもたらすのである。

この推論を確認するためには、もし想像力の働きが情念の働きよりも優勢でなければ、反対の結果が生じることに気づけばよい。その場合、前者がいまや付随的なものとなり、後者に転換される。苦しむ人の苦痛や苦悩はなお一層増大するのである。

雄弁術のすべての力によって、愛する子供の死に直面した回復できない損失を誇張することは、苦悩する両親を慰める思いやりのあるやり方であると誰が考えることができようか。この場合、想像力と表現力を発揮すればするほど、絶望感と苦悩を増すことになる。

ウェッレスの不名誉、混乱、恐怖は、疑いもなく、キケロの高尚な雄弁と力強さに応じて増加した。同時に彼の苦しみと不安もまた増した。こうした前者の諸情念は雄弁の長所から生じる快に対してあまりにも強すぎ、同じ原理から影響を与えたにもかかわらず、反対の方法で聴衆の同感と同情と憤慨に影響をもたらしたのである。

クラレンドン卿（Lord CLARENDON）は王党派の悲劇的結末に近づくとき、その叙述は非常に不愉快なものに違いないと考えた。そして彼は国王の死について、その情況をわれわれに説明することなく、急いで述べる。彼はそれに満足したり、あるいは最大の苦しみと嫌悪感を感じたりすることなく、それをじっと見つめるにはあまりにも恐ろしい光景であるとみなしている。(7)彼自身は、その時代の読者と同様に、このことがらにあまりにも深く関与したので、その問題から苦しみを感じたのである。この問題を歴史家や別の時代の読者は、最も痛ましく、最も面白く、その結果、最も快いものとみなすであろう。

悲劇で演じられる行為はあまりにも殺伐で極悪なものであるかもしれない。それは恐怖心を非常にかき立て、快へと和らげられないかもしれない。その種類の記述に投じられた最高の表現力はただわれわれの不安を増大するだけである。たとえば、『大望を抱いた継母』(*Ambitious Stepmother*)[8]で演じられた行為がそうである。そこでは、尊敬に値する老人が怒りと自暴自棄の極に達し、柱に突進し、それに頭を打ちつけ、その至るところに脳みそと血のりが混ざったものを塗りつけるのである。イングランドの劇場はそのような衝撃的なイメージにあまりにも溢れている。

同情という普通の感情でさえ、聴衆に完全な満足を与えるためには、多少快い感情によって和らげられる必要がある。意気揚々とした専制政治下での哀れな美徳の受難と圧制的な悪徳は、ただそれだけで不愉快な光景を作り出す。それゆえ、あらゆる劇作の巨匠によって慎重に避けられる。完全な満足と充足感を与えて聴衆を散会させるために、美徳は高尚な勇気ある絶望に変わるか、それとも悪徳はそれに合った罰を受けねばならない。

この点では、たいていの画家はその主題において非常に不幸であったと思われる。彼らは教会や修道院のために多くの仕事をしたので、彼らは主として、十字架刑と殉教のような恐ろしい主題を描いた。そこには拷問、負傷、処刑、無抵抗の苦難以外に、なんの行為や感情もない。彼らがこの恐ろしい神話から画筆をそらしたとき、彼らは普通、オウィディウスに頼った。彼の作り話は情熱的で快いけれども、絵を描くに足るほど自然でも、もっともらしくもないからである。

ここで主張されているあの原理の同じ転換は、雄弁と詩の影響と同様、日常生活においても現れる。付随的な情念が非常に高められて優勢な情念になれば、それは、以前に育成し増大させていた感情を飲み込んでしまう。あまりにも嫉妬がすぎると愛情を消してしまう。あまりにも困難がすぎるとわれわれを無関心にしてしまう。あまりにも多い病気と疾患は利己的で冷酷な両親に嫌悪感をもたせるのである。

憂うつな人びとが仲間を楽しませるときに用いる、憂うつで陰うつで悲惨な物語ほど不快なものがあろうか。そこでは、不安な情念だけが高められ、活力、天分、あるいは雄弁を伴わず、純粋な不安を伝え、それを快や満足へと和らげるものを何も伴わないのである。

(1)〔Jean-Baptiste Dubos(1670–1742)はフランスの批評家、歴史家。主著『詩と絵画に関する批判的考察』(*Réflexions critiques sur la poésie et la peinture*, 1719–33)は *Critical Reflections on Poetry, Painting and Music*(1748)として英訳された。第一部、第一章〕。

(2)〔フォントネル〕「詩に関する考察」(Reflexions sur la poetique)第三六節。〔これは彼の『全集』第三巻、第三四章に収められている〕。

[1] キケロによって告訴された。

(3)〔キケロ『ガイウス・ウェッレスに対する第二の演説』(*Actionis-Se-*

cundae in C. Verrem）第五章、第一一八—一三八節〕。

（4）画家は、苦悩と悲しみを、その他のどの情念とも同様に描くことをためらわない。しかし彼らはこうした憂うつな感情を詩人ほど強調しないと思われる。詩人は、胸中のあらゆる動きを写すけれども、にもかかわらず、すみやかに快い感情へ移るからである。画家はただ一瞬だけを描く。そしてもしそれが十分熱烈なものであれば、それは確かに、それを見る人に影響を及ぼし、喜びを与える。しかし苦悩、恐怖、もしくは不安以外で、詩人に多様な光景と出来事と感情を与えることができるものはない。完全な喜びと満足は安全を伴い、それ以上の行為の余地を残さない。

（5）〔シェイクスピア『オセロ』第三幕、第三場〕。

［2］Gaius Plinius Secundus（23(24)-79）はローマの著作家。著作に『自然誌』（*Naturalis historia*）がある。

（6）Illud vero perquam rarum ac memoria dignum, etiam suprema opera artificum, imperfectasque tabulas, sicut, IRIN ARISTIDIS, TYNDARIDAS NICOMACHI, MEDEAM TIMOMACHI, & quam diximus VENEREM APELLIS, in majori admiratione esse quam perfecta. Quippe in iis lineamenta reliqua, ipsæque cogitationes artificum spectantur, atque in lenocinio commendationis dolor est manus, cum id ageret, extinctæ. 第三五巻、第一一章。〔『自然誌』第三五巻、第四〇章、レーブ版〕。

（7）〔Edward Hyde, First Earl of Clarendon（1609-1674）『イングランドにおける反抗と内乱の真の歴史物語』（*The True Historical Narrative of the Rebellion and Civil Wars in England*, 1702-04）。一六四九年の出来事に関するクラレンドンの記述を参照〕。

（8）〔一七〇〇年に上演され印刷された、ニコラス・ロウ（Nicholas Rowe, 1674-1718）〈イギリスの劇作家。シェイクスピアの作品を初めて近代的に編集したとされる〉による悲劇〕。

XXIII

趣味の標準について

趣味が非常に多様なことは、世に広く見られる所感の多様さと同様、あまりにも明白なため、あらゆる人に注視されなかったことはない(1)。最も狭い知識しかもち合わせない人びとでさえ、彼らの狭い交際範囲における趣味の違いに気づくことができ、たとえそれらの人物が同じ政体のもとに教育を受け、早くから同じ偏見を受け入れてきた場合でさえもそうである。しかし、視野を広げ、遠くの諸国民や遠く離れた時代を熟考することができる人びとは、大きな不一致や相反する事態になおもっと驚く。われわれはわれわれ自身の趣味と理解力から大きく離れたものならなんでも、野蛮（*barbarous*）と呼びがちである。だがすぐに、その非難する言葉がわれわれにしっぺ返しとして返ってくるのが分かる。また、極度の傲慢とうぬぼれは最後にはあらゆる所感が等しく正しいことに気づいて、そのような論戦のなかで、自分の立場を守るために積極的に断言することをためらう。

この趣味の多様性は最も不注意な探究者にも明白であるとともに、検討すれば、それは実際には一見したよりももっと多様であることが分かるであろう。人びとの一般論が同一である場合でさえ、すべての種類の美と醜に関する彼らの所感はしばしば異なる。どの言語にも、非難を意味するある言葉があり、称賛を意味する別の言葉がある。そして同じ言語を用いる人びとはすべて、それらの言葉の用法に同意するに違いない。あらゆる発言は、著述における優雅さ、適宜さ、簡素さ、活気を称賛し、大言壮語、気どり、冷淡、間違ったひらめきを非難することに結びついている。しかし、批評家が個々の点に言及するとき、このうわべだけの意見の一致は消滅する。そして彼らはその表現に非常に異なる意味をはりつけていたことが分かる。意見と学問のすべてのことがらにおいては、事態は正反対である。人びとの間の相違は、個別の場合よりも一般論にあり、実質よりもうわべの相違が大きいことがしばしばある。用語の説明があれば普通、論争は終わる。そして論争者たちは、本当は自分たちが同意見だったのに、言い争っていたことに気づいて驚くのである。

徳性を理性に基づくものよりも感情に基づくものとみなす人びとは、倫理を感情の観察のもとに理解し、行為と生活態度に関するすべての問題において、人びとの間の相違は最初の見た目よりも実際は大きいと主張する傾向がある。実際明らかに、すべての国民とすべての時代の著述家は、正義、人間らしさ、寛大な行為、慎重さ、発言が真実であることを称賛し、その正反対の気質を非難する点で意見が一致している。主として想像力を楽しませることを目論んで作品を書いた詩人や他の著作家たちでさえ、ホメロスからフェヌロンに至るまで、[2] 同じ道徳的な教えを説き、同じ美徳と悪徳に称賛と非難を与えているのが分かる。この大きな意見の一致は普通、明瞭な理性の影響に帰されている。理性は、これらの場合のすべてにおいて、すべての人びとの似通った所感を支持し、抽象的な学問が大いにさらされる論争を防止している。意見の一致が事実である限り、この説明は十分なものと認められるかもしれない。しかし、われわれは同時に、道徳においてうわべでは調和しているような部分は、言語の性質そのものから説明されるかもしれないことを認めねばならない。美徳（*virtue*）という単語は、あらゆる言語での同義語とともに称賛を意味し、悪徳（*vice*）という単語は非難を意味する。だから、誰も、最も明白でとんでもない誤りなしに、一般的な意味で良い意味に理解されている言葉に非難をはりつけたり、あるいは、その慣用語法が否認を要求する場合に、称賛を与えることはできない。ホメロスの一般的な教え——彼がそのようなことを述べている場合——はけっして論駁されないであろう。しかし、彼が生活態度の個々の光景を叙述し、アキレスに英雄主義を、オデュッセウスに思慮分別を表す場合、彼はフェヌロンが容認する以上に、前者にははるかに大きな残忍さを、そして後者にははるかに大きなずるさと偽りを混合している。そのギリシアの詩人〈ホメロス〉の作品では、賢人オデュッセウスは、うそと作りごとを楽しんでいると思われ、しばしば、必要もなく利点さえもないのに、それらを用いている。しかしフランスの叙事詩作家〈フェヌロン〉の作品では、彼の実直な息子〈テレマコス〉は、真理と真実の最も正確な線から外れることなく、最も差し迫った危険に身をさらしている。

コーラン（ALCORAN）[3] の崇拝者や信奉者は、あの野蛮で愚かな作品にまき散らされた優れた道徳的教えを力説する。しかし、英語の公平、正義、節制、柔和、慈善に対応するアラビア語が、その言語の常用において同様であったとすれば、いつも良い意味にとられねばならない。だから、称賛と是認の言葉に加えて、ののしりの言葉をもってそれらに言及することは、道徳についてではなく、言語についての最大の無知を示したことになる。しかし、いわゆる預言者が実際に正しい道徳感情に到達していたかどうかはわれわれには分からないのではないか。彼の叙述に注目してみよう。そうすれば、彼はたとえば謀叛、無慈悲、残虐、復讐、頑迷といった文明社会にとても相容れないものを称賛していることがすぐ分かるであろう。そこにはしっかりした公正の規則が留意されていなかったと思われ、したがってあらゆる行為は、それが真の信徒にとって有益か有害かのみによって、非難されたり、称賛されたりするのである。

倫理上の真の一般的な教えを述べることの価値は実際きわめて小さい。なんらかの道徳的な価値を推挙する人は誰でも、その言葉自体に意味されている以上のことを推挙しない。慈善（*charity*）という言葉をつくり出し、それを良い意味で使った人びとは、慈悲深くあれ（*be charitable*）という教えを、自分の著述にそのような格言を書き入れるいわゆる立法者や預言者よりも明確に、はるかに効果的に教え込んだのである。すべての表現のうち、それらの表現のもつ他の意味とともに、ある程度の非難ないし称賛を意味するものは、誤用されたり誤解されたりすることが最も少ない。

趣味の標準（*Standard of Taste*）、すなわち、人びとのさまざまな意見がそれによって一致させられる規則、少なくともある一つの意見を是認し、他の意見を非難することを決定づける規則を探し求めるのは、われわれにとって自然なことである。

そのような企てにおける成功の望みをすべて切り捨て、およそ趣味の標準に達することは不可能だと主張する種類の哲学がある。判断と所感の間の相違はきわめて広大であると言われる。すべての所感は正しい。なぜならば、所感はそれ自体を超えて何かを基準とすることはなく、ある人がそれを自覚している場合にはいつも真実だからである。他方、知性のすべての決定が正しいわけではない。なぜならば、その決定は自らを超えたもの、すなわち機知や実際の事実に関連していて、必ずしもその標準に一致しないからである。同じ主題について相異なる人びとが抱く無数の異なった意見のうちに、一つの、しかもただ一つの正しくて本当のものがある。したがって、唯一の困難は、それを決めて確定することである。これと反対に、同一対象によって引き起こされる多数の異なる所感は的を射たものである。なぜならば、どの所感も、実際、その対象のうちにあるものを表していないからである。それはただ、その対象と諸器官や精神の諸能力との間の一定の一致や関係を表すにすぎない。したがってもし、その一致が実際に存在しなかったならば、その所感はおそらく存在しえないであろう。美は物自体のうちにある性質ではない。それは物を熟視する心のなかにのみ存在する。それぞれの心は異なる美を認識するのである。ある人物は、別の人物が美を感じる場合に、醜を認識することさえあるかもしれない。あらゆる個人は、他人の所感を制限することを要求せずに、自分自身の所感に従うべきである。真の美、もしくは真の醜を探究することは、ちょうど真の甘味や真の苦味の確定を要求するのと同じく、無駄な探究である。諸器官の性質に従って同一物が甘くも苦くもなる。だから、ことわざがまさしく決めているように、趣味に関して争うのは無駄である。この格言を、身体的な趣味に加えて、精神的な趣味に拡大することはごく自然であり、まったく必要でさえある。こういうわけで、しばしば哲学、とくに懐疑的な種類の哲学とは対立することの多い常識が、少なくともこの一つの例においては、こうした哲学と同じ判断を下すのに同意するのが分かるのである。

しかし、この格言はことわざになることによって、常識として認められたかのように見えるけれども、それに反対し、少なくともそれを修正し抑制するのに役立つある種の常識が確かにある。オーグルビー[4]とミルトン、あるいはバニヤン[5]とアディスンとの間に同等な天分と優雅さを主張する人は誰でも、モグラ塚がテネリッフ（TENERIFFE）[6]と同じ高さであるとか、池を大海と同じ大きさだと主張した場合と変わらぬとっぴなことを弁護することにほかならないと思われるであろう。それぞれ前者の著者たちを好む人物が見出されるかもしれないけれども、そのような趣味に耳を貸す人は誰もいない。だから、われわれはこうした偽りの批評家の所感をためらうことなく、愚かでこっけいなものだと断言する。その場合、趣味の自然的同等性の原理はすっかり忘れ去られ、その対象がほぼ同等と思われるある機会にその原理を認める場合、それはとてつもない逆説か、あるいはむしろ、非常に釣り合わない対象が一緒に比べられるような明白に不合理なことだと思われる。

文章構成の規則はアプリオリに推論によって決まったりすることはなく、あるいは、永遠不変な概念の関係を比較することによって、知性の抽象的な結論と考えることもできないのは明白である。それらの規則の基礎はすべての実践的学問の基礎たる経験と同じであり、それはすべての国とすべての時代に人を喜ばせると普遍的に分かったものに関する一般的観察にほかならない。詩とさらに雄弁さえ、その美の多くは、虚偽と虚構、誇張表現、隠喩、言葉の本来の意味の誤用ないし悪用に基づいている。想像力のほとばしりを抑え、あらゆる表現を幾何学的な真理と正確さに帰すのは、批評の法則に最も反するであろう。なぜならば、それは普遍的な経験によって、最も無味乾燥で不愉快なものであることが分かった作品を生み出すことになるからである。しかし、詩は正確な真理をけっして提出しないけれども、それは天分か観察かのいずれかによって著者に発見された学芸の規則によって限定されねばならない。もしある怠慢なあるいは変則的な著作家が人を喜ばせたとするならば、彼らは規則や秩序に違反することによって喜ばせたのではなく、これらの違反にもかかわらず喜ばせたのであった。彼らは正しい批評に合致した他の美をもっていた。そしてこれらの美の力は非難を圧倒することができ、欠点から生じる嫌悪感に優る満足を心に与えることができたのである。アリオストは人を楽しませる。だが途方もなく、ありそうもない虚構によってではなく、まじめな表現法とこっけいな表現法の風変わりな混合によってでも、彼の物語の一貫性の欠如によってでも、あるいは彼の叙述の絶えざる中断によってでもない。彼は表現の力と明瞭さによって、彼の作り話の巧みさと多様さによって、とくに陽気で色っぽい種類の情念の自然な描写によって、読者をうっとりとさせる。だから、彼の欠点がわれわれの満足を減らすことがあったとしても、その欠点は少しも満足を壊すことはできないのである。もしわれわれの楽しみが、実際に彼の詩のうちでわれわれが欠点と呼ぶ部分から生じたとしても、これは批評一般に対する異議とはならないであろう。それはそのような事情を欠点として定着させ、それらの欠点をあまねく非難に値するものと表す、個々の批評の規則に対する異議にすぎない。もしそれらの欠点が人を楽しませることが分かれば、それらは欠点ではありえない。それらの欠点が生み出す楽しみはおよそ予期することのできない、説明のつかないものとして、放っておくがよい。

しかし、学芸の一般法則（general rules of art）はただ経験と、人間本性に共通する感情の考察とに基づいているとはいえ、あらゆる機会に、人間の感じ方がこれらの法則に合致すると想像してはならない。精神のより洗練された情動は、非常に優しく繊細な性質をもっている。それらの情動がその一般的で確立された原理によって容易にかつ正確に働くためには、数多くの有利な事情が同時に作用することが必要である。そのような小さいバネに対する最小の外的な妨げ、あるいは最小の内的な混乱は、バネの動きを妨げ、機械全体の作用を覆す。この種の実験を行い、美や醜の力を試そうとするとき、われわれは慎重に適切な時と場所を選び、適切な状態と性質を心に描かねばならない。完全な心の落ち着き、思考の記憶力、対象に対するしかるべき注意力、もしこれらの事情のどれかが欠ければ、われわれの実験は誤ったものとなり、われわれは全般的、普遍的な美を判断することはできないであろう。自然が形状と所感との間においた関係は少なくとも、もっと曖昧であろう。だからその関係をさかのぼって調べて見きわめる一層の正確さが必要であろう。われわれは個々それぞれの美の作用というよりは、様式と流行のすべての気まぐれと無知と羨望のすべての誤りに耐えて生き残った作品に伴う持続的な称賛からその影響力を確定できるであろう。

アテナイとローマで二千年前に人を楽しませたのと同じホメロスは、いまなおパリとロンドンで称賛されている。気候、政体、宗教、言語のすべての変化は彼の栄光を覆い隠すことはできなかった。権威や偏見は下手な詩人や雄弁家に一時的な人気をもたらすかもしれない。だが彼の名声はけっして永続きしたり一般化したりすることはないであろう。彼の作品が後代の人びとや外国人によって検討されるとき、その魅力は消散し、彼の欠点が本当の色合いで姿を現す。これとは反対に、彼の作品が長くもちこたえ、広く行きわたれば行きわたるほど、本当の天分は彼の受ける称賛を一層心からのものにする。ねたみや嫉妬は偏狭な集団にはあまりにも多く存在し、彼の人物をよく知る人でさえ、その業績にふさわしい称賛を低下させるかもしれない。だが、これらの障害が取り除かれるとき、本来快適な感情をかき立てるのにふさわしい美がたちまちその活力を発揮し、この世の続く限り、その美しさは人びとの心に権威をもち続けるのである。

したがってきわめて多様で気まぐれな趣味のなかに、称賛ないし非難を定める、ある一般原理があるように思われ、その影響力を注意深い目の持ち主なら心の働きのすべてのうちに確かめることができる。精神という内的な構造物の本来の構造から、ある特定の形態や性質が人を愉快にし、他のものが不愉快にすることが見込まれる。だから、もしそれらの形態や性質が、ある特定の場合にその効果を与えなければ、それは器官におけるなんらかの明白な欠陥によるのである。熱がある人は味覚に関してなんらかの判断を下せるとは主張しないだろう。また黄疸を患う人は色に関して意見を言ったりはしないであろう。どの人にも、健全な状態と欠陥のある状態があり、前者の場合だけがわれわれに趣味と所感の真の標準をもたらすと考えることができる。もしも器官が健全な状態において、人びとの間に所感の斉一性が完全にあるいは相当あるならば、われわれはここから完全な美の観念を引き出すことができよう。それはちょうど昼の明りのもとにある物体の外観が、健康な人の目には、真実で本当の色と呼ばれるのと同様である。たとえ色は感覚の幻影にすぎないと認められてもである。

美や醜についてのわれわれの所感を左右するそれらの一般原理の影響力を妨げたり弱めたりする内的諸器官には、欠陥が数多く頻繁に生じる。ある対象は、心の構造によって、本来快を与えると見込まれているけれども、あらゆる個人にとって、その快楽が等しく感じられるとは期待できない。特定の偶発事や事態が起き、それがその対象に誤った光を当てたり、あるいは真の光が適切な所感と認識を想像力に伝えるのを妨げたりするからである。

なぜ多くの人が適切な美の感情を感じないのかという明白な原因の一つは、それらの一層洗練された情動の感受性を伝えるために必要な、想像力の繊細さ（*delicacy*）の欠如である。誰もが自分はこの繊細さをもっているふりをする。だからあらゆる人がそれについて語り、あらゆる種類の趣味や所感をその標準に帰そうとするであろう。しかしこのエッセイでのわれわれの意図は、知性のなんらかの光を、感情の感じ方に混ぜることであるので、これまでに試みられてきたよりももっと正確な繊細さの定義を与えるのが適切であろう。だから、われわれの哲学をあまりにも深遠な源から引き出すのでなく、ドン・キホーテのなかの有名な物語に頼ることにしたい[7]。

サンチョが大きな鼻をもつ従者に次のように言う。私がワインを鑑別できると主張するのには正当な理由がある。これはわが家系で先祖代々受け継いだ特質である。かつて私の同族のうちの二人が、とびっきり古くて上等のワインと思われる大樽について意見を述べるように呼び出された。彼らのうちの一人がそれを味見し、それをよく考察し、慎重な熟慮ののち、もしそのワインのうちに認められる革のわずかな風味がなければ、そのワインは上等だと述べる。もう一人も同じ用心をしたのち、彼が容易に見分けることができた鉄の風味を斟酌して、そのワインに有利な意見を述べた。二人ともその判断をどれほどあざ笑われたか、あなたには想像できないであろう。しかし結局笑ったのは誰だったのか。大樽が空になると、底に、ゆわえる革ひもの結び目がついた古びた鍵が見つかったのであった。

精神的趣味と身体的趣味との間の大きな類似性は容易にわれ

われにこの物語を用いるように教えている。美と醜は甘さや辛さ以上に対象のなかにある性質ではなく、まったく内的ないし外的な感情に属することは確かであるけれども、対象には、そうした独特の感じを生むのに本来適した一定の性質があることが認められねばならない。いまやこうした性質がわずかでも見出されたり、あるいはたがいに混ざり、混同するのが分かると、趣味はそのような些細な性質に影響されないか、あるいはそれらの性質が提供された混乱の最中に特定の風味のすべてを見分けることができないことがしばしば起こる。もし諸器官がその感覚をのがれる何物も許さないほど立派で、同時にその作品のあらゆる成分を認識するほど正確な場合、これをわれわれは、趣味の繊細さと呼ぶのであり、こうした言葉を文字通りか、あるいは比喩的な意味で用いようが同じなのである。したがってこの場合、美の一般規則は有用である。それは、確立されたモデルから、また、単独かつ多量にもたらされたときに、快くしたり不快にしたりするものの観察から引き出されるからである。またもし同じ性質が、他と混合した状態で少量のみもたらされたとき、われわれはこの繊細さに対するすべての主張からその人物を排除する。これらの一般規則や作品の公然たる模範を生み出すことは革ひものついた鍵を見つけるのに似ている。それはサンチョの同族の者の意見を正当化し、彼らを非難していた偽りの鑑定家を困惑させたのであった。大樽がけっして空にされなかったとしても、一方の趣味はやはり等しく繊細であり、他の者の趣味は等しく深みのない気乗りしないものであった。だが、あらゆる見物人の確信に対して前者の優越性を証明することはもっと困難だったであろう。同様に、著述の美はけっして組織立てられなかったか、あるいは一般原理に帰されたことはなく、したがって優れた模範が認められてこなかったものの、さまざまな程度の趣味はやはり存在したであろう。そしてある人の判断は別の人の判断よりも好まれてきた。だがいつも自分独自の所感を主張し、反対者に従うのを拒否するかもしれない悪い批評家を沈黙させることは、それほど容易ではなかったであろう。しかしわれわれが彼に学芸の公然たる原理を示すとき、われわれがその働きが原理に合致すると認める実例によってこの原理を例証する場合、つまり、彼が原理の影響力を認めたり感じたりしなかった現在の事例にこの同じ原理が適用されうることをわれわれが証明する場合、彼は全体として、欠陥は自分自身のうちにあり、彼はいかなる作品や言説のうちにも、あらゆる美とあらゆる醜を彼に感じさせるのに必要な繊細さを欠いていると結論せねばならない。

最も取るに足りない対象でも正確に認識し、注意と観察を免れるのを許さないことは、あらゆる感覚や力能の完成であると認められる。目が知覚する対象が小さければ小さいほど、その器官は洗練され、その作りと構造をより精密にする。優れた味覚は強い味によって試されるのではなく、それが些細であり、それが他のものと混ざっているにもかかわらず、それでも各部分を感じうる、小さな成分の混合によって試される。これと同様に、美と醜の素早く鋭い認識はわれわれの精神的な趣味の完成に違いない。人は、言説における卓越や欠点に気づかないで見過ごしたのではないかと思っている限り、けっして満足することはできない。この場合、その人の完成と、感覚や感じ方の完成とが結びついていることが分かる。きわめて繊細な味覚は、多くの場合、その人自身と彼の友人のいずれにとっても、非常に不便であろう。しかし、機知や美の繊細な趣味はいつも望ましい性質であるに違いない。なぜならば、それは、人間本性が認める最も洗練された、最も清純な楽しみすべての源であるからである。この判断に関するすべての人の所感は一致している。趣味の繊細さを確かめることができる場合には、確かに称賛に出会う。そしてそれを確かめる最善の方法は、諸々の国民と時代の斉一的な了解と経験によって確立されてきた模範と原理に訴えることである。

しかし、ある人と別の人との間には繊細さの点で本来大きな相異があるけれども、特定の学芸における実践 (*practice*) と特定種類の美の頻繁な調査や熟視ほど、この才能をさらに高め改善する傾向をもつものはない。ある種類のものが最初に人の目や想像力に示されたとき、それに伴う所感はぼんやりと混乱している。だから心はどうしても、その価値や欠陥に関して断言することができない。趣味は作品がもついくつかの卓越した点を認識することができない。ましてや一つ一つの卓越さの特定の性質を見分け、その質と程度を確定することはできない。もし趣味が概して全体を美しいとか醜いとか呼ぶとすれば、それが期待しうるせいぜいのところである。そしてこの判断さえあまり熟練していない人は大いにためらい、控え目に述べがちである。しかし、彼がそれらのものについて経験を積むことが許されれば、彼の感じ方はもっと正確で洗練されたものになる。彼は一つ一つの部分がもつ美と欠陥を認識するだけでなく、各々の性質の独特の種類に注目し、それに適切な称賛や非難を割り当てる。彼は対象物をくまなく調査することによって、明確ではっきりした所感を得る。そして彼は、各部分が本来生み出すのに適している称賛もしくは不快の程度と種類自体を見分ける。以前は対象を覆っているように見えた霧は晴れる。要するに、熟練が作品の制作に与える手際よさと巧みさが、作品を判断するさいにもまた同じ方法によって獲得されるのである。

美を見分けるのに熟練は非常に有利であるので、重要な作品に判断を下すことができる前に、個々の作品そのものが何度も精査され、異なる光のもとに集中し念入りに調査されることさえ必要であろう。ある作品を最初に精査したさいに、本当の美の意見と混同される興奮や焦った考えが与えられていることがある。各部分の間の関係が見分けられない。文体の真の性格がほとんど見分けられない。いくつかの完璧な点や欠陥が一種の混乱のうちに覆い隠されたように思われ、想像力に対してぼんやりと現れる。言うまでもなく、ある種の美は美しく飾り立てられた、うわべだけのものであるので、最初は人を楽しませるが、理性と情念のいずれの正しい表現にも相容れないことが分かると、すぐその趣味に飽きがきて、軽侮をもって拒否されるか、少なくともずっと低く評価されることになる。

卓越の種類と程度の間の比較（*comparisons*）を頻繁に行い、その相互の比率を評価することなしに、美の秩序についての考察を実行し続けることはできない。異なる種類の美を比較する機会をもたなかった人は、見せられたものに関して意見を述べる資格をまったくもたない。比較によってのみ、われわれは称賛や非難の言葉を決め、各々のしかるべき程度をどのように割り当てるかを学ぶのである。きわめて雑で下手な絵にも、ある光の輝きと模倣の正確さが含まれている。それはその点までは美であり、農夫やインディアンの心に最高の称賛をもたらすことであろう。最も下品な民謡でも調和や特質をまったく欠くことはない。だから、より優れた美に精通した人を除くと、その詩句を耳ざわりだとか、あるいは面白くない物語だと言う人はいないであろう。非常に劣った美は、その種の最高の卓越をよく知っている人に苦痛を与え、そのゆえ醜さと呼ばれる。われわれのよく知っている最も立派なものは、本来、完成の頂点に達し、最高の称賛に値すると考えられる。異なる時代と国民のうちで称賛されたいくつかの業績を見て、検討し、評価するのになれた人だけが、自分の目に見せられた作品の価値を評価し、天分の産物の間にその適切な位置を割り当てることができるのである。

しかし、批評家がもっと十分にこの仕事を行うことができるためには、彼はすべての偏見（*prejudice*）から心を自由に保ち、彼の検討に供される対象物以外には、何も考慮に入らないようにしなければならない。学芸上のあらゆる作品は、心に対するしかるべき影響を生み出すために、ある一定の観点から調べられねばならず、その事情――真実のものであれ、想像上のものであれ――が作品の出来ばえによって要求されるものに合致しない人びとには十分賞味されえないことが分かる。雄弁家は特定の聴衆に語りかけ、彼ら特有の天分、関心、意見、情念、偏見を尊重しなければならない。そうでなければ、彼らの決議を左右し、彼らの感情をあおり立てようと思っても無駄である。さらにもし聴衆が彼に対してある先入観を抱いていたならば、いかに理不尽なものであれ、彼はこの不利を見逃してはならない。だが、主題に入る前に、彼は聴衆の感情を和らげ、好意を得るように努めねばならない。この言説を精査する異なる時代や国家の批評家はこれらの事情を眼中に入れねばならず、雄弁を真に判断するために、聴衆と同じ状況に身を置かねばならない。これと同様に、ある作品が公衆に供されるとき、著者に友情ないし敵意をもっていたとしても、私はこの状況から脱却しなければならない。自らを一般の人とみなし、できることなら、私個人の存在と特有な状況を忘れねばならない。偏見に影響された人は、この条件に同意せず、その作品の出来ばえが予想する観点に身を置くことなく、自分本来の立場を頑固に守る。もしその作品が異なる時代や国家の人びとに供されるならば、彼は、こうした人びとがもつ独特な見解や偏見を許すことはない。そして自分自身の時代や国の生活態度のすべてに従って、その言説が評価された人びとの目にのみ称賛すべきものと思われたものを、無分別に非難する。もしその作品が公衆のために制作されるとすれば、彼はけっして自分の理解を十分詳細に述べないか、あるいは味方や敵として、競争相手や解説者としての利害を忘れない。これによって、彼の所感は曲げられ、同じ美や醜は彼に同じ影響力をもつことなく、それはあたかも彼が自らの想像力にある特定の暴力を押しつけ、一瞬自分自身を忘れたかのようである。その点では、彼の趣味は真の標準から明らかに離れ、その結果すべての信用と権威を失うのである。

知性に提出されたすべての問題のうち、偏見が健全な判断を破壊し、知的力能のすべての働きを誤らせることはよく知られている。それはまさに洗練された趣味に反するばかりか、美に関するわれわれの所感を堕落させるに違いない。いずれの場合でもその影響力を抑えるのは良識 (*good sense*) に属する。そしてこの点では、他の多くの点におけるのと同様に、理性は、趣味の本質的な要素ではないが、少なくともこの後者の力能の作用にとって必要である。天分が生み出した一層高尚な産物のすべてには、相互的な関係と役目の一致とがある。美や欠陥のいずれも、それらすべての役目を理解し、全体の一貫性と斉一性を認識するために相互に比較するに足るほど広大な思考力をもたない人には認識されえない。学芸上のあらゆる作品もまた、ある目標ないし目的をもっており、それが評価の対象とされ、この目的を達成するのに適合した度合いに従って、完成の程度とみなされる。雄弁の目的は説得することであり、歴史の目的は教えることであり、詩の目的は情念や想像力によって人を楽しませることである。われわれが作品の出来ばえを精査するとき、これらの目的を絶えず眼中に入れなければならない。またわれわれは用いられた方法がどこまでそれらの個々の目的に適合しているかを判断できなければならない。その上、あらゆる種類の作品は、最も詩的な作品でさえ、一連の主張と論証以外の何ものでもない。実際それは、必ずしも最も正確かつ的確なものであるとは限らないが、想像力の着色によっていかに偽装されていても、それでも適切に知覚することができるものなのである。悲劇や叙事詩に導入された人物は、その性格と状況にふさわしく、推理し、思考し、推断し、行動するように表現されねばならない。また、趣味や創作の才に加えて、判断力がなければ、詩人は非常に繊細な仕事に成功するとは思われない。言うまでもなく、理性の向上に役立つ力能の卓越、明晰な認識、理解力の活発さは、真の趣味の働きにとって不可欠であり、その絶対確実な付随物である。ある学芸に経験があり思慮分別に富む人がその美について判断を下すことができないということはほとんど、あるいはけっして起こらない。また、健全な知性をもたずに正しい趣味をもっている人に出会うことは、なおさら稀である。

こういうわけで、趣味の原理は、すべての人においてまったく同じとは言わないが、普遍的であるか、それに近い。にもかかわらず、学芸上の作品に判断を下し、自分自身の所感を美の標準として確立できる資格のある人はほんのわずかである。内的な感覚器官は、一般原理が全面的に働くのを許し、その原理に合致した感じ方を生み出すほど完全なことはめったにない。それらの器官は多少の欠点のもとで働いたり、なんらかの混乱によって損なわれる。それによって、誤りと呼ばれうる所感を引き起こす。批評家に繊細さが欠ける場合、彼はなんの特色もなく判断を下し、ただ対象の一層雑で一層明白な性質だけに影響される。より洗練された仕上げは気づかれることなく見過ごされ無視されてしまう。彼が熟練により助けを得ていない場合には、その判断は混乱とためらいを伴う。比較が用いられなかった場合には、むしろ欠陥という名に値するような、最もたわいもない美が彼の称賛の的となる。彼が偏見の影響力下にある場合には、彼本来の所感は歪められる。良識に欠ける場合、彼は最高に卓越した計画や推論の美を見分ける資格をもたない。こうしたなんらかの不完全さのもとで、一般の人びとは仕事をしている。したがって、より洗練された学芸における真の判断者は、最も洗練された時代でも、非常に稀な人物とされている。熟練によって向上し、比較によって完成し、すべての偏見を取り除かれた良識だけが批評家にこの価値ある人物たる資格を与える。そしてそのような共有された判断が見られた場合、それは趣味と美の真の標準なのである。

しかし、そのような批評家たちはどこにいるのか。どのようなしるしによって知られるのか。彼らを詐称者からどのように見分けるのか。こうした問いは人を困らせて、このエッセイを書く間中、われわれが抜け出そうと努力した同じ不確定さにわれわれを投げ返すように思われる。

しかし、もしことがらを正しく熟考するならば、これらは所感ではなく、事実の問題である。ある特定の人物が良識と繊細な想像力を賦与され、偏見にとらわれていないかどうかは、しばしば論争の主題であり、大いに議論し調査されるべきであろう。しかしそのような性質が貴重で尊敬に値するということは万人の認めるところであろう。もしこうした疑問が生じる場合には、人びとは知性に対して提供される他の議論の余地のある問題によって応じなければならない。すなわち、彼らは彼らの創作力によって示唆される最善の議論をつくり出さねばならないのである。彼らは真実の決定的な標準が、実在あるいは事実として、どこかに存在することを認めねばならない。また彼らはこの標準に訴えるさい、自分たちと異なるような人びとに寛容でなければならない。すべての個人の趣味は等しい基礎の上にはなく、個々的に選ぶのがいかに難しくとも、ある人びとが普遍的な所感によって他の人びとよりも好ましいと一般に認められていることが証明されれば、それで目下の目的にとっては十分である。

しかし実際、個々の場合でさえ、趣味の標準を見つけ出すのは言われているほど困難ではない。理論においてわれわれは学問ではある基準をすぐ認め、所感ではそれを否定するけれども、実践においては学問の場合の方が、所感の場合よりもその標準を確定することがはるかに困難であることが分かる。抽象的な哲学理論、深遠な神学体系が一時代に広く行きわたる。それに続く期間にこれらはあまねく探究されてきた。それらの不合理さが発見され、他の理論や体系がそれらにとって替わり、それがまた彼らの後続者たちに席を譲ってきた。そして、学問の偽りの決定ほど機会と流行の変革に陥りやすい経験をしたものはなかった。事態は雄弁や詩の美と同じではない。情念と本性の正しい表現は、しばらくすると、公衆の称賛を得、それを永久に維持する。アリストテレス、プラトン、[8] そしてエピクロス、[9] デカルトは、順次たがいに譲歩するかもしれない。だがテレンティウスとウェルギリウスは人びとの心に普遍的で確実な帝国を保持している。キケロの抽象的な哲学はその信用を失った。だが彼の雄弁の力はいまもなおわれわれの称賛の的である。

繊細な趣味をもつ人びとは稀だが、彼らはその知性の健全さと、他の人びとにまさる力能によってたやすく社会で著名になる。彼らが獲得する卓越は、彼らが天分の産物を迎えるさいのあの生き生きした称賛を普及させ、それを一般に広める。多くの人びとは、思うがままにさせておけば、ぼんやりしたあやふやな美の認識しかもたない。にもかかわらず、彼らは自分たちに指し示される立派な筆致を楽しむことができる。およそ真実の詩人や雄弁家の称賛へのあらゆる転換はある新しい転換の原因である。そして偏見はしばらくの間優位を占めるけれども、競争相手を称賛することで真の天分に結びつけず、最後には本来の力と正しい意見に屈する。このようにして、文明の進んだ国民は、自分たちの称賛する哲学者の選択において容易に間違うかもしれないけれども、彼らは気に入った叙事詩や悲劇の著者に対する愛着において、長らく誤ることはけっしてなかった。

しかし、趣味の標準を定めて人びととの一致しない理解を調和させようとするわれわれのすべての努力にもかかわらず、変動の二つの源泉がなお残っている。それは実際、美と醜のすべての境界を打ち破るほど十分ではないが、われわれの称賛や非難の程度の違いを生み出すのにしばしば一役買うことになるものである。そうした変動の源泉の一つは特定の人びとの特有な気性であり、もう一つはわれわれの時代と国特有の生活態度と意見である。趣味の一般原理は人間本性においては斉一的なものである。人びとの判断が異なる場合には、力能におけるある欠陥や悪化が普通見られるかもしれない。偏見によるか、熟練の欠如によるか、それとも繊細さの欠如から生じ、ある趣味を称賛し、別の趣味を非難する正しい理由がある。しかし、内的組織や外的事情の、両者いずれにも非難する点がまったくなく、また一方を他方以上に好む余地もまったくないような場合、その場合には、ある程度の判断の相違は避けがたく、反対意見を調整しうる標準を求めても無駄である。

情念がやや熱い青年の方が、歳を重ね日常の行動に関する賢明な哲学的考察と情念の中庸を喜ぶ人よりも、恋と愛情のこもった姿に心を動かされるであろう。二〇歳のときには、オウィディウスが好みの著者かもしれず、四〇歳でホラティウス、五〇歳ではおそらくタキトゥスになるかもしれないであろう。そのような場合、他人の意見に加わって、生まれつきの性向を奪おうと努力するのは愚かであろう。われわれは友人を選ぶときと同様に、気性や気質が相似していることから好みの著者を選択する。陽気な騒ぎや情念、洗練された感情や熟考、これらのいずれの気質がわれわれのうちに多く占めようとも、それが自分に似た著者に対して特有の共感をもたらすのである。

ある人は高尚なものを、別の人は優しいものを、第三の人は冗談を一層喜ぶ。ある人は欠点に鋭い感受性をもち、きわめて正確さに慎重である。別の人は美に対する一層生き生きとした感性をもち、一つの気品のある、あるいは感動的な動きのために二〇の不合理と欠点を許す。この人の耳は簡潔さと力強さに完全に向けられている。その人は豊富で豊かな、調和した表現を喜ぶ。簡素さがある人に愛好され、美しい外見が別の人に好まれる。喜劇、悲劇、諷刺劇にはそれぞれ熱心な支持者がいて、彼らはすべての著者の著作よりは特定種類の著作を好む。批評家が称賛を一種のあるいは一つの文体の著述に限定し、他のすべてを非難するのは明らかに批評家の誤りである。しかし、われわれが特有な性向や気質に合ったものにひいきを感じないということはほとんどありえない。そのようなえこひいきは邪気がなく、避けがたいものであり、道理からしてけっして議論の的とはなりえない。なぜなら、ひいきを決めうる標準はないからである。

同様な理由で、われわれは読書中、われわれとは異なる一連の習慣を記述したものよりも、われわれ自身の時代や国に見出されるものに類似した光景や性質を喜ぶ。われわれが古代の生活態度の簡素さに満足したり、女王が泉から水を運び、王や英雄が自分自身の食物を調理するのを理解したりするのには、少し努力せねばならない。このような生活態度の描写は著者の欠点ではなく、また作品の欠点でもないことをわれわれは一般に認めるかもしれないが、われわれはそれらの習慣にそれほど感銘を受けない。この理由から、喜劇はある時代や国民から別の時代や国民に移すことは容易ではない。フランス人やイギリス人はテレンティウスのアンドリア[10]や、マキアヴェリのクリツィア[11]を喜ばない。そこでは、劇のすべてが立派な一人の貴婦人にかかっているのだが、彼女は古代のギリシア人や現代のイタリア人の遠慮がちな気性にふさわしく、いつも舞台の後ろに隠れているからである。学識と思慮分別に富む人は、こうした独特の生活態度を斟酌することができるが、普通の聴衆は、彼らのいつもの考えや感情にけっして似ていない光景を楽しむために自分たちの考えや感情を捨てることはできない。

しかし、ここに反省が現れる。それはおそらく、古代と現代の学問に関する有名な論争を検討する上で役に立つかもしれない。そこでは、われわれは一方の側が、その時代の生活態度から古代人のうわべの不合理を弁解し、他方の側がこの弁解を認めるのを拒否するか、あるいは、少なくともそれを作品のためでなく、著者のための弁解としてだけ認めることにしばしば気づくからである。私の見解では、この主題における適切な境界は相争う両者の間で決まることはまずなかった。上に述べたような生活態度の無邪気で特異な性質が演じられた場合、それは確かに認められるべきである。それに衝撃を受けた人は間違った繊細さと洗練を証明する。詩人の「真鍮牌よりも長持ちする記念碑」[12]は、もし人びとが、生活態度や習慣の絶えざる変革を斟酌せず、広く行われている流行にふさわしかったもの以外、何も認めようとしないならば、普通のれんがや粘土のように地に落ちるに違いない。ひだえり〔1〕（ruffs）やたが骨〔2〕（fardingales）のゆえに、われわれは祖先の肖像を投げ捨てねばならないのであろうか。だが、道徳や繊細さの観念がある時代から他の時代に変化する場合、また非難すべき生活態度が非難と否認の適切な性質によって表されずに、記述される場合には、これは詩を傷つけることになり、真の醜さであると認められねばならない。私はそのような所感をくみ取ることはできないし、そうするのは適切ではないと思う。詩人のその時代の生活態度のために、いかに私が彼の言い訳をしようと、私はけっしてその作品を楽しむことはできない。幾人かの古代の詩人――ときにはホメロスやギリシアの悲劇詩人でさえ――によって描かれた人物に認められる非常に顕著な人間らしさや繊細さの欠如は、彼らの高尚な作品の価値をかなり低下させ、現代の著者たちに彼らに優る長所を与えている。われわれはそのような粗野な英雄たちの運命や所感に関心をもたない。われわれは悪徳と美徳の境界がひどくごちゃまぜにされるのを見るのを好まない。だから、われわれが著者に彼の偏見のために与える愛着がどれほどであっても、われわれは彼の所感をくみ取るように自らを説得したり、明らかに非難されるべきと分かる人物たちに愛着心をもつことはできない。

実際、あらゆる種類の理論的見解の場合と道徳原理の場合は同じではない。道徳原理は絶えざる変化や変革のうちにある。息子は父親とは異なる体系を抱く。いや、この点では大きな不変性と斉一性を誇りうる人はほとんどいない。およそ理論的な誤りが、ある時代や国の洗練された著述に発見されれば、それらの誤りはこうした作品の価値を少しだけ引き下げる。そこには、そのときに普及していたすべての意見にわれわれを加わらせ、それらに由来する所感や結論を享受するための思考や想像力の一定の転換だけが必要となる。しかしわれわれの生活態度の判断を変え、長い習慣によって心がなじんできたものとは異なる称賛や非難、愛や憎しみの感情をかき立てるにはきわめて熱心な努力が必要である。そして人がそれによって判断する道徳の標準の正しさに満足する場合、彼はまさにそれを警戒し、しばらくはいかなる著者にも従順に自分の胸中の所感を曲げないであろう。

すべての理論的誤りのうち、宗教に関する誤りは天才の作品のうちで最も許されるべきものである。また、国民やあるいは一人物の礼儀や智恵を、その神学的原理の粗野や洗練から判断することは容認できない。人生の通常の出来事において人びとを教え導く同じ良識は、人間の理性の認識のまったく及ばないところに位置すると思われる宗教的な問題には耳を傾けない。このために、異教的な神学体系のすべての不合理さは、古代詩の正しい観念をもつと主張するあらゆる批評家によって見過ごされるに違いない。そして次いでわれわれの子孫は彼らの父祖に対して同じ寛容をもつに違いない。宗教的原理は、それが単なる原理にとどまり、狂信（*bigotry*）や迷信（*superstition*）にその過失を負わせるほど詩人の心を強く占領しない限り、詩人の欠点の原因として認めることはできない。そうしたことが起きる場合、宗教的原理は道徳についての所感を混乱させ、悪徳と美徳の本来の境界を変更する。したがってそれらの原理は、上述の原理によれば、永遠の欠点であり、その時代の偏見や誤った意見はそれらの欠点を正当化するのに十分ではない。

　他のあらゆる礼拝を激しく憎むことを鼓吹し、すべての異教徒とイスラム教徒と異端者を神の怒りと復讐の対象と断言することはローマカトリックにとって不可欠である。このような所感は、実際には非常に非難されるべきであるけれども、その宗教団体の熱狂者によって美徳とみなされ、彼らの悲劇や叙事詩のなかで一種の宗教上の英雄的行為と断言される。こうした狂信はフランスの劇場の二つの非常に優れた悲劇、『ポリュークト』[13]（POLIEUCTE）と『アタリー〈アタリヤ〉』（ATHALIA）の美点を損なった。というのは、そこでは特定の礼拝様式に対する度を超した熱狂が考えうる限りはなやかに引き立たせられ、英雄たちの優れた特質となっているからである。気高いジョアド〈エホヤダ〉はジョザベト〈エホシバ〉（JOSABET）に言う。彼女がバアル神の僧侶、マタン（MATHAN）と話しているのを見つけ、「これはどうしたことだ、ダビデの娘がこの裏切者に物を言うとは。おまえたちは大地が開き、二人を炎に投げ込み燃えつきさせはせぬかと心配しないのか。これらの聖なる壁がおまえたちを二人とも滅しはせぬかと恐れぬのか。彼の目的はなんなのか。なぜ神の敵が、われわれの呼吸する大気を恐ろしい霊気で毒すためにここへやって来るのか」と。このような意見はパリの劇場では非常に称賛して受け入れられるが、ロンドンでは、観客は、アキレス（ACHILLES）がアガメムノン（AGAMEMNON）に、あなたは顔は犬だが、心臓は鹿だったとか、あるいはユピテルがもしユーノー（JUNO）が無口でなければ、思う存分むち打つぞとおどすのを聞いて喜ぶのと、同じくらい喜ぶであろう。[14]

　宗教的原理はまた、それが迷信にまで高まり、いかに宗教とかけ離れた関係にあっても、あらゆる所感にその原理を強いる場合、どのような洗練された作品においても欠点となる。詩人の国の習慣が非常に多くの宗教儀式や式典によって生活の重荷となっていて、作品がそのくびきを免れることはけっしてなかったということは、詩人の言い訳にはならない。ペトラルカが、女主人のラウラをイエス・キリストになぞらえるのは、いつもこっけいに違いない。[15] 気持ちのよい道楽者のボッカッチョ（BOCCACE）が敵から自分を弁護して助けてくれたことに対して、万能の神（GOD ALMIGHTY）と婦人にごくまじめに感謝するのも、それに劣らずこっけいである。[16]

（1）［ヒュームによれば、趣味は自然的な美と道徳的な美の判断の源である。学芸上の作品が美しいか、あるいは演技が有徳であるかを判断するとき、われわれは理性でなく、趣味に頼る。趣味は「美と醜、悪徳と美徳に関する所感をもたらす」(『道徳原理の研究』(一七五一年)、付録一、道徳感情について)。このように、趣味は道徳と批評双方の基礎である。ヒュームの最初の計画は、道徳的趣味と批評上の趣味を『人間本性論』の枠組み内で議論することであったが、彼は、これを達成しうる前に、『人間本性論』の計画を放棄した。彼の『道徳原理の研究』は、道徳的な趣味ないし道徳感情が道徳科学の基礎としていかに役立ちうるかについて最も完全な説明を与えている。このエッセイは主として批評上の趣味に関係しており、それはヒュームが「批評」(criticism)と呼ぶものへの彼の主要な貢献を示している〕。

(2)〔François de Salignac de la Mothe-Fénelon (1651-1715), *Les Aventures de Télémaque, fils d'Ulysse* (1699) は *The Adventures of Telemachus the Son of Ulysses* (1699-1700) として英訳された〕。

(3)〔イスラム教の聖典であるコーラン。イスラム教徒は、それが預言者ムハンマド(Muhammad)に啓示された真の神の言葉とみなしている〕。

(4)〔John Ogilby (1600-1676) はホメロスとウェルギリウスと『イソップの寓話』の韻文訳を出版した〕。

(5)〔John Bunyan (1628-1688) は神学的で信心深い文学の著者で、著書に『天路歴程』(*The Pilgrim's Progress from this World to that which is to come*) 第一部、一六七八年、〈第二部、一六八四年〉がある〕。

(6)〔〈西アフリカの〉カナリア諸島の主要部であるテネリッフは、火山でできたものであり、その頂きは海抜一万二〇〇〇フィートを超える〕。

(7)〔セルバンテス『ドン・キホーテ』第二部、第一三章〕。〈第一部、一六〇五年、第二部、一六一五年〉。

(8)〔Aristotle (384-322 B.C.) はギリシアの哲学者で、中世スコラ哲学の主要な源泉であった〕。

(9)〔Epicurus (341-270 B.C.) はギリシアの道徳哲学者であり、快楽主義(hedonism)、すなわち、快楽は人間にとって善であるという見解を公言した。ヒュームの「エピクロス派」(The Epicurean) と題するエッセイ〈本訳書第I部、第一五エッセイ〉を参照〕。

(10)〔Terenco, *Andria* (『アンドロス島の女』). グリセリウム (Glycerium) という若い女性をめぐって展開するこの芝居は役者の交替劇 (*muta persona*) である。すなわち、彼女は舞台では何も言わない〕。

(11)〔一五二五年に上演された、マキアヴェリの『クリツィア』(*Clizia*) では、若い女性であるクリツィアは舞台上に現れないが、劇の筋の中心である〕。

(12)〔ホラティウス『カルミナ』(*Carmina*)(叙情詩)第三巻、第三〇章、第一節〕。

[1] 首のまわりに巻いた。

[2] スカートを広げるために用いた。

(13)〔コルネイユの悲劇『ポリュークト』(一六四一—四二年)は、アルメニア貴族の物語であり、彼のキリスト教への改宗と殉教が彼の妻のポーリーヌと、ローマの神々を裏切ったためポリュークトに死刑を宣告したローマの総督で義父のフェリックスを改宗へと導く。ラシーヌの悲劇『アタリー』は、ユダヤの女王でバアル神の崇拝者であるアタリヤに対する神の祭司〈エホヤダ〉の勝利についての聖書の説明(旧約聖書、「列王記」下、第一一章と「歴代誌」下、第二二—二三章)に基づいている。ヒュームによって以下に記述された場面は『アタリー』第三幕、第五場からである〕。〈Jean Baptiste Racine (1639-1699). フランスの劇詩人で、『アタリー』(一六九一年)のほか、『エステル』(一六八九年)という宗教劇を書いた〉。

(14)〔アキレスのアガメムノンに対する侮辱は、ホメロス『イリアス』第一歌、第二二五を、ヘラ(すなわちユーノー)に対するゼウス(すなわちユピテル)のおどしは、第一歌、五六一—六七を参照〕。

(15)〔ヒュームはおそらくペトラルカ(Francesco Petrarca, 1304-1374)

〈イタリアの詩人〉による三六六篇の詩の集成に言及していると思われる。これは『カンツォニエーレ』(*Canzoniere*) あるいは『リーメ』(*Rima*) としてイタリアで知られている以外に決まった書名をもっていない。大部分の詩はペトラルカのラウラに対する恋についてのものであり、それは、彼が一三二七年頃に教会で彼女を初めて見た時に始まり、一三四八年の彼女の死後まで続いた。ラウラはペトラルカの手の届かないところにおり、彼は遠くから彼女に恋をした。詩では、ペトラルカのラウラに対する恋は彼自身の救済の探求の象徴となり、ラウラ自身は肉体の死後、神聖な性質をもった崇高な理想として復活する〕。

(16)〔ボッカッチョ『十日物語』「第四日目」の序文を参照〕。

第II部

I　商業について

人類の大部分を二つの部類に分けることができるであろう。真理に到達できない浅薄な思索家の部類と、真理をとび越えたような難解な思索家の部類とがそれである。後者の部類に属す人はごく珍しいが、それだけでなく、この上なく有益であり貴重であると言ってよい。こうした人は、ともかく示唆だけでも与えるし、諸々の困難な問題を取り出してみせてくれるものの、それを巧みに追求することはおそらく手にあまるであろう。ところがそれらの問題は、もっと正しい思考方法の持ち主によって取り扱われると、すばらしい発見を生み出すかもしれないのである。最悪の場合でも、難解な思索家の言うことは月並みなものではない。だから、たとえそれを理解するのに多少骨が折れるとしても、それでもわれわれは何か新しいことを聞く喜びを与えられる。どこのコーヒー・ハウスの座談からでも学べるようなことしか教えてくれない著述家は、ほとんど尊重するに値しない。

浅薄な思想の持ち主はみな、健全な知性の持ち主までも、難解な思索家、形而上学者、小手先だけの論者だと非難しがちであって、自分の鈍い思考力が及ばないことはなんでも、けっして正しいとは認めようとしない。極端な洗練から間違いが生じる見込みが大きい場合や、自然で分かりやすい推論のほかに信頼できる推論のない場合がままあることを、私は承知している。個々のことがらにおいて自分のとるべき行為を熟考し、政治、交易、経済、あるいはすべての日常の仕事の上で計画を立てる場合には、議論をあまり微細に展開したり、あるいは長すぎる結論の連鎖をつなげてはならない。というのは、自分の推論を妨げて自分が期待したものとは違う結果を生み出す何かがそこにきっと生じるからである。しかし一般的な問題について推論を行うときには、われわれの思索は、それが正しい限り、繊細にすぎるということはまずありえないのであり、凡人と天才との相違は、主として、推論を進めるさいに基礎となる原理が浅薄であるか深遠であるかに見られると断言して差しつかえなかろう。一般的な推論は複雑に見えるが、それは推論が一般的だからこそ、そう見えるのである。非常に多くの個々のことがらのなかから、すべての人が一致する共通の事情というものを区別したり、あるいはそれを他の余分な事情から純粋に夾雑物を交えずに取り出したりすることは、大多数の人には容易なことではない。彼らにとっては、いかなる判断や結論もすべて特殊である。彼らは普遍的な諸命題――これはそのもとに無数の個別的なものを包括し、一つの科学全体をただ一つの理論のうちに含む――にまで自分たちの見解を拡大することができない。このような広い視野に接した場合、彼らの目は混乱してしまう。そしてこの広い視野から得られた結論は、たとえ明確に表されていても、込み入っていて曖昧に見えるのである。しかしどのように込み入って見えるとしても、一般原理（general principle）は、それが正しくて確実である限り、特殊な場合には妥当しないことがあろうとも、事物の一般的な成り行き（general course of things）にあっては常に貫徹しているに違いなく、この一般的な成り行きを考察することは、学者の主要な仕事なのである。なおまた、それは政治家の主要な仕事でもあると言えよう。とくにこれは国家の国内政治においてはそうである。というのは、この場合には、政治家の目的であり、また目的であるべき社会の利益は、多くの原因の競合に依存しているのであって、対外政治におけるように突発事や偶然や少数の人びとの気まぐれに依存してはいないからである。したがって、以上のことが個別的な熟慮と一般的な推論との相違点をなし、精妙と洗練とを前者よりも後者にずっとふさわしいものにするのである。

私は、この序論が商業、貨幣、利子、貿易差額などに関する[2]以下の諸論説に先立って必要であると考えた。というのは、おそらくこれらの論説には、普通では見られない、そしてこのような通俗的な問題にとっては洗練と精妙の度がすぎると思われるいくつかの原理が示されるはずだからである。もしそれらの原理が誤りであれば、それを否認してもらえばよい。しかし誰であろうと、それらの原理が月並みな道から外れているという理由だけで、それらの原理に偏見を抱くべきではない。

国家の偉大さとその臣民の幸福は、いくつかの観点からどれほど相互に独立したものと考えられるとしても、こと商業に関しては不可分のものだということは、一般に認められているところである。すなわち、私人がその交易と富とを所有する上で国家の権力によって一層大きな安全を享有するのと同様に、国家もまた私人の豊かさと広範な商業に比例して強大となる。この原理（maxim）は一般に真理である。もっとも、これにはおそらく例外もありうることや、われわれがしばしばほとんどなんの留保や制限もなしにこの原理を立てていることを、考慮しないわけにはいかない。個人の商業と富と奢侈が、国家の力を増大させずに、その軍隊を弱小にし、隣接諸国民の間でその国の権威を低下させることにしか役立たなくなるというような場合もいくらかあるかもしれない。人間は非常に変わりやすい存在であって、いろいろな異なった意見、原理、行為の準則を受け入れやすいものである。ある考え方に固執している間は真理でありえたものが、それとは反対の一連の生活様式や意見をもつようになると誤りだったことが分かる、というのはよくあることである。

いかなる国家にあっても、その大多数の人びとを農民（*hus-bandmen*）と製造業者（*manufacturers*）に分けることができよう。前者は土地の耕作に従事し、後者は前者から供給される原料を加工して、これを人間の生活に必要な、あるいはそれを飾る、あらゆる財貨に仕上げる。人間は、主に狩猟や漁獲によって生活する未開状態を離れるとすぐ、この二つの階級に分かれるに違いない。もっとも、はじめは、社会の最大多数の部分は農業という技術に従事するのだが(3)、時の経過と経験がこの技術を大いに改良するから、土地は、耕作に直接従事する人びとや、このような仕事をする者にまず必要な製造品を供給する人びとよりも、はるかに多くの人びとを容易に養うことができるようになるであろう。

これらの余分な人手が、一般的に奢侈産業（*arts of luxury*）と呼ばれている比較的精巧な産業に従事すれば、彼らは国家の幸福を増大するであろう。というのは、彼らは多くの人びとに対して、さもなければ知られなかったであろう享楽を得る機会を与えるからである。しかしこの余分の人手を用いるためのいま一つの計画が提案されはしないであろうか。主権者は国家の海外領土を拡張して遠隔の諸国民に自らの声望を広めるために、命令によって彼らを海軍や陸軍に使用しようとしないものであろうか。土地の所有者や農業労働者の間に見出される欲望と必要が少なければ少ないほど、雇われる人手も少なくなることは確かである。その結果、土地の剰余生産物は、商人や製造業者を養うのでなく、私人たちの奢侈に仕えるためにきわめて多くの産業《アーツ》が求められる場合に比べて、はるかに大規模に陸海軍を維持するであろう。したがってここでは、国家の偉大さと臣民の幸福との間に一種の対立関係があるように思われる。国家はその余分な人手がすべて公役に使用されているときほど偉大なことはけっしてない。私人はその安楽と便宜のために、この人手が自分たちに役立つように使用されるべきことを要求する。一方は他方を犠牲にしない限り、けっして満足を得ることができない。主権者の野望は個人の奢侈を侵害するに違いないが、それと同様に、個人の奢侈は主権者の力を減退させて、その野望を抑えるに違いない。

この推論は単なる妄想ではなく、歴史と経験に基づくものである。スパルタ共和国は、現在これと同数の人口をもつ世界のどの国よりも確かに強大であった。そしてそれはもっぱら、商業と奢侈がないことに基づいていたのである。スパルタの奴隷**ヘロイタイ**（HELOTES）は労働者であったが、一方スパルタ人は兵士か貴紳であった。かりにスパルタ人が安楽で洗練された生活を送り、多種多様の商工業に仕事を与えていたとすれば、奴隷の労働であれほど多数のスパルタ人を維持できなかったことは明らかである。これと同様な政策はローマでも見られるであろう。そして実際、全古代史を通じて、一番小さい共和国でも、その三倍の住民からなる現在の国が維持できるよりも多数の軍隊を集め維持していたことが観察される。ヨーロッパのすべての国民において、兵士と国民の比率は一対一〇〇を超えないと計算されている。ところが文献によると、わずかな領土しかもたないローマ市だけで、その初期にはラティウム人に対抗して一〇軍団を集め維持したとされている。アテナイ人は、その領土全体をもってしてもヨークシャーより広くなかったが、シチリア遠征にほぼ四万人を派遣したのであった。(4) 大ディオニュシオス[1]は、その領土がシュラクサイ市、シチリア島の約三分の一、およびイタリアとイッリュリア（Illyricum）(5) との海岸にあるいくつかの海港都市と守備隊駐屯地に限られていたにもかかわらず、四〇〇隻の大艦隊のほか、一〇万の歩兵と一万の騎兵からなる常備軍を維持していたと言われている。(6) なるほど古代の軍隊は、戦時にはたいてい略奪で賄われていた。しかし、敵は敵で略奪しなかったであろうか。そして略奪は考えうる他のどんな方法よりも破壊的な課税方法だったのである。要するに、現代の国家にまさる古代国家の大きな力の理由としては、後者が商業と奢侈をもっていなかったということ以外にはまず考えられそうにない。ごく少数の職人（artizans）だけが農業者の労働によって維持されていたにすぎず、したがって、より多くの兵士が農業者の労働に依存して生活しえたのである。リウィウス[2]の述べるところによると、ローマは彼の時代の初期の頃にガリア人やラティウム人に対して派遣したのと同じ規模の軍隊を集めるのが困難になった。(7) アウグストゥスの時代には、カミッルス[3]帝の時代に自由と帝国のために戦った兵士に代わって、音楽家、画家、料理人、俳優、仕立屋などがいた。そしてローマの国土がこれらのいずれの時期にも同じ程度に耕作されていたものとすれば、もとよりその国土は、前者の職業においても後者の職業においても、等しい人数を維持することができたであろう。彼らは、後の時期においても、前の時期以上に多くのものを不可欠な生活必需品に付け加えることはけっしてなかった。

　この場合、右の点について、主権者は古代の政策原理に戻って臣民の幸福よりも自らの利益をはかることができるかどうかが当然に問われるであろう。これに対して、それはまず不可能だと思われると私は答える。なぜなら、古代の政策は乱暴であり、事物のより自然で通常の成り行きに反していたからである。スパルタがどんなに特殊な法律によって統治されていたか、また、他の諸国民や他の時代に示されたような人間性を考慮した人びとのすべてによって、この共和国がどんなに驚異の的とみなされているかは、十分よく知られているところである。かりに歴史の証明がもっと実証性に乏しく推測的なものでなかったならば、このような統治は単なる哲学的な気まぐれか作り話にすぎず、実行に移すことはおよそ不可能だと思われたであろう。また、ローマ共和国やその他のもろもろの古代共和国は、多少ともより自然な原理に基づいて維持されていたとはいえ、これらの共和国を苛酷な負担に耐えさせる事情が特別に存在していたのである。それらは自由な国家（free states）であり、小国家であった。そしてこの時代は好戦的だったので、それらの隣国はすべて常に武装していた。自由はおのずから公共心を生むが、小国家においてはとくにそうである。そしてこの公共心、この愛国心（*amor patriæ*）は、国家がいつもたいてい危急の事態にあるような場合には高揚するに違いなく、人びとはいつでも国を守るために最大の危険に身を晒さざるをえない。絶え間ない戦争はあらゆる市民を兵士にする。つまり市民は入れ替わり戦争に参加し、軍務に服している間はおおむね自活する。こうした軍務は実際、重税に等しい。しかしそれは、給与のためというよりも名誉と報復のために戦い、快楽だけでなく利得や産業活動（industry）も知らないような、軍事に専念している人びとには、負担に感じられることが少ない(8)。言うまでもなく、各個の畑が別々の所有者に属する古代共和国の住民の間の財産の著しい平等は、商工業がなくても家族を維持することを可能にし、また市民の数を著しく増大させたのであった。

しかし、自由で非常に勇敢な国民のなかに商工業がないことは、ときには国家をより強大にする効果しかもたないこともあろうが、人事の普通の成り行きにおいては、それとまったく正反対の傾向をもつだろうことは確かである。主権者は人間をあるがままの姿で理解しなければならないのであり、自らの原理や思考方法に著しい変化をもち込もうとすべきでない。この大変革――それは人事の局面を非常に多様にする――を生み出すには、さまざまな偶発事件や事情が発生するような長い時間の経過が必要である。そして、ある特定の社会を支えている一連の原理がなんであれ、自然に反するものであればあるほど、それだけますます立法者は、その原理を育て養うに当たって多くの困難に出会うであろう。人類の共通の性向に従い、それが許容しうるあらゆる改善をその性向に加えることが、立法者の最上の政策である。ところで、事物の最も自然な成り行きによれば、産業活動と技芸と商業（industry and arts and trade）とは、臣民の幸福だけでなく、主権者の力をも増大させるものである。だから、個人を貧しくすることによって国家を強大にしようとする政策は乱暴である。このことは、怠惰と野蛮の結果をわれわれに示してくれる二、三の考察から簡単に明らかとなるであろう。

製造業と機械的技術（mechanic arts）が育成されていないところでは、大多数の人びとは農業に従事しなければならない。そしてもし、彼らの熟練と勤労が増大すれば、彼らを維持するに足る以上の多くの剰余生産物（superfluity）が彼らの労働から生じるに違いない。その結果、彼らには熟練と勤労とを〈さらに〉増大しようとする誘因がなくなる。なぜなら、彼らはその剰余生産物を、自分たちの快楽ないし虚飾に役立ちうる財貨と交換することがまったくできないからである。こうしておのずから安逸の風習が広まるに至る。土地の大部分は未耕のままに放置される。耕作されている土地も、農業者に熟練と精励が欠けているため、最大限の収穫をあげることができない。たとえ国家の危急のために多くの者が公役に従事すべき必要が生じた場合でも、もはや国民の労働は、これらの人びとの生活を維持しうる剰余生産物を少しも供給することがない。労働者は熟練や勤労を急に増大することができない。未耕地はある年数の間耕作できない。その間に軍隊は急激な激しい征服を行うか、さもなければ生存手段がないために解散するしかない。したがって、正規の攻撃や防衛がこのような国民から期待されるはずはなく、兵士はその国の農業者や製造業者と同じように、どうしても無知で不熟練になるに違いない。

世界のあらゆる物は労働によって購買される。そしてわれわれの情念が労働の唯一の原因である。ある国民が製造業や機械的技術に富むときには、農業者だけでなく土地の所有者も、農業を一つの科学として研究し、彼らの勤労と入念さとを倍加する。彼らの労働から生じる剰余生産物は失われることがなく、製造品と交換されて、いまや人びとの奢侈が彼らに渇望させるもろもろの財貨を得させる。このようにして、土地はその耕作者の必要を満たすよりもはるかに多量の生活必需品を供給する。平和で平穏な時代には、この剰余生産物は、製造業者や学芸（liberal arts）の改善者を維持することに向けられる。しかし国家にとっては、これらの製造業者の多くを兵士に転換させてこれを農業者の労働から生じる剰余生産物で維持することは容易である。したがってわれわれの知るところでは、これはすべての文明化した統治の行うところとなったのであった。主権者が軍隊を徴集する場合、どういう結果が生まれるであろうか。主権者は租税を課す。この租税はすべての国民に生存上の必要が最も少ないものを切りつめることを余儀なくさせる。こういう商品を生産するために労働している者は、軍隊に入るか、それとも農業に戻るかしなければならない。その結果、一部の労働者は仕事を失って軍隊に入らざるをえなくなる。だから、ことがらを抽象的に考察すれば、製造業者が国家の力を増大させるのは、彼らが十分な労働を、それも国家がいかなる人の生活必需品をも奪わずに要求できるような種類の労働を貯える（store up）ときに限られると言える。したがって、労働が単なる必需品をつくる以上に用いられることが多いほど、すべての国家はそれだけ強大となる。なぜなら、その労働に従事する人びとはたやすく公役に向け変えることができるからである。製造業者のいない国家に同数の人手が存在することもあろう。しかしそこには同じ分量の労働も同じ種類の労働も存在しない。そこではすべての労働は、減らすことがめったにできない必需品の生産に投じられているのである。

このようにして、主権者の偉大さと国家の幸福とは、商工業に関しては結合するところが大きい。労働者に労苦を強いて彼とその家族を養う以上のものを土地から生産するようにさせることは、乱暴なやり方であり、たいていの場合、実行が不可能である。労働者に製造業と財貨を与えよ、そうすれば彼は自ら進んでそのような労働に従事するであろう。こうしたあとでなら、彼の剰余労働（superfluous labour）のある部分を奪い取り、これまでのような報酬を与えずにその剰余労働を公役に用いるのは、容易であることが分かるであろう。労働者は産業活動に慣れているので、なんの報酬もなしに労働を増やすよう強いられる場合よりも、これを苛酷でないと考えるであろう。この事例は国家の他の成員に対しても同じように当てはまる。すべての種類の労働の貯え（stock of labour）が多くなればなるほど、その貯えからますます多くの分量を、少しの目立った変化をも与えずに、取り去ることができるであろう。

公共の穀物倉庫、毛織物倉庫、兵器庫、これらはすべていかなる国家にあっても、真実の富であり力であることが認められねばならない。商工業は事実上、労働の貯えにほかならない。平和で平穏な時代には、それは個人の安楽と欲望充足とのために用いられるが、国家の危急のさいには、一部を国家の利益に向け変えることができる。かりに一都市を一種の要塞陣地に変えることができ、各人の胸中に尚武の精神と公益を求める情熱を大いに吹き込むことができ、こうして、国のために各人に最大の困難をも進んで耐え忍ばせることができるならば、これらの熱情は古代におけると同様に今日でも、それだけで産業活動への十分な拍車となって、その社会を支えることが分かるであろう。このような場合には、野営陣地におけるように、すべての技術と奢侈を放逐することが有利となるであろう。そうすれば支度や食事に制限を加えて、軍隊が余分な従者を多数抱え込んでいる場合よりも糧秣を長持ちさせることになる。しかしこうした原理は、利己心に訴えないし、またあまりにも支持しがたいものであるから、人びとを他の熱情によって支配し、貪欲と産業活動、技芸と奢侈の風潮によって活気づけることが必要である。この場合には、この陣地は余分な従者を抱えることになるが、食糧はかえってそれに比例して増えるであろう。全体の調和は依然として維持される。しかも、それは人間の自然の傾向に一層よく合致しているから、公共だけでなく個人も、これらの原理を守るのが得だということが分かる。

これと同じ推論の方法は、臣民の富と幸福だけではなく国家の力を増大する上での、対外商業の利益をわれわれに理解させるであろう。対外商業は国民のなかに労働の貯えを増大し、主権者はそのなかで必要と考えるだけの分け前を公共の用役に変えることができる。外国貿易は輸入によって新しい製造業に原料を供給する。またそれは輸出によって、国内では消費できないはずの特定の財貨という形での労働をつくり出す。要するに、多量の輸出入をもつ国は、自国産の財貨で満足している国よりも産業活動に富んでいるはずであり、しかもその産業活動は精巧品や奢侈品に用いられているに違いない。したがって、こうした国は一層富裕であり幸福であるだけでなく、一層強大でもある。個人は、こうした精巧品や奢侈品が感覚と欲求を満足させる限り、それらから利益を得る。また、より多量の労働の貯えがこのようにして国家の危急に備えて不断に蓄積される限り、公共もまた利得者である。すなわち、誰からも生活必需品とか、さらに主要な生活便益品とかを奪わずに公役に向け変えうる、より多数の労働者が維持されるのである。

歴史に照らしてみれば、たいていの国民の場合、外国貿易が国内製造業のいかなる洗練にも先行し、それが国内産の商品による奢侈（domestic luxury）を生み出してきたことが分かるであろう。いつも進歩が遅々としていて、珍しくもない国産商品を改良するより、すぐに使え、われわれにとってまったく目新しく見える外国商品を用いようとする誘惑の方が強いのである。国内の剰余生産物であって価格のつかないものを、土壌や気候がその商品に有利でない外国へ輸出することの利益もまたきわめて大きい。このようにして人びとは、奢侈の快楽と商業の利益を知るようになるのであって、彼らの精緻な嗜好と産業活動（*delicacy* and *industry*）は、それらがひとたび目覚めると、内外の交易のあらゆる部門にわたって一層の改良を行わせる。そしてこのことがおそらくは外国人との通商から生じる主要な利益なのである。外国貿易は人びとを安逸から立ち上がらせ、国民のなかの華美で富裕な階層に属する人びとに、彼らが以前には夢想もしなかった奢侈品を提供して、祖先が享有したよりもすばらしい生活状態をもとうという欲望を起こさせるのである。しかもこれと同時に、この輸出入の秘密を握っている少数の貿易商人は大きな利潤を得、こうして昔からの貴族と富を競うようになるが、それが他の冒険者を誘って商業上の競争相手とならせる。やがて模倣がこれらの技術のすべてを広める。その間に、国内製造業が外国人と改良を競い、あらゆる国産商品をそれが許す最も完全な程度にまで加工するようになる。このような労働者の手中にある国内産の鋼や鉄は、西インド諸島の金やルビーに匹敵するようになる。

社会の事情がひとたびこうした状態に達すれば、ある国民は外国貿易の大部分を失うかもしれないが、依然として強大な国民であり続けるだろう。外国人がわが国のある特定の商品を買おうとしなければ、われわれはその商品を生産する労働を止めねばならない。この労働者たちは、国内で需要されるはずの他の商品のなんらかの洗練（refinement）に向かうであろう。そして彼らが加工する原料はいつもあるに違いない。こうしてついには、富をもつ国のすべての人は、望む限りの豊富で完全無欠な国内商品を享有するに至るわけだが、そこまではとてもなかなか到達できない。中国は自国の領土以外での商業をほとんどもたないけれども、世界で最も繁栄している帝国の一つとされている。

私がここで、機械的技術が多様なことが有利であると同様にこうした技術の生産物の分け前にあずかる人びとの数の多いこともまた有利であると述べても、それを余計な脱線とは考えないでほしい。市民の間の分配の不釣り合いがあまりにも大きすぎることは、常に国家を弱めるものである。できることなら各人は、すべての生活必需品と多くの生活便益品を十分にもつことによって、自分の労働の果実を享受すべきである。誰も疑いえないところだが、このような平等は人間本性に最もふさわしいものであるのみならず、それが貧者の幸福を増大する程度は、富者の幸福を減少させる程度よりも大きい。平等はまた国家の力も増大させ、どんな法外な租税や賦課金も気持ちよく支払わせる。富が少数者に独占されているところでは、彼らが国家の必要を満たすのに大いに貢献することは間違いあるまい。しかし、富が多数の人に分散されているときには、各人の肩にかかる負担は軽く感じられ、租税は誰の生活状態にもあまり目立った相違を生み出さないのである。

これに加えて、富が少数者の手中にあるところでは、彼らはすべての権力を享有するに違いなく、あらゆる負担を直ちに貧民に負わせようとたくらみ、貧民をさらに一層抑圧して、すべての産業活動を阻害するであろう。

こうした事情にこそ、現在の世界におけるいかなる国民や歴史の記録に現れたいかなる国民にもまさるイングランドの大きな長所がある。なるほどイングランド人は、貨幣の豊富の結果だけではなく、一部は職人の富裕の結果でもある労働の高価格によって、外国貿易において多少の不利を感じている。しかし、外国貿易は最も重要なことがらではないから、それは数百万人という人びとの幸福と競合させられるべきではない。そして、たとえ彼らがそのもとで暮らしているあの自由な政体にもはや愛着を感じさせるものがないとしても、この大多数の幸福がありさえすればそれで十分であろう。庶民の貧困は、絶対王制の不可避の結果ではないにしても、それにつきものの結果である。もっとも、他方で私は、庶民の富は自由の確実な結果だということが常に真かどうかということには疑問をもつ。自由がこの効果を生むには、特定の偶発的な出来事と特定の考え方とを伴わなければならない。ベイコン卿はフランスとの戦争でイングランド人が獲得した大きな優越を説明して、それを主にイングランド人の間での庶民の優れた安楽と豊富とに帰しているのではあるが、この二王国の統治は、当時はかなり類似していたのであった。[9] 労働者や職人が低賃金で働き、その労働の果実のうちのわずかな部分しか自分のものとしないのに慣れているところでは、境遇を改善したり、協力し合って賃金を上げようと企てたりすることは、自由な政体のもとでさえ困難である。しかし彼らがもっと豊かな生活状態に慣れているところでも、恣意的な政体のもとでは、富者が彼ら労働者や職人に対して企みをもって、租税の全負担を彼らの肩にかけることはたやすいことである。

フランス、イタリア、およびスペインにおける庶民の貧困が、ある程度、優れた豊沃な土壌と良好な気候によるというのは、奇妙な見解と思われるかもしれない。しかしこの逆説を正当づける理由がないわけではない。もっと南方の地方に見られるようなすばらしい沃土や土壌では、農業は安易な業であって、一人の男は、二頭のやせ馬があれば、地主にまず相当の地代を支払うほどの土地を一季節に耕すことができるであろう。農業者が知っている技術といえば、土地が消耗し次第、一年間休ませるということだけである。そうすれば、ただ太陽の熱と、それに気候の滴温とが土地を肥沃にし、その地味を回復するのである。それゆえ、このような貧しい小農に必要なのは、その労働のために質素な生活を維持することだけである。彼らには、それ以上を必要とする資本《ストック》や富がない。同時に、彼らは、借地権も与えず土地が劣悪な耕作方法で台無しになるのを恐れもしない地主に、いつまでも依存している。イングランドでは、土地は豊かではあるが耕しにくく、多くの費用をかけて耕作されねばならない。だから、慎重に経営されない場合や、数年しか十分な利益を生まないような方法で経営される場合には、それはわずかな収穫しかもたらさない。したがってイングランドでは、農業者は相当な資本と長期借地権とをもたねばならず、これはそれに応じた利益を生む。しばしば一エーカー当たりほぼ五ポンドを地主にもたらすシャンパーニュやブルゴーニュの立派なぶどう園は、食べる物もろくにもたない貧農によって耕作されている。その理由は、このような貧農が自らの身体と、二〇シリングもあれば買える農耕具以外には、資本をまったく必要としないからなのである。こうした国では、普通、農業者〈穀作者〉は一般に多少ともより良い境遇にある。しかし、牧畜業者は土地を耕すすべての者のなかで最も安楽な暮らしをしている。この理由もやはり同様である。人びとは費用と〈経済的〉危険に比例した利益を得なければならないからである。小作農や農業者のようなきわめて多数の労働する貧民が非常に低級な境遇にあるところでは、残りのすべての人びとは、その国民の政体が君主政であろうと共和政であろうと、彼らの貧困を共有しなければならないのである。

　われわれは人類の一般史に関しても類似した観察をすることができるであろう。熱帯に住む国民がかつて一度も技芸や文明に到達しえず、また統治における政治組織（police）や軍事的規律にさえ到達することができなかった理由はなんであろうか。また一方、温帯の国民で以上のような長所をまったく失ってしまった国民がほとんどいない理由はなんであろうか。この現象の一原因は、おそらく、住民に衣服や家屋をあまり必要とさせず、したがって産業活動と発明への大きな拍車である必要というものをある程度まで取り除いてしまう、熱帯地方の気候の暑さと単調さであろう。「骨折りは人間の心を鋭利にする」(10)（*Curis acuens mortalia corda*）のである。すべての国民がこの種の財や所有物を享有することが少なければ少ないほど、おそらく彼らの間に紛争が生じることは少なく、彼らを外敵からあるいは相互に保護し防衛するための確固とした政治組織や正規の権威をもつ必要も少ないのは言うまでもない。

（1）〔causes は、H―P版では cases となっている。Eugene Rotwein, *David Hume: Writings on Economics* (Madison: University of Wisconsin Press, 1955), p. 4 を参照〕。

（2）〔H―M版では「商業、奢侈、貨幣、利子など」となっている〕。

（3）ムロン氏は、商業に関する政治論文において、フランスを二〇の部分に分けるとすれば、現在でもその一六が自作農か小作農であり、職人は二にすぎず、一が法律家、聖職者、軍人に属し、一が大商人、金融業者、商工業者（bourgeois）であると主張している。この計算が大きく間違っていることは確かである。フランスやイングランドや、それにヨーロッパの大部分の地方でさえ、住民の半数は都市に住んでおり、田舎に住む人びとのうちでも、多数が職人であり、それはおそらくは三分の一以上であろう。〈Jean François Melon (1675–1738) は法律家、財務行政家、経済学者。経済学者としてのムロンは、一八世紀前半の重商主義と重農主義との間の過渡的思想家とされている。主著は『商業の政治的試論』(*Essai politique sur le commerce*, 1734)、英訳は *A Political Essay Upon Commerce* (1738)〉。

（4）トゥキュディデス、第七巻。〔第七五節〕。

[1] Dionysios I (430?-367 B.C.) はシュラクサイの僭主。在位、前四〇五—三六七年。

(5) 〔イッリュリアは現在のユーゴスラヴィアのアドリア海に沿った地域を指す〕。

(6) シチリアのディオドロス、第七巻。〔第二巻、第五節、レーブ版〕。この計算が間違いだとは言わないが、多少怪しいことは認める。その主な理由は、この軍隊が市民ではなく傭兵で構成されていたからである。

[2] Titus Livius (59 B.C.-A.D. 17) はローマの歴史家。主著には『ローマ史』(*Ab urbe condita libri*) がある。

(7) ティトゥス・リウィウス、第七巻、第二四章。彼は「われわれが富と奢侈とをつくるために労働する限り、その場合にだけ卓越を増す」(Adeo in quæ laboramus, sola crevimus, divitias luxuriemque) と述べている。〔第七巻、第二五章(レーブ版、B. O. Foster 訳)〕。

[3] Marcus Furius Camillus (d. 365 B.C.) はローマの将軍。ガリア人のローマ占領(前三八七年)のときに独裁官となって祖国を救った。

(8) より多くの古代のローマ人は隣接する諸国民のすべてと絶えず戦争をして暮らしていた。それゆえ、古いラテン語で *hostis* という言葉は、外国人と敵国人との両方を表すものであった。これはキケロの指摘するところだが、しかしそれは、彼によれば、外国人を意味するのと同じ名称で敵国人を呼ぶことによって敵国人という名称をできるだけ和らげた、祖先の人道心に帰せられている。『義務について』第二巻。〔第一巻、一二、レーブ版〕。しかし、ローマ人たちが非常に野蛮だったので、そのため彼らはすべての外国人を敵国人とみなし、両者を同一の名称で呼ぶようにしたのだという方が、当時の慣習から見てずっとありうることである。そのうえ、およそ国家がその公共の敵を友好的な目で見たはずだとか、このローマの雄弁家によって彼の祖先たちに常に帰されたような人道的な見解を少しでも保持したはずだなどということは、最も普通の政治原理や自然の原理と相容れないものである。言うまでもなく、初期のローマ人は、ポリュビオスの第三巻にのこされているカルタゴとの最初の条約から分かるように、本当に海賊行為を行っており、したがってサリ族〈東南ガリアの一種族〉やアルジェリアの海賊ども〔これらの海賊は北アフリカのバルバリア海岸地域から繰り出した海賊であった〕と同様に、実際にたいていの国民と戦争していたのであって、したがって外国人と敵国人とは彼らにはほとんど同義だったのである。

(9) フランシス・ベイコンの『エッセイ集』二九「王国と財産の真の偉大さについて」を参照。

(10) 〔ウェルギリウス『農耕詩』第一歌、一二三行。「苦労は人間の分別を鋭利にする」(レーブ版、H. Rushton Fairclough 訳)〕。

II　技芸における洗練について(1)

奢侈というのは含意の不確かな言葉であって、悪い意味にも良い意味にもとれる。一般にそれは、五官の満足における高度の洗練を意味し、およそ奢侈の程度は、時代や国やあるいは人の境遇によって、道徳的に無害にもなりうるし、非難されるべきものにもなりうる。この問題においては、他の道徳上の諸問題の場合にもまして、徳と悪徳の境を正確に定めることはできない。なんらかの感覚を満足させること、すなわち飲食や衣服においてなんらかの繊細さに心を傾けること自体が悪徳だと考えることは、熱狂の錯乱によって常軌を逸してでもいない限り、常人には理解できない。私は外国のある修道僧の話を聞いたことが実際にあるのだが、その人は、自分の庵室の窓が見事な景色に面していたので、けっしてそちらを振り向かないこと、つまりこのような感覚的な満足を受け入れないことを、自分の目と約束したというのである。弱いビールや黒ビール(porter)を措いて〈ぜいたくな〉シャンパンやブルガンディー酒を飲む罪もまた同様である。こうした道楽は、たとえば施しや慈善のような種類の徳を犠牲にして求められるような場合にだけ、悪徳なのである。同様に、人が道楽のために破産して一文無しの赤貧になってしまうような場合、それは愚かなことである。道楽は、そのためにどんな徳性も損なわず、友人や家族、それに恵みや憐みの対象となってしかるべきすべての人を養うだけの資財が十分に残っている場合には、道徳的にまったく無害であり、いかなる時代にもほとんどすべての道徳家からそのように認められてきたのである。たとえば、ぜいたくな食事にすっかり心を奪われて、向上心や研究や会話の楽しみに少しも興味を感じないのは、愚鈍のしるしであり、強靭な気質や性格とはけっして相容れない。友人や家族を顧みずに、もっぱらこのような欲望の充足に限って支出することは、人間性や仁愛に欠けた心を表すものである。しかし、称賛に値する仕事ならなんでも行える十分な時間と、利他的な目的にならばなんにでも使える十分な貨幣を残している場合には、その人は少しも非難や叱責を受けるものではない。

奢侈は道徳的に無害であるとも非難されるべきであるとも考えうるので、それについてはいろいろな途方もない意見があるのに人は驚くであろう。すなわち、一方では、放縦な原理にくみする人びとは不道徳な奢侈にさえ称賛を与え、それを社会にとってきわめて有益なものだと主張しており、他方では、厳格な道徳家は道徳的に最も無害な奢侈までも非難し、それを市民政府に生じがちなすべての腐敗、無秩序、および党争の源であると説いている。ここではわれわれは、第一に、洗練された時代は最も幸福であるとともに最も有徳な時代でもあること、第二に、奢侈が道徳的に無害でなくなれば、それは必ず有益でもなくなり、さらにそれがもっと深く進めば、政治社会にとって、最も有害というわけではないとしても、有害な性質のものとなるということを証明して、こうした両極論をいずれも修正するように努めたい。

第一の論点を証明するためには、洗練が私生活と公生活の両方に与える影響を考察すれば足りる。たいていの人に認められている考え方によれば、人間の幸福は三つの要素、すなわち活動と快楽と安逸からなっていると思われる。そしてこれらの要素は人それぞれの性向に従ってさまざまな割合で混合しているはずだが、どの一つの要素を欠いても、必ずある程度までその構成全体の持ち味を壊してしまう。なるほど、安逸や休息は、それ自体としてはわれわれの享楽にあまり寄与しないように見えるが、しかしそれらは睡眠と同様に、仕事や快楽を絶え間なく続けることには耐えられないという、人間本性の弱点に対する一つの恩恵として必要なのである。人に我を忘れさせ、たいていは満足を与えるような生気の迅速な動きは、結局のところ精神を疲れ果てさせ、ある休息期間を必要とさせる。この休息は、しばらくは心地よくても、長引けばかえってすべての楽しみを打ち壊す倦怠と無気力を生み出す。教育や風習や先例には、人の心をこれらの営みのどれかに向けさせる大きな影響力がある。そして活動と快楽がこれらの営みを好む場合には、それらはその限りにおいて人間の幸福に有益であることが認められねばならない。産業活動と諸技術が栄えている時代には、人びとは絶えず仕事に従事し、労働の果実である快楽だけでなく、仕事自体もその報酬として享受する。精神は新しい活力を獲得し、その力と能力とを増大する。そして実直な産業活動に精励することによって自然な欲望を満足させるだけでなく、安易と怠惰に養われたさいに通常生じる不自然な欲望の増大を妨げる。こうした技術を社会から放逐すれば、それは人びとから活動も快楽も奪うことになるだろう。またそれらに代わって安逸以外の何物も残さなければ、それは安逸に対する好みさえ壊してしまうことになる。この安逸は、労働のあとにすぐ続いて、仕事のしすぎと疲労のために消耗した元気を回復する場合を除けば、けっして気持ちのよいものではないからである。

産業活動と機械的技術における洗練のもう一つの利益は、それらが通常、学芸（liberal arts）上になんらかの洗練を生み出すことである。また、これらの一方は、ある程度まで他方を伴わなければ、けっして完成されえない。大学者や大政治家、有名な将軍や詩人を生み出す時代には、通常、熟練した織布工や船大工がたくさんいるものである。天文学を知らない、あるいは倫理学をおろそかにするような国民においては、一枚の毛織物さえ完全に仕上げられるとは、ものの道理からいって期待することができない。時代の精神はすべての技芸に影響を及ぼす。そして人びとの精神がひとたび無気力から呼び覚まされ、揺り動かされると、それは四方八方に広がり、あらゆる技芸と学問に改善をもたらすであろう。極度の無知はすっかり駆逐され、人びとは理性的被造物の特権を享受して、活動するとともに思索し、身体の快楽だけでなく精神の快楽も求めるようになる。

　これらの洗練された技芸が進歩すればするほど、人びとはますます社交的となる。学識が豊かで豊富な会話の蓄えをもち合わせている場合には、人びとが孤独のままの状態で満足したり、あるいは無知で未開な国民に特有なあの疎遠な仕方で同胞と暮らすなどということはありえない。彼らは都市に集まり、知識を得てそれを交換したり、自分たちの機智や教養を、また会話や暮らしや衣服や家具の好みを、見せびらかしたりするのを好む。好奇心は賢者を、虚栄心は愚者を、そして快楽はその両者を魅了する。特定のクラブや協会が至るところに形成され、男女は気軽に社交的な仕方で会合する。そして彼らの行動だけでなくその気質もまたすみやかに洗練される。したがって人びとは、知識と学芸から受ける改善のほかに、たがいに会話し、快楽と愉楽に寄与するという習慣そのものから人間性の高まりを感じないではいられないに違いない。このようにして、産業活動と知識と人間性（*industry, knowledge,* and *humanity*）は、解き離しがたい鎖で結合されており、それらが一層洗練された、そして一般に一層奢侈的な時代と呼ばれている時代に特有なものであることは、理性によってだけでなく経験からも分かるのである。

　こうした利益は、それにいくらか比例した不利益をけっして伴うものではない。人びとが快楽に関して洗練の度を増せば増すほど、どんな種類の快楽にも過度にふけることがますます少なくなる。なぜなら、このような過度ほど真の快楽を損なうものは他にないからである。タタール人(2)は死んだ馬をご馳走とするが、このことから、彼らはあらゆる洗練された料理に親しむヨーロッパの宮廷人よりも頻繁に、野蛮な大食をしていると断言して差しつかえなかろう。また、たとえ放縦な恋愛や、さらに夫婦の契りに対する冒瀆は、それがほんの小さな情事とみなされがちな文明時代に一層よくあるとしても、一方この時代には、泥酔はそれほどありふれたことではない。泥酔は、一層醜悪で心身のいずれにももっと有害な悪徳なのである。そしてこの問題では、私は、オウィディウスのような人やペトロニウス[1]のような人だけでなく、セネカのような人や〈小〉カトー[2]のような人にも訴えたい。カティリナの陰謀のさい、カエサルが、カトー自身の姉妹であるセルウィリアとの密通を明かした恋文をカトーに手渡さざるをえなかったとき、あの厳格な哲学者は激怒してその恋文を彼に投げ返した。そして憤怒のあまり、もしそれを使えばもっと公正にカエサルを非難できたはずの言葉よりももっと口汚い言葉として、彼を酔いどれと呼んだことが知られている。

　しかし、産業活動と知識と人間性は私生活にだけ有益なのではない。なぜなら、それらは公共にも有益な影響を及ぼし、個人を幸福にして繁栄させると同様に、政府も偉大にして栄えさせるからである。生活上の装飾と快楽に役立つすべての財貨の増加と消費は社会にとって有益である。なぜならそれらは、個人には道徳的に無害な欲望の充足を増加すると同時に、一種の労働の貯蔵所（*storehouse* of labour）となって、国家危急のさいに公役に振り向けることができるからである。このようなぜいたく品に対する欲求のない国民においては、人びとは安逸に流れ、生活享楽品をすべてもたなくなり、公共の役に立たない。公共はこのような怠惰な成員の勤労によってその陸海軍を維持することはできないのである。

　ヨーロッパのすべての国の国境は、現在、二〇〇年前のものとほとんど同じである。だがそれらの国の力と偉大さにはなんと相違があることだろうか。これを技芸と産業[3]活動の増大以外のせいにはできない。フランスのシャルル八世がイタリアを侵略したとき、彼は約二万人[4]の兵士を率いていた。しかしこの軍備は、グイッチャルディーニから知られるように、フランスの国民をあまりにも疲弊させたため、その後数年間はこの国民はあまり大きな軍事力を振るうことができなかった。(3) フランスの前王〈ルイ一四世〉は、マザラン[5]の死後自分が死ぬまでほぼ三〇年間続いた諸戦争に従事したのであるが、戦時には四〇万以上(4)の兵士に引き続き給与を支払ったのであった。

　この産業活動は、技芸と洗練の時代から切り離しえない知識によって大いに促進されるが、一方また、この知識は国家がその臣民の産業活動を最大限に利用することを可能にするのである。法律、秩序、治安、規律——これらのものは、人間の理性が、訓練によって働かされたり、少なくとも商工業というもっと通俗的な技術に用いられたりして洗練されないうちは、いかなる程度の完成に達することもないであろう。巧みに紡ぎ車をつくる方法や織機を使う方法を知らない人びとによって政体がうまく樹立されると期待しうるだろうか。言うまでもなく、すべての無知な時代には迷信がはびこり、それは政体にその通常の方策を失わせ、人びとが利益と幸福を追求することを妨げるのである。

　統治技術（arts of government）上の知識は、臣民を反乱に駆り立て、しかも赦免の望みをすべて断つことにより服従に立ち戻れなくしてしまうような厳正さと厳格さに勝る、人間性に富む原理がもつ利益を人びとに教えることによって、おのずから穏和と中庸を生み出すのである。知識が進歩するだけでなく、それにつれて人びとの気質が和らげられるとき、この人間性はなお一層顕著に現れ、文明時代を未開と無知の時代から区別する主な特徴となる。文明時代には、党争は宿怨を減じ、革命はより悲惨でなくなり、権威は苛酷さを減じ、騒乱はより稀になる。外国との戦争でさえその残忍さを減じる。そして名誉心と利益とが、恐怖心ばかりか同情心に対しても人の心を鬼に変えるような戦闘が終われば、兵士は獣性を捨てて人間に立ち戻るのである。

人びとが勇猛心を失うことによって、尚武の精神を失ったり、あるいは祖国や自由を防衛する勇気と気力に欠けるようになるのではないかと懸念するには及ばない。技芸には精神や肉体を弱めるような影響はない。それどころか、技芸と切り離すことのできない産業活動が精神と肉体に新しい力を増し加える。そして、たとえ勇気を刺激するといわれる憤怒が、上品さや洗練によってその激しさを幾分失うとしても、これよりももっと強靭かつ不動で、もっと統御しやすい原理である名誉心が、知識と優れた教育とが生む資質の向上によって、新たな活力を獲得する。これに加えて、この勇気も、野蛮人の間にはめったに見出せないような規律と軍事上の熟練とを伴うのでなければ、持続性も有用性もありえない。古代の人びとは、ダタメス[6]だけが戦術を知っているただ一人の未開人だったと述べた。また、ピュッロス[7]は、ローマ人がその軍隊をなかなかの技巧と熟練をもって指揮するのを見て、「これらの野蛮人どもには規律の上では少しも野蛮なところがない！」と感嘆の声をもらしたのであった。われわれの知るところでは、古い時代のローマ人が、もっぱら戦争に従事することによって、軍規をもちうるに至ったほとんど唯一の非文明国民だったが、これと同様に、現代のイタリア人は、これまでのヨーロッパ人のうちで勇気と尚武の精神に欠ける唯一の文明国民である。イタリア人のこの柔弱さを彼らの奢侈や上品さや、あるいは技芸への専心のせいにしようとする人びとは、技芸に対する愛好や商業での精励と同様に、勇敢さでも争う余地のないフランス人とイングランド人を考えてみさえすればよい。イタリアの歴史家たちは自国民のこの堕落に対してもっと納得のゆく理由をあげている。彼らはイタリアのすべての主権者からいかにして武器がすぐさま手放されたかを示している。ヴェネチアの貴族政体はその臣民をねたんだが、一方フィレンツェの民主政体はもっぱら商業に精力を注いだ。ローマは聖職者によって統治され、ナポリは女性によって統治された。したがって戦争は運をあてにする兵士たちの業務となった。彼らはたがいに生命にかかわらぬようにし、まったく驚いたことに、日中は彼らの言う戦闘にもっぱら従事し、夜には一滴も血を流さずに陣営に戻ることができたのであった。

厳格な道徳家をして技芸における洗練に抗議させたものは、主に古代ローマの先例である。古代ローマは、その貧困と質朴に美徳と公共心を加えて、あのような驚嘆すべき高さの偉大さと自由に達したのだが、征服した地方からアジアの奢侈[5]を知るに及んで、あらゆる種類の堕落に陥り、そのため騒擾と内乱が発生し、ついに自由の全面的な喪失を伴うに至ったのである。われわれが幼い頃に熟読するラテンの古典は、すべてこうした意見に満ちており、どの場合にも彼らの国家の滅亡を、東方から輸入された技芸と富のせいにしている。こういうわけで、サッルスティウスは絵画の趣味を淫蕩や飲酒にも劣らぬ悪徳だと説いている。そしてこのような意見がローマ共和国の後期にきわめて広まったため、この著述家の作品には、彼自身が新しい奢侈と腐敗の最も馬鹿げた例であるにもかかわらず、昔の厳格なローマ人の徳に対する称賛がふんだんに見られる。また彼は、世界で最も優雅な著述家であるにもかかわらず、ギリシア人の雄弁を軽蔑して語っている。それどころか、彼は趣味と端正との模範であるにもかかわらず、この目的のために笑止千万な脱線をして熱弁をふるっているのである(6)。

しかしこうした著述家たちがローマ国家の無秩序の原因を誤解して、実際には政治組織の欠陥と無制限に拡げた征服から生じたものを、奢侈と技術のせいにしたということを証明しようと思えばたやすいことであろう。生活の愉楽品と便益品における洗練(7)には、金銭ずくの行動や腐敗を生む自然的な傾向は存在しない。すべての人がある特定の快楽に置く価値は、比較と経験に依存しており、ベーコンやブランデーに貨幣をつかう荷物運搬人が、シャンパンやほおじろ鳥を買い入れる宮廷人よりも貨幣欲が深くないというわけではない。富がすべての時代にすべての人にとって価値があるのは、人びとがなじんでおり、また欲しいと思うような愉楽品を、それがいつも購買できるからである。名誉心や美徳感のほかには、貨幣欲を抑制したり規制したりできるものは何もない。そしてこの名誉心や美徳感は、すべての時代を通じてほぼ同等ではないとすれば、知識と洗練の時代におのずから最も多く見られるであろう。

ヨーロッパのすべての王国のうち、ポーランドは、平和の技術だけでなく戦争の技術においても、また学芸だけでなく機械的技術においても、最も欠陥が多いと思われる。にもかかわらず、金銭ずくの行動と腐敗が最もはびこっているのはこの国なのである。この国の貴族たちは王位の選挙制を保持してきたが、その目的は王位を最高の値で買ってくれる人にいつも決まって売り渡すことにほかならなかったと思われる。これはその国民が知っているほとんど唯一の種類の商業なのである。

イングランドの自由は、技術の改善以来(8)、衰退するどころか、当の期間中ほど繁栄したことはこれまで一度もなかった。だから近年、腐敗が増えているように見えるとしても、このことは、わが国王たちが議会を抜きにして統治したり、あるいは国王の大権という幻によって議会を脅かしたりすることは不可能だと悟ったときに確立された、われわれの自由に主として帰すべきものである。言うまでもなく、こうした腐敗ないし金銭ずくの行動は被選挙者よりもむしろ選挙者たちの間に一層広まっている。したがって、それを何か奢侈における洗練のせいにするのは正当ではありえない。

この問題を適当な光に照らして考察すれば、技芸の進歩は自由にとってむしろ好ましく、自由な政体を生み出さないまでも、それを維持する自然の傾向をもつことが分かるであろう。技芸がなおざりにされている粗野な未開国民にあっては、すべての労働が土地の耕作に投じられ、社会全体が土地所有者とその従属者、すなわち借地人との二つの階級に分かれている。後者はどうしても隷属的であって、奴隷制や隷属状態に適合している。技芸が軽視される場合にはいつも決まってそうなるように、彼らが富をもたず、その農業上の知識が尊重されない場合にはとくに隷属的になる。土地所有者はおのずから小暴君となる。しかも平和と秩序を維持するためには、一人の絶対君主に服従せねばならず、またその独立を保とうとすれば、古代の領主たち（barons）[9]のように、たがいに反目抗争して全社会を最も専制的な統治よりもおそらくはもっと悪い混乱に陥れるに違いない。しかし、奢侈が商業と工業を育成するところでは、農民は土地の適切な耕作によって富裕になり独立する。一方、商工業者（tradesmen and merchants）は財産の分け前を獲得し、社会の自由の最も優れた最も強固な基礎であるあの中産階級に権威と尊敬をもたらす。こうした人びとは、農民のように貧困と卑屈から奴隷状態に甘んじるということがなく、また領主のように他人に圧政を加えようとも欲しないから、この欲望を充足させるために君主の圧制を許す気にもならない。商工業者は、自分たちの財産を保証し貴族政体の圧政だけでなく君主政の圧政からも自分たちを守ることができる、平等な法律を渇望するのである。

下院はわれわれ人民の政治の擁護者であって、下院の主要な影響力と重要性が、財産のこのような剰余を庶民の手にもたらした商業の増大の所産だったことは、全世界の認めるところである。したがって、技芸の洗練をこのように激しく非難し、それを自由と公共心の滅亡の原因だと説くのは、いかに矛盾したことであろうか！

現代を非難し遠い祖先の徳を賛美するのは、人間本性に内在するといってもよい性向である。そしてまさに文明時代の見解や意見だけが後世の人に伝えられるために、われわれは奢侈のみならず学問さえ非難するこれほど多くの厳しい判断に出会うのである。またそのゆえにこそ、われわれは現在こういう厳しい判断にこれほどたやすく同意を与えるのである。だがそれが誤りであることは、時代を同じくするさまざまな国民を比較すれば容易に理解できる。そしてこの場合には、われわれはもっと公平に判断できるし、またわれわれが十分に知っている生活慣習に一層正しく反対することができる。すべての罪悪のうち最も有害で憎むべき変節と残虐は、非文明時代に特有のものと思われるが、それらを洗練されたギリシア人やローマ人は、自分たちを取り囲むすべての野蛮な国民に帰したのであった。したがって、ギリシア人やローマ人が、自分たち自身の祖先は、非常に高名ではあったが自分たちよりも優れた徳をもたず、また趣味や学問におけると同様に、名誉心や人間性においても、後代の人びとよりも非常に劣っていたであろうと推測したのは、的を射たことであろう。古代のフランク人やサクソン人などは非常に称賛されるかもしれない。だが、誰もが自分の生命や財産を、最も文明の進んだ諸国民のなかでもとりわけ文明的な階層であるフランスやイングランドの紳士の手中にあずけるよりも、ムーア人やタタール人の手にあずける方が安全性は低いと考えるはずだと、私は信じている。

さていまや、われわれが例証したいと思う第二の問題を論じるときとなった。すなわち、道徳的に無害な奢侈、つまり技芸と生活の便益品における洗練は国家に有益であるが、同様に奢侈が道徳的に無害でなくなれば、それはまた有益でもなくなり、さらにもう一歩進めば、政治社会にとって、おそらくは最も有害ではないにせよ、有害な性質のものとなり始めるということである。

不道徳な奢侈と呼ばれているものを考察することにしよう。欲望の充足は、それがいかに官能的なものであろうと、それ自体を不道徳とみなすことはできない。およそ欲望の充足は、それがある人の支出のすべてを占めてしまい、その人の地位や財産のゆえに世間から求められるような義務の行為や寛大な行為を行う能力を失わせる場合にだけ、不道徳なのである。いまかりに、その人がこの悪徳を改め、支出の一部を子供たちの教育や、友人への援助や、貧民の救済に用いるものとすれば、それはいったい社会に何か害をもたらすだろうか。それどころか、いままでと同量の消費が生じ、つまらない欲望の充足を一人に与えるためにいまは用いられているにすぎない労働が、貧窮者を救済し、数百人の欲望を充足するであろう。クリスマス用の一皿のえんどう豆をつくるのと同じだけの苦労と骨折りは、六カ月の間、一家族全体にパンを与えるであろう。不道徳な奢侈がなければ労働はまったく使用されなかったであろうと言ってみても、それは、人間本性には怠惰や利己心や他人に対する無関心というような、これとは別の欠陥がいくつかあり、毒をもって毒を制することがあるように、奢侈はこういう欠陥をある程度矯正する手立てを与える、というだけのことである。だが毒がいかに矯正されたとしても、美徳は健全な食物に似て、毒よりもよいものである。

いまかりに現在のグレイト・ブリテンと同数の人びとがこの国と同じ土壌と気候をもっていると仮定しよう。そうすれば、考えうる最も完璧な生活方法によって、また万能の神自らが彼らの気質と性向にもたらしうる限りの改革によって、彼らがもっと幸福にはなるということは果たして不可能なことだろうか。彼らがもっと幸福にはなりえないと主張するのは明らかに馬鹿げたことだと思われる。というのは、その国土は現在のすべての住民よりも多くを維持できるのだから、このようなユートピア国家においては、人びとは体の病気から生じる害悪以外の害悪を感じるはずがないからである。しかも、こうした病気から生じる害悪は人間の不幸の半分も占めてはいない。これ以外の害悪は、それがわれわれ自身のものであれ、他人のものであれ、すべてなんらかの悪徳から生じる。またわれわれの病気の多くでさえ、これと同じ源から生じる。悪徳を除去すれば、害悪もそれに従って除かれる。だから、われわれはすべての悪徳を念入りに取り除かねばならない。一部を除去しただけでは事態はかえって悪くなるだろう。不道徳な奢侈を駆逐しても、怠惰や他人への無関心を矯正しなければ、国家の産業活動を減少させるだけで、人びとの慈善や雅量には何もつけ加えないだろう。したがって、一国に二つの相反する悪徳があることは、それらのいずれか一方だけがある場合よりもおそらく有益であろう、と主張することで満足しよう。ただし、悪徳自体を有益だなどとはけっして言うまい。ある著者が、ある頁では道徳的栄誉は政治家が公益のためにつくり出したものだと主張し、他の頁では悪徳が社会にとって有益であることを主張しているのは、はなはだしい矛盾ではないか[10]。そしてまったくのところ、社会にとって一般に有益な悪徳というものを論じるのは、どのような道徳体系にとっても、用語上の矛盾以外の何物でもないように思われる[11]。

私は、この推論がイングランドで大いに論争されてきた哲学上の一問題を幾分でも解明するために必要だと考えた。私はそれを哲学上の問題と呼び、政治上の問題とは呼ばない。というのは、人類にあらゆる種類の徳を与え、人類をあらゆる種類の悪徳から解放するような、彼らの奇蹟的な変容の結果がどのようなものであろうと、そのことは、実現可能なことだけを目指す政治家には無縁である。政治家はあらゆる悪徳を徳に置き換えて矯正することはできない。彼は、ある悪徳を別の悪徳で矯正することしかできないことがきわめて多い。そしてその場合には、彼は社会にとって最も害の少ないものを選ぶべきである。奢侈は度を越せば多くの害悪の源となるが、しかし一般には、不精や怠惰よりはましである。後者は、普通は奢侈にかわって生じ、私人と公共とのいずれにとっても一層有害である。不精が支配する場合には、個人の間に賤しい未開な暮らし方が広がり、そこには社交もなければ享楽もない。そしてこのような状態では、たとえ主権者が自分の臣民の用役を要求するとしても、国家の労働は、労働者に生活必需品を供するのにやっと足りるだけで、公役に従事する人びとには何も与えられないのである。

(1)〔H―M版では、このエッセイは「奢侈について」(Of Luxury) と題されている〕。

(2)〔タタール人（ダッタン人）というとき、それは一般にモンゴル人やトルコ人を含む、アジアの険しい高地や砂漠の遊牧民を指していた〕。

[1] Gaius (Titus) Petronius Niger (d. 65) は一世紀のローマの作家。皇帝ネロに仕える。『サテュリコン』(*Satyricon*) は当時のローマ社会の諷刺小説。〈国原吉之助訳、岩波文庫、二〇〇五年〉。

[2] 小カトーはローマの政治家、大カトーのひ孫。護民官としてカティリナの余党を処刑した。高潔な人物として知られ、ローマ人の風俗矯正に努力した。プルタルコス『英雄伝』、「小カトー伝」第二四節を参照。〈村川堅太郎編『プルタルコス英雄伝』下、ちくま学芸文庫、一九九六年〉。

[3] Charles VIII (1470-1498). 在位、一四八三―九八年。一四九四―九五年のイタリア遠征に失敗。

[4] Francesco Guicciardini (1483-1540) はイタリア、フィレンツェの歴史家、政治家。主著『イタリア史』(*Della Istoria d'Italia*, 1492-1534)（二〇巻）が有名。

(3)〔グイッチャルディーニ『イタリア史』第一―三巻〕。〈末吉孝州他訳、太陽出版、二〇〇一―〇七年〉。

[5] Jules Mazarin (1602-1661) はフランスの政治家。ルイ一四世時代のブルボン全盛の基礎を築いた。

(4) ヴァンドーム広場の碑文には四四万とある。

[6] Datames はペルシアの将軍であり太守。前三六二年頃、アルタクセルクセス二世に対する反乱を指揮した。コルネリウス・ネポス（一〇〇？―二四？）により、二人のカルタゴ人、ハミルカルとハンニバル

を別にすれば、野蛮人のすべての将軍のうち最も勇敢で最も賢明な将軍として称賛された。

［7］Pyrrhos（319-272 B.C.）はエペイロスの王。在位、前三〇七―三〇三年、前二九七―二七二年。前二八〇年と二七五年の間にローマ軍と戦ってこれをヘラクレイアに破り、さらにシチリア島を平定したが、ローマの将軍デンタトゥスに敗れた。プルタルコス『英雄伝』、「ピュッロス伝」を参照。

（5）〔H―K版では「ギリシアとアジアの奢侈」となっている〕。

（6）〔サッルスティウス『カティリナ戦記』第六―一二節を参照〕。

（7）〔H―M版では「奢侈あるいは快楽の洗練」となっている〕。

（8）〔「技術の改善」は、H―M版では「奢侈と技術との起源」となっている。――R〕。

（9）〔H―N版では「ゴート族の領主」となっている〕。

（10）『蜂の寓話』(*Fable of the Bees*)。〔*The Fable of the Bees: or, Private Vices, Publick Benefits*, Part I: 1714, Part II: 1729〕。〈泉谷治訳、全二巻、法政大学出版局、一九八五年、一九九三年。著者のバーナード・マンデヴィル (Bernard Mandeville, 1670-1733) はオランダ生まれの医者、のちイギリスに帰化。一八世紀イギリスの特異な思想家。彼の思想については、上田辰之助『蜂の寓話』（新紀元社、一九五〇年）および田中敏弘『マンデヴィルの社会・経済思想』（有斐閣、一九六六年）を参照〉。

（11）〔P版では以下の文章が本文に入っている。「濫費は技芸の洗練と混同されてはならない。この悪徳は文明時代にははるかに少ないとさえ思われる。産業活動と利得は、中下層の人びとの間に、またすべての多忙な職業の人びとのなかに、この節倹を生み出すのである。なるほど、上層の人びとは快楽を得ることが一層頻繁になるため、それに一層引きつけられると主張できるかもしれない。だが怠惰はいつの時代でも濫費の大きな源である。そして、よりよい享楽を知らない場合にも人びとが同じように魅了される快楽や虚栄は、どの時代にもあるのである。言うまでもなく、未開時代に支払われていた高利は、土地貴族の財産をすみやかに消費し、彼らの窮乏を増加させている」〕。〔H―O版にはなく、Q版では脚注となっている。――R〕。

III 貨幣について

貨幣は、正確に言えば商業の実体の一つではなくて、財貨相互の交換を容易にするために人びとが承認した道具にすぎない。それは交易の車輪の一つではない。それはこの車輪の動きを一層円滑で、容易にする油なのである。われわれがある一国だけをとって考察するならば、貨幣量の多少がなんら問題でないことは明白である。なぜなら、財貨の価格は常に貨幣の量に比例するからであり、ヘンリー七世〔1〕の時代の一クラウン〈五シリング〉は、現在の一ポンド〈二〇シリング〉が果たしているのと同じ目的に役立ったからである。貨幣の相対的な豊富からなんらかの利益を得るのは国家だけであり、それも外国と戦争や交渉をするときだけである。そしてこれこそ、カルタゴからグレイト・ブリテンやオランダに至るまでの、すべての豊かな商業国が、近隣の貧しい国民から雇い入れた傭兵を用いた理由なのである。もしそれらの国が自国の臣民を用いねばならなかったとすれば、それらの国は、その優れた富と金銀の相対的な豊富から利益を受けることが少ないことが分かったであろう。なぜなら、それらの国のすべての公僕への支払いは、国家の富裕に比例して騰貴するに違いないからである。わが国のわずか二万の陸軍は、その二倍(1)も多いフランス陸軍と同額の経費で維持されている。今次の戦争〈オーストリア継承戦争、一七四〇―四八年〉中、イングランド海軍は、皇帝時代に全世界を服従させたローマの軍団のすべてと同額の貨幣をその維持に要したのであった(2)。

国民の数とその産業活動が相対的に大きいことは、国の内外、公私を問わず、すべての場合に有益である。ところが、貨幣の相対的な豊富は、それを役立てる場合がきわめて限られており、ときには外国人との商業上、国民にとって損失となることさえあるであろう。

人間がかかわる事象には、交易と富の増大を抑えて、それらがある一つの国民に独占されるのを妨げるような、いろいろな原因の好都合な協同があるように思える。とは言っても、むろんはじめのうちは、確立した商業の優利によって当然のことながらおびやかされるではあろう。ある国民が交易の上で他の国民に先んじている場合、後者がその後れを取り戻すのは、前者のより優れた産業活動と熟練のために、また前者の貿易商人がより大きな資本《ストック》をもち、それだけ低い利潤〈率〉で交易を営むことができるために、きわめて難しい。しかしこうした諸利益は、大規模な商業をもたず、金銀もあまり豊富ではないあらゆる国民における労働の低価格によって、ある程度相殺される。したがって製造業は、次第にその立地を変え、自らがすでに富ませた国や地方を離れて、食料と労働の安価によって誘われるところならどんな国や地方へでも飛んでゆく。そして製造業は、これらの国や地方をも富裕にし、今度はまた同じ原因によって駆逐されることとなる。したがって、一般に、貨幣の豊富に基づくあらゆる物の高価は、確立した商業に伴う不利益であり、すべての海外市場において貧国が富国よりも安く売ることを可能にして、どんな国の商業にも制限を加える、と述べることができよう。

このことは、どの国民にも有利だと広く一般にみなされている銀行と紙券信用（*paper-credit*）の便益に関して、私に疑問をもたせた。食料と労働が交易と貨幣の増大によって高価となれば、それは多くの点で不利益であるが、これは避けがたい不利益であり、われわれのすべてが望む目的である国家の富と繁栄の結果なのである。この不利益は、これらの貴金属の所有からわれわれが刈り取る利益や、外国とのすべての戦争や交渉のさいに、貴金属が国民に与える利点によって償われる。しかし、その不利益を模擬貨幣（counterfeit money）の使用で増大させてよい根拠はどこにもないと思われる。この貨幣は、外国人がどんな支払いにおいても受け取らないものであり、国の秩序が大きく乱れたときには無価値に帰すべきものである。なるほどあらゆる富国では、多額の貨幣をもつ人には、そのもち運びが容易で保管も一層安全であることから、保証の安全な紙券信用を好む者が多い。もし国が銀行を設立しないならば、以前にロンドンで金匠が行っていたように、あるいは現在ダブリンで銀行家たちが行っているように、私営の銀行家たちがその事情を利用するであろう。したがって、公営の会社があらゆる富裕な国にいつも見られるはずの、あの紙券信用の利益にあずかるのが得策だと考えられるかもしれない。しかし、このような紙券信用を人為的に増やそうと努力することは、およそ商業国の利益ではありえない。それどころか、それは、労働と財貨に対する自然な比率以上に貨幣を増加させ、その結果、商人と製造業者に対してそれらの価格を高騰させて、国民に不利益を与えるに違いない。だからこの見解によれば、受け取った貨幣を全部しまい込み、そのもっている金銀の一部を通例のように商業に戻して流通鋳貨を増やすことをけっしてしない銀行(3)ほど、有益な銀行はありえないことが認められねばならない。公営銀行はこうした方策によって、私営銀行家や手形仲買人（money-jobbers）の取引の多くを妨げうるであろう。なお国家はこの銀行の支配人と出納係に給料を支払う責任をもつが（というのは、前述の仮定によって、この銀行は取引から利益を得ないはずだからである)、労働の低価格と紙券信用の消滅の結果生じる国民的利益は、十分な償いとなるであろう。言うまでもなく、即座に自由にできる多額の貨幣は、国家の重大な危機や苦難の時には便利であろう。そしてこの貨幣のうち使用された部分は、平和と平穏が国民に回復したときに、ゆっくりと返済することができよう。

しかしこの紙券信用の問題については、のちほどもっと十分に論じることになろう。そこで私は、おそらくわが国の理論的な政治家の思索を用いるのに役立ちうる二つの所見を提案し説明して、貨幣に関するこの小論を終えることにしよう(4)。

金銀がギリシア人にとって計算と算術上で助けになるほかは少しも役立たないように思えたのは、自国で貨幣を見たことのないスキュティア人、アナカルシス[2]の鋭い観察であった(5)。貨幣が労働と財貨の代表物以外の何物でもなく、これらを秤量し評価する手段として役立つだけであることは、もとより明白である。鋳貨が比較的豊富にある場合には、同量の財を代表するために、より多量の貨幣が必要となるから、ある国民をそれ自体として考察すれば、それは善悪いずれの影響をも与ええない。それは、あたかも商人が少ない文字で済むアラビア式表示法の代わりに、多くの文字がいるローマ式表示法を用いねばならない場合でも、帳簿になんの変化も生じないのと同様である。それどころか、多量の貨幣は、ローマ数字のようにむしろ不便であり、その保蔵にも運搬にもより多くの労苦を要する。もっとも、正しいと認められねばならないこの結論にもかかわらず、アメリカにおける鉱山の発見以来、それらの鉱山の所有国を除くヨーロッパのすべての国民において産業活動が増加したことは確かであって、それは、他のいろいろな理由があるうちでもとくに、金銀の増加に原因を求めるのが正当だと言えよう。こうしてわれわれは、貨幣が以前よりも多量に流入し始めるあらゆる国においては、あらゆる物が新しい様相を呈することを知る。すなわち、労働と産業活動は生気を帯び、商人は企業に一層熱心になり、製造業者は一層勤勉と熟練を増し、農民でさえ、より敏速かつ注意深く耕作するようになる。このことを説明するのに、もしわれわれが、増加した鋳貨がこの国の内部で財貨の価格を騰貴させ、各人にその購買するあらゆる物に対してより多数の小さい黄色や白色の鋳貨を支払わざるをえなくするという影響だけを考察するならば、それは容易でない。だが外国貿易について言えば、非常に多量の貨幣は、あらゆる種類の労働の価格を騰貴させて、むしろ不利益であると思われる。

そこで、この現象を説明するためには、次のことを考察せねばならない。すなわち、財貨の高価格は、金銀の増加の必然的結果であるけれども、この増加に続いて直ちに生じるものではなくて、貨幣が国の全体にあまねく流通し、その効果が国民のすべての階層に及ぶまでには、ある時間の経過が必要である。はじめはなんらの変化も認められないが、やがて次第に一つの財貨から他の財貨へと価格は騰貴してゆき、ついにはすべての財貨の価格がこの国にある貴金属の新しい分量にちょうど比例する点に達する。私の意見では、金銀の増加が産業活動にとって有利なのは、貨幣の取得と物価の騰貴との間の間隙（interval）ないし中間状態においてだけである。貨幣がどれだけ一国に輸入されるとしても、はじめそれは多くの人手には散布されず、それを直ちに有利に使用しようとする少数の人の金庫に[6]だけ入る。ここに一組の製造業者か商人がいて、カディス（Cádiz）[7]へ彼らが送った財と引き換えに金銀で報酬を受け取ったと仮定しよう。このことによって、彼らは以前よりも多くの職人を雇うことができるようになる。というのは、その職人たちはより高い賃金を要求することなど夢にも思わず、このような良い支払い主に雇われることに満足しているからである。職人が稀少になれば、製造業者はより高い賃金を支払うが、しかしはじめは労働の増大を要求する。そしてこれは職人に喜んで受け入れられる。というのは職人はいまやより良い飲食ができて追加された労苦と疲労とを償いうるからである。職人はその受け取った貨幣を市場へもってゆくが、そこではあらゆる物の価格が以前と変わらないことを知り、家族のためにより多くのしかも質のよいものをもち帰ることとなる。農業者や野菜栽培者は、彼らの財貨が売り尽くされたことを知って、もっと多く栽培するためにてきぱきと労働する。それと同時に彼らは、商工業者から、以前と同じ価格でより良質の毛織物をより多く入手することができる。この場合、彼らの産業活動がこの新しい利得分に応じて刺激を受けるにとどまる。貨幣が社会全体を流れてゆく足跡をたどることはたやすい。その場合、貨幣は労働の価格を騰貴させるよりも前に、まずあらゆる個人の勤勉を必ず増大させることが分かるであろう。

また正貨が、この後者の結果〈労働の価格の騰貴〉が生じる以前に、かなりの速さで増加しうるということは、いろいろな例のなかでも、貨幣に対するあのフランス王の頻繁な操作から明らかだと思われる。この場合、計算上の価値（numerary value）の増大は、少なくともある期間は、それに比例した物価騰貴を生み出さなかったことがいつも見られたのである。ルイ一四世の最後の年〈一七一五年〉に、貨幣は七分の三引き上げられたが、物価は七分の一騰貴しただけであった。フランスでは現在、穀物は一六八三年に売られたのと同じ価格で、すなわち、同数のリーヴルと引き換えに売られている。ところが、銀は当時一マーク[3]の量が三〇リーヴルであり、現在は五〇リーヴルなのである[8]。前者の時期以来、フランス王国に流入したと思われる多量の金銀の追加は言うまでもない。

以上の推論の全体から、われわれは、貨幣量の大小は、一国内の幸福に関しては少しも重要な問題ではない、と結論することができよう。為政者の優れた政策は、できることなら貨幣量を絶えず増大させるようにしておくことだけである。なぜなら、その方策によって、彼は国民のうちにある勤労意欲を活発に保ち、すべての実質的な力と富を成り立たせている労働の貯えを増大させるからである。貨幣が減少している国民は、実際にはそのとき、多くの貨幣をもたなくともそれを増加させつつある他の国民よりも、弱小で貧困である。このことは、貨幣量の変化は、その増減のいずれにせよ、それに比例した物価の変化を直ちには伴わないということを考慮するときに、容易に説明がつくであろう。事態が新しい状況に調整されるまでには常にある間隙があり、この間隙は、金銀が増加しつつあるときには産業活動にとって有利であるが、同様に、金銀が減少しつつあるときはそれにとって有害である。職人は、市場にあるすべての物に以前と同じ価格を支払うけれども、製造業者や商人からは同じ分量の仕事を受け取らない。農民は地主に同額の地代を支払わねばならないけれども、彼の穀物や家畜を思うように処分することができない。貧困と困窮、そしてそれに引き続いて生じるに違いない怠惰を予見することは、たやすいことである。

II[4]　私が貨幣に関して示したいと思った第二の所見は、次のように説明することができよう。ヨーロッパには、貨幣がごく稀少なため、地主が小作人から何も支払わせることができず、地代を現物で受け取って、それを自ら消費するか、それとも自分でそれの市場があるような場所へ運ぶかせざるをえないような、いくつかの国や多くの地方がある（ヨーロッパのすべてはかつてはこれと同じ状態にあったのである）。このような国では、国王は地主と同じ方法によるのでなければ、租税をほとんど徴収できないか、あるいはまったく徴収できない。国王は、このような支払いによる賦課からはわずかの利益しか得ないであろうから、このような王国は、国内でもほとんど力をもたないし、また金銀が国内の至るところに豊富にあれば維持できるのと同じ規模の陸海軍を維持することもできないのは、明白である。ドイツの現在の軍事力と三世紀前のそれとの間には、その国の産業活動、人口、および製造業の間に存在するよりも大きい不釣り合いが確かにある。[9] ドイツ帝国内のオーストリアの領土は、全般に人口が多く、耕作が進み、面積も大きいが、ヨーロッパの勢力均衡の上では、それに比例した重みをもっていない。これは、普通に想像されているように、貨幣の稀少に由来している。これらのすべての事実は、金銀の量はそれ自体としてはまったくどうでもよいという、あの道理にかなった原理といかにして合致するのであろうか。その原理によれば、主権者が多数の臣民をもち、臣民が財貨を豊富にもつ場合はいつでも、主権者は当然偉大かつ強力であるはずであり、その臣民は、貴金属の多少とは関係なく富裕であり幸福であるはずである。こうした貴金属は分割・再分割が大いに可能であり、貴金属片が紛失するおそれのあるくらい微小になるような場合には、ヨーロッパのいくつかの国で行われているように、金銀を品質の劣る金属と混合することが容易であり、この方策によって貴金属片はもっと目立ちやすく便利な大きさになる。これらの貴金属片は、その数量がどうであれ、あるいはその色がどのようなものになろうと、依然として交換上同じ目的に役立つのである。

以上の難点に対して、私は、ここで貨幣の稀少から生じると想像されている結果が、実は国民の生活態度と慣習 (manners and customs) から生じるのであり、またきわめてよくあるように、われわれは副次的な結果を原因と取り違えているのだと答えよう。矛盾はうわべだけのものであるが、われわれが理性を経験に合致させうる諸原理を発見するためには、何ほどかの思索と省察が必要なのである。

あらゆる物の価格が財貨と貨幣との間の比率に依存し、いずれかに相当な変動があれば、それは価格を引き上げるか引き下げるかのいずれにせよ、同種の結果をもたらすということは、まず自明の原理と思われる。財貨が増加すれば、それは安価となり、貨幣が増加すれば、財貨は価値において騰貴する。他方、これと同様に、前者の減少と後者の減少とは、これと反対の傾向をもつのである。

物価が一国民における財貨の絶対量と貨幣の絶対量とに依存するよりは、むしろ市場にもたらされる、あるいはもたらされうる財貨の数量と流通する貨幣量とに依存する、ということもまた自明のことである。もし鋳貨が金庫にしまいこまれるならば、それは、物価に関しては、まったく消滅してしまったも同然である。[10] 一方、財貨が一般の倉庫や穀物倉庫に退蔵されるならば、これと同様な結果が生じる。以上の場合には、貨幣と財貨とはまったく出会わないため、たがいに影響を及ぼしえない。どんなときでも、われわれが食料価格に関して推測を行うとすれば、農民が種子として、また彼自身とその家族を維持するために保留しなければならない穀物は、けっして計算に入れるべきではない。[11] 価値を決定するのは、穀物に対する需要と比較された超過分だけである。

以上の諸原理を適用するときに、われわれが考慮しなければならないのは、どんな国家でも、最初の未開な時代にあって、嗜好的な欲望が自然的な欲望と混同される以前には、人びとは、自分自身の畑の生産物や、自分たちが自ら加工できる粗雑な改良物で満足しており、交換の機会——少なくとも同意によって交換の共通の尺度となった貨幣との交換の機会——を、ほとんどもたないということである。農民自らの羊の群れから取られ、彼自身の家庭内で紡がれ、穀物や羊毛でその支払いを受け取る近隣の織工によって織られる羊毛は、調度や衣服として十分である。大工、鍛冶屋、石工、仕立屋は、これと同様な性質の工賃で養われており、その近隣に住む地主は地主で、農民が生産した財貨で地代を受け取ることで満足する。地主はこれらの財貨の大部分を田舎風の歓待のために家庭で消費する。そしてその残りを、おそらく、貨幣を得るために近隣の町で処分するのであり、この町から自分の出費と奢侈に用いるわずかな材料を引き出すのである。

しかし、人びとがこうしたすべての享楽に洗練を加え始め、必ずしも故郷で生活せず、近隣で生産できる物に満足しなくなった後には、あらゆる種類の交換と商業が生じ、より多くの貨幣がその交換に入り込んでくる。商工業者は穀物で支払いを受け取らなくなるであろう。なぜなら、彼らは単に食べることができる以上のものを欲しているからである。農民は、自分が購買する財貨を求めて自分自身の教区外に出かけ、自分の生産した財貨を、自分の必要を満たしてくれる商人のところへ必ずしももっていけるわけではない。地主は首都か外国に住み、自分の地代を彼のところへ運びやすい金銀で要求する。大事業家、大製造業者、および大商人があらゆる商品部門に現れてくるが、これらの人びとは、正金以外ではうまく取り引きすることができない。この結果、こうした社会状態にあっては、鋳貨はますます多くの契約に入り込み、それによって昔よりもはるかに多量に使用されるのである。

この必然的な結果としては、もしその国民の貨幣が増加しなければ、あらゆる物は、産業活動と洗練の時代には、粗野な未開時代と比べてはるかに安価になるに違いない。物価を決定するのは、流通する貨幣と市場にある財貨との比率である。家庭で消費されたり、近隣で他の財と交換されたりする財は、けっして市場には出ない。これらの財貨は流通する正貨には少しも影響しないのであり、正貨に関してはそれらの財はまったく消滅したも同然である。この結果、こうした財の用い方は、財貨側の比率を低下させ、物価を騰貴させる。だが、貨幣がすべての契約と販売に入り込み、あらゆるところで交換の尺度となってからは、国民がもつ同一量の現金ははるかに多くの働きをする。この場合には、すべての財貨は市場にあり、流通の範囲が拡大する。それはあたかもこの個々の貨幣額がもっと大きな国に役立てられるような場合と同じである。したがってこの場合には、例の比率が貨幣の側において低下するので、あらゆる物はより安価になるに違いなく、物価は次第に下落するのである。

ヨーロッパの全体について、〈貨幣の〉計算上の価値、すなわち呼称における変化を斟酌した上で行われた最も正確な計算によれば、すべての物の価格は、西インド諸島〈広く中南米を意味する〉の発見以来、三倍ないしせいぜい四倍だけ騰貴したにすぎないことが分かる。しかし一五世紀ないしそれより何世紀か前にあった鋳貨の四倍をはるかに超える鋳貨がヨーロッパに存在していないと誰が主張するだろうか。スペイン人とポルトガル人は自分たちの鉱山から、イングランド人とフランス人とオランダ人はアフリカ貿易により、また西インド諸島における彼らの密貿易者によって、年に約六〇〇万〈ポンド〉を自国にもち帰ったのであり、そのうち東インド地方に流出したものはその三分の一を超えていない。[12] この金額だけで、ヨーロッパにある昔からの貨幣の保有量を一〇年間[13]でおそらく二倍にするであろう。そして、なぜすべての価格がもっと途方もない高さにまで騰貴しなかったかということについては、慣習と生活態度の変化から知られる理由のほかには、満足な理由をあげることができない。人びとが古代の質素な生活態度を離れてからは、産業活動の増加によってより多くの財貨が生産されるだけでなく、同じ財貨がより多く市場に出るようになった。そしてこの財貨の増加は貨幣の増加に等しくなかったにせよ、それでもかなりのものだったので、鋳貨と財貨との比率を、〈そうでないときよりも〉昔の基準に近く維持してきたのである。

もしも、こうした国民の生活態度のうち、質素なものと洗練されたもののいずれが国家や社会に最も有益かと問われるならば、私は、少なくとも政治的見地からは、あまりためらわずに後者をとり、これを商工業の奨励に対する付加的な理由として提出するであろう。

人びとが昔風の質素な方法で生活し、自分たちの必需品をすべて家内工業や近隣から満たしている間は、主権者は臣民の相当の部分から貨幣による租税を徴収することができない。またもし、主権者が臣民になんらかの負担を課そうとするならば、彼は、臣民がそれ一つだけを豊富にもっている財貨で支払いを受けねばならない。ところがこの方法は、ここであらためて力説するに及ばないほど大きい明白な不便を伴っているのである。主権者が調達を要求できる貨幣はすべて、もっぱらそれが流通している主要諸都市からのものにどうしても限られる。ところが明らかに、これらの都市は、金銀が国の全体にくまなく流通したと仮定した場合に与えられると考えられる量と同じだけのものを主権者に与えることはできない。しかしこのような状態にある国の貧困には、こうした歳入の明白な減少のほかに、いま一つの原因がある。主権者はより少ない貨幣しか受け取らないだけでなく、同じ貨幣量も、産業活動と全般的な商業をもつ時代におけるほどには使えない。金銀が〈右の時代と〉等量であると想定される場合には、あらゆる物はより高価である。なぜならそれは、財貨がより少量しか市場に出ないため、鋳貨の全体は、それによって購買されるはずのものに対して、より高い比率をもつからであり、この比率からのみ、あらゆる物の価格が決定されるからである。

だからここでわれわれは、歴史家の間に、また日常会話のなかでよく出くわす意見、すなわち、ある特定の国は土地が肥沃で人口が多く耕作が進んでいるにもかかわらず、貨幣が不足しているというだけのために弱小であるという意見が、誤りであることを知りうる。確かに、貨幣の不足は、国家の内部だけのこととしてはけっして害を与えることはありえないと思われる。なぜなら、人びとと財貨があらゆる社会の真の力だからである。この場合、金銀を少数の人だけに限り、それの普遍的な散布と流通を妨げて、国家に害を与えるのは、質素な生活方法なのである。これと反対に、産業活動とすべての種類の洗練は、金銀の量がいかに少なくとも、それを国の全体に組み入れる。それらは、いわば、金銀を消化してあらゆる血管のなかへ送り、それをあらゆる取引と契約に入り込ませるのである。誰でも貨幣をまったくもたないということはない。なお、こういう仕方であらゆる物の価格が下落するので、主権者は二重の利益を受ける。というのは、彼は国の至るところから租税によって貨幣を引き出しうるし、また彼が受け取るものはどんな購買や支払いにも使えるからである。

われわれは物価の比較から、中国には三世紀前のヨーロッパにあったよりも多くの貨幣はないと推論できるかもしれない。だがその帝国が維持する民事と軍事の施設から判断すれば、それはなんとはかり知れない力をもっていることであろうか。ポリュビオスの語るところによれば[14]、彼の時代のイタリアにおいては[15]、食料は非常に安く、いくつか[5]のところで宿屋での食事の価格は、一人当たり一ファージングよりわずかしか高くない一セーミス〈半アース〉[6]であった！　それでもローマの力は当時でさえその頃の全世界を征服していたのであった。その時期より約一世紀前に、カルタゴの大使は、冷やかしのつもりで、ローマ人ほどたがいに社交的に暮らしている国民は他にいない、なぜなら、外国の使臣として彼らが受けた接待のときにはいつも、彼らはどの食卓にも必ず同じ金銀食器を見たからだ、と言った。(16)　貴金属の絶対量はまったくどうでもよいことがらである。およそ重要と言える場合はただ二つしかない。すなわち、貴金属の漸次的増大と、国中に貴金属をくまなく混合し流通させることである。そしてこれら二つの場合の影響がこの論説で説明されたのである。

次の論説でわれわれは、上に述べた誤りと類似した誤りの例を見てみることとしよう。そこでは、副次的な効果が原因と取り違えられ、結果が貨幣の豊富に帰せられている。しかしそれは実のところ、国民の生活態度と慣習との変化に起因しているのである。

［1］Henry VII（1457–1509）．在位、一四八五—一五〇九年。

（1）〔H—P版では「三倍」となっている〕。

（2）ローマの歩兵隊の兵卒は、八ペンスよりもいくらか少ない一デナリ〈denarius. 古代ローマの貨幣単位。デナリウス銀貨〉を一日にもらっていた。ローマ皇帝は、通常、二五軍団に報酬を支払っており、それは、一軍団を五〇〇〇人として、一二万五〇〇〇人になる。タキトゥス『年代記』第四巻。〔第五章〕。〈国原吉之助訳、岩波文庫、一九八一年〉。この軍団には補助兵員もいたのは事実だが、その数は、その給与と同様に不確かである。軍団の兵士だけを考えると兵卒の給与は一六〇万ポンドを超えることはなかったであろう。ところで先の戦争中、議会は海軍に通常二五〇万ポンドを与えた。したがってわれわれの方が、将校以下に対する諸経費としてローマ軍団の場合よりも九〇万ポンドだけ多いのである。ローマの陸軍には、現代のわれわれの部隊——ただしスイスの部隊のあるものを除く——で用いられている将校と比較して、ごく少数の将校しかいなかったと思われる。しかもこの将校たちの給与はごくわずかなものであった。たとえば、百卒長の場合は普通の兵士の二倍にすぎない。なお、軍人は給与のうちから自分の衣服、武器、テント、および軍用行李を買ったので（タキトゥス『年代記』第一巻。〔第一七章〕）、これもまた、陸軍の他の経費をかなり減少させたに違いない。あの有力な政体にはこれほど少ししか経費がかからなかったので、それだけ世界の支配は容易だったのである。そしてまったくのところ、これはさきにあげた計算から得られるむしろ自然な結論なのである。というのは、エジプトの征服後、ローマには現在ヨーロッパの最も富裕な国にあるのとほとんど同じほど豊富に貨幣があったと思われるからである。

（3）これはアムステルダム銀行に当てはまる。〔この注はK版で付加された〕。

（4）〔H—P版では次のものが追加されている。「というのは、私はいつもこれらの人びとにだけ話しかけているからである。私は、いまの時代にときとして学者の性格に与えられることのある嘲笑には甘んじるが、投機家に与えられるべき嘲笑をそれに付け加えたくはないからである」〕。

［2］Anakharsis はソロンの時代（前六〇〇年頃）のスキュティアの有名な哲人。

（5）「徳の完成した人がどうしてこれら〈金銀〉に関心をもつことがありえようか」（*Quomodo quis suos profectus in virtute sentire possit*）〔プルタルコス『道徳論』第七節〕。

(6)［「有利に」は、H―P版では「最も有利に」となっている。――R］。

(7)［カディスは西インド諸島から地金が入ってくるスペインの海港であった］。

［3］中世紀にヨーロッパ大陸で行われた金銀の重量で、通常は八オンス。

(8)私はこれらの事実を、『政治的省察』（*Reflections politiques*）〔*Réflexions politiques sur les finances et le commerce* (1738)、英訳版は*Political Reflections upon the Finances and Commerce of France* (1739)〕によって名声の高い著者デュ・トー氏の権威に基づいてあげている。ただし、告白せざるをえないことだが、彼が他の機会に提出している諸事実は、この問題に関する彼の権威を引き下げるほどしばしばきわめて疑わしい。とはいえ、フランスにおける貨幣増加がはじめのうちは物価を比例的に騰貴させていないという一般的な所見は、確かに正当である。〈Charles de Ferrare de Dutot (fl. 1738) はムロンと共に一八世紀前半のフランスにおける、重商主義から重農主義への過渡期の経済学者の一人とされている。主著は、ヒュームに引用された『政治的省察』〉。

　ちなみに、これは貨幣の名目価値の漸次的かつ普遍的な騰貴のために与えうる最善の根拠の一つだと思われる。もっとも、それはムロン、デュ・トー、およびパリ・ドゥ・ヴェルネーがこの問題について書いたすべての書物でまったく看過されてきたことであった。〈Joseph Paris de Verney (1684-1770). ジョン・ロウのライバル。ロウ体系の打破に努めた財政家、政治家。草稿の形で多くの論述をのこしたが、彼の著作とされているものに、『デュ・トー氏の財政および商業についての政治的考察の検討』(*Examen du livre intitulé : Reflexions politiques sur les finances et le commerce par Dutot.*, 2 vols., 1740) がある〉。たとえば、もしわが国のすべての貨幣が改鋳され、一シリング銀貨の各々から一ペニーの価値の銀が取り去られても、新シリング銀貨はおそらく、旧シリング銀貨で買いえたあらゆる物を購買するであろう。それによって、あらゆる物の価格は気づかぬうちにわずかに低落するであろう。外国貿易は活気づき、国内産業は、より多くのポンドとシリングとの流通によって、いくらかは増大し刺激を受けるであろう。このような企画を実行する場合には、錯覚をなくさせないために、新シリング銀貨を二四の半ペニーとして通用させ、同じものと考えさせるのがよかろう。そして、わが国のシリング銀貨と六ペンス銀貨が絶えず磨滅して、わが国の銀貨の改鋳が必要となり始めているとき、削り取られた貨幣をもとの基準にまで高めたウィリアム〈三世〉王の治世の先例に見ならうべきかどうかは、疑問であろう。［「そして」以下の最後の文章は、H版の正誤表で追加され、I版の本文に組み入れられたものである］。

［4］IIだけあって、これに対応したIは付けられていない。

(9)イタリア人は、マクシミリアン皇帝〈Maximilian I (1459-1519). 神聖ローマ皇帝。在位、一四九三―一五一九年〉に**一文無し**（POCCI-DANARI）というあだ名を付けた。それは、この国王の事業が貨幣不足のためにどれ一つとして成功しなかったからである。

(10)［「一般の倉庫や」は、Q版で初めて追加された］。

(11)［「種子として、また」は、Q版で初めて追加された］。

(12)［H―I版では「七〇〇万」……「一〇分の一」となっている］。

(13)［「一〇年」は、H―I版では「五年」となっている。――R］。

(14)第二巻、第一五章。〔『歴史』第二巻、第一五章〕。

(15)［H―P版では、「宿屋での食事の価格」は「宿屋での会合の価格」となっている］。

［5］farthing. 銅貨でほぼ四分の一ペニーに当たる。

［6］*senis*. アース（as）はローマの貨幣単位。青銅貨でほぼ五分の三ペンスに当たる。

(16)プリニウス、第三三巻、第一三章。〔大プリニウス『自然誌』第三三巻、第五〇章、レーブ版〕。

IV　利子について

利子の低いことほど国民の繁栄した状態の確かなしるしとなるものは考えられない。そして、その原因は普通に理解されているものと多少異なると私は思っているけれども、これには根拠がある。利子の低いことは一般に貨幣の豊富に帰せられている。しかし貨幣は、いかに豊富であろうと、その量が決まってしまうと、労働の価格を騰貴させる以外の結果をもたらさない。銀は金以上に広く通用しており、したがって人びとは同じ財貨と引き換えに銀を〈金よりも〉より多量に受け取る。しかし人びとは銀に対して金よりも低い利子を支払うだろうか。バタヴィアとジャマイカでは、利子は一〇パーセントであり、ポルトガルでは六パーセントである。しかし以上のところは、あらゆる物の価格から分かるように、ロンドンやアムステルダムのいずれよりも金銀に富んでいる。

もしイングランドのすべての金が一瞬のうちに消滅し、二一個のシリング銀貨があらゆるギニー金貨に取って代わるとすれば、貨幣がより豊富になったり、あるいは利子が低下したりするだろうか。けっしてそうはならない。なぜなら、われわれは当然金の代わりに銀を使用するようになるだけだからである。もし金が銀と同じほど、そして銀が銅と同じほど一般に通用することになれば、貨幣がより豊富になったり、利子が低下したりするだろうか。これにもわれわれは自信をもって同様に答えることができよう。この場合には、わが国のシリング銀貨は黄色に、半ペニー銅貨は白色になり、ギニー金貨はなくなるであろう。これ以外にはけっしてなんの相違も見られないであろう。鋳貨の色が重要だと考えるのでない限り、商業、製造業、海運業、あるいは利子にはなんの変化もないであろう。

ところで、貴金属の稀少ないし豊富についてのこのような大変動のうちに明白に見られることは、それよりも小さいすべての変化にも当てはまるに違いない。もし金銀の一五倍の増加が少しの相違をも生み出さないのならば、二倍や三倍の増加はそれにもまして相違を生み出しえない。貨幣量の増大はすべて、労働と財貨の価格を高める以外の結果を生み出さない。しかも、この変化さえほとんど名目的な変化以上のものではない。こうした変化に向かう過程において、貨幣の増加は、産業活動を刺激することによって、何ほどかの影響を与えるかもしれない。だが、物価が金銀の新しい豊富さに適合して落ち着いた後には、それはいかなる影響をも与えないのである。

結果というものは、およその原因といつも釣り合いを保つものである。物価は西インド諸島の発見以来ほぼ四倍に騰貴した。そして金銀がさらにそれ以上増加したというのはありそうなことである。ところが利子は半分以下には下落することがなかった。したがって、利子率は貴金属の分量からは引き出されないのである。

貨幣は主として擬制的な価値(1)（fictitious value）をもつものであって、貨幣の多少は、一国民をそれ自体として考察すれば、少しも重要な影響をもたない。正金の分量は、それがいったん決まってしまうと、どんなに多量であっても、生活の便益を少しも増加させずに、衣服、家具、あるいは馬車と交換に各人がより多数の光り輝く金属片を支払わざるをえなくなるほかには、なんらの影響ももたらさない。もしある人が家を建てるために借金をするなら、そのとき、彼はより多くの金銀の荷を家へもって帰ることになる。なぜなら、石、木材、鉛、ガラスなどは、石工や大工の労働とともに、より多量の金銀によって表されるからである。だがこうした金属は何よりもまず代表物と考えられるから、その嵩や分量、あるいは重量や色からは、その実質価値にも利子にもなんらの変化も引き起こされえない。同一の利子は、すべての場合、貨幣額に対して同一の比率をもつ。だから、かりにあなたが一定量の労働や、一定数の財貨を私に貸すとすれば、あなたは五パーセントを受け取ることにより、貸付額に比例した労働と財貨――これが黄色の鋳貨で表わされようと、白色の鋳貨で表わされようと、あるいは一ポンドや一オンスによって表わされようと――をいつも受け取るのである。したがって、利子の騰落の原因を、どの国においてもその多い少ないが決まっている金銀の量に求めるのは無意味である。

高い利子は、三つの事情、すなわち、借入需要が大きいこと、その需要を満たす富が小さいこと、および商業から生じる利潤が大きいことから生じる。そしてこれらの事情は、金銀の稀少ではなく、商工業がわずかしか進歩していないことを示す明白な証拠なのである。一方、低い利子は、これとは正反対の次の三つの事情、すなわち、借入需要が小さいこと、その需要が満たす富が大きいこと、および商業から生じる利潤が小さいことから生じる。そして、これらのもろもろの事情は、すべてたがいに関連しており、金銀の増加からではなく、産業活動と商業の進歩から生じてくるのである。以下では、こうした論点を証明することに努めることとし、まず借入需要の大小の原因および結果から始めるとしよう。

人びとが未開状態からわずかでも抜け出し、その数が最初の人口以上に増大したとき、そこには直ちに財産の不平等が生じるに違いない。つまり、一方で広大な地域の土地を所有する人がいるのに対し、ある人は狭い範囲に限定され、またまったく土地財産をもたない人もいる。自ら耕作できる以上の土地をもつ人びとは、土地をもたない人びとを雇い、その生産物の一定部分を受け取ることに同意する。このようにして、土地所有者〈階級〉(landed interest) が直ちに確立する。安定した政府でこれを基礎に政務が行われないようなものは、それがどれほど未開なものにせよ、存在しない。こうした土地所有者のうち、ある人びとは、自分たちが他の人とは異なる気質をもっていることに間もなく気づくに違いない。すなわち、ある人は自分の土地の生産物を将来に備えて進んで貯蔵しようとするのに対し、ある人は多年にわたって充当すべきものをいま消費したいと思う。ところが、固定した収入を使うことはまったく仕事をもたない生活方法なので、人びとは自分たちを引きとめて惹きつけておく何かをどうしても必要とするため、快楽が、現在そうであるように、たいていの地主の日常の仕事となるであろうし、彼らのうちでは、吝嗇家よりも浪費家が常に多いであろう。したがって、地主しかいない国では、節約がほとんど行われないので、資金の借り手がきわめて多いはずであり、利子率はそれに比例するに違いない。利子率の差異は、貨幣量にではなく、一般に広まっている慣習と生活態度に依存する。借入需要の増減はもっぱらこれによるのである。たとえ卵一個を六ペンスで売らせるほどに貨幣が豊富であるとしても、その国に地主 (landed gentry) と小作人しかいない限り、借り手は多く利子は高いに違いない。同じ農場に対する地代でも、それはより重くより嵩高いことであろう。ところが、地主のこの怠惰こそが、財貨の高価格と相まって、同時に地代を濫費させ、ちょうどそれだけ借入れに対する必要と需要を生み出すであろう。[2]

　われわれがその考察を提案した第二の事情、すなわち、借入需要を満たす富の大小に関しても、事態は異ならない。この事実もまた、金銀量にではなく、国民の生活慣習と生活方法に依存する。どんな国の場合でも、多数の貸し手がいるためには、貴金属が大いに豊富に存在すればそれで十分ではなく、その必要もない。ただ必要なのは、国家の大小を問わずそのなかにある財産、もしくはその分量の財産に対する支配力が、相当の金額となるまで特定の人びとの手中に集められること、言い換えると大貨幣所有者〈階級〉(great monied interest) を構成するということだけである。このことは多数の貸し手を生み出して利子率を引き下げる。そしてこのことは、あえて断言するが、正金の分量ではなく、正金を集めてこれを相当の価値をもつそれぞれの額や量にまとめる、特定の生活態度と慣習に依存するのである。

　というのは、いまかりに奇蹟によって、一夜のうちにグレイト・ブリテンの一人一人のポケットに五ポンドをすべり込ませたと仮定しよう。この結果、現在わが国にある貨幣の全体は二倍以上になるであろう。しかしその翌日もそれからしばらくの間も貸し手は多くならず、利子にはなんの変化も起こらないであろう。そして、この国に地主と小作人しかいないとすれば、この貨幣は、いかに豊富であろうと、けっして〈相当な〉金額にまとまるはずはなく、ただあらゆる物の価格を騰貴させるのに役立つだけで、それ以上の結果を何も生み出さないであろう。浪費を好む地主は、貨幣を受け取るとすぐ、それを濫費してしまう。そして貧しい小作人は、辛うじて生計を保つ以上のものを獲得する手段も、計画も、野心ももち合わせていない。貸し手の過剰を上回る借り手の過剰が引き続き変わらないので、利子の下落は生じないであろう。利子の下落はこれとは別の原理に依存しており、産業活動と節約、技術と商業の増大から生じるに違いないのである。

人間の生活に有用な物はすべて土地から生じる。しかし、有用であると決まった状態で生じる物はほとんどない。したがって、小作人と土地所有者以外に、彼らから原材料を受け取り、それを加工して適当な形にし、一部を自らの使用と生存のために保留する、いま一つの階層の人びとがいなければならない。社会の幼稚な状態では、職人と小作人との間の、またある種の職人と他の種の職人との間の契約は、普通、隣人であってたがいの必要とするものを容易に知っており、またその必要を満たすため、たがいに援助し合える人びと自身によって、直接に結ばれる。しかし、人びとの産業活動が増大し、視野が拡大すると、国の最も遠隔の地方でも、もっと近隣の地方と同様によく助け合うことができ、こうした相互扶助が最も広く最も複雑に行われうることが分かるであろう。ここに、国のなかでまったくなじみがなく相互[3]の必要も知らない諸地方の間の仲介者として役立つ、最も有用な種類の人びとの一つである、商人（*merchants*）の起源がある。ある都市に五〇人の絹やリンネルの職人と千人の顧客がいて、この二種類の人びとは、たがいに相手を大いに必要とするのだが、すべての職人とすべての顧客が寄り集まる商店を誰かが建てるまでは、けっしてうまく出会うことができない。ある地方には牧草が豊富に生えており、したがってここの住民はチーズやバターや家畜を豊富にもっている。だが彼らにはパンと穀物が欠けており、これらは隣の地方には住民が消費しきれぬほど豊富にある。ある人がこのことを発見する。そこで彼は一つの地方から穀物をもってきて、家畜をもって帰り、両地方の必要を満たす。この限りにおいて彼は共通の恩人となる。国民の数と産業活動が増大するにつれて、彼らの間の相互交通の困難は増大する。つまり、仲介あるいは商業の仕事は一層複雑となり、ますます多種多様なものに分割・再分割され、複合・混合される。これらのすべての取引において、商品と労働の相当な部分が、彼らに負うところの多い商人に帰属すべきだということは、必然でもありもっともなことでもある。商人はこれらの商品をときに現物で貯蔵したり、あるいはもっと普通には、それらの共通の代表物である貨幣に換えるであろう。もし国のなかで金銀が産業活動とともに増加したとすれば、多量の商品と労働を表すために多量の金属が必要となるであろう。もし、産業活動だけが増大したとすれば、あらゆる物の価格は低下するに違いなく、少量の正金が代表物として役立てられるであろう。

人間精神のもつ渇望や要求のうち、心身を動かし用いるものほど永続的で飽くことを知らぬものはない。そしてこの欲望はわれわれの情念と日常の仕事のほとんどの基礎だと思われる。人間からすべての仕事と正業を奪い取るなら、人間はある娯楽から別の娯楽へと絶え間なく走り続ける。そして、怠惰から感じる重荷と圧迫感は非常に大きいので、彼は自分の法外な出費から生じるに違いない身の破滅を忘れてしまうほどになる。彼に心身を用いるもっと無害な方法を教えれば、彼は満足し、快楽に対するあの飽くことを知らぬ渇きをもはや感じなくなる。ところが、彼に与える仕事が儲けのあるものなら、とくに勤労の行使に利益がついてくるならば、彼はきわめてしばしば利得を得ようと目論むので、こうして次第に利得を求める情念を獲得し、自分の財産が日ごとに増えていくのを見る快楽にまさる快楽を知らなくなる。そしてこれこそ、なぜ交易が節約を増大させるのか、またなぜ商人のなかでは浪費家よりも吝嗇家の方が多く、土地所有者の間ではちょうどその正反対であるのか、ということの理由なのである。

商業は、勤労を国家のある成員から他の成員にすみやかに運ぶことにより、また勤労が消滅したり無用になるのを少しも許さないことによって、それを増大させる。商業は人びとに仕事を与え彼らを利得のある産業に用いることにより、節約を増大させる。そしてこの産業は、間もなく人びとの愛着心を引きつけ、快楽と出費に対するすべての好みを取り除く。節約を生み出し、利得の愛好を快楽の愛好よりも強めるのは、すべての勤勉な職業の確実な結果である。およそ業務を営む弁護士や医者のなかには、自分の所得を超えて、あるいは所得ぎりぎりに暮らす人よりも、その範囲内で生活する人の方が多い。だが、弁護士や医者は産業活動を生み出さない。彼らが富を取得するのはむしろ他人の出費によってである。したがって彼らは、自らの財産を増やすのに応じて、同胞の誰かの財産を確実に減らすのである。これとは反対に、商人たちは、勤労を国家のすみずみにまで運搬する運河として役立つことによって、この勤労を生み出す。そして同時に、彼らは節約によってその勤労に対する大きな力を獲得し、労働と商品——彼らはこれらのものを生産する主要な媒介者なのである——の形で大財産を集積する。したがって、商業を除けば、貨幣所有者を重要なものにすることができるような職業、言い換えると、勤労を増大でき、さらにまた節約も増加させることにより、勤労への大きな支配力を社会の特定の成員たちに与えうるような職業は、他には存在しない。商業がなければ、国家は、主として、浪費と出費によって不断の借入需要を生み出す地主と、その需要を満たす金額をもたぬ小作人から成り立つに違いない。貨幣は、利付きで貸し出せる大きな資本や金額にまではけっして集まらない。貨幣は、遊興や壮麗さのために浪費するか、あるいはそれを日常の生活必需品の購入に使う、無数の人びとに散布される。ただ商業だけが貨幣を集めて相当な金額にするのである。そして商業は、国家に流通する貴金属のあの特定量とは関係なく、それが生み出す勤労と、それが刺激する節約だけからこの結果を得るのである。

このようにして、商業の増大は、必然的な結果によって多数の貸し手をつくり出し、それによって低利子を生み出す。いまやわれわれは、商業のこの増大がどこまでその職業から生じる利潤〈率〉を減少させ、低利子を生み出すのに必要な第三の事情を発生させるかを考察せねばならない。

この論点については、低利子と商業の低利潤は、たがいに促進しあう二つのことがらであり、いずれも本来、富裕な商人をつくり出し貨幣所有者を重要な者とするあの広範な商業に由来する、と述べるのが適切であろう。商人が大資本を所有するところでは、それが少数の貴金属片で表されようと、多数のそれで表されようと、商人が事業に飽きるとか、それとも商業が好きでなかったり、商業に適さない後継ぎを残した場合、これらの富の大部分はおのずから、年々の安全な収入を求めるということが、しばしば起きるに違いない。〈資本の〉この豊富さは、その価格を低下させ、貸し手に低利子を受け取らせる。こうしたことへの考慮から、多くの人びとは、資本を引き続き交易に用いざるをえず、自らの貨幣を価値以下で手放すよりもむしろ低利潤に満足せざるをえない。他方、商業が広範になり大資本を用いるときには、商人たちの間に競争関係が生じるに違いなく、競争は、大資本が交易自体を増大させると同時に、交易の利潤〈率〉を低下させる。商業の低利潤は、商人が事業から離れ、安楽と怠惰に耽り始めるとき、商人に一層進んで低利子を受け取らせるようにする。したがって、以上の二つの事情、すなわち低利子と低利潤との、いずれが原因でいずれが結果であるかを探究するには及ばない。それらはいずれも広範な商業から生じ、たがいに促進し合う。高利子を得られるところでは、誰も低利潤を受け取らないであろう。広範な商業は、大資本を生み出すことによって利子も利潤〈率〉も低下させるし、また一方が減少する場合には、それに比例した他方の低落によっていつも助けられる。なお付け加えて言えば、商工業の増大から低利潤が生じるように、低利潤は、財貨を一層安価にし、消費を促進し、産業活動を高めることにより、商工業のさらに一層の増大に役立つ。このようにして、原因と結果の全関連を考慮に入れるならば、利子は国家の〈状態の〉バロメーターであり、低利子は国民の繁栄状態のまず間違いのないしるしである。低利子は、産業活動の増大と、国家全体に及ぶそのすみやかな流通を証明するものであり、これについてはほとんど論評するに及ばない。商業に対する突発的な大きな妨げが多大の資本を交易から放逐することにより、これと同種の一時的結果を生むことは、おそらく不可能でないかもしれないが、それは貧民の困窮と仕事の不足を伴うに違いないから、それが短期間しか続かないということに加えて、この場合を先の場合と間違えることはありえないであろう。

貨幣の豊富が低利子の原因だと主張してきた人びとは、副次的な結果を原因と取り違えたものと思われる。なぜなら、利子を低落させるのと同じ産業活動は、普通、貴金属をきわめて豊富にもたらすからである。注意深い企業的な商人とともに、さまざまな種類の精巧な製造業は、それが世界のどこに見出されようと、やがて貨幣を引き寄せるであろう。これと同じ原因は、生活の便益品を増加させ、産業活動を増大させることにより、土地の所有者でない人びとの手中に大きな富を集積し、それによって低利子を生み出す。ところが、貨幣の豊富と低利子というこの二つの結果は、当然に商工業から生じるものではあるが、たがいにまったく無関係なのである。いまかりに、ある国民が外国貿易も航海の知識ももたずに太平洋に移ったと仮定しよう。またこの国民はいつも同一量の鋳貨を貯えもつが、人口と産業活動が絶えず増大しているものと仮定しよう。そうすれば、あらゆる財貨の価格がその王国において次第に低下するに違いないことは明白である。なぜなら、貨幣とあらゆる種類の財の相互の価値を決めるのは、それらの間の比率だからである。現在の仮定においては、生活の便益品は、流通正金量の変化がないので、日々一層豊富になる。したがってこの国民の間では、産業活動の盛んな時代には、無知で怠惰な時代におけるよりも、少ない貨幣量で富者となる目的が達成されるであろう。より少ない貨幣で家が建てられ、娘に持参金が与えられ、不動産が買われ、製造工場が維持され、また家族と馬車が維持されるであろう。これらが人びとが貨幣を借りる用途なのである。したがって、一国における貨幣の多少は利子にはなんの影響も与えない。しかし、労働と財貨の保有量の大少が大きな影響を与えるに違いないことは明白である。なぜなら、われわれが利付きで貨幣を借りるときは、われわれは実際、結局のところ、労働と財貨を借りるからである。なるほど、商業が地球上の至るところに広がっている場合、産業活動の最も盛んな国民はいつも貴金属に最も富んでいる。だから低利子と貨幣の豊富は、事実上、引き離すことがほとんどできない。しかしそれでもなお、あらゆる現象を生み出す原理を知り、原因と付随的な結果とを見分けることが大切である。こうした推論は興味深いうえに、公共のことがらの運営にしばしば役立つであろう。少なくとも、一般には最も曖昧かつ最も不注意な仕方で論じられてはいるものの、他のすべての問題のうち最も重要である以上の諸問題に関する推論方法を実地に改善することほど有用なものはない、ということが認められねばならない。

低利子の原因に関するこの広く行きわたった誤りのいま一つの根拠は、いくつかの国民の実例であると思われる。この場合には、外国を征服することによって、貨幣や貴金属が突然獲得されたあと、その貨幣が散布され、すみずみまで浸透してしまうとすぐに、彼らの間だけでなく、そのすべての近隣諸国においても、利子は下落したのである。[1] このようにして、われわれがガルシラーソ・デ・ラ・ベーガによって知らされているように、スペインの利子は、西インド諸島の発見直後にほとんど半分に下落した。そしてそれ以来、[2]利子はヨーロッパのあらゆる国で次第に低落してきた。ディオンから知られるように、エジプト征服後のローマで、利子は六パーセントから四パーセントに下落したのであった。(4)

このような出来事に基づく利子低落の諸原因は、征服国家とそれに隣接した諸国家とでは異なっていると思われる。しかしいずれの国においても、われわれはその結果を単に金銀の増加だけに正当に帰着させることはできない。

　征服国家にあっては、こうして新しく獲得された貨幣が少数の人びとの手に落ち、大きな金額に集められ、それが土地の購入や利子の徴収によって安全な収入を求め、結局多くの商工業を手に入れたのと同様の結果がしばらくの間生じると想像するのは自然である。借手以上の貸手の増加は利子を低下させ、しかもこういう大きな金額を取得した人びとが、国内に工業も商業も見出すことができず、利付きで貸し出すほかに貨幣の使い途を見出せないなら、利子はそれだけますますすみやかに低落する。だがこの新しい金銀の量が消化され、国全体にくまなく流通した後には、事態は間もなく以前の状態に戻るであろう。つまり、地主と新しい貨幣保有者は怠惰に生活し、その所得以上に浪費する。前者は毎日借金をつくり、後者はその資本がいよいよ無くなるまでそれを食い尽くす。それでもなお、貨幣全体はその国にあって、物価騰貴によってその存在を人びとに感じさせるであろう。ところが、いまではそれは大きな量や資本に集積されていないので、借手と貸手との間の不釣り合いは以前と同じであり、その結果、高利子が再び現れるのである。

　したがってわれわれは、ローマにおいて、早くもティベリウスの時代に、帝国から貨幣を流出させる事件が何も起こらなかったにもかかわらず、利子が再び六パーセントに上がったことを見出すのである。[5] トラヤヌス帝の時代に、イタリアで担保付きで貸し出される貨幣は六パーセント〈の利子〉を生み[6]、ビテュニア[3]で普通の証書に対して貸されたものは一二パーセント〈の利子〉を生んだ。[7] また、利子がスペインで元の高さにまで騰貴しなかったとすれば、それは、利子を低落させたのと同一の原因の継続、すなわち、ときどきスペインにもたらされて借手の需要を満たす、西インド諸島で引き続きつくられた大財産以外のものに帰することはできない。こうした偶然的でかつ外生的な原因によって、スペインでは、商工業がほとんどないような国に、そのような原因がない場合に生じた以上に、多くの貨幣が貸し出されており、言い換えれば、より多くの貨幣が大きな金額に集積されているのである。

　金銀鉱山をもたないイングランド、フランス、およびヨーロッパの他の国に生じた利子の低落について言えば、それは漸次的であり、単にそれ自体として考えられた場合の貨幣の増加から生じたのではなく、この貨幣の増加が、労働と食料の価格をそれが騰貴させるまでの中間の期間において自然にもたらす産業活動の増大から生じたのである。先にあげた仮定に戻るとして、もしイングランドの産業活動が他の諸原因から同じだけ増大したとすれば（そしてこの増大は貨幣の保有量が同一にとどまったとしても、容易に生じたであろう）、われわれがいま観察しているのとまったく同じ結果が生じたはずではなかろうか。その場合、王国内には同じだけの人口、同じだけの財貨、同じだけの産業活動、製造業、および商業が見出されるであろう。その結果、同じだけの資本をもった、言い換えればより少数の白色鋳貨や黄色鋳貨――これらはなんら重要なことがらではなく、ただ御者や荷物運搬人やトランクの製造人に影響を与えるだけである――によって表されるにすぎない労働と財貨に対する同一の支配力をもった、同数の商人が見出されるであろう。したがって、奢侈、製造業、技芸、産業活動、節倹が現在と同じように盛んであるならば、利子もまた同じく低いに違いないことは明白である。なぜなら、利子は、以上のすべての事情があらゆる国における商業の利潤や借手と貸手との比率を決定する限り、それらの必然的な結果だからである。

(1)〔H―P版では「人びとの同意と慣習から生じる価値」となっている〕。

(2)〔H―N版では次のものが〈脚注として〉追加されている。「私は、きわめて優れた法律家であって広い知識と観察力をもつある人から教えられたのだが、昔の文書や記録からして、約四世紀前には、スコットランドやおそらくはまたヨーロッパの他の地方において、貨幣〈の利子〉は五パーセントにすぎなかったが、そののち西インド諸島の発見以前に一〇パーセントに騰貴したと思われる。この事実は奇妙だが、さきに述べた推論と容易に調和させることができる。その時代には人びとは、ほとんどがその郷里でしかも非常に質素で節倹な暮らし方をしていたので、貨幣を必要としなかった。当時、貸し手は少数であったけれども、借り手はなおもっと少なかった。初期のローマ人の間の高い利子率は、外敵の侵入によってこうむった度重なる損失が原因だと、歴史家によって説明されている」〕。

(3)〔H―M版では「最も有用な種類」に「社会全体で」が付け加えられている。――R〕。

[1] Garcilasso de la Vega (1539-1616) はペルーの軍人、歴史家。主著のペルー史に *La florida del Inca ; Commentarios* (1609-1617), 2 vols. 英訳版 *The Royal Commentaries of Peru*, in two Parts (1688) がある。

[2] Dio(n) Kassios (155-235) はローマの政治家、歴史家。ビテュニア出身の執政官。主著はギリシア語で書かれた『ローマ史』(八〇巻)。

(4) 第五一巻。ディオン・カッシオス『ローマ史』第五一巻、第二一節、五。「借り手が喜んで一二パーセントを支払おうとした貸付金はいまやその三分の一しか得られなくなった」(レーブ版、Earnest Cary 訳)」。

(5) コルメッラ、第三巻、第三章。〔コルメッラ『農業論』(*Rei Rusticae*) 第三巻、第三章、第九節〕。〈Lucius Junius Moderatus Columella は一世紀中頃のローマの著作家。その『農業について』(*De re rustica*, c. 60 B.C.) は、古代農業の状態を知る重要な資料〉。

(6)〈小〉プリニウス『書簡』第七巻、書簡、一八。

[3] Bithynia. 小アジア北西部にあった属州。

(7) 同上、第一〇巻、書簡、六二。〔同上、第一〇巻、書簡、五四、レーブ版〕。

V　貿易差額について

商業の本質を知らない諸国民が、財貨の輸出を禁止し、価値があり有用であると自分たちが考えるものはなんでも自国内に保持するのは、ごくありふれたことである。彼らは、この禁止が自らの意図に直接反した行為であるとは思っていないし、また、どんな財貨でも、その輸出が増加すればするほど国内でそれがますます多く生産され、彼ら自身が常に最初に供給されるとは考えていないのである。

識者によく知られているように、アテナイの古代の法律はいちじくの輸出を有罪とみなしていた。というのは、いちじくはアッティカでは非常に美味な果物の一つと思われていたため、およそ外国人の口にはあまりにも美味すぎるとアテナイ人が考えたからであった。そして、彼らはこの愚かな禁止にきわめて熱心だったので、その結果、密告者は、いちじくと発見者を意味する二つのギリシア語から、アテナイ人の間で追従者(*sycophants*)と呼ばれたほどであった。(1) 議会の多くの古い法律には、とくにエドワード三世[1]の治世に、商業の本質に関するこれと同様な無知を証明するものがある。(2) また、今日でもフランスでは、穀物の輸出は飢饉に備えるためということで、ほとんどいつも禁止されている。しかし、この禁止ほど、あの肥沃な国をあれだけ悩ませている頻繁な飢饉の原因となっているものは他にないことは明白である。

貨幣に関してもこれと同じ嫉妬深い危惧がいろいろな国民の間に広く行き渡っている。こうした禁止が、為替相場を不利にし、さらに多くの貨幣輸出をもたらす以外、なんの役にも立たないということを、個々の国民に納得させるには、理性と経験の両方が必要であった。

これらの誤りははなはだ分かりきったものだと言われるかもしれない。しかし、商業によく通じた諸国民においてさえ、貿易差額に関する激しい嫉妬と、金銀がすべて自国から流出しつつあるのではないかという危惧の念が、やはり広く行き渡っている。だがこれは、ほとんどどんな場合にも、いわれのない懸念だと私には思える。貨幣が国民と産業活動の存在する王国を見捨てはしないかと恐れるくらいなら、私はむしろ、わが国の泉や河川が全部干上がりはしないかと恐れねばならないだろう。国民と産業活動の優位を注意深く維持しよう。そうすれば、少しも貨幣の喪失を懸念するには及ばないのである。

貿易差額についての計算がすべてごく不確かな事実と推測に基づいていることは簡単に理解できる。税関の帳簿は推論を下す根拠としては不十分だと認められている。為替相場もこれにまさるものではない。というのは、われわれはすべての国民との為替相場を考慮し、さらにそれぞれの送金額の大きさをも知らねばならないが、これは不可能だと断言して差しつかえないからである。従来この問題について推論した人はみな、自らの理論を、それがどんなものだったにせよ、常に事実と計算によって、また、すべての外国に積出された財貨をことごとく列挙することによって、実証してきたのであった。

ジー氏の著作[2]がわが国民をあまねく狼狽させたのは、わが国の貿易差額が相当に不利であって、五、六年後にはたったの一シリングも残らなくなるに違いないということを、氏が詳細にわたってはっきりと論証したと国民が考えたからであった。ところが幸運にも、それ以来多くの国費を要した対外戦争も含む二〇年が経過したが、現在わが国の貨幣は以前のどの時期よりもなお一層豊富であると一般に考えられている。

他人の間違いや背理を見分けるのにあれだけすばやい著者[3]であるスウィフト博士の言うところほど、この問題に関してわれわれの興味を引くものはありえない。彼は『アイルランドの状態に関する簡単な考察』(*Short view of the state of* IRELAND)〈一七二七年〉のなかで次のように述べている。アイルランドの現金総額は以前にはわずか五〇万ポンドであったが、このなかからアイルランド人は、毎年正味一〇〇万ポンドをイングランドに送金していたのであり、しかも即金で支払うフランスワインの輸入以外には外国貿易をほとんどもたず、その輸入代金は現金だった。そしてこの損失を埋め合わせる源泉をほとんどもたなかったのである。こうした当然不利とみなされねばならない状況から得られる結論は、三年のうちにアイルランドの通貨は五〇万ポンドから二〇万ポンド以下に減るはずだということであった。しかしそれから三〇年たった現在、私は、この結論は絶対に無意味だと思う。にもかかわらず、博士をあれほど憤慨させた、アイルランドの富の増大に関するあのような見解がいまだに存続し、あらゆる人に重んじられているのはどうしてなのか、私には分からない。

要するに、貿易差額の逆調に関するこうした懸念は、人びとが内閣に不満をもったり、あるいは意気阻喪しているときにいつも現れてくるような性質のものと思える。そしてこの懸念は、輸入を相殺するすべての輸出を詳細にあげてもけっして論駁できないから、ここでは、われわれが国民と産業活動を保持する限り、こうした結果は生じえないことを証明するような一般論を形成するのが適当であろう。

かりに、グレイト・ブリテンの全貨幣の五分の四が一夜のうちに消滅し、わが国民が正金に関してはヘンリー諸王やエドワード諸王の時代〈一一〇〇―一五五三年〉と同じ状態に戻ったとすれば、どのような結果が生じるであろうか。きっと、すべての労働と財貨の価格はこれに比例して下落し、あらゆるものはこれらの時代と同様に安く売られるであろう。こうなれば、いったいどのような国民が外国市場でわれわれに対抗したり、われわれには十分な利益を与えるのと同じ価格で製造品を輸出したり販売したりするようなことができようか。それゆえ、ごく短期間のうちに、この事情はきっと、わが国が失った貨幣を呼び戻し、わが国の労働と財貨の価格を近隣のすべての国民の水準にまで騰貴させるであろう。われわれがこの水準に達した後には、労働と財貨の廉価という利点は直ちに失われる。そして、これ以上の貨幣の流入は、わが国の飽和状態によって止められるのである。

またかりに、グレイト・ブリテンの全貨幣が一夜のうちに五倍に増加したとすれば、反対の結果がきっと生じるであろう。すなわちきっと労働と財貨はすべて法外な高さに騰貴して、近隣のどの国民もわが国から買うことができなくなるであろうし、他方、隣接する諸国民の財貨は、比較的に廉価となり、つくれる限りのあらゆる法律をもってしても、それらはわが国に流入し、わが国の貨幣は流出するであろうし、ついには、わが国の労働と財貨の価格は外国のそれと同じ水準まで下落し、われわれをこのような不利な状態に置いた富のあの大きな優位を失うこととなるのではなかろうか。

ところで、こうした法外な不均等がかりに奇蹟的に生じた場合に、それを是正するのと同じ諸原因は、自然の通常の運行のなかでそうした不均等が生じるのを妨げるに違いない。また、その諸原因は、隣接するあらゆる国民の間で貨幣を絶えず各国民の技術と産業活動にほぼ比例するように保持させるに違いない。以上は明白なことである。水はすべてそれが疎通するところでは、いつも一定の水準を保つものである。その理由は自然科学者に尋ねるがよい。彼らは次のように説明してくれる。つまり、もし水がある一箇所で高くなれば、その部分のより大きい重力は平衡を保っていないから、平衡を保つまでその部分を押し下げるに違いない。また、不均等が生じたときそれを正すのと同じ諸原因は、何か外部からの力が働かぬ限り、不均等が生じるのを絶えず妨げるに違いないと。(4)

ガレオン船が西インド諸島からもたらした貨幣のすべてを、法律によって、あるいは技術や産業活動によって、スペインにとどめておくことができたと誰が想像しうるだろう。すなわち、フランスで、すべての財貨がピレネー山脈の向こう側でもつ価格の一〇分の一で売られるなどと想像しうるだろうか。それらの財貨は必ずこちら側へも流入して〈スペインの〉あの莫大な財宝から金銀を流出させるに決まっているではないか。実際、現在すべての国民がスペインやポルトガルとの貿易によって利益を得ている理由としては、およそ流動体がそうであるように、貨幣をその適当な水準以上に集積することが不可能だからということ以外に、いったい何があるのだろうか。これらの国の主権者たちも、もし金銀を自国にとどめておくことが少しでも実行可能であったのなら、そうしようとする意図をもたぬわけはなかったことを示している。

しかし、ある量の水とそれを取り巻く要素との間に交通がなければ、前者が後者の水準以上に高くなりうるのと同様に、貨幣の場合にも、もし何か物的ないし自然的な障害によって交通が遮断されるならば（なぜなら、法律はすべてそれだけでは効果がないからである）、このような場合には、貨幣のきわめて大きい不均等が生じうる。こういうわけで、中国との間の膨大な距離が、わが国の東インド会社の独占と相まって中国との交通を妨げ、ヨーロッパに金銀、とくに銀を、かの王国に見出されるよりもきわめて豊富にとどめているのである。しかし、この大きな障害にもかかわらず、上述の均衡を保持しようとする諸原因が作用していることはやはり明白である。ヨーロッパ全般の熟練や創意は、手工的技術と製造業に関しては、おそらく中国よりも優れていよう。しかしそれでも、われわれは大きな不利益を受けずに中国と貿易することはけっしてできない。そして、もしわれわれがアメリカから受け取る〈金銀の〉不断の補給をもたないとすれば、貨幣はほどなくヨーロッパで減少し、中国で増加し、ついにいずれの土地でもほぼ同一の水準になるであろう。もしあの勤勉な国民がポーランドやバルバリアと同じくらいわが国に近かったならば、彼らがわが国の正金の余剰を枯渇させ、西インド諸島の財宝の分け前にもっと多くあずかるであろうことは、およそ理性をもつ人には疑いえないことである。この作用の必然性を説明するには、物理的な引力を引き合いに出すには及ばない。人間の利害や欲望から生じる精神的な引力が存在していて、それは物理的な引力とまったく同じくらい有力で確実なものだからである。

どの王国の諸地方間でも、やはりこの原理の作用を措いてどうして均衡が維持されるであろうか。この原理こそ、各地方の貨幣水準が一定でなくなることを不可能にし、各地方にある労働と財貨とが均衡を超えて騰落することを不可能にしているのである。もし人びとが永年の経験からこの問題を楽観していなければ、気難しいヨークシャー人が、諸税や不在地主や財貨によってロンドンへもっていかれる金額を見積もって過大に評価し、これと比べて見返品が非常に少ないのに気づいたとき、その計算は彼にいかにも深い暗澹たる思いを抱かせたことであろう。またかりに、七王国（*Heptarchy*）[4]がイングランドに存続していたとすれば、各国の立法者はきっと貿易差額の逆調を恐れ、絶えず戦々恐々としていたことであろう。また、これら諸国相互の憎しみは、それが密接な隣国だけに、おそらくきわめて激しいものであっただろうから、それらは嫉妬深い余計な用心からすべての商業を妨げ抑圧したことであろう。合邦がスコットランドとイングランドとの間の障害を取り除いて以来、この自由な商業によって相手から利益を得ているのはどちらの国民であろうか。すなわち、もしスコットランド王国がいくらか富を増大したとすれば、それはスコットランドの技術と産業活動の進歩以外の何かで合理的に説明できるだろうか。大修道院長デュボス師[5]からわれわれの知るところによれば、合邦前のイングランドでは、もし自由貿易が認められれば間もなくスコットランドがイングランドの財宝を枯渇させるだろうというのが、一般の懸念であった。一方、ツイード川の反対側でもこれと反対の懸念が広く行きわたっていたのである。だがいずれの懸念についても、その当否を時が証明したのであった。

人類の小部分に生じることはもっと大きな部分にも生じるに違いない。ローマ帝国の各属領が、立法とは無関係に、属領相互ならびにイタリアとの間に〈貨幣水準の〉均衡を保っていたことは疑いない。それはグレイト・ブリテンの各州や、そのなかの各教区の場合と同じである。そして、今日ヨーロッパを旅行する人は、財貨の価格から推して、君主や国家の愚かな嫉妬にもかかわらず、貨幣がほぼ同一の水準を実現しており、この点ではある王国と他の王国との間の差は同一王国内の各州間によく見られる差よりも必ずしも大きくないことをおそらく知るであろう。人間は首都や海港や航行しうる河川の岸に自然と集まる。そこには他所よりも多くの人口と盛んな産業活動とより多量の財貨が存在し、その結果として多量の貨幣が見られる。しかしそれでも、貨幣量の差は人口や産業活動や財貨量の差と比例を保ち、一定の貨幣水準が保持されているのである。[6]

フランスに対するわれわれの嫉妬心と憎しみには限りがない。この嫉妬の感情は少なくとも理にかなっており正当な根拠があるものと認められねばならない。しかしこうした情念は無数の障害と妨げを商業に引き起こしてきたのであって、フランスではわれわれは、普通、侵略者だと非難されている。しかし、〈フランスとの〉取引によってわれわれはどのような利益を得たであろうか。われわれはわが羊毛製品に対するフランス市場を失い、ワインの貿易をスペインとポルトガルとに移し、そこでわれわれは質の劣ったアルコール飲料をより高い価格で買っている。もしフランス産ワインがイングランドですべてのエールと国内産醸造酒に、ある程度、取って代わるほど安くまた豊富に売られるなら、イングランドはまったく滅びてしまうと考えないようなイングランド人はまずいない。しかし、われわれが偏見を取り去って考えるならば、これほど無害でおそらく有利な貿易が他にないことを証明するのは難しくないであろう。イングランドへワインを供給するためにフランスで栽培される新しい一エーカーのぶどう園は、フランス人がその生活維持のためにイングランドの一エーカーに蒔かれた小麦や大麦などの生産物を買うことを必要とするはずである。だから、この取引によってわれわれが品質のよりよい財貨を入手するのは明白である。

新しいぶどう園の栽培を禁じ、近年に栽培されたぶどう園をすべて掘り返すことを命じたフランス国王の勅令がたくさんある。つまり、フランスでは、他のどのような生産物にもまして小麦の価値の高いことを人びとはこれほど敏感に知っているのである。

ヴォーバン元帥[5]が、ラングドック、ギュイエンヌおよびその他の南部諸州からブルターニュとノルマンディーとに輸入されるワインの搬入に負担を課す愚かな関税について、しばしば苦情を述べているのは無理もない。自由貿易を推奨したにもかかわらず、ブルターニュとノルマンディーの両州は貿易差額を保持しうるであろうと、彼が考えていたことは疑いない。だから、イングランドへ〈ワインを搬入するのに〉もう幾リーグかの航海が伸びても、それはなんらの差異をも生まぬことは明白である。あるいは、かりに差異をもたらしたとしても、それは両国の財貨に同様に作用するに違いない。

なるほど、一国の貨幣をその自然的水準以下に下落させたり、その水準以上に騰貴させたりしうる一つの方策がある。しかしこうした場合も、検討してみれば、結局われわれの一般理論（general theory）に帰着し、その権威を高めることが分かるであろう。

わが国で非常に広く行われている銀行[7]、公債、紙券信用の諸制度ほど、貨幣をその水準以下に下落させる方法を私はまず知らない。これらの制度は、紙を貨幣に代わるものとみなし、それを全国にくまなく流通させて金銀に取って代わらせ、それに比例して労働と財貨の価格を騰貴させる。そしてこれによって貨幣としての貴金属の大部分を駆逐するか、その一層の増加を妨げる。この問題に関するわれわれの推論ほど近視眼的なものがいったいあるだろうか。個人の貨幣保有量が倍になれば、それだけその人は富むはずだから、あらゆる人の貨幣が増加すれば、同じ好結果が生じるものとわれわれは想像する。しかしこのさい、この事情があらゆる財貨の価格を同じだけ騰貴させ、間もなくあらゆる人を以前と同じ状態に引き戻すことは考慮されていない。より多くの貨幣保有量が有利なのは、われわれが外国人と公に商談したり取り引きしたりする場合だけである。そしてこの場合には、わが国の紙券はまったく無意義であるから、それによってわれわれは少しも利益を受けないのみか、かえって貨幣の多大の豊富から生じるすべての悪影響をこうむるのである[8]。

かりにここに一二〇〇万ポンドの紙券が国内で貨幣として流通していると仮定しよう（というのは、わが国の莫大な公債がすべてこの形態で用いられているとは想像しえないからである）。そして、わが国の実際の現金は一八〇〇万ポンドであると仮定しよう。つまり、ここに三〇〇〇万ポンドの貨幣量をもちうることが経験から分かっている一国家が存在していることになる。ところでこの国がそれだけの貨幣を保有しうるのならば、それは、紙券というこの新しい発明によって金銀の流入を妨げなかった場合、貨幣の全部を金銀の形で必ず獲得したに違いない。それではどこからその金銀を獲得したのだろうか。世界のすべての国からである。しかしなぜそうできたのだろうか。それは、もしこの一二〇〇万ポンドが取り除かれれば、わが国の貨幣はわが近隣諸国民と比べてその水準以下となり、われわれは直ちにそれら諸国民のすべてから〈貨幣を〉引き出し、ついに貨幣の充満・飽和といった状態に達して、これ以上は保有できなくなるに違いないからである。現在のわが国の政策は、われわれがあたかも貴金属の過剰を恐れてでもいるかのように、念入りにも銀行券や小切手というこの結構な財貨でわが国を満たそうとしているのである。

フランスの地金が非常に豊富なのは、疑いもなく紙券信用のないことに負うところが多い。フランス人は銀行をもたない。そこでは商業手形はわが国ほどには流通していない。徴利、すなわち利付きで貸すことは直接には認められていない。したがって、多くの人が大金を自分の金庫にしまっている。また、きわめて多量の金銀器が個人の家庭で用いられ、どこの教会も金銀器でいっぱいである。このために、彼らの間では食料と労働は、金銀をその半分ももたない国民よりも相変わらず安価である。こうした事態が有利なことは、国家の重大な非常事態にさいしてはもちろんのこと、貿易上もあまりにも明白で、ことさら論じるまでもない。

数年前、金銀器の代わりに陶器を使用するという流行――それはイングランドとオランダでいまでも行われている――がジェノヴァで広まり、上院はその結果を予想して、あの壊れやすい財貨をある限度以上に用いるのを禁止した。ところが、銀器の使用は無制限に放置されたのであった。そして最近彼らが困ったときに、彼らはこの布告の好結果を痛感したものと私は思う。[9]この点からすれば、金銀器に課すわが国の税は、いささか拙いやり方であると言えよう。

わが国の植民地に紙券通貨（paper money）が採り入れられるまでは、流通に十分なだけの金銀があった。紙券通貨の導入以来生じた最小の不便は金銀の全面的な駆逐である。だから紙券が廃止されれば、こうした植民地が製造業と財貨――これは商業上、価値のある唯一のものであり、またそれだけを求めてすべての人が貨幣を欲するものである――をもつ限り、貨幣が戻ってくることは疑いえない。

リュクルゴスがスパルタから金銀を駆逐したいと思ったとき、紙券信用を思いつかなかったのはなんとも残念なことであった！　もし紙券信用が使われていたなら、それは、彼が貨幣として用いた鉄塊よりも自分の目的にかなったはずであり、またその真実の内在価値は鉄塊よりもはるかに低いから、外国人とのすべての商業をもっと効果的に妨げたに違いない。[10]

しかしながら、[11]ここで認められなければならないことだが、貿易と貨幣に関する問題はすべてきわめて複雑であるから、紙券信用と銀行の長所がそれらの短所にまさることを示すように、この問題を考える観点も確かに存在する。紙券信用と銀行が正金や地金銀を一国から駆逐することは疑いもなく真実であり、この事情以上にさらに立ち入った考察をしない人がそれらを非難するのはもっともなことである。しかし正金や地金銀は何物をもっても代えがたいというほど重要なものではないし、また紙券通貨の正しい使用によって促進されるはずの産業活動と信用の増大から生じる超過差額でさえそうである。貿易商人にとって必要なときに手形を割り引きできることが、いかに有利であるかはよく知られている。だからこの種の取引を容易にするものは、すべて国家の商業全般にとって有益である。ところが、私営の銀行家たちは、自らの銀行の預金から得る信用によってこのような信用を供与できるのである。これと同様に、イングランド銀行はそのすべての支払いにおいて、自らがもつ銀行券発行の自由によって信用を与えることができる。数年前にエディンバラの諸銀行によって急いで始められたこの種の考案があったが、これは、商業上行われた最も巧妙な考案の一つであってスコットランドにとって有益だと考えられてきた。それは、スコットランドで**銀行信用**（BANK-CREDIT）と呼ばれており、次のような性質のものである。ある人がこの銀行へ行って一〇〇〇ポンドの担保を設定するものと仮定しよう。この金額またはそれ以内の金額なら、彼は好きなときにいつでも手形を振り出す自由をもっており、その金額が自分の手許にある間はそれに普通の利子を支払うだけである。彼はいつでも好きなときに、二〇ポンドのような少額でも返済することができ、利子は返済のその日から減額される。この考案から生じる利益はいろいろある。自分の資産にほぼ近い金額の担保を設定することができ、しかも銀行信用をもてば、それは価値の上で現金に等しいから、貿易商人はそれによって彼の住宅、家具、倉庫内の財貨、自分に支払われるべき外国の債務、および海上の自分の船舶を、いわば鋳貨に代えるのであり、必要なときには、あたかもその国の通貨でもあるかのようにすべての支払いにそれを用いることができる。ある人が個人から一〇〇〇ポンドを借りるとすれば、必要なときにその借入れができるかどうかが必ずしも分からない上に、彼は借入金を使用するか否かにかかわらず、それに利子を支払う。これに対して銀行信用の場合には、それが彼の役に立つ期間以外には少しも経費がかからない。だからこうした事情は、ちょうど彼がはるかに低い利子で貨幣を借りたのと等しい利益がある。同様にまた、貿易商人は相互の信用を維持する上でもこの考案から大きな便宜を得るのであって、これによって破産はかなり防止される。自分の銀行信用を使い果たした場合には、同じ状態にはない隣人の誰かのところへ行って貨幣を手に入れ、それを自分の都合のよいときに返済するのである。

この慣行がエディンバラで数年間行われたのち、グラスゴウの貿易商人のいくつかの会社が事態をさらに進展させた。これらの会社はそれぞれの銀行と提携し、一〇シリングというような小額の手形を発行し、それを財貨や製造品や商工業者のあらゆる種類の労働に対する一切の支払いに用いたのであった。そしてこうした手形は、それらの会社のしっかりした信用に基づいて、国内の至るところであらゆる支払いに貨幣として通用した。この方法によって五〇〇〇ポンドの資本が六〇〇〇ポンドや七〇〇〇ポンドと同様の働きをすることができ、貿易商人はそれによってさらに手広く貿易を行い、すべての取引においてより低い利潤〈率〉を求めることができるようになった。しかし、こうした考案は、それからどのような利益が他に生じようと、信用に過大な便宜を与えて危険であるだけでなく、貴金属を駆逐することがやはり認められねばならない。そしてスコットランドの過去と現状の比較ほど、この問題の明白な証拠となるものはない。合邦後に行われた貨幣改鋳のさい、スコットランドには一〇〇万ポンドに近い正金があることが分かった。ところが、富の著しい増加とあらゆる種類の商工業の著しい発展とにもかかわらず、現在流通している正金は、イングランドへの金銀の特別大きな流出もなかったのに、初めの額の三分の一にも達しないと見られている。

ところが[13]、わが国の紙券信用のさまざまな考案が貨幣をその水準以下に下落させうるほとんど唯一の方策であるのと同様に、私の意見では、貨幣をその水準以上に騰貴させる唯一の方策は、われわれのすべてが大災害をもたらすとして大いに非難するはずの破滅的な方法、すなわち、莫大な金額を国庫に集めて錠をおろし、その流通を完全に妨げることである。隣接する要素と疎通しない流動体は、このような方策によってわれわれが望む高さに引き上げることができる。これを証明するには、わが国の現金の半分、あるいはその一部を消滅させるという、われわれの最初の仮定に戻りさえすればよい。その場合には、このような出来事の直接の結果として、隣接するすべての国からそれに等しい金額が引き寄せられることが分かった。こうした退蔵行為には、事物の性質上、必然的な限界はけっしてもうけられないように思われる。ジュネーヴのようにこの政策を長い間続けている小都市がヨーロッパの貨幣の一〇分の九を独占するということもありうる。〈しかし〉実際、人間の本性には、富の莫大な増加を妨げる打ち勝ちがたい障害があるようである。莫大な財宝をもつ弱小国は、遠からず、隣接諸国のなかで、より貧しいがもっと強力な国のどれかの好餌となるであろう。一方、大国は危険で無謀な企画に富を浪費し、おそらくそのために、もっと貴重なものである国民の産業活動、生活態度《モラルズ》、および人口を破滅させてしまうであろう。この場合、あまりにも高く引き上げられた流動体は、それが入っている器を張り裂き、周りの要素と混ざって、ほどなくその適切な水準まで下落するのである。

われわれはこの原理をほとんど知らないのが普通であるため、すべての歴史家[14]がヘンリー七世の行った莫大な財宝の集積（それは二七〇万ポンドに達する）という、つい近頃の出来事を異口同音に述べているにもかかわらず、われわれは自分たちの根深い偏見にどうしてもうまく合致しない事実を承認するよりも、むしろ歴史家の一致した証言を拒否するのである。この金額がイングランドの全貨幣の四分の三に相当するかもしれないというのは、なるほどありうることである。しかし、このような金額が、狡猾、貪欲、節倹で、しかもほとんど絶対的な一君主によって、二〇年間に蓄積されえたであろうと考えるのに、どこに差し障りがあろうか。流通貨幣の減少が国民に敏感に気づかれたり、あるいは国民に少しでも害を与えたりしたことがあったとは思えない。すべての財貨の価格の下落は、近隣諸国との商業上、イングランドに有利な立場を与え、それによってその流通貨幣の減少を直ちに回復させるはずだからである。

アテナイ共和国のような小国がメディア戦争とペロポネソス戦争の五〇年ほどの間に、その同盟諸国とともに[15]、ヘンリー七世の蓄積額にさして劣らぬ金額を貯えた実例もあるではないか[16]。というのは、ギリシアの歴史家[17]や雄弁家[18]が一致して認めているところによれば、アテナイ人が城砦内に一万タレント以上[7]も貯えたが、後にそれを分別のない軽率な事業に使い果たして自ら滅亡したということだからである。しかしこの貨幣が流動して、周りの流動体と交通し始めたとしたならば、その結果はどうだったであろうか。貨幣は国内にとどまったであろうか。否である。というのは、デモステネス[19]とポリュビオス[20]に言及されているあの有名な財産登録（*census*）によれば、それから約五〇年後に、土地、家屋、財貨、奴隷、および貨幣を合わせた共和国の全財産の価値は六〇〇〇タレント以下だったからである。

アテナイ人が、もし市民の間で分配しようと思えば、わずか一回の投票でいつでもできたし、また分配すれば各人の富をほぼ三倍にもできたほどの金額をもちながら、征服を志してそれを国庫に貯え保持するとは、彼らはなんと野心的で意気さかんな国民だったことだろう！　なぜなら、アテナイの人口とその個人の富は、ペロポネソス戦争の勃発時にはマケドニア戦争の勃発時よりも多くはなかったと、古代の著作家たちが述べていることに注意すべきだからである[8]。

フィリッポスとペルセウスの時代のギリシアでは、貨幣はヘンリー七世の時代のイングランドよりも多いというほどではなかった。それでも、この二人の君主は三〇年間[21]に小さなマケドニア王国からこのイングランド王の財宝以上の財宝を集積したのであった。パウッルス・アエミリウス[9]は〈この国から〉[22]ほぼ一七〇万ポンド・スターリングをローマへもたらした。プリニウスはそれを二四〇万ポンドだと言っている[23]。しかもそれはマケドニアの財宝のほんの一部にすぎなかった。残りはペルセウスの反抗と敗走によって使い果たされたのであった[24]。

スタニアンによれば、ベルン州は三〇万ポンドの資金を貸し付けており、なおその六倍以上を国庫に貯えていた。だからここには一八〇万ポンド・スターリングの退蔵額があり、それはこのような小国で自然に流通すべき額の少なくとも四倍に当たる。しかも、ペイ・ドゥ・ヴォーやこの州のどの地方へ旅行しても、あのくらいの面積と風土と位置をもつ国において想像できる以上の貨幣不足を見かける者はいない。それどころか反対に、フランスやドイツの大陸で今日これほど富裕な住民が住む内陸地方は他にはまず見られない。もっとも、この州はスタニアンがスイスについての聡明な説明を書いた一七一四年以降に財宝を大いに増大したのであるが[25]。

[10]プトレマイオス家の財宝についてアッピアノスが行った計算[26]は、あまりにも巨額なので承認することができない。それに、アレクサンドロスの他の後継者たちもまた倹約家で、彼らの多くがこれに劣らぬ財宝をもっていたということをも、この歴史家は述べているのだから、なおさらのことである。というのは、隣接する君主たちのこうした貯蓄心は、前述の理論によれば、エジプトの君主らの節倹を当然抑制したに違いないからである。アッピアノスが言及している金額は、アーバスノット博士[11]の計算によれば、七四万タレント、すなわち、一億九一一六万六六六六ポンド一三シリング四ペンスである。しかもアッピ

アノスは彼の計算を公的記録から抜き出したと述べており、それに彼自身はアレクサンドリア生まれなのであった。

以上の諸原理からわれわれは、ヨーロッパのすべての国民が、イングランドと同様に、貿易に課してきた無数の障壁や妨げや関税について、それらをどのように判断すべきかを知りうる。これらの政策は、流通する限りはその水準以上にけっして蓄積できない貨幣を貯えようとする法外な願望からか、それともその水準以下にはけっして下落しない正金を失いはしないかという根拠のない懸念から生じたものである。わが国の富を散失させるものが何かあるとすれば、それはこのようなもろもろの愚かな考案であろう。しかも、この世の創造主が隣接する諸国民にそれぞれ非常に違った風土や気候や天分を与えることによって企てたあの自由な交通と交換を各国民から奪い取るという一般的な悪い結果は、まさにこれらの考案から生じるのである。

わが国の近代の政策は、紙券信用の使用という、貨幣を駆逐する唯一の方法を受け入れているが、一方、貨幣を集積する唯一の方法である貨幣退蔵の慣行をしりぞけており、産業活動を抑制しわが国自体および隣接する諸国民から技術と自然の共通の利益を奪う以外には、なんの役にも立たぬ凡百の考案を採り入れているのである。

とはいえ、外国商品に課される関税のすべてが有害無益だとみなされるべきではない。ただ上述のような嫉妬に基づくものだけがそうなのである。ドイツのリンネルに対する関税は、国内の製造業を奨励し、それによってわが国の国民と産業活動を増大させる。ブランデーに対する関税は、ラム酒の売れ行きを増して、わが国の南方植民地を維持する。また、関税は政府を維持するために徴収される必要があるから、貿易港で容易に捕捉し課税できる外国商品に関税を課すのが比較的便利だと思われよう。しかしながら、関税の算術では、二に二を足して四にならずに一にしかならないことがしばしばあるという、スウィフト博士の金言[12]を常に銘記しておくべきである。もしワインの関税が三分の一に引き下げられたならば、政府の関税収入はかえって現在よりもはるかに増えることはまず疑えない。これによってわが国民はもっと良質で健康によいワインを常日頃から飲むことができようし、一方また、われわれの大いに懸念している貿易差額が損なわれるといういわれのない恐れもけっしてないであろう。エール酒の醸造は、農業を除いては取るに足らぬものにすぎず、わずかな人に仕事を与えるだけである。この点では、ワインと穀物の運送はこれにはるかに劣るものではないであろう。

しかし、大小の諸国のうち、かつては富裕だったがいまでは貧窮しているという実例がしばしばあるではないかとか、またこうした大小の諸国が従来豊富にもっていた貨幣がそれらの国から流出したではないかという意見が出てこよう。これに対して私は、もしそれらの国が交易、産業活動、および国民を失ったのであれば、自らの金銀の保持は期待できない、と答えたい。なぜなら、こういう貴金属の分量は、交易、産業活動、および国民がもつ利点に比例するからである。リスボンとアムステルダムがヴェネチアとジェノヴァから東インド貿易を手に入れたとき、両都市はこの貿易から生じる利益と貨幣も手に入れたのであった。政府の所在地が移転したり、経費のかかる軍隊が遠隔地で維持されたり、多額の公債が外国人に所有されていたりする場合には、当然こうした諸原因から正金の減少が生じる。しかしこうした諸原因は、貨幣を運び去る暴力的で強制的な方法であって、やがては国民と産業活動の移動を伴うのが普通だと言える。しかし国民と産業活動が存続し、〈上述のような性質の〉貨幣流出が続かない限り、失われた貨幣は、まったく思いもかけぬ無数の水路によっていつも元へ戻ってくる。フランドルで、あの革命以来三度の長い戦争の間に、あれほど多くの諸国民によってなんと莫大な財宝が費やされたことだろう。それはおそらく現在ヨーロッパにある貨幣の半ば以上の額だろう。しかしその貨幣はいまどうなっているのか。それはオーストリア諸州の狭い範囲内にあるだろうか。もちろんそこには存在しない。その貨幣はすでに、大部分それが出てきたいくつかの国に戻り、そして初めに貨幣を獲得させたあの技術と産業活動についていったのである。千年以上の間、ヨーロッパの貨幣は、世間周知のかなりの流れをなしてローマに流入し続けていた。(27) しかしそれは、人に知られぬ、目に見えない多くの水路によって空《から》になってしまった。そして商工業の欠如は現在、ローマ法王領をイタリア全土で一番貧しい領土にしているのである。

要するに、政府には自国の国民と製造業を注意深く保持すべき大きな理由がある。その貨幣は、懸念や嫉妬を抱かずに、人間のかかわることがらのおもむくままにまかせておいて安全であろう。すなわち、かりに政府が貨幣の事情に注意を払うとしても、それが国民と製造業に影響を与える限りでのみそうすべきなのである。

(1) プルタルコス「好奇心について」(*De Curiositate*)。〔『道徳論』(*Moralia*)、「好奇心について」第一六節〕。

［1］Edward III (1312-1377). 在位、一三二七―一三七七年。

(2) 〔H―M版での文章は「議会の古い多くの法律は、とくにエドワード三世の治世に、商業の本質に関するこれと同じ無知を示している、と私は聞いている。また、今日でも近隣の王国では……」となっており、N版では「スコットランド議会の古い多くの法律には、商業の本質に関するこれと同様な無知を証するものがある。また、今日でもフランスでは……」となっている〕。

［2］Joshua Gee (fl. 1725-50) はイングランドの商人。一八世紀前半の重商主義者で、いわゆる個別的貿易差額論を強く主張した。ここにいう著作とは、『グレイト・ブリテンの貿易と海運』(*The Trade and Navigation of Great-Britain considered*, London, 1729) を指す。

(3) 〔H―I版では「知識よりもユーモアを、判断力よりも鑑識を、そしてこれらの素質のどれよりもうっぷんと偏見と情熱とを多くそなえていた」となっている〕。

［3］ジョナサン・スウィフト『アイルランドの状態に関する簡単な考察』。これは一〇万と思われるが、もとのスウィフトにも a good million とある。

(4) その作用においてもっと限られてはいるが、わが王国の個々の貿易相手国民のすべてに対して、不利な貿易差額を抑制するいま一つの原因がある。わが国が輸出するよりも多くの財を輸入する場合、為替はわが国に不利となり、それは支払われなければならなくなる貨幣の輸送料と保険料との限度まで、輸出に対する新しい刺激となる。なぜなら、為替は右の合計額よりもごくわずかしか騰貴しえないからである。

［4］五世紀から九世紀のアングロ・サクソン時代にあったイングランドの Kent, Sussex, Wessex, Essex, Northumbria, East Anglia, Mercia の七王国のこと。

（5）『誤解されたイングランドの利害』（*Les interets d'Angleterre malentendus*）。〈『現戦争における誤解されたイングランドの利害』（*Les intérêts de l'Angleterre malentendus dans la présente guerre.* Amsterdam, 1703）〉。

（6）この論説を通じて私が貨幣水準という場合には、さまざまな国家に存在する財貨・労働・産業活動・熟練に対する貨幣の比例的水準をいつも意味していることが慎重に注意されねばならない。だから、私は、こうしたものの優越が近隣諸国の二倍、三倍、四倍であれば貨幣もまた必ず二倍、三倍、四倍であろうと主張する。こうした比例の正確さを妨げうる唯一の事情は、財貨をある所から他の所へ運送する経費である。しかもこの経費はときには等しくないこともある。こういうわけで、なるほどダービシャーの穀物・家畜・チーズ・バターは、ロンドンの製造品がダービシャーの貨幣を引き入れるほどにはロンドンの貨幣を引き入れることができない。だが、この異論は見かけだけのものにすぎない。なぜなら、財貨の運送が高価につく限り、その限りにおいて、両地間の交通は妨げられており、また不完全だからである。

［5］Sébastien Le Prestre de Vauban（1633-1707）はルイ一四世時代の築城家、戦術家、経済学者。経済思想家としての彼は、普通、重商主義から重農主義への過渡期の学者とされている。経済思想に関する主著に『王国十分の一税案』（*Projet d'une dixme royale,* 1707）がある。

（7）〔H—N版では「わが国でわれわれがたいへん夢中になっている」とある〕。

（8）〈本訳書第II部〉第三エッセイ〔「貨幣について」〕において、貨幣はそれが増加しつつある場合、その増加と物価の騰貴との中間期に産業活動を促進すると述べた。この種の好結果は紙券信用からも生じうるであろう。しかし国事の激動にさいして常に起きるに違いないような信用の失墜によって一切を失うかもしれないという危険を冒してまで、むやみに事態を促進するのは危険である。〔この脚注はH版にはない。——R〕。

（9）〔この文章はH版では脚注となっている。——R〕。

［6］Lykourgos は古代スパルタの国制と市民の生活規定を定めたと考えられている立法家。彼は金・銀貨に代えて鉄の貨幣の使用を法で定め、その隠匿を困難にするため、この大きな重量とかたまりにわずかな価値しか与えなかった。

（10）〔プルタルコス『英雄伝』、「リュクルゴス伝」第九節を参照〕。〈村川堅太郎編『プルタルコス英雄伝』上、ちくま学芸文庫、一九九六年〉。

（11）〔このパラグラフはH—N版にはない〕。

（12）〔このパラグラフはH—N版にはない〕。

（13）〔H—N版では「ところが、わが国の愛好する紙券信用の企画が有害であるのと同様」となっている〕。

（14）〔H—P版では「一七〇万」とある〕。

（15）〔「さして劣らぬ」（not much inferior）は、H—P版では「より多い」（greater than）となっている。——R〕。

（16）〔H—P版では〈脚注として〉「ヘンリー七世の時代の一ポンド・スターリングには約八オンスの銀が含まれていた」となっている〕。

（17）トゥキュディデス、第二巻、第一三章、およびシチリアのディオドロス、第一二巻。〔第四〇章〕。

（18）アイスキネス〈Aiskhines（390?-330 B.C.）. ギリシアの雄弁家。ア

テナイでデモステネスの論敵〉とデモステネスの『書簡』を参照。〔アイスキネス「大使に関する演説」第一七五節。デモステネス「第三四オリンサスの演説」第二四節〕。

［7］talent は古代ギリシア、ローマの貨幣単位。

（19）*Περί Συμμορίας*.〔デモステネス『海軍局について』第一九節〕。

（20）第二巻、第六二章。

［8］Perseus（213/12-158? B.C.）はマケドニアの最後の王。在位、前一七九—一六八年。

（21）ティトゥス・リウィウス、第四五巻、第四〇章。〔フィリッポス五世は前二二一年から一七九年までマケドニア王であった。その後継者のペルセウスは前一七九年から一六八年まで支配した〕。

［9］Lucius Macedonicus Aemilius Paulus（d. 60 B.C.）は古代ローマの将軍。

（22）ウェレイウス・パテルクルス、第一巻、第九章。〔『ローマ史』第一巻、第九章、第六節〕。〈Gaius Velleius Paterculus（19 B.C.-A.D. 31）はローマの歴史家〉。

（23）第三三巻、第三章。〔大プリニウス『自然誌』第三三巻、第五〇章〕。

（24）ティトゥス・リウィウス、前掲。〔第四五巻、第四〇章〕。

（25）スタニアンが言及している貧困は、貨幣をもたらす財貨のない、最も山の多い山岳諸州に見られるだけである。しかもそこでさえ、住民は一方のザルツブルク管区や他方のサヴォワにおけるよりも貧しくないのである。〔Abraham Stanyan, *An Account of Swizerland Written in the Year 1714*（1714）を参照〕。

［10］Appianos は二世紀に活躍したローマの史家。主著『ローマ史』（*Romaika*）全二四巻を著した。現在そのうち一二巻と断片が残っている。

（26）「序文」。〔アッピアノス『ローマ史』、「序文」第一〇、レーブ版〕。

［11］Dr. John Arbuthnot（1667-1735）はスコットランドの医者、著作家。アン女王の主治医。主著に『ジョン・ブルの歴史』（*The History of John Bull*, 1712）および『古代の鋳貨、重量、および尺度の目録』（*Tables of the Grecian, Roman and Jewish Measures, Weights, and Coins*, London, 1705）がある。ヒュームの参照は後者によると思われる。これは一七二七年の大幅改訂増補版 *Tables of Ancient Coins, Weights, and Measures* となった。

［12］これは、スウィフトがある税関吏の言ったこととして、次のように述べている箇所を指している。「君に一つの秘密を打ち明けることにしよう。それは私が何年も前にロンドンの税関吏から聞いたことだ。彼らの言うところでは、ある財貨が適当な率以上に課税されるような場合には、その結果はその部門の収入を半減させることになる。また、これらの税関吏の一人が私に話してくれたところによると、こうした場合の議会の誤りは、二に二を足すと四だと計算することにある。ところが課税という業務にあっては、二足す二がけっして一以上にならない。なぜなら、それは輸入の減少と、そしてまた、少なくともこの王国では、高い関税が支払われるような財を密輸入しようとする強い誘惑によって生じるからである」『アイルランド王国の貧民、商人、労働者の請願書と呼ばれる文書への回答』（*An Answer to a Paper Called a Memorial of the Poor Inhabitants, Tradesmen and Labourers of the Kingdom of Ireland*, 1728, *Works*, ed. Scott, 2nd ed., 1883, vol. vii, pp.165-66. Herbertm Davis, ed., *The Prose Works of Jonathan Swift*, Oxford：Blackwell, 1934-68, vol. 12, p. 21）。

（27）〔この文章はH—I版にはない〕。

VI 貿易上の嫉妬について[1]

商業国民の間にきわめて広く行きわたっている根拠のない嫉妬の一つを取り除こうと努力してきたが、これと同様、根も葉もないと思われるもう一つの嫉妬について述べるのも悪くはあるまい。商業上ある程度の進歩を見せている国家の間で、近隣の諸国民の進歩を疑い深い目で見、貿易国をすべて競争相手とみなし、いずれの国も近隣の諸国民を犠牲とせずには繁栄しえないと考えることほど、ありふれたことはない。こうした偏狭で悪意のある見解に反対して、私はあえてこう主張したい。すなわち、ある一国民の富と商業の増大は、その近隣の諸国民すべての富と商業を損なわないどころか、それらを促進するのが普通であり、一方、まわりの国がすべて無知と怠惰と野蛮の状態に沈み込んでいるときには、一国がその商工業を大いに進歩させることはまずできないと。

明白なことだが、一国民の国内産業は、近隣の諸国民が最高に繁栄したからといって害を受けることはありえない。そして、この商業部門がいかなる大国においても最も重要であることには疑いがないから、この限りで、嫉妬する理由はすべて消え失せてしまう。しかし私はさらに進んで、諸国民の間に自由な通商が保たれている場合には、どの国の国内産業も他の諸国民の進歩によって増進しないはずはない、と言いたい。現在のグレイト・ブリテンの状態を二世紀前の状態と比べてみるがよい。農業でも製造業でも、そのすべての技術は当時はきわめて粗雑で不完全であった。それ以来われわれが加えた改善は、どれも外国人を模倣することから生じている。したがってこの限りでは、外国人があらかじめ技術と創意において先んじていたことを、われわれは幸いと考えるべきである。しかし、こうした交通はいまでも続いていて、わが国の大きな利益となっている。なぜなら、わが国の製造業が進歩しているにもかかわらず、われわれは、あらゆる技術において、近隣諸国民の発明と改善を日々採り入れているからである。はじめ財貨が外国から輸入されると、それはわが国の貨幣を枯渇させるのではないかと考えて、われわれは大いに不満を感じる。しかしその後、技術自体が次第に輸入されるようになると、これは目に見えて明らかな利益をわが国に与える。それでもなおわれわれは、近隣の諸国民がはじめに教えてくれなかったならば、われわれは今日でも未開人のままだっただろうということを棚に上げて、彼らが技術や産業活動や発明を少しでももつことにいまなお愚痴をこぼしているのである。そしてもし外国人がその指導をいまでも継続してくれないとすれば、もろもろの技術は沈滞状態に陥り、その向上にあれほど寄与する、あの競争心と好奇心は失われてしまうに違いない。

国内産業の発達は外国貿易の基礎を築くものである。多量の財貨が国内市場向けに生産され、完成されているところなら、利を得て輸出しうる何ほどかの財貨はいつでも見出される。しかし、もしわれわれの近隣の諸国民に産業も農耕もないとしたら、彼らはこういう財貨を手に入れることができない。なぜなら、彼らにはそれらと交換に与えるものがないからである。この点では、国家は個人と同じ状態にある。同胞のすべてが怠け者というなかで、たった一人だけが勤勉であることはまず不可能である。社会のさまざまな構成員の富は、私がどのような職業についていようと、私の富の増大に寄与する。彼らは私の勤労の生産物を消費し、代わりに彼らの生産物を私に与えるのである。

いかなる国も、近隣の諸国民が一切の技術と製造業を改良してしまって、自国には彼らの欲しがるものがなくなってしまいはしないかなどと心配するには及ばない。自然は、相異なる天分や気候や土壌をそれぞれの国民に与えることによって、それらの国民がすべての勤労と文明を重んじる限り、彼ら相互の交通と商業を保証してきたのである。いや、どの国においても、技術が進歩すればするほど、産業の盛んな近隣の諸国民への需要はますます多くなるものである。住民が富裕になり、熟練するようになると、どんな財貨でも、最高の出来ばえのものが欲しくなる。それに、そういう住民は、交換に与えうる財貨を豊富にもっているから、どの外国からもたくさん輸入する。こうして輸入元の諸国民の産業活動が刺激される。一方、その住民自体の産業活動もまた、交換に与える財貨の販売によって発展するのである。

しかし、ある国民が、たとえばイングランドにおける羊毛製品のような、何か主要産物をもっている場合にはどうであろうか。その製造業で近隣の諸国民が邪魔をすることは、わが国にとって損失に違いないのではなかろうか。私の答えはこうである。すなわち、およそある財貨が一国の主要産物と呼ばれる場合、この国はその財貨の生産に何か特別で自然的な利点をもつものと考えられる。だからもし、こうした利点にもかかわらず、人びとがこのような製造業を失うのであれば、彼らが非難すべきものは、自分たち自身の怠惰か、それとも悪い政治なのであって、近隣の諸国民の産業活動ではない。それにまた、次のことも考慮されねばならない。すなわち、近隣諸国民の間の産業活動の発達によって、すべての特別な種類の財貨の消費もまた増加する。そして外国の製造品は、市場でわが国民の製造品を妨げるとはいえ、それでもわが国の生産物に対する需要は引き続きそのままであるか、あるいは増加さえするであろう。また、万一この需要が減少したとしても、その結果はきわめて致命的なものとみなされなくてはならないだろうか。勤労の精神が保持されてさえいれば、それは苦もなく一つの産業部門から他の部門へと転換できよう。たとえば羊毛製品の製造家は、リンネル、絹、鉄、その他の需要があると思われるどんな財貨の生産にでも職を換えることができるであろう。勤労の対象がすべてなくなってしまうのではないかとか、あるいは、わが国の製造家は近隣の諸国民の製造家と対等の資格をもち続ける限り、仕事の不足に陥る危険があるのではないかなどと心配するには及ばない。競争相手国の間の競争心はむしろ、わが国の製造家のすべてのうちに勤労を生き生きと保持するのに役立つ。だから国民全体が従事しているような、ただ一つの大きな製造業をもつ場合よりも、さまざまな異なる製造業をもつ国民の方が常に幸いである。こうした国民の状態には不安定さが比較的少ない。彼らは、特別な産業部門がどれも絶えずさらされるはずの、もろもろの変革や不確実さを感じることがより少なくてすむであろう。

近隣の諸国民の進歩と産業活動を恐れねばならない商業国は、オランダのような国だけである。なぜなら、オランダ人は広い土地に恵まれず、その土地特有の財貨も全然もたず、ただ他の国民の財貨の仲介人や代理人や運送業者であるだけで繁栄しているからである。このような国民が、自分たちの近隣の諸国が自らの利益を知り、それを追求するに至れば、それらの国は自ら業務を管理するようになり、以前に仲介人がそこから得ていた利益を奪うことにならないかと、気をまわして心配するのももっともである。しかし、こうした結果が案じられるのは当然としても、それが生じるのはずっと後のことである。しかもそれは、まったく免れられないにせよ、技術と産業活動によって、ずっと後代まで防ぎ止めることができよう。他国よりもまさった資本と交通の利点は、非常に顕著であって容易には克服されない。またすべての取引は近隣諸国の産業活動の発展によって増大するのだから、こうした〈仲介という〉不安定な基礎の上に商業が立てられているような国民でさえ、はじめのうちは、近隣諸国民の繁栄状態からかなりの利益を得ることができよう。オランダ人は、彼らの国家収入をすべて担保に入れてしまったため、政治的取引においては以前ほどの地位を占めていないが、彼らの商業は、彼らがヨーロッパ列強のうちに数えられていた前世紀の中頃に占めていたのと少しも違わない地位を保っているのである。

かりに、わが国の偏狭で悪意のある政策が成功裡に行われたとすれば、われわれは、すべての近隣諸国民を、モロッコやバルバリア海岸地方に広く行き渡っているのと同じ怠惰と無知の状態に引き下げてしまうことになる。だがその結果はどうか。近隣諸国民はわれわれに財貨を少しも与えることができず、一方、彼らはわが国から何も受け取ることができないであろう。だからわが国の国内商業自体が、競争心も模範も指導ももたなくなって衰微するであろう。したがってわれわれ自身も、遠からず、われわれがそこへ近隣諸国民を引き下げてしまったのと同じ惨めな状態に陥るであろう。それゆえ私はあえて認めたい。私は、人類の一人としては無論のこと、ブリテン臣民の一人としても、ドイツ、スペイン、イタリア、それにフランスの商業の繁栄を願っているのだ。少なくとも、私の確信するところでは、グレイト・ブリテンと右のすべての諸国民の主権者や大臣が、おたがいにこのような寛大で博愛的な考えを採り入れるならば、これらのすべての国民はもっと繁栄するはずである。

[1] 従来、グリーンとグロースによれば、このエッセイはM版（一七五八年）に初めて現れたとされていた。しかし、これは正確ではない。M版の目次にこのエッセイは見られないし、実際、入れられてはいないからである。E・F・ミラーは、グレイグ（J. Y. T. Greig ed., *The Letters of David Hume*, Oxford : Clarendon Press, 1932, vol. 1, p. 272 & p. 317）に基づいて、このエッセイと、もう一つのエッセイ「党派の歩み寄りについて」(Of the Coalition of Parties) の二つの新しいエッセイがそれぞれ別々に印刷され、頁付けされて、一七五八年版の後半部分に製本されたとし、「貿易上の嫉妬について」が実際に現れた日付は、一七五八年ではなく、一七五九年終わり頃か、あるいは一七六〇年の初め頃であったと述べている。しかし、グレイグはこれらのエッセイは、一七五八年版ではなく一七五九年版（一巻本）に挿入されたとしている（ibid., p. 317)。

ジェソップ（T. E. Jessop, *A Bibliography of David Hume and of Scottish Philosophy*, London : A. Brown & Sons, 1938, pp. 5-6）が明らかにしているように、「貿易上の嫉妬について」と「党派の歩み寄りについて」の二つの新しいエッセイは、はじめ一七五八年と一七六〇年の間に印刷され、別々に、「追加された二篇のエッセイ」と題して、一七五八年版に六七―六九頁と二六五―六九頁として挿入されたのであった。これらのエッセイが初めて正式に追加されたとされるグレイグの言う一七五九年版を私は確認しえていないが、一七六〇年版の第二巻に入れられていることは確認できる。

したがって、このエッセイは、一七五八年と一七六〇年の間に初めて現れたと考えて間違いはないと思われる。

VII　勢力均衡について

勢力均衡（balance of power）という思想がまったく近代の政策に起因するのか、それともその言葉だけが近代に発明されたのかは、一つの問題である。クセノフォンが自らの『キュロスの教育』(1)において、アジア諸列強の団結はメディア人とペルシア人の軍事力の増大に対する嫉妬であったと述べているのは確かである。したがって、あの優雅な作品は、まったくの作り話だと考えるべきであるにせよ、この著者が東洋の君主たちの行動の原因とみなしたこうした見解は、少なくともそれが古代に広く行き渡った考え方だったことの証拠である。

ギリシアのすべての政治には、勢力の均衡に関する不安が明らかに見られ、古代の歴史家たちによってさえ、はっきりと指摘されている。トゥキュディデス(2)は、アテナイに対抗して結成されペロポネソス戦争[2]を引き起こすこととなったあの同盟を、まったくこの原理に起因するものと述べている。また、アテナイの衰退後、テーバイ人とラケダイモン人とが主権争いをしたとき、アテナイ人は（他の多くの共和国と同様に）いつでも劣勢な側に味方し、均衡を保つよう努力したことが分かる。アテナイ人は、レウクトラでエパメイノンダス[3]が大勝利を得るまでは、スパルタに対抗したテーバイを援助したが、この勝利の後にすぐ被征服者側についた。これは、アテナイ人が主張するところでは寛大によるものであったが、実際には征服者に対する嫉妬が原因であった(3)。

デモステネスのメガロポリス人に対する演説を読めば誰でも、ヴェネチアやイングランドの政略家がこの原理に基づいて考えついた最も精妙な政策すら、その演説のうちに見出すであろう。また、マケドニアの勢力がはじめて台頭してきたとき、この雄弁家はすぐさま危険を看取してギリシア全土に警鐘を打ち鳴らし、ついには重大で決定的なカイロネイアの戦いを戦ったあの同盟を、アテナイの旗のもとに結集したのである。

なるほどギリシア人の戦争は、歴史家によって、政策による戦争というよりは競争心による戦争とみなされている。また、ギリシアのどの都市国家も、いかなる磐石の権威と支配権を望むよりも、他国の先頭に立つという名誉を一層念頭に置いていたようである。実際のところ、どの共和国の人口もギリシア全体と比較して少数であったこと、当時は包囲作戦をとることがきわめて困難であったこと、さらにあの気高い民族のすべての自由人がもつ非凡な勇敢さと規律をもっていたことを考えに入れるならば、勢力均衡がギリシアにおいてはおのずから十分に確保されており、他の時代には必要であるかもしれない慎重さをもって守られる必要がなかったのだと、結論できるであろう。しかしながら、ギリシアのすべての共和国に見られるあの敵味方の入れ換えの原因を、嫉妬深い競争心と見ようと、あるいは慎重な政策と見ようと、結果は同様であり、支配的な勢力はすべて、必ずそれに対抗する同盟、しかもしばしば昨日の友邦や連盟国からなる同盟に遭遇することとなった。

アテナイの陶片追放[4]やシュラクサイの葉片追放[5]を生み出し、名声や勢力の点で、他の市民をしのぐ市民をすべて追放した、この同じ原理――それを羨望と呼ぼうと慎慮と呼ぼうと――が実は自然と対外政策に現れ、やがて、先頭に立っている国家に対して、その権力の行使がいかに中庸を得ていようとも、それに対抗する敵をつくり出したのである。

ペルシア王は実際のところ、その実力の点では、ギリシアの共和国と比較して一小君主であった。したがって彼は競争心よりもむしろ安全を考えて、ギリシアの共和国間の争いに関心をもち、どの争いでも[6]弱い方に味方しなければならなかった[7]。これはアルキビアデスがティッサフェルネスに与えた助言であり、(4)それによりペルシア帝国の寿命はほぼ一世紀近くも延びたのであった。しかしついに、この助言を一瞬無視したため、フィリッポスという大望を抱いた天才が現れるや、あの高くそびえ立つ壊れやすい大建築物は、人類の歴史上まず例を見ないほどの速さで瓦壊してしまったのである。

アレクサンドロスの後継者たちは、勢力の均衡を守るために非常な警戒心を見せたが、その警戒心は正しい政策と慎重さに基づいていた。その結果、この有名な征服者の死後に実施された領土分割が数時代にわたってそのまま保持されたのである。アンティゴノスの幸運と野心のため、(5)彼らはあらたに世界的規模の君主政体となる脅威にさらされた。しかし彼らはその団結とイプソスでの勝利によってこれから免れたのであった。また、それに続くその後の時代においても、東方の君主たちは、ギリシア人とマケドニア人を、彼らがなんらかの交渉をもつ唯一の実際上の軍事勢力とみなし、世界のこの地方にいつも警戒の目を怠らなかった。とくにプトレマイオス王家[9]は、はじめアラトス[10]とアカイア同盟を、ついでスパルタ王クレオメネス〈三世〉[12]を支持したが、これはマケドニアの諸王に対する対抗勢力となることだけを念頭になされたのであった[11]。なぜなら、以上はポリュビオスがエジプトの政策について行っている説明だからである。(6)

古代の人びとが勢力均衡についてまったく無知だったと推測される根拠は、どうもギリシア史よりもローマ史から引き出されるようである。そしてローマ史に出てくる事件の方が一般にわれわれにとって一層なじみ深いので、われわれはそこからすべての結論を引き出してきたのである。なるほどローマ人は、その急速な征服と公然たる野望から当然予期しうるような、彼らに反対する全般的な団結や同盟にまったく遭遇することがなかった。それどころか、その近隣諸国を平和裡のうちに次々と服従させ、ついには既知の世界すべてにその支配権を広げたことは認められねばならない。彼らのイタリア戦争[7]に関する作り話めいた歴史はいましばらく措くとしても、ハンニバル[13]がローマ領内に侵入したさいには、文明国民のすべての注意を引きつけたはずの重大な危機があった。のちにこれは世界帝国を目指す抗争だったことが明らかとなった（当時でもこのような評価を下すことは困難ではなかった）[8]。それにもかかわらず、君主や国家でこの争いの成り行きや結果にわずかでも驚き騒ぐことはなかったようである。マケドニアのフィリッポス[14]は、ハンニバルの数々の勝利を見るまではあくまで中立を保ち、その後、きわめて軽率にもこの征服者〈ハンニバル〉と同盟を結んだ。しかもその条件はさらにもっと軽率なものであった。その約定によれば、彼はカルタゴのイタリア征服を援助しなければならず、その征服ののちにカルタゴはフィリッポスのギリシア諸共和国の征服を助けるため、ギリシアへ援軍を送ることを保証するものであった[9]。

　ロドス共和国とアカイア共和国は、古代の歴史家たちから、その分別や堅実な政策を非常に称賛されている。にもかかわらず、両者とも、ローマ人がフィリッポスおよびアンティオコス[15]と戦ったとき、ローマ人を援助したのであった。この〈勢力均衡という〉原理が当時一般に知られていなかったことを示すこれほど有力な証拠を他に考えることができるだろうか。というのは、古代の著作家はただ一人として、そのような政策のうかつさに気づかなかったし、フィリッポスがカルタゴ人と結んだあの馬鹿げた条約を非難することさえしなかったからである。君主と政治家はいつの時代にも、事件が決着する前には、その事件に関する推論において、曇った眼しかもたないことがありうる。しかし、その事件が決着を見たのちに、歴史家がそれについてまずまずの正しい判断を下しえないのは、多少異例なことである。

　マッシニッサ[16]、アッタロス[17]、プルシアス[18]は、その私的な欲望を満たすために、三人ともローマを強大にする道具となった。彼らは、自分たちの同盟国を次々と征服していきながら、実は自分たち自身を縛る鎖を鍛えているのだということに、毛頭気づいていなかったようである。マッシニッサとカルタゴ人との間に交わされた唯一の簡単な条約と協定――それは相互の利益のために大いに必要だった――でさえ、ローマ人のアフリカ侵入を完全に妨げ、人類に自由を保持させたのである。

　ローマ史のなかで出会う君主のうち、勢力均衡を理解していたと思われる唯一の君主は、シュラクサイ王のヒエロン[19]である。彼はローマの同盟者であったけれども、ローマの援軍が戦っている間[10]、カルタゴ人に援助を送った。ポリュビオスによれば、「シチリア島にある彼の領土を保有するためにも、またローマの友情を保持するためにも、カルタゴが安全であることがどうしても必要だとみなした。というのは、カルダゴが倒れ、生き残った勢力が、対立や反対なしにあらゆる目的と企てを遂行できるようになってはならないからである。したがってそこで彼は大いなる知恵と慎慮をもって行動したのである。というのはローマの友情を保持することは、ぜひとも揺るがせにしてはならないことであり、また、かくも強大な勢力が一国の手中に帰し、その結果、近隣諸国が無力化され、それに対して自国の権利も守れないということも、あるべきではないからである」。ここには近代政治の目的が明確な言葉で指摘されている。

要するに、勢力均衡を保持するという原理は、大いに常識と明白な推論に基づくものであるから、古代の人びとがこの原理をまったく知らなかったということはありえない。なぜなら、古代には、他の点では深い洞察力と明敏さを証拠立てる数々の痕跡が見られるからである。この原理が現代と同じくらい一般的に知られず承認されていなかったとしても、それは少なくとも優れて賢明にして経験豊かな君主や政治家のすべてに影響力をもっていたのである。また実際のところ、この原理が現代でさえ理論家の間でどれほど一般的に知られ承認されていようとも、実践においては世界を支配する人びとの間に、それほど大きな権威をもってはいないのである。

ローマ帝国の没落後、北方からの征服者たちが樹立した政体は、征服をそれ以上に進めることを大いに不可能にし、長い間各国をその適当な規模の国境内にとどめることとなった。しかし、家臣制主従関係（vassalage）と封建的民兵制が撤廃されたとき、人類は、多数の王国や公国が皇帝カール〈五世〉の一身に統合されることからくる世界的規模の君主政体の危険にあらたにおびやかされることとなった。(11) しかし、オーストリア家の勢力は、広大ではあるが分割された領土に基礎を置いており、さらにその富は主に金銀鉱山から得ていたため、彼らに対して築かれた堡塁をすべて打破する以上に、自らの内部的欠陥が原因で自壊する傾向があったように思われる。一世紀も経たないうちに、この凶暴で傲慢な一族の勢力は粉砕され、その富は四散し、その輝きは陰ってしまった。このあとを引き継いだ新しい勢力は、(12) ヨーロッパの自由にとってもっと恐るべきものであった。というのは、それはオーストリア家の利点を全部もち合わせ、しかも偏狭と迫害の精神――オーストリア家は非常に長い間この精神にのぼせ上がり、また今日なお大いにのぼせ上がっている――を共有する以外には、オーストリア家がもった欠点に悩むことは全然なかったからである。(13)

この野心に満ちた勢力に反抗して続けられた、世界各地のもろもろの戦争において、グレイト・ブリテンはこれまで先頭に立ってきたし、いまなおその位置を保持している。グレイト・ブリテンの国民は、その富と位置という利点のほかに、国民精神によって大いに鼓舞され、さらにその政体がもたらす恩恵を十分に感得しているので、非常に必要でかつ正当な理由のある場合に、その活力はけっして衰えないと思われる。それどころか、過去から判断すれば、彼らの熱情的な激しさは、むしろ少し適度に抑えることをさえ必要とするようである。なぜなら、彼らは、非難すべき熱意の不足よりも、称賛すべき熱意の過剰から、誤りを犯すことがより頻繁だったからである。

第一に、われわれは近代政治の慎重な見解によって動かされるよりは、古代ギリシアの嫉妬深い競争心に一層取りつかれてきたようである。わが国のフランスとの戦争は、正義のために、そしておそらくは必要からさえ始まったのであるが、しかし片意地と激情のためにいつも行きすぎてきた。後になって、一六九七年にレイスウェイクで締結された当の講和は、実は早くも九二年に提議されたものであった。また、一七一二年〈これは一七一三年の誤り〉にユトレヒトで結ばれた講和は、一七〇八年にゲルトルイテンベルクで、一二年〈一三年〉と同じ好条件で決着をつけることができたものである。また、一七四八年にエクス・ラ・シャペルでわが国が喜んで受け入れたのと同じ条件を、われわれは四三年にフランクフルトで与えることができたであろう。したがって、以上から分かるように、わが国のフランスとの戦争の半分以上と、わが国の公債のすべてとは、隣接諸国民の野望よりも、われわれ自身の軽率な熱狂に原因がある。

第二に、わが国はフランスの勢力との対抗を非常にはっきりと打ち出し、わが国の同盟国を油断なく防衛している結果、同盟国はいつでもわが国の軍事力を自国のもののように考えて当てにし、わが国の費用で戦争を遂行することを期待して、合理的な貸付条件をすべて拒否している。「従う者は身内と考えられるのに対し、用のない者は赤の他人とみなされる」（*Habent subjectos, tanquam suos ; viles, ut alienos*）。全世界が知っているように、先の議会の初めに〈一七三四—四一年の議会の終わりに〉下院が行った党派的な票決と、わが国民がもつ公然の気質とのため、ハンガリー女王にその条件を固く守らせるはめとなり、そのためヨーロッパ全体の平和を直ちに回復できたはずの、プロシアとの協定の成立を妨げてしまったのである。

第三に、われわれは真の闘士であるため、いったん戦いを始めると、自分自身や自分の子孫のことをすっかり忘れてしまい、ただどうすれば敵を一番苦しめることができるかだけを考える。わが国はただ補助者にすぎないような戦争のさいに、わが国の歳入を非常に高い利率で抵当に入れるということは、確かに、およそ政策や慎重さを口にする国民がこれまでに犯した最も致命的な思い違いであった。政府の一時借入金を長期公債に借り換える（funding）という例の救済方法は、それが治療薬であって、もとより毒薬などでないとしても、絶体絶命になるまでとっておくべきであり、最も重大かつ緊急な災いは例外だとしても、およそそのような危険な手段をとろうと思わせるような災いなどあろうはずがない。

われわれが行ってきた以上のような行きすぎは、有害であり、おそらくやがては、普通よくあるように、正反対の極端を生み出し、ヨーロッパの運命に関してわれわれをまったく不注意で無精なものにすることによって、さらにもっと有害なものになるかもしれない。アテナイ人は、ギリシアのうち一番よく奔走し、術策をめぐらす好戦的な国民であったが、あらゆる紛争に首をつっ込む自らの誤りに気づいてからは、外国の事情に全然注意を払わなくなり、どのような争いにも、勝利者の側にお世辞を述べ、いんぎんに振舞うほかは、どちらの味方にもならなかった。

巨大な君主政体[14]というものは、おそらく、それが進歩しているときも、持続するときも[15]、さらにそれが樹立されてからそう長く経たないうちにやって来る没落のときにも、人間本性にとって破壊的である。この君主政体を強大にした軍事的精神は、やがて宮廷、首都、およびそのような政体の中心部から離れていくのに対し、他方では、戦争はきわめて遠隔地で行われ、国家のごく一部の人びとの関心しか引かなくなる。愛着心から君主に引きつけられている昔からの貴族は、すべて宮廷で暮らし、遠く離れた未開の辺境に赴くことになる軍務をけっして引き受けなくなるであろう。なぜなら、そこへ行けば、彼らは楽しみからも幸運からも縁遠くなるからである。したがって、国家の軍事は外国人傭兵に委託せざるをえないが、これらの傭兵は熱意も愛着心も名誉心ももち合わせておらず、機会さえあればいつでも君主に寝返りを打ち、給料の支払いと略奪を申し出る手のつけられない不満分子に加わりかねない連中なのである。こうしたことは、人間の行うことがらの必然的な成り行きである。このようにして、人間本性はその立身出世の夢を阻むのである。このようにして野心がむやみに働いて、征服者やその一族、および彼と親しいものや、彼に寵愛されるものをすべて滅ぼそうとする。ブルボン王家が、勇敢で信頼するに足り、同王家への愛着心に富む貴族の支持に頼っているのであれば、同王家はその利点をなんの遠慮も自制もなしに押し進めようとするであろう。これらの貴族は、栄誉と競争心に燃えている間は戦争の労役と危険に耐えることができる。しかし、ハンガリーやリトアニアの守備隊で悩みに明け暮れ、宮廷からは忘れられ、君主に近づく寵臣や寵姫の陰謀の犠牲になるようなことをけっして甘受しないであろう。その部隊は、クロアチア兵やタタール人、ハンガリー人やコサック兵で満たされている。ただし、おそらくはましな地方出身の傭兵がそれに少しは交じっているであろう。このようにして、ローマの皇帝たちのあの陰うつな運命が、同一の原因によって、君主政体の最終的な瓦壊まで、幾度も幾度も繰り返されるわけである。

(1) 第一巻。〔『キュロスの教育』(*Cyropaedia*) 第一巻、第五章、第二―三節〕。
(2) 第一巻。〔第一三章〕。
[2] アテナイとスパルタがそれぞれ同盟都市を率いて戦ったギリシアの戦争。
[3] Epameinondas (c. 418-362 B.C.) はテーバイの将軍、政治家。
(3) クセノフォン『ギリシア史』第六巻および第七巻。〔前三七一年に、スパルタの侵入軍がエパメイノンダス率いるテーバイ軍によってレウクトラで大敗を喫したことは、ペロポネソス半島におけるスパルタの軍事的支配権を終わらせた。テーバイの力の増大を恐れて、アテナイは前三六九年に、長年の仇敵スパルタと正式に同盟を結んだ〕。

［4］オストラシズム（Ostracism）。古代ギリシア、アテナイの秘密投票による追放制度。投票には陶片（オストラコン）が用いられた。シキュオンのクレイステネスの孫のクレイステネスによりアテナイの国制に導入された（前六世紀後半）。その表向きの理由は専制復活の安全弁ということであった。

［5］ペタリズム（Petalism）。アテナイの陶片追放と同様な古代ギリシア、シュラクサイにおける危険人物の追放制度。投票には陶片に代わって追放の名称の書かれたオリーブの葉が用いられた。

［6］Alkibiades（c. 450-404 B.C.）はアテナイの将軍、政治家。

［7］Tissaphernes（前五世紀—四世紀初め）はペルシアの小アジア海岸地方の太守。

（4）トゥキュディデス、第八巻。［第四六章。アルキビアデスは、以前自国のアテナイに対立しスパルタ側についたことがあったが、前四一二年に、スパルタ人を見限り、ペルシアの大守ティッサフェルネスに投じた。アルキビアデスは自分自身がアテナイで最終的に復帰することを考えて助言したのであった］。

［8］Monophtalmos Antigonos あるいは Cyclops（c. 384-301 B.C.）はアレクサンドロス大王の武将。

（5）シチリアのディオドロス、第二〇巻。［アレクサンドロス大王の死後、彼の将軍の一人であるアンティゴノスは、自らの主導権のもとにローマ帝国の回復を試みたが、前三〇一年に、ライバルの将軍たちによりイプソスで敗れた］。

［9］Ptolemaios はアレクサンドロス大王の武将。プトレマイオス朝はプトレマイオス一世より一五代、およそ三〇〇年にわたってエジプトを支配したマケドニア人の王朝（前三三二—三〇年）。

［10］Aratos（271-213 B.C.）は古代ギリシアの将軍。アカイア同盟を指揮し、初めマケドニアに対抗したが、のちにマケドニアと同盟を結びスパルタを破った。

［11］前三世紀の初めに結成されたギリシア都市の同盟の一つ。

［12］Kleomenes III（c. 254-219 B.C.）はスパルタ王。在位、前二三五—二一九年頃。

（6）第二巻、第五一章。［ここにポリュビオスが記述しているのは、アンティゴノス三世がマケドニア王だった前二二五年の出来事である］。

（7）［H版とL版には次の注がある。「最近、ローマ史の初期の時代に関して、手厳しい疑惑が批評家たちの間に生じており、私にもこれは根拠のないこととは思えない。この疑惑によると、ガリア人のローマ略奪までは、まずまったくの作り話ではなかろうかとのことである。それ以後に関しても、ギリシア人がローマの出来事に注意を払い、それを記述し始めるまでの期間は疑わしいのではと言われている。とはいえ、この懐疑論は、ローマの国内史に関しては、まず額面通り支持できるものとは思われない。というのは、国内史には真実らしさやもっともらしい点がかなりあり、こしらえごとや作り話にふけるほど道徳や判断力に欠けた一人の歴史家がつくり上げたものとはまず考えることができないからである。そこに述べられているもろもろの革命は、その原因によく釣り合いがとれているようであり、紛争の進展は政治的経験によく合致しており、その時代の風習や生活原理は一定不変で自然なものであり、どのような真実の歴史でも、これ以上の正当な考察と改善とを提供することはまずできないほどである。リウィウスに関するマキアヴェリの論及（確かに優れた判断力と才能を示す作品である）は、作り話めいていると述べられているこの時代にもっぱらその論拠を置いていないであろうか。したがって、私の個人的な意見としては、批判家たちと意見を同じくし、当時の戦闘や勝利や凱旋などは、キケロが述べているように、それぞれの家の家伝によって極端に事実が曲げられていることを、こころよく認めることにしよう。しかし、国内の紛争に関する記述には、後世に伝えられる二つの相容れない話があったので、このことが作り話に対する抑制として役立ちもし、同時に、後代の歴史家たちが比較や論理的推論によってかなりの真実を集めることもできたのである。リウィウスがアエクイ族とウォルスキ族について記述している殺りくの半分でさえ、フランスとドイツの住民を絶滅してしまうことになる。だからこの歴史家も、ものごとの表面しか見ていないと非難されても多分その通りであるにせよ、とうとう自分の話が信用できないものであることに気づきショックを受けている。この同じ誇張好きがローマの軍勢や国勢調査の数字をおおげさなものにしたと思われる」〕。

[13] Hannibal (247-183 B.C.) はカルタゴの名将。第二次ポエニ戦争中 (218-201 B.C.) にイタリアに進攻し、ファビウスのローマ軍に大勝した。のちローマ軍に敗れた。

(8) これは、ナウパクトゥムのアゲラウスの演説にも見られるように、全ギリシア会議のさい、ある人びとが主張したことであった。ポリュビオス、第五巻、第一〇四章を参照。〔ハンニバルがイタリアに侵入したのは前二一八年であった。アゲラウスの演説は、ローマとカルタゴとの戦争の勝者がギリシア共和国に対する威嚇となるであろうと警告している。したがって、それはマケドニアのフィリッポス五世に対して、彼がのちにギリシア人の味方とみなしうるようにギリシア人をよく扱うことを勧めている〕。

[14] フィリッポス五世。ハンニバルと同盟しローマ軍と戦った（前二一五—二〇五年）。

(9) ティトゥス・リウィウス、第二三巻、第三三章。〔フィリッポス〈五世〉の大使、クセノファンテスとハンニバルとの間の条約は、前二一五年に結ばれた〕。

[15] Antiokhos III (242-187 B.C.) はヘレニズム時代のシリア王。在位、前二二三—一八七年。

[16] Massinissa (c. 238-149 B.C.) はヌミディア王。前二〇六年までカルタゴ同盟軍として、のちにローマの同盟軍として戦った。

[17] Attalos I (269-197 B.C.) は小アジアのペルガモン王、アッタロス一世。在位、前二四一—一九七年。

[18] Prusias I はビテュニアの王。在位、前二三七—一九二年。ペルガモンのアッタロス一世と戦う。マケドニアのフィリッポスの姉妹と結婚、ローマ人との戦いでフィリッポスを援助した。

[19] ヒエロン二世 (Hieron II, c. 308-215 B.C.) はシラクサの僭主。在位、前二六五頃—二一五年。はじめカルタゴと結んだが、のちローマ側に転じ、第一次、第二次ポエニ戦争でローマを助けて、シラクサに独立と繁栄をもたらした。

(10) 第一巻、第八三章。〔ここでポリュビオスが言及しているのは、前二三九年の出来事である〕。

(11) 〔カール五世はスペイン王で、のち一五一九年から五六年にかけて神聖ローマ帝国の皇帝となったが、ヨーロッパに統合された帝国を樹立しようとした〕。

(12) 〔ヒュームが念頭に置いているのは、フランスである〕。

(13) 〔H—P版では次のようになっている。「ヨーロッパは、現在一世紀以上もの間、人類の市民的ないし政治的結合がかつてつくり出したうちでおそらく最強の勢力に対抗し防衛し続けている。そしてまさにここに論じられている原理の結果として、あの野心に満ちた国民は、過去五回の世界各地の戦争において四回勝利を収め、* 一回だけ失敗したけれども、** その領土を拡張することもあまりできなかったし、ヨーロッパに対する全面的支配権も獲得しなかった。それどころか、これからもずっと長い間、抵抗を続けていけば、人のかかわることがらの自然的な変遷と予見しがたい出来事と偶発事件が合わさって、われわれが世界的規模の君主政体から免れ、そのような重大な災厄を世界が避けうるのではないかという希望がまだ残っている。

　こうした世界各地の戦争のうち最近の三回では、ブリテンはこの栄光ある闘いの先頭に立った。そして今なお、ヨーロッパの全般的自由の擁護者、人類の保護者としての地位を保持している。

＊ピレネー〈フランスとスペインとの間のピレネー条約（一六五九年）〉、ナイメーヘン〈オランダ戦争の平和条約たるナイメーヘンの和約（一六七八—七九年）〉、レイスウェイク〈レイスウェイク

条約。アウグスブルク同盟戦争後の平和条約（一六九七年）〉、およびエクス・ラ・シャペル〈フランドル戦争（オーストリア継承戦争）後の和約、アーヘン条約（一七四八年）〉の講和で終結した諸戦争。

** ユトレヒト〈スペイン継承戦争後の平和条約、ユトレヒト条約（一七一三年）〉の講和で終結した戦争〕。

（14）〔H—O版では「現在ヨーロッパの脅威となっているような巨大な君主政体」となっている〕。

（15）かりにローマ帝国に利点があったとすれば、それは、ローマ帝国樹立前に、人類が一般的にいって非常に無秩序で非文明的な状態に置かれていたということだけであろう。

VIII　租税について

一部の識者たち[1]の間には、次のような原理（maxim）が広く行きわたっている。すなわち、一切の新しい租税は臣民のうちにそれを支払う新しい能力をつくり出し、公共の負担が増すたびに、それに比例して国民の勤労は増加する[2]、という原理である。この原理はどうしても濫用されがちな性質のものであるし、また、その真理をまったく否定することができないだけに、それだけますます危険である。しかしこの原理は、一定の限度内であれば理性と経験にいくらかの基礎をもつものと認められねばならない。

庶民の消費する財貨に租税が課せられると、その必然的結果は、貧民がその暮らし向きから何かを切りつめるか、それとも、この租税がすっかり富者の負担になるように彼らの賃金を引き上げるかの、いずれかに決まっていると思われるかもしれない。ところが、租税にはしばしば第三の結果を伴うことがある。すなわち、貧民がその勤労を増大し、もっと多くの仕事をやってのけ、しかもその労働に対してより多くの報酬を要求せずに、従来通りに生活する場合である。租税が適度で、徐々に課され、生活必需品に影響しないときには、こうした結果が自然に生じる。そして、このような税の困難がしばしば人びとの勤労を刺激するのに役立ち、最大の利点をもつ他の諸国民よりも彼らを富裕にし勤勉にすることは確かである。なぜなら、これに照応する例として、商業の最も発達した国民が必ずしも最も広大で肥沃な土地をもっていたとは限らず、むしろ反対に、彼らは多くの自然的な不利益のもとで苦労してきたということが観察できるからである。テュロス、アテナイ、カルタゴ、ロードス、ジェノヴァ、ヴェネチア、ホラントはこの論点を証する有力な実例である。しかも古今の歴史を通じて、盛大な貿易を営みながら広大で肥沃だった国の事例を、われわれはわずか三つしか見出さない。ネーデルランド連邦、イングランド、そしてフランスがこれである。前の二つの国は、その海運上の位置の利点と、自国の気候では産出できないものを獲得するために外国の港に常に出入りせざるをえない必要とが誘因になったと思われる。そしてフランスについて言えば、貿易は近年になってその国に採り入れられたのであり、創意に富む企業的な〈フランス〉国民が、航海や商業の開拓によって近隣の諸国民が手に入れた富に注目し、反省と観察を加えた結果だったと思われる。

キケロが彼の時代に最も商業の盛んなところとしてあげたのは、アレクサンドリア、コルキス、テュロス、シドン、アンドロス、キュプロス、パンフィリア、リキア、ロードス、キオス、ビュザンティオン、レスボス、スミュルナ、ミレトゥム、コースであった(3)。これらはすべて、アレクサンドリアを除けば、小さな島か、もしくは狭い領土であった。そして、アレクサンドリアの貿易は、まったくその都市が幸運な位置にあるおかげだったのである。

したがって、ある種の自然的必要や不利な点が勤労にとって有益だと考えうるからには、どうして人為的負担も同じ効果をもちえないことがあろうか。ウィリアム・テンプル卿[1](4)がオランダ人の勤勉を、すべて彼らの自然的な不利から生じる必要に帰し、アイルランドとの印象的な比較によって自説を例証していることをわれわれは観察できるであろう。彼の言うところによれば、「アイルランドでは、土壌が広く豊かで、人口が稀薄であるために、すべての生活必需品があまりにも安いものだから、勤勉な男なら週に二日も労働すれば、週の残りの日を暮らすのに十分なものを稼ぐことができる。この事情が、アイルランドの人びとに帰されている怠惰の明々白々たる理由だと私は考えている。というのは、人間は生まれつき労働よりも安逸を好み、怠惰に暮らしてゆけるものならすすんで苦労しようとしないからである。しかし必要に迫られて労働に慣れてしまうと、人は、健康にとっても、さらには娯楽としてさえも、必要な習慣となった労働をやめることができなくなる。それどころか、いつも安逸に暮らしている者が働くように変わるよりは、いつも働いている者が安逸な暮らしに変わることの方が、むしろ難しいくらいだろう」。このあとで著者は行論を進め、上述したように、古代と近代において商業が最も栄えたところを列挙して自説を確証しているが、それらの場所は、勤労が必要となるような狭苦しい領土だと一般に言われているところなのである(5)。

最良の租税は、消費、とくに奢侈的消費にかけられるような(6)租税である。なぜなら、このような税は国民に感じられることが最も少ないからである(7)。その支払いは、ある程度、自発的なもののように思われる(8)。というのは、人は課税された財貨をどの程度まで使用するかを選択することができるからである。(9)それは徐々に、そして知らず知らずのうちに支払われる。それは、分別をもって課徴される場合には、自然に節制と節倹を生み出す。また、それは財貨の自然価格と混同され、消費者にはほとんど気づかれない。その唯一の欠点は、徴収に費用がかかることである。

財産にかけられる税は、費用を要せずに徴収されるが、しかしそれには他のあらゆる欠点がある。とはいえ、たいていの国は、いま一つの消費税の不足分を補うために、やむなくこの税に頼っている。

しかし、あらゆる租税のうち最も有害なものは恣意的な税[10]である。それは一般的にその運用によって、勤労に対する処罰に転化するし、またその避けることのできない不公平さによって、それが課す真実の負担よりも一層苛酷である。したがって、それがおよそ文明国民の間で課せられているのを見るのは、驚くべきことである。

一般に、すべての人頭税[2]は恣意的なのが普通であるが、そうでないときでさえ、危険なものとみなしてよい。なぜなら、要求額に少しずつ付け加えることは、主権者にとっていともたやすいため、こうした税はまったく抑圧的で耐えがたいものとなりがちだからである。これに対して、財貨にかけられる税はその税自体を抑制するものであり、君主は、その課税を増やしても収入が増えないことをまもなく悟るであろう。それゆえ、一国民がこのような税のためにまったく滅亡するようなことは、容易に生じるものではない。

歴史家たちの教えるところによれば、ローマ帝国滅亡の主たる原因の一つは、それまで帝国の歳入を構成していた、ほとんどすべての十分の一税、関税、および内国消費税の代わりに、全般的な人頭税を課すことによって、皇帝コンスタンティヌス[3]が財政にもち込んだ変更であった。人民は、すべての属領で徴税請負人に厳しく虐げられ、苦しめられたので、野蛮人の征服軍のもとに喜んで難を避けるほどであった。なぜなら、彼ら野蛮人の使う必需品はより少なく、技術もより低かったため、彼らによる支配の方が、ローマ人の洗練された圧政よりもまだましだとされたからである。

一部の政論家たちによって熱心に主張されている一つの意見がある。すなわち、彼らの主張では、すべての租税は最後には土地にかかるのだから、最初から土地に税をかけ、消費にかけられるあらゆる税を廃止した方がよかろうという考えである。しかし、すべての租税が最後には土地にかかるということは承認されない。もし、ある職人の消費するなんらかの財貨に税が課されるとすれば、彼にはそれを支払う二つの明白な方策がある。つまり、彼は支出を幾分切りつめるか、それとも労働を増やすかであろう。こうした方法はいずれも、彼の工賃を引き上げる方法よりもたやすいし、また自然である。不作の年に織布工が、消費を減らすか、それとも労働を増やすか、あるいはこうした節倹と勤勉の方策を二つとも用いるかして、その年の終わりまでもちこたえうることを、われわれは知っている。彼が、自分を保護してくれる国家のために、その諸々の困難——もしそれがその名に値するなら——にひとしく耐えるべきだというのは、至極もっともである。それに、彼はどのような方法で自分の労働の価格を引き上げることができるであろうか。彼を雇う製造業者はこれ以上彼に支払おうとはしないだろうし、また、できもしない。なぜなら、毛織物を輸出する貿易商人は、外国市場で得ることを許される価格に制限されるので、毛織物の価格を引き上げることはできないからである[11]。むろん誰もが、およそ課せられたどんな租税負担にせよそれから免れ、それを他人に負担させたいと望んではいるのだが、しかし誰もがみなこれと同じ性向をもち、自分の身を守るのだから、どの階層の者もこの争いで完全に優位を保つとは考えられない。だから、なぜ地主が全体の犠牲となり、他の人びとが自分を守れるのと同様に自分を守れないことになるのか、私には容易に分かりかねる。なるほど、商工業者はすべて、喜んで地主を餌食にし、できるものなら彼を自分たちの間で分けどりしようとするが、しかし商工業者はこの性向を、税が課されない場合でもいつももっているのである。だから、課税以前に商工業者の押しつけてきた負担から地主が自分を守った同じ方法は、課税以後にも彼の役に立ち、彼に商工業者と負担を分かち合わせるであろう。[12]実際職人が、彼の労働の価格を引き上げずに勤労と節倹を増大しても、独力で支払いえないような租税は、非常な重税であり、またきわめて無分別に課徴されたものに違いないのである。

ものごとの結果が、一見したところこうだろうと期待されるものとは正反対であるという、政治制度においてしばしば生じる事例の一つが租税の場合であることを述べて、この主題を終えることにしよう。トルコ皇帝（*Grand Signior*）は、すべての人民の生命および財産の絶対的な支配者ではあるが、彼が新しい税を課す権力をもたないということは、トルコ政府の根本的な政策上の原則とみなされている。そこで、新しい税を課そうとするような企てを行ったトルコ皇帝はみな、それを撤回せざるをえなくなるか、それとも自分の不屈の努力が招いた致命的な結果を悟るに至ったのであった。こうした先入観もしくは世間一般に受け入れられている考えは、圧政に対する世界で最も堅固な防壁であるかのように、人は考えたがるであろう。だがしかし、その結果はまったく反対であることが確かである。トルコ皇帝は、その収入を増やす正規の方法がないため、すべての首長や大守（bashaws）や地方長官（governors）が臣民を抑圧し虐待するのを黙認せざるをえない。そして皇帝は、彼らがその統治によって得た収入を目当てに彼らから搾り取るのである。ところがこれと反対に、もし皇帝が、われわれのヨーロッパの君主たちのように、新しい租税を課しうるものとすれば、その限りにおいて、皇帝の利害は人民の利害と一致することになり、したがって皇帝はこうした無秩序な貨幣徴収の悪い結果を直ちに感じるであろうし、また、全般的な賦課によって徴収された一ポンドの方が、このように不公平で恣意的な方法で取られた一シリングよりも、結果として害が少ないことを知るであろう。

（1）〔H—P版では「わが国では政策家（*ways and means men*）と呼ばれ、フランスでは財政家や徴税人（*Financiers and Maltotiers*）と称せられる人びと」となっている〕。

（2）〔「濫用されがち」は、H—M版では「きわめて濫用されがち」となっている。——R〕。

（3）『アッティクスへの書簡』第九巻、書簡、二。〔書簡、二はヒュームの誤記。第九巻、九、レーブ版〕。〈高橋宏幸訳『キケロー選集』第一四巻、書簡、一七六。岩波書店、二〇〇一年。アンドロスはアラドス（Arados）の誤り〉。

［1］Sir William Temple（1628-1699）は後期ステュアート時代の政治家であり、オランダ通として知られた政治・経済思想家。ヒュームにより『オランダについての説明』とされているが、これは *Observations upon the United Provinces of the Netherlands*（1672）のことである。

（4）『オランダについての説明』第六章。

（5）〔H―P版での挿入。「不作の年には、それが極端でない限りいつも見られることだが、貧民は、怠惰と放蕩とにふける大豊作の年よりもよく働き、実際、よりよい暮らしをしている。ある著名な製造業者の話によれば、パンとあらゆる種類の食料品が非常に高かった一七四〇年には、労働者たちは暮らしをやり繰りしただけでなく、もっと好況で物が豊かだった以前の数年間にこしらえた借金を返済したということである。*

そうだとすれば、この理論は租税に関してもある程度認められるであろう。しかし、その濫用には警戒せよ。法外な重税は、過度の窮乏と同じく、絶望感を生み出して勤労意欲を破壊する。しかもこうした重税は、この極点に達する以前にすでに、労働者や製造家の工賃を引き上げ、すべての財貨の価格を高める。慎重で公平な立法者であれば、利益がなくなり損失が生じ始める境界点を観察によって知るだろう。しかし、これとは反対の特徴がはるかに一般的なのであるから、租税が現在――たとえその増加がはじめのうちは他の諸事情と共に以上のような利益を生み出すのにあずかりえたようなことがあったにせよ――ヨーロッパのあらゆるところで、すべての技術と産業活動をすっかり押しつぶしてしまうほど増大しつつあることは、懸念すべきことである。

＊これに関しては〈本訳書第II部〉第一エッセイ〈「商業について」〉の終わりを参照〕。

（6）〔「かけられるような」は、H―I版では「かけられる」となっている。――R〕。

（7）〔「最も少ない」は、H―I版では「より少ない」となっている。――R〕。

（8）〔「思われる」（*seem*）は、H―I版では *seem to be* となっている。――R〕。

（9）〔この節はQ版で初めて追加された〕。

（10）〔「恣意的な税」（*the arbitrary*）は、H―I版では *those which are arbitrary* となっている。――R〕。

［2］所得や財産と関係なく、共同体の市民一人当たりに課される税。

［3］Constantinus I（c. 274-337）．在位、三〇六―三三七年。最初コンスタンティヌス一世はリキニウスと権力を分かち合ったが、三二四年以後、彼はローマ帝国の単独の支配者となり、専制君主政を確立した。ヒュームが言及している歴史家たちから得ているコンスタンティヌスの課税政策とその結果については、エドワード・ギボン『ローマ帝国衰亡史』3（中野好夫訳、ちくま学芸文庫、一九九五年）、第一七章が参考になる。

（11）〔このパラグラフの初めからここまでは、H―P版では次のようになっていた。「どのように課税されようと、すべての税は最後には土地にかかるという、広く行き渡った意見がある。このような意見は、わが立法権が主としてその手中に委ねられている地主を抑制し、彼らに商業と工業に対する大きな関心を保持させるから、そのことによってブリテンでは有用であるかもしれない。しかしこの原理は、はじめある一人の有名な著述家〈これはジョン・ロックのことで、彼は有名な『利子引き下げ論』（*Some Considerations of the Consequences of the lowering Interest and raising the Value of Money*, 1692）において、「租税は、どのように工夫され、誰の手から直接支払われようとも、土地がその大きな資源である国では、大部分土地の上に帰する」と述べている（Cf. John Locke, *Works*, II, 1740 ed., p. 29）〉によって提唱されたのではあるが、道理にかなったものとはとても見えないし、したがって彼の権威がなければ、誰にも受け入れられなかっただろうと言わざるをえない」〕。〈ただし、「わが立法権が」に続く「主として」(chiefly)はH版(初版)には見られない〉。

(12)〔この結びの文章はH—O版にはなく、P版では次の通りである。「輸出されるいかなる財貨においても、労働は、外国市場を喪失することなしにその価格を著しく大幅に引き上げることができない。そしてたいていの製造品は、その一部が輸出されるのだから、こうした事情は、租税が賦課されたのちには、ほとんどの種類の労働の価格をほぼ同じ比率に保つのである。さらに、こうした事情の影響はすべての種類の労働に及ぶものであると言ってよいであろう。なぜなら、かりにある種の労働が右の工賃以上に支払われるとしたなら、すべての労働者がその労働に集中し、間もなく、それを他の種類の労働と同じ水準まで下落させることになるだろうからである」〕。

IX　公信用について

平時にあって軍需品を準備し、さらに征服や防衛の手段として手許に財宝を保蔵し、騒乱と混乱の時代には臨時の課税に頼らず、まして借入れなどには頼らずにすませるということは、古代にはよく実行されていたことだったと思われる。アテナイ人や、プトレマイオス王家およびその他のアレクサンドロスの後継者たちによって蓄積された、前述(1)の莫大な金額の他にも、節倹なラケダイモン人もまた多大の財宝を集積したことを、われわれはプラトン(2)から学んで知っている。また、アッリアノス(3)とプルタルコス(4)は、アレクサンドロスがスサとエクバタナを征服して入手した富に注意を払っている。しかもそのうちの一部はキュロス〈王〉[1]の時代から保蔵されていたものである。私の記憶が正しければ、聖書もエゼキエル[2]やユダヤ諸王の財宝に言及しているが(5)、ちょうど同じように、世俗の歴史も、マケドニアの諸王、フィリッポスとペルセウスの財宝に言及している。古代のガリアの諸共和国は、通常、莫大な額を保蔵していた(6)。内乱のさいローマでユリウス・カエサルによって押収された財宝のことは誰でも知っている(7)。それ以後では、アウグストゥス、ティベリウス、ウェスパシアヌス、セウェルス[3]その他の賢明な皇帝が、常に先見の明を示して、国家のどんな非常事態にも備えて多大の額を貯蔵したことを、われわれは知っている。

これとは反対に、この現代にあってごく一般的となっている方策は、国家の歳入を抵当に入れることであり、祖先が契約した債務は子孫が返済するものと信頼することである。またこの子孫は、利口な父祖たちの至極良い手本を目前に見ているので、これと同じ利口な信頼を今度は自分たちの子孫に寄せるのである。そしてついに、この子孫は、好むと好まざるとにかかわらず必要によって、次の子孫に同じ信頼(8)を寄せざるをえない。しかしまったく議論の余地のないほど破滅的であることが明らかな慣行を、何も時間をかけて非難するまでもない。この点に関しては、古代の原則の方が現代のそれよりも慎重であるということは、まず明白と思われる。たとえ後者〈現代の方針〉がある適度の範囲内に限定されていたとしても、また、たとえ多額の戦費によって生じた債務を弁済してしまうほどの倹約を平時に行ってきたとしても、いかなる場合にも、そうなのである。なぜ国家と個人との間では、それぞれ相異なる行為の原則を立てねばならぬほど、事情が相違するのであろうか。前者〈国家〉の財源が大きくなれば、国家の必要な諸経費もそれに比例して多くなる。国家の財源の方が必要諸経費を上回るとしても、それには限度がある。それに国家組織は、一個人の寿命はもとより一家族の存続期間よりもはるかに長期にわたると見込まねばならないから、国家は、その考えられる存続期間に見合った、大きく、持続的で、かつ寛大な諸原則をもつべきである。偶然の事情や一時的な方策に頼るのは、人事の必要からしばしば避けえないことであるのは致し方ない。だが、人びとがこのような財源に自ら進んで頼るからには、なんであれ彼らに降りかかった不幸は、これをやむをえないこととすべきではなくて、自らの愚かさのゆえだとすべきなのである。

財宝の濫用が、国家に無分別な事業を行わせたり、あるいはその富を頼んで軍事訓練を怠らせたりして、危険であるとすれば、〈国家の歳入を〉抵当に入れることを濫用すれば、〈その危険は〉もっと確実かつ不可避である。つまりそれは貧困と無気力と外国諸勢力への服従をもたらす。

現代の政策によれば、戦争はあらゆる破滅的な事態を伴う。すなわち人員の損失、諸税の増加、商業の衰退、貨幣の消尽、海陸からの蹂躙がそれである。古代の原則によれば、国庫に並はずれた多量の金銀が生じた場合に、それを開放することは、産業活動に対する一時的な刺激として役立ち、戦争の不可避的な災害をある程度償ったのである。

大臣(9)は、国民に過重な税負担をかけたり、自分に対する直接の非難を少しも招いたりせずに、自らをその任期内に大物にするような方策を、どうしても採りたくなるものである。したがって、公債を発行する慣行があらゆる政府において濫用されるのは、まず避けえないであろう。放蕩息子にロンドン中のあらゆる銀行の信用を与えてやることが無謀であるのと同様に、子孫を支払人としてこのように手形を振り出す権力を政治家に与えることは、まず分別あることとは考えられないであろう。

それでは、次のような新しい逆説に対してはどのように言えばよいだろうか。すなわち、国家の債務は、それを契約する必要性とは別に、それ自体として有益であり、およそ国家は、たとえ外敵の圧迫を受けていなくとも、商業を促進し富を増加させる上で、基金や公債や租税を無制限につくり出すことほど賢明な方策をおそらく採りえないであろう、という逆説に対してはどのように言えばよいであろうか。こうした愚かな原則が偉い大臣たち(10)やわが国の一政党の全体によって奨励されていることを、われわれが知らなかったとすれば、こうした推論は、ブシリス[5]やネロの愚行や狂熱に与えられた賛辞と同様に、修辞家の間で機知の手慣らしぐらいに考えられて不問に付されたとしても当然であろう(11)。

わが国の国内経営の上で商工業に与える影響と、わが国の対外交渉の上で戦争と交渉に及ぼす影響との点で、公債がもたらす諸結果を検討することにしよう。[12]

公債はわれわれにとって一種の貨幣となり、時価で金銀と同じほど容易に通用している。何かしら有利な事業が現れる場合にはいつも、いかに経費がかかろうと、それに応じるだけの人手にけっしてこと欠かない。かなりの金額を公債でもっている商人は、最も大きな取引でも、それを手がけるのに心配はいらない。なぜなら彼には、自分に起こりうるどのような突発的な需要にも対応するだけの資金があるからである。貿易商人は相当な額の現金を手許にもつことを必要だなどとは考えない。銀行債や〈イギリス東〉インド会社債、とくに後者は現金と同じすべての目的に役立つ。なぜなら、彼はそれらを一五分間で処分したり、銀行家に抵当として差し出したりすることができるからである。また同時に、それらの債券は、彼の事務机のなかにあるときでも遊んでいるのではなく、彼に経常的な収入をもたらす。要するに、わが国の国債は、貿易商人たちの手中で絶えず増殖し、彼らの貿易の利潤の他に確実な利得を生み出す一種の貨幣を、彼らに与えるものである。このことは、彼らがより低い利潤〈率〉で貿易を行うことを可能にするに違いない。貿易商人のこの低利潤〈率〉は、財貨を一層廉価にし、より大量の消費を呼び起こし、庶民の労働を促進し、技術と産業活動を全社会のすみずみにまで広げるのに役立つのである。

また、イングランドや、商業を行い公債も所持するすべての国には、半ば貿易商人で半ば公債所有者であって、わずかの利潤〈率〉で進んで貿易を行おうとすると思われる一団の人びとがいることが観察されるであろう。なぜなら、商業は彼らの主要なあるいは唯一の生計の資でなく、公債による収入が彼ら自身とその家族を養う確実な資産だからである。もし公債がなかったならば、大貿易商人は、土地を購入する以外に、その利潤のどの部分も実現したり、確保したりする手段をもたないであろう。それに土地には、公債と比べて多くの不利な点がある。より一層の注意と監視が必要なため、土地は貿易商人の時間と注意力を分裂させる。交易上に何か魅力的な引き合いや特別な偶発事件があった場合に、土地はそう容易には貨幣に換えられない。しかも土地には、それが与える多くの自然的な喜びと権威により、人びとを引きつけるところがきわめて大きいため、それはやがて市民を地主（country gentleman）に変える。したがって、公債のあるところでは、より多くの人が多くの資本と所得をもって貿易を継続して当然と思われる。そして、これは貿易の利潤〈率〉を低減させ、流通を促進し、産業活動を奨励することによって、貿易にある利益を与えることが認められねばなるまい。[13]

しかし、これら二つの有利な場合があまり重要とも思われないのに対して、わが国債に伴う多くの不利益は、わが国の国内経済全体において重大である。つまり、公債から生じる害悪と利益とは比較にならないことが分かるであろう。

第一に国債が人口と富の首都への巨大な集中を引き起こすことは確かである。というのは、その利子支払いのために〈ロンドンを除く〉地方で莫大な金額が課徴されるからであり、またおそらく、上述した国債のもつ交易上の諸利益が王国の他の地方にいる人びと以上に首都にいる貿易商人により多く与えられるからである。わが国の場合、問題は、すでにこのような巨大な規模に達していまなお膨張しつつあるように思われるロンドンにこのように多くの特権が与えられることが、公共の利益になるかどうかである。この結果について懸念を抱く者もいる。私自身としては、頭が身体の割に大きすぎることは疑わないが、この大都市は非常に地の利を得ているために、その法外な大きさから生じる不便は、たとえより大きな王国に小さい首都という場合と比べても少ないものだと考えざるをえない。パリとラングドックとの間におけるすべての食料品価格の差異は、ロンドンとヨークシャーとの間のそれよりも大きい。⑭なるほど、ロンドンの巨大さは、実際に、独裁権力を許さない政体のもとでは、国民を党派的、反抗的、扇動的にし、またおそらくは反乱的にさえもする。しかし国債には、この害悪に対してそれ自体が一つの治療薬となるという傾向がある。国家的混乱がいよいよ勃発するとか、そうでなくてもその直接的危険があるときでさえ、最も危ない財産の所有者である国債所有者をすべて慌てさせるに違いない。[7]だから政府が脅かされるときには、それがジャコバイトの暴力によってであろうと、民主の狂乱によってであろうと、彼らを政府の支持に飛んで行かせるであろう。

第二に、公債は一種の紙券信用であるから、この種の貨幣に伴う不利益をすべてもっている。公債は国の最も重要な商業から金銀を駆逐し、それらを一般の流通に移し、それによってすべての食料品と労働とを、そうでない場合よりも高価にする。⑮

第三に、こうした公債の利子を支払うために課せられる諸税は、⑯労働の価格を騰貴させるか、それとも貧民階層への圧迫となるかのいずれかになりがちである。

第四に、外国人が所有するわが国債のもち分が大きいときには、彼らはある意味でわが国を彼らの属国にし、間もなくわが国民とわが国の産業活動の移転を引き起こすかもしれない。

第五に、公債の大部分は公債からの収入で生活している怠惰な国民の手中にいつもあるから、この観点からすれば、わが国の公債は、役に立たない非活動的な生活を大いに奨励するのである。

しかし、わが国の公債が商工業に与える損害は全体の帳尻の上では重大でないとは言えないと思われるが、この損害は、諸国民からなる社会のなかで自立しなければならず、戦争や外交折衝において他の諸国と種々の交渉を行う政治体として見た場合の国家に帰する損失と比較すれば、取るに足りないものである。この場合、その害悪は純粋で混ざり物を含まず、害悪を相殺する有利な事情はまったく存在しない。それはまた、最大にして最も重要な性質の害悪でもある。

公債の大部分はわれわれの間で支払われ、ある人から受け取ったものと同額の財産を他の人にもたらすのだから、国家は公債によって少しも衰退しないということを、実際にわれわれは聞かされている。それは右手から左手へと貨幣を移転させるのに似ている。なぜなら、それはその人を以前よりも富裕にも貧乏にもしないからである、[8]というのである。このようなずさんな推論やもっともらしく見える比較は、われわれが原理に基づいて判断しない場合にはいつも通用するであろう。主権者が国民のなかにいる場合でさえ、国民に過重な税負担をかけることが、ものごとの道理から見て、果たして可能なのかと私は問いたい。この疑問自体がきわめて大きいと思われる。なぜなら、どの社会にあっても、そのなかの労働する階層と怠惰な階層との間には一定の比率が守られることが必要だからである。しかし、もしわが国の現在の租税が全部抵当に入れられてしまえば、われわれは新しい租税を考え出さなくてはならないのではないか。そしてこの事態は破滅と破壊の極度にまで達してしまわないであろうか。

　各国民には常に、その国民の生活方法と彼らが使用する財貨に適した、他の方法よりも容易に貨幣を徴収する方法がいくつかある。グレイト・ブリテンでは、麦芽とビールに課される内国消費税が巨額の歳入をもたらす。なぜなら、麦芽作りと醸造の作業は時間が長くかかり、隠すことができないからであり、それと同時に、こうした財貨は、その価格騰貴が貧民階層にきわめて大きな影響を与えるほど、生活にとって絶対に必要なものではないからである。こうした税が全部抵当に入れられてしまえば、新しい税を見つけるのはなんと難しいことか！　貧民の苦悩と破滅とはいかばかりであろう！

　消費財にかける税は、財産にかける税よりも平等で容易である。前者がすべて使い果たされ、われわれがもっと苛酷な徴税方法に頼らねばならないというのは、国家にとってなんという損失であろう！

　もしすべての土地所有者が国家の執事《ステュワード》にすぎないとすれば、彼らは必要に迫られて執事が用いるあらゆる抑圧策を用いないであろうか。というのは、土地所有者の不在や怠慢が徴税の取り調べから彼らを守っているからである。

　国債にはけっして限度をもうけるべきでないとか、またたとえ、現行のすべての関税と内国消費税だけでなく、一ポンドにつき一二ないし一五シリングの割合の地租が担保に入れられるとしても、国家は少しも衰退しないであろうということは、まず主張できないであろう。したがって、この場合には、ある人から他の人へ財産を単に移転するという以上の何かがある。五〇〇年も経つうちには、いま馬車に乗っている人びとの子孫と御者台にいる人びとの子孫とは、おそらくその位置を変えているであろうがこうした交替は公共に影響を与えないであろう。

　[17]いまかりに、国家が非常に驚くべき速さで到達を急いでいる上述の状態に、いったん実際に達したものと仮定しよう。そして土地が一ポンドにつき一八ないし一九シリングの割合で課税されるものと仮定しよう。というのは、土地は二〇シリング全部をけっして負担できないからである。すべての内国消費税と関税が、国民の商工業をまったく失わせることなしに、国民の負担できる最大限まで搾り取られるものと仮定しよう。なお、以上の財源がすべて永続的に抵当に入れられ、わが国のすべて

の企画者の考案と機智をもってしても、新しい借金の基礎となりうる課税を見つけられないと仮定しよう。その上で、こうした状態から生じる必然的な結果を考察することにしよう。われわれの政治知識が不完全な状態にあり、人びとの能力も限られているため、これまで試みられたことのない方策から生じるべき諸結果を予測することは難しいとはいえ、この場合には、どんな不注意な観察者も見逃さないほど、破滅の種子はおびただしくばらまかれているのである。

こうした不自然な社会状態においては、自らの産業活動の直接的結果以上の収入を得ている人びとは、すべての関税と内国消費税がもたらすもののほかに、土地や家屋のほとんどすべての賃料を取得する公債所有者だけである。こうした人びとは、国家となんら特別なつながりをもたず、地球上どこでも住むところを選び、国債の利子収入を享有できるような人びとである。だから彼らは、自然に首都や大都市に身をうずめ、気概も野望も楽しみもなく、愚かで勝手きままな奢侈による無気力状態に陥ることになる。〈彼らにあっては〉貴族としての高貴の生まれやジェントリとしての家系や家柄という観念はすべてなくなってしまう。公債はまたたく間に移転することが可能だが、このように変動する状態にあるため、それは父から息子へと三代にわたって伝えられることはまずないであろう。また、もしも公債が一家族のなかに非常に長い間とどまったとしても、公債は相続による権威や信用をその所有者に譲渡しないであろう。このようにして、自然の手で作られた、国家のなかにありながら、それから独立した一種の為政者となるいくつかの階層の人びとは、まったくいなくなってしまう。そして権威ある地位にある人はみな、もっぱら主権者から職権の委任を受けることによって影響力を得ることとなる。こうして、傭兵以外には反乱を防止したり鎮圧したりする方策は一切残らなくなる。圧制に反抗する手段もまったく残されない。選挙はもっぱら賄賂と買収によって左右される。また国王と人民の間の中間勢力がすっかり排除されるため、圧制的な独裁君主政が必ず支配するに違いない。土地所有者は貧しさのゆえにさげすまれ、圧制のゆえに嫌われて、独裁君主政にまったく反対することができないであろう。

商業に害を与え工業を不振にするような税は絶対に課さないという決断が立法府によってなされるべきであるが、このようなきわめて繊細な問題においては、間違いがけっしてないというほど正確に推論することや、ごく切迫した難局のさなかに、その決断を放棄せずにいることは、人間には不可能であろう。商業上の不断の変動のため、租税の性質はどうしても不断に変更されることとなる。そしてこのことは立法府を、意図的な誤り、あるいは何気ない誤りの双方を犯す危険に絶えずさらすことになる。したがって、無分別な税によろうと、他の偶発事件によろうと、およそ交易に対して強力な一撃が加えられると、それは政治機構の全体を混乱に陥れるのである。

しかし、交易が依然として最高の繁栄状態を続けるものと仮定しても、国家の対外戦争と事業を維持し、自国の名声と利益、あるいは同盟国のそれらを守るためには、国家はいまやどのような方策を採ることができるであろうか。われわれがわが国自体の自然的な力だけでなく、最大の帝国の力さえしのいだ、わが国の近次の戦争中に維持されたような巨大な力をどうして国家が発揮できるのかを、私は問うているのではない。こ の濫費は、現在われわれがさらされているすべての危険の源として非難されている、力の濫用なのである。しかし、一切の財源が抵当に入れられた後でも、なお多大な商業と富が残っていると仮定せねばならないから、こうした富はそれに応じた力によって防衛されねばならない。それでは、国家はその力を維持する歳入をどこから引き出すことができるのだろうか。それは明らかに年金受給者に対する不断の課税によるか、それとも同じことだが、緊急事態の発生のたびに年金の一定部分を新たに抵当に入れるかして、年金をその受給者自身の防衛と国民の防衛に寄与させることによらねばならない。しかし、かりに国王が絶対君主になったと仮定しても、あるいはまた、年金受給者自身がどうしても支配的な勢力をもつに違いない国会によって国王が依然として支配されるものと仮定しても、いずれにせよこの政策体系に伴うもろもろの難点は、容易に明らかとなるであろう。

こうした事態から当然予想されるところだが、もしも君主が絶対的になれば、年金受給者に対する国王の課税――これがわずかに残された、君主が自由にしうる貨幣である――を増加することは、君主にとっていともたやすいことであるため、この種の財産はやがて信用をすっかり失ってしまうであろうし、その国の各個人の所得のすべては完全に君主の意のままになるに違いない。これは東洋のいかなる君主国もいまだかつて達成しなかったほどの専制君主政である。これとは反対に、もし年金受給者の同意がどんな課税にも必要であるならば、彼らは政府を維持するに足るだけの租税の納入さえけっして納得しないであろう。この場合には、年金受給者の収入の減少は目に見えて大きいので、内国消費税や関税の一部門といった装いをとっても隠すことはできないであろうし、またすでにぎりぎりまで課税されていると考えられる国家の、他のどの階層によっても分担されないであろう。いくつかの共和国では、〈国債の利子の〉一〇〇分の一ペニーが、またときには五〇分の一ペニーが国家維持のために提供される例がある。しかし、これは常に権力の法外な行使であって、恒常的な国防の基礎とはなりえない。ある政府がその歳入をすべて抵当に入れてしまった場合、その政府はどうしても無気力、不活動、無能力の状態に陥ることを、これまでわれわれは見続けてきたのである。

以上がこうした状態――そこへグレイト・ブリテンは明らかに向かいつつある――のもつ、当然予測しうる不都合な点である。予測できない無数の不都合についてはここでは言わないが、それらの不都合は、大臣や企画立案家たちの豊かな空想力によって考え出しうるあらゆる種類の関税と内国消費税を国家に与えるだけでなく、国家が土地の主要なあるいは唯一の所有者になるほどの恐ろしい事態から生じるに違いないのである。

公債に関して、永年の慣習からあらゆる階層の人びとの心に忍び込んでいるある奇妙な閑却があり、それはちょうど宗教上の教義に関して聖職者がきわめて熱心にこぼしていることに似ていなくもないと、私は認めざるをえない。現在の内閣も将来のすべての内閣も、わが国の公債の支払いにおいて格段の進歩を示すほど厳格で着実な節約を懸命に行うであろうとか、あるいは国際情勢が長期間このような政策を実行する余裕と平静を許してくれるであろうとかは、最も楽天的な空想力をもってしても望みえないことだと、われわれのすべてが認めるところである。(18) それではいったいわれわれはどうなるのか。もしわれわれがきわめて善良なキリスト教徒で、神の摂理に非常に従順であるなら、これは興味深い問いであり、思弁的な問いであるとさえ考えられるであろうが、これについて何か推測的な答えをすることはまったく不可能ではないように私には思える。この場合、ことがらは、戦闘、外交交渉、策略、党派的紛争というような偶発事件にはほとんど依存しないであろう。そこには事物の自然な成り行きがあるように思われ、それがわれわれの推論を導くであろう。われわれがこうした〈国家の歳入を〉抵当に入れる慣行を最初に始めたとき、人間や大臣の本性から、事態が当然今日われわれが見ているような状態にまで達するであろうということを予測するには、普通の思慮分別をもつことしか必要でなかったであろう。また、いまや事態がついに首尾よく右の状態に達してしまった場合、その結果を推測するのも難しいことではなかろう。まったくのところ、それは次の二つの結果のいずれかであるに違いない。すなわち、国民が公信用を破滅させるか、それとも公信用が国民を滅ぼすかのいずれかである。国民と公信用が従来管理されてきた方法によっては、他のいくつかの国におけるのと同様に、わが国においても、この両者がともに存続することは不可能である。

　実際に、わが国の国債を償還する一つの計画があった。それは三〇年以上前に一人の優れた市民、ハチスン氏（Mr. HUTCHINSON）[9]によって提案され、幾人かの識者から大いに賛同を得たが、けっして実現する見込みがなかった。彼の主張によれば、国家がこの債務を負うと想像することには誤りがある。というのは、実際には各個人がそれぞれの割合でこれを負担するのであり、彼の租税によって、こうした課税の経費だけでなく利子の応分の負担も支払うのだからである。そうだとすれば、この債務をわれわれの間に比例的配分し、各自が自分の財産に応じた額を納税し、これによってわが国の国債と国家の抵当を一挙に返済する方がよいのではなかろうかと、彼は述べている。労働貧民が右の必要額のうちの比例的な負担部分を一度に前払いすることはできないだろうが、自らの年々の消費によって租税の相当な部分を支払うことを彼は考慮しなかったように思われる。貨幣形態の財産や交易上の資本は、容易に隠したりごまかしたりすることができ、実際には土地や家屋の形をとった目に見える財産が最後には全負担に応じるであろうということは、言うまでもない。だから不平等と抑圧はけっして消滅しないであろう。しかしこの企ては実現しそうにないけれども、国民が自らの債務に心からうんざりするようになり、また債務のために苛酷な圧迫を受けるとき、ある大胆な企画立案家が夢想的な返済計画を携えて立ち現れるかもしれないということは、まったく考えられないことではない。そしてこうした企画家が現れるころに[10]、公信用がわずかでも弱くなり始めると、摂政時代のフランスでたまたま起こったように、公信用はほんの少し触れただけで崩壊してしまうであろう。このようにして、それは医者がもとで死ぬ (*die of the doctor*) ことになるであろう[19]。

しかし公信用が壊れるのは、戦争、敗北、不幸、公共の災害の、あるいはそれどころか、ことによると勝利や征服の必然的結果であるということは、もっとありそうなことである。君主や国家が債務と公債と国家の抵当のまっただなかで戦い合っているのを見ると、それは陶磁器店で棒術試合をするのをいつも私に思い起こさせる、と言わざるをえない。主権者が自らにも国家にも有用な生命と財産に対して、ほとんど同情をもち合わせないときには、彼が自らにも国家にも有害な種類の財産を節約するであろうなどと、どうして期待できるであろうか。その年の緊急事態に備えて創出された新公債が引き受けられず、計画された貨幣が調達できない時が来るとしよう（そしてその時が来るのは確実である）。国民の現金が底をつくか、それともこれまで非常にゆとりのあったわが国の公信用に対する信頼がわれわれの期待を裏切り始めたと仮定しよう。こうした苦難の最中に、国民が侵略の脅威を受け、国内では反乱の疑いがあるか、あるいはそれが勃発し、艦隊は給与、食糧、修理品の不足から装備を整えることができず、さらにそれに加えて、外国からの援助金の前貸しも受けられないと仮定しよう。このような非常事態に当たって君主や大臣は何をしなければならないか。自己保存の権利は、いかなる個人の場合にも、ましていかなる社会の場合にも譲渡することができない。だからわが国の政治家が安全を守る手段を手中に握りながら、それを使用しなければ、その場合には、わが政治家の愚かさは、最初に債務を契約した人びとの愚かさよりも、あるいはさらには、この公債をかつて信用したり、いまなお信用し続けている人びとの愚かさよりも、ひどいに違いない。創出されて抵当に入れられた基金は、その頃までに、国民の防衛と安全を確保するのに十分なだけの多大の歳入を年々もたらすであろう。貨幣は、おそらく、年四回の利子支払いに備えて大蔵省に置かれているであろう。必要に迫られ、恐怖に追い立てられ、理性からは勧告され、同情心にはもっぱら大声で訴えられる。この貨幣は最も厳粛な言明――これはおそらくすぐに取り消されるようなものだが――のもとに、現在の事業のために直ちに押収されるであろう。だがこれだけでもう十分である。すでにぐらついている全機構は瓦壊し、その廃墟に幾千の人びとを葬る。だからこれは公信用の自然死 (*natural death*) と呼びうると、私は思う。というのは、公信用は、ちょうど動物の肉体が自然に死滅と破壊に向かうのと同様に、自然にこの終末へと向かうからである[20]。

人類の大部分は非常に欺かれやすい人びとであるため、イングランドにおける人為的な破産が引き起こすと思われる、公信用に対するこのような激しい衝撃にもかかわらず、信用が以前と同じく盛んな状態に再び回復するまでには、おそらく長くはかからないであろう。現在のフランス王は、今次の戦争中、その祖父がかつて借りたよりも低い利子で貨幣を借りた。[21] これは、イギリス、フランスの両王国における利子の自然率を比べた場合、イギリスの議会が借りるのと同じほど低いものであった。そして人間は通例、どれほど確実であっても、予測するものによって支配されるよりも見たことのあるものによって一層支配されるとはいえ、しかし約束や断言や有望な情勢は、当座の利益の誘惑とともに、それらに抵抗できる人がまずいないほど強力な影響力をもっている。人類はいつの時代にも同じ誘惑にひっかかるものである。つまり繰り返し何度も行われた同じ策略が、いまなお彼らを欺いている。人気と愛国心をあおることが、いまなお権力と専制を手に入れる踏みならされた道であり、追従は裏切りへ、常備軍は恣意的統治へ、そして神の栄光は聖職者の世俗的利益へ至る踏みならされた道である。〈公〉信用の永久的破壊の恐れは、害悪であるとは認められるとしても、余計な杞憂なのである。実際、慎重な人は、わが国の公債に直ちに応じるよりは、むしろわれわれがそれから利益を吸い取った直後に、国家に貸し付けようとするであろう。これはちょうど、金持ちの詐欺師が、たとえ人は彼に無理に返済させることはできないにせよ、正直な破産者よりはましな債務者であるのと同様である。というのは、前者の金をもっている詐欺師は、その債務が法外な額でない限り、事業を続けるためには、それを返済するのが利益だということに気づくだろうからである。ところが、後者には返済能力がない。タキトゥスの推論——これは永遠に真理であるが——は、われわれのこうした場合に非常によく当てはまる。「しかし民衆は特権の規模に関心をもっていた。最も愚かな者は公債を買った。賢明な人びとは、国家が支えるとしても、与えもできず受け取ることもできないものは無益だと考えた」(*Sed vulgus ad magnitudinem beneficiorum aderat : Stultissimus quisque pecuniis mercabatur : Apud sapientes cassa habebantur, quae neque dari neque accipi, salva republica, poterant*)。[22] 国家は、誰もそれに支払いを強制できない債務者である。債権者が国家に対して与えうる唯一の抑制は、信用を維持する方が得だという利害関心である。しかしこの利害関心は、莫大な債務や困難で途方もない非常事態の発生などのために、その信用が回復の見込みすらないと思われる場合には、簡単に相殺されてしまうかもしれない。言うまでもなく、国家は当面の必要から、厳密に言えばその利益に反するような手段をとらざるをえないことがよくある。

以上に仮定されたこれら二つの結果は不幸なことではあるが、しかし最大の不幸というわけではない。それによって何千という人びとが何百万人かの安全のために犠牲にされる。しかし、これとは反対の結果が生じて、数百万人が数千人の一時的な安全のために永久に犠牲にされるという危険が、われわれにないわけではない。[23] わが国の民主政体は、おそらく、大臣が人為的な破産というような、きわめて絶望的な方策をあえて行うのを難しくしたり、あるいはそれを危険なものとするであろう。そして上院はすべて地主によって構成せられ、下院も概してそうであり、したがって、両院のいずれもが公債で大財産を所有しているとは考えられないが、それでも議員と公債所有者との関連はごく密接であるから、議員は、思慮分別や政策が、厳密に言うなら正義でさえが命じる以上に、執拗に国家の信用を守るであろう。そしておそらくはまた、わが外国の諸敵国(24)は、非常に政略にたけていて、わが国の安全がきわめて怪しいことを発見するかもしれず、またそれほどであるから、その危険が不可避となるまでは、それを公にしないであろう。ヨーロッパの勢力均衡はあまりにも不均衡なため、われわれの注意と支援がなくては維持できないと、われわれの祖父たちも父たちもわれわれもすべてが考えてきた。だがわれわれの子供たちは争いに飽き、債務にとらわれ、安全第一と座り込んで、近隣の諸国が圧迫を受け征服されるのを座視するかもしれない。そしてついに最後には、彼ら自身も彼らの債権者も、征服者の意のままになるであろう。だから、これはわが公信用の暴力死(*violent death*)と呼んでも差しつかえないであろう。

以上のことはあまり遠い将来のことではなく、理性が時の胎内にあるものすべてを予測しうるのとほとんど同様に、まず明確に予測しうることがらだと思われる。そして古代の人は、予言の賜物を得るためには、一種の神聖な激情や狂気が必要だと主張したけれども、以上に述べたような予言を発するためには、一般にありがちな狂気や幻想に影響されないで、ただ正気であること以上に何も必要でない、と断言しても差しつかえないであろう。

(1)〈本訳書第II部〉第五エッセイ。〔「貿易差額について」〕。

(2) アルキビアデス、第一巻。〔一二二d—一二三b〕。

(3) 第三巻。〔『アレクサンドロス大王東征記』第三巻、一六および一九〕。

(4) プルタルコス「アレクサンドロス大王伝」。〔第三六節、第三七節〕。彼はこの財宝を八万タレント、言い換えると約一五〇〇万スターリング〈ポンド〉と計算している。クイントゥス・クルティウス（第五巻、第二章）は、アレクサンドロスがスサで五万タレント以上を見つけたと述べている。〈Quintus Curtius Rufus は一世紀のローマの歴史家。クラウディウス帝時代（四一—五四年）に『アレクサンドロス大王史』を著した〉。

[1] Kyros II (600?–530 B.C.). キュロス二世（大王）。ペルシアのアカイメネス王朝の王で、ペルシア帝国の基礎をつくった。在位、前五五九—五三〇年。

[2] Ezechiel は前六世紀初めのイスラエルの預言者。

(5)〔旧約聖書の「列王記」下、第一八章、第一五節と「歴代誌」下、第三二章、第二七—二九節を参照〕。

(6) ストラボン、第四巻。〔第一巻、第一三章、レーブ版〕。〈Strabon (64/63–21 B.C.) はギリシアの地理学者、歴史家。四七巻に及ぶ史書は現存しないが、『地理書』(*Geographia*) 一七巻は大部分現存し、地理・歴史的に重要な史料となっている〉。

(7)〔ポンペイウスとその他の敵に対する全面的な勝利に終わった、紀元前四九—四五年の内乱の最初に、ユリウス・カエサルはローマの国庫を押収した。それは金銀の延べ棒や宝石などの貴重品からなる莫大な金額からなっていた。プルタルコス『英雄伝』、「カエサル伝」〈村川堅太郎編『プルタルコス英雄伝』下、ちくま学芸文庫、一九九六年〉、第三五節を参照〕。

［3］Lucius Septimius Severus（146–211）は第二〇代ローマ皇帝。在位、一七三―二一一年。

（8）〔H―P版では「百の論証の示すところにもまさるほど」が追加されている〕。

（9）〔このパラグラフはQ版で追加された〕。

（10）〔この箇所は主としてロバート・ウォルポール卿と彼を支持したウィッグ党の批判を意図している。ウォルポールは一七〇一年に選出され、一七四二年に首相として辞任するまで、下院で指導的な役割を果たしていた。ヒュームの意図はこの版では削除された箇所で明らかにされている。（本訳書注(11)における「オルフォード卿」への言及を参照。ウォルポールは一七四二年に初代オルフォード卿となった）。この削除された箇所はアダム・スミスによって分かりやすく言い換えられている。「この不平をなくすために、サー・ロバート・ウォルポールは、公債が不都合ではないことを示そうと努力した。ただし、彼のような有能な人は、彼自身はその反対であることを知っていたと、想定されるべきである」『法学講義』（*Lectures on Jurisprudence* [London : Oxford University Press, 1978, Indianapolis : Liberty Classics, 1982], p. 515）。〈水田洋訳、岩波文庫、二〇〇五年、三三五頁〉。一七一七年にウォルポールは公債元本を償還する減債基金を制定するのに一役買った。そしてこの政策はその後十年間は、少なくとも部分的ながら成功した。しかし、一七三三年に、ウォルポールは議会がこの減債基金から貨幣を引き出し当面の支出に当てることを主張し、これは地租を引き上げるよりも負担が小さいであろうと論じた。こうした方策は、減債基金を「神聖不可侵な天恵」であり、「国民の唯一の希望」と見た人びとにより反対された。その後数年のウォルポール政権下に貨幣は定期的に減債基金から転用された。ヒュームがこの箇所で示唆しているのは、公債の継続に対するウォルポールの正当化は、専制君主――ブシリスはギリシア神話によれば残忍なエジプト王であった――や他の非難されるべきことがらを称賛する演説と同じく、明白な誤りであるということである〕。

［5］エジプトの王。外国人を捕えて犠牲に捧げるのを常習にしていたが、ヘラクレスに殺された。

（11）〔H―P版では次のことが付け加えられていた。「そして人を惑わすこうした議論（というのは、それはもっともらしいという名には値しないからである）は、オルフォード卿〈ロートワイン版にオックスフォード卿とあるのは誤記〉の行為の根拠であるはずはない――というのは、彼にはもっと分別があったから――にせよ、少なくとも、彼の党派の者の顔を立ててやり国民の理解を混乱させるのに、役立ったのである」〕。

（12）〔H―P版での追加。「わが国ではあらゆる人の口にのぼり、また私の知るところでは外国へも及んで、イングランド人をまねて外国の著述*家たちがよく使っている一つの言葉がある。それは**流通**（CIRCULATION）という言葉である。この言葉はあらゆることを説明するのに役立つ。そして実のところ私は、生徒だった頃から、当面の問題においてそれがもつ意味をずっと探し求めてきたのだが、いまだにそれを発見できないでいる。人手から人手へと債券を容易に移転することから国民が得ることのできる利益には、いったいどんなものが考えられるのだろうか。また、小切手や東インド会社の債券の流通と他の諸財貨の流通との間には、何か比較されるべき類似点でも見出されるのであろうか。製造業者が財貨を卸売商へ、卸売商が小売商へ、そして小売商が顧客へとすみやかに販売する場合、それは産業活動を生き生きとさせ、最初の販売者つまり製造業者と彼の関係するあらゆる商人たちに新しい刺激を与え、それらの人びとにもっと多くの、もっと良質の同種の商品を生産させる。この場合に沈滞が生じると、それは常に有害である。なぜなら、それは逆行的に作用し、人間の生活に有用なものを生産する上で、勤勉な人手を止めたり麻痺させたりするからである。しかし、コーヒーやペン、インクや紙の消費を別として、われわれはどんな生産を、また消費をも、**取引所街**（CHANGE-ALLEY）に負うているのか、私にはいまだに分からない。かりにその場所とそこの住人がすべて大洋に永遠に葬られたとしても、有利な商業や財貨の一つにでも損失や衰退が生じると予測することはできない。

　しかしこの用語は、流通から生じる利益を大いに主張する人びとによって明らかにされたことは一度もないのだが、わが国の債務からは類似の種類の利益が多少は生じるようである。まったくのところ、なんらかの利益を伴わないような人間による害悪があるだろうか。われわれがこの利益をどの程度に認めるべきかを評価するために、このことを努めて説明することにしよう」。

＊〔フランスで出版されたパンフレットにおける、ムロン、デュ・トー、ロウ〈John Low（1671-1729）はイギリスの経済学者、財政家。スコットランドで土地銀行設立案を提出したが採用されず、のちフランス政府に認められ、私設の発券銀行を設立。有名なミシシッピ計画に着手したが失敗、大恐慌をもたらした。主著は『貨幣と貿易』(*Money and Trade considered: with a Proposal for supplying the Nation with Money*, Edinburgh, 1705)〉〕。

(13)〔H―O版では、次のものが注として追加されている。「この問題について私が次のように述べても、議論の筋道が乱されることにはならないであろう。すなわち、わが国の公債の増大はむしろ利子を低下させるのに役立つのであり、また、政府の債務が増えれば増えるだけ、一見したところとは反対に、また普通の見解にも反して、人びとは安く借りることを期待できるであろう。なぜなら、貿易の利潤が利子に影響するからである」〈本訳書第II部〉第四エッセイ〈「利子について」〉を参照〕。

(14)〔このパラグラフの以下の部分はQ版での追加〕。

［7］ジャコバイト（Jacobites. ジェイムズ派）という名称は、ジェイムズ（James）のラテン名Jacobusに由来し、名誉革命の結果、一六八八年に王位を追われたジェイムズ二世（James II, 1633-1701. 在位、一六八五―八八年）の支持者や、その子孫で王位資格を要求し、スチュアート朝復位を企てる支持者たちを指している。ジェイムズ二世の死後、その子のジェイムズ・エドワード（James Francis Edward Stuart, 1688-1766）は、ルイ一四世によりイギリス王と認められ、フランス軍の援助のもと、一七一五年にジャコバイトの多いスコットランドに入り反乱を企てたが、敗退した。しかしのちに、その子のチャールズ・エドワード（Charles Edward Stuart, 1720-1788）が一七四五年に再び王位要求者としてスコットランドに上陸し、エディンバラに入り、さらにロンドンに近いダービーまで進撃したが国王軍に大敗した。これが「フォーティ・ファイヴ」と呼ばれる最後の大きな反乱となり、以降、三代にわたったステュアート朝復位の動きは終わった。このジャコバイトの反乱は、スコットランドの政治、宗教、思想等にさまざまな影響を及ぼした。

(15)〔P版では次のものが追加されている。「紙券信用から生じるこの価格騰貴は、それが金銀の多大の増加から生じる場合よりも、一層持続的でかつ危険な結果をもたらすと述べることもできよう。というのは、貨幣の偶発的な過剰が労働と財貨の価格を騰貴させる場合には、その害悪はわずかの間にそれ自身を是正する。つまり、この貨幣は遠からずすべての近隣諸国民へ流出し、物価は一定の水準まで下落するが、しかも産業活動は以前と同様に続けられるはずだからである。ところが、流通している正貨が主として紙からなっていて、内在的価値を少しももたない場合には、こういう救済策を期待することができない」〕。

(16)〔H―N版では次のようになっている。「産業活動に対する妨げであり、労働の価格を騰貴させ……圧迫となる」〕。

［8］「それは右手から左手へと……貧乏にもしないからである」。これは

ムロンの見解を指す。「一国の公債は右手が左手に対して負う債務である。その身体は、もし必需的な食物の一定量があり、そしてその分配方法を知っているならば、けっして衰弱しない」ムロン『商業の政治的試論』(*Essai politique sur le commerce*, 1734, chap. xxiii, 1761 ed., p. 296)。

(17)〔これに続く六つのパラグラフはO版で追加〕。

(18)〔H―P版には次の注が追加されている。「公債支払いが可能な唯一のときである平和で安全な時期には、貨幣所有者は一部の償還を受け取るのを嫌う。なぜなら、彼らはそれの有利な使用方法を知らないからである。一方、土地所有者は、そのために必要な租税の継続を嫌う。そうだとすれば、関係者のすべてにこれほど嫌われる方策を、大臣はどうして辛抱強くやらねばならないのであろうか。それは、大臣が絶対に見ることのない子孫とか、あるいはものごとを合理的に考えるごく少数の人びとのためだと、私は想像する。ところが、後者の人びとの勢力はこれを合わせても、おそらくイングランドで最小の選挙区をさえ大臣に確保してやれないであろう。およそ大臣であってこれほど拙い政略家はまずいそうにもない。こうした視野の狭い、破壊的な政治方針については、大臣はすべてその道の立派な玄人なのである」〕。

〔9〕ヒュームは Hutchinson と書いているが、Archibald Hutcheson (?-1740) のこと。彼の『公債関係論集』(*A Collection of Treatises relating to the Publick Debts, and the Discharge of the Same...*, London, 1720) を参照。

〔10〕一六四三年から六一年のルイ一四世の治世初期で、フランスの統治責任が主にマザラン枢機卿にあった期間。

(19)〔H―P版では次の通り追加されている。「近隣の諸国のうちには、公債を軽減する安易な方策を行う国もいくつかある。フランス人は(ローマ人が以前もっていたように)その貨幣をつり上げる〈鋳貨の名目価値を引き上げる〉慣習をもっている。そしてこの国民はこれにとても慣れてしまっているため、それは勅令により非常に多くの債務を実際一挙に取り除いてしまうものであっても、公信用には害を与えない。オランダ人は債権者の同意なしに利子を引き下げる。あるいは同じことだが、彼らは他の財産と同様、公債にも恣意的な税を課す。もしわれわれがこれらの方法のいずれかを実行することができるのであれば、国債から圧迫を受けるには及ばないであろう。しかも、以上の方法の一つか、もしくは他のある方法が、わが国の債務や困難が増大したときに、あらゆる冒険を冒して試みられることも、あながち不可能ではなかろう。しかし、わが国民は自らの利害に関することならどんなことにも非常に優れた推論を行うから、このような企画では誰一人として欺かれないであろう。だから、これほど危険な試みが行われるなら、公信用はおそらく一挙にがた落ちになるであろう」〕。

(20)〔このパラグラフは、H―P版では脚注となっている〕。

(21)〔ルイ一五世、オーストリア継承戦争〕。

(22)『歴史』第三巻。〔第五五節。「しかし民衆は彼が与えた大きな特典……によくすることに関心を示した。最も愚かな市民でもその特典を買った。ところが賢明な人びとは、国家が存続するとしても、与えることも受け取ることもできない特典は無価値とみなした」(レーブ版、Clifford H. Moore 訳)。ここでタキトゥスが言及しているのは、ウィテリウス皇帝がウェスパシアヌスとの争いに失敗したとき、人民の好意を得ようとしてとった試みのことである。これについて、ヒュームがタキトゥスの推論を「永遠の真理」と述べていることは注目に値する」〕。

(23)わが国の債権者は、本国人と外国人を合わせて全部でわずか一万七〇〇〇人にしかならないと計算されてきた、と私は聞いている。これらの債権者は現在その所得によって頭角を現しているが、しかし国家が破産した場合には、たちまち国民のうちで最も不幸なだけでなく最低の人びとになるであろう。地主や貴族の品位や権威は、これよりもはるかに土台がしっかりしているから、かりにわれわれがあの極端な状態に達した場合、論争を非常に一方的にしてしまうであろう。わが公信用がまったく予想以上に持続したことによって、われわれの父祖の時代に行われたこの種の予言が誤りであることがすでに分かっていなかったならば、こうした事態の発生は、それをたとえば半世紀といったごく近い時期に帰したいと思われるであろう。フランスの星占い師たちがアンリ四世の死を毎年予告していたとき、彼は「この連中の言うことは、しまいには当たるに違いない」と言っている。したがってわれわれは、およそ正確な期日を予測するよりももっと慎重な態度をとるであろうし、ただその事態を一般的に指摘することだけで満足するであろう。

(24)〔H―P版では〈「諸敵国は」の次に〉「あるいは、むしろ敵国は（というのは、われわれが恐れるべきは一国しかないからである）」となっている〕。

X 若干の注目に値する法慣習について

私は三つの有名な統治に見られる三つの注目に値する法慣習を考察し、その全体から次の結論を引き出すことにしたい。つまり、政治上の一般原理はすべて、非常に慎重に立てられねばならないこと、そして、不規則で異常な現象が、自然界と同様、人間社会においてもしばしば発見されるということである。この社会における不規則で異常な現象が発生した後には、われわれは、各人が内省や観察によって最も確実だと確信する動機や原理を用いて、自然界の異常現象の場合よりも、おそらくよりよく説明することができるであろう。しかし、この異常な社会現象をその発生前に予見したり予告したりすることは、人間の思慮分別をもってしては、しばしばまったく不可能である。

I. 言論の完全な自由がすべての構成員に許されるべきであり、また、討議中の論点を明らかにするのにともかく役立つ動議や論議はすべて受容されるべきであるということが、討議を行うすべての最高会議や議会にとって不可欠に重要なものであると、誰しも考えるであろう。また、ある動議が出され、それが立法権力をもつ議会から投票によって承認されてからは、その動議を提出した議員が〈動議を提出したゆえに〉、将来、裁判や審問にかけられるようなことを、永久に免除されねばならないということについて、誰でももっと確信をもって結論を下すであろう。しかし、このような動議を提出した議員が、少なくともあらゆる下級の司法行政から守られねばならず、したがって、当のほかならぬ最高立法議会がその後に開かれる議会において、以前承認されたその議員の動議や弁説に対して、彼に責任をとらせうることほど、一見して自明に見える政治原理は他にありえない。しかし、こうした原理は、それがいかに争う余地のないものに見えようと、アテナイの統治においては、ほとんど不可避と思われる原因や原理のために、すべて失敗したのである。

グラフェー・パラノモン（*γραφὴ παρανόμων*）すなわち、違法容疑による告訴（*indictment of illegality*. これはいままで好古家や注釈家によって注目されたことはない）というものが〈アテナイに〉あり、それによって、動議を提出した人は誰でも、その動議に基づき民会において可決された法律が、裁判所から不正であるとか、国家に有害であると判断された場合、その法律のゆえに、民衆の裁判所で裁判され処罰された。したがって、デモステネスは、建艦税の課税が不規則に課されており、またガレー船の艤装においても貧者が富者と同額の負担をしていることに気づき、その経費の負担を各個人の収入と所得に応じたものとする、きわめて有益な法律によって、この不平等を是正した。(1) 彼は民会でこの法律を動議として提出し、その利点を証明し、アテナイの唯一の立法機関である民衆を納得させたのであった。この法律は可決され実施されるに至った。それにもかかわらず、彼は、彼が国家財政に導入したこの変革に憤慨した富者の不満がもとで、この法律のために刑事法廷で裁判にかけられたのである。(2) 彼はその法律の有用性をあらためて証明して、やっと無罪に［1］なったのであった。

クテシフォンは、共和国を愛し共和国に有用な市民に与えられるように、デモステネスに特別の名誉を授けるべきであるという動議を民会に提出した。人民はこの真理に納得し、そのような名誉を与えることを可決した。にもかかわらず、クテシフォンはグラフェー・パラノモンによって裁判にかけられた。デモステネスはよき市民でもなければ、共和国を愛してもいないという反対論が、とりわけ主張された。そこでこの雄弁家は、彼の友人を、したがって自分自身を弁護することを求められたが、これを、彼はそれ以来人類の称賛の的となってきたあの崇高な雄弁によって果たしたのであった。(3)

カイロネイアの戦いののち、ヒュペレイデス［2］の動議に基づいて、奴隷に自由を与え、奴隷を軍隊に編入する法律が可決された。(4) その後、この雄弁家は、この法律のゆえに、上述の告訴によって裁判にかけられた。そこで彼は、とりわけプルタルコスとロンギノスが称賛したあの弁論の手ぎわによって、自らを弁護したのであった。「この法律を動議として提出したのは私ではない。それは戦争の必要であった。それはカイロネイアの戦いであった」と、彼は言った。デモステネスの弁論は、この種の裁判の例を数多く含んでおり、この種の裁判以上に一般に行われていた例は他になかったことを、はっきりと証明するものである。

アテナイの民主政は、現代のわれわれにはとうてい考えも及ばないような騒々しい政体であった。すべての民衆が財産上の制限も身分上の差別もなく、政務官や元老院(5)による抑制もなく、したがって、秩序、正義、ないし思慮分別もまったく省みず、法律が提出されるたびに投票を行った。アテナイ人は間もなく、この制度に伴う弊害に気づくようになった。しかし、およそなんらかの規則や制限によって自らを抑制することを嫌ったので、彼らは、将来の懲罰と審問という恐怖によって、少なくとも民衆扇動家や政務相談役を抑制しようと決心した。したがって彼らは、この注目に値する法律を制定したのであった。この法律は、それが廃止されるか、または無視されるならば、アテナイの民主政が存続不能となることは周知の真理だと、アイスキネスが力説しているほど、彼らの統治形態にとってきわめて必要不可欠とみなされたものである。(6)

アテナイの民衆は上のような刑事法廷の権威から生じる、自由に対する悪影響を少しも恐れなかった。なぜなら、これらの刑事法廷は、民衆の間からくじ引きによって選出されたきわめて多数の陪審員による裁判にほかならなかったからである。しかも、彼ら民衆は、自分自身がいわばまるで永久的な未成年状態にあるものとみなし、したがって分別のつくようになった後には、すでに決定されたことを撤回したり制限したりするばかりでなく、後見人の説得により彼らが取り入れた方策のために、その後見人を処罰する権威ももつと考えたのである。これと同じ法律はテーバイにも存在し、(7)それが設けられた理由も同じであった。

きわめて有用であるとか、民衆向きであるとみなされる法律が制定される場合、その取り消しや撤廃を永久に禁止することは、アテナイにおける普通の慣行だったように思われる。こういうわけで、歳入のすべてを芝居や見世物の後援に振り向けた民衆扇動者たちが、この〈ような支出を定めた〉法律の撤廃を動議として提出することすら犯罪にしたのであった。(8)このようにして、レプティネスは、[3]かつて許可されたすべての免税権を取り消すだけでなく、将来、免税を許可する権限を民衆から奪い取る法律を動議として提出したのであった。(9)このようにして、公権剥奪に関するすべての法案が禁止されたのである。(10)すなわち、共和国全体には及ばずに、一人のアテナイ人だけに影響する法律が禁止されたのであった。立法機関が虚しくも自らを永久に縛ろうとした、このような不合理な条項は、民衆のすべてが自らの軽率と移り気を一般に感じていたことから生じたのであった。

II.　ドイツ帝国に見られるように、一つの車輪（wheel）の内部にもう一つの車輪が設けられていることは、シャフツベリ卿によって、政治における不合理とみなされているが、(11)しかし、相互にまったく抑制も制御も従属もせずに同一の政治機構を支配しながら、しかも最大の調和と一致を保持しているような二つの相等しい車輪に対しては、われわれはどのように言わねばならないのであろうか。それぞれが自らのうちに完全で絶対的な権威をもち、それぞれの作用を有効にするために、たがいに他の援助をまったく必要としないような二つの別々の立法機関をつくること、こうしたことが、野心や競争心や貪欲といった激情——これらはこれまで人間の主要な支配的原理だった——によって人間が動かされる限り、まったく実現不可能だということは分かりきっているように思われる。したがって、私が念頭に置いている国家が、たがいに異なる二党派に分かれ、それぞれが別々の立法機関において支配権を握り、しかもこれらのたがいに独立した勢力の間になんの衝突も生じなかったと、かりにも私が主張するとすれば、そのような想定は信じがたいと思われることであろう。そして、この奇妙な議論がもつ矛盾を大きくするために、もし私が、この支離滅裂で変則的な政体はこれまでに現れた最も活発で最も意気揚々とした、最も輝かしい共和国であると主張したりすれば、そのような政治的怪物は聖職者や詩人の幻想と同様、馬鹿げたものだと言われるにきまっている。しかし、上述の想定の真実性を証明するためには、長々と吟味するには及ばない。というのは、これはローマ共和国において実際に生じたからである。

　ローマ共和国では、立法権は兵員会（*comitia centuriata*）[4]と区民会（*comitia tributa*）に委ねられていた[12]。周知のように、兵員会では、人民はその財産登録（*census*）に従って投票した。その結果、〈財産の多い〉第一の階級の意見が一致した場合には、その階級はおそらく共和国の国民の百分の一も含まなかったけれども、その階級が全体を決定し、元老院の権威と一緒になって、法律を制定したのであった。区民会においては、投票はすべて平等であり、この場合には元老院の権威は必要でなかったため、下層の人民がまったく優勢であり、国家全体に対する法律を制定した。はじめは**パトリキ**（PATRICIANS）と**プレブス**（PLEBEIANS）、後には貴族と平民との間に見られたあらゆる党派的分裂において、貴族階級の利害は第一の立法機関において、平民階級の利害は第二の立法機関において支配的であった。一方は他方の制定したものをいつでもつぶすことができたし、それどころか、一方が突如、予見しがたい動議によって他方の機先を制し、このような統治機構の本質からして十分に法律的な権威をもつ投票によって相手方を全滅させることもできたであろう。しかし、このような抗争はローマ史にはまったく見当たらない。これら二つの立法機関の間の争いの例も一つもない。ただし、それぞれの立法機関内において政治にたずさわる党派間には多数の争いがあった。非常に異常なことに思われるこうした一致はいったいどこから生じたのであろうか。

　セルウィウス・トゥッリウスの権威によってローマに樹立された立法機関は、兵員会であった[5]。これは例の諸王の排斥後に、ローマの政体をしばらくの間、非常に貴族政的なものにした。しかし平民は、数と力を有しており、対外戦争における度重なる征服と勝利に意気軒昂たるものがあったので、苦境に追い込まれた場合には、かえっていつでも優勢になった。元老院からまず護民官の職を、次いで区民会の立法権を奪取したのである。したがって貴族たちは、平民を怒らせないように、これまで以上に注意深くならざるをえなくなった。というのは、平民はいつももっている力の他に、いまや立法上の権限も所有するようになっており、したがって彼らの利害に直接対立する秩序や制度をすべてたちどころに粉砕することができたからである。貴族たちは陰謀、影響力、金力、共謀、および彼らの人柄に払われた尊敬の念により、しばしば優勢となり、統治機構全体を左右することもできたであろう。しかし、もし彼らが自らの兵員会を区民会に公然と対立させるならば、彼らは、執政官（consuls）、法務官（praectors）、按察官（ediles）および兵員会により選出されるすべての官職と共に、兵員会の利点をすぐさま失うことになったであろう。ところが区民会の方は、兵員会を尊重すべき同様な理由がなかったので、貴族階級に有利な法律をしばしば廃止した。区民会は貴族の権威を制限し、平民を抑圧から保護し、元老院と政務官の行動を抑制した。兵員会は常に服従するのが好都合であることを承知していた。そしてそれは、権威においては対等だが、しかし権力において劣るため、区民会が制定した法律を廃止したり、あるいは区民会によってすぐ廃止されることがあらかじめ分かっているような法律を制定したりして、区民会を直接憤慨させるようなことをあえてしなかったのである。

アッピアノスが、『内乱記』第三巻において、これら両会の間の対立もしくは闘争の取るに足りない試みに言及している以外には、この種の事例はまったく見出されない[13]。マルクス・アントニウスは、デキムス・ブルートゥスから[6]、アルプス以南のガリア地方の統治権を奪おうと決心をかため、フォルムでブルートゥスをののしり、元老院によってすでに命じられていた区民会の会合を妨害するために兵員会を召集した。しかし当時は、事態は非常な混乱状態に陥っており、ローマの統治機構は最終的な解体の一歩手前だったから、このような手段によってなんらかの結論を引き出せるものではなかった。その上、この抗争は党派よりも統治形態に基づくものであった。ローマの統治機構あるいは少なくとも統治の形態によって、属領の問題をもっぱら処理しうる兵員会の会合を妨げるように区民会に命じたのは、まさに元老院なのであった。

キケロは区民会により、すなわち区民会議（*plebiscitum*）によって追放されたが、兵員会によって呼び戻された。しかし彼の追放は平民の自由な選択や意向から生じた合理的行為とはけっして見なされなかったと言えよう。それはいつでも、もっぱらクロディウスの暴力と、彼によって統治にもち込まれた無秩序によるものであった。

III.　われわれが論評しようとする第三の法慣習はイングランドに関係したものである。それはたとえアテナイやローマにおいてわれわれが指摘した法慣習ほど重要なものではないとしても、それらに劣らず風変わりで意外なものである。次のことは、争う余地のない普遍的なものであるとわれわれが容易に認める政治上の原理である。すなわち、およそ権力は、いかに大きかろうと、法律によって一人の優れた統治者に与えられる場合には、いかに取るに足りない権威であろうと、暴力と強奪によって獲得された権威ほど、自由にとって危険なものではない。というのは、法律が与えるあらゆる権力をその法が常に制限することに加えて、権力を譲与されたものとして受け取ることそれ自体が、当の権力が引き出される源の権威を確立し、国制の調和を維持するからである。ある大権が法によらずに強奪されると、そのことがまさに権利となって、別の大権がまた要求され、さらにまた別の大権がもっと安易に要求されることになろう。他方、最初の強奪はのちの強奪の先例として役立つと共に、強奪の保持に力を与える。それゆえ、議会により課されたものでない二〇シリングの税を納めるよりも[7]、むしろ王のまったく無謀な仕打ちに耐えたハンプデンの英雄的行為や、王位に対する最初の侵害を防ごうとするイングランドのすべての愛国者たちの苦労、さらにまた、今日におけるイングランドの自由が存在していることは、まさにもっぱらこの点に由来するものである。

しかしながら、議会がこの原理から離れた例[14]が一つある。それは例の船員の強制徴募（*the pressing of seamen*）の場合である。この場合、国王に非合法な権力の行使が暗黙のうちに許されている。この権力はいかにすれば合法的なものにすることができ、適当な制限のもとに、国王に許容されえたであろうかということは、これまでしばしば熟慮されてきたけれども、その目的にかなう安全な対策を提出することはけっしてできなかった。したがって、自由に対する危険は、いつでも強奪よりも法律から一層生じるように思われたのである。この権力が艦隊に乗り組ませる以外の目的に行使されない場合には、人びとはその権力が有用でかつ必要であることを心得ているので、それに喜んで服従する。そして、その影響を受けるのはただ船員だけであるから、法律がすべてのイングランドの臣民に無差別に与えている権利と特権を船員が要求する場合、彼らを支持してくれる人は一人もいない。しかし、万一の場合、この権力が党争か内閣の専制の具にされるならば、反対党と、そして実際のところすべての愛国者は、たちまち警鐘を鳴らし、被害者側に味方し、例のイングランド人の自由が主張され、陪審員たちは容赦しないであろう。そしてこの専制の具は、法と公平に反するため、最も厳しい報復に出くわすことであろう。他方、もしも議会がこのような権力を承認すれば、彼らはおそらく次の二つの不都合のいずれかに陥ることになろう。すなわち、彼らは王の権威を拘束することによって、その権威の効力がなくなってしまうほどの多数の制限を課してそれを与えるか、それとも、彼らはなんらの救済策もありえないような重大な濫用を引き起こすほど、その権力を巨大で包括的なものにするかのいずれかであろう。現在では、この慣行の非合法性自体が、その濫用に対する非常に安易な救済策を提出することによって、その濫用を防止しているのである。

私は、以上の推論から、船員の登録に工夫を加え、自由を危険にさらさずに、船員を艦隊に乗り組ませることができる可能性をすべて排除するつもりはない。ただ私が言いたいのは、この種の満足すべき計画はこれまで一つも提出されなかったということである。われわれは、これまでに考案された計画を採用するよりも、むしろ、一見したところ最も不合理で最もわけの分からない慣行を続けているのである。国内の平和と一致が十分保たれている時代に、権威が法に対抗して武装しているのである。国王の側での継続的な非合法が、国民側の最も強い嫉妬心と警戒心のまっただなかで許容されている。いやそれは、これら二つの行動原理から生じているのである。最高度の自由をもつ国において、自由は、なんらの援助も保護もなしに、それ自体の自衛にまったく委ねられている。最も文明の進んだ社会の一つにおいて、野蛮な自然状態が復活しており、重大な非合法と無秩序[15]が罰せられることなく行われており、しかも同時に、一方の政党は主権者への服従を訴え、他の政党は基本法の裁可を主張しているのである。

(1) これに対する彼の大弁論はいまもなお残っている。シュンモリア論（*περὶ Συμμοριῶς*）。〔デモステネス『海軍局について』第一七—二二節〕。

(2)「クテシフォン弁護論」。〔デモステネス『クテシフォン弁護論』（すなわち『王位について』）第一〇二—一〇九節〕。

[1] Ktesiphon は前四世紀アテネの市民。デモステネスが王位につくことを提案したため、アイスキネスにより処刑された。

(3)〔ヒュームが言及しているのは、デモステネスの『王位について』におけるクテシフォンの弁護のことである〕。

[2] Hypereides はアテネの政治家、雄弁家。デモステネスが主張した反マケドニア政策を支持した。

(4) プルタルコス『十大雄弁家伝』。〔『道徳論』、「十人の雄弁家伝」、「ヒュペリデス」八四九a。マケドニアのフィリッポス二世（前三八二—三三六）が前三三八年にカイロネイアでアテナイ軍とテーバイ軍を打ち破った〕。デモステネスはこの法律について異なる説明をしている。「反アリストギトス論」、『演説集』第二巻。〔八〇三—〇四〕。彼によれば、この法律の目的は、市民権喪失者（*ἄτιμοι ἐπίτιμοι*）の権利を回復する、あるいは公職不適格と宣告された者に対して公職につく特権を回復することであった。このいずれも同法の条項であったと思われる。

(5) 豆元老院（The senate of the Bean）は、民衆の間からくじ引きで選出された、少数の群衆（mob）にすぎず、したがって、その権威も大きくはなかった。

(6)「クテシフォン排撃論」。〔アイスキネス『クテシフォン排撃論』第五—八節〕。クリティアス〈Critias. スパルタ人によりアテナイにたてられた三十人僭主のうちの一人〉と三十人僭主が民主政を瓦壊させたのちにまず最初に手がけたことが、デモステネスの「ティモクラテス弾劾」から分かるように、グラフェー・パラノモンの廃止だったことは注目すべきことである。この雄弁家はこの弁論において、グラフェー・パラノモンを確立する法律について述べている。オールダス版、二九七頁。〔レーブ版、第三三節〕。そして彼は、われわれがここで推論しているものと同じ原理からそれを説明している。

(7) プルタルコス「ペロピダス伝」。〔第二五節〕。

(8) デモステネス「オリュントス情勢論」第一章、第二節。〔ヒュームは前四世紀半ばのアテナイの重要な政治家エウブルス（Eubulus）と彼のこうした基金（*theorika*）に関する立法を参照している〕。

[3] Leptines はデメトリウスの将軍。ディオニュシオスからつかわされてカルタゴと戦い大勝したが、のちにディオニュシオスにより追放された。

(9) デモステネス「レプティネス弾劾」。〔第一—四節〕。

(10) デモステネス「アリストクラテス弾劾」。〔第八六節〕。

(11) 機智とユーモアの自由についてのエッセイ、第三部、第二節。〔このエッセイはシャフツベリの『特徴論』（*Characteristicks*）第一巻に見られる。ヒュームが引用した節で、シャフツベリは次のように論じている。「人は自然と結合し、政治組織さえもつくる傾向をもっているけれども、彼らは遠くかけ離れた大きな国家よりも身近の小さな結合による緊密さを好む傾向をもつ。こういうわけで、『社会が広大になれば』、彼らは党派や派閥をつくったり、あるいは『小さく区分する』、すなわち、制度上あるいは領土上の結合をより小さいものに区分することにより、権力を行使する範囲を小さくすることを自然に求めるものである」。これに続いてシャフツベリは、「このようにして、われわれは車輪の内部に車輪（*Wheels within Wheels*）をもつに至る。そしてある国制にあっては（政治学上は愚かなことであるにもかかわらず）、われわれは帝国の内部に帝国をもつことになる」と述べている。ヒュームはこれを、連盟諸国家をもつドイツ帝国に見ているのである」。

［4］「兵員会」での投票についてのヒュームの記述はおそらくリウィウスの『ローマ史』第一巻、第四三章から引き出されたものと、ミラーは注訳している。

(12)〔民会（*comitia*）はローマの人民が政務官によって与えられた議事について投票する集会であった。貴族院（*comitia curiata*）は三つのタイプの集会のうち最も古いものであったが、共和政後期にはその働きは主に政務官と、議員などの候補者指名と遺言書の形式上の確認に限定されていた。兵員会は、おそらく初期の王の一人、セルウィウス・トゥッリウスによって前六世紀に設立された。それは法律の制定、最高の政務官の選出、監察官の選出戦争と平和の宣言、政治犯の死刑による処罰に関与した。区民会は、ほとんどあらゆる議事に関する立法の法律化に加えて、平民の護民官と平民の造営官を選出し、死刑以外の犯罪を裁いた。兵員会では、人民は富に従って五つの主要な階級に区分された百人組と呼ばれた集団によって投票した。さらにまた、*equites*（すなわち、騎士階級）と平民階級という二つの階級が加わった。二つの最も富裕な階級は、騎士階級と共に、投票権をもつ百人組の総数の多数を優に超えていた。たとえ、その百人組のなかの市民の数が、平民の数は言うに及ばず、他の三階級の数よりはるかに少なかったとしてもである。こういうわけで、もし最も富裕な市民が団結すれば、他の階級が投票することはまったく必要でなかった。区民会では、人民は選挙地域や「部族」（各部族は投票者数にかかわりなく一票をもっていた）ごとに投票した。三五の部族のうちわずかに四部族だけが都市ローマを代表したので、区民会の権力は決定的に地方の部族、したがって農業中産階級の手中に帰する。兵員会での投票に関するヒュームの記述はおそらく、リウィウス『ローマ史』第一巻、第四三章からのものであろう」。〈民会に関連しては、『キケロー選集』岩波書店、第一六巻、資料4「共和政末期ローマの国制」の図示が分かりやすい〉。

［5］Servius Tullius（?-535 B.C.）はローマ六代目の皇帝。在位、前五七八―五三五年。制度改革を行い、兵員会を設けた。

(13)〔アッピアノス『ローマ史』、「内乱」第三巻、第二七―三〇章。デキムス・ブルートゥスは北イタリアのアルプス以南のガリア地方の支配をユリウス・カエサルから委ねられていた。したがって、彼はカエサルの死（前四四年）後、この地方をマルクス・アントニウスに明け渡すのを拒否したのであった」。

［6］Decimus Junius Brutus（?-43 B.C.）はローマの将軍、カエサルにつかえガリアの総督となったが、カエサル暗殺者の一人となった。有名なブルートゥス Marcus Junius Brutus（c. 85-42 B.C.）とは別人。

［7］John Hampden（1594-1643）はイギリスの政治家、短期議会（一六四〇年）の有名な議員で、一六三五年にチャールズ一世が議会の承認なしに課した製鑑税を断念するのと交換に補助金を要求する王に反対した。ハンプデンは一六三八年に裁判にかけられ有罪となったが、これをきっかけに、彼は議会のリーダーとなり、王の大権を制限することにより自由と財産の保護を求める人びとのシンボルとなった。

(14)〔中世以来、イギリスの国王は人民の同意なしに彼らを海軍の軍務に強制的に徴兵する権限をもつと主張していた。一九世紀以前では、船員の割当て分を力で徴兵するために、しばしば「海軍の強制徴募隊」が使われた。植民地においてイギリス臣民を強制徴募する国王の権限は、アメリカ革命に至る不満の一つともなった」。

(15)〔H―P版では「国民の間で最も人間味豊かで、最も善良な性質をもち合わせた人」となっている」。

XI 古代諸国民の人口について(1)

世界は永遠不滅であると断定すべき根拠は、理性によっても観察によっても存在しない。物質の絶え間ない迅速な運動、あらゆる部分が揺り動かされる激しい変転、天界に認められる変化、大洪水の伝説ならびにその明白な形跡、あるいは四大元素の大激動、これらのすべては、世界というこの組織の死すべき運命と、腐敗や解体によるある状態から他の状態への変遷とを、非常によく証明している。したがって世界というこの組織は、それが含む各々の形態のものと同様に、幼年期、青年期、壮年期、および老年期をもっているに違いない。そしてあらゆる動物および植物と同様に、人間もまたこれらすべての変化にあずかるものと思われる。世界の全盛期には、人類は、心身ともに一層優れた活力、一層立派な健康、一層旺盛な元気、一層長い寿命、それに一層強い生殖本能と生殖力をもつはずだと期待できよう。しかし、事物のこの一般的な組織体と、したがってもちろん人間社会が、たとえこのような徐々の変転に従うとしても、その変転はあまりにも遅々としているため、歴史と伝統によって理解されるような短期間には、それを見分けることができない。身長や体力や寿命、それに勇気や天分の程度でさえ、これまでのすべての時代において、大体同じであったと思われるのも当然である。なるほど、技術と学問はある時期には栄え、ある時期には衰えたことはある。しかし、その技術や学問が一国民の間で最高の完成に達したときでも、それらが近隣のすべての国民におそらく全然知られなかったり、またたとえある時代に全面的に衰えても、それに続く時代に再び復活し、世界中に広まったりしたということを、われわれは経験によって知ることができる。したがって、人間の観察力が及びうる限り、人類にはそれと見分けられるような全般的な差異はない。また、かりにこの宇宙が動物と同様に、幼年期から老年期へと自然に進んで行くとしても、現在、宇宙がその完成点へと進みつつあるのか、それともそれから後退しつつあるのかは、やはり不確かとするほかはないから、これによって人間本性における衰退をあらかじめ仮定することはできない(2)。したがって、一般に想像されているような古代の優越した人口数を、世界の若さや活力を想定して証明したり説明したりするのは、およそ公正な推論をなす者にはまず承認されないであろう。こうした一般的な自然的諸原因は、この問いからはまったく除外されるべきである。[1]

実のところ、もっと特殊な自然的諸原因で重要なものがある。古代には、現代の医学にほとんど知られていないさまざまな病気があげられているが、一方、現代には、古代史にまったくその形跡がない新しい病気が発生し蔓延している。この点で比較すれば、現代の方がずっと不利だと言えよう。その他これほど重要でないものについては言うまでもない。あの天然痘は、それだけで古代に帰せられる〈人口数の〉大きな優越を説明してしまいかねないほどの猛威をふるっている。世代ごとに人類の一〇分の一ないし一二分の一が死ぬとすれば、人口数の上できわめて大きい開きを生み出すはずだと考えられる。だから、いま至るところに広まっている新しい疫病である性病と一緒になれば、天然痘は、それが持続的に作用することから、人類の三大天刑である戦争、ペスト、飢饉におそらく匹敵するであろう。したがって、古代の方が現代よりも人口が多く、しかも、社会的諸原因がこのような大変化を起こしたのではないことが確かであるならば、多くの人びとの意見では、以上の自然的原因だけがこの点について十分満足な説明を与えることになるであろう。

しかし、古代には現在主張されているほど人口が多かったというのは確かなことであろうか。この問題に関するヴォッシウスの主張が途方もないことはよく知られている。[2]しかし、もっとはるかに優れた天分と判断力をもつ著作家でも、この問題に使える最善の計算によれば、現在、地球上にはユリウス・カエサルの時代の人類の五〇分の一もいないと、あえて断言している。[3]われわれがたとえ古代史の舞台、すなわち、ヨーロッパと地中海周辺の諸国民だけに考察を限っても、この場合、右の比較が不完全であるに違いないことは容易に分かるであろう。[4]われわれは現在、ヨーロッパのどの一国の人口も、あるいはどの一都市の人口も、正確には知らない。それなのに、歴史家がきわめて不完全な記録しか残してくれていない古代の都市および国家の人口を計算できるなどと、どうして主張できるだろうか。私の意見を言えば、この〈現代よりも古代の方が人口が多いという〉ことは、非常に不確実なように思えるため、この点に関していくつかの考察をまとめて行うつもりなので、私は、原因に関する研究に事実に関する研究を取り混ぜることにする。これは、事実がかなりの確かさをもって確定できる場合には、けっして許されるべきものではない。第一には、両時代の社会状態についてわれわれが知っているところから、古代には人口がもっと多かったに違いないということが言えるかどうかを、第二には、実際に古代には人口がもっと多かったのかどうかを考察しよう。〈古代の人口に関する〉断定が、古代に有利なように主張されているほど確かなものでないということを明らかにできるならば、それで私のすべての望みは達せられるわけである。

一般に、さまざまな時代やさまざまな王国の人口の大きさを比較する問題は、そこから重要な帰結をもたらすものであり、通常それによって、その時代ないし王国の全体的な政治や生活方法や統治機構の優劣を決定できると言えよう。というのは、男女のいずれにも、すべての人間にはいま一般に行われているよりも強力な生殖欲と生殖力とがあるので、それらを抑制しているものは、生活状態におけるいろいろな困難から生じるに違いなく、そしてこの困難を注意深く観察し取り除くのは、賢明な立法者のなすべきことである。家族を維持しうると思う男子はたいてい家庭をもつであろう。そして、この比率で繁殖する場合には、人類は各世代ごとに二倍以上になるであろう。(5) 植民地や新しい開拓地ではどこでも、人類はいかにきわめて急速に増加していることだろう。なぜなら、そこでは、家族を養うのはたやすいことであり、また人びとは、確立されてから久しい政府のもとにあるような圧制や制限をけっして受けることがないからである。一国民の三分の一ないし四分の一をなぎ倒してしまったような疫病がしばしばあったことを、歴史は教えてくれている。しかし一世代ないし二世代が経つうちには、その人口の破滅は目立たなくなり、この社会は再び以前の人口を獲得したのであった。耕作された土地、建設された住宅、生産された財貨、獲得された富は、生き延びた人びとがただちに結婚して家族を養うことを可能にし、この家族が、亡くなった人びとの分を埋め合わせたのであった。(6) また、同様な理由で、賢明、公正、寛大な統治はすべて、その臣民の生活状態を安楽かつ安全なものにすることによって、財貨と富だけでなく、最も多くの人口を有するのが常であろう。(7) 気候と土壌がぶどうの栽培に適している国は、確かに、穀物しか産出しない国よりも人口が多く、また、牧畜にしか適さない国よりも人口が多いのは、当然であろう。一般に、温暖な気候のところは、住民の生活上の困窮がより少なく、そのうえ、植物の成長が一層強力であることから、人口が最も稠密であると思われる。しかし他のすべてのことが同一であれば、最大の幸福と最も賢明な諸制度があるところに人口が最も多いということを期待するのは、当然のように思える。

したがって、古代と現代の人口の稠密さに関する問題は、きわめて重要なものと認められるから、もしこれになんらかの決定を与えようとするのであれば、事実を両時代の社会的諸原因によって判断するために、これら両時代の家内状況ならびに政治状況を比較することが必要であろう。そして、これが両時代を考察するためにわれわれが提案した第一の観点なのである。

古代の家内経済と近代のそれとの間の主要な相違点は、古代において広く行われ、ここ数世紀の間にヨーロッパの大部分のところで廃止された、奴隷制度という慣行にある。古代諸国民の熱情的な賛美者と、政治的自由（civil liberty）を求める熱狂的な徒党には（というのは、これらの二つの感情は、どちらもそれ自体としては大体において、もっとも至極なものであるから、それらを分離することはまずできないと思われる）、現在この制度が存在しないのがどうしても残念だと言う人もいる。だから彼らは、ただ一人の支配する政府へのすべての服従に奴隷制という苛酷な烙印を押しながら、他方では人類の大半を平気で実際の奴隷制と隷属に従わせるであろう。だが、この問題を冷静に考察する人には、人間本性は現在一般に、ヨーロッパの最も専制的な政体のもとでさえ、古代の最も繁栄した時期よりも多くの自由を確かに享受していることが明らかであろう。その領地の広さがただ一都市ほどでしかないような小君主に対する服従は、大国の国王に対する服従よりも辛いが、ちょうどこれと同じように、家内奴隷制（domestic slavery）はどのような政治的服従よりも残酷で圧制的である。支配者が、地位と身分の点で、われわれから隔たれば隔たるほど、それだけわれわれは多くの自由を享受でき、われわれの行為はそれだけ監視されたり拘束されたりすることが少なく、また、われわれ自身の服従と支配者の自由——それどころか、その支配権力そのもの——との間のあの不快な対照は、それだけますますぼやけてくる。アメリカ植民地とヨーロッパのいくつかの国民に残存する家内奴隷制を見るならば、これをもっと一般に行きわたらせたいというような願望は、けっして起こらないであろう。幼い頃から同胞に大きな権威をふるい、人間性を踏みにじることに慣れてしまった人びとに見出されるのを常とする、あの人間性の乏しさは、それだけでも、そのような無制限な支配に対してわれわれに嫌悪の情を抱かせるに十分であろう。また、古代のあの苛酷な、あえて言えば野蛮な風習を説明できるもっともらしい理由も、この家内奴隷制の慣行を措いて他にはありえない。この慣行によって、身分のある人はすべて小暴君にさせられ、奴隷の追従、服従、および賤しいへりくだりのただなかで教育されたのであった。

古代の慣行によれば、下級者には、服従の義務に束縛しておくためにあらゆる拘束が課せられていたが、上級者には、寛大と人間性という、〈服従に対する〉互恵的な義務に従わせる拘束は少しも課されていなかった。現代では、悪い召使が善い主人を見出すことも、悪い主人が善い召使を見出すことも容易ではない。だからその拘束は、理性と平等という侵すことのできない永遠の法則にかなっており、相互的なものである。

年老いているか、役に立たないか、あるいは病気の奴隷をティベリス川の中のある島に遺棄し、そこで餓死させるという習慣は、ローマでは当たり前といってよいことだったと思われる。そしてこのように風雨にさらされた後に生き返った者は誰でも、皇帝クラウディウスの勅令によって自由が与えられた。もっともこの勅令では、ただ老齢とか病気とかいう理由だけで奴隷を殺すことも禁じられてはいた[8]。しかし、かりにこの勅令が厳重に守られたとしても、そのことは、奴隷の家内での待遇を改善したり、あるいは奴隷の生活をもっとずっと快適なものにしたであろうか。無用な厄介者とみなした者を養っておくよりも、むしろどんな価格でもよいから、役立たずになった老いぼれ奴隷を売り払ってしまうことが、大カトー[3]の公然たる方針だったようなときに、他の人びとが常日頃どのようなことを

行っていたかは、およそ想像がつくであろう。(9)

鎖付きの奴隷が強制的に働かせられた場所であるエルガストゥラ（*ergastula*）すなわち土牢は、イタリア中どこでもごくありふれたものであった。コルメッラは、土牢を常に地下につくるように忠告している。(10)そしてまた彼は、これらの奴隷から逃亡者が出た場合、そのことを即座に知るために連隊や船客を点呼するのと同じように、毎日、奴隷の点呼を行うことを、注意深い監督者の義務として勧めている。(11)これは、こうしたエルガストゥラがしばしばつくられ、そのなかに多数の奴隷が監禁されていたのが常であったことを証明するものである。(12)

オウィディウス(13)や他の著作家たちの著作から明らかなように、門番として使う鎖付き奴隷は、ローマでは珍しくなかった。(14)もし同類のあの不幸な人びとに対する同情の念が、これらの人びとからすっかりなくなっていなかったとしたならば、彼らは友人たちに、彼らの訪問早々、主人の苛酷さと奴隷のみじめさを思わせるようなことをしたであろうか。

すべての裁判において、民事訴訟の場合でさえ、奴隷の証言を求めることほどありふれたことはなかった。そして、この証言はいつも最も強烈な拷問にかけて強要されたのであった。(15)デモステネスは次のように述べている。同一事件に対し、自由人か奴隷かのいずれかを証人として出せる場合には、より確実な証言として、裁判官はいつも奴隷の拷問を選んだのであると。(16)

セネカは、昼を夜にし夜を昼に変えて、日常のあらゆる仕事の一切のきまった時刻を逆転させるような、あの無茶苦茶な奢侈を描いている。たとえば、食事の時刻と入浴の時刻をずらすというようなさまざまなことがらのなかで、とりわけ、彼は次のように述べている。この間違った洗練に耽っている人の近隣の者たちが、夜中の三時頃になると決まったように、ヒュー、ビシッと鞭打つ音を耳にするので調べてみると、この人がこの時刻に召使の行動を調べ、それ相応の折檻と懲罰を加えているのが分かったと。ところでこれは、苛酷さの一例として述べられているのではなく、最もありふれた規律正しい行動においてさえも、既定の習慣によって決められた時刻を変えてしまうような、生活の乱れの一例として述べられているにすぎないのである。(17)

しかし、われわれの差し当たっての問題は、一国の人口の大きさに対する奴隷制の影響を考察することだけである。この点では、古代の慣行には限りないほどの長所があり、これが古代に想定されている極度の人口稠密の主な原因だったと主張されている。現在では、主人はすべて男性の召使の結婚を妨げ、女性の召使の結婚をけっして許していない。というのは、結婚すれば、女性の召使は主人の用事がまったくできなくなると考えられているからである。しかし召使の財産が主人に委ねられている場合には、召使の結婚は、主人の富をつくり、そして老齢や病気のため無能となった奴隷の埋め合わせをする奴隷を次々と生み出す。したがって主人は、牛の繁殖と同じく奴隷の繁殖を奨励し、同様な注意を払って子供の奴隷を飼育し、そして、自分にとってもっと役に立ったり値打ちのあるものになるようななんらかの技術や職業を教え込む。富裕な人びとは、このやり方によって、貧民の福祉には関心をもたなくとも、貧民を生かしておくことには少なくとも関心を示し、自分たちの自由になるこうした人びとの数と勤労を増加させることによって、自らを富裕にする。主人は誰でも、自身の家族内では主権者であるから、君主が国家に関心を寄せるように、家族に対して同様の関心を寄せるのであり、君主とは違って、彼の小独立国の人口を減少させてしまうような、野心的ないし虚栄的な動機をもたない。この独立国のすべては、いつでも主人の監視下にある。だから彼には、彼の臣民の結婚と教育について、きわめて些細な点まで監督する余裕がある。(18)

ことがらのうわべを最初に少し見たところでは、以上が家内奴隷制の結果である。しかしこの問題にもっと深く立ち入ると、われわれの下した性急な断定を撤回せねばならない理由がおそらく見つかるであろう。人間の管理と牛の管理との先の比較はぞっとするようなことだが、この問題に適用されるときにはきわめて適切であるから、この比較の結果を追求することは適当であろう。首都や、すべての大都市の近辺や、人口が稠密で富裕であり、産業活動が盛んな地方では、牛が飼われることはまずない。そこでは、飼料、牛小屋、世話、労働が高価である。だから比較的へんぴで物価の安い地方から、一定の年齢に達した牛を買う方が割がよいということが分かる。この結果、こうした地方が牛を飼育する唯一の地方となる。ところで、人間が牛と同じ立場に置かれる場合には、同様の理由から、こうした地方はまた、人間を飼育する唯一の地方となる。役に立つことができるまで、子供をロンドンで養育するのは、スコットランドやアイルランドから同年齢の子供を買うよりも、はるかに高くつくであろう。なぜなら、スコットランドやアイルランドでは、子供は小屋で生まれ、ボロにくるまり、オートミールやじゃがいもで大きくなるからである。したがって、より富裕で、より人口の稠密なあらゆる地方で奴隷をもつ人びとは、女奴隷の妊娠を抑制し、出産を妨げたり、あるいは殺したりするであろう。人類が最も急速に増加するはずの場所において、人類は死滅するであろう。だから、もっと貧しい、もっと寂れた地方から絶え間なく補充されることが必要であろう。このような不断の人口の枯渇は、その国の人口を減少させる強力な傾向をもち、大都市をわが国の都市と比較して一〇倍も人口破壊力の高いものにするであろう。というのは、わが国の都市では、各人がすべて自らの主人であり、貪欲な利害の打算からでなく、自然の強力な本能から子供を養育するからである。もしロンドンが、現在、大した人口増加を見せず、通常計算されているように、田舎から年々五〇〇〇人の補充を必要とするとされた場合、もし商工業者と庶民の大部分が奴隷であり、貪欲な主人たちによって子供の養育が妨げられるとすれば、同市はどれだけの補充を必要としなければならないであろうか。

古代の著作家がすべて述べるところでは、(19)イタリアのへんぴな諸地方、とくにシリア、キリキア、カッパドキア、小アジア、トラキア、エジプトから奴隷が不断に流入したが、それにもかかわらず、イタリアの人口数は増加しなかった。また、著述家たちは、産業と農業の不断の衰退に不平をこぼしている。[20]それでは、普通に想定されているローマの奴隷のあの極端な繁殖の理由は、どこに存在しているのであろうか。増加するどころか、ローマの奴隷は莫大な数の補充がなければ、もとの人口さえ維持できなかったと思われる。そして、多数の奴隷が絶えず解放されてローマ市民とされたけれども、国外の諸属領にローマ市の自由が伝わるまでは、ローマ市民の数さえ増加しなかったのである。[21]

家族内で生まれ育てられた奴隷の呼び名はウェルナ[22]（*verna*）といい、このような奴隷は、慣習によって、他の奴隷にまさる特権と恩恵を与えられたようである。これは、主人たちがこの種の奴隷をたくさん養育するのを好まなかったことの十分な理由である。[23]わが国の植民者の方針を知っている人なら誰でも、この考察の適正さを認めるであろう。[24]

アッティクスは、自分の家族を、家族内で生まれた奴隷から補充するように配慮したということで、彼の伝記を書いた歴史家に大いに称賛されている。[25]ここから、こうしたやり方が当時はあまり一般的でなかったということを推論できないものであろうか。

ギリシア喜劇にでてくる、シュルス、ミュソス、ゲタ、トラクス、ダウス、リュドス、フリュックスなどという奴隷の名前から、少なくともアテナイでは、たいていの奴隷が外国から輸入されたという推測が許される。ストラボンの言うところによれば、[26]アテナイ人は自分たちの奴隷にリュドス、シュルスのように、奴隷が買い付けられた国の名前を付けるか、それともフリュギア人に対してはマーネスとかミーダス、パフラゴニア人に対してはティビアスといったように、買付先の国民の間で最もありふれた名前を付けたのであった。

デモステネスは、他人の奴隷を殴打することをすべての人に禁じた法律に言及したのち、この法律の人道性を称賛し、もし奴隷が買い入れられた先の野蛮人たちが、自分たちの同胞がこのように寛大な待遇を受けているという情報を得たら、彼らはアテナイ人に対して大いに尊敬の念を抱くだろう、と付け加えている。[27]イソクラテスもまた、ギリシアの奴隷はたいていその大部分が野蛮人だったことをほのめかしている。[4][28]アリストテレスは、『政治学』[30]において、奴隷がいつも外国人であることをはっきりと想定している。[29]古代の喜劇作家たちは、奴隷を野蛮人の言葉を語るものとして描いたのであった。[31]これはありのままの描写なのであった。

デモステネスが、未成年の頃に巨額の財産を後見人たちから詐取され、後年、法律に訴えて彼の世襲財産相当の金額を回復したことはよく知られている。そのときになされた彼の弁論はいまなお残っており、貨幣、商品、家屋、および奴隷の形で、父から遺された全財産の正確な明細が、それぞれ一つ一つの相当金額とともに含まれている。[32]そのうち、奴隷は五二人で、手工職人であった。すなわち、三二人の刀工と二〇人の家具工[33]で、すべて男性である。ところが、もし奴隷から子供が生まれるのがアテナイで普通のことであったなら、奴隷がもっていたことが確かだと思われるはずの妻子や家族については、一言も触れられていない。だから全遺産の相当金額はこの〈妻子と家族の有無という〉事情に大きく依存したに違いない。まして女奴隷は、彼の母が所有した幾人かの女中を別として、まったく言及さえされていない。こうした議論は、まったく決定的というわけでないにせよ、大きな論証力をもっている。

大カトーについて語っているプルタルコスの次の章句を考慮してみるがよい。[34]「彼は多数の奴隷をもっていたが、彼はそれを捕虜の売立てで注意深く買ったのであった。そして彼は、若い犬や馬にものごとを仕込むのと同様に、どのような食事や生活方法にも容易に慣れ、またどのような仕事や労働でも仕込むことができるように、若い奴隷を選んだ。――また、愛欲がすべての騒動の主な源だと考え、彼は、男奴隷が彼の家族内の女奴隷と関係するのを、この特権を得るのに一定の金額を支払うということで許可した。だが彼は、家族以外の者との密通を一切厳禁したのであった」。奴隷の結婚と繁殖について、古代の人びとのうちに想定されているあの配慮の徴候が、この叙述のうちに少しでもあるであろうか。もしそうした配慮が一般的な利益に基づく普通の慣行だったならば、偉大な家政家であり、また古代の節倹で質素な生活方法がなお信用と名声を保っていた時代に生きたカトーによって、それはきっと受け入れられたであろう。

奴隷から子供が生まれることを期待して奴隷を買う人はまずいないということが、ローマ法に関する著作家たちによってはっきりと述べられている。[35]

わが国の下男や下女が彼らの種を増加するのにあまり役立っていないことを、私は認める。ところが古代の諸国民は、自分の身の回りの世話を自分でする人の他は、彼らの労働をほとんどすべて奴隷にやらせ、製造業さえ行わせた。[36]そして、これらの奴隷のうちの多くは家族内に生活していた。だからお偉方のうちには、一万人を数える奴隷を所有しているものもいた。したがって、もしこの制度が人口増殖に不利であったという疑いが少しでもあるなら（その場合は、近代の召使に当てはまる同じ理由が、少なくとも一部は古代の奴隷についても当てはまる）、奴隷制がいかに人口を破壊するものであるかが明らかにされたに違いないであろう。

歴史がローマの一貴族について述べるところでは、彼は一つ屋根のもとに四〇〇人の奴隷をもっていた。ところが、彼がそのうちのある奴隷の狂暴な復讐によって家庭内で暗殺されたため、法が厳重に執行されて、一人の例外もなくすべての奴隷が処刑されたのであった。[37]他の多くのローマの貴族も、これと同じくらいか、あるいはもっと多数の家族をもっていた。だから、もしすべての奴隷が結婚し、また、女奴隷は繁殖動物だと考えられるなら、こうしたことはまず実行不可能なはずだと、[38]誰もが認めるものと私は信じる。[5][39]

早くも詩人ヘシオドスのときに、結婚した奴隷は、男女を問わず、不都合なものとみなされていた。ローマにおけるような、とてつもない大きさにまで家族が増大し、しかも古代の生活方法の質素さがすべての身分の人びとから消え失せてしまった場合には、どれほど一層不都合なものとみなされたことであろうか。

　クセノフォンは、農場の管理について指針を与えた『家政論』(Oeconomics) において、男奴隷と女奴隷をたがいに引き離しておくように、厳重な配慮と注意を払うことを勧めている。[40] 彼は、奴隷が結婚するなどとは考えていないようである。ギリシア人のうち、自らの種族を保持し続けたと思われるただ一つの奴隷は、**ヘロイタイ**であった。彼らは別に家をもち、個人の奴隷というよりはむしろ、国家の奴隷であった。[41]

[42]この同じ著者は[43]、ニキアスの奴隷監督が、その主人との協定により、奴隷[6]を維持しその数を保つほかに、奴隷一人当たり一日に一オボルスを主人に支払うように義務づけられていたことを告げている。もし古代の奴隷がすべて繁殖用動物だったならば、この契約の最後の条項は余計なものだったであろう。

　古代諸国民は、奴隷一人一人に割り当てられた食料の分量が一定であったことをきわめてしばしば述べているから、[44] 奴隷がほとんどすべて独身で生活し、そのような一定量〈の食料〉を一種の賄付賃金として受け取ったという結論に当然導かれる。

　奴隷を結婚させる慣行は、実のところ、当然もっと期待されてよい田園の労働者の間でさえ、あまり行われなかったようである。カトーは[45]、一〇〇エーカーのぶどう園の労働に必要な奴隷の数を計算して、一五人になるとしている。つまり奴隷監督とその妻、すなわちウィッリクス (*villicus*) とウィッリカ (*villica*) および一三人の男奴隷である。二四〇エーカーのオリーブ農園には、奴隷監督とその妻、および一一人の男奴隷が必要である。そして農園やぶどう園の大小に比例して、人数は増減する。

　ウァッロは[46]、カトーのこの章句を引用し、彼の計算は最後の文句を除けば、あらゆる点で正しいと認めている。というのは、ぶどう園や農園が大きかろうと小さかろうと、奴隷監督とその妻が必要であるから、これは比例関係の正確さを変化させるに違いないからだと、彼は言うわけである。もしカトーの計算が他の何かの点で誤っていたとしたら、このように些細な間違いでも見つけ出すのが好みと思われるウァッロによって、きっと訂正されたことであろう。

　この同じ著者は[47]、コルメッラ[48]と同様に、奴隷監督には、その主人の仕事に仕えることにもっと強い愛着心をもたせるため、妻を与えることが必要だとして推奨している。したがってこのことは、非常に大きな信頼が寄せられている奴隷に与えられる特殊な恩典なのであった。

　同じ箇所で、ウァッロは、家内で奴隷が徒党を組んで争ったり、暴動を起こしたりしないように、同一国からあまり多数の奴隷を買わないのが有益な用心だと述べている。[49] ここから、イタリアにおいては、田園労働を行う奴隷でさえ (というのは、彼はこれ以外の奴隷については語っていないから) その大部分はへんぴな属州から買われたという推測が成り立つ。周知のように、虚栄と奢侈の道具だったローマの家内奴隷は、普通、東方から輸入された。プリニウスは、主人たちの嫉妬深い気づかいについて語りながら、「このために、奴隷たちの群れが増え、そして、家庭内ではよそ者の群れが増え、その結果、いまや、召使奴隷のために名前を呼ぶ役目をする奴隷さえ雇われねばならなくなった」(*Hoc profecere, mancipiorum legiones, et in domo turba externa, ac servorum quoque causa nomenclator adhibendus*)(50) と言っている。

なるほど、歳を取った羊飼から若い羊飼を家内で増殖させることは、ウァッロ(51)によって勧められている。というのは、牧草地はへんぴで物価の安い場所にあるのが普通であり、また、羊飼は別々に離れて小屋で生活していたため、羊飼の結婚とその増殖は、物価がより高いところで、その上多くの召使が家庭内に住む場合——これは、ローマの農場のうち、ワインや穀物を生産するような農場では、一般に妥当した——に見られるのと同じ不都合をきたしそうにはなかったからである。もしわれわれが羊飼に関するこの例外を考慮に入れ、その理由を比較考量すれば、それは、前述したわれわれのあらゆる疑問に対する有力な確証として役立つであろう(52)。

コルメッラ(53)が、三人以上の子供を主人のために産んだ女奴隷に報酬を与え、自由をさえ与えることを主人に勧告していることを、私は認める。これは、古代諸国民がときとして奴隷から奴隷を増殖させたという一つの論拠であり、まったくのところ、否定することができない。もしそうでなかったならば、奴隷制の慣行は、古代においては非常に行きわたっていたことであったから、どのような方策をもってしても回復できない程度に、人口を破壊してしまうものだったに違いない。以上の推論から私が引き出そうとする結論のすべては、奴隷制は、一般に人類の幸福にも人口数にも不利であり、雇いの召使を用いる慣行によって取って代わられる方がはるかによいということである。

グラックス兄弟の法律〔7〕、あるいは、一部の著作家がそう呼んでいるように、彼らの扇動は、イタリア全土にわたる奴隷の増加と、自由な市民の減少を彼らが看取したことから生じたのであった。アッピアノス(54)はこの増加の原因を奴隷の繁殖だとしており、他方、プルタルコス(55)は、鎖を付けられ捕虜となった蛮人(*βαρβαρικα δεσμωτηρια*)の購入のせいにしているが(56)、両方の原因が同時に起こったものと推測することができる。

シチリアは土牢で満ち、鎖の付いた労働者によって耕されたと、フロルス〔8〕(57)は述べている。エウヌス〔9〕とアテニオンは奴隷戦争を引き起こし、こうした恐るべき牢獄を破壊し、六万の奴隷に自由を与えた。小ポンペイウスは、これと同じ手段により、スペインで自分の軍隊を増やした(58)。もしローマ帝国を通じて田園労働者が一般にこうした状況にあり、またもし、都市の召使がその家族のために独立した住居を見つけるのが困難であるか、あるいは見つけられないとすれば、家内奴隷制という制度は、人間性にとっても人口増殖にとっても、どれほど不利なものとみなされねばならないことであろうか。

コンスタンティノポリスは、現在、あらゆる属領から、ローマが昔行ったものと同様な奴隷の補充を必要としている。その結果、これらの属領は人口が稠密だとはおよそ言えない状態にある。

エジプトは、マイエ氏(59)によれば、黒人奴隷の植民団を絶えずトルコ帝国の他の地方に送り、その代わりに同数の白人奴隷を毎年受け取っている。前者はアフリカの内陸地方から、後者はミングレリア、チェルケス、およびタタールから連れて来られる。

われわれの近代の修道院は、疑いもなく悪い制度である。だが古代においては、イタリアにおける、そしてまたおそらく世界の他の地方におけるすべての大家族が、一種の修道院だったのではないかと考えられる理由がある。そして、カトリックの諸制度のすべてを、迷信(60)の温床として、国家にとって厄介なものとして、また、男女を問わずそのなかに囚われの身となった哀れな人びとにとって圧制的なものとして、非難すべき理由があるとはいえ、しかし一般に想像されているほどそれが一国の人口にとって破壊的であるかどうかは疑問であろう。もし修道院の所有する土地が一貴族に与えられるならば、彼はその収入を、犬、馬、別当、従僕、料理人、および女中に使ってしまうであろう。だから彼の家族は、修道院が供給する以上に多くの市民を供給することはないであろう。

親が娘を尼僧院に押し込む理由は、一般には、家族があまりにも多くて負担が重すぎないようにするということである。だが古代諸国民は、これとほとんど同じくらい罪がなく、またその目的を達するためにもっと有効な方法、すなわち、子供をごく幼いときに捨てるという方法をとっていた。この慣行はごくありふれたものであった。だからそれは、当時の著作家の誰からもそれにふさわしい戦慄をもって語られていないし、それどころか、非難を込めてさえもほとんど語られていない。(61)あの人情味豊かで気立てのよいプルタルコス(62)でも、ペルガモンの王アッタロス[10]が、彼の兄弟のエウメネス[11]の息子に王位を譲るため、自分自身の子供を全部殺し、あるいはそう言う方がよければ、捨ててしまい、こうしてその息子よりも自分を後継者としてくれたエウメネスに対する感謝と愛を示したことを称賛に値することとして述べている。両親に自分の子を殺す許可を法律によって与えたのは、ギリシアの賢人のうちでも最も令名高い賢人のソロン[12]であった。(63)

それでは、こうした二つの事情、すなわち、修道誓願と幼児遺棄が、どちらもあまり違わないものであり、したがって、人類の増殖にとって同じ程度に不利だとみなしてよいだろうか。この点では、古代の方が有利なのではないかと私は思う。いろいろな原因が奇妙に結合することによって、古代のあの野蛮な慣行は、むしろ当時の人口を近代よりも稠密にすることができたかもしれないようにも思われる。家族の人数があまりにも多すぎるという心配を取り除くことによって、それは多くの人びとを結婚させたであろう。そして、自然の愛情の力が非常に大きいため、いよいよ子供を捨てるというときになると、以前からの意図を実行に移すことができるだけの決心をもっている人は、子供を修道院へやる人の数と比較すれば、ごく少ないであろう。

子供を捨てるこうした慣行が現在行われているただ一つの国である中国は、われわれが知っている最も人口稠密な国である。そして、誰でも二〇歳になるまでに結婚している。もし、子供を取り除くこのような安易な方法を見込めないならば、このような早婚はほとんど一般化しえなかったであろう。プルタルコス[64]が、子供を捨てることを、貧民のごく一般的なやり方だと述べていることを、私は認める。ところが富者は、当時、彼らの遺産を当て込む人びとから求婚されたため結婚を嫌ったので、国家は彼ら〈貧者と富者〉の間にはさまって、具合の悪い状態にあったに違いない[65]。

すべての学問のうち、政治学ほど、最初に一見した外観が人を欺きやすいものはない。捨て子の養育院は人口増加に有利なように見える。そして、適当な制限のもとに維持される場合にはおそらくそうであろう。しかし、養育院の門戸がすべての人に差別なく開放されるときには、それはおそらく反対の結果をもたらし、国家に有害である。パリで生まれる九番目の子供はみな養育院に送られると推測されている。もっとも、人間の行うことがらの普通の成り行きによれば、その子供の両親が子供を養育し教育する能力をまったくもたないというようなことは、百人の子供につき一人もないことが確実と思われるのだが。健康、勤労、徳性について、養育院での教育と個人の家庭での教育との間に見られるあの大きな違い[66]を考えれば、われわれは、そう気軽に喜ばしい思いで子供を養育院へ入れようなどという気にならないはずであろう。自分自身の子供を殺すということは、人間の本性にとって耐えられないことであり、したがって多少異例なことに違いないが、子供の面倒を他人に押しつけることは、人類の生得的な怠惰にとってきわめて誘惑的なものである。

以上で、古代諸国民の家内生活と生活方法を、近代諸国民のそれらと比較して考察し、当面の問題に関する限り、大体のところ、われわれ〈近代〉の方がむしろ優れていると思われることとなったが、いまや両時代の政治慣習と政治制度を検討し、それらが人口増殖を抑制したり促進したりする影響力を比較考量することにしよう。

ローマ帝国の支配力が増大する以前には、あるいは、むしろその支配力が完全に確立されるまでは、古代史の舞台であるほとんどすべての国民は、小領土あるいは小共和国に分割されており、そこでは、もちろん、財産の大きな平等が広く行われ、また統治の中心はいつもその辺境のごく近くにあった。

こうしたことは、ギリシアとイタリアにおいてだけでなく、スペイン、ガリア、ドイツ、アフリカ、および大部分の小アジアにおける状況でもあった。だから人類の増殖にとって、これほど有利な制度はありえなかったことが認められねばならない。というのは、過大な財産を所有する人は、他の人よりも多く消費することはできないので、彼に仕えかしずく人びとにそれを分かち与えざるをえないけれども、しかし、彼らの財産は不安定であるから、彼らは、各人が少額でも確実で独立した財産をもつ場合と同じほど結婚に対する奨励を感じないからである。その上、巨大な都市は、社会にとって破壊的であって、あらゆる種類の悪徳と騒動を生み出し、へんぴな属州を飢えさせ、それどころか、すべての食料の価格を騰貴させて、自らをも餓死させる。各人が自分のための小さい家と畑をもち、各州が自由で独立した首都をもつところでは、人類の状態はなんと幸福なものであろう！　それは産業活動と農業にとって、結婚と増殖にとって、いかに有利なものであろうか！　もし困窮と窮迫が人びとの生殖力に課しているあの抑制がなくなり、生殖力が十分に作用したならば、それは人口を各世代ごとに倍加させるであろう。そして、このような小共和国と、市民の間における財産のこのような平等ほど、生殖力に自由を与えうるものがないことは確実である。小国がみな財産の平等を生み出すのは当然である。なぜなら、小国には〈財産が〉はなはだしく増大する機会が許されていないからである。しかし、小共和国は、その本質として備わっている権力と権威の分割によって、一層はるかに財産の平等を生み出すのである。

クセノフォン(67)が、キュロスに同行したあの有名な遠征から帰ったとき、彼はトラキア王セウテス（SEUTHES）のために自ら雇われるとともに、六〇〇〇人のギリシア兵を雇った[13]。そして、彼の合意の条項には、各兵卒は一カ月に一ダリック、各隊長は二ダリック、そして彼自身は将軍として四ダリックを受け取ることになっていた。これは、わが国の近代の将校たちを少なからず驚かせる給与規定である。

デモステネスとアイスキネスは、他の八人とともに、マケドニアのフィリッポスのところへ使節として派遣された[14]。四カ月以上に及ぶ彼らの任務の報酬は一〇〇〇ドラクマであった(68)。つまりこれは、使節一人について一日一ドラクマ以下になる。ところが、一日一ドラクマ、いや、ときには二ドラクマ(69)が歩兵の兵卒の給与であった。

ローマ人からなる百人隊の隊長は、ポリュビオスの時代に(70)は、兵卒のわずか二倍の給与しかもらわなかった。したがってここから、われわれは凱旋後のあの恩賜金がその比率で定められたことが理解できる[15]のである(71)。しかしマルクス・アントニウスとその三頭政治は、百卒長に他の者の報酬の五倍を与えた(72)。この共和国の膨張が市民の間の不平等をこれほどまで増大させたのである(73)。

財産の平等だけでなく、政治的自由に関しても、近代の事態の方が人類の増殖にもその幸福にも非常に有利だとは言えそうもない。ヨーロッパは大部分が大きな王国に分割され、その王国は同じくまた各々小領土に分割されているが、これらの各地方は、普通、絶対君主によって統治され、彼らは国王の宮廷の豪華さと軍事力の大きさを滑稽にも模倣し、その人民を破滅させている。スイスとオランダだけは古代共和国に似ている。前者は、風土と気候、あるいは商業上の利点を少しももっていないけれども、しかしその人口が、ヨーロッパ中のあらゆる兵役に応募しているにもかかわらず豊かであることは、彼らの政治制度のもつ利点をあますところなく証拠立てている。

古代共和国は、その主要なあるいは唯一の安全を、その市民の数から得ていた。トラキア人が多数の国民を失ったとき、生き残った者は、同胞の遺産によって私腹を肥やすことをせず、彼らの首都スパルタに新しい住民集団を送ってくれるよう申請した。スパルタ人は直ちに一万人を集めた。そしてこれらの人びとに、以前からいる市民は、亡くなった以前の所有主の土地を配分したの[16]であった[74]。

ティモレオンは、ディオニュシオス[17]をシュラクサイから追放し、シチリア事件を解決したのち、専制、戦争、および党派的争いのためにシュラクサイとセリヌンティウムの人口が極度に減少しているのを発見したので、これら両都市の人口数を回復させるため、ギリシアからかなりの新しい住民を招き寄せた[75]。即座に四万人[76]（プルタルコスは六万人と述べている）の申し出があった。そこで、彼は彼らに非常に多くの土地を分配し、以前からいる住民を大いに満足させたのであった。これは、富よりも人口の多いことを好んだ古代の政策原理と、こうした多くの植民集団を直ちに供給しえた、あの小国ギリシアの極度の人口稠密に見られるこうした原理の好結果を、同時に証明するものである。初期のローマ人の場合も、これとあまり異ならなかった。七エーカーで満足できない人は有害な市民だ、とM・クリウス（CURIUS）は言った[77]。平等に関するこうした考え方が多数の人口を生み出さないわけにはいかなかった。

さてここに至って、人口の大きさに関して、古代諸国民がどのような不利益のもとに置かれ、また彼らはその政治原理と政治制度からどのような抑制を受けたかを考察せねばならない。人間に関する条件にはすべて相殺するものがあるのが普通であり、それは、たとえいつも完全に等しいものではないにせよ、少なくとも、支配的な原理を抑制するのに役立つ。こうした相殺するものを比較し、その影響力を評価することは、それが同じ時代にしかも隣り合った国で生じる場合でさえ、実に難しいことである。ましてや、いくつかの時代が中間に介在し、その上、わずかに断片的な光しか古代の著作家から与えられない場合には、興味ある問題について賛否の意見を述べ、それによってすべての早急かつ乱暴な断定を修正することで満足する以外に、何ができるであろうか。

第一に、古代共和国は、その好戦的な精神、自由の愛好、相互の競争心、およびすぐ近隣に住む諸国民間にごく広く行きわたっているあの憎悪の当然の結果として、ほとんど絶え間なく戦争をしていたということができる。ところで、小国の戦争は、大国の戦争よりもはるかに破壊的である。なぜなら、前者の場合には、すべての住民が軍務につかねばならないからであり、また国全体が辺境となり、国のすべてが敵の侵略にさらされるからである。

古代の戦争の原理は、近代のそれよりもはるかに破壊的であった。それは、主として、兵士たちが略奪品の分配に専念したことに基づいている。わが国の軍隊の兵卒は、その純然たる給与を超えて少し豊かになると、それが彼らの間に混乱と騒動を生み、軍規の全面的な崩壊のもととなるような、低級な部類の連中である。近代の軍隊を満たしている、こうした連中のこのあさましさと賤しさこそが、かえって彼らが侵略する国にとってより破壊的でないものにしている。これは、すべての政治的推論に見られる、最初の外観がもつ人びとを欺くあの性質の多くのうちの一例なのである[78]。

　古代の戦闘は、それに使用された武器の性質そのもののため、はるかに血なまぐさいものであった。古代諸国民は、兵士を一六列あるいは二〇列に、ときとして五〇列に縦に長く並べ、これが狭い戦闘正面を形づくった。だから、両軍が整列し、戦闘を交えることができる戦場を見つけるのは困難ではなかった。部隊のうちの一団が、生垣、小丘、木立、あるいは谷間道のために近づくのを妨げられたところでさえ、戦闘は交戦部隊間でそれほど早く決着しないから、他の一団が彼らを遮っていた障害物を克服して戦闘に参加する余裕があった。このようにして、全軍が交戦し、各兵士が敵兵と接近して格闘したので、戦闘は、普通、きわめて血なまぐさいものであり、双方の側に、とくに敗北した側に大量の殺りくが加えられた。火器の出現で必要となった、あの横に長く奥行きの浅い戦線と、戦闘のあのすばやい決着とのために、近代の戦闘は単に部分的な遭遇戦となり、戦闘の初めに敗れた将軍がその軍隊の大部分を無傷なままの姿で撤退させることができるようになっている[79]。古代の戦闘は、その期間の長さと一騎打ちに似た戦いによって、後代の人びとにはまったく知るよしもないような激烈な程度にまで達した。その場合、捕虜を奴隷にして利益を得ようとする望み以外には、戦士たちに助命を許すようにさせるものは何もなかった。タキトゥス[80]から分かるように、内乱のときには、戦闘は最も血なまぐさいものであった。なぜなら、捕虜は奴隷にならなかったからである。

　敗者がこのような苛酷な運命を予想する場合、間違いなくきわめて頑強な抵抗が行われるに違いないであろう！　戦争の原理があらゆる点において非常に血なまぐさく、また苛酷である場合、その敵愾心はいかに執念深いものであろうか！

　古代史には、都市が包囲され、その住民が城門を開けるよりも、むしろ妻子を殺し、そしておそらく、敵に報復するいちるの望みで悲しみを和らげつつ、自ら進んで死地に突進したという例がしばしばある。**野蛮人**だけでなく、ギリシア人[81]もしばしばこうした程度にまで狂暴になったことがあった。また、それほど有名ではない他の例の場合でも、これと同じ断固たる精神と残酷さとは、すぐ隣り合って生活しながら絶えず戦争や争いをしている小共和国においては、人間の社会を破壊するものであったに違いない。

　ギリシアの戦争は、ときとしてもっぱら侵略や山賊的行為や海賊的行為によって続けられたと、プルタルコスは言っている[82]。小国家においてこのような戦争方法は、最も血なまぐさい戦闘や包囲戦にもまして、いっそう破壊的にちがいない。

十二銅表の法律によれば、二年間占有すると土地に対する取得時効が成立し、動産に対する取得時効の成立は一年であった[83]。このことは、当時のイタリアには、現在、タタール人の間に見られる以上の、秩序、平静、および安定した治安が確立していなかったということを示すものである。

古代史において、私が記憶している唯一の捕虜交換条約は、デメトリオス・ポリオルケテス[18]とロードス人との間のものであり、このとき、自由な市民は一人につき一〇〇〇ドラクマ、武装した奴隷は五〇〇ドラクマで返還されることが協定された[84]。

しかし、第二に、古代の風習は、戦時だけでなく平時においても、また、相当重要だと認められる政治的自由と平等の愛好を除けばどの点においても、近代の風習よりも不利であったと思われる。自由な統治から党派争いを排除することは、まったく実行できないことではないにしても、きわめて困難である。しかし党派間のこのような執念深い敵愾心と、このような血なまぐさい原理は、近代では宗派間にしか見出されないものである[85]。古代史においては、貴族であろうが庶民であろうが（というのは、以下の点では、私には相違が見られないから[86]）、一つの党派が支配的となった場合、彼らが、その手に捕えた反対党の者をすべて即座に惨殺し、幸運にも彼らの敵愾心を免れた者はこれを追放したというようなことを、われわれはいつも見ることができる。そこには、訴訟手続の形式も、法も、裁判も、情状酌量も何一つとして存在しない。都市の四分の一、三分の一、おそらくは、半数近くの人びとが、革命のたびに惨殺されたり、追放されたりした。だから、亡命者はいつも外敵に加わり、幸運に恵まれ新しい革命を起こして十分復讐することができるまで、同胞市民にありとあらゆる害悪を加えた。そしてこのような暴力的な統治においては、こうしたことは頻繁に生じたから、そこに広く行きわたっていたに違いない騒動、不信、嫉妬、敵愾心は、現代の世界のわれわれには容易に想像することができない。

古代史において私が思い出すことのできる革命で、非常な峻厳さも、虐殺ならびに暗殺による大きな流血騒ぎもなくて済んだのは、わずかに二つしかない。すなわちそれは、トラシュブロス[19]によるアテナイの民主政治の復活と、カエサルによるローマ共和国の征服である。われわれは古代史から、トラシュブロスが、過去の一切の違法に対する大赦を通過させ、大赦という言葉をその実施とともに、ギリシアに初めて導入した[88]ということを知っている[87]。しかしながら、リュシアスの多くの演説からすれば、先行の専制時代〈三十人僭主の時代〉の主要な犯罪者や、下級の犯罪者の一部さえも、裁判にかけられ、死刑にされたものと思われる[89]。また、カエサルの寛大さについても、それはたいへん有名であるけれども、現代であればさほど称賛を得ることはないであろう。たとえば彼は、ウティカの支配者となったとき、カトー派の元老院議員を全て惨殺した[90]。そして、これらの人びとがその党派のうちの最も価値のない人びとではなかったことを、われわれは容易に信じることができよう。この権力簒奪者に抗して武器を取った者はすべて私権を剥奪され、ヒルティウスの法律[20]により、一切の公職につけないことが宣告されたのであった。

これらの人びとは、自由を非常に愛好したが、自由を十分によく理解していたとは思われない。三十人僭主が初めてアテナイで支配権を確立したとき、彼らは、民主政の時期に非常に厄介なものであった追従者と密告者をすべて逮捕し、恣意的な宣告と処刑によって、彼らを殺し始めた。人はすべて、この瞬間から自由が消滅したことを考えずに、こうした処刑を喜んだと、サッルスティウス(91)とリュシアス(92)が言っている。

トゥキュディデスの力強い文体がもつ最高の力も、ギリシア語がもつあの豊かさと表現力も、彼がギリシア全土のすべての共和国中の党争から生じた騒乱を叙述しようと試みるときには、たちまち衰えているように思われる。彼は言葉では伝えることのできないほど重要な思想と絶えず苦闘しているのだと、読者は想像することもできるであろう。そして彼は、洗練され堅実でもある一所見で、自らの感動的な叙述を結んでいる。彼は言う、「こうした抗争においては、最も鈍感で最も愚かで、それに最もわずかしか先見の明のない人びとが支配力をもつのが普通であった。というのは、彼らはこの弱点を意識しており、したがってもっと洞察力に富む人びとに凌駕されるのを恐れて、事前によく考えもせず、武力によって性急に行動し、それによって、彼らを滅ぼすために緻密な計画や企画を立てていた相手方の機先を制したからである」(93)。

一万人以上の同胞市民を平然と惨殺したと推定されている大ディオニュシオス(94)や、彼よりもさらにもっと残虐な、アガトクレス[21](95)やナービス[22](96)や、その他の者については言うまでもないが、自由な国家においてさえ、その処置は極度に狂暴で破壊的なものであった。アテナイで、三十人僭主と貴族たちは、一二カ月の間に、裁判もせずに約一二〇〇人を虐殺し、生き残った市民の半数以上を追放した(97)。アルゴスでは、これとほぼ同時期に、人民が一二〇〇人の貴族を殺し、その後、彼ら自身の扇動者も殺してしまった。なぜなら、扇動者がそれ以上告発することを拒んだからである(98)。コルキュラでも、人民は一五〇〇人の貴族を殺りくし、一〇〇〇人を追放した(99)。われわれがこれらの国がごく小さいことを考慮するならば、こうした数が一層驚くべきものだということが分かるであろう。しかし古代史の全体はこのような例で満ちているのである(100)。

アレクサンドロスがあらゆる都市のすべての亡命者を復帰させるよう命じたとき、それは全部で二万人にのぼることが分かった(101)。これはおそらく、さらに大規模な殺りくと虐殺の生き残りであろう。古代ギリシアのような小国でこれはなんと驚くべき多数であろう！　したがって、党派争いがこのように激烈で絶望的な程度にまで高まった場合には、どれほど激しい国内の混乱、嫉妬心、党派心、復讐熱、やり場のない不満が都市を引き裂いたに違いないことであろうか。

イソクラテスは、フィリッポスに、現在ギリシアでは都市からよりも浮浪者から軍隊を徴集するのがたやすい、と言っている(102)。

事態がこのような極端にまで至らないときでさえ（このような極端な事態を人びとは一世紀に二、三度、ほとんどあらゆる都市で経験しなかったことはなかったのである）、財産は古代の統治原理によって非常に不安定にされた。クセノフォンは、『ソクラテスの饗宴』において、アテナイの民衆の専制のことを、きわめて自然にありのままに叙述している。カルミデス[23]は言っている。「かつて富をもっていたときよりも、貧乏な現在の方が、私ははるかに幸福である。それはちょうど、恐怖よりも安心な状態にある方が、奴隷よりも自由人が、機嫌をとるよりとられる方が、疑われるより信頼される方が幸福であるのと同じである。以前は、私はあらゆる密告屋に気を使わないわけにはいかず、相当の賦課金がいつも私にかけられ、また、私が旅に出たり、あるいは都市を留守にすることはけっして許されなかった。ところが貧乏になったいまでは、私は偉そうな顔つきをし、他人を脅している。金持ちは私をこわがり、あらゆる種類の礼儀と尊敬の念を私に示してくれる。だから私は、この都市で一種の僭主になった[103]」と。

雄弁家のリュシアス[104]は彼の弁論のうちの一つにおいて、貨幣が欲しくなればいつでも財産の没収をするために、金持ちの誰かを——外国人だけではなく市民も——殺すのが、アテナイの民衆の方針であったと、非常に冷静に、ことのついでに語っている。これを述べるにあたって、彼はその民衆を非難する意図は少しももっていなかったように思われる。まして、彼の聴衆であり裁判官であった民衆を憤慨させる意図などは、毛頭なかったように思われる。

そのような民衆の間では、人は市民であろうと外国人であろうと、自ら貧困になるか、それとも民衆の方が彼を貧困にし、その上おそらく彼を殺すか、実際このいずれかしかなかったように思われる。雄弁家リュシアスは、公共のサービスに費やされたある財産について、面白い説明をしている[105]。すなわちそれによれば、その三分の一以上は、のぞきからくりと仮装ダンスに使われたのであった。

まったく戦慄すべきものであった、あのギリシアの僭主政治について、くどくどと述べる必要はないであろう。共和政が導入される以前には、ギリシアのたいていの古代国家が統治された政治形態であるあの制限君主政ですら、きわめて不安定であった。アテナイを別にすれば、どの都市も四代ないし五代にわたって王位が継承されることはまずなかったと、イソクラテスは言っている[106]。

古代君主政の不安定を説明する他の多くの明白な理由のほかにも、各自の家庭における兄弟間のあの財産の均分が、その必然の結果として、国家を不安定にし撹乱させるのに役立っているに違いない。近代法によって年長者に与えられているあの一般的な優先権は、財産の不平等を増大させるけれども、しかし、王位継承のさいに、人びとにこれと同じ考え方に慣れさせ、年下の者の要求と主張をすべて退けてしまうという好結果をもたらすのである。

ヘラクレイアという新たに開拓された植民都市は、たちまち党派争いに陥って、スパルタに援助を求めた。そこでスパルタは、この紛争を鎮圧するに足る権威を与えてヘリピダス（Heri-pidas）を派遣した。この人物は、反抗により挑発されることも、党派的な憤怒によって逆上させられることもなかったが、約五〇〇人の市民を即座に殺すことよりも優れた方策を知らなかった。(107) これは、上述した暴虐な政治原理が、ギリシア全土にわたって、いかに根深いものであったかを示す一つの有力な証拠である。

もし、こうしたものがあの洗練された民族における人心の傾向であったとすれば、野蛮と呼ばれていたイタリア、アフリカ、スペイン、およびガリアの諸共和国では、どのようなことが期待できるであろうか。そうでないとすれば、ギリシア人はどうしてその人道性、寛大さ、および中庸を、他のすべての諸国民に優るものとしてあれほどまで自負したのであろうか。このように推論するのはきわめて自然なことと思われる。しかし、具合の悪いことに、ローマ共和国の比較的初期の歴史は、もしわれわれが一般に受け入れられている説明に信頼をおく限り、正反対の結論を提出している。グラックス兄弟殺しまでは、ローマにおいては、どの扇動においても流血はけっして見られなかった。(108) ハリカルナッソスのディオニュシオスは、ローマ民族のこの点における特異な人道性を述べながら、ローマ民族が、もともとギリシア人の系統だという論拠として、それを利用している。以上からわれわれは、野蛮な共和国における党派争いや革命が、通常は上述したギリシアのそれよりももっと狂暴なものだった、と結論して差しつかえないであろう。

ローマ人がこのように非常に遅くになってから紛争を始めたとしても、ひとたび血なまぐさい舞台にあがった後は、彼らはその十分な埋め合わせをするに至ったのであった。ローマ人の内乱に関するアッピアノスの歴史には、虐殺、法益剥奪、および財産没収に関する、かつて世界に見られたもののうち最も恐るべき描写が含まれている。この歴史家の記述で最も好ましい点は、彼がこうした野蛮なやり方に正当な憤激を感じているようであること、したがって、多くのギリシアの歴史家のうちに慣習によって生み出されてきた、あのいまいましい冷静さと無関心をもって語っていないことである。(109)

一般に、古代の政治原理は人間性と穏和さにきわめて乏しく、そのため、ある特定の時期に行われた暴虐行為に対していちいち特定の理由をつけるのは、余計なことに思えるくらいである。しかし、ローマ共和国の後期には、法律が非常に不合理に案出されたため、党派の首領たちがこうした極端な行為に頼らざるをえないようにさせたということを、述べないわけにはいかない。死刑は一切廃止された。市民のある者がいかに罪を犯そうと、あるいはそれ以上にいかに危険な人間であろうと、正規には、追放によるほか処罰されなかった。また、党派の革命においては、個人が復讐のために武器をとらざるをえなくなったし、またこのようにして法律がいったん破られると、こうした殺伐なやり方に限界を設けることは容易ではなかった。ブルートゥス自身が三頭政治の上に支配力をもっていたとすれば、彼が、普通の用心をした場合、オクタウィウスとアントニウスとの生命を助け、そして、やろうと思えばまだ騒動や反乱を新たに企てることができるロードスやマルセイユへ彼らを追放するだけで満足しえたであろうか。三人執政官の一人の兄弟である、C・アントニウスを彼が処刑したことは、この問題に対する彼の考え方を明らかに示すものである。キケロは、ローマのあらゆる賢人と有徳の士の是認を得ているとはいえ、法律に違反し、また裁判や訴訟手続の形式をまったく経ずに、カティリナの共謀者たちを勝手に死刑にしたのではなかったか。そして、彼がその処刑の手をゆるめたとすれば、それは彼の気質の寛大さか、それとも時勢の急迫に起因するものではなかったか。法と自由を自負する統治にあって、これはなんとみじめな安全の保証であろう！

このようにして、一方の極端はもう一つの極端を生み出すものである。法律における過度の峻厳さが、その執行に当たってはなはだしい弛緩を生み出しがちなのと同様に、法律の過度の寛大さは、おのずから苛酷と野蛮を生み出す。どのような場合でも、法律の神聖な限界を越えることをわれわれに強制するのは危険である。

すべての古代の統治にしばしば見られるあの騒動の一つの一般的な原因は、当時貴族政を確立するのが非常に難しかったことと、最も卑賤で最も貧困な者でさえ、彼らを立法と公職から排除すれば必ず生じた、人民の絶え間ない不満ならびに騒乱にあったと思われる。自由人という資格そのものが、奴隷の資格に対立するもので、非常に高い身分を与えたのであって、そのためこの資格は、それを所有する者に共和国のあらゆる権力と特権にあずかることを許したように思われる。ソロン[110]の法律は、自由人を投票権や選挙権から排除しなかったが、若干の長官職はこれをある特定の財産登録階級（*census*）に限定した。しかし人民は、これらの法律が撤廃されるまでけっして満足しなかった。アンティパトロスとの協約[24][111]によって、財産登録額が二〇〇〇ドラクマ（約六〇ポンド・スターリング）以下のアテナイ人には投票権が与えられなかった。だからこのような統治は、われわれには十分民主的に見えるとしても、その人民にとっては非常に不愉快なものであり、そのため、彼らの三分の二以上が直ちにその国を離れたのであった。[112]カッサンドロス[25]はその財産登録額を二分の一に引き下げさせた[113]が、しかしなお、その統治は寡頭専制政治であり、外国の暴力の結果だと考えられた。

セルウィウス・トゥッリウス[114]の法律は、権力を財産に比例して定めているため、平等で合理的に思える。しかし、ローマの人民を黙ってそれに服従させることはけっしてできなかった。

当時は、不満をもつ臣民を統治する苛酷で嫉妬深い貴族政と、不穏で党争的で圧政的な民主政との中間のものがなかった。[115]現在ヨーロッパには、貴族政から民主政に至るまで、マルセイユ、ロードスあるいは古代の最も有名な共和国に匹敵するか、あるいはそれをしのぎさえするほどの、正義と寛大さと安定で著名でないような共和国は一つも存在しない。これらの国のほとんどすべては、たくみに和らげられた貴族政である。

しかし、第三に、人類の幸福と増殖の両方で古代諸国民の方が近代諸国民より劣ると思われる多くの事情が他にある。交易、製造業、産業活動が、現在のヨーロッパほど隆盛であったところは、昔はどこにもなかった。古代諸国民の唯一の衣料は、男女ともに、一種のフランネルであったと思われ、それを人びとは普通、白か灰色にして着用し、汚れるとそのつど何度も洗濯したのであった。テュロスは、アレクサンドロス[26]に破壊されるまでは、地中海に面した都市のうちカルタゴについで、最大の商業を営んでいたが、その住民に関するアッリアノスの説明を信頼するとすれば、強大な都市ではなかった。(116)アテナイは、商業都市であった[27]と一般に想像されている。しかしその人口は、ヘロドトスによると、(117)メディア戦争前も戦争後と同じくらいであった。それに当時においては、アテナイの商業はきわめて取るに足らないもので、この同じ歴史家が述べているように、(118)アジアの近接海岸地方でさえ、ヘラクレスの柱と同様に、ギリシア人によって往来されることはめったになかった。というのは、ヘロドトスはこの柱から先のことを全然考えていなかったからである。

高率の利子と高率の交易利潤は、商工業がまだ揺籃期にあることを確実に示すものである。(119)リュシアスの記述を読むと、二タレントの荷物をアテナイからアドリア海までの距離くらいを運送すれば、一〇〇パーセントの利潤が得られたという。しかしこれは特別大きな利潤の例としてあげられているのではない。(120)デモステネスは、アンティドロスが一軒の家を三タレント半を支払って買い、それを年一タレントで貸したと言っている。しかもこの雄弁家は、自分の貨幣をこれと同じように有利に使用しなかったことで、彼自身の後見人たちを非難している。彼は、自分の財産は一一年の未成年期中に三倍になっているべきだと述べている。父が遺してくれた奴隷のうち二〇人の価値を、彼は四〇ムナと計算し、その労働から生じる年利潤を一二ムナとしている。(121)アテナイでは最も控え目な利子でも（というのは、もっと高い利子(122)が支払われたことがしばしばあったからである）、一二パーセント(123)であったが、これは月々に支払われた率である。(124)選挙のさいにばらまかれた莫大な金額がローマで調達されたときの高い利子率については、くどくど言うまでもないことであり、われわれは、ウェッレスが、あの党争の盛んな時期以前に、収税吏の手許に残してある貨幣に対して二四パーセントの利子を申し立てたのを見出す。そしてキケロはこの条項に対して非難の声を浴びせているが、しかし、それはこの法外な高利についてではなく、そのような機会に利子など申し立てるのは慣習に反するからというのであった。(125)ローマ帝国の確立後、ローマではなるほど利子率は低落した。しかしそれは、近代の商業国家におけるほどの低さに相当な期間とどまることはけっしてなかった。(126)

アテナイ人が、ラケダイモン人によるデケリアの要塞化によって受けると感じた数々の不便のうち、彼らがエウボイアから陸路オローポス経由で穀物をもち帰ることができなくなり、それを船積みにし、スニウム岬を廻って航海しなければならなくなったというのが、[127]とくに最も重大なものの一つであったと、トゥキュディデスによって述べられている。これは、古代の海運の未発達の驚くべき一例ではないか！　というのは、海上運送〈の距離〉はこの場合、陸上運送の二倍を超えていないからである。

古代の文筆家の章句のうち、一都市の成長の原因が製造業の確立に帰せられているようなものがあることを、私は記憶していない。盛んであると言われている商業も、主として、それぞれ異なった土壌と気候に適した財貨の交換である。シチリアのディオドロス[128]によると、アフリカへのワインと油の販売がアグリゲントゥムの富の基礎であった。この同じ文筆家によれば、[129]シュバリス市はその位置がその巨大な人口の原因であった。というのは、それはクラテュスとシュバリスという二つの川の近くに建設されていたからである。しかしこれらの二つの川は航行不能だということが分かるのであり、したがって、農耕のための若干の肥沃な流域をつくり出しえたにすぎないのであって、それは近代の著作家ならほとんど注意しなかったであろうと思われる、ごく取るに足りない利点にすぎなかったのである。

たとえ古代国家が商工業によって存立していたとしても、そうした時代を活気づけた自由の極端な愛好と相まって、古代僭主の野蛮さが商人や製造業者をすべて追放し、国家の人口をすっかり減少させたに違いない。あの残酷で疑い深いディオニュシオスが虐殺を行っている間、土地財産に拘束されず、他の国でも生計の資を獲得できる技術や熟練を身につけてもち運べる人間であれば、そのような情け容赦のない蛮行にいつまでも身をさらしておこうとするような者がいるであろうか。フィリップ二世[28]とルイ一四世の迫害は、フランドルとフランスの製造業者でヨーロッパ中を満たしたのである。

農業が民衆の生存に主に必要な種類の産業であり、したがって、製造業と他の諸技術とが知られずに軽視されている場合でさえ、この産業が栄えるのは可能だということを私は認める。現在では、スイスが一つの顕著な例である。というのは、ここにわれわれは、ヨーロッパで出会いうる最も熟練した農民と、最も不手際な商工業者を同時に見出すからである。ギリシアとイタリアにおいて、少なくともそれらの若干の地方においては、ある期間にわたって農業が栄えたということを想定できる理由がある。だから各家庭が生計を立てるために、それ自身のわずかな畑を最大の注意と勤労をもって耕作せざるをえなかった、古代共和国における富の大きな平等をとくに考慮すれば、機械的技術が〈農業と〉同程度の発達段階に達していたかどうかは、それほど意義のあることではないと考えられるかもしれない。

しかし、農業はある場合には交易や製造業がなくても栄えるから、面積がいかに大きな国でも、またどのような長期にわたっても、農業がそれだけで存立するものであると結論するのは、正しい推論であろうか。農耕を奨励する最も自然な方法は、疑いもなくまず他の種類の産業を振興し、それによって耕作者に彼の生産した財貨に対して、すぐにでも売れる市場を提供し、そして、彼の快楽や享楽に役立つような財の見返り品を与えるということである。この方法は絶対に確実でしかも普遍的なものである。そして、それは古代の統治よりも近代の統治においてより行き渡っているから、そのことからわれわれは近代の人口の優越を推定することができる。

クセノフォン(130)は、農夫には誰でもなることができる、なぜなら、それにはなんの技術も熟練も必要でなく、それを行う勤勉と丹精とが万事だからであると言っている。これは、コルメッラが暗示しているように、クセノフォンの時代には、上述したような農業がほとんど知られていなかったという一つの有力な証拠である。

近代のわれわれの諸々の改善と洗練、これらは人間の生活を容易にし、その結果、人間の増殖と増加になんら貢献しなかったであろうか。機械的技術におけるわれわれの優越、新世界の発見とそれによる商業の著しい拡大、郵便制度の確立、および為替手形の使用、これらはすべて技術と産業活動と人口を発達・増加させるのにきわめて有用なことだと思われる。もしわれわれがこれらのものを取り除くならば、われわれはあらゆる種類の仕事と労働にどれほどの抑制を加えることになるだろうか。また、どれほど多数の家族が欠乏と飢えのために、ただちに死滅することだろうか。だから、われわれがこうした諸々の新発明を他のなんらかの調整機構や制度に取って代えることができるとは、考えられないように思われる。

古代国家の治安が近代国家のそれにいくらかでも匹敵しうる程度のものであったとか、あるいは、当時人びとは家庭においても、陸路や海路による旅行中でも、現在と等しい程度の安全を得ていたとか、考えるべき根拠があるだろうか。この点については、公平に検討する人なら、すべてわれわれ現代の方に軍配を上げるだろうということを、私は疑わない(131)。

このようにして、全体を比較してみると、世界の人口は古代の方が近代よりも多かったはずだという主張には正当な根拠を与えることが不可能だと思われる。古代諸国民の間のあの財産の平等、自由、およびその諸国家が小さく分かれていたことは、なるほど、人類の増殖に有利な事情であった。しかし、彼らの戦争は一層殺伐で破壊的であり、その統治は一層党派争いが盛んで不安定であり、商業と製造業はより貧弱で不活発であり、そして、全般の治安は一層たるんでいて不規則なものであった。こうしたいま述べた短所は、さきの長所を十分相殺してしまい、むしろこの問題に関して普通一般に行きわたっている見解とは、正反対の見解を有利にするものと思われる。

しかし、実際の事実に反した推論は存在しないと言えるかもしれない。もし、世界の人口が、当時、現在よりも多かったことが明らかであるのならば、われわれの推測が間違っており、その比較において重大な事情が見落とされていたと考えることができるであろう。このことを私は喜んで認めよう。つまり、これまでのわれわれの推論のすべては、ただ取るに足りないもの、あるいは少なくとも、何も決定しえないような取るに足りない小競合で、つまらない論争にすぎないことを承認しよう。しかし不幸なことに、われわれが事実を比較する場である主要な戦いは、それをあまり決定的なものと考えることができない。古代の著作家たちによって述べられた事実は非常に不確実であるか、それとも非常に不完全であり、そのため、この問題については積極的なものを何一つわれわれに与えてくれない。〈だが〉それはどうにも仕方のないことではなかろうか。近代国家の人口を計算するさいに、古代に関する事実とつき合わさなければならない〈近代に関する〉事実そのものが〈すでに〉、確実だとか完全であるとはおよそ言えないものなのである。有名な著作家たちによってなされた算定の多くの基礎は、ローマ市内で発見された一万ポンドの重さの蜘蛛の巣からローマの巨大な大きさを算定した、皇帝ヘリオガバルス[29]の算定基礎よりも少しもましなものではない。[132]

古代の写本では、あらゆる種類の数字が不確実であり、また、原本の他のどの部分よりもはるかに大きな変造を受けやすく、しかもその理由は明白であることが注意されねばならない。他の箇所の変更ならば、いずれもその意味や文法に影響を与えるのが普通であり、したがって、読者や転写人によって一層容易に気づかれるものである。

比較に十分なだけの大きな視野を与えてくれるほどの住民計算は、国内の一地域についても、かなり権威のある古代の文筆家によってはほとんど行われなかったのである。

自由都市に帰せられている市民数には、当時かなりの根拠があったらしい。なぜなら、市民は政治に参与するために登録しており、その正確な登録簿が保存されていたからである。しかし奴隷の数はほとんど言及されていないから、このためにわれわれは、弱小都市についてさえ、その人口に関して、依然として前と同じ非常な不確かさのうちにとどまるものである。

私の見解では、トゥキュディデスの第一頁が真実の歴史のはじまりである。これより前の叙述はすべて、作り話とすっかり入り交じっているため、学者はその大部分を、詩人と雄弁家の文飾の用に委ねるべきである。[133]

古い時代に関しては、その時代のものとされている人口数は、しばしば馬鹿げたものであり、信用と権威をすっかり失っている。シュバリスの自由市民で武器をとることができ、また実際に戦場に引っ張り出されたのは、三〇万であった。彼らは隣接するギリシアのもう一つの都市であるクロトナの市民一〇万[134]とシアグラで対戦して敗れた。これはシチリアのディオドロスの記述であり、この歴史家[135]によって非常にまじめくさって主張されている。ストラボンもまた同数のシュバリス市民をあげている。

シチリアのディオドロス[136]は、アグリゲントゥムがカルタゴ人に破壊されたとき、そこの住民を計算して、市民二万と外国人二〇万にのぼったと述べている。ただし、奴隷は別であり、奴隷は、彼が述べているほどの富裕な都市であれば、おそらく少なくとも、〈市民と外国人との合計と〉同数程度いたであろう。

これには女性と子供が含まれておらず、したがって、全体としてこの都市にはほぼ二〇〇万の住民がいたに違いないということに注意せねばならない[137]。では、そのような膨大な人口増加の根拠はいったい何であったのか！　彼ら住民は、イングランドの一つの小さい州以上の大きさをもたない近隣の田畑を勤勉に耕作しており、また、アフリカにワインと油を輸出していた。当時のアフリカはこうした財貨を全然産出しなかったからである。

プトレマイオスは、三万三三三九の都市を支配していると、テオクリトス[30][138]は述べている。私は、この数の奇妙さがそれをあげている理由だったと思う。シチリアのディオドロス[139]は、エジプトの住民が三〇〇万というわずかな数だったとしているが、しかしそのとき、彼は都市の数を一万八〇〇〇と計算している。これは分かりきった矛盾である。

彼は、昔は人民が七〇〇万だったと言っている[140]。このように、古い時代はいつも大いにうらやましく思われ、賛嘆されるものである。

クセルクセスの軍隊がきわめて多数であったことは、彼の帝国の広大な面積と、多数の余分な大衆を野営に背負いこませる東洋諸国民間の慣行の二つからして、私には、容易に信じられる。しかし、合理的な人ならヘロドトスの驚くべき叙述を権威あるものとして引用しようとするであろうか。この問題についてのリュシアス[141]の議論には、非常に合理的なものがあることを私は認める。もし、クセルクセスの軍隊が信じがたいほど多数でなかったならば、ヘッレスポントゥス海峡に橋を架けることはけっしてなかったであろうと、彼は述べている。というのは、そのように短い道のりなら、彼の自由にできた多数の船舶でその軍隊を輸送する方が、はるかに容易だったであろうからである。

ポリュビオス[142]の言うところによると、ローマ人は、第一次ポエニ戦争と第二次ポエニ戦争との間にガリア人に侵略される危険にさらされたので、自国の軍隊と同盟国の軍隊のすべてを召集したところ、武器をとりうる兵士が七〇万人になることが分かった。これは確かに大きな数であり、これに奴隷が加われば、現在その面積の地域が供給できるより多いということはなくても、おそらく少なくはないであろう[143][144]。この算定もかなりの正確さをもってなされたと思われ、ポリュビオスはその個々の明細を提供している。しかし、この数はその人民を鼓舞するために誇大に言われてはいないであろうか。

シチリアのディオドロス[145]は、この同じ算定をほぼ一〇〇万としている。こうした数の違いは疑わしいものである。彼はまたはっきりと、彼の時代のイタリアは昔ほど人口が多くなかったと推定しているが、これはまた疑問を抱かせるもう一つの事情である。というのは、その国の住民が、第一次ポエニ戦争の時代から三頭政治の時代にかけて減少したなどと、誰が信じることができるだろうか。

アッピアノス[146]によれば、ユリウス・カエサルは四〇〇万のガリア人と対戦し、一〇〇万を殺し、もう一〇〇万を捕虜にした。[147] 敵の軍勢の数と殺された兵士の数がかりに正確に計算できるとしても――これは不可能だが――、同一人が軍勢に何回復帰したか、あるいは、古い徴集兵と新しい徴集兵の見分け方を、どうして知ることができるだろうか。このようなずさんで誇張された計算に対しては、少しも注意を払うべきではない。著作家たちがその算定の基礎となった方法を語っていない場合はとくにそうである。

パテルクルス[148]は、カエサルに殺されたガリア人の数をわずか四〇〇万と計算している。これは一層蓋然性の高い計算であり、また、彼のガリア戦記でこの征服者自らによって与えられているこれらの戦争の歴史と一層容易に合致しうるものである。[149] カ[150]エサルが戦った戦闘のうち最も血なまぐさいものは、ヘルウェティア人およびゲルマン人との戦いであった。

ディオニュシオスの生活と行動についてのあらゆる事情は信頼できるものであり、また、作り話的な誇張を完全に免れているとみなすことができる。なぜなら、彼はギリシアで文学が最も栄えた時代に生きたからであり、また、彼について書いた主要な歴史家が、偉大な才能の持ち主と認められた人物であり、この君主の廷臣でかつ大臣であったフィリストス[31]だったからだ、と考える人があろう。しかし、大ディオニュシオスが一〇万の歩兵と一万の騎兵からなる常備軍、および四〇〇隻のガレー船からなる艦隊をもっていた[151]と、われわれは認めることができるだろうか。これらの軍勢が傭兵であり、したがって、ヨーロッパのわれわれの軍隊のように、給与によって維持されていたということを知ることができる。というのは、市民は全部武器を取り上げられており、ディオニュシオスが後になってシチリアを侵略し、同胞に自由を守ることを求めたさい、彼は武器をたずさえて行き、それを彼の味方に加わった者に分配せざるをえなかったからである。[152] 農業だけが栄えている国家でも、多数の住民がいることもあろう。だからもしこの住民全員が武装し軍事訓練を受けるならば、必要なときには大兵力が召集できるだろう。しかし、傭兵の大軍は、盛大な交易と多種多様の製造業か、それとも広大な属領をもつのでなければ、けっしてそれを維持できない。オランダ連合州は、ディオニュシオスの所有だったと言われるような陸海の兵力を意のままにすることはできなかったが、しかし完全によく耕作された同じくらいの面積の領土をもち、商工業によってはるかに多くの富の源泉をもっている。シチリアのディオドロスが認めているところでは、彼の時代にさえディオニュシオスの軍勢は信じがたいものに思われた。すなわち、私が解釈するように、まったくの作り話であり、廷臣たちの誇張された追従と、そしておそらくは、この僭主自らの虚栄や政策から生じた見解だったのである。[153]

古代のうちのすべての時代を一つの時期とみなし、したがって、古代の著作家たちの言及した大都市をすべて同時代のものであるかのように考えて、これらの都市に住む人口を計算することは、よくある誤りである。ギリシアの植民都市は、アレクサンドロスの時代を通じてシチリアできわめて隆盛を見た。しかしアウグストゥスの時代には、それらは非常に衰退し、そのため、この肥沃な島のほとんどすべての生産物はイタリアで消費されたのであった。[154]

さて、古代の個々の特定の都市に帰せられている住民の数を検討することにしよう。そこで、ニネヴェ、バビロン、およびエジプトのテーバイの人口数は除外し、真実の歴史の範囲、すなわち、ギリシアとローマの国家に限定することにしよう。私がこの問題を考えれば考えるだけ、ますます、古代に帰せられている大きな人口に関して、ますます懐疑的な気持ちになることを認めないわけにいかない。

プラトン[155]によって、アテナイは非常に大きな都市だったと言われている[156]。そして、確かにそれは、トゥキュディデス[157]の時代にほぼ同じ規模であり、その後それをしのいで増大したシュラクサイを除けば、ギリシアのすべての都市のうち最大のものであった。なぜなら、キケロ[158]は、アテナイを彼の時代におけるギリシアのすべての都市のうち最大のものだと述べているからである。ただし、〈ギリシアの都市という〉その名称にはアンティオキアもアレクサンドリアも含まれていないと私は思う。アテナイオス[32][159]は、デメトリオス・ファレレウス[33]の計算によれば、アテナイには二万一〇〇〇の市民と一万の外国人、および四〇万の奴隷がいた。この数は、私がその意見を疑問に思っている人びとによってさかんに主張され、彼らの目的にとっては根本的な事実と考えられている。しかし、私の意見では、アテナイオスならびに、彼が引用しているクテシクレスがこの場合間違っており、また、奴隷の数は、少なくとも、零一つだけまるまる増やされており、したがって、四万以上と考えられるべきではないということほど、[160]確実に批判できる点はない。

第一に、アテナイオスにより市民の数が二万一〇〇〇だと言われる場合、それは成人男子だけと理解されている。というのは、(1)ヘロドトス[161]は、イオニア人から派遣された使節のアリスタゴラス[34]が、三万のアテナイ人をだますよりも、一人のスパルタ人をだます方が難しいことを知ったということを述べているが、この場合、三万というのは、女と子供を除いて、一つの民会に集まると想定された国家全体〈の人数〉を、おおざっぱなやり方で意味したものであったからである。(2)トゥキュディデス[162]が、陸海軍および守備隊にいる欠席者のすべてと、私的な仕事に従事している人びとを斟酌すると、アテナイ人の集会が五〇〇〇人にのぼることはなかったと述べているからである。(3)この同じ歴史家[163]によって計算された兵力は、すべて市民であり、重武装した歩兵一万三〇〇〇にのぼるが、この兵力は、任意の共和国の市民数を決める場合、いつも成年男子と理解する、あのギリシアの歴史家の一貫した方針と、まったく同じ算定方法をとっていることを証明するものである。さて、以上の数字は住民の四分の一にすぎないから、アテナイの自由民は八万四〇〇〇、外国人は四万、そして奴隷は、少ない数字で計算し、それに結婚しており、自由人と同じ比率で増殖するものと考えれば、一六万人となり、住民は全体で二八万四〇〇〇人だったことになる。これは確かに十分大きな数字である。もう一つの数字の一七二万というのは、アテナイをロンドンとパリを合わせたよりも大きいものにしてしまう。

第二に、アテナイには一万戸しか家がなかった[164]。

第三に、トゥキュディデス[165]によって記されているように、かりに城壁が長かった[166]（すなわち、海岸のほかに一八マイル）としても、クセノフォンは、城壁の内側に人の住んでいない土地が多くあったと言っている。城壁は実際に四つの別々の、離れた都市を結合していたと思われる[167]。

第四に、奴隷鉱夫の一回の暴動を除けば、奴隷の蜂起とか、あるいは蜂起の疑いとかさえ、かつて歴史家により述べられたことはない[168]。

第五に、アテナイ人による奴隷の取り扱いは、きわめて穏和で寛大だったと、クセノフォン[169]、デモステネス[170]、プラウトゥス[171]によって述べられている。しかし、もし不釣り合いが二〇対一であったとすれば、このようなことはけっしてありえなかったであろう。この種の不釣り合いは、わが国のどの植民地においても、それほど大きくはないが、それでもわれわれは、黒人に対して苛酷な軍政をしかざるをえない。

第六に、一国において平等な分配とみなされる財産を、あるいは、それどころかその三倍ないし四倍の富をさえ、所有しているということでは、誰も金持ちとはみなされない。だから、イングランドでは各人は一日に六ペンスを費やすとある人によって計算されているが、その金額の五倍をもっていても、その人は貧乏としか考えられない。さて、アイスキネスによれば[172]、ティマルコスは安楽な暮らしを送れるほどの遺産をもらったと言われているが、彼は製造業に従事している一〇人の奴隷の主人にすぎなかった。リュシアスと彼の兄弟は、二人とも外国人であったが、その多大な富のために三十人僭主によって追放された。しかし彼らはめいめい、わずか六〇人の奴隷しかもっていなかった[173]。デモステネスは、父から非常に大きな遺産をもらった。しかし彼は五二人以上の奴隷をもってはいなかった[174]。二〇人の家具製造奴隷からなる彼の作業場がきわめて大きな製造工場だと言われているのである[175]。

第七に、ギリシアの歴史家たちがそう呼んでいるデケレイア戦争のとき、われわれがトゥキュディデス[176]から知るように、二万人の奴隷が逃亡し、アテナイ人を大いに困惑させた。もし、彼らの奴隷が〈奴隷全体の〉二〇分の一にすぎなかったならば、こういうことはありえなかったはずである。〈また〉最良の奴隷はけっして逃亡しようとはしないものである。

第八に、クセノフォン[177]は、国家によって一万人の奴隷を維持する計画を提案している。そして、彼は、デケレイア戦争前に自分たちが所有した奴隷の人数を考えるなら、このように多数の奴隷でも、おそらく維持することができると確信するであろうと述べている。これはアテナイオスの大きな数字とまったく相容れない言い方である。

第九に、アテナイの財産登録総額は六〇〇〇タレント以下であった。そして、古代の写本にある数字は、しばしば批評家に疑われるけれども、しかしこれは反対のしようのないものである。なぜなら、この数字をあげているデモステネスが[178]、彼の数字を照合させる明細もあげているからであり、また、ポリュビオス[179]も同一の数字をあげ、それを吟味検討しているからである。ところで、最も低級な奴隷でさえ、クセノフォン[180]から分かるように、労働によって彼の生活の維持費以上に一日に一オボルスを生み出すことができた。そしてクセノフォンは、ニキアスの奴隷監督が、鉱山で使用する奴隷のために、それだけの金額を主人に支払ったと言っている[181]。一日に一オボルス、奴隷を四〇万と見積もって、わずか四年間だけの収入を計算する労をとるならば、たとえアテナイの非常に多い休日を斟酌しても、収入額が一万二〇〇〇タレント以上になることが分かるであろう。その上、奴隷の多くは自分の技術からはるかに大きい価値を得るであろう。デモステネスが父の奴隷を評価しているうち[182]で、最低のものは一人当たり二ムナである。だから、この仮定に立てば、四万という奴隷の数と六〇〇〇タレントの財産登録額を調和させることは、いささか困難であると、私は言わざるをえない。

　第一〇に、キオスは、スパルタを除けば、ギリシアの都市のうちで最も多くの奴隷を所有していたと、トゥキュディデス[183]により言われている。当時スパルタは、市民数との比例からすれば、アテナイよりも多くの奴隷をもっていた。スパルタ人は、都市に九〇〇〇人、地方に三万人いた[184]。そうすると、成年男子の奴隷は七八万人以上[185]になり、全人口は三一二万以上だったに違いないことになる。これは、貿易のなかったラコニアのような狭い不毛な地域では、維持できない数である。もし**ヘロイタイ**が非常に多数であったとすれば、トゥキュディデス[186]によって言及されている二〇〇〇人の〈ヘロイタイの〉虐殺は、彼らの勢いを弱めるどころか、かえって彼らを刺激することとなったであろう。

　このほかに、われわれは、アテナイオス[187]によってあげられている数字が、ともかく、アテナイの住民だけでなく、アッティカの全住民をも含むことを考慮しなければならない。トゥキュディデス[188]から分かるように、アテナイ人は田園生活に大きな愛着をもっており、ペロポネソス戦争のさいに、その領土を侵略されたため、彼らがすべて都市に追い込まれたとき、都市は彼らを収容することができず、宿泊所の不足から、彼らは玄関や寺院や、街路にさえ、やむなく寝なければならなかった[189]。

　他のギリシアの都市のすべてにも、これと同様の所見が適用されるべきであり、市民の数があげられている場合には、それはいつも、その都市だけでなく、近隣の田舎の住民をも含むものと、理解しなければならない。しかし、こうした斟酌をしたとしても、ギリシアが人口の多い地域であり、それは、もともとあまり肥沃でなく、さらに他のところから穀物の供給を受けないような、同じくらい狭小な領土に関してわれわれが想像しうるところを超えていたということは、認められねばならない。というのは、その財貨〈穀物〉を得るためにポントゥスと貿易していたアテナイを除けば、その他の都市は、主にその近隣の領土から生活の糧を得ていたと思われるからである[190]。

ロードスが広範な商業を営み、輝かしい名声と栄光にあふれる都市だったことはよく知られている。しかしそこには、デメトリオスに包囲されたとき、武器を取りうる市民はわずか六〇〇〇人しかいなかった。[191]

テーバイはいつもギリシアの主要都市の一つであった。[192] しかし、その市民の数はロードスのそれを超えなかった。[193] クセノフォン[194]によれば、フリアシアは小都市だったと言われているが、われわれは、そこに六〇〇〇人の市民がいたことを知っている。[195] 私はこれら二つの事実をあえて折り合いのつくようにしようなどとは思わない。[196] おそらくクセノフォンがフリアシアを小都市と呼んだ理由は、それがギリシアで勢力が小さく、スパルタとの従属的な同盟を維持するにすぎなかったからか、あるいはおそらく、それが所有する田舎が広大であり、市民の大部分がその耕作に従事しており、近隣の村落に居住していたか、そのどちらかであったろう。

マンティネアはアルカディアのどの都市とも匹敵する都市であった。[197] したがって、それは、周囲が五〇スタディア、すなわち六マイルと四分の一あったメガロポリスと同じ大きさであった。[198] しかしマンティネアにはわずか三〇〇〇の市民しかいなかった。[199] したがって、ギリシアの都市は、住宅とともに、畑や菜園をしばしば含んでいたのであり、われわれは、都市の城壁の長さから都市の大きさを判断することはできない。アテナイには一万足らずの戸数があったが、その城壁は海岸を入れて二〇マイル以上もあった。シュラクサイは周囲が二二マイルあったが、しかし、古代諸国民により、アテナイよりも人口が多いと語られたことはめったになかった。バビロンは一五マイル平方、つまり周囲六〇マイルであった。しかしプリニウスから分かるように、それは広大な耕地と囲い込み地を含んでいた。アウレリアヌス[35]の城壁は、周囲五〇マイルであったが、プブリウス・ウィクトル[36]によれば、ローマの全一三区の周囲は、一つ一つを合計して約四三マイルしかなかった。[200] 敵が田舎に侵入したとき、住民のすべてが家畜、家具、および農具をもって古代都市の城壁の内部に退避したのであり、城壁が高くまで築かれていたため、少数の兵力で容易に守ることができたのである。

クセノフォンの言うところでは、[201] スパルタはギリシアの都市のうちで最も住民の少ない都市の一つである。しかしポリュビオス[202]は、スパルタは周囲が四八スタディア[37]あり、円形をしていたと言っている。

アンティパトロスの時代には、武器[203]をとりうるエトルリア人は、守備隊[204]のわずかの兵士を差し引いて、全部でわずか一万人であった。

ポリュビオス[205]は、アカイア同盟が、なんらの不都合もなく三万ないし四万の兵士を進軍させることができたと述べているが、この計算はもっともだと思われる。なぜなら、右の同盟にはペロポネソス半島の大部分が含まれていたからである。しかしパウサニアス[38][206]は、この同じ時期について語りながら、武器を取りうるアカイア人は、かなりの解放奴隷が加えられた場合でも、全部で一万五〇〇〇には達しなかったと言っている。

テッサリア人は、ローマ人によって最終的に征服されるまで、いつの時代にも不穏で、党派争いをし、反乱を起こし、秩序を乱していた。[207] したがって、ギリシアのこの地方の人口が非常に稠密であったと想像するのは自然ではない。

トゥキュディデス[208]が述べているところでは、ペロポネソス半島のうち、ピュッロス[209]に隣接している地方は、住む人もなく、耕作されていなかった。ヘロドトス[210]は、マケドニアにはライオンや野牛がいっぱいいたと言っているが、こうした動物は広大な人の住まない森林にだけ棲息できる動物である。これらの地方はギリシアの両端であった。

老若男女の身分を問わず、パウッルス・アエミリウスによって売られたエピルスの住民は、全部でわずか一五万にすぎなかった。[211] しかもエピルスはヨークシャーの二倍の面積があったであろう。[212]

ユスティヌス[213]の言うところによると、マケドニアのフィリッポス[214]がギリシア同盟の長となることを宣言されたとき、彼は同意するのを拒否したラケダイモン人を除き、全国家からなる会議を召集し、その結果、同盟全体の兵力は、合算して、歩兵二〇万、騎兵一万五〇〇〇になることを知ったということである。これは武器を取ることができる全市民であったと理解されねばならない。というのは、ギリシア共和国は傭兵を全然維持しておらず、また、市民全体とは区別される民兵をもたなかったから、市民の数による以外の計算方法があったなどとは考えられないからである。こういったような軍隊〈市民全体から区別されるような軍隊〉がギリシア人によって、戦場に投ぜられたり、国内で維持されたりすることができたなどということは、歴史にまったく反するものである。したがって、右の仮定によれば、われわれは次のように推論することができよう。老若男女を問わず、ギリシアの自由民は全部で八六万であった。奴隷は、結婚したり家庭をもったりすることがほとんどなかった上述のようなアテナイの奴隷数から推測すれば、成年男子市民の二倍、すなわち四三万であった。だから、古代ギリシアの全住民はラコニアを除いて、ほぼ一二九万であった。これは、あまり大きすぎる数でもなく、また、ギリシアと大差のない面積で人口密度があまり稀薄でもない国であるスコットランドにおいて現在見出しうる人口数を超えるものでもない。

ところで、ローマとイタリアの人口数を考察し、古代の文筆家の断片的な章句から、問題の解決のためにわれわれが入手できるすべての手がかりを集めることとしよう。全体的に見れば、われわれは、この問題についてなんらかの見解を確定することはきわめて困難であり、したがって、近代の文筆家たちによってあれほど主張されているあの誇張された計算を支持せねばならない理由が少しもないことを、知るであろう。

ハリカルナッソスのディオニュシオス[215]の言うところでは、ローマの古代の城壁は、アテナイのものとほぼ同じ大きさであったが、しかしその郊外がきわめて遠くまで広がっており、どこで市街地が終わり、どこで田舎が始まるのか分かりにくかった。この同じ著述家[216]やユウェナリス[217]、および他の古代の文筆家たち〈の記述〉からすれば、[218]ローマのあるところでは、住宅が高層建築であって、いくつもの家族がそれぞれ各階に住んでいたようである。しかし、こうした家族は比較的貧しい市民であり、しかも二、三の通りだけに住んだと考えられる。[39]小プリニウス[219]の自分自身の家についての説明や、またバルトリの古代建築物の設計から判断すれば、上流社会の人びとは非常に広壮な邸宅をもち、その建築物は現代の中国人の住宅に似ていて、個々の建物が離れて建てられ、一階以上のものはなかった。もしわれわれが、これにローマの貴族が広大な遊歩廊下や、それどころか町の中に森[220]をつくることをさえ非常に好んだということを付け加えるならば、ウォッシウスが〈大〉プリニウス[221]の有名な章句から引き出している途方もない結論を認めることはできないにせよ、彼が自己流にそれを読みとっていることを、おそらく許すことができるであろう（許さなければならない理由はけっしてないけれども）。

アウグストゥスの時代に国家による無料の配給によって穀物を受け取った市民の数は二〇万[222]であった。これはかなり正確な算定の根拠とみなされるであろう。しかし、それには疑問と不確実のなかへわれわれを投げ戻すような事情が含まれている。

比較的貧しい市民だけがこの配給を受けたのであろうか。それはきっと主として比較的貧しい人びとのために企てられたのであろう。しかしキケロ[223]の一節から分かるが、富んだ市民も自らの割り当てを受け取っており、配給の希望を申し出ることは、彼らの恥辱とは考えられなかったようである。

その穀物はいったい誰に与えられたのであろうか。戸主だけに与えられたのか、それとも、成年男女および子供のすべてに与えられたのであろうか。毎月の配給量は一人当たり五モディウス[40]（約六分の五ブッシェル）であった。[224]これは一家族としては少なすぎ、一個人には多すぎる分量であった。したがって、ある非常に正確な古物収集家[225]は、それはあらゆる成年男子に与えられたものと推定しているが、しかし彼はこの問題が不確定であることを認めている。

配給申請者がローマ市の境界内に住んでいるかどうかが厳密に調査されたであろうか。それとも、申請者は月ごとの配給に姿を現せばそれで十分だったのであろうか。後者の方がどうも実際だったと思われる。[226]

不正な申請者はいなかったであろうか。カエサルは、正当な資格をもたないで市内に潜入していた一七万人の名を一挙に名簿から抹消したと言われている。しかし、彼が弊害をすっかり取り除いたとはどうも考えられない。[227]

しかし、最後に、われわれは市民に対する奴隷の比率をどのように決めねばならないであろうか。これは最も重要な問題であり、また最も不確定な問題でもある。アテナイをしてローマを測る尺度とすることができるかどうかはきわめて疑わしい。アテナイ人は製造業に奴隷を使用したが、ローマのような首都は製造業にとってはそれほど適切ではないように思われるから、おそらく、アテナイ人の方が多くの奴隷をもっていたであろう。他方、ローマ人のより大規模な奢侈と豊富な富を考えれば、ローマ人の方がおそらく奴隷を多くもっていたであろう。

ローマでは正確な死亡統計表が保存されていたが、古代の著作家は誰も埋葬数をわれわれに提供してくれていない。ただ、一季節のうちにリビティナ寺院に運ばれた数が三万であったと述べているスエトニウス[228]だけが例外である。しかし、これは疫病の流行期間だったので、どんな推論にも確実な基礎を与えることはできない。

あの公共的に配給された穀物は、二〇万[41]の市民に配給されただけであるけれども、イタリアの農業全体に相当大きな影響を与えた。[229]これはこの地方の住民の数についての近代のいくつかの誇張とけっして相容れない事実である。

古代ローマの大きさに関して私が見出しうる最良の推測の根拠は次のものである。すなわち、ヘロディアヌス[230]によって、アンティオキアとアレクサンドリアはローマにほとんど劣らなかったと述べられていることである。シチリアのディオドロス[231]によれば、城門から城門までのアレクサンドリアの一本の直線街路は五マイルあったと思われる。そしてアレクサンドリアは横よりも縦の方がはるかに長かったから、ほぼパリの大きさくらいの都市だったと思われる。[232]だから、ローマはほぼロンドンくらいの大きさだったであろう。

シチリアのディオドロスの時代[233]には、アレクサンドリアに、女性や子供を含むと私は考えるが、三〇万人の自由民がいた。[234]しかし奴隷の数はどうであったか。もし奴隷の数を自由民と同数であると決める正当な根拠があれば、それはさきに述べた計算を有利にするはずである。

ヘロディアヌスの書いたもののうちに、ちょっと人を驚かすような一節がある。彼は、皇帝の宮殿が市の残りの部分と同じ大きさであったと確信をもって言っている。[235]これは、事実スエトニウス[236]やプリニウスによって途方もないほど大きいものとして述べられているネロの黄金宮のことであった。[237]しかし、どんなにすばらしい想像力をもってしても、それがロンドンのような都市に匹敵するなどと、われわれに考えさせることはできない。

かりにこの歴史家がネロのとてつもない奢侈を述べているのであり、このような表現を用いたのであったとすれば、それはきわめて重要性の低いものだったと言うことができるであろう。なぜなら、こうした修辞的な誇張は、最も清楚で正確な文筆家においてさえ、その文体に忍び込みがちなものだからである。しかし右のことは、ヘロディアヌスはゲタとカラカラとの紛争を述べたさいに、ついでに言及されているだけなのである。

この同じ歴史家[238]によると、当時は未耕作でまったく使用されていない土地が多くあったようである。だから、彼は、ペルティナクスが、イタリアかその他のところでそのような土地を自分のものとし、税金を少しも支払わずに、それを好きなように耕作することを誰にでも許したことを、大いに称賛しているのである。未耕作でしかもまったく使用されていない土地！　このようなことは、私の知る限り、ハンガリーのいくつかのへんぴな地方を別にすれば、キリスト教世界ではどこでも聞いたことがない。だからこれは、きわめてしばしば強調されている例の古代人口の非常な稠密という考えと、大変つじつまが合いにくいことは確かである。

ウォピスクス[239]から分かることだが、エトルリアにさえ肥沃な未耕地が多くあり、それを皇帝アウレリアヌスは、ローマ人にワインを無償配給するためにぶどう園に変えようと企てたのであった。ところがこれは、その首都およびその近郊の領土全部の人口をなお一層減少させるのにまったく適切な手段なのであった。

ポリュビオス[240]が、ギリシアと同様、トスカーナやロンバルディアでも豚の大群に出くわすことについて、また当時行われていた豚の飼い方について、述べているところに注目することは、場違いなことではないであろう。彼の言うところでは、「イタリア全土のどこへ行っても、とくに昔は、エトルリアや、アルプス以南のガリアの至るところに、豚の大群がいる。そして群れはしばしば一〇〇〇頭あるいはそれ以上の豚から成っている。こうした群れの一つが餌を食べているうちに他の群れと出くわすと、入り混じってしまう。だからこうした場合、豚飼いが別々の離れた場所へ行って自分の角笛を吹くほか、豚を分離する方法がない。こうすれば、豚はその合図に慣れているから、たちまち自分の飼主の角笛の方へそれぞれ走って行く。これに反してギリシアでは、豚の群れがたまたま森の中で混同すると、大きい群れをもっている者がずる賢く、この機に乗じて全部の豚を連れ去ってしまう。また、豚泥棒がいて、餌を求めて飼主から遠く離れてしまった迷い豚をすぐ盗んでしまうのがならわしである」。

この記述からわれわれは、ギリシアと同様にイタリアの北部が、当時は現在よりも、はるかに人口が少なく、耕作状態が悪かったと推論できないであろうか。囲い込み地がいっぱいあり、農業が改善され、農地がよく区分けされ、ぶどうと穀物が一緒に混ざり合って植え込まれているこのような地方で、こうした非常に大きな豚の群れがどうして飼えるであろうか。ポリュビオスの記述はヨーロッパの田舎の管理よりも、むしろわが国のアメリカ植民地で見かけられるあの経営を思わせると、私は認めざるをえない。

われわれはアリストテレス[241]の『倫理学』のなかで、私にはどう考えても説明がつかないように思われ、また、われわれのこの推論にあまりにも有利な証明をしているため、実際には何も証明していないと思われてもしかたのないような考察に出くわす。この哲学者は、友情を論じて、この関係はあまり少数の人びとに限定されるべきでなく、また、あまり多数の人びとに広げられるべきでもないと述べ、自分の見解を次のような議論によって例証している。彼の言うところでは、「都市は、それが一〇人というような少数の住民の場合にも、また、一〇万人というような多数の住民がいる場合にも、いずれも存続することができない。それと同様に、友人の数にも中庸が必要であり、そのいずれかの極端に走れば、それによって友情の本質が損なわれてしまう」。なんとしたことであろう！　一つの都市が一〇万の住民もいれることができないとは！　アリストテレスはこれくらいの人口をもつ都市を見たことも聞いたこともなかったのであろうか。これは私にはどうにも理解できないということを、認めざるをえない。

〈大〉プリニウス[242]の述べるところによると、東洋におけるギリシア帝国の首都セレウキアには、六〇万の人口がいると報じられた。カルタゴには七〇万の人口があった、とストラボン[243]によって言われている。北京の住民数はこれとあまり違わない。ロンドン、パリ、およびコンスタンティノポリスは、これとほぼ同数の人口だと計算することができよう。少なくとも、後の二都市は、この数を超えるものではない。ローマ、アレクサンドリア、アンティオキアに関しては既に述べたところである。過去および現代の経験から判断すれば、どのような都市でもこの人口の大きさをはるかに超えて増大することはできないという一種の不可能性が存在していると、われわれは推定できるであろう。都市の広大さが商業を基礎にしようと、帝国に基礎を置こうと、都市がそれ以上に増大するのをはばむ打ち勝ちがたい障害があるように思われる。巨大な君主政の首都は、法外な奢侈、しまりのない支出、怠惰、依頼心、および身分や上下関係についての誤った考えをもち込むため、商業にとっては不適当である。広範な商業は、すべての労働と財貨の価格を騰貴させることによって自らを抑制する。巨大な宮廷に、あり余る財産を所有する数多の貴族たちの注意が引きつけられているときには、中流のジェントリたちは、地方の町にとどまり、そこで適度の所得を得て頭角を現すことができる。また、もし国の領土が途方もないほど大きくなれば、へんぴな属領には必ず多くの中心的都市が興り、少数の廷臣を除いて、その地方のすべての住民は教育、幸運、娯楽を求めてここに寄り集まるものである[244]。ロンドンは、広範な商業と中規模の帝国を結合することによって、おそらく、どのような都市も超えられない大きさに達してしまっているであろう。

中心をドーヴァーかカレーにとって、半径二〇〇マイルの円を描いてみよう。そうすれば、ロンドン、パリ、ネーデルラント、連合七州および、フランスとイングランドの最もよく耕作された諸地域の一部がその円のなかに入ってしまう。ところで、この円と同面積で、これとほぼ同数の巨大で人口の稠密な諸都市を含み、またこれと同じほどの富と住民を蓄えたような場所は、古代にけっして見つけることができないと、安心して断言できると思う。両時代にあって、最高の技術、知識、礼儀作法、および最良の治安をもった諸国家を秤にかけてみることは、最も正しい比較方法であると思われる。

イタリアの気温が現在では古代よりも暖かいというのは、大修道院長のデュボス師[245]の述べるところである。彼の言うところでは、「ローマの年代記では、建都紀元第四八〇年の冬が非常に厳しく、そのため樹木が枯れてしまった。ティベリス川はローマ市内で凍結し、地面は四〇日間雪で覆われた。ユウェナリス[246]は、迷信深い婦人のことを記述するさい、沐浴をするためにティベリス川の氷を砕くところを次のように描いている。

冬、氷を砕いては流れに入り、
早朝しばしばティベリス川で、彼女は水浴する。
Hybernum fracta glacie descendet in amnem,
Ter matutino Tyberi mergetur.

彼はこの川の凍結をありふれたことと語っている。ホラティウスの多くの章句は、雪と氷で覆われたローマの街路を前提にしている。かりに古代諸国民が寒暖計の使い方を知っていたとすれば、われわれはこの点についてもっと確かなことを掴むことができたであろう。しかし冬のローマは昔よりも現在の方がはるかに温暖だということを、われわれに確信させるに十分な情報を、古代の文筆家たちは、そうする意図はなしに、われわれに提供している。現在では、カイロでナイル川が凍結しないのと同様、ローマでティベリス川が凍結することはない。もし雪が二日間も解けずに残り、また北側が風雪にさらされている噴水から二、三本のつららが四八時間も下がっているのが見られるなら、ローマ人はその冬を非常に厳しいと見なすのである」。

この独創的な批評家の考察は、ヨーロッパの他の地方の気候にも拡大して適用できるであろう。ガリアの気候についてのシチリアのディオドロス[247]のあの記述のうちに、いったい誰がフランスのあの温和な気候を見出すことができるだろうか。彼が言うには、「ガリアは北国の気候であるから、極度の寒さがしみわたる。曇天のときには、雨ではなく大雪になる。晴天であれば、こちこちに凍てつき、そのため河川は自然に橋を架けられたようになり、その上を旅人が一人ずつ通ることができるだけでなく、大軍が行李や荷物を積んだ馬車と共に渡ることができる。そしてガリアには、ローヌ川、ライン川など多くの川があるが、そのほとんどすべてはすっかり凍結してしまう。だから、転ばないように、通路となっている場所にもみがらや麦わらを敷いて氷を覆うのが普通である」[248]。ガリアの冬より厳しいという言葉が、ペトロニウスによって、格言的な表現として用いられている[249]。アリストテレスは、ガリアは非常に寒い気候で、ロバさえ住むことができないほどであると言っている[250]。

ストラボン[251]は、セヴェンヌ山脈以北のガリアには、いちじくもオリーブも産しない、また、植えられたぶどうの木には実がなっても熟すことがないと言っている。

オウィディウスは、非常にまじめな散文体の断言的な調子で、彼の時代には黒海が冬ごとにすっかり凍りついたとはっきり主張している。そして、彼は彼の名宛人であるローマの執政官たちにその主張が真実であることを訴えている[252]。オウィディウスが追放された土地であるトミの緯度においては、現在こうしたことはほとんど、いや、けっして起こらない。この詩人の右の苦情のすべては、現在ではペテルスブルクやストックホルムでもめったに経験されない気候の厳しさを示しているように思われる。

この地方に旅行したことのあるプロヴァンス人のトゥルヌフォール（Tournefort）は、世界中でこれ以上すばらしい気候はないと述べている。そして彼は、この気候をあのように陰惨に考えることができたのは、オウィディウスの憂うつな気分を措いてはないと主張している[253]。しかし、この詩人によって言及された事実はあまりにも詳細にわたっているから、とうていそのような解釈を下すことができない。

ポリュビオス[254]は、アルカディアの気候が非常に寒く、また大気がじめじめしていたと言っている。

ウァッロ[255]の言うところでは、「イタリアはヨーロッパで最も気候の温和なところである。内陸諸地方（ガリア、ゲルマニア、それに疑いもなくパンノニア）には、ほとんど永遠の冬がある」。

ストラボン[256]によれば、スペインの北部地方は、厳しい寒さのため、ごくわずかの人しか住んでいない。

したがって、ヨーロッパが以前よりも暖かくなっているというこの意見がもし正しいと認められるならば、それをわれわれはどのように説明することができるであろうか。明らかに現在、土地がはるかによく耕作されており、また、以前大地に影を落とし、土地に日光が届くのを邪魔していた森林が切り開かれていることを考えてみるより他に説明の方法がない。わが国のアメリカ北部の植民地は、森林が伐採されるに比例して気候が一層温和になっている[257]。しかし、一般的に言えば、北部アメリカでも南部アメリカでも、ヨーロッパの同緯度にある場所よりもなお寒さがはるかに厳しく感じられる、ということを誰もが言うであろう。

コルメッラ[258]によって引用されたサセルナは、彼の時代以前に天意が変わり、大気がずっと温和で温暖になったと主張した。これから明らかなように、彼は、気候が厳しいという理由で、昔はぶどうやオリーブができなかった多くのところに、いまではぶどう園やオリーブ園が一面に見られると述べている。このような変化がもし真実であれば、それは、サセルナの時代[259]以前に諸地方の耕作が改善され、人口が増加した明白な証拠とみなされるであろう。また、もしその変化が現代まで継続しているのであれば、それは、この地方の至るところで耕作の進展および人口増加という利益が引き続き増大してきているということの一つの証拠である。

さて、古代史と近代史の舞台であるすべての地方に目を転じ、その過去と現在の状況を比較することにしよう。そうすれば、現在の方が人口が少なくて荒廃しているというような苦情には根拠のないことがおそらく分かるであろう。エジプトに関する最良の説明を与えてくれるマイエ[260]によれば、エジプトは非常に人口が多いと言われている。もっとも、彼は住民の数が減少しているとみなしてはいる。バルバリア海岸地方と同様、シリアや小アジアの人口が古代の状態と比較して減少していることを、私は容易に認めることができる。ギリシアの人口減少もまた明らかである。しかし、現在ヨーロッパでトルコと呼ばれている地方に、一般的に言って、ギリシアの繁栄期以上の住民がいないかどうかは少し疑問があろう。トラキア人は、現在のタタール人と同じく、当時は牧畜と略奪で生活していたようである。[261] ゲタ人はこれよりなお一層未開であった。[262] そして、イッリュリア人もこれと大差なかった。[263] これらがこの地方の一〇分の九を占めている。そして、トルコの統治がたとえ産業活動と人口増殖にとってあまり都合のよいものでなかったとしても、少なくともそれは、この住民の間の平和と秩序とを保持しており、したがって古代に彼らが暮らしていたあの野蛮で不安定な生活状態よりはましである。

ポーランド、およびヨーロッパに属している部分のロシアの人口はあまり多くないが、古代のサルマティアやスキュティアよりは確かにはるかに多い。なぜなら、サルマティアやスキュティアでは、農業や耕作がまったく知られず、牧畜が国民の生活を維持した唯一の生業だったからである。これと似た考察はデンマークやスウェーデンにも適用することができよう。昔、ヨーロッパの北部からやってきて、全ヨーロッパを蹂躙したあの巨大な集団がいたことが、こうした見解に対して障害になるなどと誰も考えてはならない。一国民全体、あるいはその半分でさえ、その居住地を移動する場合には、いかに途方もない大きさの集団を形成しなければならないか、どのような命知らずの蛮勇をもって攻撃しなければならないか、そして、侵略を受けた諸国民を突然おそった恐怖が、これらの国民の想像力を刺激して、侵略者の勇気と人数のいずれをもいかに針小棒大に言わせるであろうかということは、容易に考えられるところである。スコットランドは面積が大きくもないし人口も多くない。しかし、かりにその住民の半分が新しい居住地を探し求めるとすれば、チュートン人とキンブリ人を加えたのと同数程度の植民団を形成することになろう。だから、ヨーロッパの防衛事情が昔より少しも良くなっていないと仮定すれば、彼らは全ヨーロッパを震え上がらせることであろう。

ドイツには、カエサル[264]やタキトゥス[265]やストラボン[266]から分かるように、土地を全然耕作せず、各部族がその周囲に及ぼした広大な荒廃を誇りにしていた古代に比べて、現在、確かその二〇倍の住民がいる。このことは、小共和国に分立していても、平和と秩序と産業活動の精神を伴うのでなければ、それだけでは一国民の人口を増大させないということの一つの証拠である。

昔のブリテンの野蛮な状態はよく知られており、またその住民が少なかったことは、住民の野蛮さからも、またヘロディアヌス[267]によって言及されているような状況、すなわち、ローマ人が完全に定着してから一世紀以上を経たセウェルスの時代においてさえ、全ブリテンが沼地の多いところであったという状況からも、容易に推測できるであろう。

ガリア人が古代にその北方の隣接民族よりも生活の業において大いに進歩していた[42]とは容易に考えられない。なぜなら、ガリア人はドルイド教団[268]の宗教と哲学の秘儀を学ぶために、ブリテンに旅してきたからである。したがって、当時ガリアに現在のフランスとほぼ同じくらいの人口がいたとは、私には考えられない。

まったくのところ、かりにわれわれが、アッピアノスの証言とシチリアのディオドロスの証言を信じ、この二つを結びつけるならば、ガリアにおける信じがたいほどの人口稠密を承認せねばならない。アッピアノス[269]は、この地方には四〇〇の異なった部族がいたと述べている。シチリアのディオドロス[270]は、ガリアの諸部族のうち最大の部族は、女、子供のほかに二〇万の男子からなり、最小の部族にも五万の男子がいたとはっきり述べている。したがって、その中間をとって計算すれば、現在、人口が多いところとみなされているにもかかわらず、二〇〇〇万足らずがいると考えられている地方に、二億に近い人口がいたことを承認しなければならないことになる[271]。したがって、このような計算は、途方もないものであるため、まったく権威を失ってしまう。われわれは、古代の人口稠密の原因とされているあの財産の平等がガリア人の間にはまったくなかった[272]と述べることができよう。ガリア人の内乱もまた、カエサルの時代以前にはほとんど絶え間がなかった[273]。さらに、ストラボン[274]の述べるところによると、ガリアは全土にわたって耕作されていたけれども、しかしそれは熟練した技術も適切な配慮も払われることなく耕作されていた。なぜなら、ローマへの彼らの隷従が彼ら自身の間に平和を生み出すまで、住民の才能は軍事よりも技術に向けられることが少なかったからである。

カエサル[275]は、彼の征服に反抗するためにベルギウムで徴募されたあの大兵力を非常に詳細に計算し、その兵力を二〇万八〇〇〇と踏んでいる。この兵力は武器を取りうる人の全体ではなかった。というのは、この歴史家〈カエサル〉はベッロウァキ族はわずか六万を請け合っただけだったが、一〇万を戦場に送ることができたであろう、と述べているからである[276]。したがって、この六対一〇の比率で全体を計算すれば、ベルギウムのすべての国の戦士の総数は約三五万、したがって全住民は一五〇万だったことになる。ところで、ベルギウムはガリアの約四分の一の広さであるから、ガリア地方には六〇〇万の人口がいることになるが、これは現在の人口の三分の一ほど[277]にもならない[278]。カエサル[279]によってわれわれは知っているが、ガリア人は定まった土地財産をまったくもたなかったのであり、族長は、たまたま家族のうちに死者が出ると、幾人かの家族構成員の間にすべての土地を新たに配分した。これは、アイルランドにおいて非常に長く行われ、この国を貧窮と野蛮と荒廃の状態にとどまらせた、タニスト制（*Tanistry*）[43]の習慣である。

同じ著作家〈カエサル〉[280]によれば、古代のヘルウェティアは縦二五〇マイル、横一八〇マイルで、しかも人口は三六万にすぎなかった。現在ではベルン州だけで同数の人口がいる。

アッピアノスとシチリアのディオドロスのさきのような計算があるものだから、近代のオランダ人が古代のバタヴィア人よりも数において多いなどとあえて言ってよいものかどうか、困ってしまうということになる。

スペインの人口はおそらく三世紀前よりも減少しているであろう。しかし、もしわれわれが二〇〇〇年さかのぼってその住民のあの不安定で不穏な乱れた状態を考えるならば、われわれはおそらく、スペインには現在の方が多くの人口がいると考えたくなるであろう。ローマ人に武器を奪われたとき、多くのスペイン人が自害した。[281] プルタルコス[282]によれば、強奪と略奪がスペイン人の間で名誉なことと考えられたようである。ヒルティウス[283]は同じ観点からカエサルの時代のその国の状態を描いて、あらゆる人が身の安全のために城砦や城壁をめぐらした都市のなかで生活せざるをえなかったと述べている。アウグストゥスの指揮による最終的征服までは、こうした騒乱は鎮圧されなかった。[284] ストラボン[285]とユスティヌス[286]のスペインに関する記述は、上述のところと正確に一致している。したがって、キケロがイタリア、アフリカ、ガリア、ギリシア、およびスペインを比較して、スペインの住民の数が多いことを[287]、この国を恐るべきものにした特殊な事情として言及しているのを知るとき、それは古代の人口稠密に関する例の考えの信用を著しく落とさせるに違いない。

とはいえ、おそらくイタリアの人口は減少してきているであろう。しかしイタリアにはなおどれだけ多くの大都市があることだろうか。ヴェネチア、ジェノヴァ、パヴィア、トリノ、ミラノ、ナポリ、フィレンツェ、リヴォルノ、これらは古代には存在しなかったか、それとも当時はまったく取るに足りないものだったのではなかろうか。もしわれわれがこのことをよく考えてみれば、この問題に関して通常なされているようなひどい極端にまで議論をもっていこうとは思わないであろう。

昔は穀物を輸出したイタリアが日々のパンをすべての属領に依存するようになったと、ローマの著作家たちが苦情をもらす場合、彼らは、この変化を住民の増加のせいではなく、耕作と農業の軽視のせいにしている。[288] すなわち、ローマ市民の間に無料で穀物を配給するために穀物を輸入するあの有害な慣行と、広く田舎の住民を増加させるという非常に間違った方法の、当然の結果だというのである。[289] マルティアリスとユウェナリスによって非常によく語られるあのほどこし籠（*sporula*）は、金持ちの貴族によって目下《めした》の隷属平民（clients）に定期的に与えられる贈物であったから、〈穀物の無料配給と〉同様に、人民の間に怠惰、放蕩、および不断の堕落を生み出す傾向をもっていたに違いない。[290] 現在では教区税がイングランドでこれと同様の悪い結果をもたらしている。

ローマが現在よりも多くの住民をおそらくもちえたのではないかと考えられる時期を、私が決めるとすれば、私はトラヤヌスとアントニヌス三帝[44]の時代を選ぶであろう。なぜなら、この当時にはローマ帝国の大部分が文明化され、教化され、国内も国外も十分な平和のうちにだいたい安定しており、同一の規律のある治安と統治のもとに生活していたからである。[291] しかしすべての巨大な国家、とくに絶対君主制の国は、人口増加にとって有害であり、ローマ帝国についてもそのあらゆる有望そうな外観の効果を破壊する、隠れた弊害や害毒を含むものだと言われている。[292] このことを確認するために、多少風変わりなものではあるが、プルタルコスから[293]引用される一節を取り上げて、ここで検討することにしよう。

この著者プルタルコスは神託の多くが沈黙してしまったこと

を説明しようとして、それは、昔からの戦争と党派争いの結果、世界の人口が現在減少しているせいだと言っている。そして彼は、これに付け加え、この共通の災難が他のどの地方よりもギリシアに最もひどい影響を与えたため、メディア戦争の時期にメガラ一都市だけで供給された人数である三〇〇〇人の戦士を、現在ではギリシア全体でも提供することがほとんどできないほどだと言っている。したがって、威厳のある重大な仕事を好む神々は、その神託の多くを抑えてしまわれ、このように減少した人口にはあまりに多すぎる神意の仲介者を用いようとはされないのである。

この一節には非常に多くの難点が含まれているため、それをどのように取り扱えばよいのか分からないことを告白せざるをえない。だがプルタルコスが、人類の減少の原因として、ローマの広範な支配権でなく、それ以前のいくつかの国家の戦争と党争――これらのすべてはローマの武力によって鎮定された――をあげているということは言えるであろう。したがって、プルタルコスの推論は、彼が提出している事実から引き出される推論とは正反対なのである。

ポリュビオスは、ローマのくびきの確立後、ギリシアが一層繁栄し隆盛となるに至った(294)と想像している。そしてこの歴史家は、征服者のローマ人たちが人類の保護者からその略奪者に堕落してしまう以前に著述をしたのであるが、しかし、皇帝の厳格なやり方がその後州知事《ガヴァナー》たちの放縦を矯正したということを、われわれがタキトゥス(295)の述べるところから知るように、ローマの巨大な帝政は、しばしば言われているほど破壊的なものだったと考えられる理由はない。

ストラボン(296)から分かるように、ローマ人は、ギリシア人に対する尊敬の念から、この有名な国民の特権と自由の大部分を彼の時代まで維持したのであった。そしてその後、ネロはそれらをむしろ増大させた(297)。したがってローマのくびきがこのギリシア地方に対して非常にひどい重荷であったと、どうして考えることができようか。州知事の圧迫は抑えられており、それにギリシアにおける地方長官職がすべて、いくつかの都市において、住民の自由な投票によって与えられたため、競争者たちが皇帝の王宮に参内する必要はまったくなかった。もし多数のギリシア人が財産を築こうとし、また生まれ故郷の特産品である学識や雄弁によって身を立てようとしてローマへ行ったならば、そのうちの多くの人が財産を築いて帰国し、それによってギリシア共和国を富ませたことであろう。

しかし、プルタルコスは、全般的な人口減少が他のどの地方よりもギリシアにおいて最もはっきりと感じられたと述べている。このことは、ギリシアがもっていた他の地方よりも優れた特権および利点とどのように折り合うのであろうか。

その上、この一節はあまりにも多くのことを証明しているために、かえって実際には何も証明していない。全ギリシアで武器を取りうる者がわずかの三〇〇〇人とは！　こんな奇妙な主張を誰が認めることができるであろうか。とくにわれわれが、歴史になおその名をとどめており、プルタルコスの時代からずっと後の文筆家たちに言及されている、あの数多くのギリシアの都市を考えてみるならば、古代ギリシアのすべての境界内に都市がほとんど一つも残っていない現在においてさえ、そこにはその一〇倍の人口が確かにいるであろう。この地方はいまもなおかなりよく耕作されており、スペイン、イタリア、あるいはフランス南部に飢饉があった場合、そこへ穀物を確実に供給しているのである。

　われわれは、ギリシア人のあの昔からの節倹と財産の平等が、ルキアノス[298]から明らかなように、プルタルコスの時代にもなお存続していたと言うことができるであろう。また、この地方が少数の主人と多数の奴隷によって占有されたと想像される根拠もまったくない。

　ローマ帝国の確立後、ギリシアにおいては、軍事訓練はそれがまったく無用であるために極端に軽視され、昔はあれほど好戦的で野心的だったこれらの共和国が、めいめい暴徒の秩序攪乱を防ぐため、それぞれ小規模の都市警備隊を維持することが彼らに必要であったすべてのことであり、したがって、全ギリシアを通じてこうした警備隊が三〇〇〇人にも達しなかったというのは、実際、考えられることである。もし、プルタルコスがこの事実を眼中においていたとすれば、この場合彼はひどくうかつな誤った推論を犯しており、したがって結果にまったく相応しない原因をあげているということが分かる。しかし、文筆家がこの種の誤りに陥るということは、それほど不思議なことであろうか。[299]

　しかし、プルタルコスのこの一節にどのような論証力が残っているにもせよ、われわれは、シチリアのディオドロスに見られる、これと同じほど注目に値する一節によってその力を相殺するよう努めよう。すなわちその節で、シチリアのディオドロスは、一七〇万の歩兵と二〇万の騎兵からなるニーノス[45]の軍勢に言及したのち、この記述の信頼性を、それ以後の時代の若干の事実によって裏づけようと努め、世界中に広がっている現在の人口の稀薄および減少から、古代の人口の稠密の程度を考えてはならないと付け加えているのである。[300]このようにして、古代のうち、最も人口が多いとされている、[301]まさにその時期に生きていた文筆家が、彼の時代に一般に見られた荒廃をかこち、もっと昔の時代の方がよかったと考え、自分の意見の根拠として昔の伝説に頼っているのである。[46]現在を非難し過去を称賛する気質は、人間本性に強く根ざしており、最も深遠な判断力と最も該博な知識をもつ人びとにさえ影響を与えるものである。

（1）〔H―I版では次のような注が付いていた。「数年前、古代諸国民の人口という、これと同じ問題に関する論説を書いたエディンバラの一人の優れた牧師が、最近、それを本書の著者に知らせてくれた。〈ここにあげられている論説というのは、ロバート・ウォーレス（Robert Wallace, 1691-1771, 訳注[1]を参照）の『古代と近代との人類の数に関する一論』（*A Dissertation on the Numbers of Mankind in Antient and Modern Times*, Edinburgh, 1753）の付録を除く本文である〉。その論説には、本書で主張されていることとは正反対の議論が主張されており、それにまた、多くの該博な知識と優れた推論が含まれている。本書の著者は、その論説から二つの計算、すなわち、ベルギウムの住民数に関するものと、エピルスのそれに関するものを、少し修正して借用したことを認めるものである。もしこの博学の紳士がその論説の出版を承諾してくれることになれば、それは、博識を必要とするあらゆる問題を明らかにするのに役立つであろう」。

右の注は、のちのK—P版では次のように変えられた。「一人の独創的な著者が、品位と博識と良識に満ちた返答によってこの論説に光栄を与えてくれた。その反駁は非常に博学であって、もし著者が推論からいつも疑いをもつように用心してかからなかったら、著者の推論はまったく覆されたのではないかと思わせたほどのものであった。そこで著者は、この用心深さという立場を利用したので、力においてははるかに劣るけれども、全面的な敗北を免れることができたのである。その牧師は、その論敵がきわめて論破しがたいまでに防御を固めているところを、いつでも見つけ出すであろう。こうした状況をつくることによって、ウァッロはハンニバルに対して、ファルナケスはカエサルに対して身を守ることができたのであった。〈Marcus Terentius Varro（116-27 B.C.）はローマの文人、学者、軍人。引用されている『農業論』（*Rerum rusticarum libri*, 37 B.C.）は、前一世紀のローマの農業状態を示す重要文献とされている。Pharnaces（97-47 B.C.）はポントゥス王（前六三年）。ローマ内乱でポンペイウスにくみしてポントゥス王に推されたが、カエサルのため大敗（前四七年）、のちに殺された〉。しかしながら、著者は、その論敵が著者の典拠ならびに推論における多くの間違いを発見したこと、そしてまた、もっと多くの誤りが言及されなかったことは、まったくその論敵の寛大さによるものだったことを、本当に心よく認めるものである。この版では、彼の博識な批判が利用されたので、このエッセイは以前よりは不完全でなくなっている」」。

（2）コルメッラは〔『農業論』〕第三巻、第八章において、エジプトとアフリカでは双児の出生がよくあり、普通でさえあった（*gemini partus familiares, ac pæne solennes sunt*）と述べている。もしこれが真実であれば、地方や時代が違えば生理的な差異があることになる。というのは、現在これらの地方についてそのようなことを述べている旅行者はいないからである。反対にそれどころか、われわれは北方の諸国民の方がもっと多産的だと考えがちである。それらの両地方は、ローマ帝国の属領だったので、コルメッラほどの人が両地方について間違いを犯していると考えるのは、まったくおかしいことではないにしても、考えがたいことである。

[1] ヒュームのエッセイは、古代は近代よりも人口が多かったという当時の一般的な想定に反対して書かれている。ヒュームは一七五〇年にこうした見解に触れ、古代の人口を過大に考える著作家として、アイザック・ヴォッシウスやモンテスキューをあげている（Greig, *Letters of David Hume*, vol. 1, p. 140 を参照）。こののち、ウォーレスとの関係については、モスナー（*The Life of David Hume*）、スペングラー（*French Predecessors of Malthus*, 1942）が古いが参考になる。古代イタリアの人口については、ミラーがあげているように、P. A. Brunt, *Italian Manpower : 225 B.C.-A.D. 14* (Oxford Clarendon Press, 1971) を参照。

[2] Isaac Vossius（1618-1689）はオランダ、ライデン生まれの学者。

（3）〔彼は、『古代ローマの規模について』（*De antiquae Romae magnitudine*, 1685）で、古代ローマの人口を一四〇〇万と推定し、その面積はパリとロンドンの二〇倍としている〕。

（4）〈モンテスキュー〉『ペルシア人の手紙』。また『法の精神』（*L'Esprit des Loix*）第二三篇、第一七、第一八、第一九章も参照せよ。〔モンテスキューは『ペルシア人の手紙』を匿名で一七二一年に出版した。手紙、第一一二—一二二は古代以降、世界の人口が大いに減少したこと、そしてその減少は自然的原因よりもむしろ社会的原因によって説明されるべきだと主張している〈大岩誠訳、下、岩波文庫、一九五〇年、一〇四頁以下を参照〉。『法の精神』（一七四八年）の第二三篇は人口の自然的決定要因と社会的決定要因を論じ、ヨーロッパと小アジアの全般的人口減少は、古代の小共和国がローマ帝国に飲み込まれたため生じたと主張している〕。〈野田良之他訳、中、岩波文庫、一九八七年、第二三編、第一九章を参照〉。

(5)〔H―M版では「年頃になると誰でもみなすぐ結婚するものとすれば」が追加されている〕。

(6)これはまた、天然痘がそれぞれの地方の人口を、はじめに想像されたほどには減少させないことの十分な理由でもある。人口増加の余地があるところには、帰化法の助けなどなくても、いつでも人口増加が生じるものである。ヘロニモ・デ・ウスタリス氏〈Gerónymo de Uztáriz (1670-1732) はスペインの経済学者で、スペインにおける重商主義の確立者と考えられている。その主著、『商業および海事の理論と実際』(*Théorica y práctica de comercio y de marina*.... Madrid, 1724, 2nd rev. ed. 1742) は英仏独伊訳が現れて注目されたが、ヒュームが利用したのは、一七五一年の最初の英訳版 *Theory and Practice of Commerce and Maritime Affairs*, trans. by John Kippax と思われる〉が述べているところでは、スペインの諸州のうち、最も多数の人びとを〈西〉インド諸島に送り出している州は、人口が最も稠密である。そしてこのことは、そうした州の富が他よりも大きいことから生じているのである。

(7)〔ここから「当然であろう」まではH版で、「一般に」から「稠密であると思われる」まではQ版で追加〕。

(8)スエトニウス「クラウディウス伝」。〔『ローマ皇帝伝』第二五節〕。〈国原吉之助訳、下、岩波文庫、二〇〇七年〉。

[3] Marcus Porcius Cato Censorius (234-149 B.C.) はローマの有名な政治家。古代ローマの質朴への復帰をさかんに説いた。主著に『起源論』(*Origines*)、『農業論』(*De agricultura*, c. 160 B.C.) がある。

(9)プルタルコス「カトー伝」。〔『英雄伝』、「マルクス・カトー伝」第四節〕。〈村川堅太郎編『プルタルコス英雄伝』中、ちくま学芸文庫、一九九六年〉。

(10)第一巻、第六章。

(11)同上、第一一巻、第一章。

(12)〔H版とI版では、次の間違った引用が付け加えられている。「土牢がイタリアの一部を荒廃から守る」〕。

(13)『恋愛歌』(*Amores*) 第一巻、第六歌。

(14)スエトニウス「修辞学家伝」。〔第三節〕。この古代の詩人が、「門番が鎖をガチャガチャさせるのが聞こえる」(*Janitoris tintinnire impedimenta audio*) と言っているのも同じ意味のものである。〔この詩の断片はアフラニクス・ウォピスコ(Afranicus Vopisco. 前二世紀、ローマの詩人)のもので、ノニウス・マルケッルス(Nonius Marcellus) の *De compendiosa doctrina* 40M に記録されている〕。

(15)「オネトル弾劾」第一節。〔第三七〕。

(16)これと同じ慣例はローマでもごくありふれたことであった。しかし、キケロはこうした証言を自由市民の証言ほど確実なものではないと考えているようである。『カエリウス弁護論』。〔第二八節〕。

(17)「書簡」第一二二。ローマで公開されたあの非人道的なスポーツも、奴隷に対するローマの人民の軽侮から生じた結果と考えて差しつかえないであろう。そしてこれらはまた、ローマの君主や支配者の一般的な非人道性の大きな原因ともなったのであった。あの円形劇場での催物の記録を、戦慄を覚えずに読める人がいるであろうか。また、ローマの皇帝たちは、ローマの人民が奴隷を取り扱うのと同じやり方で人民を扱うのを常としたと知っても、誰が驚くであろうか。人間の人道心は、人民たちには首が一つしかなかったらと願ったカリグラ帝〈Caligula. 本名は Gaius Julius Caesar Germanicus (12-41). 残酷と浪費で悪名高いローマ皇帝。在位、三七―四一年。ちなみに、カリグラというのは、軍(隊)靴という意味のあだ名である〉のあの野蛮な願望を復活しそうになる。およそ人間であれば、このような一種の怪物たちの種を一撃のもとに殺してしまいたくなるであろう。右に引用した著者セネカは（『書簡』七）、ローマの人民に語りかけながら、神に感謝するがよい、諸君の君主（すなわち、温和で慈悲深いネロ皇帝）は、諸君の手本から残虐さを習うようなことのできないお方だ、と言っている。これはネロの治世の初めに言われたのであるが、後になって、彼はすっかり人民のように残虐になってしまった。彼が幼い頃から見なれてきたさまざまな野蛮なことがらによって、それが相当強められたことは疑いない。

(18) この場合、われわれが言いうるのは、たとえ家内奴隷制が実際に人口を増加するものであるとしても、それは、社会の幸福とその人口の稠密は必然的に相伴うものだという一般原則に対する一つの例外であろうということである。主人が、その気質や利害から、自分の奴隷を非常に不幸にするかもしれないのに、利益のために用心深く奴隷を増やすことはあろう。奴隷の結婚は、彼らの他の生活行為と同じく、彼らにとっては選択の問題ではない。

(19) キリキアのデルスでは、日に一万人の奴隷がローマ人用に売られることがよくあった。ストラボン『地理書』第一四巻。〔第五章、第二節〕。

(20) コルメッラ、第一巻「緒言」と第二章および第七章。ウァッロ〔『農業論』〕第三巻、第一章。ホラティウス〔『頌』〕第二巻、一五。タキトゥス『年代記』第三巻、第五四章。〈国原吉之助訳、上、岩波文庫、一九八一年〉。スエトニウス「アウグストゥス伝」第四二章。プリニウス、第一八巻、第一三章。〔大プリニウス『自然誌』第一八巻、第四章、レーブ版〕。

(21) タキトゥス『年代記』第二四巻、第七章によれば、「一般国民のうち本土生まれの者の数は日ごとに次第に減って」とある。

(22) セルウス（*servus*）は類の名称であり、ウェルナは種の名称であって、この両者は類似したものでなかったから、このことから、後者ははるかに少数だったという有力な推定が成り立つ。一つの全体のうちの相互に関連した二つの部分が、数、順序、あるいは重要さにおいて、相互になんらかの釣り合いをもっている場合には、この二つの部分に応じ、それらの相互関係を表す相関的な用語がいつも考案されるということは、言語について行われる一般的な考察である。もしこの二つの部分が相互に少しも釣り合いをもたないなら、数の少ない部分を表す用語だけが考案され、全体から区別される。このようにして男と女、主人と召使、父と息子、君主と臣民、よそ者と市民は、相関的な用語である。ところが、水夫、大工、鍛冶屋、仕立屋などの言葉には、水夫や大工などでない人びとを表す相関的な用語はない。こうした区別がなされる特定の言葉に関しては、言葉は非常に異なっている。だからここから、種々の国民の風俗と習慣に関して、きわめて有力な推定を下すことができるであろう。ローマの歴代皇帝の軍事的統治が軍人階層の地位を非常に引き上げた結果、その階層は国家の他のすべての階層と平衡を保つようになった。ここから、軍人（*miles*）と地方人（*paganus*）とは相関的な用語となった。これは、そのときまで古代の言語には知られず、いまなお近代の言語にも知られていないものである。近代の迷信が聖職者の地位を非常に高めた結果、彼らは国家全体との釣り合いを失った。ここから、すべての近代語では、聖職者（*clergy*）と俗人（*laity*）とが対立する用語となっているのであり、しかもそれは近代語だけに見られる。だからこの同じ原理から、もしローマ人によって外国から買われた奴隷の数が、国内で養育された奴隷の数をあまり極端に上回らなかったのであれば、ウェルナは、外国から買われた奴隷を表すはずの相関語をもったであろうと、私は推論する。しかし、これらの外国から買われた奴隷が古代の奴隷の主体を成しており、ウェルナはわずかな例外にすぎなかったと思われる。

(23) ウェルナという言葉は、その奴隷がすねたり横柄であるため、ローマの著作家たちには、道化師（*scurra*）の同意語として用いられた。マルティアリス、第一巻、詩、四二。〔四一、レーブ版〕。〈Marcus Valerius Martialis (40?–104?) はローマの諷刺詩人。主著『寸鉄詩集』

(*Epigrammata*)〉。ホラティウスも「ずうずうしいウェルナたち」(*vernae procaces*) に言及している。さらに、ペトロニウス、第二四章「荒っぽいおしゃれ」(*vernala urbanias*)。セネカ『摂理について』第一章「ウェルナたちの気まま」(*vernularum licentia*)。

(24) 西インド諸島では、新しい奴隷が補充のために買われないとすると、保有されている奴隷は、毎年その五パーセントが使えなくなると計算されている。衣服や食料が非常に入手しやすいそうした温暖な地方でさえ、奴隷はその数を維持できない。ましてヨーロッパの諸地方や、大都市の内部やあるいはその近くにおいては、こうしたことがより多く起こるに違いないではないか。*わが国の植民者の経験によると、召使を雇うことができるところではどこでも、奴隷制は奴隷にとっても主人にとっても、有利であることはめったにないということを、私は付け加えておこう。主人には、奴隷に着せたり食べさせたりする義務がある。一方彼は召使に対しても同じことをする。したがって、奴隷の最初の購買価格分だけ、主人にとっては損失である。言うまでもなく、解雇されて別の仕事が見つからないという恐れが自由人から引き出すほど多くの労働を、処罰の恐れによって奴隷から引き出すことはけっしてないであろう。

*〔この注の以下の部分はR版で付け加えられた〕。

(25) コルネリウス・ネポス『名士伝』、『アッティクス伝』。アッティクスの財産は主にエピルスにあり、そこはへんぴな寂しい場所であるから、そこで奴隷を養育することは彼に有利だったであろう、と言うことができよう。〈Cornelius Nepos (99?–24 B.C.) はローマの伝記作者。現存の著作に、『名士伝』中の外国名将伝、および『カトー伝』、『アッティクス伝』などがある〉。

(26) 第七巻。〔『地理書』第七巻、第三章、第一二節〕。

(27) 「メディアス弾劾」二二一頁、オールダス版。〔「メディアス弾劾」第四五—五〇節〕。〈Meidias は前五世紀後半のギリシアの陶工。アテナイで制作。そのつぼは有名〉。

[4] Isokrates (436–338 B.C.) はアテネの修辞家、政治評論家。代表作は『オリンピア大祭演説』(*Panegyrikos*, 380 B.C.)。

(28) 〔イソクラテス〕『オリンピア大祭演説』。

(29) 〔この節の以下の部分はM版で追加〕。

(30) 第七巻、第一〇章以下。

(31) アリストファネス『騎士』(*Hippes*)〈前四二四年〉第一章、第一七節。古代の注釈者は、「奴隷のように　蛮語を使う」(*βαρβαρίζει ὡς δοῦλος*) というこの章句に注釈を加えている。

(32) 「アフォボス弾劾」第一。〔九—一一〕。

(33) *κλινοποιοί* すなわち古代人が食事のときに横になった寝台をつくる職人。

(34) 「カトー伝」。〔第二一節〕。

(35) 「下婢たちがその事情のため、やたらと子を生むように仕向けられることはない」(Non temere ancillæ ejus rei causa comparantur ut pariant)『学説彙纂』第五巻、題目第三「相続権について」第二七条。次の引用文も同じ目的のものである。「去勢者は、病的でも悪いものでもないどころか、ただ一つしか睾丸をもたなくても子供をつくることができるような人と同様に健全であるというのが、私にはより真実だと考えられる」(Spadonem morbosum non esse, neque vitiosum, verius mihi videtur ; sed sanum esse, sicuti illum qui unum testiculum habet, qui etiam generare potest)『学説彙纂』第二巻、題目第一「按擦官告示について」第六条、第二項。「しかし、このように必要不可欠な身体の部分がまったく欠けているほど生殖能力に欠けている人は病的である」(Sin autem quis ita spado sit, ut tam necessaria pars corporis penitus absit, morbosus est) 同上、第七条。去勢者の交接不能が問題とされたのは、それによりその人の健康や生活が影響を受ける場合だけに限られたようである。その他の点では、その有用さにおいて、彼は他の男性とまったく同じであった。同じ推定は女奴隷に関しても行うことができる。「いつも死児を生む女は病気であるのかと質問されたとき、サビヌス〈Massurius Sabinus (d. 64?). ティベリウスとネロ皇帝時代に活躍したローマの法学者〉は、もし外陰に疾患が生じたら、彼女は病気であると述べた」(Quæritur de ea muliere quæ semper mortuos parit, an morbosa sit? et ait Sabinus, si vulvæ vitio hoc contingit, morbosam esse) 同上、第一四条。妊婦は不健全であるか、あるいは欠陥があるかどうかということさえ疑問に思われており、彼女が健全であると断定されるのは、彼女が生む子供の価値のためではなくて、子供を生むことは女の自然の役割ないし役目であるという理由からである。「もし妊婦が奴隷として売られていれば、彼女が健全であることを認めない人は一人もいないであろう。なぜなら、女性の最大のそして特別の任務は、妊娠し胎児を守るということだからである。また、無事に分娩できることもよいことである。出産した女性もまた、彼女の身体にまったく異常がない場合には、彼女は健康である。不妊者については、カエリウス〈Marcus Caelius Rufus (d. 48? B.C.). ローマの政治家、キケロの友人で文通者。前五二年に護民官カエサルによりイタリアで処刑された〉は、トゥレバティウスがその区別をしていると述べている。すなわち、もし生来の不妊であれば、彼女は健全であるが、しかし身体上の欠陥による場合にはそうでないと」(Si mulier prægnans venerit, inter omnes convenit sanam eam esse. Maximum enim ac præcipuum munus fœminarum accipere ac tueri conceptum. Puerperam quoque sanam esse ; si modo nihil extrinsecus accedit, quod corpus ejus in aliquam valetudinem immitteret. De sterili Cœlius distinguere Trebatium dicit, ut si natura sterilis sit, sana sit ; si vitio corporis, contra) 同上。

(36)〔「製造業さえ行わせた」はQ版での追加〕。

(37) タキトゥス『年代記』第一四巻、第四三章。

(38) 大邸宅の奴隷は、ケレ (*cellæ*) と呼ばれる、彼らに割り当てられた小部屋をもっていた。ここから、セル (cell) という名は、修道院の修道僧の部屋に転化されたのである。この問題については、さらにユストゥス・リプシウス『サトゥルナリア』第一巻、第一四章を参照。以上のことは、家内奴隷の結婚と繁殖とを否定することとなる有力な推測を成り立たせる。〈Justus Lipsius (1547-1606) はオランダの古典学者。ローマ作家の校訂に貢献〉。

［5］Hesiodos は前八世紀の古代ギリシアの詩人。主な作品『仕事と日々』(*Erga kai hemerai*. ラテン名 *Opera et dies*) は教訓詩。

(39)『仕事と日々』(*Opera et Dies*) 第二巻、第一章、二四行と第一章、二二〇行。〔レーブ版、第一巻、四〇五行と第一巻、六〇二行〕。〈松平千秋訳『仕事と日』岩波文庫、一九八六年〉。

(40)〔クセノフォン『農場経営について』第九章、第五節〕。

(41) ストラボン、第八巻。〔第五章、第四節〕。

(42)〔このパラグラフはK版で追加〕。

(43)『歳入について』(*De ratione redituum*)。〔第四章、第一四章〕。

［6］obols. 古代ギリシアの貨幣単位、銀貨。一オボルス＝六〇〇分の一ムナ、一ドラクマ＝一〇〇分の一ムナ、一タレント＝六〇ムナ。

(44) カトー『農業論』第五六章とドナトゥス『フォルミオン弾劾』第一巻、第一章、第九節とセネカ「書簡」八〇〔七—八〕を参照。〈Donatus Aelius は四世紀中頃のラテン文法学者〉。

(45)『農業論』第一〇章、第一一章。

(46) 第一巻、第一八章。

(47) 第一巻、第一七章。

(48) 第一巻、第一八章。〔『農業論』第一巻、第八章、第五節〕。

(49)〔ウァッロ『農業論』第一巻、第八章、第五節〕。

(50) 第三三巻、第一章〔大プリニウス『自然誌』第三三巻、第六章、第二六節、レーブ版〕。タキトゥス『年代記』第一四巻、第四四章も同じ。〔タキトゥスの参照はK版での追加〕。

(51) 第二巻、第一〇章。〔第六節〕。

(52)「この男は粗野な羊飼の息子で、かの男は農夫の子である」ユウェナリス『諷刺詩』第一一篇、一五一。〔レーブ版、G. G. Ramsay 訳〕。

(53) 第一巻、第八章。〔第一九節〕。

[7] 兄は Gracchus Tiberius Sempronius（162-132 B.C.）、弟は Gracchus Gaius Sempronicus（153-121 B.C.）。いずれもローマの政治家で、奴隷制大土地所有の増大と中小自作農の土地喪失および貧民化が著しかったときに、大土地所有制の制限、自作農創設など、土地分配の改革諸法案をつくった。

(54)『内乱について』第一巻。〔アッピアノス『ローマ史』、『内乱』第一巻、第七章〕。

(55)「グラックス兄弟伝」。〔「ティベリウス・グラックス伝」第八章、第三節〕。

(56) 大セネカの『論争』第五巻、五の章句もこれと同じ目的のものである。「昔は国民全体によって耕された田舎がいまではそれぞれの土牢の所属となり、そこで、その奴隷監督どもが昔の王たちよりももっと広い土地を支配している。しかしいまでは、畑地を鎖に縛られた足、罪を宣告された手、烙印を押された顔が耕している」とプリニウスは述べている。第一八巻、第三章。〔大プリニウス『自然誌』第一八巻、第四章、レーブ版〕。マルティアリスも同様である。

「そしてトスカナの畑は、奴隷の無数の足かせに鳴りひびくであろう」『寸鉄詩』第九巻、第二三。〔第九巻、二二、レーブ版〕。また、ルカヌス〈Marcus Annaeus Lucanus (39-65). ローマの叙事詩人。叙事詩『内乱』（*Bellum civile*）が有名〉は次のように述べている。

「そのとき、広い田畑の境域が合わせられ、またかつてはカミルスの鉄の鋤にすかれたり、クリウスらの鍬を受けたりした広い畑地が、外国人の耕作者の足下に広がり」。第一巻〔『内乱』第一巻、一六七―一七〇行、レーブ版〕。

「ヘスペリアの畑は鎖付きの労働者たちによって耕される」第七巻。〔四〇二行、レーブ版〕。

[8] Lucius Annaeus Florus は二世紀のローマの歴史家、詩人。著作に『ローマ史要』がある。

(57) 第三巻、第一九章。〔フロルス『ローマ史要』第二巻、第七章、レーブ版〕。

[9] Eunus はシチリア島の奴隷で、全シチリア奴隷の大軍を組織して王となる。紀元前一四〇年頃から一三二年の間に反乱を起こし、ローマ政府を悩ませた。

(58) 同上、第四巻、第八章。〔『ローマ史要』第二巻、第一八章、レーブ版〕。

(59)〔マイエ（Benoit de Maillet, 1650-1738）は『エジプト説明書』（一七三五年）と『エジプト古代および近代統治概要』（一七四三年）を著した〕。

(60)〔H―P版では「最もひどい迷信」となっている〕。

(61) タキトゥスはそれを非難している。『ゲルマニアの習俗について』（*De moribus Germ*）。〔第一九節〕。

(62)『友愛について』第一八節。〔レーブ版、W. C. Helmbold 訳を参照〕。セネカも病弱な幼児を捨てることを是認している。『憤怒について』第一巻、第一五章。

[10] Eumenes I (d. 241 B.C.). 在位、前二六三―二四一年。

[11] Eumenes II はペルガモンの王。在位、前一九七―一五九年。

[12] Solon（640?-560? B.C.）はギリシアの政治家、詩人。ギリシア七賢人の一人。アテナイの重要な政治改革者。

(63) セクストゥス・エンペイリコス〔『ピュロン主義哲学の概要』〕第三巻、第二四章。〈Sextus Empiricus は二世紀末のギリシアの医者、哲学者〉。

(64)「児孫愛について」。〔『道徳』、「児孫愛について」第五節〕。

(65) 近親者があっても、友人に多大の金額を遺贈するならわしは、ルキアノスから推測できるように、ローマだけでなくギリシアでもよく行われた。この慣行は、近代では行われることがはるかに少ない。したがって、ベン・ジョンソン〈ヒュームは Ben. Johnson と書いているが、これは Benjamin Jonson（1573?-1637）のことで、一六世紀末から一七世紀前半にかけて活躍したイギリスの劇作家。ここに言及されている作品『ヴォルポーネ』は一六〇五年作の喜劇。ちなみに、Benjamin Johnson の方は、劇作家ジョンソンの劇で主役を演じた舞台俳優〉の『ヴォルポーネ』（*Volpone*）は、ほとんどまったく古代の著作家たちから抜粋されたものであって、当時の風習によりよく適合している。

　ローマにおける離婚の自由が結婚に対するいま一つの障害であったと考えるのは正当であろう。そのようなならわしは、気分を原因とする夫婦げんかを妨ぐことなく、むしろ増加させ、また、利害に原因する夫婦げんかを引き起こすことにもなる。そしてこれは、気分によるものよりも、はるかに危険で破壊的なものである。この点については、さらに『道徳・政治・文学論集』第一部、第一八エッセイ〈本訳書第I部、第一九エッセイ「一夫多妻と離婚について」〉を参照。おそらく、古代諸国民のあの不自然な色欲も、ある程度重要なものとして考慮に入れられるべきであろう。

(66)〔H―P版では「きわめて大きい」となっている〕。

(67)『キュロスの遠征』第七巻。〔第六節〕。

[13] daric は古代ペルシアの金貨。

[14] drachma は古代ギリシアの貨幣単位、デナリウス銀貨。

(68)デモステネス「いかさま使節について」。〔一五八節〕。彼はそれを相当な金額と呼んでいる。

(69)トゥキュディデス、第三巻。〔『ペロポネソス戦争』第三巻、第一七章〕。

(70)第六巻、第三七章。〔『歴史』第六巻、第三九章、レーブ版〕。

(71)ティトゥス・リウィウス、第四一巻、第七章、第一三章、およびその他至るところ。〔『ローマ史』第四一巻、第七章、第一三章とその他至るところ〕。

[15] ここでは、前四三年のマルクス・アントニウス、オクタウィヌス、レピドゥスによる、いわゆる第二次三頭政治を指す。

(72)アッピアノス『内乱について』第四巻。〔一二〇〕。

(73)カエサルは百卒長に兵卒の一〇倍の給与を与えた。『ガリア戦記』（*De bello Gallico*）第八巻。〔四〕。のちに述べられる、ロードスの捕虜交換条約書では、軍隊での階級によって身代金を区別することはなかった。

(74)シチリアのディオドロス、第一二巻。〔『歴史文庫』第一二巻、第五九章〕。トゥキュディデス、第三巻。〔第九二章〕。

[16] Timoleon は紀元前四世紀末のコリントスの将軍。シュラクサイの僭主ディオニュシオス二世を追い払った。

[17] Dionysios II (395?-344? B.C.) はシュラクサイの僭主。在位、前三六七／三五六―三四七／三四四年？　前三四四年頃、ティモレオンにより王位を追われた。

(75)シチリアのディオドロス、第一六巻。〔第八二章〕。

(76)「ティモレオン伝」。〔第二三節〕。

(77)プリニウス、第一八巻、第三章。〔第四章、レーブ版〕。この同じ著者は、第六章〔第一八巻、第七章、レーブ版〕で、「本当のことを言うと、荘園がイタリアを滅亡させたのである。しかし、いまではもう属州を滅亡させるに至っている。皇帝ネロが六人の地主を殺したときには、彼らはアフリカ州の大半を所有していたのである」（*Verumque fatentibus latifundia perdidere* ITALIAM ; *jam vero et provincias. Sex domi semissem* AFRICÆ *possidebant, cum interfecit eos* NERO *princeps*）と述べている。この見方からすれば、初期のローマ皇帝たちが行った野蛮な虐殺も、おそらく、われわれが想像するほど国家にとって破壊的ではなかったであろう。これらの皇帝は、その共和国の後半期に世界の略奪者の地位をほしいままにした名門をすべて滅ぼしてしまうまで、虐殺をけっしてやめなかった。タキトゥス『年代記』第三巻、第五五章〈国原吉之助訳、上、二一九頁〉から分かるように、彼ら名門に代わって興った新しい貴族は、以前ほど立派なものではなかった。

(78)古代の兵士は、最低の階層よりも身分が高い自由市民であったから、すべて結婚していた。わが国の近代の兵士は、独身生活を強いられるか、それとも、その結婚が人類の増加に対してわずかしか利用されていないかのどちらかである。これは、古代諸国民を優位とするためにある程度重要なこととして、おそらく考慮に入れられるべき事情である。

(79)〔H―P版で次の文が追加されている。「もしフォラール〈Jean Charles Folard, Chevalier de (1669-1752). フランスの軍人、軍事著作家〉の縦列隊形計画が実行できるのなら（それは実行不可能と思えるが*）、それは、近代の戦闘を、古代のそれに劣らず破壊的なものにすることであろう。

＊縦隊が敵の横隊を打ち破ったのちには、それにはどのような利点があるだろうか。敵の側面を攻め、四方八方から砲火を浴びせて、その近くにあるものをすべて四散させることだけである。ところが、縦隊が敵を打ち破るまでに、敵に側面を見せ、その上、敵の小銃や、もっと悪いことには、大砲の砲火にさらされないであろうか」〕。

(80)『歴史』第二巻、第四四章。

(81)リウィウス、第三一巻、第一七章、第一八章、およびポリュビオス、第一六巻〔第三四章〕に言及されている、アビュドス人がその例である。アッピアノス『内乱について』第四巻〔八〇〕のクサントス人もその例である。

(82)「アラトゥス伝」。〔第六節〕。

(83)『ローマ法解説』第二巻、第六章。〔H―P版では次のものが追加されている。「この同じ法律がユスティニアヌスの時代まで続いたらしいのは事実である。しかし、野蛮人からもち込まれた諸々の悪弊は、必ずしも文明によっては矯正されない」〕。

[18] Poliorketes. Demetrios I (336-283 B.C.) はマケドニア王。在位、前二九四―二八三年。

(84)シチリアのディオドロス、第二〇巻。〔第八四章〕。

(85)〔H―P版では次のものが追加されている。「偏狭な信念にこりかたまった僧侶が告訴人や裁判官や死刑執行人である場合には」〕。

(86)自ら民衆派に属していて、三十人僭主〈ペロポネソス戦争後（前四〇五年？）にスパルタの保護のもとにアテネの政治を行った三〇人の貴族からなる専制執政団で、この専制政治は翌年に覆され民主政に帰った〉からやっとのことで逃れたリュシアスは、民主政治は寡頭政治と同じく暴虐な政体であったと言っている。『弁論』二四「国民の現状について」。〔レーブ版では、『弁論』二五「民主政転覆告訴に対する抗弁」第二七節〕。

[19] Thrasybulos は民主派に属し、アルキビアデスをアテナイ艦隊に復帰させた。

(87)キケロ『フィリッポス弁論』第一巻。〔第一節〕。〔トラシュブロスは民主勢力を率い、三十人僭主の支配を覆し、アテナイに民主政を復活させた（前四〇四―四〇三年）〕。

(88)たとえば、『弁論』一一「エラトステネス排撃論」。『弁論』一二「アゴラテス排撃論」。『弁論』。〔一五「マンティテオス弁護論」。一二、一三、一六、レーブ版〕。

(89)〔H―Q版では、次の文が追加されている。「これは、古物収集家や歴史家によって明らかにされておらず、気づかれてさえもいない難しい点である」〕。

(90)アッピアノス『内乱について』第二巻。〔一〇〇。ヒルティウスはカエサルの将校の一人であった〕。

[20] Aulus Hirtius (d. 143 B.C.) はローマの武将、政治家。カエサルの死後、統領となる。カエサルの『ガリア戦記』を補足し、また『アレクサンドリア戦記』の主要部分を執筆した。

(91)『カティリナ戦記』〔第五一節〕のカエサルの演説を参照。

(92)『弁論』二四。〔二五の一九、レーブ版〕。また、『弁論』二九〔三〇、「ニコマコス弾劾」第一三―一四節、レーブ版〕で、彼はこうした不法な処罰が人を喜ばせないことの唯一の原因として、民衆の集会がもつあの党争的精神に言及している。

(93) 第三巻。〔第八三章〕。〔H—P版では、次の注がある。「ヨーロッパのうち、私が観察したことのある国で、党派争いが最も激しく、党派的な憎悪が最も強烈なのはアイルランドである。これは、新教徒とカトリック教徒との間の最もありふれた儀礼的な交際をさえやめさせるまでに至っている。彼らがたがいにやり合った残虐な暴動と激しい復讐とが、この相互の悪意の原因なのである。そしてこの悪意は、その国の騒乱、貧困、および人口減少の主な原因なのである。私が思うに、ギリシアの党派争いは、さらにもっと激烈な程度にまで血走っていたようである。というのは、革命がもっと頻繁なのが普通であり、暗殺という原則がはるかによく一般に公認され承認されていたからである」〕。

(94) プルタルコス「アレクサンドロスの美徳と幸運について」。〔プルタルコス『道徳論』、「アレクサンドロスの幸運と美徳について」〕。

[21] Agathocles (361–289 B.C.) はシュラクサイの僭主。

(95) シチリアのディオドロス、第一八巻、第一九巻。〔アガトクレスの行いについては、第一九巻に詳しく記述されている〕。

[22] Nabis (207–192 B.C.) はスパルタの僭主で、前一九二年に殺された。

(96) ティトゥス・リウィウス、第三一巻、第三三巻、第三四巻。

(97) シチリアのディオドロス、第一四巻。〔第五章を参照〕。イソクラテスは、追放されたのは五〇〇〇人にすぎなかったと述べている。彼は、殺された数は一五〇〇人にのぼるとしている。「アレオパギティコス」〔第六七節〕。アイスキネスは、「クテシフォン弾劾」〔第二三五節〕で、これと正確に同数をあげている。セネカ（『心の平静について』第五章）は一三〇〇人と述べている。

(98) シチリアのディオドロス、第一五巻。〔第五八章〕。

(99) シチリアのディオドロス、第一三巻。〔第四八章〕。

(100) ギリシアの最も輝かしい時代のうちの六〇年間に起こった二、三の虐殺を、シチリアのディオドロスだけから述べることにしよう。シュバリスから貴族とその徒党の五〇〇人が追放された。第一二巻、七七頁、ロドマヌス版。キオス人のうち、六〇〇人の市民が追放された。第一三巻、一八九頁。エフェソスでは、三四〇人〈ロートワイン版に三四九人とあるのは誤植〉が殺され、一〇〇〇人が追放された。第一三巻、二二三頁。キュレネ人のうち、五〇〇人の貴族が殺され、残りの全部が追放された。第一四巻、二六三頁。コリントス人は一二〇人が殺され、五〇〇人が追放された。第一四巻、三〇四頁。スパルタ人のファエビダスは三〇〇人のボイオティア人を追放した。第一五巻、三四二頁。ラケダイモン人が没落したとき、民主政治が多くの都市で復活され、ギリシアのやり方に従って、貴族に対してひどい復讐がなされた。しかし事態はそこで終わらなかった。というのは、追放された貴族は、多くの場所で戻ってきて、フィアレ、コリントス、メガラ、フリアシアで、反対者を虐殺したからである。この最後にあげた場所では、彼らは三〇〇人の人民を殺した。しかし、これらの人民がまた反逆し、六〇〇人以上の貴族を殺し、残りを追放した。第一五巻、三五七頁。アルカディアでは、一四〇〇人が追放され、その上多数の人が殺された。追放された人びとはスパルタとパランティウムに退いた。ところが、後者に逃げた者は、その国の者に引き渡されて全部殺された。第一五巻、三七三頁。アルゴスとテーバイから追放された人びとのうち、五〇九人はスパルタ軍のなかにいた。同上、三七四頁。この同じ著者により、アガトクレスの残虐のうち最も有名なものの詳細がここに述べられている。アガトクレスが政権を僭奪する前に、人民は六〇〇人の貴族を追放した。第一九巻、六五五頁。その後この暴君は、人民と協力して四〇〇〇人の貴族を殺し、六〇〇〇人を追放した。同上、六四七頁。彼はゲラで四〇〇〇人の人民を殺した。同上、七四一頁。アガトクレスの兄弟はシュラクサイから八〇〇〇人を追放した。第二〇巻、七五七頁。四万人にのぼるエゲスタの住民が男女子供の別なく殺された。そして、彼らのもっていた貨幣のため拷問にかけられた。同上、八〇二頁。彼の率いたリビア軍のすべての親族、すなわち、父、兄弟、子供、祖父が殺された。同上、八〇三頁。彼は、降服させたのちに、七〇〇〇人の亡命者を殺した。同上、八一六頁。注意すべきことは、アガトクレスが分別と勇気に富む人であり、*したがって、その時代の原理に反して勝手気ままな残虐行為を行ったのではないかなどとは怪しめないということである。

*〔H—P版ではこれ以下の文章はない。P版ではその代わりに「したがって、彼の暴虐な専制は、当時の政策の有力な証拠である」となっている〕。

(101) シチリアのディオドロス、第一八巻。〔第八章〕。

(102) 〔イソクラテス「フィリッポス宛」第九六節。『オリンピア大祭演説』第一六八節以下も参照〕。

[23] Kharmides (450?-404 B.C.) はギリシアの哲学者、政治家。プラトンの叔父でソクラテスの弟子。いわゆる三十人僭主の一人。

(103) レウンクラヴス版、八八五頁。〔「饗宴」第四章、第二九—三二節〕。

(104) 『弁論』二九「ニコマコス弾劾」。〔第二五節を参照〕。

(105) 彼の弁護依頼人に民衆の支持を得るようにさせるため、彼は依頼人が使った金額をすべて列挙している。合唱隊維持費支払責任者（*χορηγός*）の場合には三〇ムナ〈古代ギリシアの貨幣単位。一ムナ＝六〇分の一タレント〉、合唱隊員には二〇ムナ、戦舞の踊り手には八ムナ、維持費支払の責任をもつ人びとには五〇ムナ、合唱隊つきの叙事詩人には三ムナ、三段橈船の自費建造維持の責任者となること七回、その場合に六タレント、税金としては、一度目に三〇ムナ、次に四〇ムナ、競技取締人には一二ムナ、子供用合唱隊の維持者のとき一五ムナ、喜劇作者に対し一八ムナ、ひげのない剣舞踊者たちに七ムナ、三段橈船で競争しながら一五ムナ、神社への使節団長のとき三〇ムナ、以上合計一〇タレント三八ムナ。これはアテナイ人の財産としては巨額のものであり、これだけでたいへんな富であると考えられるであろう。『弁論』二〇。〔二一、一—五〕。彼の言うところでは、法律によると、絶対にそのような大きな金額の負担を強制されることはなく、それどころか、その四分の一以上も強制されることはなかったことが事実である。しかし、人民の好意がなければ、身の安全はなく、そして、これ〈金を気前よく使うこと〉が人民の好意を得る唯一の方法であった。さらに『弁論』二四「国民の現状」を参照。別のところで、彼はある弁士を紹介しているが、その人の言うところによれば、彼はその全財産、しかも八〇タレントという巨大な金額を人民のために使ったのであった。『弁論』二五〔二六〕「エウァンドロスの弁護」。異邦人は人民の機嫌を思い切って十分にとっておかないと、あとで悔やむようなことになる、と彼は言っている。『弁論』三〇〔三一〕「フィロン公訴」。デモステネスが栄冠について自分自身を弁護するさい、彼がこの種類の支出をいかに細心に明示し、また、ミディアスの罪の告発においては、とくにミディアスのしみったれ振りをいかに誇張して述べているかを知ることができる。ついでだが、こうしたことは、すべてきわめて不平等な裁判のしるしなのである。しかも、アテナイ人は、自分たちをギリシアのどの国民よりも最も法律にかなった規律正しい政治行政をもつものと自負していたのである。

(106) 『オリンピア大祭演説』。〔第一一六節〕。

(107) シチリアのディオドロス、第一四巻。〔第三八章〕。

(108) 第一巻。〔『古ローマ史』第一巻、第八九章〕。

(109) 以上に典拠として引用された人びとは、すべて歴史家、弁論家、および哲学者であり、その証言は疑問のないものである。ところが、嘲弄や諷刺を用いる著作家に頼るのは危険である。たとえば、スウィフト博士の次の章句から、後代の人びとは何を推論するであろうか。「私はトリブニア（TRIBNIA）王国（ブリテン）を旅行中、ラングドン（ロンドン）にしばらく滞在したことがあるが、そこの住民の大半は、ある意味では、暴露する者、立会人となる目撃者、密告者、告発者、起訴者、立証者、宣誓者、それに、この連中のお先棒をかついでいる下回りの連中からなっており、これら全部が国務大臣やその代理者の顔色をうかがい、その指図に服し、そこから生活の資を得たのであったと、私は彼に話してやった。だからこの国での陰謀事件と言えば、普通、この連中がつくり上げたことなのである……」。『ガリヴァー旅行記』〔第三部、第六章〕。〈平井正穂訳『ガリヴァー旅行記』岩波文庫、一九八〇年、二六五頁〉。このような叙述はアテナイの統治には適切であろうが、イングランドのそれには当てはまらない。イングランドの統治は、人道心と正義と自由の点において、現代でも一つの驚異だからである。しかし、博士の諷刺は、いつものくせで、他の諷刺作家よりも極端に走るものであるにせよ、目的をまったくもたないわけではなかった。彼の友人であり、同じ党派に属していたあのロチェスターの監督は、これより少し前に公権喪失法（a bill of attainder）により追放されたが、それには正当な理由があるものの、しかし合法的な、すなわち慣習法の厳格な形式に従ったような証拠は、そこにはなかったのである。

(110) プルタルコス「ソロン伝」。〔第一八節〕。〈村川堅太郎編『プルタルコス英雄伝』上、一二五頁以下〉。

[24] Antipatros（397–319 B.C.）はマケドニアの将軍。のちにアレクサンドロス大王の後継者の一人となった。アテナイを中心とした反マケドニア戦争を平定。

(111) シチリアのディオドロス、第一八巻。〔第一八章。ヒュームが言及しているのは、マケドニアの将軍、アンティパトロスがアテナイの寡頭政体に課した前三二二年の条約である〕。

(112) 同上。

[25] Cassandros（388–297 B.C.）はアンティパトロスの息子。マケドニア国王。在位、前三一六―二九七年。

(113) 同上。〔第一八巻、第七四章。ヒュームが言及しているのは、アンティパトロスの息子で後継者であるカッサンドロスによる前三一八年のことである〕。

(114) ティトゥス・リウィウス、第一巻、第四三章。

(115) 〔このパラグラフの以下の部分はR版で追加された〕。

[26] アレクサンドロス大王のこと。テュロスを陥落したのは、前三三二年である。

(116) 第二巻。〔第二四節〕。例の包囲戦の間に八〇〇〇人が殺され、捕虜は三万人にのぼった。シチリアのディオドロス、第一七巻〔第四六章〕によれば、〈捕虜は〉わずか一万三〇〇〇人にすぎない。しかし彼はこの数の少なさを説明するさい、テュロス人はあらかじめ妻子の一部をカルタゴに送っていたからだと述べている。

[27] Herodotos（484?–425 B.C.）はギリシアの史家。主著『歴史』（*Historiae*）（松平千秋訳、上・中・下、岩波文庫、二〇〇七年）は有名。

(117) 第五巻。〔第九七節〕。彼は市民の数を三万としている。

(118) 同上、第五巻。〔第八巻、第一三二節、レーブ版〕。

(119) 『弁論』三三。〔三二。レーブ版、「ディオゲイトン反駁」第二五節〕。

(120) 「アフォボス排撃」オルダス版、二二五頁。〔第一章、第五八節〕。

(121) 同上、一九頁。〔第一章、第九節〕。

(122) 同上。

(123) 同上。およびアイスキネス「クテシフォン弾劾」。〔第一〇四節〕。

(124) 〔キケロ〕『アッティクスへの書簡』第四巻、書簡、一五。

(125) 「ウェッレス排撃論」、『弁論』、三。〔二、三、七一、レーブ版〕。

(126) 〈本訳書第II部〉第四エッセイ〔「利子について」〕を参照。

(127) 第七巻。〔第二八節〕。

(128) 第一三巻。〔第八一節。アグリゲントゥム（アクラガス）はシチリア島南西部のギリシアの豊裕な大都市であった〕。

(129) 第一二巻。〔第九節。シュバリスは前五一〇年に崩壊する以前は、南イタリアでのギリシアの有力で豊かな都市であった〕。

[28] Auguste Philippe II（1165–1223）はフランス王。在位、一一八〇―一二二三年。その治世はカペー家を画期的に発展させた。プランタジネット家と対立し、ヘンリー二世と争った。

(130) 「家政論」〔『農場経営について』第一五章、第一〇―一一節〕。

(131) 第一部、第一一エッセイ。〔〈本訳書第I部〉第一二エッセイ「政治的自由について」を参照〕。

[29] Heliogabalus (204–222) はローマ皇帝。在位、二一八—二二二年。

(132) アエリウス・ランプリディウス『ヘリオガバルス伝』第二六章。〔『ローマ皇帝列伝』、「ヘリオガバルス伝」第二六章〕。〈Aelius Lampridius は四世紀に活躍したローマの歴史家。『ローマ皇帝列伝』の著者。この中に「ヘリオガバルス伝」がある〉。

(133) 一般に、古代の歴史家は近代の歴史家よりも虚心坦懐でまじめであるが、正確さと注意深さの点で劣っている。われわれの思想上の党派争い、とくに宗教上のものは、われわれの心を妄想ですっかり覆ってしまうため、人びとは自分たちの反対者や異端者に対する公平な態度を悪徳か欠点とみなすように思われる。しかし、印刷術によって書物が普及したことは、近代の歴史家を、矛盾や不一致を避ける点で一層注意深くならざるをえなくしている。シチリアのディオドロスは優れた著作家であるが、しかし彼の叙述が非常に多くの点で、ギリシア史全体についてのあの二つの最も権威ある作品、すなわち、クセノフォンの『遠征』とデモステネスの『弁論』に矛盾しているのを見るのは残念である。プルタルコスとアッピアノスがキケロの書簡を読んだとはまず思えない。

(134) 第一二巻。〔第九節〕。

(135) 第六巻。〔『地理書』第六巻、第一章、第一三節〕。

(136) 第一三巻。〔第八四章。アグリゲントゥムは前四〇六年にカルタゴ人によって占領され略奪された〕。

(137) ディオゲネス・ラエルティオス〈Diogenes Laertios. 三世紀前半頃の哲学史家。著作に『哲人伝』がある〉は、〔「エンペドクレス伝」で〕アグリゲントゥムにはわずか八〇万の住民がいるにすぎなかったと述べている。〔ディオゲネス・ラエルティオス『哲人伝』第八巻、第二章「エンペドクレス」第六三節〕。

[30] Theokritos (300?–260? B.C.) はギリシアの詩人。

(138) 『牧歌』第一七篇。〔テオクリトス『プトレマイオス称賛演説』第八〇節〕。

(139) 第一巻。〔第三一節〕。

(140) 同上。

(141) 「送葬の辞」。〔第二七—二八節〕。

(142) 第二巻。〔第二四章〕。

(143) 〔「多いということはなくても、おそらく少なくはないであろう」はM版で追加された〕。

(144) この数の兵士を供給した地域は、イタリアの三分の一を超えなかった。すなわち、法王領、トスカーナ、およびナポリ王国の一部であった。しかし、初期の時代には、ローマや大都市を除けば、おそらくごくわずかの奴隷しかいなかったであろう。〔この最後の文節はK版で追加された〕。

(145) 第二巻。〔第五節〕。

(146) 「ケルティカ」。〔『ガリア史』第二節〕。

(147) プルタルコス〔「カエサル伝」〔第一五節〕〕〈村川堅太郎編『プルタルコス英雄伝』下、一九三頁〉は、カエサルが対戦した兵力を三〇〇万と計算し、ユリアヌス〔『皇帝列伝』〕は二〇〇万と計算している。〈Flavius Clauds Julianus (332–363). ローマ皇帝。在位、三六一—六三年〉。

(148) 第二巻、第四七章。〔ウェレイウス・パテルクルス (Velleius Paterculus, 19? B.C.–after A.D. 30)『ローマ史』第二巻、第四七章〕。

(149) プリニウス、第七巻、第二五章によれば、カエサルは、内乱で殺された人びとのほかに、彼と対戦したのは一一九万二〇〇〇人であったといって自慢していた。この征服者が自分の計算を非常に正確だと主張することができたなどとは、とても考えられない。しかしこの事実を承認しても、彼が殺したヘルウェティア人、ゲルマン人、およびブリテン人は、この数のほぼ半分であろうと思われるのである。〔この注はR版で追加された〕。

(150)〔この文はR版で追加された〕。

[31] Philistos はギリシアの歴史家。三五六年没。『シチリア史』の著者。

(151) シチリアのディオドロス、第二巻。〔第五章。レーブ版では、一二万の歩兵と一万二〇〇〇の騎兵とある〕。

(152) プルタルコス「ディオニュシオス伝」。〔プルタルコス『英雄伝』、「ディオニュシオス伝」第二三―二九節〕。

(153)〔H―M版ではこれに次のものが続いている。「批評術を用いるならば、古代の歴史家の明白な証言でも、もっともらしい推論や類推的な推論によって訂正したり反駁したりすることができると主張するなら、批評術はまさに無鉄砲だと言っても差しつかえなかろう。しかし、あらゆる問題に関して、とくに数に関しては、著作家に過度の自由が許されているため、われわれは、述べられている事実が自然と経験の普通の枠から少しでも離れるときにはいつでも、ある種の疑いをもつか、あるいは留保をするかすべきである。近代史に関して一例をあげよう。ウィリアム・テンプル卿が回顧録で述べているところによれば、彼がチャールズ二世といろいろなことを自由に話していたとき、フランスの宗教と政体をこの国に採り入れることができない理由は、主に、このように勇敢な国民がもつ精神と自由を抑圧するには大兵力が必要だからだということを、彼はこの王に述べる機会を得たのであった。彼の言うところによれば、『ローマ人は、この目的のために、一二軍団を保持せざるをえなかった』(とんでもない)*、『また、クロムウェルはほぼ八万人の兵士を残した』と。クロムウェルと同時代の賢明で博識な一大臣によって、これまた彼と同時代に属し、しかも約一四年前に当の彼の軍隊を自ら打破した偉大な国王に対し、この不快な話題が述べられているのを見る場合、後代の批評家は、この八万という数字の真偽に疑問を投げかけないのではなかろうか。しかし、最も疑問の余地のない権威によって、われわれは、クロムウェルの軍隊は、彼が亡くなったとき、ここにあげた数の半分にも達しなかったと主張できるのである。**

* ストラボン、第四巻、第二〇〇節によると、二、三の騎兵隊と一軍団とで十分であろうということである。しかし、ローマ人は、普通、多少多い兵力をこの島に保持し、しかも、この島を完全に服従させようと努力することはなかった。

** クロムウェルの議会は、一六五六年に三王国全部における政府経常費として、彼に一年に一三〇万ポンドしか与えなかったと思える。スコウベル〈Henry Scobell (d. 1660). イギリスのクロムウェル時代の議会書記〉、第三一章を参照せよ。この経費は陸海軍と文官とを供給するためのものであった。ホワイトロック〈Bulstrode Whitelocke (1605–1675). イギリスのクロムウェル時代の国爾尚書、政治家〉から明らかに知られるように、一六四九年には、一カ月八万ポンドの金額が四万人の兵士のための予算であった。したがって、われわれは、クロムウェルが一六五六年には、給与を支払った〈一六四九年の〉兵士の数よりもはるかに少ない兵士しかもたなかったと結論せねばならない。政府の文書そのものでは、二万人の歩兵と一万人の騎兵がクロムウェル自身によって決められ、そののち議会によって共和国の正規常備軍として承認されている。実際、この数字は、護民官政治の全時代を通じ、これ以上に大きくなることはなかったと思われる。さらに、サーロ〈Thurloe (1616–1668). クロムウェル治下の国務大臣〉、第二巻、四一三頁、四九九頁、五六八頁を参照。そこでわれわれが知りうるのは、護民官はアイルランドとスコットランドに相当な兵力をもっていたけれども、イングランドには、ときには四〇〇〇か五〇〇〇人あまりの兵力しかもっていなかったということである」。〔ここの「クロムウェルの議会は……」の部分はH―I版にはない。――R〕。

(154) ストラボン、第六巻。〔第二章、第七節〕。

(155)『ソクラテスの弁明』。〔第二九節d〕。〈久保勉訳『ソクラテスの弁明・クリトン』岩波文庫、二〇〇七年〉。

(156) アルゴスも大都市だったと思われる。というのは、リュシアスが、それはアテナイをしのぐほどではなかったと言って満足しているからである。『弁論』三四。〔「アテネ先祖伝来の国制転覆駁論」第三四節〕。
(157) 第六巻。〔第三三章〕。プルタルコス『英雄伝』、「ニキアス伝」。〔第一七節〕も参照。
(158) 「ウェッレス排撃論」第四巻、第五二章。ストラボン、第六巻〔第二章、第四節〕によると、それは周囲が二二マイルであった。しかし、その場合、われわれは、それがその内部に二つの港をもち、そのうちの一つは非常に大きなもので、一種の入江とみなすこともできたということを考慮に入れねばならない。
[32] Athenaeus は二〇〇年頃のエジプトの人。著作に『食通大全』（一九二年以後）がある。
(159) 第六巻、第二〇章。〔アテナイオス『食通大全』第六巻、二七二〕。
[33] *Demetrios Phalereus* は前四世紀のギリシアの建築家。パイオニオスと共にアルテミス神殿をつくった。
(160) デモステネスは二万人と計算している。「アリストゲイトン弾劾」。〔第一章、五〇—五一〕。
(161) 第五巻。〔第九七節〕。
[34] Aristagoras は前五世紀のミレトスの僭主。
(162) 第八巻。〔第七二節〕。
(163) 第二巻。〔第一三節〕。シチリアのディオドロスの計算はこれと完全に一致している。第一二巻。〔第四〇節〕。
(164) クセノフォン『ソクラテスの思い出』第二巻。〔第三巻、第六章、第一四節、レーブ版〕。
(165) 第二巻。〔第一三節〕。
(166) 『歳入について』。〔第二巻、第六節〕。
(167) ハリカルナッソスのディオニュシオスが、〔第四巻、第一三章で〕もしわれわれがローマの古代の城壁を考察するなら、その都市の大きさはアテナイの城壁よりも大きいとは思われないであろうと述べている場合、彼は〈アテナイといっても〉アクロポリスと山の手だけを意味しているに違いないことに、われわれは注意せねばならない。ピレウム、ファレルス、およびムニキアについては、古代のどの著作家もアテナイと同じものとしては語っていない。ましてや、キモンとペリクレスとの城壁が破壊され、アテナイが以上の他の町からまったく離されてしまってのちは、広い市域という見地からディオニュシオスが問題を考察しているとは考えることができない。
(168) アテナイオス、第六巻。〔二七二〕。
(169) 『アテナイの国制』。〔第一〇—一二節。ただしクセノフォンがこの著作の著者であることは、疑問視されている。テクストと注釈は、Hartvig Frisch, *The Constitution of the Athenians* (Copenhagen : Gyldenda, 1942) を参照〕。
(170) 「フィリッポス弾劾」三。〔第三節〕。
(171) スティコ。〔第三幕、第一場〕。
(172) 「ティマルコス弾劾」。〔第四二節〕。
(173) 『弁論』一一。〔「弁論」一二、「エラトステネス駁論」第一九節を参照〕。
(174) 「アフォボス駁論」。〔第一章、第九節〕。
(175) 同上。
(176) 第七巻。〔第二七節。デケリアでの奴隷の逃亡は、前四一三年に起こった〕。
(177) 『歳入について』。〔第四巻、第一三—三二節〕。
(178) 「海軍局について」。〔第一九節〕。
(179) 第二巻、第六二章。
(180) 『歳入について』。〔第四巻、第一四節〕。
(181) 〔H—I版では「鉱山での採鉱に……支払い、そしてまた、奴隷の数を維持した」となっており、K—Q版では「鉱山での採鉱に……支払った」となっている〕。

(182)「アフォボス駁論」。〔第一巻、第九節〕。

(183) 第八巻。〔第四〇節〕。

(184) プルタルコス「リュクルゴス伝」。〔第八節〕。〈村川堅太郎編『プルタルコス英雄伝』上、六三頁〉。

(185)〔〈ミラーによれば〉ヒューム『道徳・政治・文学論集』の一七七七年版には七万八〇〇〇人とあるが、グリーンとグロースはこれをそれ以前の諸版に従い、七八万人に変えている。この大きい方の数はヒュームの主張から必要となる。ヒュームは、アテナイオスのテクストが示しているように、アテナイに四〇万人の男の奴隷がいたと信じる人びとに反対している。もしこのテクストが正しければ、アテナイの男性市民と男の奴隷との比率は、約一対二〇となるであろう。これと同じ比率を、三万九〇〇〇人の男性市民がいたスパルタに適用すれば、男の奴隷は七八万人以上になる。アテナイオスの比率を用いれば、スパルタの奴隷の総数は、三一二万人以上――ヒュームがありえないとみなす数――になるであろう〕。

(186) 第四巻。〔第八〇節〕。

(187) この同じ著作家は、かつてコリントスには四六万人、エギナには四七万人の奴隷がいたと主張している。〔『食通大全』第六巻、二七二〕。しかし以上に見た論拠は、こうした事実を強力に反駁するものであり、実のところ、それはまったく馬鹿げていて、ありえないことである。しかしながら、アテナイオスがこの事実を主張するために、アリストテレスのような大権威を引用しているということは、注目すべきことである。そしてこのピンダロスの注釈者〈アリストテレス〉は、同数の奴隷がエギナにいたと述べている。

(188) 第二巻。〔第一四―一六章〕。

(189) トゥキュディデス、第二巻。〔第一七章〕。

(190) デモステネス「レプティネス弾劾」第四六六節。税関の帳簿から明らかなように、アテナイ人はポントゥスから年々四〇万メディムヌス〈ギリシアの穀物量の単位。一メディムヌス＝一九二コテュレー。一コテュレー＝二七三・六ミリリットル〉――つまり四〇万ブッシェル――の穀物を輸入した。そして、これは彼らの輸入穀物の大部分なのであった。ついでながら、これは、アテナイオスのさきにあげた記述に大きな間違いがあることを示す有力な証拠である。というのは、アッティカ自体は農民の維持に十分な量も産出できないほど、穀物をつくるには不毛な土地だったからである。ティトゥス・リウィウス、第四三巻、第六章。＊そして、四〇メディムヌス〈の穀物〉をもってしては、一二カ月間一〇万人も養うことはまずできないであろう。ルキアノスが、彼の「目的のない航海」(*navigium sive vota*)のなかで述べているところでは、彼があげている寸法によれば、だいたいわが国の三等級の大きさであったと思われる船舶が、一隻でアッティカを一二カ月養うだけの穀物を運送した。しかし、おそらく、その時代にはアテナイは衰えていたであろう。またその上、このようなおおざっぱな修辞的な計算に頼るのは安全ではない。

＊〔この文はQ版で追加された〕。

(191) シチリアのディオドロス、第二〇巻。〔第八四章〕。

(192) イソクラテス『称賛演説』。〔第六四節〕。

(193) シチリアのディオドロス、第一七巻。〔第一四章＊〕。アレクサンドロスがテーバイを攻撃したとき、すべての住民がその場にいたと結論しても安全であろう。ギリシア人、とくにテーバイ人の精神を知る人なら、彼らの国がこのような極度の危機と困難に陥ったさい、祖国を見捨てるような者がいようとは、けっして思ってもみないであろう。アレクサンドロスがこの都市を強襲して占領したとき、武器をもっていた者はすべて容赦なく刀にかけられたが、その数はわずか六〇〇〇人にすぎなかった。このうちには外国人と解放奴隷がいた。老人、女、子供、および奴隷からなる捕虜は売られ、その数は三万であった。したがって、われわれは、テーバイの自由市民は老若男女合わせてほぼ二万四〇〇〇人であり、外国人と奴隷は約一万二〇〇〇人だったと結論することができる。この後の方の数字は、アテナイが盛んな貿易によって奴隷を維持することのできる都市であり、一層多くの娯楽によって外国人を引きつけるものをもっていたという事情から合理的に推測しうる割合だけ、アテナイよりも幾分少なくなっていると言うことができよう。また、三万六〇〇〇というのは、テーバイ市とその近隣の領地との両方の住民の総数であったことも注意されねばならない。これはきわめて穏当な数と認められねばならない。また、この計算は疑問を差しはさむ余地がないと思われる事実に基づいているから、われわれの当面の論争において大きな重要性をもつに違いない。上述したロードス人の数もまた、自由で武器を取りうる島の全住民であった。

＊〔シチリアのディオドロス、第一五巻、および第一七巻。H—I版ではこの注の以下の部分は省略されている〕。

(194)『ギリシア史』第七巻。〔第二章、第一節〕。

(195)同上、第七巻。〔第五巻、第三章、第一節を参照。そこでは、フリアシアには五〇〇〇人以上の住民がいたと報じられている。ヒュームは当時亡命していた者も加えているかもしれない〕。

(196)〔この節の以下の部分は、K版で追加された〕。

(197)ポリュビオス、第二巻。〔第五六章〕。

(198)ポリュビオス、第九巻、第二〇章。〔ポリュビオスへの言及はレーブ版の『歴史』第九巻、第二六章aにある。POLYC. とあるのは、疑いもなく誤植である。ヒュームの『道徳・政治・文学論集』のこれ以前の諸版には、POLYB. とある〕。

(199)リュシアス『弁論』三四。〔第七—八節〕。

[35] Lucius Domitius Aurelianus (241?-275) はローマ皇帝。在位、二七〇—七五年。

[36] Publius Victor は古代ローマの主要な建物や記念建造物の目録に付けられた名称である。

(200)ウォピスクス「アウレリアヌス伝」。〔ヒュームが参照としているのは、一一七年から二八四年までのローマの支配者の伝記を集めたものの一つである。このコレクションは一七世紀初期以来『ローマ皇帝列伝』(*Historia Augusta*) として知られている。伝説では、この伝記は、三世紀後期もしくは四世紀初期に六人の異なる著者により著されたとされている。「アウレリアヌス伝」は、伝統的にフラウィウス・ウォピスクスのものとされてきた。前世紀にわたり、この伝記の著者とそれがつくられた時期のいずれについてもかなり論争されてきた。レーブ版では、*The Scriptores Historiae Augustae*, 3 vols. 英訳は David Magie (London : W. Heinemann, 1921-32) による〕。〈Flavius Vopiscus. 四世紀初め頃に活躍したローマの歴史家〉。

(201)『ラケダイモン人の国制』。〔第一章、第一節〕。この記述と、スパルタには九〇〇〇の市民がいたと言っている上述のプルタルコスの記述とを折り合わすのは容易ではない。

(202)ポリュビオス、第九巻、第二〇章。〔第九巻、第二六章a、レーブ版〕。

[37] スタディアは古代ギリシアの長さの単位。一スタディウムは約二〇〇メートル。

(203)〔O版とP版には「守備隊のわずかの兵士を差し引いて」はない〕。

(204)シチリアのディオドロス、第一八巻。〔第二四章〕。

(205)「使節記」。〈ミラーによれば〉〔ポリュビオスのテクストは、第一—第五巻は完全なものだが、その他の三四巻については、さまざまな抄録の集成に頼らねばならない。ヒュームが参照しているのは、こうした集成のうち最も重要なものの一つであり、それは東ローマ帝国皇帝、コンスタンティヌス七世〈九〇五—九五九。在位、九一二—五九年〉プロフィロゲニトゥスの命令によってつくられたものである。この集成はさまざまな項目のもとに編制されていて、そのうちの一つが「ローマ人に対する外国の大使」であった。この「使節記」が参照しているのはこの集成である。ポリュビオスの『歴史』の現代版のテクストでは、この箇所は第二九巻、第二四章、第八節に見られる。『使節記』は、ポリュビオス自らが前一七〇年にアカイアの議会で行った演説に関する彼の説明の中に出てくる。そこでは、彼はシリアのアンティオコスとの戦いを支援するため、なにがしかの部隊を要請するエジプト諸王の要請を尊重すると主張していた。この要請に反対する者たちは、その部隊はマケドニアのペルセウスに対する戦いでローマを支援するのに必要となるであろうと主張していた。ポリュビオスの答えはこうであった。ローマ人はアカイア人の支援を必要としないが、もしアカイア人がそれを求めるなら、三万ないし四万人の部隊をたやすく徴集することができよう〕。

［38］Pausanias は一五〇年頃活躍したギリシアの旅人、地理学者。『ギリシアの説明書』の著者。

(206)『アカイア』。〔パウサニアス『ギリシアの説明書』、「アカイア」第一五節、第七節〕。

(207) ティトゥス・リウィウス、第三四巻、第五一章。プラトン『クリトン』。〔第五三節d〕。

(208)〔このパラグラフはK版で付け加えられた〕。

(209) 第七巻。〔第四巻、第三章、レーブ版〕。

(210) 第七巻。〔第一二六節〕。

(211) ティトゥス・リウィウス、第四五巻、第三四章。

(212)〔H—I版ではこれ以下のパラグラフに代わって、次の注が付け加えられている。「最近のあるフランスの著作家は、彼の『ギリシア人についての諸考察』(*Observations on the Greeks*) において、マケドニアのフィリッポスはギリシア人の総指揮官と宣言されたので、彼が企てたペルシア遠征にさいして二三万のギリシア兵力によって支援されたであろうと言っている。この数は全都市国家のすべての自由市民を含むものと私は思う。しかしこの集計が基礎にしている典拠を、私は忘れてしまったか、それとも読み落としたようである。また、この著作家は、他の点では非常に独創的であるけれども、一つも引証をせずに、非常に該博な学殖を繰り広げるという悪いくせをもっている。しかし、この計算が古代からの優れた典拠によって正しいとされうるものと仮定すれば、われわれは次のような計算を行うことができるであろう。ギリシアの自由人は老若男女合わせて九二万人であった。奴隷は、結婚したり家庭をもったりすることがほとんどなかったという、上述したようなアテナイの奴隷数から割り出せば、成年男子市民の二倍、つまり、四六万であった。だから、古代ギリシアの全住民はほぼ一三八万人であった。これは、あまり大きすぎる数でもなく、また、ギリシアとほぼ同面積で、人口密度があまり稀薄でもない国であるスコットランドにおいて現在見られる人口数をあまり超えるものでもない」〕。

(213)〔このパラグラフはK版で付け加えられた〕。

(214) 第九巻、第五章。〔この参照はマルクス・ユニアヌス・ユスティヌス（三世紀？）と、彼による、トログス・ポンペイウス『フィリッポス史』のラテン語による概要である〕。

(215) 第四巻。〔第一三節〕。

(216) 第一〇巻。〔第三二節〕。

(217)『諷刺詩』第三篇、第一、二六九、二七〇。

(218) ストラボンの第五巻〔第三章、第七節を参照〕によれば、皇帝アウグストゥスは住宅を七〇フィート以上の高さに建てるのを禁止したということである。他の箇所——第一六巻——で、彼はローマの住宅を著しく高層なものとして述べている。これと同じ目的で、ウィトルウィウス〈Marcus Vitruvius Pollio. 前一世紀のローマの建築家〉『建築について』(*De architectura*) 第二巻、第八章〔第一七節〕も参照のこと。ソフィストのアリスティデス〈Aristides (117 or 129-189). ギリシアの修辞学者、弁論家〉が彼の弁論、『ローマ攻撃演説』(*εἰς Ῥώμην*) において述べているところによると、ローマは都市の上に都市が重なってできており、もしローマの都市を一つ一つ取りはずして広げるとすれば、それはイタリアの全表面を覆うことになるだろうということである。著作家がこのような途方もない弁論にふけり、またこれほど誇大な表現法に熱中している場合、彼の言うことをどこまで割り引いて聞かなければならないか、われわれには分からないわけである。しかし、次の推論は自然であると思われる。すなわち、もしローマがディオニュシオスの言っているような分散した方法で建てられ、田舎にそれほどまで広がっていたとすれば、住宅があれほど高くつくられている街路はほとんどなかったに違いない。人がそのような不便な方法で建築をするのは、ただ空地が不足しているからである。

(219) 第二巻、書簡、一六、第五巻、書簡、六。〔小プリニウス『書簡』第二巻、一七。レーブ版、第二巻、一七および第五巻、六〕。なるほどここでプリニウスは田舎の住宅を記述している。しかしそれは壮大で便利のよい建物について古代人がもっていた理想であったから、権勢家は都市で同様なものを建てようと思えば確かに建てたであろう。セネカは、金持ちで淫楽にふける人びとについて、「彼らは広々とした田舎へ出かける」と言っている。書簡、一一四。ウァレリウス・マクシムス〈Valerius Maximus. 一世紀前半、ティベリウス帝時代のローマの通俗史家。著作に『著名言行録』(*Factorum ac dictorum memorabilium*)がある〉は、第四巻、第四章で、キンキナトゥスの四エーカーの畑について語り、「キンキナトゥスの田舎ほどの広い邸をもっている人びとまで、いまでは自分の住居が狭いと考えている」〔『忘れられない行動と言葉』第四巻、第四章〕と述べている。同じ意味で、〈プリニウスの〉第三六巻、第一五章、それに第一八巻、第二章も参照。

[39] Pietro Santix Bartoli (c. 1635-1700) は有名な彫刻師で画家。

(220) ウィトルウィウス、第五巻、第一一章。タキトゥス『年代記』第一一巻、第三章。〈国原吉之助訳、下巻、一五―一六頁〉。スエトニウス「オクタウィウス伝」〔『神としてまつられたアウグストゥス』、『ローマ皇帝伝』〕第七二章、その他。

(221)「(ローマの)城壁は、ウェスパシアヌスの軍司令官(imperator)や監察官(censor)〈古代ローマにおいて、財産・人口調査を行い、風紀取締りを職としていた行政官〉たちが周りを測ったところでは、建国暦八二八年〈つまり紀元後七五年(算式は 754－A. U. C.＝西暦紀元前年、A. U. C.－753＝紀元後年)〉において、一万三二〇〇パッス〔一三マイル二〇〇ヤード〕〈一〇〇〇パッスが一マイルに当たる。これは一二分の一一英国マイル＝一四八〇メートル〉に及んだ。そして、それは内部に七つの丘を含み、一四の区に分かれ、辻の数は二六五。またその広さはと言えば、ローマの中心点に建てられた里程標表をもとにして各々の門――現在三七の門があるが、そのうち一二の門について一度だけ計算し、他方、昔の門で使用されずに廃棄されている七つの門を除くと――までの距離を直線距離に直すと三万〔二〇マイル七六五ヤード〈レーブ版〉〕七七五パッススとなる。しかし、近衛隊舎を入れた家並のはしまで、上記の里程表からすべての町々の並びを通じて測ると、七〇マイル〔六〇マイル余〈レーブ版〉〕余りになる。それに家々の広壮さや立派さを考えに入れるとするならば、ローマの広大さのほども分かるというものであり、世界中のどの都会でも、その大きさにおいてローマに匹敵するものはないということが分かるであろう」プリニウス、第三巻、第五章。〔プリニウス『自然誌』第三巻、第五章、第六六―六七節〕。

　プリニウスの最良の写本はすべてこの章句を、ここに引用されたように読んでおり、ローマの城壁の周囲は一三マイルであると決めている。問題は、プリニウスが三万七七五パッススと言う場合、それは何を意味しているのか、また、その数字はどのようにして得られたのかということである。私の考え方はこうである。ローマは周囲一三マイルの半円形をした地域であった。広場、したがってあの里程標は、われわれの知る通り、ティベリス川の岸辺に、それも円の中心の近く、もしくは半円形の直径上に位置していた。ローマに入るには三七の門があったけれども、そのうちの一二の門だけに里程標へ通じる直線街路があった。したがって、プリニウスは、ローマの周囲の長さを定めたけれども、それだけではローマの広さについて正しい考えを与えないことを知って、さらに次のような方法を使ったのである。すなわち、彼は、里程標から一二の門に通じるすべての街路を一直線上に集めて置いてみて、一つ一つの門を一度数えるようにしてその線上をわれわれが歩くものと仮定している。この場合には、直線全体の長さが三万七七五パッススになる。あるいは言い換えると、一つ一つの街路、すなわち半円形の半径が平均二マイル半であり、したがって、分散している郊外のほかに、ローマの縦の全長が五マイル、横幅がほぼその半分である、と彼は言っているのである。

アルドゥアン教父〈Jean Hardouin (1646–1729). フランスのジェズイット古典学者、年代学者〉は、三万七七五パッススをつくり出すためにローマのいくつかの街路を一直線に集めて置くという点で、私と同じ方法でこの章句を理解している。しかしその場合、彼は、街路は里程標からあらゆる門に通じており、したがって、どの街路も長さ八〇〇パッススを超えなかったと想定している。しかし、(1)半径が八〇〇パッススしかない半円形の周囲の長さが、プリニウスによって定められたような、ローマの周囲の長さ一三マイルに近いものになることはありえないであろう。半径が二マイル半ならば、この周囲の長さにごく近いものとなる。(2)半円の周囲上にあるすべての門から街路がその中心へと通じるように建設された都市を想定することには不合理がある。このような街路はそれらが中心へ接近するにつれて邪魔し合うに違いない。(3)このこと〈半円形の半径を八〇〇パッススと想定すること〉は、古代ローマの大きさをあまりにも小さいものにしてしまい、ブリストルやロッテルダム以下の大きさの都市にさえしてしまうものである。

ウォッシウスがその『諸考察』(*Observations variae*〈London, 1685〉)でプリニウスのこの一節に与えている意味は〈アルドゥアンとは〉反対の極論であって、ひどい間違いを犯している。まったく権威のない一写本は、ローマの城壁の周囲を一三マイルではなく、三〇マイルだとしている。しかも、ウォッシウスはこれをその周囲の曲線部分だけと解している。というのは、ティベリス川が直径を形成していたから、この側面には城壁は建設されていなかったと、彼は想定しているからである。しかし、(1)この読み方はほとんど全部の写本に反していると認められる。(2)簡潔に書く文筆家のプリニウスがなぜローマの城壁の周囲の長さを二つの続いた文章で繰り返し述べねばならないのか。(3)なぜそのようにはっきりと分かるほど筆の調子を変えて城壁の長さを繰り返して述べているのか。(4)里程標にまったく依存しない直線が測定されたのだとしたら、プリニウスが里程標という言葉に二度言及しているのはどういう意味であろうか。(5)アウレリウスの城壁は〈プリニウスの時代のものより〉もっと周囲が広大なものにつくられ、ティベリス川北岸の建造物と郊外とをすべて包括していたと、ウォピスクスによって述べられているが、しかしその周囲は五〇マイルにすぎなかった。ところが、これでさえ、批評家たちは原典におけるなんらかの誤りかそれとも変造ではないかと疑っている。なぜなら、現在残っていてアウレリウスの城壁と同じものであると想定される城壁は一二マイルを超えないからである。ローマがアウグストゥスからアウレリウスの時代までに縮小したとは考えられないことである。ローマは引き続き同じ帝国の首都にとどまったのであり、マクシムス〈Marcus Clodius Pupienus Maximus (d. 238). ローマ皇帝。在位、二三八年。バルビヌスと共治皇帝となったが、共に殺害された〉とバルビヌス〈Decimus Caelius Balbinus (d. 238). ローマ皇帝。在位、二三八年〉が死んだときの騒動を除けば、その長い期間にローマに影響を与えるような内乱は全然なかったのである。カラカラ帝〈Caracalla, 本名はMarcus Aurelius Severus Antoninus (188–217). 在位、二一一—一七年。カラカラは彼が愛用したガリア地方の長上衣の名称に由来する異名〉はローマを拡大したと、アウレリウス・ヴィクトル〈Sextus Aurelius Victor (360?–389). ローマの歴史家〉によって言われている。(6)古代の建造物で、ローマのこのような大きさを示すものはまったく残存していない。この反論に対するウォッシウスの答えは不合理なものに思われる。その建物の残骸は六〇ないし七〇フィートの地下に沈下しているであろう、と彼は言う。スパルティアヌス〈Aelius Spartianus. 三世紀の終わりに活躍したローマの歴史家〉（「セウェルス伝」において）によると、ラウィカナ街道にある五マイル石はローマ市外にあったと思われる。(7)オリュンピオドロス〈Olympiodorus. 五世紀のギリシアの歴史家。テーバイの人。ホノリウス帝下の西ローマ帝国の歴史を著した〉とプブリウス・ウィクトルは、ローマの戸数を四万から五万の間であるとしている。(8)リプシウス〔おそらく彼の『ローマの大きさに関する四巻』においてであろう〕と同様に、この批評家〈ウォッシウス〉によって引き出された結論、すなわち、ローマは一四〇〇万の住民をもっていたのに、これに対して彼の計算によるとフランス王国の全人口はわずか五〇〇万にすぎない、などといった結論の途方もないこと自体が、その結論の基礎となっている根拠を損なっている。

われわれがプリニウスのこの章句に対して与えた上記の解釈に対する唯一の反論は、次の点、すなわち、プリニウスはローマの三七の門に言及したのち、古い七つの門を計算から除外する理由だけを示して、他の一八の門——これらの門から出ている街路は、私の見解では、広場まで達せずに途中で切れていたと思われる——については、何も述べていないという点にあると考えられる。しかし、プリニウスはこうした街路の配置状態を完全に知っていたローマ人に宛てて書いているのであるから、すべての人に非常によく知られているような事情を分かりきったこととして前提していたとしても少しも不思議ではない。おそらくもまた、これらの門の多くはティベリス川の波止場に通じていたであろう。

(222)「アンキュラ記念碑より」。〔ヒュームが参照しているのは、皇帝の公的な所業の説明であり、それはローマにある皇帝の霊廟前と帝国中にあるアウグストゥス神殿の多くの壁にかけられたブロンズの銘板に彫り込まれたものである。そのなかで最もよい状態で残存されていたもの——アンキュラの墓標——はローマの神殿とアンキュラのアウグストゥスに刻まれた。この記録はレーブ版では Frederick W. Shipley 訳の「皇帝の所業」として再録されている〕。

(223)『トゥスクルム論叢』第三巻、第四八章。〔第三巻、第二〇章（第四八節）、レーブ版〕。

[40] modius はローマの穀物量の名。一モディウス＝八・七一リットル。

(224) サッルスティウス『歴史』断片、第三巻中のリキニウス。〔この参照はリキニウス『歴史』（マウレンブレッシャー編の第三巻、第四八章、第一九節）を指す。ヒュームが引用した箇所は、前七三年に人民の護民官だったリキニウス・マケル（Licinius Macer, 110?-66 B.C.）のものとされている分配に関する演説のなかにある。リキニウスは一人当たり五モディウスの配給に言及し、「人民の自由は一人当たり五モディウスと評価された」と述べている〕。

(225) ニコラウス・ホルテンシウス『ローマ糧穀誌』(*De re frumentaria Roman*)。

(226) 配給を受け取ることが人民の仕事を非常に妨げることのないようにと、アウグストゥスは穀物の配給を年三回だけにすることを命じた。しかし人民は月々の配給の方が便利であることを知って（家計をより規則正しいものに保持しておけるからだと、私は思う）、月々の配給の復活を要望した——スエトニウス「アウグストゥス伝」第四〇章。もし、人民のうちにかなり遠いところから穀物を受け取りに来る者がいなかったならば、アウグストゥスの配慮は余計なことと思われる。

(227) スエトニウス「ユリウス・カエサル伝」〔「神としてまつられたユリウス」〕第四一章。〈国原吉之助訳『ローマ皇帝伝』上、四九頁〉。

(228)「ネロ伝」。〔『ローマ皇帝伝』、「ネロ伝」第三九章〕。〈国原吉之助訳、下、一七九頁以下〉。

[41] グリーン・グロース版もロートワイン版も零を一つ落として二万としているが、これは誤植。

(229) スエトニウス『アウグストゥス伝』第四二章。〈国原吉之助訳、『ローマ皇帝伝』上、一三八頁以下〉。

(230) 第四巻、第五章。〔ヘロディアヌス『マルクス・アウレリウス時代以降の歴史』第四巻、第三章、第七節、レーブ版〕。〈Herodianus Ailius は三世紀に活躍し『ローマ史』八巻を著した〉。

(231) 第一七巻。〔第五二節〕。

(232) クイントゥス・クルティウスの言うところでは、アレクサンドリアの城壁は、アレクサンドロスによって築かれた当時、長さ一〇マイルであった。『アレクサンドロス大王史』第四巻、第八章。シチリアのディオドロスと同じく、アレクサンドリアに旅行したことのあるストラボンの言うところでは、アレクサンドリアは縦が四マイル足らず、横がたいていのところで約一マイルであった。第一七巻。〔第一章、第八節〕。プリニウスの言うところでは、アレクサンドリアはマケドニアのキャソック〈長くて身体に密着するような一種のローブ〉に似た形をしており、四隅が出っ張っていた。第五巻、第一〇章。〔第五巻、第一一章、レーブ版〕。アレクサンドリアのこの大きさは、普通ぐらいとしか思われないにもかかわらず、シチリアのディオドロスは、アレクサンドロスによってつくられたその周囲の長さについて（アンミアヌス・マルケリヌス〔『ネルウァ皇帝からウァレンス皇帝までのローマ史』〕第二二巻、第一六章から分かるように、アレクサンドリアはこれ以上大きくなることはけっしてなかった）、それはとてつもなく大きかった（*μεγέθει διαφέροντα*）と言っている。同上。〈Ammianus Marcellinus（330?-400?）はローマ帝政末期の歴史家。タキトゥスの『歴史』を継続する目的で著した歴史書がある〉。アレクサンドリアが世界中の都市をしのぐ大きさである（というのは、彼はローマを例外とは考えていないからである）理由として彼があげているのは、そこには三〇万人の自由市民がいたということである。彼はまた、歴代の王の歳入つまり六〇〇〇タレントをも、同じ〈市の大きさを示す目的を果たしうるという〉別の事情としてあげている。しかしこれは、貨幣価値の相違を考慮に入れてもなお、われわれの目にはそれほど大きな金額には思われない。ストラボンがアレクサンドリアの近辺について述べていることは、そこにかなりの数の住民がいた（*οἰκούμενα καλῶς*）ということを意味しているだけである。グレイヴセンド〔ロンドンの東約二五マイルにある〕からウィンザー〔ロンドンの西約二〇マイル〕に及ぶまでのテムズ川の岸辺全体が一つの都市であると主張したとしても、それはあまり大きな誇張にならないのではなかろうか。この部分は、マレオティス湖の岸や、カノプスに至る運河の岸辺についてストラボンが述べているよりももっと大きいものでさえある。サルディニア王はピードモントに一つの町しかもっていない、というのはピードモント全体が一つの町であるから、という俗間に伝わる話がイタリアにある。アグリッパはヨセフス〈Flavius Josephus. 本名は Joseph Den Mathitjahu (37-100?). ユダヤの歴史家。主著は『ユダヤ戦記』(*De Bello Judaico*, 77-78)〉の『ユダヤ戦記』第二巻、第一六章〔第二巻、三八五、レーブ版〕において、聴衆にアレクサンドリアのとてつもない大きさ——彼はこれを誇大に言おうと努めている——を理解させるために、アレクサンドリア市はその輪廓だけがアレクサンドロスによって決められたものだと述べている。これは、アレクサンドリアの住民の大半の者がその都市に居住し、その近郊地方は、あらゆる大都市について予想できるように、非常によく耕作され、また住民もかなりいたということにほかならないことの明白な証拠なのである。

(233) 第一七巻。〔第五二節〕。

(234) 彼は自由人ないし自由な住民（*ἐλεύθεροι*）と言って、*πολῖται* とは言っていない。このあとの表現は、市民だけ、しかも成年男子だけを指すものと考えられていたに違いない。

(235) 第四巻、第一章。「全市の」（*πάσης πόλεως*）。ポリツィアーノ〈Poliziano（1454-1494）はイタリアのルネッサンス期の古典学者、作家〉は、これを「大邸宅とその他の都」と訳している。

(236) 彼の言うところでは、（『ネロ伝』第三〇章において）「黄金宮の柱廊（portico）あるいはそれの囲む中庭（piazza）は長さ三〇〇〇フィートであった」(tanta laxitas ut porticus triplices milliarias haberet)。〔『ネロ伝』第六章、第三一節（レーブ版、J. C. Rolfe 訳）〕。この三〇〇〇を彼が三マイルの意味に使っているはずはない。なぜなら、パラティウム丘からエスクィリアエ丘にわたるこの王宮の全面積は、それほど大きくはなかったからである。同じように、ウォピスクスが「アウレリアヌス伝」でサッルスティウスの庭園にある柱廊に言及し、それを *porticus milliarensis* と呼んでいるが、これも一〇〇〇フィートと解されなければならない〔ウォピスクス『ローマ皇帝列伝』「神としてまつられたアウレリアヌス」第四九節〕。同様に、ホラティウスも、「昔はどんな高壮な私人の柱廊も涼しい北の蔭をもとめて建てられることはなかった」(Nulla decempedis Metata privatis opacam Porticus excipiebat Arcton) と記している。第二巻、頌、一五。〔レーブ版、C. E. Bennett 訳〕。同じく、第一巻、諷刺詩、八においては、「前面は一〇〇〇フィート、奥行は三〇〇フィートの広さをこの標石は示していた」(Mille pedes in fronte, trecentos cippus in agrum Hic dabat) とある。〔レーブ版、H. Rushton Fairclough 訳〕。

(237) プリニウス、第三六巻、第一五章。「皇帝たちの邸宅、つまりガイウスとネロの邸宅により、ローマ全体が二重に取り巻かれているのをわれわれは見た」。〔『自然誌』第三六巻、第二四章（レーブ版、D. E. Eichholz 訳）〕。

(238) 第二巻、第一五章。〔ヘロディアヌス『ローマ帝国史』第二巻、第四章、第六節、レーブ版〕。

(239) 「アウレリアヌス伝」第四八章。

(240) 第一二巻、第二章。〔『歴史』第一二巻、第四章、第五―一四節、レーブ版。ヒューム訳は正確な訳というよりも、むしろ自由訳〕。

(241) 第九巻、第一〇章。彼の表現は、*ἄνθρωπος* であり、*πολίτης* ではない。すなわち、住民であって市民ではない。

(242) 第六巻、第二八章。〔『自然誌』第六巻、第三〇章（一二二）、レーブ版〕。

(243) 第一七巻。〔『地理書』第一七巻、第三章、第一五節〕。

(244) たとえば、アレクサンドリア、アンティオキア、カルタゴ、エフェソス、リヨンなどがローマ帝国におけるその例であった。フランスでは、ボルドー、トゥールーズ、ディジョン、ランヌ、ルーアン、エクスなどさえがその例であり、イギリスでは、ダブリン、エディンバラ、ヨークがその例である。

(245) 第二巻、第一六節。〔『詩と絵画に関する批判的考察』(*Réflexions Critiques sur la Poësie et sur la peinture*, 2.16. 298-99)。英訳版 *Critical Reflections on Poetry, and Painting* (London, 1748), 2.16. 209-10. ヒュームはフランス語版から訳している〕。

(246) 『諷刺詩』第六篇。〔五二二―五二七行。ヒュームは一部を省略している。レーブ版を参照〕。

(247) 第四巻。〔第五巻、第二五節、レーブ版。ヒュームは一部を翻訳し、一部は要約している〕。

(248) 〔次の二つの文章は、H―K版にはない。そしてあとの方の文章はR版で付け加えられた〕。

(249) 〔『サテュリコン』第一九節〕。

(250) 『動物発生学』(De generat, *anim*) 第二巻。〔第八節（七四八a、二七）〕。

(251) 第四巻。〔第一章、第二節〕。

(252) 『哀詩』第三巻、第九篇。〔第三巻、第一〇篇、レーブ版〕。『ポントゥス書簡集』第四巻、第七、第九、第一〇篇。

(253) 〔トゥルヌフォール『レヴァントへの航海』を参照〕。

(254) 第四巻、第二一章。

(255) 第一巻、第二章。〔『農業論』第一巻、第二章、第四節〕。

(256) 第三巻。〔第一章、第二節〕。

(257) 南部の温暖な植民地もまた、一層健康に良いようになってきている。また注目すべきことだが、これらの地方の最初の発見と征服に関するスペイン人の歴史においては、これらの地方は非常に健康に良いところだったようである。なぜなら、当時はかなりの人口があり、耕作もよく行われていたからである。コルテスやピサロの小軍勢が病気にかかったとか、あるいは衰弱したとかいう記述はまったくない。

(258) 第一巻、第一章。〔『農業論』第一巻、第一章、第五節。農事についてラテン語で書いた父子、二人のサセルナがいた。彼らはコルメッラやウァッロによりしばしば引用された〕。

(259) 彼は小アフリカヌス〈Sextus Africanus. 二四〇年頃に没す。古代の歴史家。主著に『年代史』(*Chronographiai*) がある〉の時代あたりに生きていたようである。第一巻、第一章。〔この引用はおそらく、コルメッラの『農業論』第一巻、第一章と思われる〕。

(260) マイエ『エジプト説明書』(*Description de l'Égypte*, Paris, 1735) を参照〕。

(261) クセノフォン『〔キュロスの〕遠征』第七巻。ポリュビオス、第四巻、第四五章。

(262) オウィディウスのあちこちにある。ストラボン、第七巻。

(263) ポリュビオス、第二巻、第一二章。

(264) 『ガリア戦記』第六巻。〔第一三節〕。

(265) 『ゲルマニアの習俗について』。

(266) 第七巻。

(267) 第三巻、第四七章。〔『歴史』第三巻、第一四章、第六節、レーブ版〕。

[42] 古代ケルト族のうちに行われたドルイド教の教団で、これには僧侶のほか、詩人、予言者、裁判官、妖術者などが含まれていた。

(268) カエサル『ガリア戦記』第一六巻。〔第六巻、第一三―一四章、レーブ版〕。ストラボン、第七巻〔第二章、第一節〕によれば、ガリア人の文明はゲルマニア人ほど進んでいなかった。

(269) 「ケルティカ」第一部。〔アッピアノス『ローマ史』第六巻「ガリア史」第一章、第二節〕。

(270) 第五巻。〔第二五章〕。

(271) 古代のガリアは近代のフランスよりも広かった。

(272) カエサル『ガリア戦記』第六巻。

(273) 同上。

(274) 第四巻。〔『地理書』第四巻、第一章、第二節〕。

(275) 『ガリア戦記』第二巻。〔第二巻、第四節を参照。レーブ版では与えられた兵力は合計三〇万六〇〇〇となる〕。

(276) 〔H―I版では次のようになっている。「ベルギウムのすべての国の戦士の総計は五〇万以上で、全住民は二〇〇万であった。そして、ベルギウムはガリアのほぼ四分の一の広さであるから、ガリア地方には八〇〇万人いたかもしれないことになる。この数はその現在の住民数の三分の一近くにもならない」〕。

(277) 〔「ほど」(near) という語はR版で付け加えられた〕。

(278) カエサルの記述によれば、ガリア人は、平民 (*Plebes*) とは異なった一階層をなしていた*家内奴隷をもたなかったと思われる。ポーランドの人民が今日そうであるように、民衆の全体が貴族たちに対して実際に一種の奴隷であった。だから、ガリアの一貴族はときとしてこの種の従者を一万人ももっていることがあった。その軍隊が貴族だけでなく人民によっても構成されていたことを、われわれは疑うことができない。なぜなら、非常に小さい国が一〇万の貴族からなる軍隊をもつとは信じがたいからである。ヘルウェティア人のうちの戦士は全住民の四分の一であった。これは、軍務に服しうる年齢のすべての男子が武器を取ったということの明白な証拠である。カエサル『ガリア戦記』第一巻を参照。

カエサルの説明にある数字は古代の他のどの著作家の数字よりも信頼できると言うことができよう。なぜなら、そのギリシア語訳がいまも残っており、ラテン語の原典と照合できるからである。

＊〔「平民……なしていた」はH版とI版にはない〕。

(279) 〔このパラグラフの以下の部分はN版で付け加えられた〕。

[43] ケルト人の氏族の長や王の後継者選定制度。タニストとは族長の後

継者のことで、普通、王の息子がなった。これはジェイムズ一世の治世に廃止された。
(280)『ガリア戦記』第一巻。〔第二節と第二九節を参照〕。
(281) ティトゥス・リウィウス、第三四巻、第一七章。
(282)「マリウス伝」。〔プルタルコス『英雄伝』、「ガイウス・マリウス伝」第六節〕。
(283)『ヒスパニア戦記』。〔第八節。この書はしばしばユリウス・カエサルのものとされ、レーブ版でも彼の著作のなかに入れられているが、カエサルが著者であることは疑わしい。おそらくそれはカエサルの将軍の一人だったヒルティウスにより書かれたものであろう〕。
(284) ウェレイウス・パテルクルス〔『ローマ史』〕第二巻、第九〇節。
(285) 第三巻。
(286) 第四四巻。〔マルクス・ユニアニス・ユスティヌス『フィリッポス時代史』第四四章〕。
(287)「またわれわれは、人口においてはヒスパニア人を、体力においてはガリア人を、狡智においてはカルタゴ人を、技術においてはギリシア人を、さらにこの国民の技術だけでなく、この国土と国民に特有の生来の感受性においてもイタリア人とラティウム人さえしのぐことができなかった」〔キケロ〕『占者の返答について』第九章。〔第一九節、レーブ版〕。スペインの騒乱はほとんど諺にもなるくらいのものであったらしい。「またあなたはあとをつけてくる無頼のイベリア人を恐れることもないであろう」ウェルギリウス『農耕詩』第三巻。〔レーブ版、四〇八行〕。この場合、イベリア人は詩的な比喩によって、明らかに泥棒一般と同義に使われている。
(288) ウァッロ『農業論』第二巻、序言。コルメッラ、序言。スエトニウス『アウグストゥス伝』第四二章。
(289) イタリアが現在では昔よりも暖かいという大修道院長デュボス師の考察がかりに認められるべきであっても、そこから、イタリアは他の地方よりも人口が多いとか、あるいはよりよく耕作されているとかいう結論には必ずしもならないであろう。もしヨーロッパの他の地方がもっと未開で森林が多ければ、そこから吹いてくる冷たい風がイタリアの気候に影響を及ぼすことがありうるであろう。
(290)〔この文はH版にはない。――R〕。
[44] アントニヌス・ピウス（Antoninus Pius. 在位、一三八―六一年）、マルクス・アウレリウス（Marcus Aurelius. 在位、一六一―八〇年）、コンモドゥス（Commodus. 在位、一八〇―九二年）のこと。
(291) マルセイユの住民が商業と機械的技術においてガリア人に劣るようになったのは、ローマの支配がガリア人の注意を軍事から農業と市民生活に向けてからのことである。ストラボン、第四巻〔第一章、第五節〕を参照。この著述家ストラボンはいくつかの箇所で、ローマの技術と文明から生じるガリア人の文明の進展に関する考察を繰り返して述べている。彼はこうした変化が比較的顕著であった時代に生きたのであった。同じくプリニウスもまた言う、「だから、ローマ帝国の勢威のおかげで全世界がたがいに結びつけられ、したがって、財貨の交換と平和の祝福において連帯することによって生活が進歩したと考えない人があるだろうか。また以前には秘密だったものが一般の用に供されるに至ったと考えない人がいるだろうか」第一四巻、序言。〔『自然誌』第一四巻、第一章、第二節（レーブ版、H. Rackham 訳）〕。天界〔（イタリアについて言えば）それは神意によって選ばれている。天界をさえ一層澄んだものにし、散在した主権を統合し、習俗を和らげ、また、あれほど多くの不和な種族や国々、さらに、粗野な言語を、言葉の交通によって会話にまで結びつけ、人間に人間らしさを与え、簡単に言えば、イタリアをこの全世界のあらゆる民族の唯一の祖国とするために、神はそれを選ばれたのである」第三巻、第五章。〔プリニウス『自然誌』第三巻、第五章、第三九節（レーブ版、H. Rackham 訳）〕。セウェルスとほぼ同時代に生きたテルトゥリアヌス〈Q. S. F. Tertullianus（160?-222?）. 教会著述家でカルタゴの人〉の次の一節ほどこの目的のために有力なものはありえない。「地球の表面をちょっ

と見ても、この世界自体が以前よりも一層文明化され開発されてきたことは明らかである。実際、あらゆるところに交通が開け、未知の地は一つもなく、すべてのところが繁忙になっている。人によく知られた寂しいところも、この上なく豊かな農園となって昔の面影をとどめないようになってしまった。畑は森を征服し、家畜は野獣を追い払い、不毛の砂地は果実と穀物をもたらし、岩地は鋤で耕され、沼地は水を抜かれ、昔は小屋ひとつなかったところに今や大都市が建てられている。今日では、もう孤島は船員を驚かさないし、彼は岩が切り立った島の海岸も恐れない。至るところに家があり、至るところに人びとがおり、至るところに安定した統治があり、秩序だった生活がある。人間がとてつもなく多くいるということの最大の証拠に、われわれは重荷であり、大地はわれわれの必要をほとんど満たすことができない。というのは、われわれの欲求は一層大きくなり、自然の不十分さに対するわれわれの不平が万人によって聞かれているからである。」「霊魂について」第三〇章。〔テルトゥリアヌス『霊魂について』第三〇章、第三―四節〕。このパラグラフに現れている修辞的および弁論的な調子は、その典拠としての価値を多少低めるが、しかしその価値をまったくなくしてしまうことはない。* これと同じことは、ハドリアヌス〈Publius Aelius Hadrianus. ローマ皇帝。在位、一一七―一三八年〉の時代に生きたソフィストのアリスティデスの次のパラグラフについても言うことができるであろう。彼がローマ人に話しかけて言うところでは、「全世界は一つの安息日を守っているように思われる。そして人類は、以前とっていた剣を放棄し、いまでは祝宴と歓喜に専心している。都市は昔の怨みを忘れ、あらゆる技術と装飾で自身を最高度に美化しようとする競争心だけを残している。至るところに劇場、円形劇場、柱廊、水道、寺院、学校、アカデミーがつくられている。だから、沈滞しつつあった世界は諸君の幸せをもたらす統治によって立ち直ったと確信しても差しつかえないであろう。都市だけが装飾や美しさを増したのでなく、全世界が一つの庭園か楽園かのように、開発され美化されている。人類のうち諸君の支配の範囲外に置かれている人びと（ごくわずかだが）は、われわれの同情と憐みを受けるに値すると思われるほどである」。〔おそらく、これはアリスティデスのローマに対する演説の中にある〕。

シチリアのディオドロスは、ローマ人に征服されたときのエジプトの住民を三〇〇万にすぎないと計算している。〔『歴史文庫』第一巻、第三章、第六節〕。しかし、ヨセフスの『ユダヤ戦記』第二巻、第一六章〔第二巻、三八五、レーブ版〕によれば、エジプトの住民は、アレクサンドリアを除き、ネロの時代に七五〇万であったということは、注目に値することである。そして、ヨセフスはこの計算を人頭税を徴集した徴税人の帳簿から引き出したとはっきり述べている。ストラボンは、〔『地理書』第一七巻、第一章、第一二節〕において、エジプトの財政に関して、ローマ人による治安の方がそれ以前の諸国王の治安よりもまさっていることを称賛している。それに、政治においてこれほど人民の幸福にとって重大な部門は見られない。しかし、アントニヌス三帝の時代に活躍したアテナイオスは、アレクサンドリアの近くにあって昔は大都市であったマレイアという町が次第に縮小して一つの村になってしまったと述べているのである（第一巻、第二五章。〔『食通大全』第一巻、三三d、レーブ版〕）。正確に言えば、このことは矛盾ではない。スイダス〈Suidas. 一〇世紀末に完成されたギリシア辞典の編集者の名とされている〉（アウグストゥスの項を参照）の言うところでは、アウグストゥス帝は、全ローマ帝国の人口調査を行い、それが四一〇万一〇一七人にすぎない（ἄνδρες）ことを知ったということである。この数には、著者かそれとも転写人かのいずれかに、ある重大な誤りが確かに存在する。しかしこの典拠がいかに薄弱であろうと、それはもっと古い時代に関するヘロドトスとシチリアのディオドロスの誇張的な記事を相殺するには十分なものであろう。

*〔H―I版での追加。「テルトゥリアヌスのようなたくましい想像力の持ち主は、すべてのことがらを同じ程度に誇張して述べるか

ら、このため、比較によった彼の判断は最も信頼のおけるものである」」。

(292)『法の精神』第二三巻、第一九章。〈野田良之他訳、中、二六七―六八頁〉。

(293)「神託が歩んだことについて」。〔第八節〕。

(294)第二巻、第六二章。ポリュビオスはローマに依存していたため、彼は当然ローマの支配を称賛するはずだとおそらく考えられるであろう。しかし、第一に、ポリュビオスには、ときとして用心した例が見られるけれども、追従のきざしはまったく発見されない。第二に、さきの見解は、彼が他の問題にもっぱら意を用いているときに、ついでにほんの一筆で述べられているにすぎない。だから、もし著者の不誠実を疑うとすれば疑えるにしても、こうした間接的に述べられた意見は、もっと形式的で直接的な主張よりも、著者の真実の意見をよりよく表すものとみなされる。

(295)『年代記』第一巻、第二章。〈国原吉之助訳、上、三二頁以下〉。

(296)第八巻と第九巻。

(297)プルタルコス「神罰を受けることが遅い人びとについて」。〔第三二節〕。

(298)「買われた交情について」。〔『大邸宅の雇われ人について』〕。

(299)神託の沈黙に関するプルタルコスのこの論説が、一般に非常に奇妙な性質をもっており、また、彼の他の作品とあまりにも不似合いなものであるため、普通にはこの論説をどのように判断したらよいものか迷うほどであることを、私は告白せざるをえない。それは対話形式で書かれているが、この形式はプルタルコスが普通に好んで用いることのほとんどない構成方法である。彼が登場させている人物は、非常にとっぴで、道理に合わない、そして矛盾した意見を述べる。それはプルタルコスの堅実な分別よりもプラトンの空想的な学説やたわごとに似つかわしいものである。また、論説全体を通じて迷信と軽信の雰囲気が漂っているが、こうしたものはこの著者の他の哲学的作品に見られる精神とは似ても似つかないものである。というのは、プルタルコスが、ヘロドトスやリウィウスと同様に、迷信深い歴史家であるとしても、古代の全体のうちで、キケロとルキアノスを別にすると、彼ほど迷信に惑わされない哲学者はいないということは顕著なことだからである。したがって、この論説から引用されたプルタルコスの一節は、それが彼の他のたいていの作品のなかに見出された場合よりも、私にははるかに権威の低いものにすぎないことを、告白せざるをえない。

これと似た反対論を受けやすいプルタルコスの論説が他にもう一つだけある。すなわち、神により刑罰が延期される人々に関する論説である。これもまた対話形式で書かれ、同様に迷信的でとっぴな幻想を含んでおり、主にプラトン、とりわけ彼の『国家論』の最後の巻と競い合おうとして書かれたものと思われる。

ところで、その虚心坦懐さによってよく知られた著作家であるフォントネル氏が、神託に関するこの対話のなかにたまたま見られる章句を取り上げてプルタルコスを馬鹿にしようとしているさいに、彼はそのいつもの性格から少し離れてしまっているように見えると、私は言わざるをえない。この対話で数人の人物の口にのぼっている道理に合わないことがらは、プルタルコスのせいにされるべきではない。彼はそれらの人物にたがいに論駁させており、だから、一般的に言えば、それを主張しているということでフォントネルがプルタルコスを馬鹿にしようとしている当の意見そのものを、プルタルコスは嘲弄しようと企てていると思われるのである。『神託史』(*Histoire des oracles*, 1686) を参照。〔最初の英訳版は *The History of Oracles and the Cheats of the Pagan Priests*, London 1688〕。

〔45〕 Ninus はアッシリア帝国の初代の王。ニネヴェの町の建設者。ニーノスはニネヴェのラテン名。

(300)第二巻。〔第五章、第四節。レーブ版では、騎兵二一万人となっている」。

(301) 彼はカエサルとアウグストゥスの同時代人であった。

[46] ロバート・ウォレスが、ヒュームへの反批判において、この文章の「現在」と「過去」を入れ替えてヒュームを皮肉ったことは、よく知られている (Cf. Robert Wallace, *op. cit.*, 1753, Appendix, pp. 266–67)。

XII　原始契約について

現代では、政党は、その政治的ないし実践的な理論に付け加えて、哲学的あるいは思弁的理論体系をもたずに、自らうまくやっていくことはできない。したがって、わが国民を二つに分けているあの政党のおのおの〈トーリー党とウイッグ党〉は、それが追求している行動計画を擁護し防衛するために、思弁的な理論をつくり上げていることが分かる。ところが、人民大衆というものは、とくにこのような思弁的方面では、普通きわめて粗雑な理論しかつくらないものであり、しかも彼らが党派的熱狂に突き動かされている場合にはなおさらのことである。したがって、そのつくり上げられた理論が少々すっきりしないものであり、それをつくり上げるさいの無理な扱いや焦りの明白なしるしを露呈するに違いないと予想されるのも、当然のことである。事実、一方の政党〈トーリー党〉は、政府の起源を求めて**神**にまでさかのぼり、それによって、政府をきわめて神聖不可侵なものにしようと努め、その結果、政府がいかに圧制的になろうとも、それにほんのわずかでも手出しをしたり、それを侵害するようなことは、聖物冒瀆の罪も同然とされるに違いない。もう一つの政党〈ウイッグ党〉は、統治はまったく**人民**の同意に基づくものだとして、一種の原始契約（*original contract*）が存在すると想定する。そしてこの契約によって、臣民は、彼らが一定の目的のために自発的に君主に委託したあの権力によって虐げられたと感じた場合にはいつでも、君主に対する抵抗権を暗黙のうちに保留していることになる。以上が両政党の思弁的原理であり、またそれらから引き出される実践的帰結でもある。

　ところで、あえて主張しておきたいが、これらの思弁的原理に基づく理論体系はいずれも正しいものである。ただし、それは両政党が意図した意味で正しいというのではない。また、実践的帰結に基づく両政党の計画はどちらも慎重なものである。ただし、両政党がたがいに対立している場合、各党がその計画を極端にまで押し進めようとするのが常だったが、このような極端な場合にはそうではない。

神がすべての統治の究極的な創造者であるということは、およそ、普遍的な摂理を認めて、宇宙における一切の出来事が一定不変の計画によって導かれ、思慮深い目的へと向けられていると考える人なら、けっして否定できないであろう。人類が統治組織の保護を受けずに、少なくとも快適なあるいは安全な状態で生活するなどということは、ありえないことであるから、この統治という制度は確かに、被造物すべての幸福を意図するあの恵み深い神によって企てられたものに相違ない。またこの制度は、事実、あらゆる国や時代にもあまねく生じているから、それは、いかなる出来事や作用によってもけっして欺かれることのないあの全知の神によって企てられたものであると、一層確実に結論できるように思われる。しかし神は、この制度を何か特定の、あるいは奇蹟的な介入によってではなく、人間の目には見えない普遍的な力によってつくり出したのである。したがって正しく言えば、主権者は、およそ一切の権力や実力が神に由来しており、したがってそれらの行使は神の委託によると言いうる以外、他のいかなる意味においても、神の代理者と呼ぶことはできないのである。実際に起こる一切のことがらは摂理の一般的な計画ないし企図のなかに含まれている。したがって、最も偉大で最も合法的な君主といえども、下級の行政官や、それどころか王位横領者や、さらには山賊や海賊と同様に、特別な神聖さや不可侵の権威を要求したりする理屈を一向にもち合わせていない[1]のである。賢明な目的のために、ティトゥスやトラヤヌスのような〈偉大な〉人に権威を授けた当の神聖な管理者はまた、われわれには分からないけれども、疑いもなく同様に賢明な目的から、ボルジアやアングリア〔1〕のような〈つまらない〉人物にも権力を与えたのであった。あらゆる国家において君主の権力を生み出した当の原因が、同様にその国内の一切のより下級の権限やあらゆる制限された権力をもつくり出したのである。したがって、一介の警官といえども、国王に劣らず、神の委託に基づいて権力を行使し、また不可侵の権利をもっていることになる。

すべての人は、教育によってその才能が養われるまでは、体力においても、それどころか精神的な諸能力においてさえ、まず差はないと考えられるとすれば、最初に人びとを結合し、なんらかの権威に服従させることができたのは、彼ら自身の同意にほかならないということは、必然的に承認せざるをえない。統治の最初の起源は森林や砂漠のなかにまでたどりうるとしても、人民が一切の権力と支配権の源泉であり、平和と秩序のために、その生まれながらの自由を自発的に放棄し、彼らの対等な仲間から法を受け取ったのである。彼らが自ら進んで主権者に服従したさいの条件は、はっきりと述べられたか、それともあまりにも明白なことであるため、明示的に表現するのも無駄だとみなされた、と考えるのがもっともであろう。そこで、もしこれが原始契約の意味するところであるならば、すべての統治は、最初は契約に基づくものであり、人類最古の未開な結合体でさえも、まず第一にこの原理によって形成されたということは否定できない。しかし、われわれの自由に関するこうした契約は、いったい何に記録されているのかと問うても、それは無駄なことである。それは羊皮紙にも木の葉や樹皮にも書かれはしなかった。それは文字やその他一切の文明的な生活技術が用いられる以前に起こったことである。しかし、われわれは、このような契約の痕跡を、人間本性のうちに、つまり人類に属するあらゆる個人に見出される平等性（equality）ないし平等性にほぼ近いもののうちに、明白にたどることができる。(2)現在支配的であり陸海軍の基礎をもつ権力は、明らかに政治的なものであり、権威、つまり確立された統治から結果として生じる権威に由来している。一人の人間がもつ自然的な力はただ手足の力と気力の大小にあるだけであり、これだけで多数の人びとを彼の命令に服従させることはけっしてできない。そのような影響力をもちうるのは、多数者自身の同意（consent）と、そして多数者の平和と秩序から生じる利益感以外の何ものでもないのである。(3)

けれども、この同意ですら長い間きわめて不完全なものであり、秩序立った行政の基礎とはなりえなかった。族長は、おそらく戦争の継続中にその影響力を獲得したと思われるが、命令よりも説得によって支配することが多かった。したがって、彼が手に負えない反抗的な連中を征服するために武力を行使することができるまでは、その社会は市民政府の状態に到達したなどとはまず言えないものであった。一般的な服従に関していかなる契約も協定もはっきりと結ばれなかったことは、言うまでもない。そんなことは未開人にはまったく理解できない観念であった。族長の権力行使はいつでも個別的であり、しかも差し迫った緊急事態になってはじめて権力が行使されたに違いない。族長の介入から生じる明白な効用が気づかれるにつれて、こうした権力の行使は日を追って頻繁になり、この頻繁さから徐々に、人民の側にある習慣的な黙諾（acquiescence）、そしてもしそう呼びたければ、自発的な、したがって人民の心しだいと言ってよい黙諾が生じたのである。

しかし、ある一つの党派を信じ込んでしまった哲学者たち（もし、それが言葉の矛盾でないとすればのことだが）は、こうした譲歩に満足しない。彼らは、最も初期の統治が人民の同意、あるいはむしろ自発的な黙諾から生じたと主張するだけでなく、それが完全な成熟期に達した現在でさえ、これ以外の基礎をもたないのだと主張している。彼らは、すべての人間はいつも平等に生まれついており、したがって、約束（*promise*）によって義務と制裁に束縛されるのでなければ、君主や政府に対してけっして忠誠の義務を負わないと断言する。また、それ相当の反対給付なしには、彼の生まれながらの自由がもつ利益を放棄してまで、他人の意思のままになろうとする人はいないから、この約束は、いつでも条件付きのものだと解され、君主から正義と保護が得られるのでなければ、彼になんらの義務も課すものではない。こうした利益を主権者は服従の代償として約束している。したがって、もしも主権者がこの約束を履行できないならば、君主は自分の側で約束の条項を破り、それによって臣民を一切の忠誠の義務から解放したのである。こうした哲学者たちによれば、以上があらゆる統治の権力の基礎なのであり、またあらゆる臣民が所有する抵抗権なのである。

だが、これらの論客たちも、世界を広く見渡して見れば、彼らの見解に少しでも合致するもの、あるいはそのようにまで洗練された哲学的な理論体系を保証しうるものにはまったく出くわさないであろう。それどころか、臣民を自分の財産であると主張し、君主の大権は征服や継承に基づくものであり、人民から独立したものであると主張する君主たちを、われわれは至るところに見出すであろう。同時にまた、君主の側にこの権利を承認し、それぞれの定まった両親に対する尊敬と義務に束縛されてあたかも人が生まれてくるのとちょうど同じように、一定の君主に対しても忠誠の義務を負って生まれてくるものと思い込んでいる臣民を、至るところに見出すであろう。ペルシアや中国、フランスやスペイン、それどころかオランダやイングランドにおいてさえ、上述の学説が念入りに教え込まれていないところではどこでも、君臣の関係は親子の関係と同じく、われわれの同意とは無関係であると常に考えられている。服従や隷属がきわめてありふれたものとなっているため、たいていの人びとは、その起源や原因について、重力や抵抗の原理、あるいは最も普遍的な自然法則に対してと同様、けっして詮索しようとはしない。あるいは、かりに彼らが好奇心に駆られることがあっても、彼ら自身や彼らの祖先が、幾時代もの間、それどころか太古の昔から、そのような政体ないし、そのような王家に服従してきたのだということを聞かされるや否や、彼らはたちまち黙認し、忠誠の義務を承認してしまうであろう。もしもあなたが、政治上の人間関係はもっぱら自発的な同意あるいは相互の約束に基づくものであるなどと、説くようなことがあれば、世界中の大半のところでは、為政者はあなたを服従義務の束縛をぐらつかせる扇動者として、たちまち投獄するであろう。ただ、その前にあなたの友人が、そのような馬鹿げたことを主張するのは気が変になったに違いないと考えて、あなたを監禁してくれなかったらのことである。あらゆる個人が、しかも理性を用いるようになった後に行ったと想定されているあの精神的行為――もしそうでなければ、それは権威をもちえないであろうから――が、彼らのすべてにこれほどまでに分からないものとなり、その結果、その痕跡や記憶がこの全地球上にほとんど残っていないということは、奇妙なことである。

しかし、統治の基礎となっている契約は原始契約であると言われている。したがって、それはあまりにも古い話であるため、現在の世代には分からないのだと考えられるかもしれない。もし、この原始契約という言葉が、原始人がそれによって最初に社会を形成し、彼らの力を一つに結合するようになった協定（agreement）を意味するのであるならば、これは事実そうであったと認められる。しかし、それにしても、それはきわめて遠い昔のことであり、しかも統治組織や君主の無数の交替によって忘れ去られているから、それが現在もなおなんらかの権威を保有しているとはとうてい考えられない。およそものごとを適切に言おうとすれば、現在合法的であり、なんらかの忠誠の義務を臣民に課している統治ならすべて、それは最初は同意と自発的な契約に基づいていたと、主張せねばならない。しかし、こうした原始契約は、父祖のそのような同意が子孫を末代に至るまで拘束することを想定する（共和政を支持する文筆家はこれをけっして認めないであろうが）という点を別にしても、そもそもこのような契約は、世界のいかなる時代や国においても、歴史や経験によっては正当化されないものである。

現在存在している、あるいは歴史になんらかの記録をとどめている統治組織は、そのほとんどすべてがもともと、僭奪かそれとも征服か、あるいはその両方に基づくのであり、人民の公正な同意ないし自発的な服従を理由とすることはなかった。狡猾で大胆な人間が軍隊や党派の支配者となった場合、ときには暴力をふるい、ときには偽りの口実をもうけて、自分の仲間より百倍も多い人びとに対して支配権を打ち立てることは、彼にはしばしばたやすいことである。彼は、敵がその人数や勢力を確実に知ることができるような、公然たる相互の連絡をけっして許したりはしない。また彼は、敵が彼に反抗するために一団となって結集するいとまもけっして与えはしない。彼の僭奪の手先である連中でさえ、みな彼の失墜を望んでいるかもしれないが、しかし彼らはたがいに相手の腹のうちが分からないということが、彼らをいつまでも臆病にさせるのであり、これがまた彼の安泰の唯一の原因となっているのである。このようなやり方で、これまで多くの統治が樹立されてきたのであり、これが例の哲学者たちが自慢する原始契約のすべてなのである。

小さな王国が発展して大帝国となったり、大帝国が解体して小王国となったり、植民地が創設されたり、民族が移住したりで、地球の表面は絶えず変化している。これら一切の出来事のうちに、武力と暴力以外にいったい発見できるものが何かあるだろうか。これほど盛んにもてはやされている相互協定や自発的連合などは、いったいどこにあるというのだろうか。

一国民が外国の支配者を受け入れる最も穏やかな方法、すなわち結婚や遺言による場合でさえも、人民にとってはあまり名誉なことではない。それどころか、この方法には、人民は持参金や遺産と同様に、支配者の快楽や利害に従って処分できるという考えが前提されているのである。

しかし、なんら武力による干渉が加えられず、選挙が行われる場合、これほど盛んにほめそやされているこうした選挙とは、いったい何であろうか。それは、国民全体のために決定を下し、それに対する反対をまったく許さない少数のお偉方の結託か、それとも群衆のうちおそらくわずか一ダースの人びとにも知られておらず、その栄達は彼自身の横暴や、彼の仲間の一時的な気まぐれに負っているような、扇動的な首謀者に追随する多数者の激情か、そのいずれかになるに決まっている。

実際に行われるのは稀なことであるが、このような無秩序な選挙は、一切の政体と忠誠の義務の唯一の合法的な基礎となりうるほど大きな権威をもつものであろうか。

実際、統治の全面的な解体ほど恐ろしい出来事はない。というのは、そこでは群衆に自由が与えられ、新政府の決定や選択は、人民全体の数にほぼ近い数に——なぜなら、それは人民の全体に完全に及ぶことはありえないから——依存しているからである。そのようになれば、思慮深い人びとはすべて、すみやかに勝利を収めうるような一人の将軍が現れ、強力で忠実な軍隊を率いて、独力ではどうも支配者を選べそうもない人民に、支配者を与えてくれることを願うようになる。つまり、事実と現実は、上述の哲学的な見解とまずこんなにも一致することがないのである。

名誉革命の〈政治的〉落着に欺かれたり、あるいは統治の起源に関するある哲学的理論にほれ込むあまり、その理論に合わない他のすべての政体は奇怪で変則であるなどと考えないようにしよう。名誉革命という出来事でさえ、このような精妙な理論に合致するどころではなかった。そのとき変革されたのは、王位継承だけであり、それも、政体のうち、ただ王位に関係した部分だけであった。しかも、一千万に近い国民に対してこの変革を決定したのは、大多数といってもわずか七〇〇人にすぎなかった。実際、これら一千万の人びとの大部分が喜んでこの決定を黙諾したことを、私は疑うものではない。しかし、この問題はいささかでも国民の選択に委ねられたであろうか。彼らが黙諾したその瞬間から、ことがらはすでに決着した、したがって、新しい君主への服従を拒否する者があれば、一人残らず処罰されると正当にも考えられたのではなかろうか。そうでなければ、この問題になんらかの結末ないし決着をつけることがどうしてできたであろうか。

アテナイの共和政は歴史に記録される最も大規模な民主政治であったと思う。けれども、よく見てみれば、女性と奴隷と外国人に必要な斟酌を加えることは当然としても、この政体が最初に樹立されたときも、法案の票決のさいにも、それに加わった数は、政体に対して服従義務を負った人びとの十分の一にも満たなかったことが分かるであろう。まして、アテナイ人が征服の権利によって自国の領土だと主張した島々や海外領土については言うまでもない。また、その都市の民会が、それを規制する制度や法律があるにもかかわらず、いつでも放縦と無秩序をきわめていたことは、周知の通りである。したがって、確立した憲法機構がまだ形成されず、旧政体が消滅して新政体を樹立するために騒然として集会が開かれる場合、その集会の無秩序ぶりはいかにもっとひどいものであったかが分かるであろう。このような事情のもとで選択などと言うことが、いかに馬鹿げているかも分かるであろう。

アカイア同盟[4]は、古代全体を通じて最も自由で最も完全な民主政治を享受した。にもかかわらず、ポリュビオスから分かるように[5]、彼らはアカイア同盟にいくつかの都市を無理やりに加入させるために、武力を行使したのであった。

イングランドのヘンリー四世[2]とヘンリー七世は、事実、議会による選任以外には、王位につく資格を全然もっていなかった。それにもかかわらず、彼らはそれによって自らの権威が弱められるのを恐れて、それをけっして承認しようとはしなかった。もしすべての権威の唯一の真の基礎が同意と約束であるとすれば、これは奇妙なことではないか。

人間世界の出来事がもつ必然性によって承認される限り、一切の統治は、最初、人民の同意に基づいているとか、あるいは基づくべきであると主張してみても、無益なことである。このような見解は私の主張をもっぱら有利にするばかりである。私の主張は、人間世界の出来事には、こうした同意は全然認められず、また同意らしく見えるものさえ容認する余地はほとんどないということである。それどころか、征服や僭奪、つまりはっきり言えば、古い統治を解体させる武力が、かつてこの世に樹立されたほとんどすべての新しい統治の起源なのである。そして同意があったかのように見える少数の場合においても、それは普通きわめて変則的で非常に制限されたものであるか、あるいはごまかしや暴力のいずれかを多分に交えたものであって、およそ大きな権威をもちうるものではない。

私がここで言おうとしているのは、人民の同意が現に存在している場合に、それが統治の一つの正当な基礎であることを否定することではない。人民の同意は確かに何にもまして最善、かつ最も神聖な基礎である。ただ私が主張したいのは、同意は、いかなる程度のものであれ、これまで存在したためしはまずないし、完全な程度の同意に至っては、まったく存在しなかったのであり、したがって、統治の他のなんらかの基礎もまた承認されなければならない、ということである。

もしすべての人が正義に対して非常に確固不変な尊重の念をもち、したがって、おのずから他人の財産に手を出すことがまったくないならば、人間は永久に絶対的な自由の状態にとどまり、いかなる主権者や政治社会にも服従することはなかったであろう。しかしこれは、理想状態であって、人間の本性はそれに到達できないと考えるのが正当である。またもしも、すべての人びとが自分たち自身の利害を常に知っているほど完全な分別をもっているならば、同意に基づいて樹立され、社会の全構成員によって完全に精査し尽くされた政体以外のものに服従するようなことは、かつてなかったであろう。だが、この理想状態はさきの場合と同様に、人間の本性をはるかに超えたものである。理性、歴史、および経験が示すところでは、すべての政治社会はもっと不正確で変則的な起源をもっている。そして国家的事件において人民の同意が尊重されることの最も少なかった時期を選び出すとすれば、それはまさに新しい統治が樹立されるときであろう。すでに確立された政体においては、人民の意思はしばしば考慮される。だが、革命、征服、国家的動乱といった激情の時期には、軍事力または政治的策謀が、論争に決着をつけるのが普通である。

新しい政体が樹立される場合、その手段はいかなるものであれ、人民は普通それに不満を感じており、したがって忠誠の義務や道徳的義務の観念からというよりも、恐怖と必要から服従する。君主は油断せず、嫉妬深く、謀叛の端緒や兆候をことごとく慎重に防がねばならない。時の経過とともに、これらすべての困難が徐々に取り除かれていき、国民は、はじめは僭奪者ないし外国の征服者とみなされた一族を、合法的な君主あるいは生まれながらの自国の君主とみなすように慣らされていく。こうした意見を基礎づけるために、君主は自発的な同意や約束の観念に頼ったりはしない。なぜなら、この場合、そのようなことがかつて期待されたり要求されたりしたことはけっしてなかったことを、君主は知っているからである。最初の政体は、暴力によって形成され、国民は必要上それに服従する。その後の統治も力によって維持され、選択の問題としてではなく、義務の問題として、人民により黙諾される。人民は自分たちの同意が君主にその資格を与えるのだとはとうてい考えない。だが、彼らはすすんで同意する。なぜなら、彼らは、君主が長期にわたる占有により、自分たちの選択や意向とは関係なく、その資格を獲得してしまったと考えるからである。

もし、立ち去ろうと思えば立ち去れるような君主の支配権のもとに依然として生活することが、各個人が君主の権威に暗黙の同意（*tacit* consent）を与え、彼に服従を約束しているのだと主張されるならば、そのような暗黙の同意にしても、それは、この問題は自分の選択次第だと各人が思う場合にだけ成り立ちうるにすぎないと、応酬することができよう。だが、ある一定の君主、あるいはある一定の政体に対して、生まれながらに忠誠の義務を負うと考えられている場合（すでに確立された統治のもとで、生まれてくるすべての人が考えるように）、同意や選択を推論するのは馬鹿げていよう。なぜなら、この場合、そんなものは明らかに放棄され否認されているからである。

貧しい農民や職人は外国の言葉も生活慣習も知らず、稼いだわずかな手間賃でその日その日を暮らしているのである。このような彼らに、自分の国を離れる自由な選択権をもっているなどと、果たしてまじめに主張できるであろうか。これは、眠っている間に乗せられ、船から離れようとするとたちまち大洋に落ちて死んでしまわねばならないにもかかわらず、船内にとどまっていることをもって、その人が船長の支配権に自らすすんで同意を与えているのだ、と主張するのも同然であろう。

もしも、君主が臣民に対して領土を離れることを禁じるとすれば、どうであろうか。たとえば、ティベリウスの時代に、この皇帝の圧制を逃れるために、ローマの一騎兵隊員[7]がパルティア人のもとへ逃亡を企てたことが犯罪とみなされたし、あるいはまた、古代のロシア人は旅行をすべて死刑をもって禁じたのであった。また、もし臣民の多くが外国へ移住したいという熱狂に取りつかれ、君主がそれに気づくならば、彼は疑いもなく、自国の人口減少を防止するために、正当な理由と正義をもって、臣民を拘束するであろう。このような賢明で正当な法律によって、彼は臣民すべての忠誠を失うことになるであろうか。だが、この場合、臣民の選択の自由は、確かに彼らから強奪されているのである。

一団の人びとが、ある無人の地域に住まうため故国を後にするとすれば、彼らは生まれながらの自由を回復することを夢見るであろう。しかし、彼らの新しい定住地においてさえ、やはり彼らの君主が彼らに対する権利を主張し、彼らを自分の臣民と呼ぶに至ることが、間もなく分かるであろう。しかもこの場合、君主は人類の普通の考え方に従って行動するにすぎないであろう。

かりにこの種の暗黙の同意で最もよく当てはまる場合があるとすれば、それは、外国人がどこかある国に移住し、しかもあらかじめ、彼が服従せねばならない君主や政府や法律のことをよく知っているような場合である。にもかかわらず、彼の忠誠は、その国で生まれた臣民の場合に比べて、より自発的ではあるが、君主から期待されたり信頼されたりする点でははるかに劣る。他方、彼が生まれた国の君主は、依然として彼に対する権利を主張する。したがって、旧君主が新君主の将校となっている移住者を戦争で捕らえる場合、もし旧君主がこの裏切者を処罰しないとすれば、こうした寛大な処置は国内法に基づくものではない。なぜなら、国内法によれば、犯罪人はどの国にいようと処罰されるからである。そうでなくて、むしろそれは報復を防ぐために、こうした寛大な処置をとることを協定した君主間の同意に基づくものである。

(8)かりに、蚕と蝶のように、人間の場合も、ある世代が突如として舞台を去り、別の世代がそれに続くものとすれば、新しい種族は、彼らが自分たちの政府を選ぶに足るだけの分別をもっている——これは確かに人間にはありえないことだが——とした場合、祖先の間で行われていた法律や先例などを全く省みずに、自分たち自身の市民的政体を自発的に、かつ全般的な同意に基づいて樹立することであろう。しかし、人間の社会は変転常ならぬものであり、いまこの世から去る者があるかと思えば、この世に生まれてくる人もいるのだから、政府の安定を維持するためには、新しい世代が確立された政体に順応し、父祖たちがその父祖の足跡を踏んで、新しい世代に足跡を残しておいてくれた道を、ほぼ忠実にたどっていくことが必要である。人間の作った制度にはすべて、なんらかの革新（innovations）が必ず生じるに違いないのであり、時代の啓蒙的な天才がこれを理性と自由と正義へと方向づける場合には、幸せである。だが、暴力によって革新を行う資格は、個人の誰にもないのである。それは立法機関によって試みられても、やはり危険であり、益よりもむしろ多くの害が予想される。したがって、もし歴史がこれと相反する事例を提供するとしても、それは先例のうちに数えられるべきではないのであり、むしろそれは、政治学が提供する法則には、若干の例外を許し、ときには幸運や偶然に左右されるような法則も少なくないということの証拠とみなすべきであろう。ヘンリー八世の治世〈一六二五—四九年〉の暴力的な革新は、うわべだけは立法権の賛成を得たように見えるが、専制君主の手になるものである。また、チャールズ一世〔3〕の治世の革新は、党派争いと狂信から起こったが、この二つはいずれも結果において好都合なものであった。だが、前者でさえ長い間多くの無秩序と、さらにそれ以上の多くの危険の源泉であった。他方、後者から忠誠に関する諸条令が取り除かれていたら、人間社会に全面的な無政府状態が生じて、そのためにどんな政府でも直ちに終止符が打たれたに違いない。

かりに、ある王位横領者が合法的な君主とその一族を追放してしまった後、一〇年ないし一二年の間、一国のうちに自分の支配権を確立し、軍隊の規律をきわめて厳正に保持し、また守備隊の配備も非常に適切であるので、彼の統治に対して、反抗が生じるようなことはついぞなく、それどころか、不満のささやきさえも聞かれないものとしよう。このような場合、心のなかでは彼の大逆を憎んでいる人民は、必要に迫られて彼の支配権のもとに生活しているというただそれだけの理由で、彼の権威に暗黙のうちに同意し、彼に忠誠を約束したと、いったい主張できるであろうか。さらに、もう一つ仮定を立てることにし、自国生まれの君主が外国で徴募した軍勢によって王位を取り戻すとしよう。そのときには人民は狂喜して彼を迎え入れ、この君主以外の支配権にいかに不本意ながら服従してきたかを、あからさまに示すであろう。そこで私は尋ねたいが、この君主の資格はいったい何に基づいているのであろうか。人民の同意に基づかないことは確かである。というのは、人民は喜んで彼の権威を黙諾するけれども、彼らは、自分たちの同意が彼を君主にしたなどとは、けっして考えないからである。彼らは、彼をすでに生まれによって合法的な君主であると考えているから、同意するのである。したがってこの場合にも、人民が彼の支配権のもとに生活しているということから推定される例の暗黙の同意については、これは、さきに彼らが専制者である王位横領者に与えたものと同様に、なんら意味のないものである。

すべての合法的な統治が人民の同意から生じると主張される場合には、それは人民が実際に値する以上の、あるいはそれどころか、彼らが期待し欲するよりもはるかに大きな名誉を人民に与えていることは確かである。ローマの領土があまりにも巨大になり、共和政では統治しきれなくなってからは、すべての既知の世界に広がった人民は、アウグストゥスが暴力によってローマ全領土に権威を確立したことに非常に感謝した。そのため人民は、彼の最後の遺言によって定められた後継者に対しても、等しく服従の意向を示したのである。しかし後になって、一家系によって帝位が長期にわたり規律正しく継承されることがなくなり、皇帝の家系がひそかな暗殺や公然たる反乱によって絶えず断絶するようになったのは、人民にとって不幸であった。一つの王家が滅亡するたびに、近衛兵団がある皇帝を擁立し、東方の地方軍団、さらにはおそらくゲルマニアの地方軍団までもが、それぞれ別の皇帝を擁立し、こうして剣によるほか王位継承争いを決することができなくなった。このような強大な力による君主政下にある人民の状態は悲しむべきものであった。だがそれは、皇帝の選択が彼ら人民に委ねられていなかったからではない——そんなことは実際ありえないことだった。そうではなくて、それはたがいに規則正しく交替する連綿たる支配者をいただくことができなかったからである。王位継承が新たに起きるたびに、暴力、戦争、流血が引き起こされたが、これらは非難しようのないものだった。なぜなら、不可避なものだったからである。

ランカスター家はほぼ六〇年間この島国を支配した。(9) しかし白ばら党[4]は、イングランドで日増しに増加しているように思われた。現在の〈ハノーヴァー家の〉政府はそれ以上に長く続いている。しかし前のもう一つの王家〈ステュアート王家〉に王位継承権があるとする見解はすべて、完全に消滅してしまっているであろうか。しかも現在生きている人びとで、この王家が追放されたときに、分別のつく年齢に達していた人はほとんどいなかったし、あるいはまた、この王家の支配に同意して忠誠を約束した人もまずいなかったはずである。確かにこれはこの問題に関する人類の一般的意向を十分に示すものである。というのは、退位させられた王家の支持者たちをわれわれが非難するのは、単に彼らが久しきにわたって空想的な忠誠を保持してきたからという理由からだけではない。彼らが非難されるのは、その追放が正当であったとわれわれが確認し、したがって新政府が樹立された瞬間から、権威に対する一切の資格を喪失してしまった王家に執着しているからである。

しかし、原始契約ないし人民の同意というこの原理に対して、もっと系統立った、少なくとも、より哲学的な反論を行おうと思えば、おそらく次の考察で十分であろう。

一切の道徳的義務は二種類に分けることができる。[10] まず第一は、一種の自然的本能、あるいは直接的な性向によって人間に強制されるものであり、これは、公益や私益に対する一切の義務観念や見方とは関係なく人間に働きかけるものである。子供に対する愛情、恩人への感謝の念、不幸な人びとに対するあわれみは、この種のものである。このような慈悲深い諸本能の結果として社会にもたらされる利益が反省されるとき、それらの本能は道徳的是認と尊敬という正当な贈り物を与えられるのである。だが、このような諸本能によって動かされている当の人間は、このような反省をする前に、まずそれらの本能の力と影響を感じるのである。

道徳的義務の第二の種類は、およそ本源的な自然本能によって支えられるようなものではなく、まったく義務感から行われるものである。それは、われわれが人間社会の必要を考慮し、もしそれらの義務が無視されると社会を維持することができなくなると考えるからである。正義（*justice*）すなわち他人の財産の尊重や、誠実（*fidelity*）すなわち約束の履行が義務となり、人類に対して権威をもっているのは、このようなわけである。なぜなら、誰でも他人よりも自分自身が可愛いことは分かりきっているから、各人はできるだけ財産を増やそうと自然に駆り立てられるからである。しかもこの性向を抑制できるものは、各人のそのようなわがままから有害な結果が生じることや、またそれによって社会の全面的な解体が起こりかねないことを教える、あの反省と経験をおいて他にはないからである。したがって、この場合には、人間の本源的な性向ないし本能は、それに続く判断や観察によって抑制され規制されるのである。

忠誠（*allegiance*）という政治的ないし市民的義務についても、正義や誠実という自然的義務について述べられたことが、まさにそのまま当てはまる。[11] 本源的本能によってわれわれが導かれる場合には、われわれは無制限の自由に耽るか、それとも他人を支配しようとする。したがって、こうした強力な情念をわれわれに平和と社会秩序のために犠牲にしようとさせるものは、ただ反省だけである。ほんのわずかばかりの経験と観察があれば、社会は統治者の権威なしにはおそらく維持できないのであり、また、この権威は、それに対して厳格な服従が行われない場合には、たちまち地に落ちてしまうに違いないということは、十分分かるはずである。こうした一般的で明白な利益に対する考察が、一切の忠誠の源泉であり、また忠誠に付随する道徳的義務の源泉である。

したがって、為政者に対する忠誠ないし服従の義務を、誠実ないし約束の尊重の義務によって基礎づけたり、さらにまた、各人を政府に服従させるものは各人の同意であるなどと想定したりする必要は、いったいどこにあるだろうか。なぜなら、忠誠も誠実もまさに同一の基礎の上に立っており、いずれも人間社会の明白な利益と必要のために、人類によって守られていると思われるからである。なるほど、われわれが主権者に服従しなければならないのは、われわれがすでにそのような目的のために暗黙の約束を与えてしまっているからだと主張されるであろう。しかしなぜわれわれは約束を守らねばならないのだろうか。この場合には、人びとが約束をまったく尊重しないときには、現にあのような大きな利益をもたらしている、あの人類の商業活動や交通（commerce and intercourse）が全然保証を得られなくなるからだ、と主張されるに違いない。もしそう言えるなら、同様にして、強者が弱者を、無法者が正当・公正な人を侵害するのを防ぐ法律や為政者や裁判官が存在しなければ、人間は社会、少なくとも文明社会で生活できないであろうと、言うことができよう。忠誠の義務は誠実の義務と同等な力をもっているから、前者を後者に解消させてみても、なんの得るところもない。社会の一般的利益ないし必要（general interests or necessities of society）こそ、二つの義務を確立するのに十分なものである。

もしも政府に服従しなければならない義務の理由を問われたら、私は、即座に、そうしなければ社会が存続できないからだ、と答える。そしてこの答えは、明快で人類のすべてに分かりやすいものである。ところがあなたがたの答えは、われわれは約束を守らねばならないからだというものである。しかし、哲学理論の修練でも積まない限り、このような答えを理解したり、好んだりできる人は誰もいない。その上、なぜわれわれは約束を守らねばならないのかと問われたら、たちまちあなた方は返答に窮するにきまっている。どうにかあなた方が答えることができたとしても、それは、われわれの忠誠義務を直接的に、少しも回り道をせずに、説明したものにすぎないであろう。

しかし、ではいったい誰に忠誠は捧げられるべきなのか。そして、われわれの合法的な主権者とは誰なのか。この問題は、しばしば何よりも難しい問題であり、限りない論争の種になりやすいものである。(12)だが、われわれの現在の主権者こそそうだ、彼は長年の間われわれを支配してきた、あの祖先からの直系の相続人だからだ、と答えうるほどに人民が幸福である場合には、この答えはどんな反駁の余地もない。たとえ歴史家たちが、この王家の起源を最も古い昔にまでさかのぼり、この王家の最初の権威も、普通よくあるように、やはり権力の奪取と暴力に由来していることを発見したとしても同じことである。私的な正義、すなわち他人の財産に手をつけない節欲が最も根本的な徳であることは明白である。だが理性的に考えてみれば、土地や家屋といった耐久財の所有は、それらが人手から人手へと渡ってゆくのを注意深く検討すると、そのどこかの時点で詐欺や不正によらなかったものはないことが分かるであろう。しかし人間社会の必要から、私生活でも公生活でも、このように厳密な詮索は許されないであろう。なぜなら、もしわれわれが似非哲学にふけり、可能な限りあらゆる観点からそのありとあらゆる揚げ足取りの論理規則を駆使して詮索し吟味するとすれば、どんな徳や道徳的義務でも、たやすく欠陥を現さないものはないからである。

　私有財産を扱った法律書や哲学書は、原典に対する注釈書を加えるならば、ついにその数は数えきれないくらいになるだろう。したがって、結局のところ、われわれが安心して断言できることと言えば、これらの書物のうちに立てられている[13]規則の多くは、不確実、曖昧で、かつ恣意的だということである。同様の意見は、王位継承権や君主の大権、さらに政体に関しても、もつことができるであろう。[14]正義と平等に関する法律による決定をまったく受け入れないような事態が、とくに政治組織が生まれたばかりの時期に、しばしば起きることは確かである。たとえば、現代の歴史家ラパン[5]は、エドワード三世とヴァロア家のフィリップ[6]との間の論争は、まさにこの種のもので、天に訴える、つまり戦争と暴力によってしか決着のつけようのないものであった、と主張している。[15]

　もしゲルマニクス[7]もドルスス[8]も生きている間に、どちらも後継者として指名することなく、ティベリウスが死んだとすれば、果たしてどちらが後継者となるべきであったか、誰が答えられるであろうか。私人の家系において、養子に基づく権利と、血統上の権利とは同等のものと見られていたし、また、王家の場合でも既に二つの先例があったような〈ローマの〉国においては、二つの権利は同等とみなされるべきであろうか。あるいは、ゲルマニクスはドルススよりもさきに生まれたから、長男とみなされるべきだろうか。それとも、兄〈ドルスス〉の出生後に養子になったのだから、次男と考えられるべきだろうか。それにしても、私的な家系の相続では、長男であることが少しも有利でなかったような〈ローマの〉国において、果たして長子の権利は尊重されるべきであろうか。さらにまた、当時のローマ帝国は、二つの先例があるために、世襲制だったと考えられるべきだろうか。それとも、そのような初期にさえ、強者、すなわち、そのときどきの帝権占有者の手に帰属すべきもの、すなわち、最も新しい帝位の簒奪に基づくとみなされたと考えなければならないのだろうか。

コンモドゥス[9]は、かなり長い間、何代も引き続き優れた皇帝が現れた後、帝位についた。これらの皇帝は、その資格を血統や人民の選挙によってではなく、養子縁組という仮構の儀式によって得たのであった。この残虐な遊蕩児は、彼の情婦と当時たまたま近衛隊長（*Prætorian Prefect*）であった彼女の情夫との間に突如結ばれた陰謀によって殺害された。その後この両人は直ちに、当時の言い方では、人類[10]の支配者を選ぶことについて熟議し、こうしてペルティナクスが彼らの目にとまったのである。この暴君〈コンモドゥス〉の死が知れわたる以前に、近衛隊長は秘かにこの元老院議員のところへ行った。この元老院議員〈ペルティナクス〉は近衛兵たちが現れると、てっきりコンモドゥスが彼の死刑を命じたのだと考えた。ところが、その近衛隊長とその従兵たちによって、彼はその場で皇帝として敬礼され、人民によって快く皇帝と宣言され、近衛兵たちからは不承不承服従され、元老院からは形式的に承認され、ついにローマ帝国の諸州および諸軍団によって消極的ながら皇帝として受け容れられたのであった。

しかし、やがて近衛兵団の不満が爆発し、突如として暴動が発生し、この優れた皇帝は殺害されてしまった。こうして、世界がいまや支配者も政府ももたなくなったため、近衛兵たちは帝国を正式に競売にかけるのが適切だと考えた。これを買ったユリアヌスは、近衛兵によって皇帝と宣言され、元老院から承認され、人民からも服従された。そして、もしも地方軍団がねたみからこれに反対したり抵抗したりしなかったならば、属州からも服従をうけたに違いない。まず、シリアにいたペスケンニウス・ニゲル[11]が自らを皇帝に選び、彼の軍隊から乱暴に同意を獲得し、その上、ローマの元老院と人民[12]からも秘かな好意を寄せられた。さらにブリテンのアルビヌスも、負けず劣らず自分の要求を主張する権利を見つけ出した。しかし、パンノニアを支配していたセウェルスが結局のところ、これら二人をしのぐに至った。この有能な政治家兼軍人は、帝位に比して自身の生まれと品位があまりにも劣っていることを知っていたので、最初はペルティナクス殺害の復讐あるのみと、その意図を宣言した。彼は一将軍としてイタリアへ進撃し、ユリアヌスを破った。そして、例の近衛兵たちさえも、いつから同意するようになったかは正確には決めかねるけれども、同意するに至り、彼は必要に迫られて、元老院と人民からも皇帝として承認された。しかも彼はニゲルとアルビヌスとを従えることによって、その暴力に基づく権威を十分に確立したのであった。[16]

カピトリヌス[13]は別の時代のことを語って、次のように述べている。「そうこうしているうちに、軍隊によってゴルディアヌス・カエサル[14]が擁立され、『皇帝』と呼ばれた。なぜなら、そのとき誰もいなかったからである」（*Inter hæc Gordianus CÆSAR sublatus a militibus. Imperator est appellatus, quia non erat alius in præsenti*）[17]。ひとこと注意しておくが、ゴルディアヌスは一四歳の少年であった。

同様な事例は、ローマ皇帝史や、アレクサンドロスの後継者たちの歴史、さらに他の多くの国々の歴史において、頻繁に起こっている。この種の専制政治ほど不幸なものは、他には見られない。なぜなら、ここでは王位の継承はずたずたに寸断され不規則的であり、王位が空位になるたびに、武力か選挙によって決定されねばならないからである。自由な政府においては、このような事態はしばしば避けがたいが、同時にその危険の度合いははるかに少ない。こうした政府のもとでは、自由に関する諸利害から、人民が自己防衛のために立ち上がって、王位継承を変更することがしばしばある。そしてこの政体は複数の要素の合成からなっているので、なお十分な安定を保持することができるであろう。つまり、かりに貴族政ないし民主政の要素に順応させるために、君主政の要素がときどき変更されることがあっても、前二者の要素がその政体を支えるからである。

絶対的な政体において、王位につく資格のある合法的な君主がいない場合、王位がそれを最初に占有した人のものとなるということは、決まりきったことと言ってもよい。この種の事例[18]は実に頻繁に見られ、とくに東方の君主国ではそうである。だが、君主たちのどの系統も絶えてしまった場合、最後の君主の遺言ないし指定が、一つの資格とみなされるであろう。こういうわけで、嫡出の王子がすべて絶えたときには、庶出の王子に王位を継承させたルイ一四世の勅令が、[19]このような場合にある程度の権威をもつようになったのである。[20]カルロス二世[15]の遺言がスペイン王国全体のあり方を決定したのも、このような理由からであった。また、旧所有者による王位の譲渡も、とくにそれが征服と結びついている場合には、同様に一つの立派な資格とみなされるのである。われわれを政府に服従させる一般的義務は、社会の利益と必要である。そして、この義務はきわめて強力なものである。けれども、こちらかあるいはあちらか、どの特定の君主に服従すべきか、あるいはまたどの政体に服従すべきかの決定は、しばしば、その義務よりも不確実で曖昧である。このような場合には、現在王位を所有していることが無視できない権威をもち、それは私有財産の場合よりも大きい。なぜなら、そうでなければ、すべての革命や政体の変革に伴う無秩序が生じることになるからである。[21]

このエッセイを終えるに当たって、もう一言だけ述べておくことにしよう。形而上学、自然哲学、あるいは天文学のような思弁的な学問においては当然ながら、一般の世論に訴えることは不当であり、決定打とならないと考えられる。しかし道徳に関するすべての問題では、文芸批評の場合と同様、論争に決着をつけることができる基準は実際のところ世論以外にはない。この種の理論が誤りであることを最も明快に証明するには、それが結局、人類の共通した所感に反し、あらゆる国民とあらゆる時代の慣行と世論に反した奇論にならざるをえないことを示すほかはない。合法的な統治はすべて原始契約、すなわち人民の同意に基づくという理論は、明らかにこの種のものである。この派の最も著名な人物は、その理論を説くに当たって、「絶対君主政は市民社会と相容れないものであり、したがって市民政府の一つの形態ではありえない」[22]とし、また、「一国の最高主権によっても、被課税者自身の同意、あるいはその代表者の同意なしには、いかなる人からも、また財産のどんなわずかな部分も、租税や賦課金によって取り立てることはできない(23)」と断言してはばからない。人類の一般的慣行からこれほどかけ離れた意見にならざるをえないような道徳的推論が、このただ一つの王国〈イングランド〉だけは例外としても、他のあらゆるところで、いったいどんな権威をもつことができるかは、断言するに難くないところである(24)。

私の知る限り、古代の文献で統治に対する服従義務の論拠を約束に求めた文章はただ一つであり、それはプラトンの『クリトン』[16]のなかにある。そこでソクラテスは脱獄を拒否し、その理由として、自分はすでに暗黙のうちに法律に従うことを約束してしまったからだとしている。こういうわけで彼は、原始契約というウイッグ的な基礎の上に、絶対的服従（passive obedience）というトーリー的な帰結を打ち立てているのである。

新しい発見はこのような問題においては期待できない。もし、ごく最近まで、統治の基礎は契約だったなどと想定する人がほとんどいなかったとすれば、統治が、一般的に言って、そのような基礎をもつはずがないことは確かである。

古代諸国民の間では、反逆の罪は、普通、新奇なことを企てる（*νεωτερίζειν, novas res moliri*）という言葉で表現されたのであった。

（1）［D—P版では「エリザベスやフランスのアンリ四世のような人」となっている］。

［1］Tulagee Angria は一八世紀半ばに遠くボンベイの南、インドのマラバル海岸で仕事をした海賊の一団のリーダーであった。彼は一七五六年に、ワトソン（Charles Watson）とクライヴ（Robert Clive, 1725-1774）指揮下のヨーロッパとインドの軍隊により、その根拠地から追われた。これはインド帝国の確立のきっかけとなった。

（2）［「ないし平等性にほぼ近いもの」はQ版で追加された］。

（3）［このパラグラフはR版で追加された］。

（4）［次の二つのパラグラフはK版で追加された］。

（5）第二巻、第三八章。

［2］Henry IV (1367-1413) はイングランド王。在位、一三九九—一四一三年。ランカスター王家の創始者。

（6）［このパラグラフと次のパラグラフはK版で追加された］。

（7）タキトゥス『年代記』第六巻、第一四章。

（8）［このパラグラフはR版で追加された］。

［3］Charles I (1600-1649) はイングランド王。在位、一六二五—四九年。父ジェイムズ一世と共に王権神授説を唱えた。ピューリタン革命（一六四二年）でクロムウェルに敗れ、一六四九年に反逆者として処刑された。

（9）［この文章の後半〈増加しているように思われた」まで〉は、K版で追加された］。

［4］白ばら党はヨーク家の紋章白ばらに由来するヨーク家の支持者で、同じく赤ばらを紋章とするランカスター家を支持する赤ばら党と対立していた。このプランタジネット王家の流れをくむ両家の争いであるばら戦争（一四五五—八五年）は、ランカスター家のヘンリー七世がヨーク家のリチャード三世を破り、テューダー王朝を開くことによって終結を見た。

（10）［この道徳的義務の区分はヒュームによって、『人間本性論』第三巻「道徳について」および『道徳原理の研究』において詳説されている］。

(11)〔忠誠、すなわち統治に服従する義務の根拠に関するこの短い論議は、『人間本性論』第三巻、第二部、第八節「忠誠の根源について」におけるヒュームの詳論と対照されるべきである〕。

(12)〔ヒューム『人間本性論』第三巻、第二部、第一〇節「忠誠の対象について」を参照〕。

(13)〔この問題はヒュームによって、『人間本性論』第三巻、第二部、第三節「所有を決定する規則について」で詳論されている〕。

(14)〔D版はこの文章から三八九頁の「とくに東方の君主国ではそうである」までを省き、それを次のように代えている。「こうした問題を論じようとすれば、われわれはこのようなエッセイの範囲をすっかり超えることになるだろう。どんな王国や共和国においても、既存の政府に対して捧げられるべき忠誠の基礎を一般的に決定することができたならば、当面の目的にはそれで十分である。王位につく資格をもつ合法的な君主がいない場合には、王位は最初の王位占有者のものとなると決めても差しつかえないと、私は信じる。これは事実ローマ帝国でしばしば起こったことである」〕。〈このあとに、三八九頁「だが、……」から終わりの「無秩序が生じることになるからである」までの文が続いている〉。

[5] Paul de Rapin (1661-1725) はこの時代の著名なフランス人のイギリス史家。主著『イギリス史』(*Histoire d'Angleterre*, 8 vols., 1723) は、ヒュームの『イングランド史』が刊行されるまで標準的なイギリス史であった。

[6] Philip de Valois (1293-1350) はフィリップ六世。在位、一三二八—五〇年。フランスの王位継承権をめぐってイギリス王と争い、ここから両国間に百年戦争（一三三七—一四五三年）が起こった。

(15)〔K—P版では「認めている」となっている〕。

[7] Germanicus Julius Caesar (15 B.C.-19 A.D.) はローマの政治家、将軍。ドルススの息子、ティベリウスの養子となる。

[8] Nero Claudius Drusus (38-9 B.C.) はローマの将軍。

[9] Lucius Aelius Aurelius Commodus (161-192) は第一七代ローマ皇帝。在位、一八〇—九二年。

[10] Publius Helvius Pertinax (?-193) は第一八代ローマ皇帝。在位、一九三年。コンモドゥスを暗殺後、皇帝就任のあかつきには多大の報酬を出すという約束のもとに、近衛兵に推されて皇帝となった。在位は三カ月間であった。

[11] Gaius Pescennius Niger Justus はシリアの有名な総督。ペルティナクスが死んだとき、ローマ皇帝であると宣言された。ローマ皇帝セウェルスと戦い一九四年に敗れた。治世一年。

[12] Decimus Clodius Septimius Albinus (?-197) はローマの将軍。ペルティナクスが死んだときに（一九三年）、ガリアの皇帝を宣言した。セウェルスに敗れ首をはねられた。

(16) ヘロディアヌス〔『歴史』〕第二巻。〔コンモドゥスの皇帝在位は一八〇—一九二年。ペルティナクスの支配は一九三年に、わずか三カ月（一月一日から三月二八日）しか続かなかった。セウェルスとその競争相手たち（ユリアヌス (Didius Julianus)、ペスケンニウス・ニゲル、アルビヌス）との争いが一九三年から一九七年に生じた〕。

[13] Julius Capitolinus はローマの伝記家。ウェッルス、アントニウス、ピウス、ゴルディアヌス等の『ローマ皇帝の生涯』の著者。

[14] Marcus Antonius Gordianus I (158-238) は第二八代ローマ皇帝。在位、二三八年。一カ月余の治世。

(17)〔ユリウス・カピトリヌス『ローマ皇帝の生涯』、「マクシムスとバルビヌス」第一四節。「そうこうしているうちに、ゴルディアヌス・カエサルが軍人たちにより擁立され、皇帝と呼ばれた。そのとき他に誰もいなかったからである」（レーブ版、David Magie 訳）。若いゴルディアヌスは二三八年に近衛兵たちにより皇帝として迎えられ、これに続いてその年に、おじの殺害と祖父の自殺（両皇帝ともゴルディアヌスと名乗った）と、共治皇帝としてのゴルディアヌスのあとを継いだバルビヌスとプピエヌス・マクシムスの殺害が起こった〕。

(18)〔D版では〈すでに注(14)で指摘したが〉このパラグラフの以下の部分は、次の注に続けて置かれている〕。

(19) ルイ一四世のこのような指定に抗議して、ブルボン公と嫡出の王子たちが、あの絶対的な政府のもとですら、原始契約説を主張したことは注目に値する。彼らによれば、フランス国民がユーグ・カペー〈Hugh Capet (987-996). フランスのカペー家（九八七―一三二八年）の創始者〉とその子孫を選んで、彼らとその子孫を統治させているのだから、この王家の家系が絶えた場合には、新しい王家を選ぶ暗黙の権利が〈国民の側に〉保留されていることになる。したがって、国民の同意なしに庶出の王子を王位につければ、この権利は侵害されたことになる。しかし、ブランヴィリエ伯〈Comte de Boulainvilliers, Henri de (1658-1722). フランスの歴史家。『フランスの状態』(*État de la France*) は一七二七年刊行〉は、庶出の王子たちを弁護する書物を著して、このような原始契約の考えを、ことにそれがユーグ・カペーに適用された場合を笑いものにしている。彼によれば、ユーグ・カペーも、これまでのすべての征服者や王位横領者が用いたと同じやり方で王位に登ったのであった。なるほど、彼は王位を手に入れてしまってからは、その資格を得、もろもろの身分の者から承認を受けている。しかし、これは選任とか契約というものであろうか。言えることは、ブランヴィリエ伯は、有名な共和主義者であったが、学問があり歴史によく精通していたので、革命とか新政府の樹立といったさいに人民に相談がもちかけられるようなことはまずありえないことであり、ただ時だけが通常、はじめ武力と暴力とに基づいて打ち立てられたものに、権利と権威を与えるのだということを知っていたのである。〔ブランヴィリエ〕『フランスの状態』(*Etat de la France*, 3 vols., Londre, 1727) 第三巻を参照。

(20)〔この文章はM版で追加された〕。

[15] Carlos II (1661-1700) はスペイン王。在位、一六六五―一七〇〇年。ルイ一四世との戦争の大同盟に加わり、一六九七年にレイスウェイクの和約で終結。

(21)〔このエッセイの現在の結びのパラグラフとなっているものは、K―P版までの諸版では、注の形で追加されている〕。

(22) ロック『統治論』第七章、第九〇節を参照。〔ここでのヒュームの引用は厳密なものというよりも、意訳である〕。

(23) 同上、第一一章、第一三八節、第一三九節、第一四〇節。

(24)〔ここでD―P版は終わっている。K―P版では次の二つのパラグラフを注にしている。それらの諸版ではすでに結びのパラグラフを注(19)として述べていた〕。

[16] *Crito* はプラトン (Platon, c. 427-347 B.C.) の著作（久保勉訳『ソクラテスの弁明・クリトン』岩波文庫、二〇〇七年）で、ソクラテスを主役とする対話篇の一つ。ここでは五〇c以下を参照。

XIII　絶対的服従について

前のエッセイでは、わが国で提唱されている純理論的な政治学説、すなわち、一方の政党〈トーリー党〉の宗教的理論と他の政党〈ウイッグ党〉の哲学的理論とを、いずれも反駁しようと努めた。さてこれからは、主権者に対する服従の仕方に関して、各政党が引き出している実際的な帰結を検討する運びとなった[1]。

およそ正義を守る義務は、もっぱら社会の利益をその基礎としている。人類の間に平和を保つためには、たがいに財産を侵害しないことが必要だからである。したがって、正義が執行されれば、それに伴いきわめて有害な結果が生じると思われる場合には、正義の徳は、このような異常で切迫した事態に限り、一時差し止められ、社会の利益がそれに取って代わらねばならないということは明白である。「天地崩るるとも正義をして行わしめよ」(*fiat Justitia & ruat Cœlum*) という格言は明らかに間違っており、それは、手段のために目的を犠牲にするもので、義務を守るということに関する本末顛倒もはなはだしい考えを示すものである。近郊地域が敵を近づきやすくしているような場合、その地域を焼き払うことを躊躇する市長がどこにいるだろうか。また、戦争をするためやむをえず中立国の略奪が必要となり、そうでもしなければ軍隊を養えない場合に、中立国の略奪を差し控える将軍がいるだろうか。忠誠の義務についても同じことが当てはまる。つまり、常識があれば分かることであるが、政府がわれわれに服従を課す理由は、それが社会の利益になる傾向をもつということだけなのであるから、服従を守れば社会が破滅することが明らかである異常な場合には、この服従義務は、常に根本的で本源的な義務に道を譲らなければならない。*Salus populi suprema Lex*、つまり「人民の安全が最高の法」だからである。この格言はどんな時代にも人類が考えているところに合致するものである[2]。たとえば、ネロやフィリップ二世に反抗したあの反乱の記録を読めば、どれほど一党一派の理論にのぼせ上がっている人でも、この企ての成功を祈らず、それを企てた人びとを称賛しないような人はいない。わが国の非常に君主政好みの政党でさえ、その崇高な理論にもかかわらず、このような場合には、他の人びとと同じように判断し、感じ、是認せざるをえないであろう。

　したがって、異常な緊急事態の場合、抵抗は承認されているのであるから、優れた理論家たちの間で問題となりうるのは、抵抗が正当とみなされ、合法的または称賛すべきことと考えることができる必要性の度合いに関してだけである。さてここで私は告白しておかなければならないが、いつも忠誠の義務をしっかりと堅く守り、それを破棄することは、国家社会が暴力と圧制のために最大の危険に瀕した絶望的な場合の最後の避難所であると考えるような人びとに、私は常に味方するものである。なぜなら、内乱には普通、暴動がつきものだが、それがもたらす悲惨な結果を別にすれば、およそ反乱を起こそうとする意向が人民の間に現れる場合、それが支配者の側に圧制の主要な口実となり、支配者たちは、人民の誰もが従順であり、進んで服従しようとしていたときには思いも及ばないような数多くの暴虐な政策を強行せざるをえなくなるからである。こういうわけで、古代の政治原理によって承認された暴君殺し（*tyrannicide*）あるいは暗殺は、暴君や王位横領者を恐れさせるどころか、かえって十倍も冷酷無情にしたのであった。こうした理由から、このようなやり方は現在では、正当にも諸国民の法によって廃止されており、至るところでこのような社会の撹乱者を裁くに当たっては、卑劣で当てにならない方法だと非難されているのである。

　さらにまた考えねばならないことは、普通の状態のもとでは、服従がわれわれの義務であるから、それが主として教え込まれねばならないということである。したがって、抵抗が許されうるような場合を全部列挙しようと切望し、それに熱中したりすることほど、本末を顛倒したこともないであろう。同様に、哲学者が議論の成り行きで、正義の規則が緊急の必要がある場合に限り、免除されうるということを理論の上で承認するとはいえ、わざわざこうした場合を見つけ出し、それらをあらゆる論証と雄弁の力を駆使して強く主張することを主な研究にしているような、説教家や詭弁家をどう考えたらよいのであろうか。その包摂範囲を拡大しようとしか考えたがらないあの特殊な例外を並べ立てるよりも、一般的な学説を教え込むことにもっと精力を使った方がよろしいのではなかろうか。

　とはいえ、抵抗権に関する原理（maxims of resistance）――この原理そのものは一般に市民社会にとって非常に有害で破壊的なものであることが認められねばならないが――をあれほど熱心に宣伝してきたわが国のあの政党〈ウイッグ党〉を弁護しようと思えば、訴えることができる二つの根拠がある。その第一は、反対派が服従の理論を途方もない極端な高さにまで押し上げてしまい、異常で緊急な例外に少しも言及しないばかりか（これにはおそらく弁解の余地があるであろう）、さらにそのような例外を積極的に否認しようとさえしたため、ここからこうした例外を強く主張し、侵害された真理や自由の諸権利を守ることが必要になったということである。その第二は、おそらくもっとよい根拠であろうが、ブリテンの憲法機構と政体の本質に基づくものである。

わが国の政体にまず特有なところは、最高の統治者が、非常に高い卓越した威厳のある地位身分につけられており、そのために、法律による制限はあるものの、彼は自分自身に関する限り、ある意味において法を超えており、彼がどんな権利侵害や間違いを犯そうとも、けっして審問を受けたり処罰されたりすることはありえないということである。彼の大臣たち、あるいは彼の委任を受けて行動する人びとだけが司法に服さなければならない。こういうわけで、一方では、君主は自分は何をしても安全だという見込みをもち、法には法の道を自由にとらせるがよいと考えがちになるのに対して、他方では、下級の法律違反者を処罰することで、結果として平等な安全が獲得され、しかも同時に、ことあるごとに君主に対して攻撃が向けられるとすれば、どうしても避けて通れない結果となると思われる内乱を回避することができる。しかし、わが国の政体は君主に対してこうした有益な敬意を払っているとはいえ、君主が大臣たちを保護し、相変わらず不正を行い、国家の全権力を奪うような場合に、この政治原理に基づくとして、わが国の政体自らの破壊が政体によって決められているのだとか、あるいは、どんな場合にもただおとなしく服従することがわが政体によって確立されているのだというようなことは、とうてい理屈に合わないことである。なるほど、このような場合については、法律で明確に述べられてはいないが、それは、このような場合の救済手段をあらかじめ用意したり、あるいは君主の法外な行為をこらしめるために、君主以上の権力をもった地位を設立することは、法律の普通のあり方からして不可能だからなのである。だが、およそ救済手段をもたない権利というのは不合理であろう。いまの場合、救済手段というのは、事態が極端に走って、反抗によってしか政体が守れなくなった場合にとられる、抵抗という異常かつ緊急の救済手段のことである。したがって、抵抗はブリテンの政府のもとでは、それよりも単純でその構成要素も政治的動きも少ない他の政体の場合よりも、もちろん頻繁になるに違いない。王が絶対君主である場合には、王には反乱を引き起こすのが正当と思われるほどの凶悪な圧制をあえて行おうとする誘惑はほとんどない。ところが、制限君主の場合には、大きな悪業がなくても、王は軽率な野心から、そのような危険な事態に陥ることがあろう。チャールズ一世の場合がまさにそうだったとしばしば考えられている。またもし憎悪がなくなって、いまや真理を語りうるとするならば、ジェイムズ二世〔1〕の場合にもそうだったのである。これら二人は、個人的性格の上では、善人でないとしても、無害な人物であった。ところが、わが国の政体の本質を誤解し、全立法権を独占したため、彼らにかなり激しく反抗する必要が生じ、とくにジェイムズ二世から、彼が非常に軽率、無分別に用いた権威を公式に奪うことさえ必要となったのである。

〔1〕［このエッセイはヒュームによる『人間本性論』第三巻、第二部、

第九節「忠誠の限度について」における論義と対比されるべきである」。

（2）〔D版では「カラカラ帝のような皇帝」、K—P版までの諸版では「フィリップのような君主」となっている〕。

［1］James II（1633-1701）はイングランド王。在位、一六八五—八八年。チャールズ二世の弟で、王権神授説をとなえたため議会と衝突。ウイッグ、トーリー両党から王位を追われ、名誉革命となった。フランスに亡命し、王位の奪回を図ったが失敗した。

XIV　党派の歩み寄りについて

政党〈間〉に見られる区別をすべてなくしてしまうことは、実行できないことであろうし、自由な政体のもとではおそらく望ましいことでもなかろう。だが、ただ一つ危険な政党というのは、政体の本質に関することや、王位継承や、あるいは政体を構成する各構成員がもっている比較的重要な特権に関して、たがいに対立する見解を抱くような場合である。この場合には、およそ妥協や和解の余地はなく、また論争はきわめて重大であり、反対派の主張に対して武力に訴えて反対することさえも正当とみなされるかもしれない。過去一世紀以上にもわたってイングランドの政党間に続いた憎悪は、まさにこうした性質のものであった。そしてこの憎悪はときに爆発して内乱にまで至り、暴力による革命を引き起こし、また絶えずその国民の平和と平穏を脅かしたのであった。しかし最近、こうした政党による見解の相違をなくしたいという一般的な願望を示す最も力強いしるしが現れてきた。政党の歩み寄りに向かうこうした傾向は、将来の幸福に最も心地よい見通しを与えてくれるものであり、したがって、その国のすべての愛国者によって注意深く大事にされ、促進されなければならない。

このような立派な目的を促進する効果的な方法としては、一つの政党が他の政党に対して根拠のない軽蔑や勝ち誇った優越感をもたないようにし、中庸を得た意見（moderate opinion）を奨励し、どんな論争の場合にも適切な中庸を得た立場を見つけ出し、反対派もときには正しいこともありうるということを、各々の党に納得させ、また、どちらの党に寄せられるにせよ、称賛と非難が均衡を失わないようにすることが一番である。原始契約と絶対的服従（*passive obedience*）に関するさきの二つのエッセイは、こうした目的のために、〈ウイッグとトーリー〉両党間の哲学上と実践上の論争に関連して企てられたものであり[1]、このような論点について、両党いずれの側も、自らを美化しようと努めているものの、理性的に考えてみた場合には、それほど十分な支持をけっして得られないということを示そうとしたものである。そこで、さらに一歩を進めて、歴史に関連した両党間の論争についても、これと同様の中庸を得た立場(moderation)を用いることにしたい。そのために、両党いずれもが、いかにももっともらしい論拠により自らを正当化したこと、両派いずれにも国によかれと願う思慮深い人びとがいたこと、そして、両派間の過去の憎しみ合いは、狭小な偏見や利害にとらわれた情念に基づくものにほかならなかったということを、証明することにしたい。

後にウイッグという名を付けられるようになった人民派は、国王に対するあの反抗——これにわが国の現在の自由な政体が由来している——を、さももっともらしい議論に基づいて正当化することができた。彼らは、国王の大権に有利な先例が、チャールズ一世以前の数多くの治世にわたって、一様に存在してきたことを承認せざるをえなかったけれども、そんな危険な権威にもうこれ以上服従する根拠はないと考えたのであった。彼らの理屈は次のようなものだったと思われる。すなわち、およそ人間のもつ諸権利は永久に神聖なものと考えられるべきであるから、どんな圧制的ないし恣意的な権力でも、それらの諸権利をなくしてしまうだけの権威をもつことはけっしてできない。自由ははかり知れないほど大きい神の賜物であるから、それを回復する蓋然性があると思われるときにはいつでも、国民は進んで多くの危険を冒すであろうし、それどころか、最大の流血や財宝の消失にさえも愚痴をこぼすべきではない。ところで人間の制度というものはすべて、絶え間なく変動しているのであり、政体も例外ではない。国王は、その大権を拡張する好機ならどんなものにでも飛びつくことは確かである。したがって、もし人民の特権を拡張し確保するために有利な出来事が起こった場合に、同じくこの好機をしっかりととらえなければ、全般的な専制政治が永久に人類を支配するに違いない。近隣諸国民の事例がすべて証明しているように、昔、未開で素朴な時代に行使されていたのと同じ強大な大権を国王に信託することは、もはやけっして安全とは言えない。また、現代に近い多くの治世に見られる事例をあげて、国王の多少恣意的な権力に好都合なように抗弁できるかもしれないけれども、もっとさかのぼった古い時代の治世には、王権に対してもっと厳しい諸制限が課せられていた事例が見られる。したがって、議会側のあのような主張は、いまや革新という烙印を押されているが、人民の正当な権利の回復にすぎないものである。

以上の見解は、憎むべきものであるどころか、確かに心が広く寛大であり、かつ高尚なものである。このような見解の成功と支配にこそ、まさにこの王国はその自由を、さらにおそらくはその学芸、産業、商業、さらに海軍力を負っているのである。主にこのような見解によってこそ、イングランドという名が諸国民の社会にあって知られるに至り、古代の最も自由で最も輝かしいもろもろの共和国と名声を競おうなどと大望を抱くまでになったのである。しかし、こうしたすべてのすばらしい結果は、両派の抗争が始まった当時には、理論的に予見することはできなかったので、当時の王党派も自分たちの方にさももっともらしい議論にこと欠かず、これらの議論に基づいて当時すでに確立されていた国王の大権に対する自分たちの擁護を正当化することができた。そこでわれわれはこの問題を、王権に対する暴力による侵害がもとで内乱が始まったあの議会の集会で、彼ら王党派の目に映ったと思われる通りに述べてみることにしよう。

王党派は次のように言ったと思われる。すなわち、人びとの間に知られ承認されている統治上の唯一の規制は慣例や慣行である。これに対して、理性は非常に不確定な案内者であり、そのため常に疑問と論争にさらされるものである。かりに万一、理性が人民に対して支配的な力をもつことができるのであれば、人びとは常にそれを行動の唯一の規則としてもち続けたことであろう。そのため人びとは、依然として原始的で、たがいにきずなをもたない自然状態にとどまり、政治的支配に服従することはけっしてないであろう。というのは、政治的支配の唯一の基礎は、純粋理性ではなくて、権威と先例だからである。かりにこのようなきずなが解かれるならば、市民社会のきずなはすべてずたずたになり、各人は理性の外面を装った欲望が命じるままのやり方によって、勝手気ままに私的利益をはかることであろう。革新の精神は、それが目指す特定の目的が時にどんなに有益に思われることがあっても、ただそれ自体として有害である。これはきわめて自明な真理であるので、人民派自体もそれに気づいているほどである。したがって人民派は、王権に対する彼らの侵害を、人民がもっている古来の自由（ancient liberties of the people）を回復するのだという、もっともらしい口実によって覆い隠すことになる。

しかし、人民派の想定をすべて認めるとしても、現在見られる国王の大権は、紛れもなく、テューダー家の即位以来、確立されてきたものである。しかも、いまや一六〇年という歳月が含まれるこの期間は、どんな政体であっても、それに安定性を与えるのに十分だと認められるであろう。かりに、ハドリアヌス皇帝の治世に、共和政体が統治原則であるなどと語ったり、あるいは、元老院、執政官、護民官が以前もっていた権限がなお存続しているのだと想定したりすれば、それはなんとも馬鹿げたことと思われなかったであろうか。

ところが、イングランドの国王が現在もっている要求は、さきにあげた時代のローマ皇帝の要求よりもはるかに有利なものである。アウグストゥスの権威は、軍事的な暴力だけに基づいた明らかな王位横領だったのであり、すべての読者に明らかなように、ローマ史上の一時期を画するものである。ところがある人びとが主張しているように、もしヘンリー七世が実際に王権を拡張したのだとすれば、それは、人民の目を逃れ、歴史家や政治家さえほとんど気がつかなかったような、感じられないくらいの方法によってのみ獲得されたのであった。この〈ヘンリー七世の〉新しい統治は、もしそれがその名称にふさわしいものであるならばということだが、それ以前の統治から目に見えないくらい徐々に移り変わってきたものであり、まったく以前の統治に接ぎ穂されており、その資格は完全にこの根源に由来するものであり、したがって、どんな国民でも、およそ人間世界の出来事が永久に免れえない漸次的な変転の一つとみなされるべきものであるにすぎない。

テューダー家も、その後のステュアート家も、プランタジネット家が主張し行使していたもの以外の大権を行使することはなかった[2]。これら両王家の権力は、そのどの一部門をとっても、およそ革新的なものとはとても言えない。ただ一つだけ違うところは、おそらく、それらより以前の〈プランタジネット家の〉国王たちは、これらの権力をただときどき行使しただけであり、封建諸侯の反対のために、それらの権力を確固たる政治原則にすることができなかったということであろう[3]。ところが、こうした事実から得られる唯一の推論としては、そのような昔の時代は現代よりももっと不穏で治安が悪かったのであり、王の権威や憲法機構や法律が幸いにも優越性を獲得したのは最近のことだということである。

ところで、人民派はいったいどのような口実から古来の憲法機構（ancient constitution）を回復するなどと語ることができるのであろうか。昔、国王に対する抑制は、平民のうちにではなく、封建諸侯の手のうちにあった。国王がこれらの党派心の強い暴君たちを抑えつけ、その結果、法律の施行を強制し、すべての臣民が等しくたがいの権利、特権、および財産を尊重しなければならないようにするまでは、人民には何一つ権威はなかったし、自由さえもほとんどあるいは全然なかったのである。もしも昔の野蛮な[4]そして封建的な憲法機構に戻らなければならないとすれば、現在主権者に対してきわめて傲慢に振る舞っているジェントルマンたちに、まずお手本を見せてもらうことにしよう。すなわち、近くの封建領主のもとにお伺いし、ご機嫌をとって家臣として認めてもらうようにしてもらおう。そして、領主の足下に奴隷のように服従することによって、自らへのなんらかの保護を手に入れ、また同時に、自分たちより目下の奴隷や農奴に対して強奪や暴虐を行う権力を手に入れるようなことを、ジェントルマンたちにやらせてみることにしよう。これこそが遠い昔、平民たちの祖先が置かれていた状態だったのである。

しかし、古来の憲法機構や政体に訴えるといっても、どこまで遡らなければならないのだろうか。このような革新をとなえる連中が実際大いに訴えている政体よりも、さらにもっと古い政体があった。そのような時代には、マグナ・カルタのようなものはまったく存在しなかった。なぜなら、封建諸侯自体が規則正しい定まった特権をほとんどもたなかったし、しかも下院もおそらく存在しなかったからである[5]。

王位横領によって全政治権力を掌握しておきながら、庶民院が古代の諸制度の復活を語るのを聞くことは、なんとも滑稽なことである。代議員は選挙人から報酬を受け取ったけれども、それでも下院議員となることがある人には常に負担とみなされたということは、知られていないのだろうか。およそ人間が獲得できるすべてのもののうち、一番欲しがられるものであり、それに比べれば名声や快楽や富でさえ軽く見られるほどの、あの権力がある人には一種の負担とみなされえたことがありうるということを、彼らはわれわれに納得させようとするのだろうか。

平民は最近になって財産を獲得したため、彼らの先祖が享受した以上の権力をもつようになったと言われている。しかし平民の財産のこのような増大は、彼らの自由と安全の増大以外の、いったい何にその原因を求めたらよいのであろう。したがって、王権が治安を乱しがちな諸侯たちから抑制を受けていた時代には、平民の祖先は、主権者が優越した地位を手に入れた後に彼ら自身が獲得したものよりも実際小さい自由を享受したのだということを、平民に認めてもらおうではないか。また、彼らにあの自由を節度をもって享受してもらい、新たな途方もない権利を要求したり、自由をきりのない革新の口実にしたりして、かえって自由を失うようなことがないようにしたいものである。

統治の真の規則は、その時代に現に確定している慣行である。それは、最近の慣行であるために、最も大きな権威をもっている。またそれは、同じ理由から最もよく知られているものである。プランタジネット家がテューダー家ほど極端なまでにその権威を行使しなかったのだと、あの護民官のような人たちに確信させたのは、いったい誰だったのであろうか。歴史家はそんな極端な権力の行使に言及していない、と彼らは主張している。しかし、歴史家は同時に、テューダー家による大権の主要な行使についても沈黙しているのである。およそどんな権力や大権も、それが十分に疑問の余地なく確立された場合には、その行使は当然のことがらとみなされ、たやすく歴史や年代記の目を逃れることになる。かりにエリザベスの治世に関して、わが国の歴史家のうち最も多弁で明快かつ正確な歴史家であるカムデン[1]によってさえ、保存されているもの以外になんの記録も遺されていないとすれば、われわれは、彼女の統治の最も重要な政治原理についてすらまったく無知であるに違いない。

現在の君主政体は、十分に法律家たちから権威づけられ、神学者たちからは推奨され、政治家たちから承認され、人民一般からは黙認され、いやそれどころか、熱情的にもてはやされるものではなかったのか。しかも、少なくとも一六〇年の間すべてこの通りであり、最近に至るまで、ごくわずかの不平も論争もなかったのではなかろうか。こんなに長い間、このような全般的な同意は、確かに一つの憲法機構を合法的かつ明白なものとするのに十分なものであるに違いない。もしすべての権力の起源が、彼らによって主張されているように、人民に由来するのであれば、ここには望みうる、あるいは想定しうる最も完全で最も十分な条件にかなった人民の同意があることになる。

しかし、人民は彼らの同意によって政体の基礎を置くことができるという理由から、自分たちの好き勝手にその基礎を覆し破壊することも許されるはずだなどと、人民に主張させてはならない。こうした治安を乱す傲慢な要求は限りのないものである。現在のところ国王の権力は公然と攻撃を受けている。そして貴族階級もまた目に見えて危機に瀕している。ジェントリもやがてその跡を追うことになるだろう。そうなれば、民衆の指導者たちが、ジェントリの名称を横取りし、ついで危険にさらされる番になるであろう。そこで人民自身は、市民的な統治を行えなくなり、またどのような権威の抑制も受けないので、平和を守るためには、合法的で穏健な君主に代わって、軍事的で専制的な暴君が次々と現れるのを容認しなければならないという羽目になるであろう。

以上に述べたような帰結はもっと恐るべきものとなる。なぜなら、人民の現在の怒りは、政治的自由に対する要求ということで言い繕われているものの、実際は宗教的狂信、つまり人間本性がおそらく影響を受けうる原理のなかでも、最も盲目的で激しく、しかも御しがたい原理によって扇動されているからである。人民の怒りは、どんな動機から生じたものであれ、恐るべきものである。しかしそれが、人間の法や理性や、あるいは権威による一切の制御を受け付けないような原理から生じる場合には、最も有害な結果を伴うに違いない。

以上は、各々の党派があの重大な危機の時代に、それぞれの先行者のとった行動を正当化するために利用しようと思えばできたであろう議論である。[2] その結果としての今日の事態は、もしそれが一つの理由として認めうるとすれば、人民派の議論の方がより優れた基礎の上に立っていたということを示している。だが、法律家や政治家が用いる確立された原理によれば、事態がそうなる以前には、王党派の見解の方が、一層堅実、安全で、しかも一層合法的だと思われるはずである。しかし確かなことは、過去の出来事をこうだと主張するさいには、われわれが現在中庸を得た立場をとればとるほど、両党派の完全な歩み寄りや現在の政治体制に対する全面的な黙認を生み出すのがそれだけ早くなるであろうということである。中庸はあらゆる既存の体制にとって有利なものである。これに対して、熱狂以外の何ものも既定の権力を覆すことはできない。味方の行きすぎた熱狂は、反対派にも同様な気風をどうも生み出しがちである。既存の体制に対する中庸を得た反対から、それの完全な黙認への移行は容易であり、感じられないほどのものである。

不満を抱いている党派〈トーリー〉を説いて、彼らが現在落着しているような政体を全面的に黙認するように誘うことになるはずの決定的な論法は数多く存在している。不満派は、市民的自由の精神が、最初は宗教的狂信と結びついていたけれども、その汚れを自ら一掃し、もっと純正で魅力ある姿をとって、つまり、寛容の味方で、人間性に名誉となるようなすべての心の広い寛大な見解の促進者として現れることができたのを、いまや見出しているのである。彼らは、人民による権利の要求が適当な時期にとどまることができ、そして王権の行きすぎた要求を削減した後にも、なお君主にも貴族にも、そして古来の諸制度のすべてに対しても、しかるべき尊敬を維持することができたということを、観察することができるであろう。なかでも、彼らは、彼らの党派の長所となり、その党派が主要な権威をそこから引き出した当の原理自体がいまや彼らを見捨てて、彼らの反対派に移ってしまっていることに気づいているに違いない。自由の計画はすでに落着しており、そのすばらしい結果は経験によって証明ずみである。長い時間の経過によって、それには安定性が与えられてきており、この方策を覆し、過去の政体や退位した王家を復活させようと企てるような連中は誰でも、他のもっと刑法上の非難は別としても、党争と革新という非難に今度は自分たちがさらされる番になるであろう。彼らが過去の出来事の歴史を詳しく検討するというのであれば、それと同時に、国王のそのような〈人民にとって不利な〉諸権利がずっと以前に廃止されていることや、またそのような権利のためしばしば発生した暴虐と暴力と圧制こそは、今日の政体における確立された自由によって今日ついに人民が保護されるに至った当の害悪なのだということを反省すべきである。このような反省によって、事実の最も明白な論証に反して、そのような国王の大権が存在したことを否定したりするよりも、われわれの自由と特権がよりよく保証されるということが明らかになるであろう。論証の力点を間違ったところへ置き、守りきれないような論点を争うことによって、反対派を強化して成功と勝利を収めさせることほど、主張を裏切る効果的な方法は他にないのである。

(1)〔「と実践上の」はR版で追加された〕。

(2)〔アンジュー家からのイングランド王はアンジュヴァン王家ないしプランタジネット王家として知られている。その統治は一一五四年、ヘンリー二世の即位で始まり、一三九九年、リチャード二世の退位で終わった。テューダー王家の統治は一四八五年、ヘンリー七世の即位に始まり、一六〇三年、エリザベスの死で終わった。イングランドにおけるステュアート王家は一六〇三年、ジェイムズ一世の即位で始まり、一七一四年、アンの死で終わった〕。

(3)〔M—Q版までの諸版には次の注が付されている。「本書の著者は、テューダー家が一般にその直接の先行諸王家〈プランタジネット家〉よりも大きな権力をもっていたと述べた最初の著作家だったと信じている。この見解は歴史によって支持されるものと著者は思うのだが、それを提出するに当たって、多少自信がないでもない。憲章に署名したのちでさえ、プランタジネット家のかなりの治世には、専制権力を行使した有力なきざしが見られる。その時代の国王の権力は憲法機構に依存するところが少なく、それよりも、その権力を帯びる君主の能力や活力に依存するところが多かった」〕。

(4)〔M—Q版ではゴシック〕。

(5)〔マグナ・カルタはノルマンの封建諸侯に強要されてジョン王によって同意された。その多くの条項を再吟味するなかで、ヒュームは、マグナ・カルタは「王国のあらゆる階層に、すなわち聖職者にも、封建諸侯にも、平民にも、非常に重要な諸々の自由と特権を付与し、確保した」と述べている。『イングランド史』第一一章（第一巻、四四二—四四三頁、リバティー・ファンド版）〕。

[1] William Camden (1551-1623) はイギリスの古物蒐集家、歴史家。『ブリタニア』(*Britannia*, 1586) は最も初期の時代以来のブリテン諸島のラテン語による説明。一六一五年、一六二五年にエリザベス女王の治世史 *Annales rerum Anglicarum et Hibernicarum, regnante Elizabetha ad annum Salutis MDLXXXIX* を著した。

[2] ミラーも注記しているように、このエッセイが一七五九年後半、もしくは一七六〇年前半に現れた頃までに、ヒュームは『イングランド史』のうちテューダー朝とステュアート朝を扱った諸巻を完成させていた。ヒュームは『イングランド史』と同じくこのエッセイで、当時広く行きわたっていたウイッグによる国制解釈を問題にしている。

XV　新教徒による王位継承について

ウィリアム王かアン女王[1]の治世で、新教徒による王位継承の制度がまだ不確定だった時に、ある一人の議員がこの重要な問題を前にして、どちらの党派〈ウィリアム派かジェイムズ派か〉を選べばよいかと思案を重ね、公平な態度で各々の長所と短所を天秤にかけて考えているものと仮定してみよう。そうすれば、以下のような個々の点が考察に入れられたものと私は思う(1)。

彼はステュアート家の復位から生じる大きな利益に容易に気づくであろう。なぜなら、その復位が行われると、一般大衆にとって最も有力でまた最も分かりやすい資格である、血統というもっともらしい資格のために、王位継承を明快で争う余地なく、王位詐称者がつけいる隙もないものにしておけるはずだからである。すでに多くの人びとが主張しているように、統治とは無関係な統治者に関する問題は、馬鹿げており、論争するにも値しないものであり、ましてそれについて戦う価値など毛頭ないなどと言ってみても、言うだけ無駄である。たいがいの人びとはそのような意見にけっしてついて行こうとしないであろうし、また彼らがそうせずに、むしろ生まれながらの先入観をもち続けているほうが、社会にとってははるかに一層幸せだと私は思う。もし自分たちの王家の真の後継者に対して、あれほどまで熱烈な尊敬の念を抱き、たとえその後継者が知力の弱い人であろうが、年老いてもうろくしていようが、輝かしい才能を最高に備えた人や、あるいは偉大な業績によって名声を博した人びとにまさって、その真の後継者を思慮深く王に選ぶということがない限り、どんな君主政体（これはおそらくは最善の政体ではないけれども、他のどの政体よりも常に最もありふれたものであり、また常にそうであった）においても、安定はどのようにして保つことができるであろうか。そうでなければ、王位が空位になるたびに、あるいは空位など起こらない場合でも、人気のある指導者なら誰でも自分にその資格があると主張し、したがって王国は絶え間ない戦争と動乱の舞台と化すことにならないであろうか。この点から見ると、ローマ帝国の状態は確かにあまりうらやましく思われるほどのものではなかった。また東方の諸国民の状態もそうではない。なぜなら、それらの諸国民は、彼らの君主の資格をほとんど問題にもせず、それをいつも、社会の下層民や軍隊の気まぐれとか、一時の気分の犠牲にしているからである。君主を低く評価し、それを人類のうちでも最も下等な者と同等に置くことに、そんなに苦心して無い知恵をしぼるのは、およそ愚かなことにほかならない。なるほど、解剖学者が見れば、最も偉大な国王にも、最下層の農民や日雇労働者以上のものは何一つないし、また道徳家の目からすれば、おそらくは国王のほうがしばしば劣っていることになるかもしれない。しかし、こんな考察はいったいなんの役に立つというのであろう。われわれは誰でも、やはり生まれや家系に好意をもつこうした偏見をもち続けており、また、まじめな仕事をしているときも、非常に気楽な娯楽を楽しんでいるときも、この偏見からすっかり免れることはとうていできない。水夫や荷物運搬人の冒険、あるいは官職を帯びていない紳士の冒険でさえ、それを描写した悲劇は、たちどころにわれわれに不快な感情をもたらすであろう。ところが国王や王子が登場する悲劇となれば、それはわれわれの目には、ある貫禄と威厳をもったもののように映るものである。あるいはまた、かりに優れた知恵を身につけていて、このような偏見を完全に乗り越えることができる人がいたとしても、その人はほどなくその同じ知恵により、それらの偏見に再び戻ることになるだろう。なぜなら、それは社会のためであり、彼は、社会の安寧がそのような偏見と密接に結合していることに気づくからである。彼は、この点で人民の迷夢を覚まそうと努めるどころか、君主に対するこのような尊敬の感情を、社会にしかるべき服従を維持するために必要なものとして、大切にしようとするであろう。そしてかりに、一人の国王に引き続きその王位を保有させたり、あるいはその継承権を平穏無事に保つために、二万人の生命が犠牲にされることがしばしばであったとしても、彼は、これら犠牲者のどの一人をとっても、その人のうちにはおそらく、彼が仕える国王と同じだけの価値があるなどと主張して、その犠牲に憤慨するようなことはけっしてない。彼は王位の相続権を侵害することが生み出すさまざまな結果を念頭に置いているからである。これらの結果は何世紀にもわたってその影響が感じられるのに対して、数千人の生命の喪失が大王国にもたらす損失のほうはごくわずかであり、二、三年も経てば目につかなくなってしまうだろう。

ハノーヴァー家の王位継承がもつ利点は、ちょうど〈ステュアート家の復位と〉正反対の性質のものであり、その継承が相続権を侵害し、生まれからみて王位につく資格をもたない一人の王子を王座につけるという、まさにこの事情から生じるのである。この島国の歴史から明らかなように、教会領の分割や封建諸侯の所領の譲渡や商業の進歩、そしてなかでも、わが国の占める位置上の幸運から、常備軍や軍事上の確定した制度をもたなくても長期にわたり十分な安全が得られたことによって、人民の特権がほぼ二世紀の間、絶えず増大してきたのである。

これと反対に、ヨーロッパの他のほとんどすべての国民において、この同一期間のうちに、国民の自由は極度に衰退してきた。なぜなら、人民は旧い封建的な民兵の苦難を嫌って、むしろ君主に託して傭兵を用いることを選んだのであるが、君主はたやすくこの傭兵を人民自身に対して向けたからであった。(2)したがって、ブリテンの主権者のうち、わが国の政体の本質、少なくとも人民の気風を誤解し、その先王たちから残された都合のいい先例はこれをすべて取り上げ、利益に反した、そしてわが国の政体では王権に対する制約と考えられる先例をすべて無視してしまうような君主が出ても、とくに驚くほどのことではなかった。このような君主たちは、近隣のすべての君主を手本として見ならったため、この間違いをさらに大きくすることになった。というのは、近隣の君主たちは、自分たちと同じ資格や称号をもち、同じ権威を表すようなしるしによって飾られているので、それから自然に自分たちもつい彼らと同じ権力と大権を要求するように導かれたからである。(3) ジェイムズ一世[2]の演説や布告、およびこの君主ならびにその息子の行動全体から見れば、彼はイングランドの政体を純然たる君主政体とみなし、臣民のうちのかなりの部分が彼とまったく反対の考えを心に抱いているとは夢にも思わなかったようである。このような見解を両王がもっていたため、彼らは、自分たちを支持する勢力をあらかじめ整えることもなしに、それどころか、何か新しい企画に着手したり、あるいは政体に新しいものをもち込もうとするような場合にいつも用いられる遠慮やごまかしさえもなしに、自分たちの主張をあけすけにもち出すこととなったのである。さらに、廷臣たちの追従が両王の偏見を抜きがたいものにした。(4) なかでも聖職者たちの追従がそうであった。というのは、彼らは聖書のいくつかの文章に基づき、しかもその意味を曲解することによって、系統立った公然たる専制権力の理論体系を打ち立てたからである。こうした両王の行きすぎた要求や主張のすべてを、一挙に葬り去るただ一つの方法としては、この正当な世襲的王統から離れ、明らかに人民がつくり出したものであり、明確に言い表され公然と認められた諸条件に基づき王位を受け、したがってその権威は人民の特権と同じ根底の上に立つことを自ら知っている君主を選ぶことであった。このような君主を王統に選んだことによって、われわれは、将来、有事のさいに陰謀や王位要求によって政体を撹乱するかもしれない野心をもった臣民の望みを一切断ち切ってしまったのである。王位をこの君主の家系に世襲させると決めたことによって、われわれは選挙による君主政体がもつ不都合を全部避けることができた。そして、直系の後継者を退けたことによって、われわれはわが国の政体上のすべての制限条件を確保し、わが国の政体を時によって変化することのない一貫したものにした。現在では人民は君主政体を大事にしているが、それは君主政体によって保護を受けるからである。他方、君主は自由に味方しているが、それは自由によって自らがつくり出されたからである。こういうわけで、この新しい政治的決着により、人間の技術と知恵の及びうる限りの一切の利益が手に入れられているのである。

以上述べたことは、王位継承をステュアート家またはハノーヴァー家に決めた場合の、それぞれの長所である。だが同時に、それぞれの制度には短所があり、それは公平な愛国者なら、全体として公正な判断を下すために、じっくりと考えて検討すれば明らかとなるものである。

新教徒による王位継承のもつ短所は、ハノーヴァー家の君主が所有する国外領土にある。これがもとで、われわれは大陸での陰謀や戦争に引き込まれ、そのため、われわれの支配する海に囲まれ防衛されているというわが国のもつはかり知れない長所を、ある程度まで失ってしまうということが考えられるであろう。退位させられた家系を復活させる場合の短所は、主としてこの王家の宗教にある。なぜなら、それは、わが国の国教よりも社会にとって有害であり、社会に反するものであり、他のどんな宗教団体にも、およそ寛容や平和や安全を与えることは、もうとうしないからである。

以上のようなすべての長所と短所はどちらの側にも認められる、と私には思われる。少なくとも論証や推論をともかく受け入れることができる人なら、誰にでも承認されるものである。どんなに忠誠心の厚い臣民でも、現在の王家の議論の余地のある資格や国外領土が欠点だということを、あえて否認するような人は一人もいないであろう。また、ステュアート家を支持するどんな人でも、世襲的で破棄することのできない権利の要求と、ローマカトリック教が同時に、その王家の短所であることを否定しようとする人はいない。したがって、これらすべての事情を天秤にかけ、その各々にそれにふさわしい釣り合いと影響力を割り当てることは、どちらの党派にも属さない哲学者だけのものである。このような人は、まずはじめに、すべての政治問題は限りなく複雑であり、どんなに注意深く熟考しても、まったく正当で間違いが少しもないとか、それともまったく間違いばかりといったような選択などまずありえないということを、たやすく認めるであろう。どんな政策からでも、さまざまに異なる帰結が生じることが予見されるであろう。ところが予見できない数多くの帰結にしても、実際は、常に一つ一つの政策から生じるものである。したがって、躊躇と自制と保留が、こうしたエッセイないし試論に対して哲学者がもたらす唯一の所感である。そうではなく、もし彼がなんらかの情念に身を任せるならば、それは無知な群衆に対して投げかけられる嘲笑と嘲弄の情念なのである。なぜなら、無知な大衆は、きわめて微妙な問題においてさえ、常に騒々しくて独断的であり、こうした微妙な問題については、おそらく理解力を欠いているというよりはむしろ、それに適した気質をもっていないために、まったく不適当な審判者だからである。

しかしこの主題についてもっと決定的なことを言えば、以下のような考察によって、哲学者の理解力でなくとも、その気質が示されるものと私は思う。

かりに、はじめに一見した外観と過去の経験だけに基づいて判断を下すとすれば、ハノーヴァー家がもつ議会で制定された資格の長所のほうが、ステュアート家がもつ議論の余地のない世襲による資格よりも大きいのであり、したがって、われわれの父祖が後者よりも前者を選択した行動は賢明だったということを認めねばならない。少し中断したことはあったが、八〇年を超えたステュアート家のグレイト・ブリテン統治期間中、わが国の政体は、人民の特権と国王の大権との衝突によって、絶え間なく熱に浮かされたような状態であった。武力による争いがやんでも、争論がやかましく続いた。また、争論が沈黙させられても、警戒心が依然として人びとの心をむしばみ、国民を不自然な興奮と不安に投げ込んだ。そして、こんな風にわれわれが国内の争論にすっかりかまけている間に、公共の自由にとって危険な外国勢力が、わが国の反対を少しも受けず、それどころか、ときにはわが国の援助さえ受けて、ヨーロッパに確立されたのであった。

しかし、議会制度というものが生じてきた最近六〇年の間に、人民の間や、あるいは公共の集会において、どのような党争が一般的に行われたとしても、わが国の政体の全体の力は常に一方の側に帰しており、また、わが国の君主とわが議会との間には調和がとぎれることなく維持されてきた。公共の自由は、国内の平和と秩序と相まって、ほとんど妨げられずに栄えている。商業、製造業、および農業が発展してきた。もろもろの技術や科学、それに哲学も進歩している。宗派でさえ、相互の間の宿怨を捨てざるをえないようになっている。そしてわが国民の名声はヨーロッパ中にくまなく広がっているが、[5]これもひとしく、平和的な諸技術の進歩と戦争における武勇と成功に由来するものである。これほど長期間にわたる、これほど光栄ある時期を自慢することができる国民はまずいないであろう。これほど多数の幾百万にものぼる人びとが、こんなに長い期間にわたり、こんなに自由で、こんなに理知的で、こんなに人間本性の品位にふさわしい方法で、一致団結したような例は、人類の全歴史において二つとないであろう。

しかし、こうした最近の経験からすれば、現在の制度のほうが有利だとはっきり決定されるように見えるけれども、現在の制度にならなかった反対の場合を重く見てよい事情が多少存在しているのである。したがって、われわれの判断をただ一つの出来事や事例によって決定してしまうのは危険なことである。

われわれは上に述べた繁栄した時期に、数え切れないほどの陰謀や共謀は別としても、二回の反乱を経験した。そこでもしこれらの反乱がいずれもきわめて重大な出来事を少しも引き起こさなかったのであれば、われわれは、わが国の制度に異議を申し立てたあの君主たちの偏狭な素質のおかげで重大な事態を免れたのだと考えてよかろうし、その限りでわれわれは幸運だと考えることもできるだろう。しかし、この追放された王家の要求はまだ過去のものと言えるまでになっていないのではないかと、私は懸念している。したがって、彼らの今後の策謀によって、二回の反乱以上の大きな動乱が生じないと、誰が予言できるだろうか。

人民の特権と王の大権との間の争いは、両方の側か、それともどちらか一方の側に、寛容な気質や慎重さがある場合には、法律や投票や協議や譲歩によって、たやすく調整することができるであろう。しかし王位に対する資格について争うときには、問題は剣と荒廃と内乱によるほか決着をつけることはできない。

王位についたとしてもその資格に異論があるような君主は、あえて臣民に武器をもたせようとはしないものである。ところが、これに反して、臣民に武器をもたせることこそ、人民を国内の圧制からも、外国の征服からも完全に守る唯一の方法なのである。

わが国は、その富と名声にもかかわらず、最近の講和によって、まさに危機一髪というところをやっと免れたではないか。この危機については、戦争上の指揮のまずさや不首尾によるというよりも、むしろわが国の歳入を担保に入れるという有害な慣行と、わが国の債務を償還しないという、さらにもっと有害な政策原理にその原因があった。ところがこのような致命的な政策は、かりに一つの不安定な体制を守り抜こうとしなかったならば、おそらくとられることがなかったであろう[6]。

しかし、他の見解や動機によっては支持されないような議会による資格よりも、世襲による資格のほうが採用されるべきだということを、われわれに納得させようと思えば、あの王政復古期にまで遡って身を移し、ステュアート家を復位させ、君主と人民の間の相反する主張からかつて生じた最大の動乱に終止符を打ったあの議会に自らが議席を占めていた場合を、仮定してみるだけで十分であろう。かりにその当時、チャールズ二世の父や祖父の諸王がもち出したものと同様な度をすぎた要求のすべてを排除するためという理由だけから、チャールズ二世を退け、ヨーク公やグロスター公を王位につけることを提案したとすれば、その人はいったいどのように考えられたであろうか。そんな人は、重病の患者をいじくりまわしてもてあそぶだけのやぶ医者と同様に、危険な治療法を好んで用い、政体と国家機構をいじくりまわしてもてあそぶ、とてつもない山師とみなされなかったであろうか[7]。

実際、国民がステュアート家の家系と王家の他の非常に多くの分派を退けるさいに求められる理由は、その世襲による資格のためではなくて（かりにこのような理由があるとすれば、それは一般大衆の理解力ではまったく解せないものに思われたであろう）、その宗教のためである。したがって、ここから、それぞれの落着した体制において生じる上述の短所を比較することにしよう。

この問題を一般的に考察する場合、わが国の君主が国外領土をまったくもたず、そしてこの島国の統治にその全注意力を集中することができれば、それは大いに望ましいことであろうと、私は確信している。というのは、大陸にある領土から生じるかもしれない多少の実際上の不都合は言うまでもないことだが、それらの国外領土は、常に自分たちより目上の者を悪く考えがちな人民が飛びついて尻尾をつかまえるような中傷とそしりに手を貸すことになるからである。しかしながら、ハノーヴァーが、いやしくもイングランドの国王にとっては、おそらくほとんど不都合ではないヨーロッパの一つの小さな地点であるということは認められねばならない。それは、われわれの生まれながらの競争相手である強大な諸大国から遠く隔たった、ドイツの心臓部にある。そしてそれは、それ自身の君主の軍事力だけでなく、神聖ローマ帝国の法律によっても保護を受けている。したがって、それはわが国の生まれながらの同盟者であるオーストリア家とわが国を、より一層緊密に結びつけるということにもっぱら役立っているのである。(8)

ステュアート家の宗派は、ハノーヴァー家の不都合よりもはるかに重大な性質の不都合であり、そのためわれわれは、はるかにもっと陰惨な結果によって脅かされることになろう。ローマカトリック教は、その司祭や修道僧の巨大な一団のために、わが国の宗教よりも一層経費がかかるものである。それに当然のつきものである異端審問官や火刑や、それに絞首刑がないとしても、それはより寛容でない。そして聖職者任命権を王の権限から分離すること（これはどんな国家にとっても有害であるに違いない）で満足しないで、常に国民大衆の利害とは異なる利害をもち、それどころかそれと正反対の利害をもつこともしばしばであるような外国人を、聖職者に任命したりするのである。

しかし、万一この宗教が社会にとって非常に有益であるとしても、それは、わが国に確立しており長い間にわたって人民の心をとらえてきたと思われる宗教とは相反するものである。また、理性が進歩して、現在ヨーロッパの至るところに見られる宗派間の厳しい対立(9)が、いくらか軽減されることが大いに期待されるべきであるけれども、しかし中庸を重んじる精神は、これまでのところ、あまりにもその発達が遅々としているだけで、それに全面的に信頼することはとうていできない相談である。(10)

このようなわけで、全体として見れば、資格について異論のないステュアート家に決着した場合の長所は、大権の要求という点で問題のないハノーヴァー家に決着を見た場合のそれと多少釣り合いがとれるように思われる。しかしそれと同時に、ローマカトリック教徒を王座につけることによる短所のほうが、外国の君主を王位にすえる他の決着のもつ短所よりも大きい。ウィリアム王かアン女王の治世に、以上に見たような相対立した見解のまっただなかで、公平な愛国者たるものは、どちらの側を選択すべきであったかという問題に決定を下すことは、困難だと見る人もいるであろう。(11)

しかし、ハノーヴァー家への王位の落着は、現実に起こってしまったことである。その王家の君主たちは、策謀によらず、徒党を組んでの陰謀にもよらず、さらに彼らの側で懇願したのでもなく、立法機関全体の一致した見解によって迎えられ、わが国の王座に迎えられたのである。即位して以来、彼らはその一切の行動において、最高の穏和と公平、そして法と政体に対する尊敬の念を表している。われわれ自身の大臣たちと、われわれ自身の議会と、そしてわれわれ自身がわれわれを統治しているのだ。したがって、もしなんらかの害悪がわれわれにふりかかるとすれば、われわれには、運命か、それともわれわれ自身しか責めるべきものがないのである。かりにもわれわれが、こんなに慎重に決定され、その諸条件がこんなにも良心的に守られている王位継承制に嫌気がさし、万事を再び混乱に投げ込み、そのためわれわれの軽率な考えと謀反気の多い性向によって、絶対的な隷属と隷従の国以外のいかなる国家にもわれわれはまったく適さないのだということを、自ら立証するようなことにでもなれば、われわれは諸国民の間で恥をさらすことになるに違いない。

　王位の資格に異論があるときに付随して起こってくる最大の不都合というのは、それがもとでわれわれが内乱や反乱の危険にさらされることである。しかしこうした不都合を避けるために直接に内乱や反乱に走ろうとするような賢者など、どこにいると言えるだろうか。言うまでもなく、むしろ現在では、王権が非常に長期にわたって保有され、多数の法律によって確保されているため、国民の大多数の理解するところでは、彼らの現在の王位保有とは無関係に、一種の王位継承資格がすでにハノーヴァー家に生じているに違いないと考えられているのである。だから現在では、われわれは革命によって、異論のある資格を無効にしようとする目的を達成すべきではなかろう。

　国内の諸勢力によってなされるどんな革命も、他に何か重大な必要性でもなければ、きわめて多数の人びととの利害に関係した、わが国の公債や債務を廃止してしまうことは、けっしてできない相談である。また他方、国外勢力によってなされる革命というのは征服のことである。この災難は、わが国内の不安定な勢力均衡が脅かすものであり、他のあらゆる事情のうち、なかでもわが国の内紛によって、われわれに見舞われがちな災難である。

［1］Anne (1665–1714) はイングランド女王。在位、一七〇二―一四年。ジェイムズ二世の末娘。姉の夫ウィリアムのあと、権利宣言によって即位。一七〇七年スコットランド合併。スペイン継承戦争（一七〇一―一四年）に勝ち、ユトレヒト条約によって終結。

（1）［ヒュームは一七四八年版『道徳・政治論集』(*Essays, Moral and Political*) のために、「原始契約について」と「絶対的服従について」と一緒に、このエッセイを準備していた。しかし、彼の友人のチャールズ・アースキン (Charles Erskine) がヒュームの許可を得て、その出版を止めていた。アースキン宛のヒュームの手紙の説明によれば、このエッセイは、各々の王位継承の主張点がもつ長所と短所の問題を「まるで私が現在から千年後の人物であるかのように冷静かつ公平無私の立場に立って検討しています。しかし、これはある人びとにはきわめて危険で、私を永久に破滅させるだけでなく、私の友人たちのすべて、とくに私が現在、関係している人びとに非難の種子をまくに十分だと思えるものです。〈ですから〉私は、この刷り上りをあなたに送るようにミラーに書きました。これによって私は、この最近のエッセイをあなたが適切と思われる仕方で処理されることをまったくあなたに委ねるものです」(Greing, *Letters of David Hume*, 1 : 112–13) とされている。

　王位継承問題はこの時期、とくに敏感な問題であった。というのは、一七四五年にジャコバイトの大きな反乱があり、その後、スコットランドのジャコバイトの多くが処刑されたり投獄されたりしたからである」。

(2)〔H―N版ではゴチックになっている〕。

(3)〔この文章と次の文章は、H―P版では、以下のようになっており、K―P版では注の形になっている。「ジェイムズ一世ならびにその息子の演説や布告やその全行動から見れば、両者ともイングランドの政体を純然たる君主政体と考え、臣民のうちのかなりの部分が彼とまったく反対の考えを心に抱いているとは夢にも思わなかったようである。このため、彼らは、自分たちを支持する勢力をあらかじめ整えることもなしに、それどころか、何か新しい企画に着手したり、あるいは政体に新しいものをもち込もうとするような場合にいつも用いられる遠慮やごまかしさえもなしに、自分たちの主張をあけすけにもち出すこととなったのである。議会が国事に口出ししたとき、ジェイムズ王は議会に対してはっきりと『分を越えるなかれ』(*Ne sutor ultra crepidam*)と言った。また、さまざまな客からなる食事の席上では、さらにもっとむき出しな仕方で自分の考えを述べるのが常だった。それはたとえば、ウォラー氏の伝記中に語られており、この詩人がしばしば繰り返すのが常だった物語からよく分かるものである。ウォラー氏が若かったとき、好奇心から宮廷へ参内し、会席に列して、ジェイムズ王が食事をするのを見た。そこには、他の客に混じって二人の監督がいた。王はあけっぴろげに、しかも声高にこんな質問をもち出した。すなわち、『貨幣が必要なとき、議会への正式手続きなど一切なしに臣民から貨幣を取ってはいけないのか』と。これに対して、一人の監督は即座に答えて、『取ってはいけないなどと神は禁じておられません。陛下はわれわれ臣民の喜ぶものだからです』。ところがもう一人の監督は答えるのを辞退し、自分は議会の事情に不慣れであるむね言い訳をしたのであった。しかし、王が彼をせき立て、言い抜けは一切許さぬと言ったので、監督閣下はごく愛想よく、『それでは、私の考えますには、陛下は私の兄弟の貨幣を合法的に取ることができます。と申しますのは、兄弟がそれを差し出すからです』と言ったのであった。ところでウォルター・ローリー卿〈Sir Walter Raleigh (c. 1552-1618). エリザベス女王の廷臣、航海家、歴史家、詩人。一五八八年、八九年、アイルランドに赴き、詩人スペンサーと知り合い、その支持者となる。女王が死んだとき、ジェイムズ一世への陰謀を企てた罪でロンドン塔に幽閉され、この間に有名な『世界史』を著した〉が『世界史』の序文において、こんな注目に値することを述べている。すなわち、『フィリップ二世は強大な支配権と強力な軍隊によって、オランダに対して、イングランドやフランスの王や主権者のような、絶対君主として振舞うだけでなく、トルコの皇帝のように、オランダのすべての生得的で根本的な特権および昔からの諸権利を踏みにじろうと企てた』。スペンサー〈Edmund Spenser (c. 1552-1599). エリザベス朝の有名な詩人。一五八〇年アイルランド総督グレイ卿の秘書として赴任以来、大半をアイルランドで過ごす。『アイルランドの状態』(*A View of the Present State of Ireland, discovered by way of a Dialogue between Eudoxus and Irenæus*, 1598) は、はじめ彼の死後 Sir James Ware によって彼の『アイルランドの歴史』(*Historie of Ireland*, 1633) の付録として印刷された〉は、アイルランドの自治都市に対してイングランド諸王が与えたもろもろの特別許可について述べ、『特別許可が最初に与えられたときには、それらはまだ辛抱できるものであり、おそらくは道理にかなっていたけれども、現在では最も不合理かつ不便なものとなっている。しかし、これらの特別許可はすべて、王の大権という、より優れた権力によって、たやすく切り捨てることができる。というのは、王の大権に対して、陛下ご自身の特別許可といえども、それに抗弁したり、それよりも有効だったりしてはならないからである』『アイルランドの状態』一五三七ページ、一七〇六年版。

以上のようなことが当時では、普遍的とは言えないまでも、おそらくはごくありふれていたであろうから、ステュアート家の最初の二人の王の誤ちは、比較的言い訳のたつものであった。ところがラパン*ときたら、いつもの悪意と偏見にふさわしく、その誤ちを理由に、両王をあまりにも苛酷に取り扱っているように思われる」〕。

＊〔H版とI版では「歴史家のうち最も思慮深い歴史家」となっている〕。

〔2〕James I (1566-1625) はイングランド王。在位、一六〇三—二五年。ステュアート王家の祖。王権神授説を奉じ、絶対王政を強化。一六二一年に議会から大抗議を受けた。

（4）〔H—N版では、「彼らの分別を失わせた」となっている〕。

（5）〔H—P版ではこの文章の以下の部分は次のようになっている。「われわれが、圧制に対抗する防壁として、また、あらゆる国民を征服と隷従によって脅かすあの強大国に対する偉大な反対者として、立ち上がる限り」〕。

（6）〔H—P版では次の注が追加されている。「ヨーロッパの至るところで、こうした有害な借入れの慣行がいかに一般化しているかを考える人びとは、おそらくこの最後の見解に反論をもつだろう。しかし、わが国は他の国と比べて、それほど必要に迫られてはいなかった」〕。

（7）〔H—P版では次のパラグラフが追加されている。「議会による王位の資格のほうが世襲による資格よりも好ましく、その結果生じる利点は大きいけれども、どうもあまりに精妙すぎて一般大衆の頭に入らない。大半の人びとは、そのような利点をもって、君主に対する不正と考えられることをあえて犯すに足るほどのものとは、けっして認めないであろう。このような利点は、ある種のきめの粗い、一般受けする、聞きなれた論拠によって立証されなければならない。したがって、思慮深い人びとは、たとえそのような利点のもつ力を確信したとしても、人民の理解力の弱さと偏見に応じて、その利点をはねつけてしまうだろう。ただ、王権の侵害者や妄想に取りつかれた迷信家だけが、その間違った行動によって、国民を激怒させ、いつも多分そうなると望ましいとされていたものを、実行可能にすることができるのである」〕。

（8）〔H—P版では次のパラグラフが挿入されている。「この前の戦争のさい、それ〈ハノーヴァー〉は、世界で最も勇敢かつ忠実な援軍を相当数わが国に提供して、わが国に役立ったのである。ハノーヴァー選挙侯は、最近のヨーロッパの動乱中、神聖ローマ帝国のうち、自分だけの別の目的を追求したりせず、また古くさくなった要求をいまさら掲げたりしないで、終始ブリテン国王の品位をもって行動した、ただ一人の重要な君主である。また、そのハノーヴァー家が王位について以来、一七一八年にチャールズ一二世〈Charles XII (1682-1718). スウェーデン王。在位一六九七—一七一八年〉——彼は他の君主たちとは非常に異なる政治原理に基づいて行動し、そのため彼の個人的な争いは、ことごとく国家にとっての危害だとされてしまった——との間に生じた短期間の不快な事件を除けば、わが国がこの選挙侯の所領からおよそなんらかの損害を受けたなどと論証することは難しいであろう＊」〕。

＊〔O版とP版では次の注が追加されている。「これは一七五二年に出版された」〕。

（9）〔H—N版では「悪意のある厳しい対立」となっている〕。

（10）〔H—P版では次の追加がある。「ザクセン家では、同一人物がカトリックの王であると同時にプロテスタントの選挙侯でありえるのだが、こうした振舞いは、近代において、非常に合理的で思慮深い振舞いのおそらくは最初のものであろう。しかし、カトリックの迷信が次第に進展し、ザクセン家においてさえ、ある急速な変化のきざしが見えてきている。そしてこの変化の次には、迫害によって新教が生誕してくるどころか、急速に終止符を打たれるのではないかということが、まさに懸念されているのである」〕。

（11）〔H—P版では次の追加がある。「私の意見としては、自由は社会におけるはかり知れないほど尊い祝福であるから、その進展と確保に役立つものならどんなものでも、人類を愛するすべての人によってどんなに慈しまれ大事にされても、されすぎることはまずないと思う」〕。

XVI 完全な共和国についての設計案

政体には、他の人為的な考案物について言えることが当てはまらないものである。というのは、他の人為的考案物の場合には、もし別のもっと正確で便利な考案物が発見できれば、旧式のものを捨ててしまうことができるし、あるいは、たとえその考案物の成功に疑問があるとしても、それを試してみることに差し障りはないと思われるからである。ところが、政体というものは、ひとたび確立すると、まさにその確立されたという事情そのもののために、無限の利点をもつことになる。なぜなら、大半の人びとは理性ではなく権威によって支配されており、古いというお墨付きのないようなものには、けっして権威を賦与しないからである。したがって、こうした事情に余計な手出しをしたり、仮定の上につくられた議論や哲学をただ信じ込んで実験を試みたりすることは、およそ思慮深い為政者のなすべきことではないはずである。なぜなら、そのような為政者は、時代のしるしを伝えているものに尊敬の念を抱くものだからである。また、たとえ彼が公共の利益のためになんらかの改善を試みようとする場合でも、彼は自分の革新をできる限り昔からの機構に合うように調整し、政体の主要な大黒柱や支柱をそっくりそのままに保持しようとするであろう。

ヨーロッパの数学者たちは、航海に最も便利な船型に関して非常に意見を異にしてきた。そこで、とうとうこの論争に決着をつけたホイヘンス[1]は、学界だけでなく、貿易界にも満足を与えたと考えて差しつかえない。もっとも、そのような発見がまったくなくとも、コロンブスはすでにアメリカに航海しており、フランシス・ドレイク卿[2]は世界一周をやってのけていたのだけれども。ところで、ある政体が、別の政体と比べて、より優れていると認められるのは、個々人の生活慣習や気質とは無関係であるに違いない。したがって、現在、ありふれた、出来の良くない、ずさんな政体が、社会の目的に役立っていると思われるにしても、また新しい政治機構を樹立することは、新しい設計図に基づいて船を建造するほどたやすいことではないにせよ、すべてのうちで最も欠点のない政体はどのようなものであるかを研究してみてよいのではないか。この問題は、確かに、およそ人間の知恵で考案しうるもののうちでも、好奇心をもつに最も値するものである。しかも、もしこれをめぐる論争が聡明で博識な人びとの一般的な同意を得て決着を見ることにでもなれば、将来いつか、なんらかの古びた政体が死滅したときや、あるいは人びとが団結して世界のどこか遠くの地に新しい政体をつくろうとするような場合に、その理論を実行する機会が与えられるようなことが起こらないと誰が言えるだろう。ともかく、政体のうち最も完全なものはどのようなものかを知ることは、社会に対してあまりにも大きな混乱を与えない程度の穏やかな変更と革新によって、現実の憲法機構ないし政体を、できるだけその完全な姿に近づけるために、有益であるに違いない。

　このエッセイで私がねらっていることは、こうした理論的問題を復活させることにほかならない。したがって、私はできる限り言葉少なに自分の見解を述べることにしたい。このような問題について長々と論じれば、そのような論説を無益で馬鹿げたものと受け取りがちな一般の人びとには、あまり歓迎されないのではないかと、懸念するからである。

　人類の生活慣習に大きな変革を想定するすべての政体設計案は、明らかに想像上のものである。プラトン[3]の『共和国』〈『国家』〉やトマス・モア卿の『ユートピア』[4]がこの種のものである。『オセアナ』[5]はこれまでに公にされた唯一の価値ある共和国のモデルである。

『オセアナ』の主要な欠点は次のようなものと思われる。第一に、どんな才能の持ち主でも一定期間ののちに公職から離れさせるその交替制は不都合なものである。第二に、その土地均分制（*Agrarian*）は実行不可能なものである。かりに実行されたとしても、人びとは間もなく古代ローマで行われた、自分の所有地を他人の名義のもとに隠すというやり方を覚えるようになり、そして最後にはこの悪弊がごく普通のものになり、そのため人びとはうわべの遠慮さえかなぐり捨ててしまうだろう。第三に、『オセアナ』には、自由に対する十分な保障、あるいは苦情の救済手段が用意されていない。元老院が提案し、人民が同意しなければならない。この方法によれば、元老院は人民に対して単に拒否権をもっているばかりでなく、さらにはるかに重大なことだが、彼らの拒否権は人民の投票権に優先することになる。かりにイングランドの政体のうちにこれと同じ性質をもった国王の拒否権があるものとし、したがって、国王がどんな法案でもその議会への上程を妨げることができるものとすれば、彼はまさに絶対君主になるに決まっている。実際には、彼の拒否権は両院の議決権に従属しているので、それはほとんど重大なものではない。同じものを置くにも、その置き方によって、こんなにも重大な相違が生じるものである。人民によるある法案が両議会で論議され、議論が熟し、その利害損失がすべて比較秤量され、そのあとに国王の承認を得るために提出されるとすれば、人民のそのような一致した要望をあえて退けようとするような君主はまずいないであろう。しかしかりに、ブリテンの国王が自ら好ましくないと思う法案を萌芽のうちに押しつぶすことができるならば（たとえば、しばらくの間[2]、スコットランド議会において法案作成委員会（lords of the articles）によって行われた場合がそうであったが）、ブリテンの政体はまったく勢力上の均衡を失ってしまい、また人民の苦情はけっして救済されることがないであろう。したがって、いかなる政体にあっても、途方もない権力は、新しい法律からというよりも、むしろ古い法律から頻繁に生じる悪弊を矯正することをなおざりにしたために生じるのである。統治はしばしばその本源的な原理に引き戻されなければならない、とマキアヴェリは述べている[3]。したがって、『オセアナ』では、立法権全体が元老院にあると言ってもよく、ハリントンといえども、このことが、土地均分制が廃止された後はとくに、不都合な政体であることを認めることであろう。

さて、ここに理論上どんな重要な反駁も私には見出すことができないような一つの政体が存在する。

グレイト・ブリテンとアイルランド、あるいはそれと等しい面積をもつ領土を一〇〇の州に分け、さらに各州を一〇〇の教区に分け、合計一万教区になるようにしよう。もしもそこへ共和国を樹立しようと提案されている地方の面積がこれよりももっと小さい場合には、州の数を減らせばよい。しかし州の数を三〇以下にしてはならない。その面積がもっと大きい場合には、教区を大きなものにするか、それとも一つの州にもっと多くの教区をつくるほうが、州の数を増やすよりもよかろう。

州[4]にいる年収二〇ポンドの自由保有農《フリーホールダー》のすべてと、都市教区にいる五〇〇ポンドの財産を所有する戸主全部を、毎年、教区教会に集め、無記名投票により、その州の若干の自由保有農を議員に選ばせることにしよう。そしてこれを州代議員（county *representative*）と呼ぶことにする。

この選挙の二日後に一〇〇州の州代議員を州都に集め、各州の代議員団ごとに、無記名投票により、一〇名の州政務官（county *magistrates*）と一人の元老院議員（*senator*）を選出させる。したがって、共和国全体としては、一〇〇名の元老院議員と一一〇〇名の州政務官と、一万名の州代議員がいることになる。というのは、われわれは元老院議員全員に州政務官の権限を、また州政務官全員に州代議員の権限を与えることにしているからである。

元老院議員を首都に会合させ、共和国の全行政権、つまり講和と戦争の権限、将軍や提督、および大使に命令を与える権限、そして、要するに、拒否権を除くブリテン国王のような国王のもつ大権のすべてを与えることにしよう。

州代議員は、彼らの個々の州ごとに会合させ、共和国の全立法権をもたせ、州会の過半数で問題が決定され、同数の場合には元老院に決定票をもたせることにしよう。

新しい法案はどれもまず元老院で討議されねばならない。そして、たとえ元老院によって棄却されても、もし一〇人の元老院議員が主張し抗議すれば、それは州会に送付されねばならない。元老院は、もし望むならば、法案の写しに、それを受理するかあるいは棄却する理由を付け加えることができる。

必要とされるあらゆる細かな法案のために、いちいちすべての州代議員を集合させるのはやっかいなことであるから、元老院はその法案を州政務官に送付するか、それとも州代議員に送付するかの選択権をもっている。

州政務官は、法案が委託されても、もし望むならば、代議員を召集し、その問題の決定を彼らに委ねることができる。

その法案が元老院によって州政務官に送付されようと、あるいは州代議員に送付されようと、いずれの場合にも、その法案ならびに元老院による理由の写しが、それについて慎重な検討を行うために、集会に指定された日の八日前にすべての代議員に送付されねばならない。そして、その決定が元老院によって州政務官に委託されたとしても、もし五名の州代議員が、代議員の全体会議を召集し、問題をその決定に委ねることを州政務官に命じれば、彼らはそれに従わなければならない。

州政務官か州代議員のいずれかが、自分の州の元老院議員に対して、元老院に提出されるべき法案の写しを与えることができる。そしてもしも五つの州が一致して同一の命令を出すならば、その法案は、たとえ元老院によって棄却されても、五つの州の命令にある通りに、州政務官かそれとも州代議員かに届けられねばならない。

二〇州が州政務官の票決かそれとも州代議員の票決によって一致すれば、どんな人でも一年間、一切の公職から離れさせることができる。三〇州ならば、この期間が三年間となる。

元老院には、元老院自体の誰か、あるいは一定数の構成員を、その年に再選されないように退ける権限がある。しかし元老院は同州の元老院議員を一年に二回退けることはできない。

旧元老院の権限は、州代議員の年一回の選挙後、三週間の間存続する。それからすべての新しい元老院議員は枢機卿のように、秘密会議室に閉じ込められ、たとえばヴェネチアやマルタ[5]の投票のような、込み入った無記名投票によって、次のような政務官を選出する。すなわち、共和国の尊厳を代表し、元老院を統轄する護民官（protector）、二名の国務大臣、以下に述べる六つの会議（council）の議員、すなわち、国務会議、宗教学術会議、商務会議、法務会議、戦争会議、海軍会議であり、各会議は五名からなっている。これに六名の財務委員と一名の委員長が加わる。これらすべては元老院議員でなければならない。元老院はまた、外国の宮廷へ派遣するすべての大使を任命するが、大使は元老院議員でもそうでなくともよい。

元老院は以上の政務官の一部あるいは全員を継続させることができるが、毎年改選しなければならない。

護民官と二名の国務大臣は国務会議に議席と投票権をもつ。この会議の仕事は、一切の対外政治である。国務会議の議員は、他のすべての会議に議席と投票権をもっている。

宗教学術会議は大学と聖職者を監督する。商務会議は商業に関連した一切のことがらを監督する。法務会議は下級政務官によるすべての法の濫用を監督し、国内法についてどのような改善が可能かを検討する。戦争会議は民兵とその訓練、火薬庫、軍需品用倉庫などを監督し、共和国が戦争に入った場合には、将軍に命じる適切な命令を検討する。海軍会議は、海軍に関して同様な権限をもつが、これに加えて、艦長とすべての下級士官の任命権をももつ。

これらの会議のいずれも、元老院からこのような権限を受け取る場合以外には、それ自体で命令を出すことはできない。これ以外の場合には、一切のことがらを元老院に連絡しなければならない。

元老院が休会中の場合には、これらの会議のいずれでも、元老院の会合に指定された当日以前に召集することができる。

これらの会議（councils or courts）に加えて、もう一つ、対抗者会議（court of *competitors*）と呼ばれるものがある。これは次のような構成になっている。もし元老院議員の職に対して立候補した者たちが誰でも、代議員の三分の一以上の票を得るならば、彼らのうち、選出された元老院議員に次いで、最も多くの票を得た候補者は、向こう一年間一切の公職、政務官や代議員の職にさえつくことができなくなる。しかし、彼は対抗者会議に議席を得る。だからこの会議はときに一〇〇名からなることもあり、ときには一人もいないこともあり、そのため一年間廃止になることもある。

対抗者会議は共和国においてまったく権力をもっていない。それには政府会計の監督と、どんな人でも元老院に告訴する権限だけがある。もし元老院が被告を無罪にする場合には、対抗者会議は、もし望むなら、人民に、つまり政務官もしくは代議員に訴えることができる。この訴えに基づいて、政務官あるいは代議員は対抗者会議が指定した日に会合を開き、各州ごとに三名を選出する。ただし元老院議員はこれから除かれる。これらの人びとは合計三〇〇名となるが、首都において会合を開き、被告を新たに裁判にかけることになる。

対抗者会議は元老院にどんな法案でも提出することができる。そしてもし棄却された場合には、人民に、つまり政務官か代議員に訴えることができ、彼らはそれぞれの州においてそれを検討することになる。対抗者会議の投票によって元老院から追い出されるすべての元老院議員は、対抗者会議に議席を得ることになる。

元老院は、上院のもつ一切の司法権、すなわち下級会議からの一切の訴えに対する司法権をもっている。それはまた、大法官（Lord Chancellor）と法務に関するすべての役人を任命する。

各州はその内部においては一種の共和国であり、代議員は州の法律を制定できるが、しかしこれは票決後三カ月を経るまで権威をもたない。この法律の写しは元老院ならびに他のすべての州に送付される。元老院またはどの一つの州でも、どんな時にも、他の州のどんな州法でさえ無効にすることができる。

代議員は裁判、拘留などにおいて、ブリテンの治安判事がもっている一切の権限をもっている。

政務官は各州の歳入関係のすべての役人の任命権をもっている。歳入に関するすべての訴訟は、最終的には政務官に訴願することによって処理される。政務官はすべての歳入官吏の決算報告に承認を与える。しかし政務官自身の決算報告は、年度の終わりに代議員によって検討され承認されねばならない。

政務官はすべての教区に対して教区長《レクター》ないし牧師《ミニスター》を任命する。

長老派の支配が確立され、したがって最高の宗教会議は、その州のすべての長老の集会、ないし宗教会議である。政務官はこの会議から出たどんな訴えも取り上げ、自らそれを決定することができる。

政務官はどんな長老でも、審問にかけ、免職または停職させることができる。

民兵はスイスのものを模倣して設立されるが、これは周知のところだから詳しく述べないことにする。(6) ただこれに付け加えておいて適当と思われるのは、野営の義務がすっかり分からなくなってしまうことがないように、毎年夏に六週間、陸軍として二万人が交替でひっぱり出され、給料が支払われ、野営させられるということである。

政務官は陸軍大佐とそれ以下のすべての者を任命し、元老院はそれ以上のすべての者を任命する。戦時には、将軍が大佐とそれ以下の者を任命し、その任命辞令書は一二カ月間有効である。しかしそれ以後は、その連隊が所属する州の政務官によって確認されねばならない。政務官はその州の連隊のいかなる将校も解任することができる。また元老院は現役のいかなる将校に対しても同じようにすることができる。もし政務官が将軍の選任を確認するのを適当と考えないならば、彼らが退けた将軍の代わりに別の将校を任命することができる。

すべての犯罪はその州内において州政務官と一人の陪審員によって裁判にかけられる。しかし元老院はいかなる裁判も中止させ、それを元老院での裁判に付すことができる。

各州はどんな犯罪であれ、どんな人でも元老院へ告発することができる。

護民官と二人の国務大臣と国務会議に、元老院が任命する五名あるいはそれ以上の人が加わって、緊急事態発生の場合、六カ月間、独裁権（*dictatorial*）をもつことになる。

護民官は下級の法廷によって有罪と宣告された人物を赦免することができる。

戦時には、戦地にいるいかなる陸軍将校も共和国の一切の文官職につくことはできない。

首都――われわれはロンドンと呼ぶことになるが――は元老院に四議席を与えられる。したがって、それは四つの州に分けてもかまわない。これらの各州の代議員は一名の元老院議員と一〇名の政務官を選出する。したがって首都には、四名の元老院議員と、四〇名の政務官と四〇〇名の代議員がいることになる。この政務官は他の州の政務官の場合と同じ権限をもっている。代議員もまた同様の権限をもつが、彼らは全員が集まる一つの会議に集合せず、各自の州または数百の教区において投票を行う。

首都の政務官が首都法を制定するさいには、州または教区の過半数でことがらが決定される。そして同数の場合には、政務官が決定投票権をもつ。

政務官は市長、州長官（sheriff）、書記、およびその他の首都の役人を選任する。

共和国では、代議員、政務官、あるいは元老院議員は、その資格では一切給料をもらわない。これに対して、護民官、国務大臣、会議委員、および大使は給料を支給される。

各世紀の第一年目は、時が経つにつれて代議制のうちにつくり出されてきたあらゆる不平等を是正することに当てられる。これは立法機関によって行われる。

次の政治上の格言は、以上のような規定の理由を説明することになるだろう。

下層の人びとや小土地所有者は、身分や住居が自分たちとそれほどかけ離れていない人については、十分優れた判断を下すことができるものである。したがって、彼らの所属する教区会議においては、おそらく最も優れた、あるいはそれに近い代表者を選ぶであろう。しかし、彼らは州議会や共和国のもっと高い地位の選挙にはまったく不適任である。というのは、彼らの無知のために、高官たちに彼らを欺す機会が与えられるからである。

たとえ毎年選挙が行われることがなくても、一万人の代議員がいれば、どんな自由政府にも十分な基礎となる。なるほど、ポーランドの貴族は一万人以上であり、しかも、これらの貴族が人民を圧迫している。しかし、そこでは権力が引き続き常に同一人物や同一の家系に握られており、このために、彼らはある意味で人民とは異なった国民となっているのである。それどころか、そこでは貴族は少数の族長のもとに一致団結しているのである。

すべての自由な政体は二つの会議から成り立たねばならない。その一つは成員の比較的少ないものであり、他は成員のより多いものである。つまり、言い換えると、元老院と人民とから成り立たねばならない。ハリントンが述べているように、人民は、元老院がなければ知恵を欠くことになるだろうし、反対に元老院は、人民がいなければ誠実さを欠くことになるだろう。

たとえば、人民を代表する一〇〇〇人の大集会は、もしそこで討議が許されるとすると、たちまち混乱に陥るであろう。もし討議することが許されないとすれば、元老院が人民に対して拒否権を、しかも最悪の種類の拒否権、つまり人民の決議に先行するような拒否権を手にすることになる。

したがって、ここに、いかなる政体もまだ十分な解決策をもたない、しかしその解決ほどたやすいものはない不都合が見られるわけである。もし人民が討議するとすれば、ただ混乱するばかりである。ところが、彼らが討議しなければ、彼らはただ議決することができるだけであり、この場合には、元老院が勝手に振舞うことになる。かりに人民を多数の個々別々の団体に分けるとすれば、その場合には、彼らは安全に討議することができ、したがって一切の不都合は取り除かれると思われる。

ドゥ・レス枢機卿[6]によれば、人数の多い議会はすべて、いかに構成されていようと、単なる烏合の衆にすぎず、討議においてはほんのわずかな動機によって左右されるものである。これはわれわれの日常の経験で確認されるところである。ある馬鹿なことがふとある議員の頭に浮かぶと、彼はそれを隣の議員に伝え、その議員がまた隣に伝え、とうとう全体がこの馬鹿げたことに取りつかれてしまうことになる。しかしこの大きな集団を分けるならば、たとえ各議員は中程度の分別しかもたなくても、およそ道理に外れたことが全体を支配しうるとは考えられないであろう。やみくもに感化を受けたり、なんでも隣の人のやる通りにするといったことがなくなるから、多数の人びとの間にあっても良識が常に悪い分別にまさるであろう(7)。

どんな元老院においても、警戒されねばならないことが二つある。すなわち、その談合（combination）と分裂（division）である。談合はきわめて危険である。したがって、この不都合に対しては、われわれは次の対策を用意しておいた。(1)毎年の選挙によって、元老院議員を人民に大いに依存するようにすること。しかも、その選挙にさいしては、イングランドの選挙人のような、分別に欠けた烏合の衆による選挙ではなく、財産と教育をそなえた人びとによることである。(2)元老院議員にはわずかな権力しか与えられないこと。彼らには好き勝手にできる公職はほとんどない。ほとんどすべての公職は州において政務官により任命されるものとする。(3)対抗者会議は、利害において直接対立し、しかも現在の境遇に不満をもつ対抗者から成っているため、必ず元老院議員にとって不利なあらゆる機会に乗じることに決まっていること。

元老院の分裂は、(1)その成員を少なくすることによって防がれる。(2)党派争いは相異なる利害に基づく徒党を前提とするので、それは元老院議員を人民に依存させることによって防がれる。(3)元老院議員に党派心の強い成員を誰であろうと追放する権限をもたせる。なるほど、同じような性分をもった成員がまたその州から出てきた場合には、その人を追放する権限は元老院議員にはない。また彼らがそのようなことをするのは適当でもない。というのは、そのことは人民のうちにそうした気分が存在することを示しているからであり、したがって、おそらくは国家公共のことがらにおける何か誤った処理から生じているかもしれないからである。(4)人民によってこれほど規則正しく選出される元老院においては、まずどんな人でも、どんな公職にも適格であると考えることができるだろう。したがって、元老院議員の間で公職を配分することについて、いくつかの一般的な決議をしておくことは、元老院にとり適当なことであろう。というのは、そのような決議は、危急のときに、元老院に、一方ではとくに優れた才幹が見られるかと思えば、他方には途方もない愚かさが現れるような場合、元老院議員を拘束することにならず、公職の配分を適切な形にすることによって、策謀と党争を十分防止することができるであろう(8)。たとえば、元老院に四年間引き続き議席をもつまでは、誰もどんな公職にもつくことができないとか、大使を除いて、誰も二年間引き続き在職してはならないとか、さらに、いかなる人も下級職を経過せずに上級職につけないとか、誰も護民官に二度なることはできないなどを、議決すればよいわけである。ヴェネチアの元老院は、このような決議によって自治を行っている。

対外政策においては、元老院の利害が人民の利害と離れることはまずめったにありえない。したがって、対外政策に関しては元老院を絶対的なものにするのが適切である。そうでなければ、秘密の保持もきめ細かな政策も望みえないからである。そのうえ、貨幣がなければ、同盟条約はどんなものでも実行できない。だから元老院は依然として人民に依存することになる。ただ、言うまでもなく、立法権力は常に行政権力にまさっているので、政務官や代議員は、彼らが適切と考えるときにはいつでも干渉することができるであろう。

ブリテンの統治を支えている大黒柱は、利害の対立である。ところがそれは、大体において有用ではあるけれども、限りない党派争いを生み出す。右に述べてきた計画案においては、利害の対立はまったく有益であり、害は少しもない。対抗者には元老院を支配する力はまったくないのであり、彼らにあるのは、人民に告訴し訴願する権力だけである。

同様に、一〇〇〇人の政務官にあっても、談合と分裂を防ぐことが必要である。これは職分や利害の異なることによって十分行われる。

しかし、かりにこれが十分でないとしても、選挙のさいに、彼らが一万人の代議員に頼らねばならないということが、この同じ目的に役立つ。

以上ですべて終わりというわけではない。というのは、一万人の代議員は、彼らが望むときに、しかも彼らの全員が望むときだけでなく、一〇〇人のうち誰でも五人が望むときにはいつでも――これはおよそ利害の分裂が感づかれるや、起きるであろうが――政務官の権力を取り戻すことができるからである。

一万人というのは、一カ所に会合し、野望をもった指導者たちの指揮下に入る場合を除いて、団結したり分裂したりするにはあまりにも大きすぎる集団である。言うまでもないが、彼らは年々相当な数にのぼる人民の全体によって選挙されるのである。(9)

小共和国は、その国内においては世界中で最も満足しうる政体である。なぜなら、万事は支配者たちの目の届く範囲内にあるからである。ところが、それは国外の強大な力によって征服されるかもしれない。これに対して、以上に述べてきたこの計画は、大共和国と小共和国の両方のすべての長所をもち合わせていると思われる。

州法（county-law）はすべて、元老院によるか、それとも他の州によって無効にすることができる。なぜなら、州法は利害の対立を示すものだからである。このような利害の対立する場合には、どちら側もそれ自体だけでことを決定すべきではない。ことがらは全体に委ねられねばならない。というのは、何が全般的利益に合致するかを最も適切に決定するのは全体だからである。

聖職者と民兵に関しては、このような制度の理由は明白である。牧師を政務官に依存させず、また民兵をもたずに、およそ自由な政体が安全や安定を得るなどと考えても無駄なことである。

多くの政体では、下級の政務官は、彼らの野心、虚栄心、あるいは公共心から生じるもの以外には、なんの報酬も受けていない。フランスの裁判官の俸給は、職務のために彼らが支払う金額の利子にも及ばない。オランダの市長は、イングランドの治安判事、あるいは以前の下院議員と同様に、直接的な利得をほとんど得ていない。しかし、このことにより行政上の怠慢が生じることにならないかと懸念する人が出ないために（これは、人類が生まれつきもっている野心を考えれば、まず心配するに及ばない）、政務官に十分な俸給を支払うようにしよう。元老院議員は非常に多くの名誉もあり金儲けにもなる官職につくことができるので、彼らの元老院への出席には支払うに及ばない。代議員に要求される奉仕はほとんどない。

上述した政体設計案が賢明で有名なあの連合州の共和政[10]と類似していることを考える人ならば、この設計案が実行可能であることを疑うわけにはいかない。この計画案に見られる変更はすべて明らかに改善と思われる。(1)代議制はすべて一層公平である。(2)オランダ共和国において完全な貴族政を形成している、都市の市長たちがもつあの無制限な権力が、州の代議員を年々選挙する権利を人民に与えることで、中庸を得た民主政によって修正されている。(3)同盟、講和および戦争、租税の賦課に関して、オランダ共和国の全体に対して各州や各都市がもっているあの拒否権は、ここでは取り除かれている。(4)この計画案では、州はあの七連合州ほど相互に独立しておらず、また、別々の集団をなしてもいない。というのは、連合州では、比較的小さい州や都市が比較的大きな州や都市、とくにホラントやアムステルダムに対してもっている嫉妬とねたみが、しばしば政治を混乱させているからである。(5)オランダの議会がもっているよりも大きな権力——最も完全な種類のものであるけれども——が元老院に委託されている。このことにより、元老院はオランダの議会で可能なよりも、迅速に決議を行い、その秘密をよりよく保持するようになるであろう。

ブリテンの政体を制限君主政の最も完全なモデルにするためになしうる主要な変更は、次のものではないかと思われる。[11]第一に、代表を平等にし、また一年につき二〇〇ポンドの価値のある財産をもたない者には州選挙での投票権を与えないことによって、クロムウェルの議会設計案[12]が復活させられねばならない。第二に、こうしたクロムウェル案に見られるような下院は、現在のような脆弱な上院にとっては荷が重すぎると思われるので、監督とスコットランド貴族とは取り除かれねばならない。[13]上院の議員数は三〇〇ないし四〇〇にまで増加されねばならない。議席は世襲でなく終身としなければならない。上院議員は彼ら自身の上院議員の選挙権をもたねばならない。また、下院議員には、上院の議席が提供されたとき、それを拒否することは許されるべきではない。このようにすることによって、上院はまったくその国民のうち、最も優れた信望と能力と利害関心をもつ人びとから集団構成されるに至り、したがって下院の不穏な指導者はすべて取り除かれ、利害の点で上院と結合することができるであろう。このような貴族政は、君主政の支持者にもその反対者にも優れた防壁となるであろう。現在のところ、わが国の政体の均衡は、ある程度君主の能力と行動に依存しているが、これは変わりやすく不確実な事態である。

制限君主政に関するこうした計画案は、いかに修正されても、やはり三つの大きな不都合を免れえないように思われる。第一に、それはコート派とカントリ派との対立を和らげることができるにしても、完全には取り除いていない。第二に、国王の個人の性格が依然として政体に対して大きな影響力をもつに違いない。第三に、武力は、常備軍の維持を要求するために、民兵の訓練を常に軽視しがちなただ一人の人の手中に握られている。[14]

およそフランスやグレイト・ブリテンのような大国は共和政をモデルに設計することはできず、そのような政体はただ都市や小領土においてのみ生じうるものだという、通俗的見解の誤りであることを述べて、この主題を終わることにしたい。この見解と反対のことがむしろありうると思われる。一都市においてよりも広大な国において共和国をつくることは困難であるけれども、いったん形成されてしまえば、それを騒動や党争なしに確固不変のものとして維持することは、ずっと容易である。どのような自由な政体の計画案においても、広大な国家のたがいに遠く離れている諸地方が団結するのは、容易なことではない。しかし、ただ一人の人に対する尊敬と敬意によって徒党を組むことはたやすいことであり、この一人の人はこのような人民の人気によって権力を掌握し、頑固な人びとを服従させ、君主政体を樹立することができる。他方、都市においては、政体に関して同一の意見に一致することがたやすく、財産の自然的平等が自由を暗に奨励し、またたがいに近くに居住するため、市民はたがいに助け合うことができる。絶対君主のもとでさえ、都市の下級の政府は共和政的であるのが普通である。これに対して、州政府や属州の政府は君主政的である。しかし、都市において共和政の樹立を容易にするその同じ事情は、都市の政治機構を一層脆弱で不確実なものにする。民主政は騒乱を起こしやすいものである。というのは、投票や選挙のさいに、人民がいかに小集団に分かれて分裂していても、都市ではたがいに近くに居住していることから、常に人民の気運と動向が非常に強く感じられるからである。貴族政は平和と秩序によりよく適しており、したがって古代の著述家たちに最も称賛された。しかし、貴族政は嫉妬深く圧制的である。巧みな技術によって組織されている巨大な政体においては、共和国の第一段階の選挙あるいは政治組織に参加することが許されている下層の人民から、一切の動きを指導する上級の政務官に至るまで、民主政を洗練されたものにするに十分な広さと余地がある。それと同時に、地方はたがいに遠く離れているため、陰謀や偏見によって、あるいは激情によって、国家利益に反するような方策を地方に軽率にとらせるようなことはきわめて困難である。

こうした政体が永久不滅であるかどうかを問うことは無益なことである。人類の限りない企てに関して、「人間が永遠ならば！」[7]と叫んだあの詩人の正しさを私は認めるものである。この世界自体もおそらく永遠不滅ではないであろう。人を根絶やしにするような悪疫が起こり、完全な政体でさえやすやすと隣国のえじきとなることがあるかもしれない。熱狂や、あるいは人心の他の異常な動静に駆り立てられて、人びとがどこまで一切の秩序と公益を無視するに至るか、分かったものではない。利害の相違が取り除かれた場合、気まぐれで説明のつかないような党争が、個人の好き嫌いや敵意からしばしば生じるものである。おそらく、最も正確な政治機構でも、そのぜんまいに錆が生じ、その運動を狂わせることであろう。最後に、大がかりな征服を追求した場合には、どんな自由な政体もすべて滅亡するに違いない。しかも、不完全な政体よりも完全な政体の滅亡のほうが、それがもつ長所そのもののゆえに早いのである。したがって、そのような国家は征服に反対する基本法を制定すべきである。けれども共和国は個人と同じく野心を抱いており、また目前の利害のため、人びとは後世のことを忘れるものである。全能の神が神自身の作品に与えるのを拒否しているように思われるあの永遠の不滅性を、人間のつくった作品に与えるよう要求するようなことなしに、そのような政体が多年にわたって繁栄することになれば、それは人間の努力に対する十分な刺激なのである。

(1)〔H—P版では次のように始まっている。「およそ人間のうちで、政治に関する企画屋（political projectors）というのは、権力を握ると、これほど有害なものはないし、権力をもたねばもたないで、これほど馬鹿らしい連中もまたといない。他方、これと同様に、思慮深い政治家というものは、権力をもてば、最も有益な人物であり、かりに権力を奪われていても、最も無害であり、まったくなんの役にも立たないというものではない」〕。

[1] Christian Huygens（1629–1695）はオランダの数学者、天文学者、物理学者。光の波動説の基礎を確立した。

[2] Sir Francis Drake（c. 1545–1596）はイギリスの航海家、世界一周（一五七七—八〇年）を達成。

[3] Platon（427-347 B.C.）はギリシアの哲学者、ソクラテスの弟子で『ソクラテスの弁明』、『クリトン』（久保勉訳、岩波文庫、二〇〇七年）を書いた。対話からなる多くの著作のうち、前三七五年頃に書かれたとされている『国家』は理想国家を論じたもの（藤沢令夫訳、岩波文庫、一九七九年）。

[4] *Utopia*（1516）は、イギリスの政治家トマス・モア（Sir Thomas More, 1478-1535）の手になる、ユートピア思想史上きわめて重要な著作（澤田昭夫訳、中公文庫、一九七八年）。

[5] *The Common Wealth of Oceana*（1656）は、イギリスの政治評論家、ジェイムズ・ハリントン(James Harrington, 1611-1677)の主著。『オセアナ共和国』は、古代共和政やヴェネチアの政治制度を基盤にした民主的政治制度論である。その特徴は、①土地均分制、②独特の二院制（立法部は、審議・提案のみを行う院と、他方、それらの提案を議決することに限定された院との二院制）、③公職につく者の選出方法は、すべてバロット（くじ）によること、④さらに公職のローテイション（交替制）にあるとされている（田中浩訳『オシアナ』世界大思想全集、社会・宗教・科学思想篇2、河出書房新社、一九六二年、二二七頁以下を参照）。

(2)〔法案作成委員会（Lords of the Articles）はスコットランド議会における古来の制度であり、三階級から選ばれた委員から成っていた。国王は主教に対するその影響力により、成員の構成を決めることができ、主教は他の成員の選出に決定的な発言権をもっていた。ヒュームが『イングランド史』第五五章で指摘しているように、法案作成委員会の事前の同意がなければ、議会で動議を提出することはけっしてできなかった。このことは、法案が議会を通過した後の国王の拒否権に加えて、間接的に、法案の提出前における、もう一つの拒否権を国王に与えたのであった。この後者の拒否権は、ヒュームの見解によれば、前者の拒否権よりもはるかに大きな力をもつ拒否権であった。したがって、法案作成委員会が、はじめ一六四一年に、そして最後は一六九〇年に廃止されるまで、「適切に言えば、国民がおよそ正式の自由を享受したとは言いがたかった」〕。

(3)〔マキアヴェリ『ティトゥス・リウィウスの最初の一〇巻を論じる』（*Discorsi sopra la Prima Deca di Tito Livio*）第三巻、第一章。この論説はおそらく一五一三年と一五一八年の間に書かれ、死後一五三一年に出版された。最初の英訳は一六三六年に出た〕。

(4)〔H版とI版には次のようになっている。「田舎教区にいる自由保有農のすべてと、そして都市教区において分相応の税を支払っている人びとをして……」。K―P版では「田舎教区では年収一〇ポンドの自由保有農のすべてと、都市教区における二〇〇ポンド相当の財産を所有する戸主全部をして……」となっている〕。

(5)〔ヴェネチアの「込み入った無記名投票」方式の詳細については、George B. McClellan, *The Oligarchy of Venice* (Boston : Houghton. Mifflin Co., 1904), pp. 159–60 を参照。ハリントンは『オセアナ共和国』（一六五六年）において、このヴェネチア方式を採用している〕。

(6)〔一三世紀後半以来、スイス連邦を構成した州は、相互防衛のために民兵を利用することを保証されていた。また市民軍は外敵に対して国の独立を維持する上で、顕著な成功を収めた。これらの民兵は、身体強健な男子すべてが兵役に服する義務をもち、武器を取り正規の訓練を受けねばならないという原理に基づいて組織された。スイス・モデルの民兵が共和国の適切な軍事組織であるという主張の詳細については、ジャン＝ジャック・ルソー『ポーランド統治論』第一二章を参照〕。

[6] Jean François Paul de Gondi Retz, Cardinal de (1613–1679) はフランスの政治家。

(7)〔H―P版では次のものが追加されている。「良識といえばそれはただ一つのことである。ところが愚行は数え切れないほどある。さらに、人にはすべてその人の良識というものがある。だから人民を賢明にする唯一の方法は、人民が団結して大きな集団にならないようにすることである」〕。

(8)〔H―P版ではBrigue〈intrigueではなく〉となっている〕。

(9)〔H―M版では「人民のほとんど全体によって」となっており、それでパラグラフが終わっている〕。

(10)〔H―P版では「以前は、世界で最も賢明で最も有名な政体の一つ」となっている〕。

(11)〔H版とI版では「年一〇〇ポンド」となっている〕。

(12)〔H―P版では「あの共和国議会の」となっている〕。

(13)〔H―P版では「以前の議会では、彼らの振舞いが上院の権威をすっかり台無しにしてしまった」となっている〕。

(14)〔H―P版には次のものが追加されている。「これはブリテンの政体に見られる命とりの病気であり、このためにブリテンの政体がついには滅亡することが不可避であるに違いないことは明白である。とはいえ、スウェーデンはある程度この不都合を取り除き、制限君主政下に、ブリテンのものよりは危険性の少ない常備軍と共に民兵を保有していると思われるということを、私は認めねばならない」〕。

[7] この詩人が誰かについて、ミラーは確定できなかったとしている。また、これはヒュームが意訳している例の一つとしている。しかし、

ミラーの推定によれば、ホラティウスの『諷刺詩』第二巻、第八篇、六二行か、あるいはルクレティウスの『事物の本性』第二巻、第七六行、ないし第五巻、一四三〇―三一行があげられている。その理由として、ヒュームが偉大な詩人のリストのなかにホラティウスとルクレティウスの両者を含めているからだとしている。ヒュームのエッセイ「中産層について」(Of the Middle Station of Life)〈本訳書第Ⅲ部〉を参照とされている。

第III部

I　エッセイを書くことについて(1)

動物的な生き方にふけらず、心の働きに従事する優雅な人は、学者（*the learned*）と会話を愛好する人びと（*conversible*）に分けることができよう。学者はその運命として心のより高度でより困難な働きを選択したような人である。それには自由な時間と孤独が必要であり、長い準備と厳しい労苦なしには完成の域に達することはできない。会話を愛好する人びとの世界は、社交的な気質と、楽しみに対する趣味、すなわち、知性の比較的容易で厳しくない使用や、人間にかかわる仕事に関する明白な熟考や、日常生活上の諸々の義務や、身の周りにある特定のものの欠点や完成を観察する性向に結びつく。そのような思考上の主題は、孤独のうちにあっては十分な仕事を提供せず、それらを心の適切な働きとするためには、同胞とのつきあいや会話を必要とする。そしてこのことは人びとを社会に集合させ、そこであらゆる人は可能な限り最善の仕方で自分の思索や観察を示し、楽しみに加えて、情報をたがいに授受し合うのである。

学者と、会話を愛好する人びとの世界との分離は、最近の時代の大きな欠点であったと思われ、書籍と交際のいずれにも非常に悪い影響を与えたに違いない。会話の主題が、ときに歴史、詩、政治および、少なくとももっと明白な哲学の諸原理に頼らずに、どのように理性をもつ人間の楽しみに適合する可能性があるのであろうか。われわれの談話の全体は、おしゃべりと無駄話の一連の連続であらねばならないのであろうか。精神はけっして高まらず、絶えず、

ウィルがこれをした、ナンがそう言ったという、
長々としたおしゃべりに茫然として疲れ果てる。(2)

これはわれわれの生涯のうちの最も無駄な部分であるだけでなく、仲間のうちで過ごした時間を最も面白くないものにすることであろう。

他方、学問も同じく学寮や僧院に閉じ込められ、世間や優れ

た仲間から引き離されたため非常に衰退した。それによって、われわれが文芸（*Belles Lettres*）と呼ぶあらゆるものがまったく粗野なものになり、生活や生活習慣の趣味もなく、会話によってだけ得ることができる思索と表現の自由や流暢さをもたない人びとによって行われてきた。哲学でさえ、この意気消沈した世捨て人の研究方法によって破壊され、文体と陳述の仕方が難解になっただけでなく、その結論は現実離れしたものとなった。実際、およそその推論において経験をけっして参考にせず、あるいは、日常生活と会話のうちにのみ見られる経験をけっして探し求めなかった人びとから、われわれはいったい何を期待しうるであろうか。

大きな喜びをもって私は認めるが、現代の文筆家たちは、一般の人びとから距離を保ってきた、あのはにかみと遠慮がちな気質を大いに失い、同時に世慣れた人びとは会話に最も適わしい話題を書物から借用するのを誇りに思っている。非常に運よく始まったこの学者の世界と会話を愛好する人びとの世界との同盟が、相互の利益のためにさらになお一層改善されることが望まれる。そしてそのために、公衆を楽しませようと私が努めるこうしたエッセイほど有益なものを私は知らない。こうした考えから、私は私自身を学問の領国から会話の領国への一種の駐在事務官、もしくは大使とみなさずにはいられないし、相互に非常に依存し合う二つの国家間の親密な連絡を促進することを私の不断の義務と考える。私は学者に、仲間のうちで起こることはなんでも、その情報を与え、私の生まれた国で使うことができて、楽しむに適していると思う商品ならなんでも仲間のもとへと輸入するよう努める。われわれには貿易差額を警戒する必要はなく、それを両方の国で保持するのになんの困難もないであろう。この商業の素材は主として会話と日常生活によって提供されるに違いない。素材の加工はただ学問に属す。

大使が居住する権限を与えられている国家の主権者に敬意を払わないのは、大使の許しがたい怠慢であるのと同じく、会話の帝国の主権者である女性に特別な尊敬の念をもって話しかけないのは、まったく許しがたいであろう。私は尊敬の念をもって彼女らに近づく。そしてもし、私の自国人である学者が不撓不屈の独立した人間でなく、彼女らの自由を警戒し、服従することに不慣れであるならば、私は女性たちの手に、学問の共和国への主権者としての権威を委ねよう。いまのところ、私に与えられた権限は、われわれの共通の敵、理性と美の敵、すなわち、鈍い頭脳と冷酷な心の持ち主に対する攻防上の同盟を望む以上に及ばない。この瞬間からそれを最も厳しく追求しよう。健全な知性と繊細な感情の持ち主以外には容赦しないようにしよう。そして推定されるが、われわれはこうした性質が常に不可分であることに気づくのである。

まじめになり、あてつけがすり切れる前にやめておくと、私の意見では、女性、すなわち思慮分別と教育のある女性（このような人だけに私は話しかけているのだが）は、同程度の知性をもつ男性よりも、すべての洗練された著述のはるかに優れた判定者である。そして、もし女性たちが学問のある女性に浴びせられるよくある嘲笑を恐れ、あらゆる種類の書物や研究をすべて男性たちに明け渡してしまうならば、それは無駄な狼狽である。その嘲笑の恐怖は、彼女らに愚か者たち――知識を見せるに値せず、彼女らの相手にも値しない者たち――の前で知識を隠すようにさせるだけにしよう。そうしたことはやはり彼女たちに対して優越を気取る男性という空しい肩書を仮定することになろう。しかし、私の公正な読者は、世間を知る思慮分別のある男性が彼女らの知識の範囲内にあるような書物の判定に対して敬意を払い、規則によって導かれたものではないけれども、衒学者や解説者たちのすべての退屈な仕事よりも、彼女たちの趣味の繊細さに一層信頼を寄せるであろう。優れた趣味と、女性に対する丁重な振舞い（Gallantry）で同じく有名な隣国では、女性は、ある意味では、会話を愛好する人びとの世界に加えて、学者の世界の主権者でもあり、いかなる洗練された著述家も、幾人かの著名な女性の審判者の賛成を得ずに、公衆に対してあえて自らを主張することはない。彼女らの判断は、実際ときとして不満がられることがある。とくに、コルネイユの崇拝者は、ラシーヌがコルネイユより優勢になり始めたときに、その偉大な詩人の名誉を守るために、いつもこう言ったのに気づく。すなわち、あのような老人がそうした審判者の前でそんな若い人と賞を争いうるとは予想されないと。しかし、この考察は不公平であることが分かった。なぜならば、後代の人びとはあの法廷の判断を認めたと思われるからである。だからラシーヌは死んだけれども、彼はいまもなお男性の間で最善の審判者であるとみなされていると同時に、女性の人気者なのである。

私が女性の判断を不信に思いがちな主題がただ一つある。それは女性に対する丁重な振舞いと信仰心についての書物に関するものである。これらの書物を彼女たちは普通、とび上がって喜ぶ。たいていの女性は、情念の公平さよりも、温かさを喜ぶ。私は女性に対する丁重な振舞いと信仰心をこれと同じ主題としてあげる。なぜならば、実際、それらはこのように扱われる場合には同じになるからである。だから、それらはいずれも同じ気質に左右されると述べることができよう。女性は優しく恋にもろい性質をきわめて多く分かちもっているので、それがこの場合、彼女たちの判断を曲げ、彼女たちは表現上の適正さをもたず、なんら特質をもたない意見によってさえ容易に影響される。アディスン氏の優雅な宗教論は、神秘的な信仰心の書と比較すると、彼女たちの興味を引かない。またオトウェイの悲劇はドライデン氏の大言壮語のようなものとして拒絶されるのである。(3)

この点での女性の間違った趣味を彼女たちに是正してもらいたい。彼女らにすべての種類の書物にもう少し慣れてもらおう。彼女たちが、思慮分別と知識をもつ男性に自分たちの集まりに頻繁に出入りするよう勧めるものとしよう。そして最後に、私が学者の世界と会話を愛好する人びとの世界との間に企てたあの結合に女性からの心からの同意がなされるものとしよう。彼女たちは、おそらく、学識のある男性からよりも通常の彼女たちの追随者たちから、丁重な態度に出会うであろうが、彼女たちがそれほど純粋な愛情を期待しえないのはもっともである。だから、彼女たちが幻影のために実質を犠牲にするような誤った機会をもつことがないことを願いたい。

（1）〔このエッセイは、『道徳・政治論集』（*Essays, Moral and Political*, vol. 2, Edinburgh: A. Kincaid, 1742）だけにある〕。

（2）〔この二行連句の出所を編者〈E・F・ミラー〉は見つけることができなかった。ヒュームが「エピクロス派」（The Epicurean）の中で引用している二行連句と同じ著者、あるいは詩に属すかもしれない〕。〈本訳書一二六頁を参照〉。

（3）〔Thomas Otway（1652-1685）の主要な悲劇は『ドン・カルロス』（*Don Carlos*）、『孤児』（*Orphan*）、『守護されたヴェネチア』（*Venice Preserved*）である。ジョン・ドライデン（John Dryden, 1631-1700）は、その時代の最も優れたイギリスの詩人であり、トーリー主義の熱心な擁護者だったが、戯曲、詩、文芸批評、また古典作家の翻訳で知られた。ヒュームは、しばしばとてつもなく誇大な性質をもつドライデンの英雄主義的な戯曲を念頭に置いているのであろう〕。

II 道徳上の偏見について[1]

われわれの間で最近表に出てきた一連の人びとがいるが、彼らは人間の目には神聖で敬うべきものとこれまで思われてきたあらゆるものをからかうことで目立とうと努めている。理性、節制、名誉、友情、結婚は彼らが行う面白味のないからかいの絶えざる主題である。さらに公共の精神やわが国に対する尊敬は、現実離れした実際的でないものとして取り扱われる。こうした反改革家たちの策動が起これば、社会のすべてのきずなは壊れ、無法な騒ぎや陽気さへの放縦に道を譲るに違いない。酔っ払って陽気に騒ぐ仲間が、友人や兄弟よりもむしろ選ばれる。ふしだらな道楽が、公私いずれにおいても、価値のあるあらゆるものを犠牲にして満たされるに違いない。また人びとは自分以外のものにほとんど敬意を払わず、そのため、とうとう自由な政体は人類の間で実行不可能な体系となるに違いなく、欺瞞と腐敗の普遍的な体系へと堕落するに違いない。

智恵者ぶる人びとのうちに見られる別の気性がある。それは右に述べた怠慢でせっかちな気性ほど有害ではないが、にもかかわらず、それにふける人びとに非常に悪い影響を与えるに違いない気性である。つまり、それは、偏見と誤りを改めるという口実のもとに、すべての最も親しみのある心からの感情と、人間を支配しうるすべての最も有用な先入観と本能を攻撃するような、完成を求める重々しい哲学的努力である。ストア派哲学者は古代の人びとの間でこうした愚かさで顕著であった。だから、私は近年の時代の一層敬うべき性質をもつ人が、この点でそれらの性質をあまりにも忠実にまねしなかったらよかったのにと思う。有徳で優しい感情、あるいは、お望みなら偏見でもよいが、それらはこうした省察によって大いに苦しみをこうむった。ところが一方、人間の避けがたい陰うつな高慢や軽侮がそれらに代わって優勢を占め、最高の智恵として重んじられた。ただし実際には、それはすべてのなかで最も途方もない愚かなことである。スタティリウスがブルートゥスによって、ローマの自由のために神のような働きをしたあの立派な一団の一人になるように強く求められたさい、彼は彼らに同行することを断って、このように言った。すなわち、「すべての人は愚かであるか馬鹿げていて、賢明な人が彼らについて頭を悩ますに値しなかった」と。(2)

私の学識ある読者はここで、ある古代の哲学者が、友情を強く求めた兄弟と仲直りしようとしなかった理由を容易に思い出されるであろう。彼はあまりにも哲学者でありすぎたため、同じ両親から生まれたという結びつきが合理的な精神に影響を及ぼすと考えることができず、繰り返すのがふさわしくないと思われるような仕方で感情を表したのである。(3) エピクテトスが言うには、あなたの友人が苦しんでいるとき、あなたは、もし救いとなるのなら、彼に対して共感を装うであろう。だが共感があなたの心を落ち込ませたり、智恵の完成であるあの平穏さを乱さないように気をつけるようにと。(4) ディオゲネスは、病気をしたときに友人たちから、死後、自分をどう扱ってほしいのかと尋ねられ、「なぜ私を原野に捨てないのか」と言う。「なんだって、鳥や野獣に食われるままにか」と彼らは答えた。「いや、では私自身を守るため、私の側にこん棒を置いてくれ」。「なんの目的のためだ。君はなんの感覚もなく、それを使う力もないだろうに」と彼らが言う。「そのときもし野獣が私を食っても、私はもうそれを感じることがないのか」と彼は声をあげて泣く。この哲学者の言ったことで、彼の気質の陽気さと強靭さの両方をこれほど示すものを私は知らない。(5)

エウゲニウスが身を処す処世訓はこれらといかに異なることか。若いとき彼はきわめて不屈の労苦をもって、哲学の研究に専心した。しかし、彼の友人の役に立ったり、ある立派な人を喜ばせたりする機会が提供されたときを除けば、それから彼は何も得ることはできなかった。三〇歳ぐらいのとき、彼は自由な独身生活をやめる決心をした（そうでなければ、彼はそのままでいたいと思ったであろう）。というのは、もし彼が子供をもたないまま死ねば、絶えるに違いない由緒ある家系の最後の分家となると考えたからである。彼は貞淑で美しいエミラを配偶者に選んだ。彼女は永年にわたり彼の人生の慰めとなり、彼を数人の子供の父親にした後、ついに亡くなった。非常に厳しい苦しみのもとで彼を支えたものは、彼がその幼い家族から受けた慰め以外の何ものでもなかった。妻が亡くなったため、いまや子供たちへのいとおしさが増すようになった。とくに一人娘は彼のお気に入りであり、心のひそかな喜びであった。なぜなら、彼女の顔だち、そのしぐさ、その声は妻の優しい記憶をその度ごとに思い出させ、目を涙で溢れさせるからである。彼はこうしたえこひいきをできる限り隠し、彼の親友以外は誰もそれを知る人はいなかった。親友に対して彼はすべての優しさを見せる。彼は、それを弱みという名で呼ぶようなうわべだけの哲学者ではない。彼がいまでも涙を流し、妻の生前に喜びと陽気さをもって誕生日を祝ったように、過去の楽しかった優しい思い出をもってエミラの誕生日を守っているのを、親友たちは知っている。父親が母親の絵をごく注意深く保存し、一枚のミニチュアの絵をもっていて、それを胸のあたりにいつも付けているのを親友たちは知っている。また、彼らは父親が遺言書に、自分がどこで死ぬことがあっても、遺体を運び、妻の墓と同じ墓に納めること、さらにその墓の上に記念碑を立て、彼らのたがいの愛と幸せが、彼自らその目的のためにつくった墓碑名のうちに記念されるように、指示を残したことを知っている。(6)

二、三年前に私は、旅に出ていた友人から一通の手紙を受け取った。それをここに公表することにしよう。それには、私にはかなり特別と思われ、幸福や完全に対する上品な探求によって一般に認められている振舞いや行動に関する処世訓からあまり遠く離れていない模範として役立つかもしれないような哲学的精神の一例が含まれている。私はそれ以来、この物語が事実であることを確信している。

パリ、一七三七年八月二日

拝啓——あなたは建物よりも人びとについての話に好奇心をもち、公の業務よりも私的な来歴をお知りになりたいものと私は思います。そのために、私は次のような話を考えました。それはこの都市でよくある話題ですが、あなたが気に入らないような気晴らしではないと思います。

生まれが良く、しかも自分がまったく自由に処分できる財産を遺されたある若い婦人が、自分に対してなされた、何回かの有利な申し出にもかかわらず、独身生活をする決心に長い間固執してました。彼女は、知人の間の数多くの不幸な結婚を見て、また、彼女の女友達が夫の専横な振舞い、浮気っぽさ、嫉妬心あるいは無関心についてこぼした苦情を聞いて、この決心をしていました。気丈な気性で並はずれた考え方をする女性でしたので、彼女はこの決心を維持することになんの困難も見出しませんでした。そして誘惑によって、決心を覆すのではないかという弱点を疑うことはありませんでした。とはいえ、彼女は息子をもちたいという強い欲望を抱いており、その教育を自分の生涯の主要な関心事にし、それによって、自分が断念することにした他の情念の埋め合わせをしようと心に決めたのでした。彼女は、そのような欲望と以前の決心との間の矛盾に気づかないほど、並はずれて長い間、自分の人生哲学を強く主張しました。したがって、彼女のすべての男性の知人のうちに、その性格と人となりが、彼女を満足させるような男性を見つけることはできませんでした。気に入った人を見つけるため、非常に慎重に見回して捜していましたが、ついにある夕方、劇場にいた彼女は平土間（*Parterre*）に非常に魅力的な容貌をもち、上品な振舞いをする若い男性を見つけ、この人こそ自分が長い間求めて見つけることができなかった人に違いないとの先入観を感じました。そこで彼女は直ちに召使いをつかわし、翌朝、自分の宿所に客として迎えることを望みました。青年はこの伝言にとび上がって喜び、これほど非常に美しく、名声があり、身分の高い婦人からの申し入れを受けて、その満足感を抑えることができませんでした。したがって、彼女が彼に少しも自由を許そうとせず、そのすべての親切な行動のただなかにあって、彼を理性的な言葉と会話の範囲に限定し、威圧するような女性であることに気づいたとき、彼は大いに失望しました。しかしながら、彼女は彼との間に友情をもちたいと思い、彼との交際は、暇な時間があればいつでも、申し出を受け入れることができると、彼に告げました。彼には訪問の再開を懇願したりする必要はありませんでした。彼女の機知と美しさに非常に感動したので、もし彼女との交際を妨げられれば、彼は不幸になったに違いありません。重ねた会話はただ彼の情念に火をつけるのに役立つだけであり、自分自身の幸運を喜ぶのに加えて、彼女の人がらと知性を称賛する機会を一層彼に与えました。しかしながら、彼が二人の間の生まれと財産の不釣り合いを考えたとき、彼は不安がないではなく、彼らの交際が始まった特別な仕方を思い起こしても、彼の不安はけっして和らげられることはありませんでした。そうこうしているうちに、わが哲学的な女主人公は、恋人の個性が彼の人相を裏切らないことに気がつきました。だから、これ以上に彼を試す必要はないと判断し、彼女は、しかるべき機会をとらえ、彼に自分の目的をすべて知らせました。二人の交際は、彼女の望みが最後に報われるまで、しばらく続きました。そして彼女はいまや、彼女が将来世話をし気づかう対象となるべき、男の子の母親となりました。彼女は喜んで父親との友情を続けましたが、彼があまりにも情熱的で友情の範囲内にとどまらないのに気づき、やむなく自然の成り行きを抑制せざるをえませんでした。彼女は彼に手紙を送り、それに千クラウンの年金証書を同封し、同時にもう二度と会わず、できることなら過去の好意と親密な関係をすべて忘れるように求めました。この知らせを受け取って、彼は非常に驚き、婦人の決断を覆すためのあらゆる手立てをこうじましたが無駄だったので、とうとう彼女の弱点（*Foible*）をつく決心をしました。彼はパリの高等法院に彼女を訴える訴訟を起こし、このような場合の法の原則に従って、彼の意のままに息子を教育する権利を主張し、彼の親権を要求しました。他方、彼女は二人の交際前に交わした明白な同意を申し立て、彼が二人の抱擁から生まれるかもしれない子供に対する権利を放棄したと主張しました。哲学者だけでなく、すべての法律家を困惑させるこの特別な訴訟で高等法院がどのような裁決を下すかはまだ分かりません。結末に至ったら直ちに、私はそれをあなたにお知らせし、現在行っているように、証言する機会をもちたいと思います。

敬具

（1）〔このエッセイは『道徳・政治論集』第二巻だけにある〕。

（2）〔プルタルコス『英雄伝』、「ブルートゥス伝」第一二節を参照。プルタルコスの説明によれば、ブルートゥスはカエサルに対する陰謀を彼の友人の快楽主義者スタティリウスに秘密にしていた。なぜならば、さきに、討論において間接的に試されたとき、スタティリウスはヒュームが記述している仕方で答えていたからである〕。

（3）〔編者〈E・F・ミラー〉はこの古代の哲学者、あるいはヒュームの話の出典を確認できなかった〕。

（4）〔エピクテトス『手引き』第一六節を参照。「子供が旅に出たとか、あるいは、財産をなくしたとかの理由で、誰かが悲しみ泣いているのを見たとき、あなたは、その人が外面的な不運のただなかにあるこの印象によって連れ去られずに、すぐこの考えをあなたの前に保ち続けるように気をつけなさい。『この人を苦しめているのは、起こったことではなく（というのは、それは他の人を苦しめないから）、それについての彼の判断なのである』。とはいえ、言葉の及ぶ限り、彼に同情することをためらってはいけません。そして、もし機会があれば、彼と共に苦しむことさえためらってはいけません。だが同時に、あなたの存在の中心で苦しまないように気をつけなさい」（レーブ版、W. A. Oldfather 訳）〕。

（5）〔シノペのディオゲネス（Diogenes of Sinope, 400?—325? B.C.）はキュニク派（犬儒派）哲学の創始者であった。この学派は禁欲的生活に幸福を求め、人のわずかな自然的必要だけの満足と、因習的に望ましいと考えられるものを公然と軽侮することに身を献げた。ヒュームはここではキケロの『トゥスクルム論叢』〈前四五年〉第一巻、第四三章（第一〇四節）におけるディオゲネスの言説の説明に従っている〕。

（6）〔編者〈E・F・ミラー〉は、本当にあったことか作り話なのか、いずれにせよ、その生涯がこうした詳細な記述に合致するエウゲニウスの出典を見つけることはできなかった。この話は、これに続く手紙と同様に、おそらくヒュームの作り話であろう。こういうわけで、エウゲニウス（文字通り、「立派な生まれ」、「上きげん」、「立派な性向」、あるいは「立派な性格」）は、心の奥にある感情が正しく調整される哲学的人生の権化であろう。ジョーゼフ・アディスンはエウゲニウスを、「古代の勲章の有用性についての対話」（Dialogues upon the Usefulness of Ancient Medals, 1721）のなかで参加者の一人の名として用いている。また、ローレンス・スターン（Laurence Sterne）〈一七一三—一七六八、イギリスの小説家、牧師〉はのちに、彼の小説『トリストラム・シャンディ』〈トリストラムは、アーサー王物語に出てくる円卓騎士の一人。シャンディはビールとレモネードの混合飲料〉（一七六〇—六七年）のなかで、ある人物にその名を与えようとした。

III　中産層について(1)

以下に述べる寓話の教訓は私の説明がなくとも容易に分かるであろう。ある小川が永い間固い友好関係に結ばれていたもう一つの小川に出会い、騒々しい横柄さと尊大な態度で次のように言った。「おい、兄弟！　まったく変わってないな！　いまも水が乏しく、のろのろ流れているのか。おれはつい最近までおまえと似た状態だったにもかかわらず、いまや大河になり、もし、おれの両岸をえこひいきし、おまえの岸をほったらかしにするあの慈雨が続けばそのうちに、ドナウ川やライン川にも匹敵しうるようになる。そんなおれを見て、恥ずかしいとは思わないのかね」。なるほどと、みすぼらしい小川が答える。「あなたはいまや、本当に大河に膨らんだ。だがそれだけではなく、あなたは、いくらか荒れ狂い、濁ったみたいだね。私は自分の水の少なさと清らかさに満足しているのさ」。

　この寓話を論評する代わりに、私は、それから、異なる生活状態を比較し、中産層にいるような私の読者が他のすべての階層のうち、最も望ましいものとして、それに満足するよう説得する機会を得るとしよう。中産層は哲学を受け入れることができる最も数の多い階層をなしている。したがって、すべての道徳論は主に彼らに対して話しかけられるべきである。地位の高い人びとはあまりにも快楽に没頭しすぎ、貧民は生活必需品を用意することに時間をとられ、冷静な理性の声に耳を傾けない。中産層は、多くの点のなかでも、とくに次のような点で最も幸福である。つまりそのなかにいる人は、最大の余暇を利用し、自分自身の幸福をよく考え、自分の状態を自分より上や下にいる人びととの状態と比較することから、新たな楽しみを得ることができるのである。

　アグルの祈り(2)は十分によく知られている。「二つのことをあなたに願います。私が死ぬまで、それを拒まないでください。むなしいもの、偽りの言葉を私から遠ざけてください。貧しくもせず、金持ちにもせず、私のために定められたパンで私を養ってください。飽き足りれば、裏切り、主など何者か、と言うおそれがあります。貧しければ、盗みを働き、私の神の御名を汚しかねません」。中産層は、ここに美徳に対して最も完全な保証（*Security*）を与えるものとして正しく推賞されている。これと同時に付け加えれば、中産層は美徳を最も十全に実践（*Exercise*）する機会を与え、おそらくわれわれのもちうるあらゆる優れた性質を使う機会を提供する。下層の人びとの間にいる人は、忍耐、忍従、勤労、誠実という徳に加えて、他のあらゆる美徳を行う機会をほとんどもたない。出世して高い地位についた人びとには、寛大、慈悲、愛想のよさ、慈善を行う機会がたくさんある。人がこれらの両極端の間にいる場合、彼は自分よりも上の階層の人（*Superiors*）に対しては前者の美徳を、そして自分よりも下の階層の人（*Inferiors*）には後者の美徳を行うことができる。人間が認めうるあらゆる道徳的性質には、その出番があり、行為へと呼び起こされる。そして人はこのようにして、彼のさまざまな良い性質が眠ったままで、使用されない場合よりも、彼の美徳上の向上をはるかにもっと確かなものにすることができよう。

しかし、主として同等者（*Equals*）の間にいるために、主に中産層に見込まれるもう一つの美徳がある。この美徳が**友情**である。たいていの寛大な気質の人びとは、地位の高い人びとが仲間に親切を尽くし、立派な人びとの友情と尊敬を得る多くの機会があることを考えると、地位の高い人びとに嫉妬しがちである。彼らは、無駄に人に近づこうとせず、好意から愛情を示した場合でも、友情の申し出を断られやすい劣った階層の人びとのように無理に交じわることはない。しかし、地位の高い人は友情の獲得においてより容易ではあるけれども、その誠実さについては、より低い階層の人びととの場合ほど確信することはできない。というのは、彼らが与える親切は、善意と親切に代わって、へつらいをもたらすかもしれないからである。われわれは、われわれが受け取る労務よりも、われわれが行う労務によって愛着を感じるのであり、人は労務をあまりにも強いることによって、友を失う危険をもつ。それゆえ、私は中産層にいて、与えたり受け取ったりした義務のいずれによっても変わる友人との交際をもつことを選びたい。私は自尊心があまりにも高く、すべての恩義が私の側にあることをよしとしない。また、もしそれらの恩義がすべて友人の側にあれば、彼もまたあまりにも自尊心が強くて、それらの恩義をまったく気楽なものと感じることができないか、あるいは私と一緒にいても、完全に満足することはないかもしれない。

われわれはまた、中産層について次のように述べることができる。すなわち、中産層の人びととは、美徳に加えて、智恵と能力（*Wisdom and Ability*）を手に入れるのに一層好都合であり、また、この階層にいる人は上の階層の人びとよりも、人と事物の両者に関する知識を得るための優れた好機をもつ。彼は人間の生活に一層親しく入っていく。あらゆることは彼の前に本来の色合いで現れる。彼には観察を行うためのより多くの自由な時間があり、それに加えて、学識を高めようとする野心的な動機がある。というのも、彼は自分自身の勤労によらずに、世間で出世し名声や卓越を得ることがけっしてできないことを知っているからである。ここで私は幾分途方もないと思われる意見、すなわち、中産層はわれわれの生まれながらの才能を向上させるのに最も有利であるということが、賢明にも摂理によって定められているという意見を伝えるのを差し控えることができない。というのは、実際、より高い生活階層にあって行動するのに要するよりも、あの中産層の義務を遂行するのに必要な多くの能力があるからである。優れた国王をつくるよりも、優れた法律家や医者をつくるのに必要な生まれながらの才能やより優れた天分がある。生まれだけが王座につく資格を与える国王の家系と王位継承を取り上げることにしよう。たとえば、イギリスの国王である。彼らは歴史上、最も立派だと尊敬されることはなかった。ノルマン人の征服以来、現在の国王の王位継承まで、われわれは、未成年で亡くなった王を除くと、二八人の主権者を数えることができる。このうち、八人は優れた能力をもった国王とみなされている。すなわち、ノルマン人の征服王[3]、ヘンリー二世[4]、エドワード一世[5]、エドワード三世、ヘンリー五世[6]、ヘンリー六世、エリザベス[7]、ウィリアム先王である。ところで、人の通常の成り行きにおいて、天性によって、裁判官や弁護士に適した人は、二八人のうち八人もいない。シャルル七世[8]以来、フランソワ二世[9]を省略して、一〇人の国王がフランスで君臨した。そのうち五人が有能な国王と考えられた。すなわち、ルイ一一世[10]、一二世、一四世、フランソワ一世[11]、アンリ四世である。要するに、人をよく統治するためには、非常に多くの美徳、正義、慈愛が必要だが、驚くほどの能力が必要というわけではない。その名を忘れてしまったが、あるローマ教皇は、「皆さん、気晴らしをしましょう、世界が自らを統治します」とよく言っていた。実際、アンリ四世が生きた時代のように、最高の活力を要する危機的な時代があり、あの大王において現れたものほどではない勇気と能力は、その重みの下に沈んだに違いない。だがそのような事情は稀であり、その場合でさえ、運命が少なくとも仕事の半分を行っているのである。

　弁護士や医者のようなありふれた専門的職業は、もっと社会的地位の高い生活階層で行われているものと同等程度の――それ以上ではないが――能力を必要とするので、哲学や詩や、より高度な学問領域において異彩を放つには、人はなお一層洗練された性質をもつ人物として作られていなければならないことは明白である。勇気と決断力は主として指揮官に必要である。正義と慈愛心は政治家に必要である。だが学者には天分と能力が必要である。偉大な将軍や大政治家は、世界のすべての時代と国に見られ、また、まったくの未開人の間にさえ急に現れることもしばしばである。スウェーデンは、グスタフ・エリクソン[12]とグスタフ・アドルフス[13]を生み出したとき、無知に陥った。モスクワ公国の場合、それはロシア皇帝[14]が現れたときだった。そしておそらく、カルタゴがハンニバルを生んだときもそうである。しかしイングランドは、アディスンのような人やポープのような人に到達する前に、スペンサー[15]、ジョンソン[16]、ウォラー、ドライデンという長い段階を経験せねばならなかった。

学芸や学問の恵まれた才能は人びとの間の一種の天才である。自然はその手から生まれる最も豊かな天分を与えねばならず、教育と先例は最も初期の段階からそれを促進せねばならない。そして勤労がそれを完成の域に至らせるために共に働かねばならない。ペルシア人の間にクリ・カン[17]を見ても驚くには及ばない。だが、あれほどの早い時代に、ギリシア人の間に生まれたホメロスは、確かに最高の驚くべきことである。

　指揮を任されるほど幸運でない人は戦争のための天性を示すことはできない。幾人かが一度にそうした状態に置かれることは、いかなる国家や王国でも滅多に起こらない。マールボロー家[18]のうち、同盟軍にいたものの、連隊の指揮をするまで出世しなかった人はどれほどいたであろうか。しかし、私はこの何百年の間にイングランドにただ一人のミルトンがいたことを確信している。なぜなら、誰でも詩の才能をもつ人はそれを行使するであろうからである。そしてあの神聖な詩人よりも不利な立場のもとで詩の才能を発揮できる者はいなかった。もし、前もって桂冠詩人と称された人以外に詩を書くことが許されないならば、われわれは一万年もの間、詩人を期待することができないのであろうか。

　もしも、われわれが美徳や国家への有用性によるよりも、天分と才能によって階層を区別するならば、偉大な哲学者は確かに第一の階層の権利を要求するであろうし、人類の最上部に置かれねばならない。こうした人物は非常に稀であって、これまで、それを正当に主張しうる人は世界に二人とはいなかった。少なくともガリレオとニュートンはいままでのところ、他のすべての人にまさると思われるので、彼らと同じ等級に他の人を認めることはできない。

　偉大な詩人は第二の地位を要求することができよう。そしてこの種の天分は稀だけれども、にもかかわらず、前者よりもはるかにしばしば見られる。残存するギリシアの詩人のうちでは、ホメロスだけがこの人物に値すると思われる。ローマ人のうちでは、ウェルギリウス、ホラティウス、ルクレティウスである。イングランド人では、ミルトンとポープ。フランス人では、コルネイユ、ラシーヌ、ボワロー[19]、ヴォルテール。そしてイタリア人ではタッソとアリオストである。

　偉大な雄弁家と歴史家は、おそらく偉大な詩人以上に稀である。しかし雄弁に必要な才能を行使したり、歴史を書くのに必要な知識を獲得したりする機会は、ある程度、幸運に左右されるので、われわれはこのような天分の作品を前者よりも並外れたものとは断言できない。

　私はいまやこの脱線から戻り、中産層が美徳と知識だけでなく、幸福にとってもより有利であることを示すべきなのだろう。だが、これを証明する議論はきわめて明白と思われるので、私はここではそれを主張するのを差し控えることにしたい。

（1）〔このエッセイは『道徳・政治論集』第二巻だけにある〕。
（2）〔ヒュームは、これらの節がキング・ジェイムズ版聖書に出ているとして、「箴言」第三〇章、第七―九節を引いている。彼の時代の他の出典もまたこれらの節を「アグルの祈り」として言及している。「箴言」第三〇章、第一節は「ヤケの子アグルの言葉」で始まる〕。

（3）〔William I は一〇六六年から八七年まで統治した〕。

（4）〔Henry II は一一五四年から八九年まで統治した〕。

（5）〔統治は一二七二年から一三〇七年まで〕。

（6）〔Henry V は一四一三年から二二年まで統治した〕。

（7）〔統治は一五五八年から一六〇三年まで〕。

（8）〔統治は一四二二年から六一年まで〕。

（9）〔統治は一五五九年から六〇年まで〕。

（10）〔統治は一四六一年から八三年まで〕。

（11）〔統治は一五一五年から四七年まで〕。

（12）〔Gustav Eriksson Vasa（1496-1560）は一五二三年から六〇年まで統治した〕。

（13）〔Gustavus Adolphs（1594-1632）は一六一一年から三二年まで統治した〕。

（14）〔ピョートル大帝は一六八九年から一七二五年まで統治した〕。

（15）〔Edmund Spenser（1552?-1599）は『フェアリー・クイーン』（*The Faerie Queen*）で最もよく知られている〕。

（16）〔おそらく劇作家、ベン・ジョンソン（Ben Jonson, 1572-1637）であろう〕。

（17）〔クリ・カンは、ヨーロッパ風の名をナーディル・シャー（Nadir Shah, 1688-1749）という一七三六年から四七年までのペルシア皇帝であった。盗賊の頭のナーディルは一七二七年にペルシア陸軍の将軍となり、占領していたアフガン陸軍をペルシアから追い出した。彼は一七三六年に王位を強奪し、新王朝を樹立した。それから一〇年後、インドを侵略し征服した〕。

（18）〔John Churchill（1650-1722）、初代マールボロー公爵はスペイン王位継承戦争の間、イギリス、オランダ軍の最高司令官であった〕。

（19）〔Nicolas Boileau-Despréaux（1636-1711）は詩人で、文芸批評家〕。

IV　厚顔と謙虚さについて[1]

私の意見では、摂理に対するありふれた不平不満は根拠不十分であり、人の良い性質や悪い性質が、一般に考えられている以上に、その人の幸運や悪運の原因である。疑いもなく、その反対の例があり、これらもかなりの数にのぼる。しかし、順境と逆境が適格に配分された例と比べると、その数はわずかである。また実際、人事の普通の成り行きとして、そうでないわけがないだろう。慈愛心を賦与されていることと、他人を愛することは、まず絶対確実に愛と尊敬を手に入れるであろう。これは人生において主要なものであり、それからすぐ生じる満足に加えて、あらゆる事業や企画を促進する。事態は他の美徳とすっかり同じである。順境は、必ずというわけではないが、自然に美徳と長所に結びつけられ、同じく、逆境は悪徳と愚かさに結びつけられる。

とはいえ、実を言うと、この規則には道徳的性質に関する例外が認められている。つまり厚顔（*impudence*）が才能をこれ見よがしに見せびらかすのに対して、謙虚さ（*modesty*）にはそれを隠そうとする自然的な傾向があることである。そしてこのことが、身分が低く長所に乏しいというすべての不利な立場のもとで、多くの人が立身出世した唯一の原因であった。大部分の人びとは怠惰で無能力であるため、自分自身を捧げたいと思う人を迎え入れがちであり、したがって彼の横柄な態度を彼自身がもっていると主張する資質の証拠であると認めてしまう。礼儀にかなった自信は美徳の自然な付添人であると思われ、ほとんどの人はそれと厚顔を見分けることができない。他方、自信のなさは、悪徳と愚かさの当然の結果であるので、外見上はそれときわめて似ている謙虚さに不面目をもたらした[2]。

厚顔は、本当は悪徳であるけれども、あたかもそれは美徳であるかのように、人の運命に同じ影響力をもつ。厚顔は美徳とほとんど同じくらい得がたいため、その点で、わずかな努力で手に入り、絶えずますますそれにふける他のすべての悪徳からは区別されることに気づくであろう。多くの人は、謙虚さは立身出世する上で自分にきわめて不利であることを知り、厚かましくなり、何くわぬ顔をしようと決心した。だが、そのような人は企てに滅多に成功せず、やむなく最初の謙虚さに逆戻りせざるをえなかったことが分かる。まさに本物の生まれつきの厚顔ほど人に世間を切り抜けさせるものはない。それを装うことは無駄であり、けっして維持することはできない。他のいかなる企てにおいても、人が犯しそれに気づいている誤りがなんであれ、彼は自分の目的へと非常に近づいている。しかし、彼が厚かましく努力する場合、もし彼がその企てに失敗すれば、その失敗の記憶は彼を赤面させ、絶対確実に彼を狼狽させるであろう。そののち、あらゆる赤面は新しい赤面の原因となり、ついに彼は悪名高い詐欺師で、空しく厚顔を装う者であることが分かるであろう。

　もし謙虚な人にもっと自信を与えることができる何かがあるとすれば、それは、たまたま好機が彼にもたらす幸運の多少の利点に違いない。富は当然のこと、人が世間で好意的に受け入れられるような機会を増す。そして人が長所を賦与されている場合には、それに倍する輝きを与え、長所に欠ける場合には、大いに長所の代わりをする。大財産をもつ愚者や悪漢が、貧乏だが偉大な長所をもつ人よりも偉そうな態度をとるのを見るのは驚くべきことである。長所をもつ人は、こうした横領に強く反対しない。あるいは、むしろ、その振舞いの謙虚さによって彼らに好意を寄せると思われる。彼らの優れた判断と経験は自らの良識すら疑い、彼らにあらゆるものをきわめて正確に調べさせる。他方同様に、彼らの感情の繊細さは、彼らが誤ちを犯し、世間の慣習上、彼らが失うまいと非常に用心する、いわゆる完全な美徳を失わせはしまいかと彼らをおく病にさせる。英知と自信を一致させることは、悪徳と謙虚さを一致させるのと同じほど難しい。

　以上は、厚顔と謙虚さというこの主題について心に浮かんだ考察である。それで、以下に述べるたとえ話にこれらの考察が織り込まれているのを読者が見て気分を悪くしないでもらいたい。

　ユピテルはまず、**美徳**、**英知**、**自信**を一緒にし、**悪徳**、**愚かさ**、**自信のなさ**を一緒にした。彼らをこのように結びつけ、世間に送った。だが、ユピテルは優れた判断力によって彼らを調和させたと考え、自信は美徳の本来の伴侶であり、悪徳は自信のなさに伴うに値すると言ったけれども、それほど遠くまで行かないうちに彼らの間に意見の不一致が生じた。一行の案内人だった英知は、いつも、あえて道を選ぶに当たって、その道がいかに踏み慣らされた道であっても、それを慎重に調べ、それがどこへ通じるのか、どのような危険、困難、支障がそこで生じる可能性や蓋然性があるのかを検討する習慣があった。このような熟慮に、英知は常にかなりの時間を費やした。その遅れは、自信にとっては非常に気に入らなかった。自信は先々の深慮や熟慮をあまりもたずに、自分が初めに出会った道を急ぎがちであったからである。英知と美徳は離れることができなかった。しかし自信はある日、性急な本性に従い、案内人や仲間たちよりもかなり前に進んだ。そして、仲間のいないのにも気がつかず、仲間たちを探しもせず、彼らにもう出会うこともなかった。同様にして、他の仲間は、ユピテルによって一緒にされたけれども、意見を異にし、分かれてしまった。愚かさは自分の前に非常に小さな道を見つけたとき、道の正しさに関して決めるものをなんらもたず、どちらの道をとるのか決めることもできなかった。さらに、この決断力のなさは、自信のなさによって増し加わった。自信のなさは疑いとためらいによって、いつも旅を妨げたからである。これは悪徳にとって大きな悩みであった。悪徳は難しさや遅れを耳にすることを好まず、自分の性向の向かうところはなんでも、全速力でなければけっして満足しなかったからである。悪徳は、愚かさが自信のなさの声に耳を傾けるけれども、一人のときは簡単に操ることができるということを知っていた。したがって、御しにくい馬が騎手を投げ出すように、悪徳は楽しみのすべてを管理するこの管理者を公然と打ち払い、離れることができない愚かさと共に旅を続けた。自信と自信のなさは、このようにして、いずれもそれぞれの仲間からばらばらに離れ、しばらくさまよった。そしてとうとう偶然、同時に一つの村に着いた。自信は村長である**富**が所有する大きな館へ直行し、門番のところで立ち止まることなく、直ちに最も奥の部屋に入り込んだ。そこで彼は自分よりも先に歓待された悪徳と愚かさを見つけた。彼は一行に加わり、すぐさま家主に挨拶をし、悪徳と非常に親しい関係になったので、愚かさと同じ仲間に入れられた。彼らはしばしば富の客となり、その時から離れることができなくなった。自信のなさは、しばらくはあえて大きな館に近づかず、借家人の一人である貧乏から招待を受け、小屋に入ると、英知と美徳を見つけた。彼らは家主に断られ、ここに引き下がっていたのである。美徳は自信のなさに同情し、英知はその気質から、自身のなさを容易に改善できることに気づいた。そこで彼らは自信のなさを自分たちの仲間に入れた。したがって、どうにかして、自信のなさはしばらく自分の生活習慣を幾分変え、もっと愛想のよい気持ちのよい者になり、いまや謙虚さの名で知られるようになった。悪い仲間は良い仲間よりも大きな影響力をもつので、自信は、忠告や実例に対してさらに言うことをきかなくなり、悪徳の仲間によって厚顔の名で通るほど堕落した。ユピテルがこれらを最初に組み合わせたときの状態をみたものの、その後のお互いの荒廃を何も知らない人間は、ここから奇妙な間違いへと導かれる。彼らは、厚顔を見ればいつでも美徳と英知を見出すことを重視し、謙虚さを見る場合はいつでもその従者を悪徳と愚かさと呼ぶのである。

（1）〔このエッセイは『道徳・政治論集』初版（Edinburgh：A. Kincaid, 1741）とそれ以後 *Essays and Treatises on Several Subjects*（London：A. Millar, and Edinburgh：A. Kincaid and Donaldson, 1760, 4 vols.）を含む諸版にあるが、その後、削除された〕。

（2）〔一七四一—四二年のA版とB版では次のパラグラフが挿入されている。「私は最近、独断を好む友人に対して嘆いていた。受けのよい拍手喝采は、ごくわずかな判断力があれば利用できるのであり、非常に多くの無知なだて男が世の名士に成り上がることになる。これについて、この場合にはなんら驚くに当たらないと、彼は言った。彼が言うには、受けのよい名声は人の息や空気にほかならず、空気はごく自然に真空に押し込まれるものだと」。

V　愛と結婚について①

何に基づいているのか知らないが、女性は結婚状態を軽蔑して言われるあらゆることを悪くとりがちであり、結婚生活に対する皮肉を女性自身に対する皮肉といつも考えている。彼女たちは主たる当事者であり、しかももし結婚状態に入ることに対するためらいが世間に広まれば、彼女たちが最大の被害者となるという意味であろうか。すなわち、彼女たちは、結婚生活の不幸と失敗は、われわれ男性よりも彼女ら女性に起因することに気づいているというのであろうか。彼女たちがこれら二つのことがらのいずれかを告白したり、あるいは敵である男性にそれを疑わせるほど彼らに有利な立場を与えようとしたりしないことを、私は期待する。

私はしばしば、女性のこの気質に同意し、結婚に対する賛辞を書こうと考えた。しかし論拠となるものを見回すと、それらは混合的な性質のものであるため、私の考察の結論としては、私は賛辞の反対頁に置くことができる皮肉を書く気になるのが分かった。皮肉は、たいていの場合、賛辞よりも真理を含むと思われるので、私はこの方策によって、彼女たちの主張にとっては善よりも害を多く含むことにならないかと思う。事実を誤り伝えることは、彼女たちが私に求めていないことが分かっている。私は彼女らの利益が正反対である場合、彼女らに対してよりも、真理に対する友とならねばならない。

私は、われわれ男性が結婚生活で最も不満に思うものは何かを女性にはっきり言うつもりである。そしてもし彼女らがこの点でわれわれを満足させたいと思うのならば、他のすべての相違点は容易に和解するであろう。私が間違っていなければ、争いの原因は女性の支配欲である。彼女らはそれをわれわれにおける不合理な愛と考えていることはいかにもありそうなことである。それはその点をわれわれに大いに主張させるからである。このことがどうであれ、女性の精神に最も影響力を行使するのは、力への情念であるように思われる。そして、この力への情念が、その唯一の適切な対抗者となりうる別の情念をうち負かす顕著な例を歴史のなかに見出すことができる。かつてスキュティアのすべての女性は共謀して男性に反抗を試み、非常にうまく秘密を隠し続けたので、彼女らは疑われる前にその計画を実行した。(2)彼女たちは、酒を飲んで眠り込んでいる男性の不意を襲い、彼らをみな鎖につないだ。そして女性全体のまじめな会議を召集し、現在の利点を改善し、再び隷従に陥ることを防ぐためにどのような方策がとられるべきかが討論された。男性をすべて殺すことは以前に受けた被害にもかかわらず、集会の欲するところとはまったく思えなかった。そして彼女たちはこの自分たちの寛大さをのちに大いに誇ることを好んだ。したがって、全男性の眼を取り除き、彼女たちの権威を守るために、将来いつまでも、彼らが彼女たちの美から引き出しうる虚栄を放棄させることが同意された。われわれは着飾って見せびらかすのをやめねばならない。そうすれば、われわれは隷従から解放されるであろうと、彼女たちは言う。われわれはもう優しいためいきを聞くことはないであろう。だがその代わり、傲慢な命令を聞くこともないであろう。愛は永遠にわれわれから離れるに違いないが、それは服従を一緒に運び去ってくれる。

それはかなりの人によって不運な状態とみなされた。なぜなら、女性たちは男性たちに傷害を与え、彼らをつつましく隷属状態にさせるために、彼らの感覚のうちのいくつかを奪おうと決心したからである。その感覚のうち、おそらく女性は視覚よりもむしろ聴覚を攻めようとすることはありうるので、聴覚は女性たちの目的にはかなわなかった。そして、結婚状態では、後者の聴覚を失うことは前者の視覚を失うことほど大きな不便でないことは学者の間で意見の一致を見ていたと私は思う。とは言うものの、現代の秘話によって分かるように、スキュティアの女性のうちには密かに夫の眼に危害を加えない者もいた。彼女たちは、その視覚を用いて、それがない場合と同じく彼らを支配できると思い込んだのではないかと思われる。しかしこれらの男性は非常に頑固で従順ではなかったので、その妻たちはみな、二、三年のうちに、若さと美しさが衰えるにつれ、姉妹たちの例をまねざるをえなかった。それは、女性がひとたび支配権を握った状態では、難しいことではなかった。

わが国のスコットランドの貴婦人たちがこうした気性をスキュティアの祖先から引き出したかどうか、私には分からない。しかし、洗練された女性が、少ない労力で支配できるからという理由で、愚かな男を喜んで夫に迎えるのを見たときは、しばしば驚かされたことを告白せねばならない。またこの点での彼女の感情は、上述のスキュティアの女性の感情よりもずっと野蛮だと思わざるをえなかった。知性の眼は、身体の眼よりも価値がある。

しかし、公正でもっと平等に罪を着せるために、次のようなことは指摘できるかもしれない。すなわち、もし女性が支配を好むとすれば、それはわれわれ男性の誤ちであり、また、もしわれわれが自らの権威を濫用しなかったならば、彼女たちはそれに異議を差しはさむ価値があるとは考えないであろう。暴君は反乱を生むことをわれわれは知っている。そして、すべての歴史が知らせているように、反乱はそれが広がる場合、次には暴君になりがちである。この理由で、権威を要求する資格はどちらにもなく、あらゆることは、同じ集団の二人の対等な構成員の間のように、完全な平等のもとに進められることを私は望む。そしていずれの側にも円満な感情を抱くようにさせるため、私は愛と結婚の起源に関するプラトンの説明を述べることにする。(3)

あの非現実的な哲学者によれば、人間は本来、現在のように、男女に分かれていなかった。各個人は両性の複合体であり、それ自身、夫でもあり妻でもある者が、一人の生きた人間に溶け込んでいた。この結合は、疑いもなく、きわめて完全であり、各部分はきわめてよく合わせられていた。というのは、男性と女性は不可分の仲間たらざるをえなかったけれども、男女の間には完全な調和が生じていたからである。そして、ここから生まれてきた調和と幸福は非常に大きかったので、**男女両性具有者**（プラトンは彼らをそう呼んでいる）すなわち、**男であり女でもある人**（MEN-WOMEN）は自分たちの繁栄に傲慢になり、神々に反逆した。こうした彼らの尊大さを罰するため、ユピテルは男性の器官を女性から分離し、以前は完全だった複合体を二人の不完全な人間にする以外によい方策を考案することができなかった。これが別々の人間としての、男性と女性の起源である。しかし、この分離にもかかわらず、われわれが原始太古の状態で享受した幸福に関する記憶は非常に生き生きとしているため、われわれはこの状態にけっして安心できず、これらの半身は他の半身を見つけるために種全体を絶えず探し求めている。そして彼らが出会えば、彼らは大喜びで共鳴し、再び結びつく。しかし、しばしば起こることだが、彼らはこの点で判断を誤り、半身に相当しないものと結合し、骨折りのさいよくあるように、器官がたがいに合わず、結びつかないことがしばしばある。この場合、その結合は間もなく解消し、各々の器官は再び解放され、失われた半身を求めてさまよう。そしてそれが出会うあらゆるものと試しに結合し、その相手との完全な一致が明らかになり、その努力によって最後に成功するまで落ち着くことはない。

非常に感じのよい仕方で両性間の相互の愛を説明しているプラトンのこの作り話を、もし私が続けるなら、次のようなたとえ話によって行うことにしたい。

ユピテルが男性を女性から分離し、非常に厳しい方法で彼らの自尊心と野心を抑えていたとき、彼は自分の復讐の残酷さを後悔し、いまやなんの安らぎも平静ももちえなくなった哀れな人間に同情せざるをえなかった。彼らがつくられたことを呪い、存在そのものを罰と考えるほどの渇望、不安、必要性が生じた。彼らは他のあらゆる仕事や娯楽に頼ったが無駄であった。彼らはあらゆる感覚的な快楽や理知のあらゆる洗練を探し求めたが、無駄であった。彼らが胸中に感じた空虚さを満たし、致命的な形で彼らから分離された相手の喪失を満たすことはいかなるものもできなかった。この混乱を救い、孤独な状態にある人類に、少なくとも多少の慰めを与えようと、ユピテルは**愛**と**ヒュメナイオス**〈結婚〉を、人類の壊れた半身を集め、それらをできる限りの最善の方法で一緒にするために、送り込んだ。これら二人の神は、人類が再び原始太古の状態で喜んで結びつきたいという気持ちでいるのに気づき、しばらくの間、仕事を続け、すばらしい成功を収めた。しかしとうとう多くの不運な偶発事から、愛とヒュメナイオスの間に不和が生じた。ヒュメナイオスの主な相談役、お気に入りは**用心**であったが、絶えず、将来の見込み、すなわち、身を固めること、家族、子供、召使のことでその保護者の頭をいっぱいにした。したがって他のことは彼らがつくったすべての一致においては、取るに足りないこととみなされた。他方、愛はお気に入りに**快楽**を選んだ。快楽は他のものと同じほど有害な相談役であり、愛が現在のつかの間の満足もしくは支配的な嗜好を満たすこと以外に注意を払うのをけっして許そうとしなかった。これら二人のお気に入りは、間もなく、妥協を許さない敵となり、すべての企てにおいてたがいに相手を攻撃することを主な仕事にした。愛が二つの半身を見すえ、それらを一緒に接合し、密接な結合にしようとするや否や、用心は巧みに取り入って、ヒュメナイオスをつかわし、愛がつくった結合を解消させ、自分が用意しておいたある他の半身をそれぞれの半身に結びつけさせた。これに復讐するために、快楽はヒュメナイオスによって既に結びつけられた一組に忍び込み、愛に助けを求め、彼らは不正にも各々の半身をひそかな輪でヒュメナイオスがまったく見知らぬ半身に結びつけようとたくらんだのである。この争いの有害な結果が感知されるまでにそう長くはかからなかった。ユピテルの王座の前にそのような不平不満が現れたので、彼はやむなく誤ちを犯した当事者たちの行動を説明するために、彼らを自分の前に出頭させた。両者の申し立てを聞いたあと、彼は人類に幸福を与えるための唯一の方策として、愛とヒュメナイオスとの即座の和解を命じた。しかも彼はこの和解が持続されるべきであることを確かにするために、彼らがそれぞれのお気に入りである用心と快楽に相談して両者の承認を得ることなしに、いかなる半身も結合しないように厳しく命令したのであった。この命令が厳しく守られる場合、男女両性具有者は完全に復帰させられ、人類はその原始太古の状態におけるのと同じ幸福を享受する。二つの存在を結び合せた縫い目はほとんど見られることなく、両者が一人の完全で幸福な人間として結合するのである。

(1)〔このエッセイは『道徳・政治論集』(一七四一年)の初版と、*Essays and Treatises on Several Subjects* (1760) を含む、それまでの諸版にあるが、その後削除された〕。

(2)〔編者〈E・F・ミラー〉はヒュームのスキュティアの女性についての話の古代あるいは現代に関する出典を明らかにすることができなかった。スキュティア人に関連した伝説とそれらの文学的影響の説明については、James William Johnson, "The Scythians : His Rise and Fall", *Journal of the History of Ideas*, 20 (January 1959), pp. 250–57 を参照〕。

(3)〔プラトン『饗宴』(*Symposium*) 一八九c—一九三dを参照。〈久保勉訳、岩波文庫、二〇〇八〉ヒュームが述べている物語は、喜劇詩人アリストファネスによる対話のなかで語られており、愛についての七つの演説(アルキビアデスの演説を含む)のうちの一つである。

ヒュームはいくつかの決定的に重大な細目を変えている。男女両性具有者（男性であり女性でもある人）は三つの最初の性の一つにすぎなかった。これに加えて、複合男性と複合女性があった。ヒュームが述べているように、異性愛はゼウスが男女両性具有者を、そのいずれもが以前の相手との再結合を切望している男女に分離したことから生じる。しかしながら、ヒュームは他の複合人間を女・女と男・男とに分離することから生じる同性愛については沈黙している。ヒュームは異性愛と結婚を支持している一方、アリストファネスはそれを軽視し、その代わりに男性の同性愛を称賛している」。

VI　歴史の研究について(1)

歴史の研究ほど、私の女性読者に勧めたいと思うものは他にない。それは、他のどれよりも、女性にとっても、教育にとっても最もふさわしい仕事であり、普通の娯楽書よりはるかに教育的であり、さらに彼女たちの私室に通常見られるまじめくさった作品よりももっと面白いからである。歴史から学びうる他の重要な真理のうち、彼女たちはとくに二つのことがらを知ることができるのであり、その知識は彼女たちの休養と安息に大いに貢献するであろう。すなわち、男性は、彼女ら女性と同じく、彼女たちが想像しがちなほど完全な人間からはほど遠いということと、愛は男性の世界を支配する唯一の情念ではなく、しばしば貪欲、野心、虚栄、その他数多の情念によって征服されるということである。女性にあれほど恋物語や恋愛小説を愛好させる原因が、この二つの点に関する男性の誤った表象にあるのかどうか、私には分からない。だが、私は彼女たちが事実に対してあれほどの嫌悪感をもち、真実ではないことをあのように好むのを見て残念であると言わざるをえない。私はかつて、いくらかの愛情を抱いていた若い美人に、田舎での楽しみのために、小説や恋物語を送るように頼まれたことを覚えている。しかし私はそのような読書の方針が私に与えたかもしれない機会をとらえるほど卑劣ではなかったので、彼女に毒入りの武器を使わないように心に決めた。したがって、私はプルタルコスの『英雄伝』を送った。同時に、それには初めから終わりまで、真実の言葉はないことを断言した。彼女はそれを非常に注意深く精読し、ついに彼女がその名をたまたま聞いたことのあるアレクサンドロスとカエサルの生涯まできたとき、彼女をだましたことを大いに非難して、その本を返してきたのであった。

女性は、歴史が秘密の歴史であり、彼女たちの好奇心をそそるにふさわしいある記録を含むならば、私が述べたような歴史に対する嫌悪感をもっていないと、実際、私は聞いている。しかし、歴史の基礎となる真実を、こうした秘話のなかに見つけることはできないので、私はこれを歴史に対する彼女たちの情熱の証拠と認めることはできない。いかにそうであれ、なぜ同じ好奇心がもっと適切な指導を受け、同時代についてと同様に、過去の時代に生きた人びとの説明を彼女たちが望むように導かないのか、私には分からない。クレオパトオラ（CLEORA）に対してはどうなのか、フルウィアは恋人に対して秘かな愛の交わりをもっているのか、いないのか。カトーの姉妹がカエサルと密通し、夫をだまして息子のマルクス・ブルートゥスを彼の子供であると押しつけたこと——実のところカエサルは彼女の愛人であったけれども——を知ったとき、（これは歴史家たちの間でささやかれたことだが）フルウィアは喜ぶ十分な理由をもたないのであろうか。また、メッサリナやユリアの愛は、この都市が最近生み出した密通と同じくふさわしい話題ではないのか。(2)

どうして私がこれほどまでに婦人たちをからかうことに魅了されたのかは分からない。おそらく、仲間内での人気者がしばしば愛想のよい冗談やからかいの対象になるのと同じ理由からだろう。われわれはなんらかの仕方で、気に入っている人に話しかけるのを喜ぶ。そして同時に、居合わせたあらゆる人の尊敬と愛着を得ている人物によって誤解されることは何もないと思う。私はいまや私の主題をもっと真剣に取り扱うことにし、歴史の研究から生じる多くの利点を指摘し、それがあらゆる人、とくに容貌の優しさや、教育の不十分さによって、もっと厳しい研究から締め出されている人びとに、どれほどふさわしいかを示したい。歴史に見出される利点は、それが想像力を楽しませてくれること、それが知性を向上させること、そして美徳を強めることとの三種類であると思われる。

実際のところ、世界の最も遠く隔たった時代に運ばれ、諸々の技芸と学問に向かう最初のかすかな試みがなされる初期の人間社会を考察することほど心地よい楽しみが他にあるだろうか。すなわち、それは、統治政策と、徐々に洗練される会話の礼儀と、完成に向かって進む人間の生活に光彩を添えるあらゆることを見ることである。最も繁栄した諸帝国の出現、進歩、衰微、および最後の消滅を見ることがそうである。それら帝国の偉大さに貢献した長所と、それらの破滅を招いた短所。要するに、すべての人類が、原始の時代から、言わば見せ物のように眼前を通り過ぎてゆくのを見るのであり、その場合には、それらの生涯の間に見た人びとの判断をあれほど悩ませた偽装も何一つなく、真の色合いで現れるのである。これほど壮大で、これほど変化しやすく、これほど面白い光景を想像することができるであろうか。感覚や想像力を楽しませる種類の娯楽のなかで、これに比類しうるものは何があるだろうか。われわれの時間を奪うあのようなつまらない気晴らしが、より満足感を与え、より注目に値するものとして好まれることなどあるのだろうか。非常に誤った楽しみの選択をしかねない趣味はなんとひねくれたものに違いないことであろう。

しかし歴史は心地よい娯楽であるのに加えて、知識を最も向上させるものである。そして、われわれが学識（*Erudition*）と普通呼び、非常に高く評価するものの大部分は、史実に関する知識にほかならない。この種の広範な知識は学者のものである。しかし私は古代のギリシアやローマの歴史と共に、自国の歴史を知らないのは、男女や生活状態を問わず、人間にとって言い訳のきかない無知であると考えねばならない。女性は礼儀正しく振舞い、機知の性質のうちにある快活ささえもつことができよう。しかし彼女の精神が非常に備えに欠けている場合には、彼女の会話が思慮分別と熟考力をもった男性を楽しませることはできない。

付け加えねばならないが、歴史は知識の貴重な要素であるだけでなく、他の多くの部分に扉を開き、たいていの学問に素材を提供する。実際、もし人の一生の短さを考え、われわれ自身の時代に起こることについてさえ、われわれが限られた知識しかもたないことを考えると、かりに、われわれの経験を過去のすべての時代と最も遠くかけ離れた諸国民にまで広げ、あたかもそれらが実際にわれわれの観察のもとに置かれたかのように、われわれの知識の向上に大いに貢献するこの発明がなければ、われわれはいつまでも知性において子供であることを知らねばならない。歴史を知る人は、ある点で、世界の初めから生き続け、何世紀にもわたって彼の知識の貯えに絶えず付け加えてきたと言えるであろう。

歴史から得られるあの経験にもまた、世間の慣行から学ぶもの以上の利点があり、それは美徳についての最も繊細な評価を少しも減少させることなしに、徐々にわれわれを人事に慣れさせることである。そして、実を言えば、この点で、歴史ほど非の打ち所がない研究や仕事を知らない。詩人たちは美徳を最も魅力的な色合いで生き生きと描写することができる。だが、彼らはもっぱら情念に話しかけるので、しばしば悪徳の支持者にもなる。哲学者ですら、自分たちの理論の精巧さに当惑しがちであり、すべての道徳的区別の真実性を否定するに至る人もわれわれは見てきた。しかし、歴史家は、まず例外なく、美徳の真の友であり、いかに彼らが特定の人物の判断において誤りを犯したにせよ、美徳をそれにふさわしい色合いでいつも表してきたことは思索家の注目に値する意見であると思う。マキアヴェリ自身はそのフィレンツェ史において美徳についての真の意見を発見している。マキアヴェリがその一般的推論において、政治家（*Politician*）として語るとき、毒殺、暗殺、偽証を権力の合法的方法とみなしている。しかし彼が歴史家（*Historian*）として語る場合には、彼固有の叙述のなかで、彼は多くの箇所で悪徳に対して非常に激しい憤りを、そして美徳に温かい是認を示している。そのため、私はホラティウスのあの言葉、すなわち、激しい軽侮をもって自然を追い払ったとしても、自然はいつもあなたに戻ってくるであろうという言葉を、彼に適用せざるをえなかった[3]。歴史家の仕事が総じて美徳に気に入られる理由を説明するのは少しも難しくはない。事業家が生活と活動を始める場合、彼は人びとの性格を、それぞれが独立したものとしてではなく、自分の利益に関係したものとして考える傾向にある。だから彼の判断はどんな時も情念の激しさによって曲げられる。哲学者が書斎で性格や生活態度をじっくり研究するとき、対象についての一般的で抽象的な見方は心を非常に冷静、不動な状態に保つので、自然の感情が働く余地がなく、彼は悪徳と美徳との相違をまず感じない。歴史はまさにこれら両極端の中間を保ち、対象をそれらの真の観点のうちに置く。歴史を書く人びとは読者と同様、人物や事件に十分関心があり、非難や称賛に関して生き生きとした意見をもつ。そして同時に、彼らはその判断を誤らせる特定の利益や利害関係をもたない。

真実の言葉が心の奥底から引き出されるのはそのときだけである。
Veræ voces tum demum pectore ab imo Eliciuntur
ルクレティウス(4)(5)

(1)〔このエッセイは『道徳・政治論集』(一七四一年)と、その後の『著作集』(*Essays and Treatises on Several Subjects*, 1760)を含む諸版に掲載されたが、その後、削除された〕。

(2)〔カトーの継姉妹のセルウィリアは一時ユリウス・カエサルの愛人であった。これは、カエサルがブルートゥスの実の父であるという噂を生んだ。ウァレリア・メッサリナは一四歳で彼女の二番目のいとこのクラウディウス――当時四八歳――と彼が皇帝の位につく直前に結婚した。彼女は性的不品行で悪名高く、皇帝がローマを離れていたときにガイウス・シリウスと結婚の儀式を挙げるほどだった。メッサリナとシリウスは、クラウディウスの秘書のナルキッソスの命で四八年に死刑に処せられた。

皇帝アウグストゥスの唯一の娘、ユリアは前一一年にティベリウスと結婚した。前二年に、ようやく密通を知った父が彼女を追放し、その地で彼女は一四年に死んだ。しかしながら、ヒュームは、カリグラの姉妹のユリアに言及したのかもしれない。彼女は義兄弟との密通で三九年に追放されたのであった。彼女がクラウディウスによって復帰させられたのち、メッサリナはセネカとの密通で彼女を告訴した。彼女はもう一度追放され、間もなく死んだ〕。

(3)〔ホラティウス『書簡体詩』(*Epistles*)第一巻、第一〇節、二四―二五。「あなたは三つまたで自然を追放することができるが、にもかかわらず、自然は急いで戻ってくるであろう。そしてあなたがそれを知る前に、あなたの愚かな軽蔑のただなかを勝利の喜びとともに通り抜けていくだろう」(Naturam expelles furca, tamen usque recurret, et mala perrumpet furtim fastidia victrix)(レーブ版、H. Rushton Fairclough訳)〕。

(4)〔ルクレティウス『事物の本性』第三巻、五七―五八行。「真実の言葉が心の奥底から引き出されるのはそのときだけである……」(レーブ版、Martin Ferguson Smith 訳)。これらの言葉の背景には、ある人が危険や逆境にさらされているときに、その人物がいかなる種類の人かを最もよく見分けることができるという詩人の観察がある〕。

(5)〔ルクレティウスへの言及はK版で追加された〕。

VII　貪欲について[1]

容易に気づくことだが、喜劇作家はあらゆる人物を誇張し、しゃれ者やおく病者を自然の状態で出会う場合以上に強い特徴をもって描写する。舞台向けのこの種の教訓的な描写はよく丸屋根や天井板の絵になぞらえられてきた。そこでは色彩は誇張され、あらゆる部分は法外に大きく、自然を超えて描かれる。あまり近くで見ると、その人物は奇怪なほど巨大で不釣り合いに見えるが、ある距離をとり、それらが見られるべき地点から見れば、自然で均衡のとれたものになる。同様な理由で、人物が劇的な表現によって演じられる場合には、現実性のなさが、ある仕方で、その人物の特徴を取り除いてしまうことがある。そしてその人物を一層冷淡で面白くないものにするので、その人物に実質上欠けているものを、着色の力によって補うことが必要になる。こういうわけで、このような例を日常生活のうちに見ることができる。人がいったん話のなかで真理からの逸脱を認めてしまったとき、彼はけっして蓋然性の範囲内にとどまることはできず、自分の物語をもっと驚くべきものにし、自分の想像力を満たすためにさらに新しい事情を追加するのである。堅苦しい服を着た二人の男は、ジョン・フォルスタッフ卿が話を終えた頃には、十一人になっていたのだ[2]。

諷刺家や喜劇詩人によって用いられるのに必要な強い特徴をもち、濃い着色がなされることのある、日常生活に見られる唯一の悪徳がある。それが貪欲（AVARICE）である。毎日、われわれは、莫大な財産をもつが跡継ぎがなく、しかもまさに死の寸前にある人びとに出会うが、彼はごくありふれた生活必需品さえ拒み、極貧の現実的苦しみのもとで、財産の上にも財産を積み上げてゆく。ある物語によると、最後の苦しみに伏しているある老いた高利貸しが、祭司から礼拝するための十字架を贈られたという。彼は息を引き取る前に一瞬目を開き、十字架を値踏みし、「この宝石は本物じゃない。こんな担保では、一〇ピストール[1]しか貸せんわい」と大声をあげた。これはおそらく諷刺詩人の作り話だろう。だがそれにもかかわらず、誰でも自分自身の経験から、貪欲における不屈の努力を示す同様の強力な例をまず思い出すことができるであろう。この都市の有名な守銭奴について一般に報じられているところによると、彼は死の近いことを感じ、治安判事たちを呼びにやり、自分の死後に支払われる一〇〇ポンドの手形を彼らに与えた。その金額を彼は慈善のために使わせるつもりだった。しかし、治安判事たちが立ち去るやいなや、彼は彼らを呼び戻し、もし彼らがその金額から五ポンド値引きしてくれるなら、現金を差し出すと言ったのである。北方の別の悪名高い守銭奴は相続人たちをだまし、財産を病院の建設のために遺贈することを企て、遺書を書くのを一日ずつ延期した。だから、もし遺書に利害関係のある人びとがそれを書かせるために金を支払わなかったならば、彼は遺言状を残さずに死んだと思われる。要するに、最も激しい過剰な愛と大望はどの点から考えても、極端な貪欲に比べるべくもない。

貪欲のためになされうる最高の言い訳は、それは一般に、老人、あるいは冷酷な気質の持ち主に広く見られる。その場合、他の感情はすべて消えてしまい、心はなんらかの情熱や追求なしには残ることができず、ついにその気質の冷酷さや怠慢にふさわしい途方もない馬鹿げたことを見出す。同時に、これほど冷淡で熱意のない情念が、青年期のあらゆる温かさと快楽以上にさらに遠くへわれわれを運ぶことができるというのはごく異常なことと思われる。しかし、この問題をもっと細密に見るならば、この事情そのものが事態の説明を容易にすることに気づくであろう。気質が温かく活力に満ちている場合には、それは自然に一つ以上の方向に奔出し、ある程度、その支配的な傾向を相殺する下級の情念を生み出す。そうした気質の人物は、たとえ何かに熱中していたとしても、すべての恥の感覚や人間の感情に関するすべての考慮を奪い取られることはない。彼の友人たちは彼にある影響力をもつに違いない。さらに他の考慮も影響力をもちがちである。このことはすべて彼をある範囲内にとどめるのに役立つ。しかし、貪欲な人が自分の気質の冷酷さから、評判、友情、あるいは快楽を考慮せずに、その主な性向に従って突き進むことになり、彼の情念をこれほど驚くべき実例により示すことになるのも不思議ではない。

したがって、貪欲ほど取り返しのつかない悪徳はないことが分かる。そして、世の初めから今日まで、それに一撃を加えなかった道徳家や哲学者はまずいなかったけれども、およそ、貪欲から立ち直った人物の例をただの一つも見たことはない。この理由から、私は、それをまじめに取り扱う人びとよりも、機知とユーモアをもってそれを論難する人びとを称賛しがちである。この悪徳に犯された人びとに善行を望むことはまず不可能なので、私は少なくともそれを世間の笑いものにする仕方で、他の人びとの気晴らしになるようにしたい。実際、これほど喜んで議論に加わりたいと思われる気晴らしのたぐいはない。

ドゥ・ラ・モット氏の寓話のなかに、あの率直な著者のたいていの寓話よりも、私にはもっと自然で平易と思われる、貪欲に対して浴びせられた寓話がある。(3) 彼の言うところによると、ある守銭奴が死に、完全に埋葬され、三途の川（the STYX）の川岸に来て、他の亡霊たちと一緒に渡し船で渡りたいと思うが、カロン[2]は渡し賃を要求する。ところが守銭奴に浴びせられる大きなわめき声や反対にもかかわらず、彼はそれを支払わず川に身を投げ、向こう岸まで泳いでゆく。地獄はすっかり大騒ぎになり、どの裁判官も地獄の収入に危険な結果をもたらす罪にふさわしいなんらかの処罰を考えた。あの男をプロメテウス[3]と一緒に大岩に鎖で縛ろうか。それともダナイデスの一団のように、絶壁の下[4]で身ぶるいさせようか。それとも、石をころがすシシュフォスの手助けをさせようか、いや、それらのどれでもない、とミノス王[5]は言う。われわれは何かもっと厳しい処罰を考え出さねばならない。彼を地上へ送り返し、彼の後継者たちが彼の財産を使い尽くすのを見せてやろう。

もし私が貪欲という同じ悪徳を笑いものにしようと企てて私自身の寓話を述べることに着手するとしても、それがあの有名な著者に対抗しようという計画と解釈されないように願いたい。そのヒントはポープ氏の詩句から得られたのであった。

呪われた鉱山よ、同じ運命がふりかかる(4)
それを掘る奴隷と、それを隠す奴隷に

われわれの年老いた母なる大地はかつて、天上の裁判所に**貪欲**に対する告訴状を提出した。すなわち、告訴人の子供たちを誘惑し、仕向け、説得し、反逆をそそのかし、母親に対する親殺しの忌まわしい罪を犯させ、その身体をずたずたに引き裂き、隠された財宝を求めて、そのはらわたそのものをくまなく探させたというものだった。この告訴状は非常に長く言葉数の多いものだった。しかしわれわれは、読者がわれわれの話に飽き飽きしないように、繰り返しと同義語の大部分を省かねばならない。**貪欲**は、この非難に答えるようユピテルの前に呼び出されたが、自分自身を弁護するために言うことをあまりもたなかった。彼女の不正義は明白に証明された。実際、事実は悪名高く、危害は頻繁に繰り返された。したがって、告訴人が処罰を要求したとき、ユピテルは即座に告訴人に有利な刑を宣告した。彼の判決は次のような目的をもつものであった。すなわち、被告の貪欲夫人は、告訴人の大地夫人をこのようにひどく傷つけたので、貪欲が凶悪にも前述の告訴人から、その胸中をくまなく探すことによって奪ったあの財宝を、以前と同様の方法で、自分の胸を開き、それを減らしも保留することもなく、大地に戻すように命じられた。この判決から次のことが起こるであろうと、ユピテルは見物人に言っている。すなわち、将来いつの時代にも、貪欲の保有者は彼らの富を埋めて隠し、それによって彼らが大地から奪ったものを大地へ戻すのである。

（1）〔このエッセイは『道徳・政治論集』（一七四一年）と、『著作集』(*Essays and Treatises on Several Subjects*, London: Printed for A. Millar; A. Kincaid, J. Bell, and A. Donaldson, in Edinburgh. And sold by T. Cadell in the Strand, 1768, 2 vols.) を含むそれ以後の諸版にあるが、その後、削除された〕。

（2）〔シェイクスピア『ヘンリ四世』第一部、第二幕、第九場〕。〈小田島雄志訳『シェイクスピア全集』第五巻、白水社、一九七八年〉。〈ミラーが第二幕、第九場としているのは誤記。第二幕は第四場までしかない〉。

［1］昔のスペインの金貨。

（3）〔ドゥ・ラ・モット（Antoine Houdar de la Motte, 1672–1731）『守銭奴とミノス王』（*L'Avare et Minos* in *Œuvres*, Paris, 1754, 9 : 97–100 ; Geneva : Slatkine Reprints, 1970, 2 : 441–42）〕。

［2］ギリシア神話に出てくる三途の川の渡し守。

［3］ダナオスの五〇人の娘たち。四九人は夫を殺した罰で地獄に落とされ、底なしの器に永久に水を注ぐ苦役を課せられた。

［4］ギリシア神話に出てくる貪欲で邪悪なコリントス王。死後、地獄に落ち、大岩を山頂に押し上げる仕事を課されたが、頂上近くなると、その岩は常に転落するので、苦役は果てしなかったとされる。

［5］ギリシア神話に出てくるクレタ島の王。

（4）〔アレグザンダー・ポープ「富の使用法について」（*Epistles to Several Persons*, Epistle III. To Allen Lord Bathurst. "Of the Use of Riches"）〕。

VIII ロバート・ウォルポール卿の性格について[1]

現在の首相以上にその活動と性格が熱心にかつ公然と酷評された人はかつていなかった。彼は、あれほどの大反対のただなかで学識のある人と自由な国民を長期間支配し、彼に賛成したり反対したりして書かれたもののために、大きな書斎を作りうるくらいに、この国でこの二〇年以内に書かれた半分以上のものの主題となったのである。わが国の名誉のために、彼のどの性格も、後代の人びとの信望を得、わが国の自由が、少なくとも一度、良い目的に用いられたことを示すような判断（*judgement*）と公平さ（*impartiality*）をもって描かれてきたならばよかったと私は思う。私はただ、前者の判断という資質における欠点を心配している。もしそうであるとすれば、〈私の書くものは〉今まで同じ主題について書かれ、そして消滅し、無用になった無数の頁のあとで捨てられるもう一頁となるにすぎない。その一方、私は、以下に述べる性格が将来の歴史家によって採用されるであろうという気持ちのよい想像にふけるとしよう。

グレイト・ブリテン首相のロバート・ウォルポール卿（Sir ROBERT WALPOLE）は、手腕家ではあるが、天才ではない。気立てはよいが、徳の高い人物ではない。忠実だが、度量が大きいとは言えない。中庸ではあるが、公正ではない。[2]彼の長所は、ある場合には、通常そのような長所に伴う短所を免れている。彼は物惜しみをしない友人であり、恨み重なる敵ではない。他の場合、彼の短所は、それにほとんど結びついた長所によって償われていない。彼の進取の精神の欠如は倹約を伴っていない。彼の私的性格は公的性格よりも優れている。彼の長所は短所を上回っている。彼の幸運は彼の名声以上である。多くの優れた性質のせいで、彼は公の憎しみをこうむった。優れた能力ゆえに彼は嘲笑を免れなかった。もし彼が高い地位を手に入れず、政府における第一の地位よりも第二の地位に適した資格をもっていれば、彼はその地位にもっとふさわしく尊敬されたであろう。彼の内閣は、国家よりも彼の一門にとって有益であり、後世よりもこの時代にとってよりよく、実際の不平不満よりも、悪い先例から害を受けた。彼の時代を通じて交易は栄え、自由は衰退し、そして学問は荒廃した。私は人であるので彼を愛する。私は学者であるので彼を憎む。私はイギリス人であるゆえ、穏やかに彼の没落を願う。そしてもし私が両院のいずれかの議員であれば、彼を聖ジェイムズ王宮から立ちのかせるために賛成票を投じるであろう。しかし彼がホートン・ホール[3]に退き、余生を気楽に楽しく過ごすのを見て喜ぶであろう。

(1) 〔このエッセイは初め一七四二年一月に、『道徳・政治論集』第二巻に掲載された。当時、国王の最初の首相としてのウォルポールの立場は危うかった。彼の党は一七四一年の総選挙においてようやく多数を勝ち取ったのであり、内閣はその外務に関して激しい非難を受けていたからである。彼は一七四二年二月初めに辞職を余儀なくされ、その後オルフォード卿として上院に退いた。『道徳・政治論集』のこの巻の広告で、ヒュームは次のように書いている。「ロバート・ウォルポール卿の性格については、あの偉人が権力の頂点にあった数カ月前に書かれた。実を言えば、彼が衰退していると思える現在、私は彼にもっと好意的で、およそ生粋のイギリス人なら生まれつき閣僚に対してもっている反感が彼に対するある偏見を私に吹き込んだのではないかと思っている。公平無私な読者——もしそのような人がいるのならば——や後世の人びと——もしこのような取るに足りないことが彼らに届くことがあるのなら——は、この点での私の誤りを正すのに最も適しているであろう」。一七四八年から六八年までの『道徳・政治論集』の諸版においては、一七四五年に死んだウォルポールに関するエッセイは、「政治は科学になりうる」の末尾の脚注に印刷された。それは一七七〇年版では省かれている。ヒュームは脚注の冒頭に次のように書き加えている。「著者の意見がここに指摘された有名な首相についてであったことは、そのエッセイが以前の諸版で、ロバート・ウォルポール卿の性格というタイトルで印刷されたことから分かるであろう。それは以下のようであった」。脚注の終わりに、ヒュームは次の文章を付け加えている。「敵意がしずまり、誹謗がやんだのち、国民全体が、この偉人に関する同じ中庸を得た意見にほとんど戻ったのを見て、著者は喜ばしく思う。たとえその中庸を得た意見がある極端から別の極端へのごく自然的な推移によって、彼により有利にならないとしてもである。著者は死者に対する人間的感情に反対するものではない。ただし、この性格について〈のエッセイ〉のなかで示唆したように、わが国の公債をこれ以上支払わなかったことは、あの長い政治における大きな、唯一の大きな誤りだったと述べることを、私は差し控えることができない」〕。

(2) 権力の行使では中庸であるが、その独占においては公正ではない。

(3) 〔ノーフォークにあるウォルポールの邸宅〕。

IX 自殺について(1)

哲学から生じる一つの重要な利点は、哲学が迷信や偽宗教に与えるこの上ない解毒剤だということにある。これらの伝染病に対する他の治療はすべて効果がないか、あるいはあっても、その効果は少なくとも不確かである。平易で分かりやすい良識や世間の慣習は、それだけで人生のたいていの目的に役立つものであるが、この場合には効果がないことが分かっている。日常の経験と同じく歴史も、事業や実務の上で最も有能な能力に恵まれていながら、その全生涯にわたり、このきわめてひどい迷信に隷属し恐れおののいている人びとの事例を提供してくれている。快活で優しい気質は、他のどのような傷にも香油を注ぎ込むものだが、それすらもこれほどの猛毒に対してはなんの効果ももたらさない。とくに女性に見られるように、彼女たちは通常、こうした天性の賜物に恵まれているとはいえ、この煩わしい邪魔者により、その喜びの多くが台無しになることを感じるのである。しかし健全な哲学がひとたび心を支配するや、迷信は完全に排除される。したがって、この敵に対する哲学の勝利は、人間本性にありがちな大部分の悪徳や欠点に対する勝利よりも完璧であると断言しても差しつかえなかろう。愛や怒り、野心や貪欲は、気質や心情に根ざしていて、この気質や心情は最も健全な理性によっても完全に矯正することはほとんど不可能である。しかし迷信は、間違った見解に基礎を置いているので、真の哲学がより優れた力をもったより正しい見解を吹き込めば、即座に消滅せざるをえない。この場合、疫病と薬との間における争いはより一層公平なものである。したがって、薬が偽もので混ぜもの入りでない限り、薬が効果を現すのを妨げるものは一切ありえないのである。

ここで哲学が人間の心から取り除く悪徳の有害な傾向を誇示することにより、哲学の価値を大げさに言うことは余計なことであろう。トゥッリウス(2)〈キケロ〉は言っている。迷信深い人間は人生のあらゆる場面で、あらゆる出来事にさいしてみじめである。不幸な人の他の心配事をすべて消し去ってくれる眠りそのものさえ、彼に新しい恐怖の種を与える。というのは、彼は自分の夢を検討し、その夜の幻のうちに未来の災難の予兆を見つけ出すからである。これに付け加えて言えば、死のみが彼のみじめさを完全に終結させることができるにもかかわらず、彼はこの避難所にあえて逃れることなく、かの慈悲深い存在が彼に与えてくれた能力を使うことによって、彼の創造者を怒らせはしないかという空しい恐怖心から、依然としてみじめな生存を引き伸ばしているのである。神と自然の贈物は、この残酷な敵〈迷信〉によってわれわれから奪い去られている。したがって、わずか一歩踏み出せば、われわれは苦痛と悲嘆の領域から抜け出ることができるにもかかわらず、迷信の脅迫が、迷信それ自身が、とりわけそのみじめな状態の原因である憎むべき存在に依然としてわれわれを鎖でつなぎとめているのである。

人生の災難によってこの破滅的な救済策を用いる必要を余儀なくさせられた人びとに見られることだが、もし彼らの友人たちの無分別な配慮によって、彼らが自らに課そうとしたこの種の死を免れることになれば、彼らは別の機会に再び自殺を試みることはほとんどないし、あるいは彼らの目的を達成できるほどの決意をいま一度呼び起こすこともほとんどできない。われわれがもつ死の恐怖はきわめて大きいので、人が自分の想像力をそれに調和させようと努力する形とは異なる形で死が生じた場合には、死は新たな恐怖を獲得し、彼のか弱い勇気を打ち負かしてしまうのである。しかし、迷信の脅迫がこの生来のおく病心に加わった場合は、おく病心が人びとからその生命に対する力のすべてをまったく奪ってしまうのも少しも不思議ではない。なぜなら、われわれが強力な性向によってもたらされる数多くの快楽や楽しみすら、この非人間的な圧制者によってわれわれから取り去られるからである。自殺に反対する一般的な議論のすべてを検討し、また、この行為はいかなる罪の意識も非難も免れてよいことを古代の哲学者たちすべての見解に従って論証することにより、ここで人びとにその本来の自由を取り戻すことに努めたい。

もし自殺が犯罪であれば、それは神か、われわれの隣人か、それともわれわれ自身のいずれかに対するわれわれの義務の違反でなければならない。

自殺が神に対するわれわれの義務の違反ではないことを論証するには、以下の考察でおそらく十分であろう。物質界を支配するために、万能の創造者は一般的で不変の法則を創設し、この法則によって最大の惑星から最小の粒子に至るまで、物体はすべてそれらの独自な領域と機能のうちに維持されている。動物界を支配するため、創造者はすべての生きた被造物に身体的および精神的能力を付与した。すなわち、感覚、情念、欲求、記憶、判断力を付与し、それらによって彼ら生きた被造物は、彼らが運命として与えられている生存過程において強いられたり制限されたりする。物質界および動物界のこうした二つの異なる原理は、絶えず相互に侵入し合い、相互の作用を妨げたり促進したりしている。人間と他のすべての動物の力は、その周囲の物体の本性と性質により抑制され、指図される。そしてこれら物体の変更と動きは、すべての動物の作用により絶えず変化する。人は河川により、地上での移動を妨げられる。だが、河川は適切に管理されれば、人間に役立つ機械の運動にその力を貸すことになる。しかし物質的な力と動物的な力の領分は完全に別々に保たれてはいないとはいえ、そこからは創造におけるる不調和や無秩序は一切生じない。それどころか反対に、生命をもたない物体と生きた被造物のさまざまな力のすべての混合、結合、対照から、あの驚くべき調和と均衡が生じるのであり、これは至高の英知を示す最も確実な論拠を与えるものである。

神の摂理は、なんらかの作用のうちに直接現れるのではなく、時間が始まって以来確立されてきたあの一般的で不変の法則によって一切の事物を支配するのである。あらゆる出来事は、ある意味では全能の神の行為と断言してよかろう。それらの出来事はすべて、神がその被造物に付与した力から生じるからである。それ自体の重みにより倒れる家屋は、人の手により破壊された家屋と同様に、神の摂理により破壊されたのである。また人間の能力も運動や重力の法則に劣らず、神の作品なのである。情念が働くとき、判断力が命じるとき、四肢が行動するとき、これはすべて神の作用であり、生命をもたない原理だけでなく、こうした生命をもった原理の上に、神は宇宙の支配を確立したのである。

あらゆる出来事はあの無限の存在の目には等しく重要である。神はちらっと見ただけで空間の最も遠く離れた地域も、時間の上で最も離れた時期のことも分かるのである。宇宙を支配している一般法則から彼が除外したり、あるいは彼が自分自身の直接的な行為や作用のために確保しておいたような出来事は、それがいかにわれわれにとって重要であっても、何一つとして存在しないのである。国家や帝国の革命は、個々の人間のきわめて取るに足りない気まぐれや情念次第であり、人の生命は、空気や食物、日光や暴風雨といったきわめてささいな出来事によって、短くなったり長くなったりする。自然はいまなおその進歩と作用を相変わらず続けている。したがって、もしかりに一般法則が神の格別の意志によって破壊されるとすれば、それは人間の観察をまったく免れた仕方によるものである。一方で、創造されたさまざまな要素や他の生命をもたない部分が人びとの個々の関心や状況に関係なく、それらの動きを続けるのと同様に、人間もまた物質のさまざまな衝撃のなかにあって、自分自身の判断と思慮分別に任されていて、自分たちの安楽、幸福、もしくは存続に備えるために付与されているあらゆる能力を用いることができる。

ある人が生きることに飽き、苦痛と窮乏に追いつめられ、勇敢にも生来もっている死の恐怖をすべて克服し、この残酷な現世から逃げ出そうとする場合、あの原理はどういう意味をもっているのか。このような人間は神の摂理の役目を侵し、さらに宇宙の秩序を乱すことによって創造者の怒りに触れたというのであろうか。万能の神は何か独特の仕方で、人の生命の処理の仕方を自身に確保しておき、この出来事を他の出来事と同様に、宇宙を支配する一般法則に従わせないとでも、われわれは主張するのであろうか。これは明らかに間違っている。人の生命は他の動物すべての生命と同じ法則に左右されており、これらすべての動物は物質と運動の一般法則に従っている。塔の崩壊あるいは毒物の注入は、人間を最も劣った被造物と同じく殺すであろう。洪水は、その猛威の範囲内に入るものすべてを、無差別に一掃してしまう。それゆえ、人間の生命は物質と運動の一般法則に常に左右されているのであれば、人間が自分の生命を処理することは犯罪なのであろうか。なぜなら、これらの一般法則を侵したり、その作用を乱すことは犯罪だからであろうか。しかしこれは馬鹿げていると思われる。動物はすべてこの世における行動に当たって、自身の思慮分別と熟練に任されていて、力の及ぶ限り、自然のすべての作用を変更する全権をもっている。この全権の行使がなければ、動物は一瞬の間も存続することができないであろう。人間のあらゆる行為、あらゆる運動は、物質のある部分の配列を革新し、運動の一般法則をその通常のコースから離れさせる。それゆえ、これらの結論を総合すれば、人間の生命が物質と運動の一般法則に左右されていること、そしてこれらの一般法則を乱したり変更したりすることは摂理の役目をなんら侵すものではないことが分かるのである。誰であれ、〈歴史上の〉重要人物は、自分自身の生命を自由に処理してこなかったであろうか。またそのような人は、自然が彼に付与した力を合法的に用いることができないのであろうか。

この結論が明白であることを無効にするためには、われわれはなぜこの特別な場合が例外とされるのか、その理由を示さねばならない。人間の生命はきわめて重要であるため、それを処理することは、人間の思慮分別の厚かましさだというのがその理由なのであろうか。しかし、人間の生命は、宇宙にとっては牡蠣の生命以上に重要だとは言えない。しかも、かりにもしそれがそれほど重要であったとしても、自然の秩序は、生命を実際人間の思慮分別に委ねており、あらゆる出来事において、生命に関する決定を下すことをわれわれに必要としているのである。

もし、人間の生命を処理することが万能の神の独自の領分として確保されているため、人間が自身の生命を処理することが万能の神の権限を侵すものだとすれば、生命を維持する行為も、それを破壊する行為と同じく犯罪であろう。もし私の頭上に落ちてくる石を私がわきへそらせば、私は自然の成り行きを乱し、こうして私は万能の神が物質と運動の一般法則により私の生命に割り当てた期間以上に、私の生命を長くすることにより、万能の神の独自の領分を侵すことになる。

髪の毛一本、はえ一匹、昆虫一匹でさえ、この偉大な存在を破壊することは可能である。それらもまた重要な生命をもつからである。人間の思慮分別がこれほど取るに足りない原因に左右されているものを合法的に処理しうると想定することは、不合理なことであろうか。

ナイル川やドナウ川をそのコースからそらせることも、もしそのような目的を私が果たせるものなら、それは私にとってなんの犯罪でもないであろう。であれば、数オンスの血液をその自然の通路からそらすことの犯罪はどこにあろうか。

私が人生から退場し、もしこのまま続ければ、私をみじめにすることになる存在に終止符を打つという理由から、私が摂理に対して不平を言ったり、私が創造されたことを呪うとでも、あなたは思うのだろうか。そのような考えは私にはまったくない。私はあなた自身さえありうると認める事実そのもの、つまり人生は不幸でありうること、しかも私の生存は、もしこれ以上引き延ばされると望ましくなくなるということを確信しているだけである。しかし私は、既に享受してきた幸福と、私を脅かす不幸を避けるために私に与えられた力に対して、ともに摂理に感謝している(3)。そのような力などもっていないと愚かにも想像し、また憎むべき人生を、苦痛と病気、屈辱と貧窮に苦しみつつも、なお延長しなければならないあなたこそ、摂理に対して不平を言ってしかるべきであろう。

なんらかの不幸が私にふりかかったとき、たとえそれが私の敵の悪意によるものにせよ、私は摂理に身を任せるべきであり、人間の行為は生命をもたない存在の動きと同様、万能の神の働きであると、あなたは教えていないであろうか。それゆえ、私が自分自身の刃に身を投げるとき、私は、あたかもライオンや断崖絶壁や、あるいは高熱のために死がもたらされた場合と同様に、自分の死を神の手から受け取るのである。

私の身にふりかかるあらゆる災いにおいて、あなたが私に要求する摂理への服従は、人間の熟練や勤労を排除することはない。もし可能なら、こうした手段によって、災いを避けたり、免れたりすることができる。そうであるなら、私はなぜこれと同様に、あの救済策を用いることができないのか。

もし私の生命が自分自身のものでないとすれば、それを処理することと同じく、それを危険にさらすことも、私の犯罪であろう。さらに、名誉や友情から我を忘れて最大の危険に身をさらすような人も、英雄という呼称に値しえないであろう。またこれと同一もしくは類似した動機から、自分の生命に終止符を打つ他の人間も、卑劣漢とか極悪人といった非難を受けるに値しないであろう。

およそ自分自身の創造者から受け取ったものでない力や能力を所有しているような存在はないし、また、およそきわめて変則的な行為によってであれ、創造者の摂理の計画を侵したり、宇宙の秩序を乱すことができるような人も誰一人としていない。その存在の作用は、存在する者が侵す一連の出来事と同様に、等しく創造者の仕事なのである。そしておよそどのような原理が広く行きわたっているにせよ、まさにそれゆえに、その原理が創造者により最も好まれていると、われわれは結論してよかろう。それが生命をもつものであれ、もたないものであれ、理性をもつものであれ、もたないものであれ、すべての場合に当てはまる。その力は依然として至高の創造者に由来しており、彼の摂理の秩序のうちに同じく包括されている。苦痛の恐怖が生命愛に打ち勝つとき、つまり自発的行為が不合理な原因の結果を予知するとき、それはただ創造者がその被造物に植えつけた力や原理の結果にすぎない。神の摂理は、依然として侵されず、人間による侵害の範囲をはるかに超えたところにある。

いにしえのローマの迷信[4]の言うところでは、河川をそのコースからそらせたり、あるいは自然のもつ特権を侵害するのは神を敬わないことである。フランスの迷信によれば、天然痘のために種痘を行うこと、すなわち疫病や疾病を意図してつくり出すことにより、摂理の仕事を侵害することは不敬虔である。現代ヨーロッパの迷信の言うところでは、われわれ自身の生命に終止符を打ち、それによってわれわれの創造者に反抗することは不敬である。そうであるなら、家を建てたり、土地を耕したり、あるいは大洋を航海したりすることは、いったいどうして不敬ではないのか。すべてこうした行為によって、われわれは自然の成り行きのうちにある種の革新を生み出すために、われわれの心身の力を用いているのであり、そのどの行為においても、われわれはそれ以上のことは何一つ行っていないのである。それゆえ、これらの行為のすべては等しく罪でないか、それとも等しく犯罪であるかのいずれかである。

しかしあなたは、摂理により見張りのように特定の部署に配置されているのであり、もし召還されていないのにその部署を離れれば、あなたはあなたの万能の君主に対する反逆の罪を負い、君主の不興をこうむることになるのである。そこで私は尋ねたい。摂理が私をこの部署に配置したと、なぜあなたは結論するのか。私としては、私の誕生はさまざまな原因の長い連鎖に負っていると考えており、それらの原因の多くとその主要なものは、人間の自発的行為に依存していると思っている。しかし、摂理はこうした原因のすべてを導いていたのであり、摂理の同意と協力がなければ、宇宙には何も生じないのである。もしそうならば、私の死もいかに自発的とはいえ、摂理の同意がなければけっして起こらないのである。また苦痛と悲しみが私の忍耐に打ち勝ち、そのため私に人生にうんざりさせてしまう場合には、私は最も明確で最も明白な言葉によって、私の部署から召還されていると結論してよかろう。

現在、私をこの部屋に配置したのは確かに摂理である。しかし私の持ち場や部署を離れたという責めを免れずに、私が適当と思うときに、その部屋を離れてはならないのであろうか。私が死ぬとき、私を構成している原理は、依然として宇宙においてその役割を果たすであろうし、それは、この個人としての被造物を構成していたときと同じく、宇宙の雄大な組織のなかで同じように有効であろう。全体にとっての相違点は、部屋にいる私の存在と戸外にいる私の存在の間の相違以上に大きくはないであろう。私にとっては、一方の変化が他方の変化よりも重要である。だが宇宙にとってはそうではない。

ある創造された存在が世界の秩序を乱したり、あるいは摂理の仕事を侵したりすることがありうると想像するのは、一種の瀆神である。この場合、その存在はその創造者から受け取っておらず、創造者の支配と権威に従わない力や能力を所有すると想定されている。人が社会を乱すことは確かにありうるし、そのために全能の神の不興をこうむることもありうる。しかし世界の支配は、その人の手の届く範囲と違反をはるかに超えたところに置かれている。だとすれば、社会を乱すこうした行為に全能の神が不興を感じるということは、どのようにして明らかになるのであろうか。それは万能の神が人間本性のうちに植えつけ、もしわれわれ自身がそのような行為を犯してしまった場合はわれわれに悔恨の感情を、そしてまたもしわれわれがそのような行為を他人が行うのを見た場合は、われわれに非難と否認の感情を吹き込む原理によってなのである。では、上に提案した方法に従って、自殺がこの種の行為であり、われわれの隣人に対する、また社会に対するわれわれの義務の違反であるかどうかをいまから検討することにしよう。

世を捨てる人は、社会に対してなんの害ももたらさない。彼は善を行うのをやめるだけであり、このことは、かりにそれが人を傷つける行為であるにしても、最も程度の低いものである。

社会に対して善を行うというわれわれのすべての義務は、ある相互的なものを意味していると思われる。私は社会から恩恵を受ける。それゆえ私は社会の利益を促進すべきである。しかし私が社会から完全に身を引く場合、私は今後も束縛されるなどということがありうるであろうか。

だが、善を行うというわれわれの義務をもし永続的なものと認めるならば、それには確かにいくらか拘束力がある。だが、私自身に大きな危害となるような犠牲を払ってまで、社会に対して小さな善を行うべき責務は私にはない。それでは、社会がおそらく私から受けるかもしれない取るに足りない利益のために、なぜ私がみじめな存在を引き延ばさなければならないのであろうか。もし老齢や病気のため、私がある役職を合法的に辞任し、自分の時間のすべてをこうした災いを防ぐことや、できる限り私の将来の生活の悲惨さを和らげることに用いることができるとすれば、社会にもはやなんの害も与えない一つの行為によって、こうした悲惨さをただちに短縮することが、なぜ私にはできないのであろうか。

しかし、社会の利益を促進することがもはや私の力の及ばないことであると想定しよう。私が社会にとって負担であると考えよう。私の生存が、ある人が社会にとってはるかに有益となることを妨げているものと想定しよう。このような場合、私の人生の放棄はただ無害であるばかりか、称賛に値するに違いない。そして生存を断念したいという誘惑をもつたいていの人びとは、何ほどかこうした状況下にいるのである。一方、健康、や権力、あるいは権威をもつ人びとは、通常、世間と調和して暮らすよりよい理由をもっているのである。

ある人が社会の利益のためある陰謀に荷担し、嫌疑により逮捕され、拷問を受けておどかされる。そして彼自身の弱さから、秘密が自分から無理に引き出されてしまうことが分かるとする。このような人は、みじめな生きざまにすばやく終止符を打つほうが、社会の利益となると考えることができるであろう。これがフィレンツェのかの有名で勇敢なストロッツィ(5)の場合であった。

　また、ある悪人が恥ずべき死刑を正当に宣告されたとしよう。彼が自分の処罰を予期し、その恐るべき接近を考えるすべての苦しみを免れてはいけない、という理由はまったく考えることができないのではないか。彼は自分の処刑を命じた裁判官と同様に、摂理の仕事を侵してはいないし、彼の自発的な死は、社会から有害な一成員を取り除くことにより、社会にとって同じく有益なのである。

　自殺がしばしば、利益やわれわれのわれわれ自身に対する義務と両立しうるということは、老齢や病気あるいは不幸が人生を重荷にし、人生を死滅よりもなおさら悪いものにすることがありうると認める人にとっては、なんら疑いえないことである。人生がそれを続けるに値する限り、およそそれを捨て去った人などいないと、私は信じる。というのは、死に対するわれわれの生来の恐れは大きいため、ささいな動機により、われわれを死と和解させうることはけっしてないからである。またある人の健康や財産の状態がおそらくこの〈自殺という〉救済策を必要とするとは思えないとしても、少なくともわれわれに確信できるのは、明確な理由もなくこの救済策に訴えた人は誰であれ、癒しがたいほど堕落した、あるいは憂うつな気質に呪われた人であり、これがあらゆる楽しみを損ない、あたかも彼が最大の悲痛な不幸を負わされているかのように、彼を同じくみじめにするに違いないということである。

　もし自殺が犯罪と考えられるならば、われわれを自殺に押しやることができるのはおく病だけである。もし自殺が犯罪でないとすれば、生存することが負担となる場合、思慮分別と勇気は共に、直ちにそれからわれわれ自身を自由にしようとするに違いなかろう。したがって、自殺は、もしこれが模倣されると、各人の人生における幸福の機会が守られ、悲惨のあらゆる危険から各人を効果的に自由にすることになるような一例を示すことによって、われわれが社会に有益でありうる唯一の方法なのである(6)。

（1）「自殺について」と「霊魂の不滅について」というエッセイは、ヒュームによって出版者のアンドルー・ミラーに、おそらく一七五五年の後半に、『五論集』（*Five Dissertations*）と題された書物のうちに入れるために送られた。同じくこの書物には「宗教の自然史」（The Natural History of Religion）、「情念について」（Of the Passions）、「悲劇について」（Of Tragedy）が入れられることになっていた。この書物はミラーによって印刷され、わずかな部数が出版に先立ち配布された。にもかかわらず、教会からの非難と、さらに当局による告発さえ予想される事態に直面して、ヒュームは、友人たちの勧めにより、自殺と霊魂の不滅に関するエッセイの刊行をさきに進めないほうが賢明だと判断した。したがって、これら二篇のエッセイはミラーにより削除され、新しいエッセイ「趣味の標準について」（Of the Standard of Taste）がその書物に加えられ、これは一七五七年に『四論集』（*Four Dissertations*）という書名で刊行された。ヒュームが用心したにもかかわらず、ウィリアム・ウォーバートン博士（Dr. William Warburton）のような牧師側の批判者たちは、これらの削除されたエッセイのことを知っていて、折に触れてそれらにそれとなく言及したのであった。

それどころか、これらのエッセイは一七七〇年にフランス語訳が出たが、明らかにヒュームはこの事実を知ることはなかった。ヒュームが死ぬ少し前に、彼は自分の遺書に補足書を追加し、ウィリアム・ストラーンに「自然宗教に関する対話」(Dialogues concerning Natural Religion) を自分の死後二年以内に出版してほしいと明確に述べ、「もしストラーンが適切と考えるなら、それに以前印刷されたが出版されなかったこの二篇のエッセイを加えてもよい」としている (J. Y. T. Greig, ed., *The Letters of David Hume*, Oxford : Clarendon Press, 1932, 2 : 453)。「自殺について」と「霊魂の不滅について」は、おそらくストラーンによるものではないが、『二論集』(*Two Essays*) という書名で、一七七七年に出版された。著名の名も出版社の名も扉には出ていない。これら二篇のエッセイの出版取りやめとそれ以後の出版をめぐる詳細は、グリーンとグロースにより、彼らが編集したヒュームの『道徳・政治・文学論集』(*Essays, Moral, Political, and Literary*, New Edition, London : Longmans, Green, and Co., 1889, pp. 60–72) およびモスナーの『デイヴィッド・ヒューム伝』(*The Life of David Hume*, Edinburgh : Nelson, 1954, pp. 319–35) によって十分論じられている。

「自殺について」のこのテクストは、National Library of Scotland が所蔵する未公刊の一七五五年版エッセイの校正刷りから許可を得て印刷されている。この校正刷りにはヒューム自身の手による二〇の訂正がある。死後に出版された一七七七年版のエッセイはこれらの訂正をし損なっており、またそれは、それ以前に印刷された版から、パラグラフ分け、句読点、大文字での書き方、そしてときには言葉遣いの点で逸脱している。一七五五年版「自殺について」はグリーンとグロースには利用できなかった。彼らは代わりに一七七七年版に従ったが、彼ら自身で変更を加えている。一七七七年版がどの程度ヒュームの希望を反映しているかは判定できないため、一七五五年版の「自殺について」が選択された複製用テクストである。編者〈E・F・ミラー〉は、National Library of Scotland の評議員に対して、「自殺について」および「霊魂の不滅について」の訂正済の一七五五年版の提供と、これらのエッセイのリプリントの許可を与えていただいたことに感謝する次第である」。

(2)「予知について」第二巻。〔キケロ「予知について」第二巻、第七二(一五〇頁)〕。

(3)「誰も生命をもち続けることができないことに対して神に感謝しようではないか」(*Agamus Deo gratias, quod nemo in vita teneri potest*) セネカ『書簡』一二。〔「老齢について」第一〇節(レーブ版、Richard M. Gummere 訳)〕。

(4) タキトゥス『年代記』第一巻。〔第七九節〈国原吉之助訳、上、岩波文庫、一九八一年、九〇―九一頁〉での、ティベリス川の支流の方向を変更するべきかどうかをめぐるローマの元老院における討論を参照。タキトゥスは、討論を決する要因――植民市の抗議、工事の困難、あるいは自然により割り当てられたコースを変更することに対する迷信に基づく嫌気――がなんであれ、ピソの「何も変えてはならない」という動議が賛同を得たと述べている〕。

(5)〔フィリッポ・ストロッツィ〈Giambattista Strozzi Filippo II (1489–1538)〉。フィレンツェの優れた銀行家であり、生涯の大部分の間、フィレンツェのメディチ家の後ろだてであった。ローマで教皇の法廷に立った彼は、フィレンツェのメディチ家の大公アレッサンドロ (Alessandro) とコジモ〈一世〉(Cosimo I de' M., 1519–1574) に対する抵抗により、後世の人びとに最もよく記憶されている。フィリッポは、彼とその息子が一五三三年にアレッサンドロによりフィレンツェから追われたのち、フィレンツェからの追放人たちの指導者となった。一五三七年のアレッサンドロの虐殺のあと、フィリッポは追放人からなる軍隊を率いてフィレンツェに向かったが、アレッサンドロの後継者であるコジモに忠誠を尽くす兵士に迎え撃たれて敗北した。フィリッポは捕えられ、企てに関連した他の者の名を強制的にあげさせるために拷問を受けたが、彼は口を開かなかった。一七カ月に及ぶ投獄ののち、一五三八年一二月に、彼は自らの生命を絶った。古典に造詣の深い学者だったフィリッポは、小カトーの自殺を模範とした。彼は墓碑銘を残して死んだが、その一部には、次のように書かれていた。「それゆえ、自由は彼と共にそのすべての望みが消え去ったことを知り、自ら断念し、日の光を呪い、彼と同じ墓に封印されることを要求した。こういうわけだから、見知らぬ人よ、フィレンツェ共和国があなたにとっておよそなんらかの重要性をもつものなら、大いに涙を流すとよい。なぜなら、フィレンツェはこれほど高潔な市民をまたと見ることはけっしてないからである……彼の最高の命令は、人が祖国のために死ぬときは、いかなるたぐいの死も立派である」。引用は、Melissa Meriam Bullard, *Filippo Strozzi and the Medici* (Cambridge : Cambridge University Press, 1980), pp. 176-77 による〕。

（6）自殺がキリスト教の支配下でも、異教徒にとってそうであったと同様に、合法であることを証明するのは容易であろう。聖書の原典には自殺を禁じた箇所は一つもない。あらゆる哲学と人間の論理的思考を統御するに違いないかの偉大で絶対誤りのない信仰と実践の規則は、この問題に関して、われわれをわれわれの生来の自由に委ねている。摂理に身を委ねることは、確かに聖書において勧められているが、このことは不可避な不幸に対する服従だけを意味するにすぎず、思慮分別や勇気によって対処しうるような不幸に対する服従を意味するものではない。「殺してはならない」というのは、その生命についてわれわれにはなんの権限もない他人を殺すことだけを禁じるという意味であることは明らかである。この戒律が聖書の戒律の大部分と同じく、理性と常識によって修正されねばならないことは、この律法の文面にもかかわらず、犯罪人を死刑に処す裁判官の慣行から見て明白である。しかし、もしかりにこの戒律が自殺に明確に反対して述べられているとしても、現在ではなんの権威ももちえないであろう。なぜなら、モーセの律法は、自然法により確定されているもの以外、すべて廃止されているからである。またわれわれは、自殺が自然法によって禁止されていないことを既に証明しようと努めたのである。あらゆる場合に、キリスト教徒と異教徒はまさに同一の立場に立っている。もしカトーとブルートゥス、アッリア（*Arria*）〈カエキナ・パエトゥスの妻。前四二年没〉とポルキア（*Portia*）〈Porcia. ブルートゥスの妻。前四二没〉が英雄として振舞ったとするならば、彼らの先例を今日見ならう人びとは、後代から同じ称賛を受けるはずである。自殺を行う力は、プリニウスによれば、人間が神自身すら超えて所有する利点とみなされている。「（神は）たとえ自殺を欲しても、それを行えない。なぜならそれは、神が人生におけるあらゆる罰のうち、人間に与えた最高の恩恵だからである」（*Deus non sibi potest mortem consciscere, si velit, quod homini dedit optimum in tantis vitae penis*）第二巻、第七章。〔プリニウス『自然誌』第二巻、第五章、第二七節（レーブ版、H. Rackham 訳）〕。

X 霊魂の不滅について(1)

単なる理性の光によっては、霊魂の不滅を証明することは困難と思われる。それに対する賛成論は通常、形而上学的議論か、あるいは道徳的議論、あるいは自然的（*physical*）議論のいずれかから引き出されている。しかし実際には、生命と不滅を明るみに出したのは、福音書であり、しかも福音書だけなのである。

I. 形而上学的議論は、霊魂が非物質的であり、思考作用が物質的実体に属することは不可能であるという仮定に基礎を置いている。

しかし、まさに形而上学がわれわれに教えてくれるように、実体という概念はまったく混乱していて不完全であり、われわれは未知なあるものに内在している個々の性質の集合体として以上になんら実体の観念をもっていないのである。それゆえ、物質と精神は本当のところ同じく未知なのである。だからわれわれは、そのいずれかのうちにどのような性質が内在しているのか決定を下すことはできない。

同じく形而上学が教えているように、いかなる原因もしくは結果に関しても、何ものもアプリオリに決定されえないのであり、経験がこの種のものに関するわれわれの判断の唯一の源泉なのであるから、われわれは経験以外のいかなる原理によっても、物質がその構造や配置ゆえに思考の原因でありえないかどうかを知ることができない。抽象的推論は事実もしくは存在に関するいかなる問題にも決定を下すことはできないのである。(2)

しかし、ストア学派の哲学者の言うエーテル状の火の輝きのように、ある精神的実体が宇宙の至るところに分散されていて、それが思考の唯一の内在的基体であると認めるならば、自然が他の実体、すなわち物質を用いる同じやり方に従い、精神的実体も用いるということを、類比によって結論する理由がわれわれにはある。自然は物質を一種のペーストもしくは粘土として用い、それをさまざまな形態や存在に変え、しばらくするとそれぞれの変えられたものを解体し、その実体から新しい存在形式をつくり上げる。この同じ物質的実体が次々とあらゆる動物の身体を構成することが可能であるように、同じこの精神的実体は彼らの精神を構成することができよう。彼らの意識、すなわち彼らが生存中につくり上げた思考体系は、死によって不断に解体されうるであろう。そして新しい変化に対して彼らはまったく関心をもたないのである。霊魂の死滅を最も積極的に主張する人びとでも、霊魂の実体の不滅をけっして否定しなかった。だから非物質的実体も物質的実体と同じく、その記憶や意識を失うことがありうることは、たとえ霊魂が非物質的であるとしても、経験から部分的に明らかである。

　通常の自然の成り行きから推論し、さらに、哲学から常に除外されるはずの至高の原因のいかなる新たな介在も仮定しなければ、腐敗しないものは同時に発生しえないに違いない。それゆえ、霊魂は、もし不滅であるとすれば、われわれが生まれる以前に存在したことになる。だから、もし以前の存在状態がわれわれに少しも関係をもたないとすれば、以後の存在状態もまったく関係をもたないであろう。

　動物は、人間よりも不完全な仕方ではあるが、疑いもなく、感じ、思い、愛し、憎み、意志をもち、推論しさえもするであろう。だとすれば、彼らの霊魂もまた非物質で不滅なのであろうか。

　II.　では道徳的議論、主として神の正義から引き出される議論を考察することにしよう。神の正義は、死後における不道徳な人に対するさらなる処罰と有徳な人に対する報償にさらに関心をもつと想定されている。

　しかしこうした議論は、われわれが知っている唯一のこの世界で、神が行ったことを超越した属性が神にはあるという仮説に基づいている。こうした属性の存在をわれわれはどこから推論するのであろうか。

　神が実際に行ったとわれわれに分かっていることはなんであれ、すべて最善であると主張するのは、われわれにとって非常に安全である。だが神がわれわれにとって最善と思われることを常に行うに違いないと主張するのはきわめて危険である。この推論は、どれだけ数多くの事例において、現世に関することでわれわれの役に立たないことであろうか。

　しかしおよそ自然の目的が明らかであるとすれば、人間の創造の目的と意図の全体は、われわれが生まれながらの理性によって判断しうる限り、この世に限定されていると主張することができよう。精神と情念が本来もっている内在的構造ゆえに、人間はおよそ来世をいかにかすかな関心をもって見ることであろうか。これほど浮動的な観念と、日常生活で生じるあらゆる事実に関するきわめて疑わしい確信との間には、その一定不変性と有効性のいずれについても、なんという対照が見られることであろう。

　実際、ある人の心には、来世に関してある種の説明しがたい恐怖の念が生じる。しかしこうした恐怖の念は、もし戒律や教育によって人為的に育成されるのでなければ、ただちに消滅するであろう。そしてこうした恐怖の念を育成する人びとの動機はなんなのか。それはただ、生計を立てることであり、この世で権力と富を獲得することである。それゆえ、彼らの熱意と勤勉そのものが彼らに対する反対理由になる。

こういうわけで、もしそれでもなお、われわれを待ち受けている、はるかにもっと重要な別の舞台があるのならば、われわれのすべての関心だけでなく、われわれのすべての知識を現世に限定することは、自然のなんという残酷さ、なんという不正、なんという不公正であろうか。こうした野蛮な欺瞞は慈悲深くて賢明な存在のせいにすべきであろうか。

自然のすべてにわたって、成就されるべき仕事とそれを成就する力とが、どれほど正確な釣り合いをもって調整されているかを観察するといい。もし人間の理性が他の動物にまさる大きな優越性を彼に与えているのならば、人間に必要なものはそれに比例して多様化している。人間の全時間、全能力、活動力、勇気、情念は、彼の現状のもつ不幸を防ぐ上で十分用いられている。だがしばしば、いやほとんど常に、彼らに課された仕事に対してあまりにも貧弱なものなのである。

一足の靴でさえ、おそらく、その商品が到達しうる最高度の完成状態にもたらされることはけっしてなかったであろう。にもかかわらず、人間のうちには政治家や道徳家、さらに幾何学者、歴史家、詩人、哲学者さえ、少しはいることが必要であり、少なくともきわめて有用なのである。

ただこの世においてだけ考察すれば、必要物や寿命と比較したとき、狐や兎のもつ諸力がその必要物を上回っていないのと同様に、人間のもつ諸力は人間の必要物を超えていないのである。類推から得られる推論はそれゆえ明白なのである。

霊魂は死すべきものと説く理論によれば、女性の能力が劣ることは容易に説明がつく。すなわち、彼女らの家庭内での生活は、精神と肉体のいずれにおいても、より高度な能力を必要としない。宗教的な理論によれば、こうした事情は消滅してしまい、絶対取るに足りないものとなる。一方の性は他方の性と同様に同等の果たすべき仕事をもつからである。両性の理性と決断力もまた同等であったはずであり、しかも理性、決断力ともに、現在よりも非常に優れていたはずである。

あらゆる結果には原因が含まれており、そしてそれにはまた他の原因が含まれ、ついにわれわれはすべての第一原因、すなわち神に達するのであるから、生起する一切のことは神によって命じられたものなのである。したがって何ものも神の処罰や復讐の対象とはなりえない。

いったいどのような規則によって処罰と報償は配分されるのであろうか。神による功罪の規準はなんであろうか。人間が抱く所感が神のなかでも場を占めていると想定していいのだろうか。その仮説がいかに大胆だとしても、われわれはそれ以外の所感を心に抱くことはできない。

人間の所感によれば、感覚、勇気、行儀作法、勤労、思慮分別、天分等は、個人の功績の本質的な部分である。それゆえ、われわれは古代の神話の極楽楽土のように、詩人や英雄のための楽園を建設すべきであろうか。(3) すべての報償をなぜ一種類の美徳に限定するのであろうか。

　およそ適切な目的や意図をもたない処罰は、善と正義に関するわれわれの考え方と相容れない。さらにそうした処罰によっては、その場面全体が終了したあと、いかなる目的も達成されえないのである。

　処罰は、われわれの考え方によれば、違反となんらかの釣り合いをもつべきである。それならば、人間のような誘惑に陥りやすい被造物が犯す一時的な違反に対して、なぜ永遠の処罰が下されるのか。アレクサンドロスは、人びとが彼の寵愛する馬、ブケファロス（*Bucephalus*）を奪い取ったため、その国民の全部を皆殺しにしようと思ったが、このアレクサンドロスの憤怒をいったい誰が容認しうるであろうか。(4)

　天国と地獄は、善人と悪人という二種類の異なる人びとを前提している。しかし人類の大半は悪徳と美徳の間で漂っているのである。

　もしかりに、人が正しい人びとには良い食事を与え、悪人は徹底的に打ちすえようと思って世界を回って歩くとすれば、彼は選択にさいしてしばしば当惑することになり、大部分の男女の功罪は、そのいずれの価値にもほとんど達しないということが分かるであろう。

　人間の尺度とは異なる是認や非難の尺度を想定すれば、それはあらゆることを混乱させることになる。われわれ自身の所感以外の道徳的区別というようなものが存在するということを、われわれはどこから知ることができるのであろうか。

　個人的な怒りの挑発を受けなかった人間（あるいはそれを受けた人の良い人間）で、いったい誰が、ただ非難の感情だけから、たとえ通常の法的な取るに足りない処罰にせよ、罪を罰することができるであろうか。また必要性と公益に関する熟考以外に、何が裁判官や陪審員の心情を冷酷にし、人間的な見解に反対させうるであろうか。

　ローマ法によれば、親殺しの罪を犯し、その犯罪を告白した者は、猿と犬と蛇と共に袋づめにされ、川に投げ込まれた。死刑だけが、いかに完全に証明されても、なおその罪を否定した者に対する処罰なのであった。ある犯罪人がアウグストゥスの前で裁かれ、完全な罪の自覚ののち有罪を宣告された。だが人情のある皇帝は、最後の審問を行ったさい、この哀れな男を誘導して有罪を否認するように運んだのであった。「おまえは確かにおまえの父親を殺さなかったのだな」と、この支配者は言ったのであった。(5) こうした寛大さはあらゆる犯罪人のうちの極悪の者に対してさえも、またそれがこのようなささいな苦痛を防ぐにすぎないとしても、われわれが自然にもつ**正しさ**の観念に適合している。いやそれどころか、最も頑迷な聖職者といえども、犯罪が異端や不信仰でない限り、自然に文句なくそれを認めるであろう。というのは、異端や不信仰という犯罪は、聖職者の世俗の利益と利点を損なうため、おそらく彼はそうした犯罪に対してはこれほど寛大ではまったくありえないであろう。

道徳観念の主要な源泉は、人間社会の利益に関する熟考である。こうした利益はとても短期間で取るに足りないものだが、永遠でしかも無限である処罰によって庇護されるべきであろうか。一人の人間の永遠の罰は、王国を十億も破壊するよりも、宇宙での無限に大きな悪なのである。

自然は人間の幼児をとくにか弱くて死にさらされやすいものにしている。自然はあたかも試用期間という観念を意図的に拒否しているかのようである。人間の半数は、理性をもった被造物になる前に死ぬのである。

III.　自然の類比から行われる自然的議論は、霊魂は死すべきものであることに賛成する強力なものである。しかもこうした議論は実際上、唯一の哲学的議論であり、それはこの問題、あるいは実際、いかなる事実問題に関しても認められるべきである。

およそ二つの事物が非常に緊密に結びついているため、われわれがおよそ一方の事物に見たすべての変化が、他の事物においてそれに釣り合った変化を伴う場合には、われわれは類比のすべての法則によって、前者になお一層大きな変化が生じ、その事物がまったく死滅するときには、後者の全面的な死滅がこれに次いで生じると結論すべきである。

睡眠は、身体に対してごくわずかな影響を及ぼすにすぎないが、一時的な〈生命力の〉消滅、少なくとも霊魂における大きな混乱を伴う。幼児における身体のか弱さと精神の弱さは正確に比例している。成年におけるそれら両者の活力、病気をしているときの両者の共感するような変調、老年期における両者に共通して見られる衰退も同じである。さらに一歩進めることは不可避と思われるのだが、死に際しては、両者はともに消滅する。

精神が発見する最後の徴候は、変調、虚弱、無感覚、愚かな行動、すなわち精神の絶滅のさまざまな前触れである。これと同じ原因がそれ以上に進展すれば、同じ結果を増大させ、精神を完全に消滅させるのである。

自然の通常の類比によって判断すれば、およそいかなる存在形式（form）であろうと、それが置かれていた本来の生活状態と非常に異なる生活状態に移された場合には、存続することができない。樹木は水中では、魚類は空中では、けもの類は地中では絶滅する。気候の違いほどの小さな相異でもしばしば致命的となる。だから身体や思考と感覚のすべての器官の消滅によって霊魂に対してなされるような巨大な変化が、その全体の消滅なしに行われうると想定するどのような理由があるだろうか。

あらゆるものが霊魂と身体の間で共通している。一方の器官は、そのすべてが他方の器官ということである。それゆえ、一方の存在は他方の存在に依存するに違いない。

動物の霊魂は死すべきものと認められている。しかもこれらの霊魂は人間の霊魂にきわめて類似しているため、前者から後者への類比は、非常に有力な論証を形成する。両者の身体は、それほど類似したものではない。にもかかわらず、比較解剖学から得られる論証を拒否する人はほとんどいない。それゆえ、輪廻転生（*Metempsychosis*）こそ、哲学が傾聴できるこの種の唯一の体系なのである。(6)

　この世にあるものは何ものも永遠に続くものではない。一見したところいかに不変で確固としているように見えても、あらゆる存在は絶えず流動し変化している。世界それ自体が脆弱と消滅の徴候を示している。それゆえ、何よりも最も脆弱に見え、ごくわずかな原因によって最大の変調をこうむりやすい唯一の存在形式が不死、不滅であると想定するのは、いかに類比に反したことであろうか。それはなんと大胆な理論であろう。その考えが無分別とは言わないまでも、なんと軽率なことであろうか。

　無限に数多くある死後の存在をどのように処理するかもまた、宗教理論を当惑させるに違いない。あらゆる太陽系のなかの惑星のすべてに、知性をもった死すべき存在が居住している姿をわれわれは勝手に想像することができる。少なくとも、われわれはこれ以外の想定に目を向けることができない。そこでこれらの存在のために、どの世代にも、新しい宇宙が現在ある宇宙の範囲を超えて創造されねばならない。あるいは、一つの宇宙がこうした存在の不断の流入を受け入れるほど並はずれて広大なものに、最初から創造されていたのでなければならない。このような大胆な想定は、単なる可能性をただ口実にして、およそどのような哲学によって受け入れられることになるであろうか。

　かつてイタリア、スキュタイ、バクトリアあるいはギニアに生存していたアガメムノン、テルシテス、ハンニバル、ネロ、それにあらゆる愚かな田舎者が、いまも生きているかと問われた場合、自然の綿密な吟味がこれほど奇妙な問いに肯定的に答えるに足るだけの論証を提供すると、いったい誰が考えることができようか。論証がないことは、啓示がない場合、十分に否定的回答が確立しているのである。

　プリニウスは言っている。「このような実験によって得ることができると想定するよりも、各人が自分自身を信じた方が、どれだけ簡単で、どれだけ確実なことであろう」（*Quanto facilius certiusque sibi quemque credere, ac specimen securitatis antigenitali sumere experimento*）(7)。身体がつくり上げられる以前のわれわれの無感覚は、生得的な理性には、それが消滅したあとの同様な状態の証拠と思われる。

　もし、消滅に対するわれわれの恐怖が生来の情念であり、幸福に対するわれわれの一般的な愛好の結果でないとすれば、それはむしろ霊魂の死すべきことを証明することになろう。というのは、自然は無駄なことを一切行わないため、自然は不可能な出来事に対してわれわれにけっして恐怖を与えないであろう。もしわれわれの努力が、このいまの事例におけるように、不可避的な出来事をしばしばわずかでも遠ざけうる場合に限り、自然は不可避的な出来事に対して恐怖を与えうるであろう。死は最終的には不可避である。にもかかわらず、自然がわれわれに死に対する嫌悪を吹き込まなかったならば、人類は維持されえなかったであろう。

　われわれの情念に好都合なすべての学説は怪しいと疑われねばならない。他方で、こうした学説を生んだ希望や恐怖はきわめて明白である。

　あらゆる論争において、否定的な主張を弁護することは無限の強みである。もし問題が共通に経験される自然の成り行きからはずれているならば、こうした状況証拠は、完全とは言えないまでも、ほとんど決定的なものである。かつて誰も見たこともなく、かつて見たどれにもまったく類比してもいない存在状態を、いったいどのような論証や類比によって、証明できるのであろうか。およそいかなる偽哲学にもせよ、誰がその証言に基づいて、これほどの信じられない情景の実在を容認するほど、それに信頼を寄せるであろうか。この目的のためには、何か新しい種類の論理が必要である。さらにその論理をわれわれに理解させうるなんらかの新しい精神的能力が必要である。

　人類が神の啓示に対してもっている無限の責務をこれ以上十分な光のもとに置きうるものは何もないであろう。なぜなら、啓示以外のいかなる方法も、この偉大で重要な真理を確言しえないことが、われわれには分かるからである。

（1）〔このエッセイの来歴の説明には、「自殺について」の注（1）を参照。「霊魂の不滅について」のここでのテクストは、National Library of Scotland が所蔵する未公刊の一七五五年版エッセイの校正刷りのコピーから許可を得て印刷されたものである。この校正刷りにはヒューム自身の手による二〇カ所の訂正が見られる。死後に出版された一七七七年版エッセイはこれらの訂正をし損なっており、またそれは、それ以前に印刷された版から、パラグラフ分け、句読点、大文字での書き方、そしてときには言葉遣いの点で逸脱している。グリーンとグロースは、「霊魂の不滅について」の彼らの版を、かつてエディンバラの Advocates' Library〈National Library of Scotland の前身〉が所蔵していたが現在は失われた一七五五年版の校正刷りから印刷した。グリーンとグロースによって使用された校正刷りのコピーには、この現在の版のために使用された校正刷りのコピーに見られる訂正はなかった。そればかりか、グリーンとグロースは一七五五年もしくは一七五六年初めに印刷されたテクストから重要な点で逸脱している〕。

（2）〔実体という概念の架空的な性格と、抽象的推論によって事実や存在に関する問題に決定を下すことの不可能なことについてのこうした考察は、ヒュームにより、『人間本性論』で展開されている〕。

（3）〔ホメロスは、楽土平原について、そしてヘシオドスは、神々から特別の恩寵を受け、死を免れた人々が運ばれてゆく場所として、天上の聖人たちの島について語っている。その後、著作家たちは、神の恵みを受けた死者の霊が住まう場所として極楽（Elysium）を描き出している〕。

（4）クイントゥス・クルティウス・ルフス『アレクサンドロス大王史』第六巻、第五章。〔『アレクサンドロス大王史』のこの部分は、アレクサンドロスによるマルディ人（the Mardi）の打破とその要塞の破壊について記述している。彼の怒りはブケファロスが奪取されたことによって頂点に達したのであった〕。

（5）スエトニウス〈『ローマ皇帝伝』〉「アウグストゥス伝」第三章。〈国原吉之助訳、上、岩波文庫、二〇〇七年〉。

（6）〔輪廻転生論、あるいは霊魂再生説は、人間や動物の霊魂が死んだとき、もしくは死後、同一あるいは別の種類の新しい肉体の存在形式に生まれ変わるという考えをもっている。この学説はとくに哲学者のピュタゴラスとさまざまな東方の宗教と関連している」。

（7）第七巻、第五五章。〔〈大〉プリニウス『自然誌』第七巻、第五五章。レーブ版では、「各人が自分自身を信頼し、われわれがわれわれの将来の静穏に関する観念を、生まれる前のわれわれの経験から得ることの方が、どれほど非常にたやすく安全なことであろう」となっている（レーブ版、H. Rackham 訳）。*Futurae*（将来）はラッカムによってラテン語のテクストに加えられている。この前後関係には、身体も精神も共に死後は出生前にもっていた以上の感覚・知覚をけっしてもたないという、プリニウスの論証がある〕。

解題　ヒューム『道徳・政治・文学論集』について

本書は、デイヴィッド・ヒュームの『道徳・政治・文学論集』（以下、『エッセイ集』と略記）の全訳である。筆者はすでに『エッセイ集』の第II部（一七五八年版）の全訳を試み、とくに政治・経済に関するエッセイについての筆者の見方は、その際に述べた。この見方は、細かな点を除けば、いまも大きく変わっていないので、拙訳による『ヒューム政治経済論集』（御茶の水書房、一九八三年）の解題「ヒュームにおける『人間の科学』と『政治経済論集』」を参照されたい。

『エッセイ集』の第I部と、削除されたり生前中に公刊を見なかった第III部とも言うべきエッセイについては、そこで論じられている豊富な内容を考慮し、その簡便な要約を試みるのは、ここでは控えることにしたい。読者がそれぞれの関心に従って、直接エッセイそのものを読み、味わうことを勧めたい。

いわゆるミラー版 *Essays* の編者、Eugene F. Miller も言うように、今日、ヒュームは、彼の生前時にはほとんど読まれなかった初期の『人間本性論』と『自然宗教に関する対話』によってよく知られている。他方、現代のたいていの読者はヒュームの書いたさまざまなエッセイや『イングランド史』にはほとんど注目していない。ごく最近になって、『イングランド史』がようやく注目されるに至ったばかりである。しかし、もしわれわれがこれらのエッセイを軽視し続けるならば、われわれのヒューム像は、広大な分野に及ぶ彼の哲学と思想を抜きにした不完全なものにとどまらざるを得ないであろう。

『人間本性論』二巻を出した後、成人期のヒュームの関心を主に占めた仕事は、『エッセイ集』の準備とその改訂の仕事であった。彼ははじめ、道徳と政治に関するエッセイを出版した。

まず、一七四一年に *Essays, Moral and Political* の第一巻が出され、翌四二年には、第二巻が出された。そして同年に、その第二版が出た。一七四八年には、*Three Essays, Moral and Political* が出版された。これには、“Of National Characters” と “Of the Original Contract”, “Of Passive Obedience” の三篇が含まれていた。この *Three Essays* は匿名ではなく、はじめてヒュームの名をもつものであった。

一七五二年には、*Political Discourses*（『政治経済論集』）の名のもとに、新しい数多くの政治と経済に関するエッセイが刊行された。これが好評で成功を収め、その第二版がその年の終わりに、第三版が一七五四年に出された。

一七五〇年代はじめに、ヒュームはさまざまなエッセイを他の著作と一緒に集め、『著作集』（*Essays and Treatises on Several Subjects*）を刊行した。この第一巻には、『道徳・政治論集』（*Essays, Moral and Political*）が含まれ、第四巻には『政治経済論集』（*Political Discourses*）が収められている。そして二つの *Enquiry* が第二巻と第三巻にリプリントされた。彼は以後、*Essays and Treatises on Several Subjects* という書名をとどめ、一七五八年にその一巻本が、六〇年と七〇年には四巻本が出た。二巻本は一七六四年、六七年、六八年、七二年に出た。そして彼の最後の改訂を含む生前に準備した最終版は、彼の死後、一七七七年に刊行されたのであった。

一七五八年版は、はじめて *Essays, Moral, Political, and Literary* という書名のもとに出された。これは、Part I と Part II に分けられ、いくつかの新しいエッセイが追加された。一七五七年に出された *Four Dissertations* から新たに四篇がくみ込まれたのであった。すなわち、“Of Tragedy”, “Of the Standard of Taste”, “The Natural History of Religion”, “A Dissertation on the Passions” である。そしてさらに二篇の新しいエッセイ、“Of the Jealousy of Trade” と “Of the Coalition of Parties” が書かれ、これらは一七六〇年版にくみ込まれた。さらに彼はなお、別のエッセイ、“Of the Origin of Government” を書き、これをくみ込んだ版は彼の死後、一七七七年に出版された。

ヒュームはまた、彼の原稿——それには “Of Suicide” と “Of the Immortality of the Soul” というエッセイが含まれていた――を死後に出版する準備をしていた。そのために彼は出版者のストラーンに、『イングランド史』とEssays and Treatises on Several Subjectsの新しい改訂版を用意させたのであった。これはよく知られたエピソードだが、ヒュームは以前にルキアノスの『死者の対話』を読んでおり、アダム・スミスに対して、冗談のように、自分は三途の川の渡し守に言う口実を考えていると語った。「人の良い渡し守よ、私は新しい版のために自分の著作の推敲をしてきた。その改訂版が世間からどう受け取られるのか、私が見られるわずかな時間だけ待ってくれ」と。

ヒュームのEssaysはイギリスと大陸で温かく受け入れられた。フランス語、ドイツ語、イタリア語に訳され、アメリカ版も出された。ヒュームは自伝、My own Lifeで、これらのエッセイ、ことにPolitical Discoursesが世間に広く受け入れられたことに満足している。

Essays, Moral and Politicalが世に温かく迎えられたことは、初期に出した『人間本性論』に対する世間の無関心がもたらした失意をまったく忘れさせることになった。また彼が一七六三年にハートフォード伯に従ってパリに赴いたときには、彼の名声は予想を超えるものであった。この名声の高まりだけでなく、出版によって富も得たと彼は『自伝』に記している。

ヒュームの死後もEssaysは広く読まれ続けていった。Essays and Treatises on Several Subjectsは一七七七年から一八九四年の間に一六版を重ねたことが、ジェサップにより指摘されている。その後、グリーン・グロース版The Philosophical Works of David Hume, 4 vols., 1883-86が出て次々と版を重ねた。また、一九〇三年には、Essays, Moral, Political, and LiteraryのThe World Classics版も出、その後リプリントも出ている。

しかし一九八五年にミラー版のEssays, Moral, Political, and Literary, Indianapolis : Liberty Fund, 1985（Revised edition, 1987）が出るに及んで、それまで標準版だったグリーン・グロース版の欠点が明らかになった。ミラーは一七七七年版を底本として、精密な比較によって不正確な言葉遣いや句読法、大文字の使用上の誤り、スペリング、記号、単語の結合、誤植、断りのない訂正、ギリシア語の箇所の変更、ヒューム自身の多くの長文の脚注の不適切な処理等を明らかにし、これらは、一七七七年版のテクストに対して忠実であることを第一として訂正されることとなった。これに加えてミラーは「用語解説」をつけ、またギリシア語とラテン語からの多くの引用については、レーブ英訳版（The Loeb Classical Library）を参照できるようにしている。

ミラー版の出現によって、ヒュームのエッセイは一書に集められ、また編者によって詳細な注が付されたことで読みやすくなり、その意義が高められたと言える。ヒュームのエッセイのもつ優雅さが読者に楽しみを与えることは言うに及ばず、これらのエッセイは彼の『人間本性論』を基礎にして、道徳、政治、経済、社会、文芸批評、および宗教等にわたって、精密にかつ分かりやすく仕上げられていると言える。

ヒュームは、哲学自体が大学や僧院の密室に閉じ込められ、世間の人びとから切り離されていることにきわめて批判的であった。哲学は日常生活に取り入れられ一層改善されるべきものであることを、エッセイという形式をとって説く試みを始めたのであった。ヒュームほど、学者と世間一般の人びととの間の交流が両者にとって大きな利益となることを説き強調した哲学者はそれまで存在しなかった。このことは、彼のエッセイを実際に読み進むことによって自ずから明白となるであろう。

また、ヒュームのエッセイが政治、経済、道徳、社会、宗教、文芸批評などを広く取り扱っていることから、読者はまず、その学識の広さに圧倒されるであろう。それとともに、とくにギリシア語、ラテン語からの多くの引用から分かるように、古代ギリシア、ローマの学芸や、古代からの世界の歴史に関するきわめて深い教養と学識に驚かされることであろう。ことにヨーロッパと異なる文化的環境にあるわれわれにとっては、それらの十分な理解は並大抵のことではないと言える。

ヒュームが取り扱った対象の広大さに加えて、それをエッセイという形式で表現した方法自体のもつ意義は、それに劣らず大きいと言わねばならない。ヒュームが述べているように、彼は文体をきわめて重要視した。難解なものではなく、通常の知性と感性の持ち主であれば、男女を問わず理解しやすい文体にこだわった。しかし、ただ分かりやすいというだけでなく、優雅さを備えていなければならず、その上、読む人に楽しみを与えるものでなければならないという意味で、彼はそれをentertainingなものであるべきと考えていた。ヒュームは中産層以上の人びとを主な読者と想定し、とくに女性の読者への語りかけを重視していた。このことは、「エッセイを書くことについて」や、「歴史の研究について」によく現れている。

また、ヒュームほどエッセイの改訂にエネルギーを費した著者も少ないと思われる。当然、読者には、それらの改訂の背景を考慮して、その意義を評価することが求められる。ことに、本訳書で第III部とした、削除されたり公刊されなかったエッセイ一〇篇については、改訂とともに、その削除の時期や公刊されなかった事情が十分考慮されなければならないであろう。

ヒュームのきわめて豊かな学識と優雅さに富む文体に基づくエッセイの真髄を、十分伝えうるだけの力をもち合わせないことを重々承知しながらも、なんとかヒュームの心を少しでも伝えたいという思いから、こうした訳業を試みることとなった。不備な点については、今後、検討し直すことにしたい。

最後になったが、この訳業の出版を心よく引き受けていただいた名古屋大学出版会の橘宗吾氏にお礼を申し上げる。そして具体的な編集・校正作業で大変お世話になった長畑節子さんと三原大地さんにとくに感謝したい。

二〇一一年四月

訳　者

人名索引

ア　行

アーバスノット　Arbuthnot, John　259
アイスキネス　Aiskhines　258, 300, 318, 333
アウグストゥス（オクタウィウス）Augustus　106, 163, 169, 177, 213, 283, 325, 332, 337, 345, 384, 399, 476
アウレリアヌス　Aurelianus, Lucius Domitius　335, 339
アエミリウス　Aemilius Paullus, Lucius　259, 336
アガトクレス　Agathokles　322
アッタロス1世　Attalos I　270, 316
アッティクス　Attics, Titus Pomponius　110, 312
アッピアノス　Appianos　259–60, 302, 315, 324, 330, 343–4
アッリアノス　Arrianus　283, 326
アディスン　Addison, Joseph　80, 166, 195, 432, 441
アテナイオス　Athenaeus　332–4
アテニオン　Athenion　315
アドルフス　Adolphs, Gustavus　441
アナカルシス　Anakharsis　233
アペッレス　Apelles　189
アラトス　Aratos　269
アリオスト　Ariosto, Ludovico　80, 195, 442
アリスタゴラス　Aristagoras　332
アリスティデス　Aristeides　189
アリストテレス　Aristoteles　203, 312, 339–41
アルキビアデス　Alkibiades　269
アルキメデス　Arkhimedes　92
アルタクセルクセス2世　Artaxerxes II　179
アルビヌス　Septimius Albinus, Decimus Clodius　388
アレクサンドロス　Alexandros Magus　15, 79, 104, 149, 179, 259, 269, 283, 322, 326, 331, 388, 453, 476
アングリア　Angria, Tulagee　376
アン女王　Queen Anne　404, 410
アンティオコス3世　Antiokhos III　270
アンティゴノス1世　Antigonos I　269
アンティドロス　Antidoros　326
アンティパトロス　Antipatros　151, 325, 335
アントニウス，ガイウス　Antonius, Gaius　325
アントニウス，マルクス　Antonius, Marcus　14, 302, 318
アントニヌス・ピウス　Antoninus Pius　345
アンリ3世　Henri III　11
アンリ4世　Henri IV　11, 99, 441
イソクラテス　Isokrates　312, 322
ヴァーサ　Vasa, Gustav Eriksson　54
ウァッロ　Varro, Marcus Terentius　314–5, 342
ウィリアム1世　William I　441
ウィリアム3世　William III　27, 404, 410, 441
ウェスパシアヌス　Vespasianus, Titus Flavinus　177, 283
ウェッレス　Verres, Gaius Cornelius　14, 92, 187, 189, 326
ウェルギリウス　Vergilius Maro, Publius　92, 115, 145, 167–8, 203, 442
ヴォーバン　Vauban, Sébastien Le Prestre de　254
ヴォッシウス　Vossius, Isaac　307
ウォピスクス　Vopicus, Flavius　339
ウォラー　Waller, Edmund　92, 116, 441
ヴォルテール　Voltaire　442
ウォルポール　Walpole, Robert　17, 461
ウルジー枢機卿　Wolsey, Thomas　111
エウクレイデス　Eukleides　145
エウゲニウス　Eugenius, Flavius　435
エウヌス　Eunus　315
エウメネス1世　Eumenes I　316
エウメネス2世　Eumenes II　316
エウリピデス　Euripìdes　158
エゼキエル　Ezechiel　283
エドワード1世　Edward I　441
エドワード3世　Edward III　250, 387, 441
エパメイノンダス　Epameinondas　268
エピクテトス　Epiktetos　150, 435
エピクロス　Epikuros　106, 203
エリザベス1世　Elizabeth I　7, 401, 441
オウィディウス　Ovidius, Naso Publius　100, 110, 190, 203, 223, 310, 341
オーグルビー　Ogilby, John　195
オトウェイ　Otway, Thomas　432

カ　行

カール5世　Karl V　271
カウリー　Cowley, Abraham　168

カエサル Caesar, Gaius Julius 41, 87, 91, 175, 178, 223, 283, 307, 321, 330, 337, 343-5, 453
カエリウス Caelius, Marcus 87
カッサンドロス Cassandros 325
カティリナ Catilina, Lucius Sergius 82, 92, 151, 223, 325
カトゥッルス Catullus, Gaius Valerius 168
カトー（小）Cato Uticensis, Marcus Porcius 19, 110, 223, 321, 454
カトー（大）Cato Censorius, Marcus Porcius 309, 313-4
カピトリヌス Capitolinus, Julius 388
カミッルス Camillus, Marcus Furius 213
カムデン Camden, William 401
カラカラ Caracalla 338
カリグラ Caligula 83
ガリレオ Galileo Galilei 80, 442
カルウス Calvus, Gaius Licinius Macer 87, 93
カルミデス Kharmides 323
カルル 5 世 Charles V 99
カルロス 2 世 Charles II 99, 389
キケロ Cicero, Marcus Tullius 14, 35, 74, 82, 88-93, 110, 151, 177, 187, 189, 203, 278, 302, 325-6, 332, 337, 345, 463
キュロス（小）Kyros 179
キュロス 2 世 Kyros II 283, 318
グイッチャルディーニ Guicciardini, Francesco 224
クインティリアヌス Quintilianus, Marcus Fabius 89, 169, 177
クセノフォン Ksenophon 83, 114, 268, 314, 318, 323, 328, 333-5
クセルクセス 1 世 Kserkses I 125, 330
クテシクレス Ktesikles 332
クテシフォン Ktesiphon 299
クラウディウス Claudius Nero Germanicus Tiberius 169
グラックス（兄）Gracchus Tiberius Sempronius 315, 324
グラックス（弟）Gracchus Gaius Sempronius 315, 324
クラッスス Crassus, Marcus Licinius 41
クラレンドン卿 1st Earl of Clarendon, Edward Hyde 189
クリウス Curius Dentatus, Manius 319
クリ・カン Kouli-Kan（Nadir Shah） 442
クリオ Curio, Gaius Scribonius 87
クレオメネス 3 世 Kleomenes III 269
クロディウス Clodius, Publius 82, 302
クロムウェル Cromwell, Oliver 423
ゲタ Geta, Publius Septimius 338
ゲルマニクス Germanicus Julius Caesar 387
孔子 68, 106
コペルニクス Copernicus, Nicolaus 144-5
ゴルディアヌス Gordianus, Marcus Antonius 388
コルネイユ Corneille, Pierre 115, 167, 432, 442
コルメッラ Columella, Lucius Junius Monderatus 310, 314-5, 328, 342
コロンブス Columbus, Christopher 414
コングリーヴ Congreve, William 167
コンスタンティヌス 1 世 Constantinus I 279
コンデ公 Prince de Condé 104
コンモドゥス Commodus, Lucius Aelius Aurelius 388

サ 行

サセルナ Saserna 342
サッルスティウス Sallustius Crispus, Gaius 82, 110, 225, 322
ジー Gee, Joshua 251
シェイクスピア Shakespeare, William 188
ジェイムズ 1 世 James I 406
ジェイムズ 2 世 James II 395
シバー Cibber, Colley 88
シャフツベリ卿 3rd Earl of Shaftesbury Anthony Ashley Cooper 80, 300
シャルル 7 世 Charles VII 441
シャルル 8 世 Charles VIII 224
ジョンソン Jonson, Ben 441
スウィフト Swift, Jonathan 81, 251, 260
スエトニウス Suetonius 338
スキピオ（大）Scipio Africanus Major 100
スタティリウス Statilius 434
スタニアン Stanyan, Abraham 259
ストラボン Strabon 312, 329, 341-6
ストロッツィ Strozzi Filippo II, Giambattista 470
スプラット Sprat, Thomas 81
スペンサー Spenser, Edmund 441
セイヤヌス Seianus, Lucius Aelius 79
セウェルス Severus, Lucius Septinius 283, 343, 388
セウテス Seuthes 318
セネカ Seneca, Lucius Annaeus 150, 169, 223, 310
セルウィリア Servilia 223
セルバンテス Cervantes, Miguel de 166, 171
ソクラテス Sokrates 390
ソフォクレス Sophokles 167

ソロモン Solomon 160
ソロン Solon 316, 325

タ 行

タキトゥス Tacitus, Cornelius 7, 14, 35, 203, 292, 320, 343, 346
ダタメス Datames 225
タッソ Tasso, Torquato 80, 442
ダレイオス1世 Darius I 179
チャールズ1世 Charles I 383, 395, 398
チャールズ2世 Charles II 409
デ・ラ・ベーガ de la Vega, Garcilasso 247
ディオゲネス Diogenes 435
ディオドロス（シチリアの）Diodorus Siculus 178, 327, 329–31, 338, 341, 344, 347
ディオニュシオス（ハリカルナッソスの） Dionysios Halikarnassensis 164, 324, 336
ディオニュシオス1世 Dionysios I 213, 322, 327, 331
ディオニュシオス2世 Dionysios II 319
ディオン Dio(n) Kassios 247
ティコ・ブラーエ Brahe, Tycho 171
ティッサフェルネス Tissaphernes 269
ティトゥス Titus Flavius Vespasianus 376
ティベリウス Tiberius, Claudis Nero 14, 83, 111, 116, 248, 283, 382, 387
ティマルコス Timarkhos 333
ティモマコス Timomakhos 189
ティモレオン Timoleon 319
テオクリトス Theokritos 330
デカルト Descartes, René 105, 203
デメトリオス・ファレレウス Demetrios Phalereus 332
デメトリオス1世 Demetrios I 321, 335
デモステネス Demosthenes 88–9, 91–3, 259, 268, 299, 310, 312, 318, 326, 333–4
デュボス Dubos, Jean-Baptiste 185, 253, 340
テレンティウス Terentius Afer Publius 167, 169, 203–4
テンプル Temple, William 81, 178, 278
ドゥ・ラ・モット de la Motte, Antoine 458
トゥキュディデス Thukydides 153, 258, 268, 322, 327, 329, 332–4, 336
トゥッリウス Tullius, Servius 301, 325
トゥルヌフォール Tournefort, Joseph Pitton de 161, 342
ドミティアヌス Domitianus, Titus Flavius 14, 83, 149
ドライデン Dryden, John 432, 441
トラシュブロス Thrasybulos 321
トラヤヌス Trajanus, Marcus Ulpius 76, 115, 248, 345, 376
トリヴルツィオ Trivulzio, Gian Giacomo 47
ドルスス Drusus, Neo Claudius 387
ドレイク Drake, Francis 414

ナ 行

ナービス Nabis 322
ニゲル Niger Justus, Gaius Pescennius 388
ニコマコス Nikomakhos 189
ニュートン Newton, Isaac 105, 442
ネロ Nero Claudius Caesar Augustus Germanicus 76, 83, 169, 284, 338, 346, 393, 478

ハ 行

バークリー Berkeley, George 177
パーネル Parnell, Thomas 168
パウサニアス Pausanias 335
ハチスン Hutcheson, Archibald 290
パテルクルス Paterculus, Velleius 331
ハドリアヌス Hadrianus, Publius Aelius 399
バニヤン Bunyan, John 195
ハリントン Harrington, James 26, 40, 81, 416, 420
バルトリ Bartori, Pietro Santix 337
ハンニバル Hannibal 270, 441, 478
ハンプデン Hampden, John 302
ヒエロン2世 Hieron II 270
ピュタゴラス Pythagoras 106
ピュッロス Pyrrhos 225
ヒュペレイデス Hypereides 299
ピョートル1世 Peter I 102
ヒルティウス Hirtius, Aulus 322, 345
ファビウス Fabius Maximus, Quintus. Cunctator 100
フィリストス Philistos 331
フィリップ（ヴァロア家の）Philip de Valois 387
フィリップ2世 Philippe II 327, 393
フィリッポス2世 Philippos II 92, 269, 283, 318, 322, 336
フィリッポス5世 Philippos V 111, 152, 259, 270
フェヌロン Fénelon, François 193
フェリペ2世 Philip II 83, 99
フェリペ3世 Philip III 99
フェリペ4世 Philip IV 99, 161
フォントネル Fontenelle, Bernard le Bovier de 4, 152, 167, 186
ブシリス Busiris 284

プトレマイオス Ptolemaios, Klaudios 144-5
プトレマイオス2世 Ptolemaios II 330
プラウトゥス Plautus, Titus Maccius 114, 333
プラトン Platon 106, 203, 283, 332, 390, 415, 450
フラミニヌス Flamininus, Titus Quinctius 111
フランソワ1世 François I 441
フランソワ2世 François II 441
プリニウス（小）Plinius Caecilius Secundus, Gaius 337
プリニウス（大）Plinius Secundus Gaius 188, 259, 315, 335, 337-8, 340, 478
フルーリー Fleury, Andre Hencule de 79
ブルートゥス，デキムス Brutus, Decimus Junius 302
ブルートゥス，マルクス Brutus, Marcus Junius 19, 173, 324, 434, 454
プルシアス1世 Prusias I 270
プルタルコス Plutarkhos 111, 152, 174, 283, 299, 313, 315-7, 319-20, 345-7, 453
フロルス Florus, Lucius Annaeus 315
ベイコン Bacon, Francis 45, 74, 81, 176, 218
ヘシオドス Hesiodos 313
ペトラルカ Petrarca, Francesco 206
ペトロニウス Petronius Niger, Gaius（Titus） 223, 341
ヘリオガバルス Heliogabalus 329
ヘリピダス Heripidas 324
ペルセウス Perseus 259, 283
ペルティナクス Pertinax, Publius Helvius 338, 388
ヘロディアヌス Herodianus Ailius 338, 343
ヘロドトス Herodotos 326, 330, 332, 336
ベンティヴォリオ Bentivoglio, Guido 177
ヘンリー2世 Henry II 441
ヘンリー4世 Henry IV 380
ヘンリー5世 Henry V 441
ヘンリー6世 Henry VI 441
ヘンリー7世 Henry VII 231, 258-9, 380, 399
ヘンリー8世 Henry VIII 383
ホイヘンス Huygens, Christian 414
ポープ Pope, Alexander 88, 167, 441-2, 459
ボッカッチョ Boccaccio, Giovanni 153, 206
ホメロス Homeros 100, 115, 176, 193, 196, 205, 442
ホラティウス Horatius Flaccus, Quintus 80, 100, 114, 116, 166, 203, 341, 442, 455
ポリュビオス Polybios 15, 110, 238, 259, 269-70, 318, 330, 333-5, 339, 342, 346, 380
ボリングブルック卿 1st Viscount Bolingbroke 93
ボルジア Borgia, Cesare 151, 376
ホルテンシウス Hortensius, Quintus 87
ボワロー Boileau-Despréaux, Nicolas 442
ポンペイウス（小）Pompeius Magnus Pius 315
ポンペイウス，セクストゥス Pompeius, Sextus 41

マ 行

マイエ Maillet, Benoit de 316, 342
マキアヴェリ Machiavelli, Niccolò 15, 78, 204, 416, 455
マザラン Mazarin, Jules 224
マッシニッサ Massinissa 270
マルティアリス Martialis, Marcus Valerius 168, 345
ミケランジェロ Michelangelo Buonarroti 80
ミルトン Milton, John 81, 176, 195, 442
ミロ Milo, Titus Annius 82
メッサリナ Messalina, Valeria 454
モア More, Thomas 415
モリエール Molière 115

ヤ 行

ユウェナリス Juvenalis, Decimus Junius 110, 177, 336, 340, 345
ユスティニアヌス Justinianus I 115
ユスティヌス Justinus, Marcus Junianus 336, 345
ユリア Julia 111, 454
ユリアヌス Julianus, Didius 388

ラ 行

ラシーヌ Racine, Jean 167, 432, 442
ラパン Rapin, Paul de 387
ラファエロ Raffaello Santi 80
リウィウス Livius, Titus 17, 213
リシュリュー枢機卿 Richelieu, Armand du Plessis, Cardinal de 99
リュクルゴス Lykurgos 256
リュシアス Lysias 93, 321-3, 326, 330, 333
ルイ11世 Louis XI 441
ルイ12世 Louis XII 47, 441
ルイ14世 Louis XIV 99, 224, 234, 327, 389, 441
ルイ15世 Louis XV 292
ルーフス Rufus, William 149
ルーベンス Rubens, Peter Paul 80
ルキアノス Lukianos 114, 152, 347
ルクレティウス Lucretius Carus, Titus 110,

《訳者略歴》

田《た》中《なか》敏《とし》弘《ひろ》

1929 年　神戸市に生まれる
1953 年　大阪商科大学卒業。関西学院大学経済学部助手などを経て
1970 年　同教授
1959-61 年　米国シラキュース大学およびコロンビア大学大学院に留学（MA）
1974-75 年　グラスゴウ大学，ケンブリッジ大学客員研究員
1988 年　コロンビア大学客員研究員
現　在　関西学院大学名誉教授（経済学博士），経済学史学会名誉会員
著訳書　『社会科学者としてのヒューム』（未来社，1971 年）
『ヒュームとスコットランド啓蒙』（晃洋書房，1992 年）
『アメリカ経済学史研究』（晃洋書房，1993 年）
『アメリカの経済思想』（名古屋大学出版会，2002 年）
『アメリカ新古典派経済学の成立』（名古屋大学出版会，2006 年）
『アメリカ人の経済思想』（編，日本経済評論社，1999 年）
『ヒューム政治経済論集』（訳，御茶ノ水書房，1983 年）
A. S. スキナー『アダム・スミスの社会科学体系』（共訳，未来社，1981 年）他

ヒューム 道徳・政治・文学論集［完訳版］

2011 年 7 月 10 日　初版第 1 刷発行

定価はカバーに
表示しています

訳　者　田　中　敏　弘

発行者　石　井　三　記

発行所　財団法人　名古屋大学出版会

〒464-0814　名古屋市千種区不老町 1 名古屋大学構内
電話(052)781-5027/ FAX(052)781-0697

Printed in Japan
印刷・製本　㈱クイックス
ISBN978-4-8158-0672-9
乱丁・落丁はお取替えいたします。